2012

U0731136

湖南省社会科学界
第三届学术年会论文集

（2012年度）

HUNANSHENG SHEHUI KEXUEJIE DISANJIE
XUESHU NIANHUI LUNWENJI（2012NIANDU）

主　编　周发源　郑　升

副主编　李吉初　张光煌

湖南大学出版社

内 容 简 介

2012年，"湖南省社会科学界第三届学术年会"论文选集，紧扣"两型社会与文化建设"这一主题，从经济、政治、管理、文化、社会等方面探讨社会热点和焦点问题，以加快"两型社会与文化建设"为重点，呼应党的十八大提出的建设文化强国、建设生态文明的战略思想，为打造文化湘军，推动社科交流，促进学术创新，培养和发现优秀社科人才等方面做出了有益的探索。

图书在版编目（CIP）数据

湖南省社会科学界第三届学术年会论文集（2012年度）/
周发源，郑升主编 . —长沙：湖南大学出版社，2013.8
　ISBN 978 - 7 - 5667 - 0463 - 4

　Ⅰ.①湖…　Ⅱ.①周…②郑…　Ⅲ.①社会科学—学术会议
—文集　Ⅳ.①C53

中国版本图书馆 CIP 数据核字（2013）第 207897 号

湖南省社会科学界第三届学术年会论文集（2012 年度）
HUNANSHENG SHEHUI KEXUEJIE DISANJIE XUESHU NIANHUI
LUNWENJI（2012NIANDU）

主　　编：周发源　郑升
责任编辑：刘　旺　**责任校对**：全　健　**责任印制**：陈　燕
印　　装：衡阳顺地印务有限公司
开　　本：787×1092　16 开　**印张**：36.75　**字数**：895 千
版　　次：2013 年 9 月第 1 版　**印次**：2013 年 9 月第 1 次印刷
书　　号：ISBN 978 - 7 - 5667 - 0463 - 4/C · 113
定　　价：68.00 元

出 版 人：雷　鸣
出版发行：湖南大学出版社
社　　址：湖南·长沙·岳麓山　　　邮　编：410082
电　　话：0731 - 88822559（发行部），88821　（编辑室），88821006（出版部）
传　　真：0731 - 88649312（发行部），88822264（总编室）
网　　址：http://www.hnupress.com
电子邮箱：liuwangfriend66@126.com

湖南省社会科学界第三届学术年会组织委员会

主　任：省委常委、宣传部长、省社科联主席　　　许又声
　　　　　省委常委、省长株潭"两型办"工委书记　张文雄

副主任：中南大学党委书记　　　　　　　　　　　高文兵
　　　　　省委宣传部巡视员　　　　　　　　　　　李湘舟
　　　　　省社科联党组书记、副主席　　　　　　　周发源
　　　　　省长株潭"两型办"副主任　　　　　　　陈晓红

委　员（按姓氏笔画为序）：
　　　　　省社科联巡视员　　　　　　　　　　　　刘晓敏
　　　　　省委宣传部副巡视员　　　　　　　　　　肖君华
　　　　　省图书馆馆长、省图书馆学会会长　　　　张　勇
　　　　　省社科联党组成员、副主席　　　　　　　郑　升
　　　　　吉首大学党委委员、副校长　　　　　　　钟海平
　　　　　怀化学院正院级督导员、省和平文化研
　　　　　究会会长　　　　　　　　　　　　　　　夏立发
　　　　　省社科联党组成员、副主席　　　　　　　黄建华
　　　　　省劳教局政委、省劳教学会会长　　　　　彭焱生
　　　　　省社科联党组成员　　　　　　　　　　　缪　亮
　　　　　湖南工业职业技术学院原党委书记、省
　　　　　创造学会会长　　　　　　　　　　　　　廖洪元
　　　　　湖南文理学院院长、省城市文化研究会会长　魏　饴

组委会办公室
主　任：省社科联学会工作处处长　　　　　　　李吉初
副主任：省长株潭"两型办"改革处处长　　　　李红卫
　　　　　中南大学社科处处长、教授　　　　　　　彭忠益

前　言

湖南省社科联党组书记　周发源

　　2010年以来，湖南省社会科学界学术年会主题鲜明、形式多样、宣传到位、影响不小，对于推动学术交流、建设学术阵地、培养社科人才、繁荣社会科学起到了积极作用。学术年会每年围绕湖南省委省政府中心工作确定主题，发动全省广大社科工作者深入研究，通过主场、分场、专场等形式，多学科、广视角地开展学术交流，进行思想碰撞，主要成果在《光明日报》《湖南社会科学》等报刊刊发。经过几年努力，学术年会已经成为我省的一个综合性、高层次学术交流平台，在引领学术风尚、推介转化成果、发现优秀人才等方面发挥了重要作用，为推动湖南经济社会发展作出了积极贡献。

　　2012年，湖南省社会科学界第三届学术年会以"两型社会与文化建设"为主题，呼应了十八大提出的建设生态文明、建设文化强国的战略思想，不仅体现了我省社科界的前瞻性眼光、时代性视野和敏锐性思维，而且体现了我省广大社科工作者主动服务党委政府中心工作的责任意识和担当精神。围绕主题，全省广大社科工作者进行了多方面、多视角研究，形成了不少优秀成果，这对加快推进"四化两型"建设，打造天蓝地绿水净的美丽湖南，实现我省文化建设走在全国前列具有积极促进作用。

　　本届年会进一步加强了与省内高等院校、科研院所、社科类社会组织及广大社科工作者合作交流的广度、深度和力度。与前两届相比，本届学术年会有四个特点：一是主讲嘉宾规格高，省委领导、中科院院士、文化产业领军人物同台主讲；二是理论学科涵盖广，共收到论文480篇，涵盖了经济、社会、管理、法治和文化等多个学科和领域；三是社会覆盖影响大，六个专场分别由不同的市州、高校、学会承办，将活动影响辐射到全省范围；四是参与人员身份多，汇集了实际工作部门领导、自然科学和社会科学专家、知名企业家以及基层工作者等众多优秀人才。大家同台演讲，互相探讨交流，联合开展攻关，汇聚了一批优秀研究成果。为此，我们将本届学术年会的部分获奖论文结集出版，以期更好地服务两型社会与文化建设。

　　总结三届学术年会的基本经验，我们认为主办学术年会必须始终坚持以下几点：

　　把握正确方向多引导。高举中国特色社会主义伟大旗帜，是十八大的主题，也是我们社科界必须牢牢把握的政治方向。无论是社科研究还是理论宣传，无论是学术活动还是阵地建设，都要始终高举这面旗帜。在社会越来越多元的背景下，全省社科界肩负着学习、研究、宣传党的创新理论和路线方针政策，并运用理论武装干部群众的神圣职责，在解放思想中统一思想，推动科学发展。这就要求我们自觉用发展着的马克思主义指导社会科学，用社会主义核心价值体系引领多样化的社会思潮，立场坚定、旗帜鲜明、理直气壮地同各种错误的思想观点和学术思潮作斗争，确保社会科学始终沿着正确的方向前进，坚决捍卫马克思主义在意识形态领域的指导地位。

　　研究重大问题出成果。当前，我省正处在科学发展、富民强省的关键时期，有许多重大问题亟待研究。我们要以十八大精神为指导，准确把握世情国情党情的深刻变化，准确把握湖南发展的阶段性特征，以重大现实问题为主攻方向，以学术年会为重要平台，积极整合资源，凝聚集体智慧，联合开展对事关全省改革发展稳定的全局性、战略性、前瞻性问题的研究，做到提出对策、进入决策、形成政策，服务党委政府决策，服务经济社会发展大局。

打造一流平台创品牌。 要进一步增强精品意识，加大学术年会品牌建设力度，吸引著名专家、培育青年才俊、展示优秀成果、激荡学术思想，把全省社科界学术年会真正打造成在全国有影响、在全省叫得响的一流学术交流平台。要加强组织领导、创新工作机制、规范运作模式，坚持"请进来"与"走出去"相结合、理论与实践相结合、研究与宣传相结合，通过学术年会，营造学术氛围，展示精品力作，汇聚名家大师，培养社科新人，形成人尽其才、各展其才、人才辈出的生动局面，为造就一支高素质"社科湘军"作出积极贡献。

鼓励理论创新正学风。 习近平同志强调，学风问题是关系党的事业兴衰成败的一个重大政治问题。问渠哪得清如许，为有源头活水来。正学风必须接地气，密切联系实际，密切联系群众；必须鼓励创新，宽容失败，让不同学派、不同学科、不同观点相互碰撞与交融，激发思想活力。理论创新往往是在解决实践难题过程中实现的。我们要用世界眼光、历史眼光、时代眼光观察和思考实际问题，坚持继承和创新相结合，立足学术前沿，着眼发展大局，在解决重大理论和实际问题的过程中推动理论创新。

在本届学术年会的举办过程中，我们得到了许多单位和有关领导、朋友的关心支持。在此，我代表学术年会组委会表示崇高的敬意和诚挚的谢意。特别要感谢联合主办单位湖南省长株潭"两型办"，主场报告会承办单位中南大学，专场报告会承办单位湖南省和平文化研究会（经济专场）、湖南省西部综合开发研究会（法治专场）、湖南省创造学会（管理专场）、湖南省劳动教养学会（社会专场）、湖南省图书馆学会（文化专场）、湖南省城市文化研究会（青年专场），以及怀化学院、吉首大学、湖南工业职业技术学院、湖南省劳动教养局、湖南图书馆、湖南文理学院等单位为学术年会的成功举办付出的大量心血和汗水，作出的积极贡献。最后，谨以本届年会论文集的出版，奉献给所有关注、关心、关爱湖南省社会科学界学术年会的社会各界人士，所有的感激之情都浓缩在这字里行间，希望我们的学术年会越办越美好，湖南社科事业越来越兴旺！

目　次

二等奖论文（以第一作者姓氏笔画为序）

高职院校管理创新的思考与实践

刘建湘

摘　要：创新管理理念、管理思路和管理作为，是推进高职院校持续健康发展迫切需要解决的现实问题。管理理念的创新包括"以人为本"理念、"经营学校"理念、"开放办学"理念、"资源集成"理念。高职院校校内协同创新的主要途径包括：构建扁平化组织运行体系，打破组织壁垒；建立跨部门的协作机制，形成"跨界"运作的管理体系；构架以学习者为中心的人才培养体系；营造服务型文化管理氛围。高职院校外部协同创新主要体现在实施校际协同创新的人才培养模式、实施院所协同创新的人才培养模式、实施校企（行业）协同创新的人才培养模式、实施院地（区域）协同创新的人才培养模式、实施国际交流与合作协同创新的人才培养模式等方面。

关键词：管理创新；流程再造；集成；协同

当前，高职教育无疑步入了全面内涵建设的新阶段，正经历从传统高职院校向具有社会企业属性的现代高职院校的转变。从高职院校内部来看，专业与专业之间、科研与教学之间、部门与部门之间有着清晰的边界，彼此之间难以做到资源共享，导致管理效益低下，资源集成优势得不到充分展示。在此背景下，如何创新管理理念、管理思路和管理作为，是推进高职院校持续健康发展迫切需要解决的现实问题。湖南工业职业技术学院以管理理念创新为先导，全面推进内外部协同创新，形成了可持续发展的态势。

一、高职院校管理创新的内涵

高职院校管理创新是指对学校管理思想、管理方法、管理工具和管理模式的创新，是面对市场需求和高职教育发展环境变化所做出的相应改进和调整。成功的管理创新实质上是管理技术和管理制度两方面创新的综合体现和必然结果。高职院校管理体制与机制的创新，是现代大学制度建设的根本要求。一个好的机制不但能够体现先进的办学理念，更能优化内部治理结构、提升核心竞争力。高职院校管理创新既包括内部管理体制和机制的创新，又有与外部环境合作共赢的管理创新。从管理创新的范畴来看，既有管理观念的创新，更有管理规程的创新。管理观念的创新是高职院校管理创新的深层活力与源泉，管理规程的创新来源于管理观念的创新，管理观念的创新是管理制度和流程设计的指南。

二、高职院校管理理念的创新

著名哲学家马尔库塞曾说过："观念和文化的东西是不能改变世界的，但它可以改变人，而人是可以改变世界的。"高职院校的管理创新始于观念的创新，管理创新的动力也来自于观念的创新。当前高职院校要增强协同管理创新的意识，将"以人为本"、"经营学校"、"开放办学"和"资源集成"等理念贯彻于管理行为中，通过内部要素之间、内外要素的深度合作，促进资源和要素的有效汇聚，释放各要素的创新因子。

1. "以人为本"理念

"以人为本"就是重视对被管理者个性需求、个性品质的尊重和关怀，将人作为管理活动的中心和组织最主要的财富与资源，以人性的张扬和个性的创造来实现理想的实践效果。以人为本的观念是高职院校改革和发展的核心思想，主要体现在"以学习者为中心"和"以教师为主体"两方面。高职教育作为一种生产过程，其"输入"是学生和各类教育教学资源，"输出"则是毕业生和对外服务，高职院校的教育目标归结于学习者的学习效果和教师的"增值"。

2. "经营学校"理念

高职院校作为非营利组织，在管理理念方面也有必要引进企业的管理思想与方法，重新设计管理内容与过程，通过运用市场机制对高职院校资源及资产等进行优化重组和高效运营，提高管理效益，实现高职院校资源与资产的良性积累和自我增值。"再造教育"、"再设计教育"就体现了"经营学校"的管理思想。经营学校并不排斥教育的公平性，经营学校也是运用市场手段来整合高等教育资源，其目的完全是为了更好地适应形势发展，从整体上提高高职院校办学质量和效益，从而推动教育公平的真正落实。经营学校的主要内容应包括学校"产品经营"、"资产经营"和"资本经营"。

3. "开放办学"理念

高职教育是高等教育的重要组成部分，作为一种教育类型，已占据了高等教育的半壁江山。高职院校与行业企业之间有着与生俱来的渊源。如果说普通本科院校还与社会保持一定距离，以维护其学术研究和教学自由的话，高职院校则自诞生之日起就与行业企业结下了不解之缘，与经济社会有密切的联系。学生是高职院校最主要的客户，市场是高职院校发挥作用的场所，自主、开放、创新的办学理念是高职院校不可替代的生命力和竞争力的源泉。开放办学就是要以关心客户的需求和满意度为目标，对现有的业务流程进行根本的再思考和彻底的再设计，最大限度地实现技术上的功能集成和管理上的职能集成。高职院校要形成"办学围绕市场转，课程围绕岗位转，内容围绕学生转"的市场化循环理念，推动办学模式、教学模式和育人模式等方面的全方位改革，形成真正的开放办学局面。因此，高职院校面向社会，校企合作，与地方社会经济接轨，是强校之路。高职院校主动面向未来，校际合作，与现代教育技术接轨，是其成长之路。高职院校面向求学者，为生产、建设、管理、服务第一线的技术人员提供优质的继续教育机会，是其壮大之路。

4. "资源集成"理念

集成思想是突出一体化的整合思想，"资源集成"理念下管理对象的重点由传统的人、财、物等资源转变为以科学技术、信息、人才等为主的智力资源，提高组织的知识含量并激发知识的潜在效力成为集成管理的主要任务。从管理的角度来说集成指的是一种创造性的融合过程，其要点在于各要素经过主动的优化、以最合理的结构形式相互选择搭配，形成一个以适宜要素组成的，相互优势互补、匹配的有机体。高职学院担负着为社会提供教育服务等准公共产品的义务，为提高服务能力和服务质量，迫切需要按照集成理论的要求，整合校内校外资源，加快各类管理资源的集成，这样才能促进系统优化。

三、高职院校的内部协同创新

高职院校协同管理创新可分为内部协同管理创新和外部协同管理创新两个类别，内部协同创新是指高职院校内部形成的知识（思想、专业技能、技术）分享机制。外部协同创新的主要形式就是产、学、研协同创新，特别是指高职院校与科研院所、行业产业、地方政府进行深度融合，构建产、学、研协同创新平台与模式。

1. 构建扁平化组织运行体系，打破组织壁垒

高职院校要打破传统科层结构的行政管理体系，将传统的科层管理模式转变为扁平式管理模式，构建充满活力的内部管理机构和运行制度，促进内部协同创新。改革传统管理机构"劳动分工论"基调下层次管理和条块管理的弊端，集成任务，简化流程。以任务和目标为导向，以各种核心流程为基础，围绕一系列核心业务流程进行工作、人员和组织结构的合理配置，打破部门之间的隔阂，促使信息流和资源流在各部门之间上下左右顺畅流动。湖南工业职业技术学院重构以"管事"为中心和目标指向的组织机构，按照业务流程的归属，确立各部门的业务范围与职责。如赋予教务处、人事处、学生处、科技处等部门在专业建设、人才培养模式改革、教学资源建设、师资队伍建设等业务中的相应职能和业务内容，要求在其中的特定环节发挥功能。实施项目制管理，将任务进行集成并建立以流程为中心的综合业务流程，由相应的流程执行小组来完成，实行业务流程由"层级服从"关系转变为"顺序服从"关系。推进院系二级管理，"分权"、"分钱"，逐渐将管理中心下移。学院职能部门代表学院将专业建设、人才培养、人事管理等权力分配给各教学部门，将相关经费按项目下达相关部门，从而调动了各部门工作人员工作的积极性和创造性。

2. 建立跨部门的协作机制，形成"跨界"运作和管理体系

高职院校可通过体制机制创新，组建各种跨专业研究中心、跨专业实验中心、跨专业教学中心，搭建多种形式的跨专业教育平台。组织不同院（系）、不同专业的教师一起突破专业壁垒，组成跨专业研究小组和教学小组，开设全校性的公共跨学科课程，以整体组合的课程替代严格专业的分类课程。同时大力推进全校范围内的选课制，尤其是跨专业的选课制度，以学院为主体，按专业群开设大量的跨专业选修课，鼓励学生跨专业选课，为学生带来不同视野的专业和综合化的知识结构，从而有效地促进创新人才培养。湖南工业职业技术学院组建了跨部门、跨专业的"海外人才培养教研室"，负责学院机械装备制造业海外拓展人才培养试点班的研究和实施；组建了动态的"嵌入式人才培养研究室"，定期开展"嵌入式"人才培养的专题研究，开展"在制造类专业中融入对外贸易和国外技术标准方面的技术知识，在生产服务类专业中嵌入装备制造业基本知识"的教学改革模式。

3. 构架以学习者为中心的人才培养体系

高职院校培养的人才首先是"社会人"，其次才是"职业人"，除了要有精湛的职业技能外，还应该具备高尚的道德和良好的发展潜力，不应该是生产线上的"打工者"，而应该是拥有创造力的人才，应将学生定位为核心利益相关者，围绕学生的核心利益，关心和维护好学生的特殊利益，尊重学生个性和特长。湖南工业职业技术学院深化学分制教学管理改革，营造教师主动进取，学生自主学习的制度环境，尊重学生个性和特长，鼓励学生不拘一格自我发展，对学生中有希望做技术人员的，有想当企业老板的，有想担任职业经理人的，都给他们提供平台；按照"学生前台，教师后台"的思路，引导学生自觉培养创新思维和创新能力；开展"分类培养"教学改革，实现分层教学，分流培优。

4. 营造服务型文化管理氛围

高职院校应着眼于学校管理者和执行者之间、校长和学生之间、教师和学生之间、学生和学生之间的良性互动，形成立足学校实际、以服务为宗旨、面向每一位学生和教职工的内部文化管理氛围。要以"服务教学、服务学生、服务教师"为出发点，优化各行政部门的职能，实现从管理者到服务者，教师由"主导者"到"指导者"、学生从应试者到创造者的角色转变。湖南工业职业技术学院建立了部门"并行"工作机制，使各部门由竞争走向合作，完善了院领导联系系部制度。院级领导每学期至少要和联系的系（院）召开2次专题会议研究教学工作，探讨教学经验，研究解决教学中遇到的问题。经常性组织院领导与骨干教师、辅导员、教研室主任、系部主任开展下午茶活动、室外拓展活动和座谈会，在轻松愉悦的气氛中进行对话和沟通，及时听取教师们对学院管理工作的意见和建议，为学院管理创新提供了思路，也为管理改革打下了扎实的群众基础。

四、高职院校的外部协同创新

高职院校外部的协同创新是培养学生创新实践能力的重要途径。协同创新能有效改变高职院校目前"以教师为中心"、"以课堂为中心"、"以教材为中心"的封闭式课程教学模式。

大力开展校企合作，通过联合共建实训室、实践创新基地，开展基于项目的合作，建立战略联盟等形式，建立基于产、学、研结合的教育平台，把课堂教学与课外活动，校内教学与校外实践、国内教学资源与国外教学资源有机结合起来，将课堂教学的"小课堂"延伸到课外、校外和国外，变成课内课外、校内校外、国内国外"三结合"的"大课堂"。合作各方以产、学、研合作教育平台为支撑，通过立项和联合开发等途径，开发前沿课程、专题研讨课程、问题中心课程等新型课程，为创新人才培养奠定坚实的基础。在新的形势下，高职院校要着重探索建立"开放、集成、高效"的外部协同创新机制，努力突破高职院校与其他创新主体的体制机制障碍和壁垒，积极探索协同创新培养人才新模式。

1. 实施校际协同创新的人才培养模式

高职院校依托各自的优势特色专业及优势专业群，开展高职院校之间的协同合作。通过共同承担大型科技攻关项目、互聘师资、共享课程和实验室资源等途径，充分释放人才、资本、信息、技术等创新要素活力。当前可着重探索建立优质教育资源共享、协调合作的新的高职院校战略联盟，进一步创新协同机制，共同搭建创新人才培养大平台。湖南工业职业技术学院牵头组建了湖南装备制造业职教集团，创新人才共育、过程共管、成果共享、责任共担的校企合作办学体制，通过校企之间、企业之间和校际之间的资源共享和差异化竞争盟约，实现人才培养、产品开发的合作共赢。

2. 实施院所协同创新的人才培养模式

依托科研院所优质创新团队和优质科研资源，瞄准国家相关重大战略需求和世界科技前沿，围绕国家重大基础研究、战略高新技术研究、重大科技计划和国家重大工程专项，整合科技队伍、科技资源，共同构建优质资源平台，营造一流学术氛围，建立优质资源共享、协调合作的体制机制，开展相关理论和技术研究合作的科研协同创新。在科研协同创新过程中，院所双方将专业教师、项目、平台整合起来，实现无缝对接，着力构建学术型创新人才培养新模式。由湖南工业职业技术学院牵头组建的湖南机械装备制造业职业教育集团有理事单位 113 个，其中科研单位 7 个，高职院校 18 所，近三年，该院与科研院所联合开发新产品 12 项，参与汽车制造、工程机械制造关键技术研究项目 7 项。

3. 实施校企（行业）协同创新的人才培养模式

依托高职院校与行业紧密结合的专业优势，充分发挥行业特色优势和地域优势，选择具有全局性、战略性的重大工程，集中力量组织攻关，突破关键核心技术，服务产业升级转型和结构调整，从而探索建立多专业融合、多团队协同、多技术集成的重大研发与应用平台，大力开展工程技术人才培养的协同创新。需要强调的是，当前高职院校要以教育部"卓越工程师教育培养计划"的实施为契机，着力构建学校与企业联合培养工程创新人才新机制。由湖南工业职业技术学院先后与广州军区工程机械修造厂、长沙第三机床厂等企业合作开展技能型人才的定点培养培训，为企业发展提供技术、管理团队人才。

4. 实施院地（区域）协同创新的人才培养模式

结合区域发展的重大需求，高职院校与自身所在区域内的政府机构、重点企业、科研院所共建科学技术研究院、产业技术研究院、行业研发中心和研发基地，促进科技资源向行业企业和社会开放。构建多元化的成果转化与辐射模式，带动区域产业结构调整和新兴产业发展，在此过程中为学生提供创新实践机会，促进高职院校交叉型、复合应用型创新人才培养模式的形成。湖南工业职业技术学院是湖南省经济信息委员会确定的"湖南汽车制造业高级技能人才培训基地"和湖南省人事和社会保障厅确定的"湖南企业高技能人才培训基地"，在机械装备制造业人才培养领域发挥着引领和示范作用，近三年完成社会职业技能培训 31 000 多人。其中省内大中型、民营制造型企业培训 5 431 人次，湖南省机械工程师认证培训 168 人次，贫困地区农村劳动力转移培训 1 333 人次，库区劳动力转移培训 1 013 人次，社会培训下岗职工 1 021 人次。同时组建了技术服务与创新团队，近三年承接中小微企业技术升级改造项目 35 项。

5. 实施国际交流与合作协同创新的人才培养模式

通过与国际教育机构、国际化企业合作促进人才培养模式改革与创新。由湖南工业职业技术学院与博世汽车集团合作开办了"博世订单班"，完全按照德国"双元制"模式进行教学。第一学年相关课程教学由学校完成，第二学年的课程 40% 在学校完成，60% 在企业完成，第三学年的课程全部在企业完成，毕业生要通过德国 AHK 认证。双方合作 8 年来，德国博世集团累计提供实习实训设备价值 600 万元，提供培训经费 210 万元。

参考文献

[1] 宋国秀．高职院校办学理念和校园文化定位分析［J］．中国校外教育，2011（10）．

[2] 郅庭瑾．论高等职业教育的办学理念与人才理念［J］．知识经济，2011（04）．

[3] 赵林记．国外高校内部民主管理及其对我国的启示［J］．继续教育研究，2011（02）．

[4] 蒋文昭．从预成到生成：高等教育管理范式的嬗变［J］．国家教育行政学院学报，2010（08）．

[5] 张楚廷．不同的大学治理方式．大学教育科学［J］，2010（01）．

[6] 范唯．发掘高职学校不可替代的生命力和竞争力［N］．中国青年报，2012-2-13．

[7] 毕宪顺，刘庆．高校内部权力的科学配置及其运行机制研究［J］．国家教育行政学院学报，2010（08）．

（作者单位：湖南省创造学会、湖南工业职业技术学院）

文化产业与两型社会

张天明

摘　要：文化建设与两型社会建设天然具有密切联系，把握好这种关系，加快文化产业发展，对于建设资源节约型、环境友好型社会具有重要推动作用。本文深入探讨了文化产业的定义、范围及与两型社会的关系，并在此基础上探讨如何进一步推动湖南出版产业实现跨越式发展，为文化强省和两型社会建设作出更大贡献。

关键词：文化产业；两型社会；湖南省出版产业

十八大报告提出建设文化强国，建设美丽中国，全面落实经济建设、政治建设、文化建设、社会建设、生态文明建设五位一体总体布局的新发展新要求，首次将生态文明建设提升到国家发展战略高度。文化建设与两型社会建设天然具有密切联系，把握好这种关系，加快文化产业发展，对于建设资源节约型、环境友好型社会具有重要推动作用。

一、关于文化产业的定义和范围

1. 文化产业的定义

文化产业目前还没有统一定义，联合国教科文组织的定义是："按照工业标准生产、再生产、储存以及分配文化产品和文化服务的一系列活动。"2003年9月，我国文化部对此的定义是"从事文化产品生产和提供文化服务的经营性行业。"2004年，国家统计局认为文化产业就是为社会公众提供文化娱乐产品和服务的活动，以及与这些活动有关联的活动的集合。尽管各方对文化产业的定义并不完全一致，但都包括两大核心内容：一是文化产品的生产；二是文化服务。与这两者相关的经营性活动都属于文化产业。

2. 文化产业的范围

文化产业在美国称之为版权产业，日本称之为内容产业，相应地，其外延有一定的不同。我国国家统计局颁布了新修订的《文化及相关产业分类（2012）标准》，将文化及相关产业分为10个大类：新闻出版发行服务、广播电视电影服务、文化艺术服务、文化信息传输服务、文化创意和设计服务、文化休闲娱乐服务、工艺美术品的生产、文化产品的辅助生产、文化用品的生产、文化专用设备的生产。

二、文化产业的特征、功能及与两型社会的关系

1. 从"特征"看文化产业与两型社会的内在契合度

（1）文化产业的上位性、高端性特征，契合两型社会的前瞻设计

文化产业是一种相对上位的产业形态，是社会发展到一定阶段才会出现的产业。一个国家的文化产业发展水平与其政治、经济发展水平息息相关，国家综合实力是文化产业发展的重要基础。而建设两型社会，也是领导层在改革开放 30 年后对其发展模式的重新思考，对社会经济系统与生态环境系统之间关系的重新认识。政治经济社会的持续发展，必将给文化产业带来更大的发展空间，也必将更加符合两型社会的发展路径。

（2）文化产业的融合性、渗透性特征，契合两型社会的系统理念

文化产业在经济、社会、政治和生态等方面起融合性、渗透性、推动性作用。从经济层面看，文化产业已成为国民经济支柱性产业，并将在转方式、调结构和产业融合发展中发挥更大作用；从社会层面看，文化蕴含的精神力量，是营造和谐社会氛围，培育进取时代风尚的强大支撑；从政治层面看，文化在日渐激烈的综合国力竞争中的地位和作用越来越突出，大国强国必须且能够输出价值观；从生态层面看，文化是创意产业、环保产业、绿色产业。而两型社会的提出，也是兼顾了经济、政治、社会、生态层面的综合考虑，从而进一步促进经济转方式、调结构，在政治层面以人为本，社会开放和谐、生态改善，以实现国家和民族永续发展。

（3）文化产业的区域性、逆势性特征，契合两型社会的地方实践

文化产业与一个国家或地区的文化传统、文化习俗、文化资源息息相关，带有很强的区域性特征。所以从区域特征看，文化产业发展注定是不平衡的。一个区域的文化总体上与其经济实力相匹配，但又不完全同步，即在经济不发达的地区或经济困难时期，文化产业可能会出现逆增长，这从美国、日本等国的历史经验可以得到证实；我省在经济条件不占优势的情况下文化产业却在全国领先，也是一样道理。

（4）文化产业的低碳性、环保性特征，契合两型社会的准入标准

文化产业是以版权为核心、以提供精神产品的生产和服务为特征的知识密集型产业，属典型的"两型"产业，具有高知识、高智力、技术密集、高附加值以及低耗费、低污染的特征。这与"两型社会"产业发展目标相耦合。

2. 从"功能"看文化产业与两型社会的外在关联度

（1）文化产业是转变经济发展方式和调整社会经济结构的突破口和主阵地

文化产业是衡量国家经济社会发展程度的重要标志，是增强经济活力、丰富经济内涵、提升经济品位的关键力量。文化产业以知识和创意为源头，以内容资源为核心，以科技力量为支撑，是转方式、调结构的有力抓手。促进文化产业成为国民经济支柱性产业，切实增强我国的文化软实力，必定有利于我国以更加高昂的姿态迎接国际性挑战，以更加坚实的步伐迈上全面建成小康社会的新台阶。

（2）文化产业是两型社会建设和实现美丽中国蓝图的生力军和排头兵

文化产业的经营对象是"文化"，这就决定了文化产业是一种低消耗、高产能的强大产业实体，是两型社会建设的优选产业、先导产业。文化产业的大发展符合资源节约型、

环境友好型社会建设理念，文化产业的大繁荣可为建设美丽中国的良好愿望铺垫坚实的基础，也有助于为加速建设两型社会和兑现美丽中国承诺提供有力支撑。

（3）文化产业是推动两型社会建设的强大文化活力和精神动力

发展文化产业不仅可以创造大量的文化产品和服务，满足人民群众不断增长的文化消费需求，形成日益强大的文化市场，而且还可以培养先进的思想观念、丰富的知识素养、健康的生活习惯和文明的行为举止。同时，文化产业以人的智力资源和先进的科技手段相结合，更容易体现和激发人的创造力。另外，文化本身的引领性、传播性、凝聚性，有助于对两型社会建设作出更深刻的解读和更有力的宣传。

三、当前文化产业的发展态势

1. 从全球层面看，呈现出"一超多强、特色为王"总体格局和交流、交融、交锋日趋加强的发展趋势

文化产业是 20 世纪中后期以来全球经济发展的热点与亮点，也是拉动全球经济快速发展的增长点与发力点。当前，美国毫无疑问是"航母型"的文化产业强国，英、法、德、意、日、韩等发达国家均各具优势。从总量对比看，当今世界的文化市场份额中，美国占 43%，欧盟占 34%，日本大概占了 10%，韩国占了 5%，中国仅占不到 4%，这与我们国家作为一个文明古国的历史地位和世界第二大经济体的经济规模还很不相称。

纵观发达国家文化产业发展情况，有如下经验值得借鉴：一是强有力的保障措施。如美国通过《国家艺术及人文事业基金法》、《文娱版权法》等法律来保障和推动文化产业发展。二是强大的市场文化主体。通过多年的市场化运作，产生了一批具有国际影响力的文化市场主体，如新闻集团、贝塔斯曼、培生集团等。三是文化与科技深度融合。新的科技成果拓展了新的文化市场空间，并带来新的文化消费方式，像亚马逊、苹果公司等。四是多元的投资主体。在政府主导与市场主导之间找到了一个平衡点。

2. 从国家层面看，我国文化产业取得巨大成绩，面临的发展机遇空前

目前，我国已成为名副其实的文化大国，文化产品数量、种类、总额不断提升，文化领域的市场开放程度将会越来越高，中华文化开始大步走向世界。尽管如此，我国的文化产业总体上处于发展的初级阶段，还存在如下问题：一是文化产业的有效供给难以满足市场需求，文化原创能力不足与文化产业发展的先进性要求之间存在深刻的矛盾。二是文化产业经营主体集约化程度较低，资源分散、重复建设、各自为政的现象较为严重。三是我国文化产业的传统资源配置机制不完善、条块分割、行业壁垒等负面因素，以及与市场化之间的矛盾始终困扰其发展。四是文化产业运用现代科技手段促进自身发展的意识和能力不足。

但党和政府始终高度重视文化建设，在战略层面形成推大文化大发展大繁荣的强大支撑：一是将文化建设列入"五位一体"总格局，纳入全面小康新要求。文化是国家"五位一体"总体布局的重要部分。在全面小康的五个新要求中，"文化软实力显著增强"是重要内容，并且给出了具体目标，包括：社会主义核心价值体系深入人心，公民文明素质和社会文明程度明显提高；文化产品更加丰富，公共文化服务体系基本建成，文化产业成为国民经济支柱性产业，中华文化走出去迈出更大步伐，社会主义文化强国建设基础更加坚实。二是确定文化强国战略，明确支柱产业地位。十八大将文化强国战略写入报告，强

调建设社会主义文化强国必须走中国特色社会主义文化发展道路，把文化建设推向了一个前所未有的高度，提升了文化产业的产业地位。三是全面推进文化体制改革。改革是文化建设发展的最大动力。党中央继续全面深入推进文化体制改革，引导国有文化企业跨区域、多元化、集团化发展，推动文化企业走出去，提高文化产业规模化、集约化、专业化水平，进一步增强竞争实力。四是制定专项扶持政策和计划。"十二五"期间国家对文化产业政策支持度空前加大，如国务院出台了《文化产业振兴规划》，中宣部等九部委颁发了《关于金融支持文化产业振兴和发展繁荣的指导意见》；十七届六中全会做出《关于深化文化体制改革　推动社会主义文化大发展大繁荣的决定》。十八大提出扎实建设文化强国的四大任务；国家"十二五"规划注重"扩大内需"，强劲文化消费。

3. 从我省层面看，在省委省政府及省委宣传部的正确领导下，文化产业快步发展，创造了全国瞩目的"湖南文化现象"

文化产业已经成为湖南重要的支柱产业、千亿产业和战略性新兴产业（目前支柱产业的起步标准是占国民经济比重的5%）。"十一五"期间，湖南文化产业保持了年均20%左右的增长速度，仅2011年全省文化产业总产出就同比增长20.8%，对经济增长贡献率达7.8%，占GDP比重为5.2%，高于全国水平，中部排名第一。"广电湘军"、"出版湘军"、"动漫湘军"、"演艺湘军"等文化湘军品牌在全国脱颖而出。

我省文化产业发展具有以下四大优势：一是组织领导优势。省委省政府高度重视文化产业发展，省文化体制改革和文化产业发展领导小组由省委书记担任顾问，省长担任组长，构建了党委政府统一领导、宣传部门组织协调、行政主管部门具体实施、有关部门密切配合、全社会共同参与的领导体制和工作机制。二是政策扶持优势。省委、省政府较早提出文化强省战略，先后出台了《关于深化文化体制改革、加快文化事业和文化产业发展的若干意见》、《湖南省文化强省战略实施纲要》、《湖南省文化产业振兴规划》、《关于加快推进试点地区文化体制改革的若干意见》等一系列政策文件，并将"文化创意"列入七大战略性新兴产业之一。三是领军人才优势。建设了一支能够适应新形势、新任务、新要求的高素质的文化队伍，涌现了一批业内知名、在全国具有影响力的文化领军人物，如龚曙光、欧阳常林等等。四是改革先发优势。湖南不是改革试点地区，但以解放和发展文化生产力为核心的文化体制改革一直没有停止，并通过文化发展"改革创新"、"自学成才"，为全国文化建设树立了典型。湖南出版集团于2000年成立，2004年成为我省首个文化改制企业，2010年实现上市经营，中南传媒成为第一支全产业链整体上市的中国出版龙头股。电广传媒是全国第一批上市文化企业，天舟科教是我国第一个民营上市公司。

4. 进一步推动湖南出版产业实现跨越式发展，为文化强省和两型社会建设作出更大贡献

出版是文化产业的重要组成部分和核心内容，在文化产业"核心层、外围层、相关层"范畴中，出版是核心层，而且是核心中的核心，是内容的源头。湖南出版产业在省委省政府及省委宣传部的正确领导下，一直走在全国前列。2011年全省新闻出版业总产出约为434.18亿元，连续多年保持20%以上的增速。湘版教材、古典名著图书、科普图书、音乐图书、作文图书等板块位居全国前列，湖南新华、精品印务、《潇湘晨报》、红网等一批品牌享誉全国。

但是我省与国际出版业相比还有很大差距，全国500多家出版社的收入总和（约800亿人民币）还不及德国贝塔斯曼集团一家的年收入（200多亿欧元，换算成人民币为2 000多亿）。

所以，按照文化强省的要求，按照两型社会的准则，我们还要进一步加快发展，加速以下转型：

一是按照资源节约型的要求，进一步集聚资源，提高产业集中度，打造有国际影响力和竞争力的文化航母集团。目前省内文化资源集中度不够，资源利用率低，湖南出版投资控股集团只占湖南出版总体规模的30%左右。我省的广电、出版、动漫各有优势和特色，但互动融合、大文化格局仍待加强。进一步提高产业集中度和资源集约度，以现有骨干国有文化企业为主体，加大政策扶持和资源倾斜力度，优先整合省内文化资源，鼓励和支持其跨地区、跨行业、跨所有制兼并重组，率先将其打造成为有国际竞争力的骨干文化企业。

二是按照环境友好型的要求，进一步加快科技创新，优先发展数字出版文化产业，推动产业转型升级。大力实施文化科技融合创新工程，通过利用数字、网络、信息等高新技术，提高传统文化产业的科技含量和装备技术水平，改造传统文化的创作、生产、传播和服务模式，发展现代新兴文化产业，这是现代文化产业发展的重要指向。对出版产业来说，就是要重点发展数字出版和绿色印刷。我省已形成了青苹果数据中心、天闻数媒等一批骨干数字出版企业，已加快打造中南国家级数字出版基地，这都走在了全国前列。绿色印刷是指对生态环境影响小、污染少、节约资源和能源的印刷方式。自2010年实施绿色印刷以来，我国已有153家企业获得绿色印刷认证，绿色印刷标准、检测、认证体系基本形成，在节能减排和产业结构调整等方面已取得重要成果。

三是按照先改先试的要求，进一步提高工作主动性，深化体制机制改革，抢抓文化产业发展机遇。在之前形成的改革先发优势基础上，继续启动和深化新一轮改革，重点完善策划机制、生产机制、分配机制、激励机制等。基本思路是"一大一小"，编辑创意中间环节减少，小到一对一地提供贴身服务；市场营销环节变大，综合运用线上线下多种通路。一方面，在出版社强力推行事业编制，划小生产单元，划小赢利主体，真正使传统编辑变为出版服务经纪人，使出版社从来料加工变为出版的综合服务商，从而最大限度地激发内容创造活力。另一方面，整合销售通道资源，省内以新华书店为主体，加快门店改造升级和电子商务平台建设；省外以新教材公司为主体，全面推进省际分销平台建设，加快布局全国市场，建立线上、线下相互结合的信息发布机制、产品推广平台和发行配送体系。

四是按照综合配套的要求，进一步优化产业发展环境，重点加大人才引进力度，增强产业持续发展的核心竞争力。出版文化行业发展的根本是人才，湖南出版界有钟叔河、唐浩明、龚曙光等领军人物，但仍缺乏骨干创意人才。为此，我们在人才工作上进行了很多卓有成效的实践，如成立独立的培训学院，每年集中培训员工上千人次；倡导"培训是员工最大的福利"理念，推行"因工作而快乐，因创造而富有，因团队而荣耀，因良善而崇高"的员工价值观；启动出国高端培训，每年选拔一批优秀青年人才到国外大学脱产学习；建立中青年人才库、产业研究院和博士后科研工作站，实施新员工导师制；推行合伙人制，吸引高端人才加盟等，通过以上措施，以期弥补人才的结构性断层，满足产业发展的战略性需要。我们还将探索试行股权激励机制，把管理、智力因素引入分配领域，开创十八大提出的"让文化创意源泉充分涌流"的良好局面，以强大的人才保障确保出版产业在湖南"两个加快"中更快一步，在"两个率先"中步步领先，推动文化强省和文化强国建设，为建设两型社会和全面建成小康社会作出更大贡献。

参考文献

[1] 谭丹. 基于两型社会建设的湖南文化产业集群模式分析 [J]. 湖南社会科学，2010 (3).

[2] 胡晓明，肖春晔. 文化经济理论与实务 [M]. 广州：中山大学出版社，2009.

[3] 傅才武，江海全. 文化创意产业在"两型社会"建设中的功能作用与价值定位 [J]. 中国地质大学学报（社科版），2009 (4).

[4] 王克修. 基于长株潭"两型社会"实验区的文化产业发展研究 [J]. 经济界，2011 (11).

[5] 赵有翼. 两型社会理论体系构建与应用 [D]. 甘肃农业大学，2012.

（作者单位：湖南出版投资控股集团）

文化繁荣中的"软实力与硬实力"

邹序明 沈 敬

摘 要：综合国力由硬实力与软实力构成。当文化表现为商品，它成为硬实力的一部分；当文化呈现意识形态属性时，它是软实力。文化繁荣必须正确认识和处理文化硬实力和软实力的关系。一方面要大力开展文化创意产业，增强文化硬实力；另一方面要积极推进核心价值观建设，提高人民的人文素质，加大公共文化事业的投入，保障文化民生和文化权利，增强文化软实力。

关键词：文化繁荣；软实力；硬实力

当文化以商品形式出现，文化产生经济效益，形成硬实力；当文化呈现意识形态属性，维护核心价值、传统理念和道德信仰时，便成为软实力和影响力。硬实力能促进软实力的获得，形成强权即真理、"大炮最有发言权"的效应。软实力能促进社会和谐，解放思想，最终解放生产力，从而加强硬实力。中华民族的复兴，是中华文明的复兴，在构筑硬实力的同时，必须加强软实力建设。

一、综合国力中的"软实力"与"硬实力"

在分析一个国家的综合国力的构成要素时，我们通常将其分为有形力量与无形力量，即最为通俗形象的称谓：硬实力与软实力。硬实力，顾名思义，是指看得见、摸得着的物质力量，属于支配性实力，包括基本资源（如土地面积、人口、自然资源）、军事力量、经济力量和科技力量等显性物质生产力。只有具备较强硬实力的国家，才具备成为综合性大国的基本条件。而"软实力"最早是由美国哈佛大学肯尼迪学院院长、国防部前助理部长约瑟夫·奈在20世纪90年代提出，是指由国家传统文化、价值观念、意识形态等文化因素对内发挥的凝聚力、动员力、精神动力和对外产生的渗透力、吸引力和说服力等精神文化生产力。硬实力是软实力的有形载体，而软实力是硬实力的无形延伸。同硬实力一样，文化软实力是不可忽视、不可偏废、不可替代的。软实力体现在国民素质和人文环境两个方面，人民的生存状况、生活质量、教育水平、精神面貌、公民意识、法制观念、社会正义等是衡量软实力的一大指标，另一方面，政府效能、公务员的廉洁奉公情况、精英人才的流向、智力发挥的环境、促进或禁锢创新的机制、社会正义与公平的程度、社会具有影响力的群体的道德风尚是衡量软实力的另一指标。如此衡量，中华民族的伟大复兴依然任重道远。

二、文化建设中的"软实力"

我们所说的"文化软实力",是指社会核心价值、文化理念与传统信仰,包括国民思想道德素质与民族凝聚力等意识层面的抽象的精神力量,是文化的主体和灵魂,处于主导和支配的核心地位,对社会意识和社会思潮具有强大的引领和整合功能。其最大的特质,就是具有极强的渗透性、持久性,能够以无形的意识、无形的观念,深刻影响着有形的存在、有形的现实,深刻作用于经济社会发展和人们的生产生活。

1. 要想获得文化软实力,必须克服文化自卑,建立文化自信

中华文化始终是一个开放体,中国的孔子老子至今仍是世界上最有影响力的哲学家。中华文化既有很强的生命力,又有很强的包容性,善于吸收消化外来文化。战国时期"胡服骑射",两汉之际,佛教传入中国,并在中国发扬光大;20世纪,马克思主义传入中国,形成建设中国特色社会主义理论,这些事实证明中华文化具有开放性和包容性。

为何要克服文化自卑?是因为:有一部分人认为西方的文化比中华文化先进,要全盘西化。其实,弱肉强食的资本主义文化有它天然的缺陷。马克思有一句名言:"资本来到人间,从头到脚,每个毛孔都流着鲜血和肮脏的东西。"我们回顾狄更斯笔下19世纪的欧洲,以及20世纪种族歧视下的美国社会,就知道没有哪一种文化是天然完美的,也从来没有哪一种文化可以天然地站在道德高地而对他人指手画脚。中国发展历史也多次证明,照搬国外的理论和制度,不可能成功。文化自卑的另一种表现是夜郎自大,闭关锁国,不敢古为今用,洋为中用。人为割断历史,会造成中华文化的断裂,而闭关自守,不吸收先进文化,则会使中华文化丧失生命活力和创新能力。

2. 文化软实力建设必须有文化自觉

所谓文化自觉,就是文化的自我觉醒、自我反省、自我创建。目前我国的文化建设存在诸多问题,已经影响了自身的生存和发展,必须有文化自觉来促进我国的文化建设。

这些问题主要表现在以下方面:

首先,社会核心价值体系建设缺失,价值失衡,诚信危机四伏。一个国家的凝聚力、创造力及其对外的影响力的主要源泉来自核心价值体系,来自社会成员对核心价值体系的认同和自觉遵从。而在社会加速转型的当下,思想困惑、精神焦虑、价值失衡的问题在一定范围内存在甚至比较严重,如食品危机、诚信危机、环境污染等,其根源都在于文化的缺失——价值观的缺失。

其次,公共文化服务体系不健全,公共文化服务事业投入和服务供给不足。文化基础设施落后,覆盖面窄,群众的文化需求得不到有效满足,各基层各种迷信及低俗趣味的蔓延,极大地降低了文化引导社会、教育人民、推动社会发展的功能,由此造成社会断层和社会分裂,部分人被边缘化。所谓边缘化,就是经济上贫困,政治上去权,文化上失语,与改革开放无缘,与现代化落伍。

第三,文化资源分配不均。知识公平、教育公平成为我国社会交涉的核心问题。胡鞍钢认为,我国存在严重的知识公平问题,地域差距、城乡差距、性别差距明显。教育投入与人才培养体制的落后,核心资源被垄断,上升渠道的狭窄,社会阶层固化现象趋重;教育投入的严重不足和教育体制落后,导致了人才培养模式单一,综合素质偏低,结构性失

业现象严重，特别是服务于文化产业和文化事业管理与经营的专业复合型人才急缺，文化繁荣和发展的人才支撑力薄弱，后劲不足。

三、文化硬实力现状与问题

当文化以商品形式出现，它表现为硬实力，并形成文化产业。霍克海默和阿多诺合著的《启蒙辩证法》一书之中，将文化产业分为三个大类：生产与销售以相对独立的物态形式呈现的文化产品的行业（如生产与销售图书、报刊、影视、音像制品等行业）；以劳务形式出现的文化服务行业（如戏剧舞蹈的演出、体育、娱乐、策划、经纪业等）；向其他商品和行业提供文化附加值的行业（如装潢、装饰、形象设计）。由于文化产业通过创造文化产品和服务的供给来培育和创造消费需求，促进了人们的文化娱乐消费，不但能凝聚人心，关切民生，而且能直接产生经济效益，贡献经济增长，影响 GDP 增速，因而被形象地称为"文化硬实力"。

文化产业作为一种新的经济形态被视为新世纪的"朝阳工业"，已经成为未来世界经济新的增长点。正是由于对经济发展追求的惯性，我们在进行文化建设中会偏重于文化产业的发展。但是在缺乏强大的文化软实力根基的当今，文化硬实力发展也存在着诸多问题：

首先，片面追求文化产业的 GDP，造成经济利益至上，许多公益文化事业被强行推向市场，公共文化服务不能体现公益性、基本性、均等性、便利性，部分文化遗产被破坏性开发。

其次，文化产业的产品质量参差不齐、文艺作品乏善可陈。图文音像粗制滥造，降低品位，迎合市场，追随流俗，缺乏精神追求。低品位文化产品以追求经济利益为目的，满足了部分群体的感官愉悦和心理需求，放弃了对高雅和崇高的坚持，忽视了深刻的思想内涵和人文关怀。

第三，文化产业和文化市场体制机制不健全，再加之文化产业政策不配套、不具体、不完善，缺乏分类指导和协同运作的政策体系，使得文化产业发展缺乏深远高效的行业规划与发展环境。当今我国文化产业链条极为脆弱，市场化运营机制、文化市场体系不完善，存在条块分割、行政垄断的现象，没有形成人才合理流动的制度，也缺乏相应的激励与创新机制；同时文化产业的集约化、国际化程度不高，整体竞争力不强。这使得文化产业整体面貌模糊而紊乱，制约产业本身的迅速发展。

我们必须看到，一味追求硬实力，会导致功利主义盛行，工具理性至上，并导致人的异化，形成拜物教。乐黛云认为，"理性和越来越精细的分类使人的视野越来越逼窄"。在文化建设上也是如此，如果缺少底层的人文关怀，文化生产与军工生产在本质上是一样的，那就是对利润最大化的追求，并会产生军火生产一样的后果，只不过一种是杀死人的肉体，另一种是阉割人的精神。

四、正确认识文化硬实力与软实力建设的关系

资中筠在《冷眼向洋》一书中认为，美国的活力在于美国的两大思想因素——基督教

精神和体现在宪法中的自由主义思想。基督教精神对美国是一种无形的道德力量，在激烈的竞争中赖以自律。在高度个人主义社会中倡导集体合作，在贫富分化下倡导平等，是物欲横流中的净化剂。自由主义思想是美国效率的源泉，保证美国社会财富快速增长，从而成为世界超级大国，在特定历史时期拥有最强的硬实力。而基督教精神保证美国社会在注重效率的同时会兼顾社会公平，缩小贫困差距，减少产生暴力革命的土壤，保持美国社会的动态平衡。这就是硬实力与软实力相互依存的关系。

1. 硬实力对软实力的影响

技术革命会带来社会结构和社会分工的变化。正是基于这个意义，马克思在《经济学》手稿中写道："火药、指南针、印刷术——这是预告资产阶级社会到来的三大发明。火药把骑士阶层炸得粉碎，指南针打开了世界市场并建立了殖民地，而印刷术则变成了新教的工具，总的来说变成了科学复兴的手段，变成对精神发展创造必要前提的最强大的杠杆。"这是硬实力对软实力的深刻影响。然而，起源于中华民族的三大发明，为何没有促进中国社会的变革呢？这就是文化内核在起关键作用。

2. 软实力对硬实力的影响

马克斯·韦伯在《新教伦理与资本主义精神》一文中提出了一个知名的论点，那就是清教徒的思想影响了资本主义的发展。新教把赚钱本身当做一种目的，当做一种职业责任，被看做是一种美德和能力的表现。"这个观念是资本主义社会伦理中最具代表性的东西，而且在某种意义上说，它是资产阶级文化的根本基础。"由此可见，经济因素、技术因素并不是促成历史车轮推动的唯一力量，在宏观层面上，作为文化软实力的主体的精神和信仰，是推动社会发展的重要力量。

所以，我们不能否认文化硬实力的经济价值，但是我们也不能忽视文化软实力对社会发展的推进作用。我们必须提高对文化繁荣与发展的整体性认识，全面把握文化产品的意识形态性和商品性，深刻认识发展文化软实力的深远意义，坚持文化生产的软实力与硬实力的辩证统一，不断提升文化建设的高度与深度，建设中国特色社会主义事业，促进文化大发展大繁荣。

五、中国社会现实要求须协调发展文化软实力与硬实力

文化产业和文化事业是推动中国文化繁荣的车之两轮、鸟之两翼，必须促进其互补互动，相得益彰。在现阶段，重视文化软实力建设尤为急迫。

1. 完善社会主义核心价值体系

应用社会主义核心价值体系引领社会思潮、凝聚社会共识。改革开放以来，中国人在思想上接受了"自私"的观念，这是市场经济和西方文化带给中国的有益影响。但是必须将"自私"的观念和"责任"联系起来，对"自私"加以制衡。在中国的文化传统中，我们强调权利和责任的对等，父慈子孝、君义臣忠、兄友弟恭，在人与人的关系中，只有担负应尽的责任和义务，才能享受应有的权利。也就是说，只有确保社会关系的安全，才能把冲突降低到最小化，从而使整体利益最大化。社会主义的核心价值体系建构，必须是也只能是对传统文化的继承和扬弃。

2. 以文化创意推动文化产业发展

文化的重要组成部分是传统，也就是对过去的继承和沿袭；但同时文化又是对历史的创新和超越，是永无定制。承袭中国文化传统最重要的是"寓教于乐"的文艺作品，而在文艺作品生产中，最重要的法则是放飞想象的翅膀，永不重复。这种创新精神，决定了一个国家文化的影响力。当今中国，文化产业发展的瓶颈是创新的缺失，其中包括思想的缺失、创意的缺失、机制的缺失和传播手段的缺失，著名品牌不多，文化产业在国民生产总值中的比例不高，文化魅力和影响力依然与发达国家有较大差距。有数据表明，目前美欧占据世界文化市场总额的 76.5%，亚洲、南太平洋国家 19% 的份额中，日本和韩国各占 10% 和 3.5%，美国文化产业创造的价值早已超过了重工业和轻工业生产的总值。

3. 加强公共文化服务体系建设

推进公益文化和公共服务建设，改变单一的服务模式，继续提高公共文化服务质量，同时增加财政对公共文化服务的投入，增加对特殊群体和欠发达地区的公共文化的援助。例如，2007~2011 年，湖南全省各级财政累计投入文化、体育、传媒等公共文化事业发展资金为 159.8 亿元，相对于 5 年 68 769 亿元的 GDP 总量，约占 0.232%，仍就处于较低水平。文化权利、文化民生关系百姓福祉。文化需求是一种更高层次的需求，它关系人的价值、人的自我完善、人的自我实现，是人类由必然王国向自由王国迈进的必然要素。有人说，"不被审视的生命不值得度过"。人由何处来，向何处去，人应该怎样度过一生，是人类的终极命题，对它的思考，关系一个人的生命的品质，每一个人都有权利从前人那里获得资源进行诠释，从而使自己的生命更加充实丰盈。

六、结语

文化与经济、政治等相互交融，日益成为经济社会发展的重要战略资源，而国家之间综合国力的激烈竞争正日益聚集于以文化为核心的软实力的竞争。随着文化软实力作用的凸显，我们对文化建设规律的认识也更趋全面，越发深刻。从十六大提出"文化体制改革"的任务，到十七大将"文化软实力"写入大会报告；从十七届六中全会首次从完整意义上制定"文化强国战略"，到十八大报告再度强调"建设社会主义文化强国，关键是增强全民族文化创造活力，这就把文化建设提升到一个新的高度。可以说，文化建设迎来了一个难得的历史机遇期。在文化建设的态度上，我们既要有文化自信，敢于兼收并蓄，不妄自菲薄，同时，又要有文化自觉，能审时度势，敢于创新，敢于超越；在文化建设的方式方法上，我们既要注重文化产业建设，增强文化硬实力，同时也要重视核心价值观的构建，加大对公共文化事业的投入，增强文化软实力，使优秀文化真正融入人们的血液之中，成为人们的精神家园，只有这样，文化才能大发展大繁荣。

参考文献

[1] 约瑟夫·奈. 美国注定领导世界 [M]. 北京：中国人民大学出版社，2012.

[2] 费孝通. 论文化与文化自觉 [M]. 北京：群言出版社，2007.

[3] 李景源，陈威. 中国公共文化服务发展报告（2009）[M]. 北京：社会科学文献出

版社，2009.

［4］马克斯·霍克海默，西奥多·阿道尔诺. 启蒙辩证法：哲学片断［M］. 上海：上海人民出版社，2006.

［5］乐黛云. 文化自觉与中国文化的可能贡献［J］. 中国社会科学报，2011，（07）.

［6］资中筠. 冷眼向洋：百年风云启示录［M］. 北京：三联书店，2000.

［7］马克思，恩格斯. 马克思恩格斯全集. 第31卷［M］. 北京：人民出版社，1972.

［8］马克斯·韦伯. 新教伦理与资本主义精神［M］. 成都：四川人民出版社，1986.

［9］乐黛云. 中国文化用什么面向世界［EB/OL］. http：//book. ifeng. com/gundong/detail _ 2012_ 08/07/16594950_ 0. shtml？ _ from_ ralated.

［10］胡鞍钢. 新世纪中国五大注意点［J］. 经贸导刊. 2001（03）.

［11］王岳川. 从文化冷战到文化热战［N］. 光明日报，2010-7-2.

［12］苏莉. 湖南省5年投入159.8亿元发展公共文化事业［N］. 湖南日报，2012-5-31.

（第一作者单位：湖南图书馆；第二作者单位：湖南省文物交流鉴定中心）

用生物技术的钥匙开启矿产资源利用的大门

邱冠周

摘　要：生物湿法冶金作为一项低品位矿产资源处理技术，可以很好地解决矿产资源面临的短缺及难处理问题。本文从此技术的研究对象、方向及内容三个方面介绍了目前生物湿法冶金理论发展及应用现状，为新型工业化发展提供有力支撑。

关键词：生物湿法冶金；低品位矿产资源；技术理论；工程化

随着工业化进程的推进，高品位资源被过度利用，矿产贫化逐渐显现为一个世界性的问题，在处理低品位矿产资源中，传统的采矿、选矿、冶金工艺低效率、长流程、高成本、重污染，严重背离了科学发展观所要求的资源节约、环境友好的可持续发展理念，同时也对新型工业化发展的支撑日趋乏力。生物湿法冶金作为一项控制成本、节能高效、操作简易、环境友好的低品位矿产资源处理技术应运而生。其原理为利用微生物将矿石中有价元素选择性浸出，从而制备高纯度金属及其材料。生物技术在选冶中的运用给此类低品位矿区开启了一扇新的技术大门。

我国生物冶金领域的专家学者以生物冶金技术理论、装备以及工程化条件控制等方面为突破口，为实现工艺的最优化匹配并最终提高生物冶金技术的应用深度与广度做出了诸多努力：

1. 从宏观到微观：寻找生物湿法冶金的大门

2004 年，中南大学参加世界上第一个嗜酸氧化亚铁硫杆菌的全基因组测试研究工作。在全基因组测序获得全部 3 217 个基因信息的基础上进行全基因组芯片和比较基因组学研究，发现了包括有 135 个亚铁氧化、硫氧化以及抗性相关基因的 320 个高氧化活性基因。据此制定的国家标准《嗜酸氧化亚铁硫杆菌及其活性的基因芯片检测方法》（GB/T20929—2007）奠定了从基因水平开展浸矿机理研究的基础，实现了微生物浸矿行为研究从表现型向基因型的转变。

2. 从定性到定量：打造生物湿法冶金的钥匙

以基因、基因组和宏基因组为研究对象的分子生物学技术飞速发展，其应用于生物冶金领域的研究手段更多，其研究水平也有了从单菌单一功能到单菌整体功能和种群整体功能的大幅提升。应用群落基因芯片和功能基因芯片可以检测不同时间、不同地点的浸矿微生物种群结构和群落动态变化情况，可做到对浸矿微生物群落结构和功能活动进行同步分析，使得生物湿法冶金技术从客观利用进入到了主观创造的更高阶段。

3. 从现象到本质：厘清生物湿法冶金的机理

微生物浸出反应主要作用于矿物——溶液界面，期间的矿物氧化溶解过程及反应控制机理一直是生物冶金研究的难点。结合先进的界面分析设备与手段，可检测微生物——矿物界面的形态、构造以及生物化学反应过程中间产物的种类及含量，较为精确地阐明了矿物溶解的本质，完成了从现象到本质的飞跃。

建设两型社会，观念创新和体制创新是关键。事实证明，以往靠大量消耗有限的能源资源和破坏自然环境为代价换取经济发展不仅得不偿失，也是人民群众无法接受的。科技改变生活，生物冶金技术等高新技术不仅能在工业领域得到广泛应用，更可以影响并内化为我们的思维方式及生活方式，实现人与自然和谐相处。唯有如此，才是构建和谐社会的内在要求，才是两型社会建设的终极追求。

（作者单位：中南大学）

环境公益诉讼原告主体的多元化
——兼评《民事诉讼法》第55条

李爱年

摘　要：环境公益诉讼原告主体资格的确立是环境公益诉讼制度首要的、核心的问题。《民事诉讼法》（修正案）第55条将环境公益诉讼的主体规定为"法律规定的机关和有关组织"，是对环境公益诉讼原告资格的适当放宽，但仍过于限制。依环境公益诉讼所体现的独特性，可启动原告主体多元模式，将公民个人、环保组织、行政机关和检察机关纳入环境公益诉讼主体范畴，并通过立法有效解决原告主体资格多元带来的冲突。推进环境公益诉讼，需要多方努力。

关键词：环境公益；诉讼；原告；冲突解决

"两型社会"建设的终极目的是改善人的生存状态和促进人的全面发展；维护公民在良好环境中的生存权利，即维护公民环境权成了其中应有之义。但如果我们的环境权益受到侵害，我们能否向法院提起起诉呢？按照过去的《中华人民共和国民事诉讼法》和现行的《中华人民共和国行政诉讼法》规定是不行的，因为诉讼法规定，只有与案件有直接利害关系的公民、法人或者相关组织才能成为原告，为环境公共利益起诉存在着起诉主体缺位的尴尬。2012年8月31日，新修正的《中华人民共和国民事诉讼法》第55条规定："对污染环境、侵害众多消费者合法权益等损害社会公共利益的行为，法律规定的机关和有关组织可以向人民法院提起诉讼。这是我国法制史上一个十分重要的突破，是民诉法的一大亮点，揭开了我国环境公益诉讼的新篇章。在"两型社会"建设过程中建立环境公益诉讼制度，找到环境公益诉讼"原告"，由法定的合格主体代表国家和公众利益对破坏环境者提起公益诉讼，是"两型社会"建设中维护公民环境权益最重要的司法保障。

一、环境公益诉讼的概念和特点

公益诉讼是相对私益诉讼而言的，它并不是独立的诉讼类型。环境公益诉讼是相对于环境私益诉讼而言，是指公民、企事业单位、社会组织以及有关国家机关依据法律的规定，在环境受到或可能受到污染和破坏的情形下，为维护环境公益不受损害，针对有关民事主体或行政机关而向法院提起诉讼，由法院依法追究行为人法律责任的诉讼。与环境私益诉讼相比，环境公益诉讼具有如下三个特点：

第一，诉讼目的的公益性。环境公益诉讼不是为了单个私人利益，而是为了环境公共利益。目前，我国法律对什么是公共利益没有统一的定义，学界也有不同看法，但不管如何定义，公共利益均具有社会性，而非公有性，也有别于多数人享有的共同利益。因此，公共利益应与共有利益、共同利益、国家利益、集体利益等区别开来。

第二，诉讼主体的多元性。环境私益诉讼是直接利害关系人因为环境污染行为导致其人身或财产受到损害而向法院起诉；而环境公益诉讼是与案件无关联的任何个人、组织都可以作为原告，为环境公共利益向法院起诉。原告范围具有广泛性、多元性。

第三，诉讼功能的预防性。环境公益诉讼不是赔偿、弥补环境污染所导致的财产损失和人身损害，而是预防、减少、消除环境污染行为，修复环境损害和改善环境质量。

原告主体资格的确立是环境公益诉讼制首要的、核心的问题。从环境公益诉讼的目的和性质来看，似乎不应该对其过于严格地限制，但是为了避免滥诉，又需要对当事人的主体资格作进一步界定和限制。此次表决通过的《中华人民共和国民事诉讼法》修正案规定，有权提起环境公益诉讼的主体为"法律规定的机关和有关组织"，对环境公益诉讼原告资格适度放开；但为了有序进行，又有限制。这一条规定存在的缺陷是明显的，既有遗漏，又规定模糊。在环境法领域，放宽环境公益诉讼原告资格的限制，启动多元化模式，即除国家检察机关作为原告启动环境公益诉讼以外，其他的一些主体也可以提起环境公益诉讼，这已成为世界各国环境立法的一个普遍趋势。因此，扩大原告资格，启动多元化模式势在必行。这里又涉及两个问题需要解决：一是多元为哪几元，二是多元间出现冲突时该如何解决。

二、环境公益诉讼中原告多元为哪几元

环境公益诉讼的独特性以及西方发达国家先进经验表明，我国环境公益诉讼的原告主体应当包括公民个人、环保组织、行政机关和检察机关。

①公民个人应成为环境公益诉讼原告主体。环境公共利益与每个人息息相关，维护环境公共利益是每个公民责任心和社会公益精神的体现，法律对此应该给予鼓励和保护。美国早在上个世纪70年代在《清洁空气法修正案》中就规定了公民公益性环境诉讼制度，并得到了各方面的欢迎，实践中效果显著。此次修订的《民事诉讼法》第55条未将公民个人纳入环境公益诉讼的主体范畴。针对这一问题，全国人大常委会法制工作委员会副主任王胜明解释说，按照修改前的《中华人民共和国民事诉讼法》，公民个人都可以提起诉讼，不需要按照新增加的公益诉讼条款解决相关问题。笔者认为，这一说法有失偏颇。因为公民个人根据修改前的民事诉讼法提起的诉讼，其目的是为了私益救济，并不是为了维护环境社会公共利益，也即这种诉讼属于普通私益诉讼，而不在公益诉讼的范围之内。因而允许公民个人提起公益诉讼并不与之前的规定冲突或重叠，故公民个人也应具备提起环境公益诉讼的主体资格。

②环保组织应成为环境公益诉讼原告主体。环保组织具有公益性的价值观、独立性、专业性等优势，可以成为环境公益诉讼的原告。2009年中华环保联合会诉江苏某集装箱有限公司污染了周边环境，影响了周围不特定人群的生活质量，对无锡市、江阴市饮用水水源地和取水口造成威胁，侵害了公共环境利益，该案例就是首例由环保社团组织提起的环境民事公益诉讼案件。但是否所有的环保组织都能够提起环境公益诉讼，在不同国家存在不同做法。美国原则上认可社会团体的公德心和社会功能，对其起诉采取乐观其成而不作

积极干涉的做法。

③行政机关可以成为环境公益诉讼原告。这里的行政机关一般是指环境保护行政机关。按照我国现有环境保护监督管理体制，环境保护行政机关即环境保护行政主管部门以及其他享有环境保护监督管理权的分管部门是国家和社会环境事务的管理者和监督者，是具体的、直接的环境公益代表者。他们作为环境公益诉讼的原告，一是有条件做到积极应诉。由于其设置普遍，行政资源相对检察资源而言更丰富，能更积极、主动地深入民事、经济生活，发现各类侵害环境公益的环境污染和破坏行为。二是符合整体利益维护机制原则。依系统科学的等级层次原理，具有一定共同性的社会个体成员的利益经一定的利益集团进行初次整合，再经各种利益集团的再次整合，从而形成社会整体利益的机制是最为合理的。而国家作为各种利益集团再次整合形成的社会整体利益的代表，由其特设机关提起诉讼，不仅能够使侵害社会公共利益的行为处于严密的监督和有效遏制之下，维护社会和国家利益，还可以最大限度地保证起诉标准的统一公正，避免私人起诉可能产生的报复和滥诉弊端，实现诉讼的效率与效益。因此，行政机关理应成为环境公益诉讼的原告。三是有法律规定。我国《海洋环境保护法》第90条第（2）款规定，"对破坏海洋生态、海洋水产资源、海洋保护区，给国家造成重大损失的，由依照本法规定行使海洋环境监督管理权的部门代表国家对责任者提出损害赔偿要求。"这实际上是对我国环境公益诉讼行政机关原告资格的认可。

④检察机关可以成为环境公益诉讼的原告。检察机关是否成为环境公益诉讼原告，我国理论界有不同学术观点，但实务界认为它是较合适的公益诉讼的主体，实践中也有很多成功的案例，如2008年5月，望城县（现望城区）人民检察院以原告的身份开启了湖南首例以检察机关为原告的环境公益诉讼案。不可否认，行政机关提起环境公益诉讼可以有效遏制环境污染和破坏行为，但我们必须看到，在现实中，行政机关出于部门利益或迫于地方保护主义压力考虑，往往不敢惩罚违法者，有些甚至充当违法者的保护伞。检察机关作为法律监督机关和国家利益、社会利益的一个代表机构，应该对任何侵犯公共利益的行为提起诉讼，这样不但可以通过公诉有效弥补行政机关的懈怠行为，甚至可以通过行政公诉督促或惩罚行政机关的不作为。检察院提起环境公益诉讼，如提起环境民事公益诉讼，其法律地位如何确认？对此，应该全面衡量，既不能仅仅根据检察机关提起诉讼这个行为来考虑，也不能只以检察机关本身的性质和职能为标准。我们认为检察机关提起环境民事公益诉讼具有双重身份，即不完全程序意义上的原告和法律监督者的地位。尽管检察机关在环境民事公益诉讼中承担原告（提起民事公诉）和法律监督者（对法院的审判活动进行监督）的双重身份，但并不意味着这两重角色必然会发生冲突。事实上，在我国的刑事诉讼中，检察机关一直是具有双重身份的，这并没有带来什么不良影响。同理，只要制度设计合理，赋予其同被告平等的诉讼权利与诉讼义务，检察机关在环境民事诉讼中也能处理好双重角色，而不会违背当事人诉讼权利平等的基本原则。

三、如何解决多元发生的冲突

多元化的环境公益诉讼原告固然可以最大限度地鼓励公众、环保组织、行政机关、检察机关提起环境公益诉讼，但是这也必然产生一个原告冲突协调的问题，即针对同一行为，有两个或者两个以上的原告同时起诉，各原告之间应当如何予以协调。如果法院分别受理，一一审判，显然这种诉讼是不经济的。因此，为了提高诉讼效率和避免法院的诉累，必须解决环境公益诉讼原告资格的冲突问题。根据原告身份的不同，我们可以将环境公益诉讼的原告分为两大类：一类是普通原告，主要是指公众与环保组织；另一类是公权原告，主要是指行政机关与检察机关。以此分类，发生冲突的可能性就有三种，即普通原告之间、公权原告之间以及普通原告与公权原告之间的冲突。普通原告之间的冲突同样有三种情形：一种是公众与公众之间，另一种是环保组织与环保组织之间，第三种是公众与环保组织之间。前两种情形比较好解决，我们可以参照《中华人民共和国民事诉讼法》规定的代表人诉讼进行。对于公众与环保组织之间的冲突，一般而言，考虑到社会团体比个人更有力量，可以让社会团体代表诉讼。但是团体资格应受到限制：当成员利益、观点分歧非常大，有明显冲突时，社会团体不适合代表诉讼，因为环境问题具有很大的不确定性，有时关于环保标准、损害范围、补救措施等的分歧相当大，甚至在科学上都没有一个确定的标准，如果团体成员之间也是众说纷纭、莫衷一是，团体的代表性就很成问题，不适合代表诉讼。出现这种情形时，应由法院指定诉讼代表人。

对于普通原告与公权原告的冲突问题，可借鉴英美法系的处理模式———前置审查起诉模式，即公民提起公益诉讼之前，必须通知有关行政机关制止损害环境公共利益的行为或提起诉讼，当有关机关不提起诉讼时，公民才可径行提起诉讼。如美国《清洁水法》规定，任何公民如果没有在起诉前60天将起诉通告美国联邦环保局，就禁止公民根据《清洁水法》提起诉讼。我国也可以参照这一做法，规定一个通告期。在通告期内，如果有关行政机关采取了行动，公民、社会团体的起诉资格将受到限制；反之，公民、社会团体有权直接向法院提起诉讼。

如何解决公权原告之间的冲突呢？检察机关对行政机关有监督权，换句话说，检察机关有一定的被动性，即在行政机关不作为以及有所错为时才采取行动。因此，在行政机关已经提起诉讼时，检察机关就没有必要作为原告起诉了。而且，检察机关对诉讼过程也有监督权，即便不作为原告起诉，也可以通过诉讼监督权参与到诉讼中，以维护社会公共利益。

四、推进环境公益诉讼制度面临的挑战

伴随环境公益诉讼原告主体多元化的发展可能会面临以下一些困境：公民不愿或不敢起诉；环保组织整体能力不强；环境保护法律体系需健全；有关司法机关地位待提升、职能待完善；法律人专业素养待加强等。针对上述问题，笔者建议可采取以下措施以推进环境公益诉讼制度：

第一，提高公民环境权意识。通过多种渠道和途径提高公民环境权意识，鼓励其面对侵犯环境公共权益的行为时，勇于通过诉讼手段来保护公共环境，维护公共利益。

第二，完善环境公益诉讼法律体系。一是针对《中华人民共和国民事诉讼法》55条规定存在模糊、不好操作的缺陷，最高人民法院应尽快出台司法解释，具体规定环境民事公益诉讼的原告、并就环境公益诉讼的管辖、举证责任分配、诉讼费用负担、被告承担责任的方式等作出说明。二是修改已过时的行政诉讼法，并纳入环境行政公益诉讼制度；三

是国家立法机关在研究修改《中华人民共和国环境保护法修正案草案》时应顺应社会呼声，并吸收环保司法实践经验，对环境公益诉讼主体做出明确规定；四是修改宪法，使环境权入宪。自 20 世纪 70 年代开始，环境权即被一些国家载入宪法。我国应该顺应这一世界环境宪权立法趋势，把环境权作为一项基本权利在宪法中加以规定。

第三，强化司法机关应对环境公益诉讼的职能。由于环境污染与破坏案件具有较强的专业性与特殊性，其纠纷解决程序要适用举证责任倒置、因果关系推定等有别于一般民事诉讼的程序规则，这就对各级法院和法官提出了更高要求。很多地方设立环境保护法庭和加强法官的环境法培训就是顺应时代要求的体现。《法治湖南建设纲要》也明确提出："探索建立环境公益诉讼制度，探索设立长株潭资源环境保护专门法庭，强化对资源环境的司法监督，有效保护生态环境，维护公民的环境权益"。这是落实"两型社会"法治建设，建立环境公益诉讼制度过程中极具针对性的必要之举。

第四，加强法律人理论研究能力。法律人应秉承善良公正之心，加强对环境公益诉讼的理论研究。作为法律研究者既要吸取国外的有益经验，又要结合实务部门的实践经验，使环境公益诉讼制度具有科学性、针对性与操作性，真正能加以实施，从而为维护社会公共利益、维系当代人及后代人的生存和发展做出应有贡献。

参考文献

[1] 佚名. "有关组织" 可提起公益诉讼 [N]. 潇湘晨报，2012-9-01.

[2] 佚名. 中国首例社团组织环境公益民事诉讼立案 [EB/OL]. http：//www. chinanews. com/gn/news/2009/07-09/1768097. shtml.

[3] 齐树洁，苏婷婷. 公益诉讼与当事人适格之扩张 [J]. 现代法学，2005（5）.

[4] 王文隆.（法治湖南建设纲要）亮点？探路生态法治 [N]. 湖南日报，2011-08-19.

[5] 杨朝霞. 环境公益诉讼谁为原告？ [EB/OL]. http：//www. qstheory. cn/st/stwm/201207/t20120702_ 167533. htm.

（作者单位：湖南师范大学法学院）

在绿色发展中实现怀化经济战略性升级

杨开凤

摘　要：绿色发展是建设美丽中国的要旨所在，是怀化自然禀赋的优势所在，是怀化实现跨越式发展的关键所在，意义重大深远。怀化作为后发展地区，必须立足市情和区域、资源优势，紧紧把握绿色发展的时代主旋律，坚持从商贸物流、新型工业、旅游产业、生态农业等方面积极培育绿色支柱产业。同时，要推进绿色发展，必须更加注重招商导向的转变，积极引进战略投资；更加注重产业发展的转变，积极培育品牌企业；更加注重区域布局的转变，积极打造经济洼地；更加注重政务环境的转变，积极创设发展条件。

关键词：绿色发展；区位优势；支柱产业；思路创新

随着省委省政府、党的十八大提出建设绿色湖南、美丽中国，经济转型、绿色发展成为时代主旋律。所谓绿色发展，是指建立在生态环境容量和资源承载力约束条件下，将环境保护作为实现可持续发展重要支柱的一种新型发展模式，其主要内容和途径就是经济活动过程和结果的"绿色化"、"生态化"。下面作者结合怀化经济发展实际，谈谈怀化加快绿色发展的粗浅思考。

一、把握发展大势，将绿色发展摆上战略位置

绿色理念的提出已有五十多年，这是人类对自身的深刻反省。对怀化来说，环境资源保持良好发展态势，但良莠不齐的资本和企业正在加快进入，坚持绿色发展，意义重大深远。

1. 绿色发展是建设美丽中国的要旨所在

面对资源约束趋紧、环境污染严重、生态系统退化的严峻形势，党的十八大高瞻远瞩，创造性地提出了"生态产品"、"生态文明"、"美丽中国"等全新理念和战略定位。我们知道，随着我国经济30多年高速增长，传统优势正在逐步消减，体制转轨、外贸拉动、廉价资源和便宜劳力等红利已不可持续，坚持绿色发展，更是关系中国发展全局的战略抉择。同时，绿色湖南是我省第一张"两型名片"，与生态建设、"美丽中国"一脉相承，体现的是大视野、大智慧、大战略，描绘出一幅未来湖南的"绿色蓝图"。建设美丽中国、绿色湖南，绿色发展都是应有之义、核心要求。这就要求我们在谋划和推进区域经济发展中，必须将绿色发展摆上战略位置。

2. 绿色发展是怀化自然禀赋的优势所在

在绿色发展的主旋律中，怀化的优势得到前所未有的凸现。一是绿色生态优势。全市

森林覆盖率达 68.58%，是我国九大生态良好区域之一，拥有 3 000 万亩（1 亩 = 667 平方米，后同）林地和 13 个自然保护区、森林公园，被称为中国的"原生态植物园"、"中国绿心"，是我省优质水稻、优质水果、油茶、杂粮等特色生态产品的重要生产基地，全市出产的药用植物 1 900 多种，茯苓、天麻等产量居全国第一。二是区位交通优势明显。怀化是我国重要的交通枢纽，是连接东西部经济合作交流的战略要地，经济辐射至五省（市、区）周边 44 个县、9 万平方公里（1 公里 = 1 000 米，后同）、1 500 万人口的广大区域。这一不可复制的优势，使怀化在发展商贸物流这一绿色支柱产业上得天独厚。比如，我市的汽车展销会仅次于长沙，步步高、大润发的经营效益均明显高于同类地区。三是自然资源优势。怀化水能、矿产资源丰富，是全国十大水电基地主体地带之一，已开发和正在开发的水能总装机达 450 万千瓦，全市矿产资源价值达 5 600 多亿元，其中黄金、铜、磷储量分居湖南省第一、第三、第四位，这为怀化实现多种产业布局和可持续发展奠定了坚实的基础。

3. 绿色发展是怀化实现跨越式发展的关键所在

近年来，怀化围绕"构筑商贸物流中心，建设生态宜居城市"战略目标，经济社会实现长足发展，城乡面貌焕然一新，2011 年全市实现生产总值 833 亿元，完成财政总收入 75.2 亿元，经济总量跻身全省第八位；完成全社会固定资产投资 433 亿元，实现社会消费品零售总额 274.6 亿元，居民储蓄存款总量位列全省第二方阵。随着怀化经济的快速发展，怀化经济即将迎来人均 GDP 3 000 美元的发展临界点。如果处理不好，势必陷入"中等收入陷阱"。必须未雨绸缪，积极应对临界点的到来。一方面，全市经济总量不大、结构不优、质量不高，资金、土地等要素制约越发明显，经济发展如何实现战略升级将面临路径选择。另一方面，我市的自然禀赋优势并未得到充分发挥，生态产品开发、绿色产业链条培育、商贸物流经济等并未形成明显优势，与怀化自然禀赋不相称，等等。绿色发展理念的提出并成为一个时代的定位，这是怀化发展过程中极其重要的战略机遇，也是怀化赢得主动、赢得优势、赢得未来的突破时点。

二、立足区域优势，全力培育绿色支柱产业

未来几年，怀化经济必须围绕绿色发展，立足全市经济结构的战略性转型和升级，抓紧培育绿色支柱产业。

1. 商贸物流

这是怀化的传统优势，也是怀化的主体税源，应立足怀化承东接西、腹地广阔的优势，培育大市场、搞活大流通、发展大商贸。一是做大园区。建设以专业批发市场和小加工为主的河西商贸区，以仓储、配送为主的狮子岩物流园及鸭嘴岩物流园，以工业品集中流转为主的工业物流园，形成各专业物流园区优势互补、协同发展格局。二是完善体系。主要是农产品、药品药材、粮油、烟草、工业品、日用小商品、钢材、汽车摩托车、服装布艺、仓储配送等十大市场以及相关重点项目建设，努力把中心城区建设成为区域性商品集散中心。三是带动县市全面发展。按照"突出一个主体（市区）、强化四个节点（溆浦、沅陵、靖州、新晃）"的基本思路，通过新建改造、提升整合，着力构建遍布周边地区广大农村市场的商贸物流服务网络。力争"十二五"期间，年销售收入 50 亿元、20 亿

元、10 亿元以上的大型商贸物流企业分别达到 1 家、3 家和 6 家以上，怀化作为区域性现代商贸物流中心地位基本确立。

2. 新型工业

加快培育知识技术密集、物质资源消耗少、成长潜力大、综合效益好的先导性、战略性产业，努力打造新的经济增长极。在改造升级传统产业的基础上，重点做大做强水电、林木、矿冶、食品等主导产业，努力打造一批具有综合竞争力的产业集群。"十二五"期间，力争全市支柱产业增加值达 330 亿元，占全部工业增加值的 55% 以上。我市新型工业发展，核心在全面提高竞争力：一是优化园区平台。力争将怀化工业园区成功创建为国家级园区，打造工业产业群落；引导和规范县市园区建设，使其各具特色，协调发展。二是扶持中小企业。重点是积极推进大中小企业相互协作，结成战略联盟，优化资源配置，加速产业整合，实现规模扩张。三是打造优势品牌。突出培育林纸一体化、矿业精深加工、绿色生态等具有行业领先优势的企业品牌，形成以名牌企业为龙头的产业集群。

3. 旅游产业

旅游产业是"无烟工厂"，是区域经济的倍增器、放大器。我市旅游资源丰富多彩，现已查明的旅游资源有 142 处，其中优级 25 处，良级 58 处，被专家誉为"中国最富潜力的旅游资源黄金地带"之一。而且，随着包茂、娄怀高速公路、沪昆客运专线的开通，怀化的通达条件将得到极大改善，旅游发展将迎来"井喷期"。但是，当前的突出问题是缺乏核心品牌，缺乏知名旅游目的地，缺乏完善的旅游基础设施。今后的重点主要是三个方面：一是以更宽的视野谋划怀化旅游发展。主动承接张家界、凤凰旅游辐射，依托大湘西旅游开发，积极融入桂林大旅游圈，市本级将启动大湘西旅游文化产业园建设。二是以更大的力度打造知名旅游目的地。目前，这些工作已经取得实质性推进，黔阳古城、洪江古商城、荆坪古村以及通道、沅陵等相继引进战略投资者，芷江借助国家有关部委提供的战略资源，正在打造芷江和平旅游名城，假以时日，怀化旅游面貌将焕然一新。三是以更优的政策推进基础设施建设。出台鼓励高星级酒店建设的优惠政策，吸纳更多的战略资本参与我市旅游基础设施建设，在相关政策的积极推动下，一批高星级酒店投资商相继进驻我市。

4. 生态农业

在怀化，广袤的绿地孕育了一大批生态、绿色产品，关键是如何将其做大，如何将它们推向市场。主要突出"三抓"：一是抓优势基地。以优质稻、名优茶、中药材、优质柑橘、优质油茶、优质生猪和肉牛、优质烟叶等九大优势农产品基地建设为重点，积极拓展农业业态，支持发展生态农业、休闲农业、城市农业和外向型农业，培育壮大具有怀化地域特色的主导产业。二是抓精深加工。集中培育一批农产品加工骨干龙头企业，积极推进农产品加工业集群化发展，按照产业布局要求建设一批区域性农产品加工园区。三是抓品牌整合。加快培育重点产业、重点企业和重点品牌，构建优势农业产业链。在这方面，我市的一个重要平台就是全面实施粮油"百亿产业工程"，坚持以油脂、稻谷、杂粮及面制品、饲料等加工业和现代粮食物流为主要增长点，力争全市粮油加工和物流总产值由 2010 年的 30 亿元上升到 2015 年末的 100 亿元以上。

三、坚持创新思路，切实加快绿色发展推进步伐

随着建设美丽中国、绿色湖南战略的提出，国家、湖南省势必将从经济宏观政策上进行一系列大的调整，在积极应对相关调整的同时，应紧紧围绕支柱产业的培育，在发展理念、方式、策略上积极转变观念，不断创新。

1. 要更加注重招商导向的转变，积极引进战略投资

怀化经济发展相对落后，要实现跨越式发展，最终带动整个经济的战略性升级，必须坚定不移地开展招商引资。但是，今后的招商引资，必须高度关注经济与环境的双赢，特别是在当前发达地区纷纷淘汰落后产能、并不断将其向后发展地区转移的现状下，更要独具慧眼，见商就要到选商选资，要注重招大项目、招好项目，盯紧国内外500强企业，加强与央企、省企对接合作，争取更多的战略投资者落户怀化；要算好生态、就业、税收"三笔账"，引进技术含量高、财税贡献大、资源消耗低、环境污染小的项目；要坚持引资和引智相结合，吸引大型企业来怀化设立区域代理、运营中心、研发中心，带动本土企业提升管理水平和创新能力。

2. 要更加注重产业发展的转变，积极培育品牌企业

怀化各个支柱产业都有较好的基础，但其缺点就是都缺乏龙头企业，缺乏大的品牌支撑。因此，在产业发展上，要变过去全面抓、全盘抓的做法为抓重点，抓品牌。要坚持扶优。扶优就是扶贫，一个优势产品、企业，乃至产业做大做强，在扩大就业、增加税收、延伸产业链条等多个方面具有无可比拟的作用。现在，怀化各个产业上都有一批企业已经粗具规模，相互之间积极扶持，倍增效益、边际效应十分明显。要坚持整合资源。怀化市场主体众多，但是普遍规模偏小，比如商贸物流企业全市有100多家，但怀化在五省市区周边的物流经济优势并未形成，主要就是缺乏带动力强的龙头企业，通过整合以及整合后的管理强化，完全可以形成一批重点龙头企业。

3. 要更加注重区域布局的转变，积极打造经济洼地

当前，产业集群作为当代最有效的组织形态，在集聚生产要素、优化资源配置、加快制度创新、营造产业生态环境等方面发挥着越来越重要的作用。在绿色发展的时代背景下，作为地方政府，特别是后续发展地区的地方政府，应该始终把产业聚集作为推进产业战略升级、实现环境友好的重点来抓。当前，我市在这方面进行了积极探索，比如市工业园发展，不仅提升了工业企业的聚集力度、土地利用的综合效益，甚至在环境治理等方面都取得了意想不到的效果。比如，经济开发区的发展，在建材、家具、家电等方面，也初步形成了聚集辐射功能。今后的重点就是不断完善各类专业规划，引导产业严格按规划布局，真正形成特色鲜明、功能互补、产业链条相互衔接的工业区、商贸物流区、休闲旅游区，在全市范围内打造出产业集群和经济洼地。

4. 要更加注重政务环境的转变，积极创设发展条件做大做强

当前，经济的竞争，特别是招商引资上的竞争，越来越体现为政务环境的竞争。优化政务环境，就应该在政策设计、政务服务、环境整治等方面坚持"三个敢于"：一是要敢于"亲商"。要在坚守政策原则的基础上，把投资者、企业管理者作为朋友来对待，真心实意地为他们服务，设身处地地从他们的角度想问题、办事情；二是要敢于"让利"。既

要杜绝政府与企业、与社会争利，又要学会算经济账，眼光放远，善于舍弃眼前的、局部的不利于环境保护的狭隘利益，追求长远的更大利益回报；三是要敢于"变通"。变通就是创新，就是探索。越是后续发展地区，条条框框的限制就越多。在新一轮发展中，必须把思想解放摆在首位，在解放思想中解放生产力，进而实现经济社会又好又快发展。

（作者单位：怀化市人民政府）

戒毒工作社会化的应然选择

——解读湖南"大戒毒、大矫治"工作体系

夏 飞

摘 要： 在新的立法语境下，如何实现戒毒工作的转型提质，服务社会稳定发展，是一个颇具现实意义的课题。湖南司法行政戒毒系统立足《禁毒法》精神，凝练多年劳教戒毒经验，提出了"大戒毒、大矫治"工作理念。本文从时代发展需求及戒毒工作科学发展需要两方面论证了这一理念的科学性、必要性、必然性，并提出了构建"大戒毒、大矫治"戒毒工作体系的八大综合性举措，对戒毒工作的重建具有开创性价值。

关键词： 戒毒工作；大戒毒；大矫治工作体系

戒毒工作关系民族生存繁衍，意义十分重大。同时戒毒又是一个复杂的社会工程，仅靠戒毒机关自身的力量和传统的方法难以完成工作任务。司法行政戒毒必须站在服务大局和推动社会管理创新的高度，用全新视角认知戒毒客观规律，把握发展方向，按照"政府主导、分工负责、社会协同、公众参与"社会化发展思路，创新机制，整合力量，构建"大戒毒大矫治"工作体系，推动戒毒工作由孤立、封闭、静止向开放、联系、发展的战略性转变。

一、"大戒毒大矫治"是戒毒工作顺应时代发展的必然要求

"大戒毒大矫治"是根据现代社会环境的要求提出来的。随着科技进步和经济发展，我国已进入开放社会时代。开放社会为我们提供了良好的生存环境，同时也提出了全新的挑战。开放社会要求社会组织和个人必须善于利用开放机遇，适时调整自身，快速适应开放环境，实现快速健康发展。湖南司法行政系统针对毒品问题日趋复杂化和开放、动态、信息化的社会环境形势，按照"依托社会、对接社会、适应社会、服务社会"原则，创造性地提出了"大戒毒大矫治"理念，在工作理念、制度机制和方法手段上都有新的突破。

"大戒毒大矫治"首先是戒毒工作理念的转变，具有开放、联系、动态的特征。开放是要改变"关门办戒毒"的工作思路，将戒毒工作放到社会管理的大视野下来谋划，放到禁毒工作的大链条中来推动，放到戒毒人员再社会化的大工程中来实施。要在与社会的交流合作中，使社会各界了解、支持、参与戒毒工作，推动戒毒工作的开展。联系是一个哲学概念，事物的联系是普遍存在的。戒毒工作的各项措施之间要无缝对接，各种资源要有效整合、戒毒机关与其他政府部门、社会团体、爱心人士要协调配合，形成合力，不能"铁路警察各管一段"。动态是要根据戒毒人员身体、心理和社会功能恢复情况，实行动态管理、动态矫治、动态评估，提高戒毒工作效果。同时要及时导入现代医学、心理学、教

育学的科研成果，不断提高戒毒工作水平。

"大戒毒大矫治"也体现为制度机制创新，即通过创新机制，整合资源，整体推进戒毒工作体系建设。构建统一协调的戒毒工作领导机制，成立戒毒工作委员会，对医疗戒毒、社区戒毒、强制隔离戒毒、戒毒康复等戒毒措施进行统一的业务领导和协调。与公安机关建立协调机制。通过建立资源共享的信息平台，及时了解掌握毒情、毒品、戒毒形势等情况，与公安机关一起对戒毒人员在社区戒毒、强制隔离戒毒、戒毒康复、回归社区等各个阶段情况实行动态管控。建立多种戒毒方式的对接机制。在省戒毒局管理下，坚持以社会适应训练为纽带，以戒毒工作指导站为载体，以后续照管为接口，对接自愿戒毒、接强制隔离戒毒、社区戒毒和社区康复等多元戒毒方法和家庭、社区、企业等多种社会资源。建立综合矫治的工作机制。借助科研院校力量共同合作，建立理论研究体系；探索引进科学的医疗戒毒、教育戒毒、心理康复新方法，提升综合矫治能力和水平，提高科学戒毒效果。

"大戒毒大矫治"同时也是工作模式的创新，一方面要把社会的资金、人才、技术和医疗、教育、就业政策等资源整合到戒毒场所来，服务戒毒工作；另一方面要将戒毒所成熟的教育、矫治、管理等方法手段导入到社区、延伸到社会，使吸毒人员走出戒毒场所后，能持续接受这些有效的方法和措施进行后续戒毒。"大戒毒大矫治"既是戒毒工作自身发展的需要，也是社会群体的迫切需求。目前很多社区正在按《中华人民共和国禁毒法》要求，开展社区戒毒和社区康复工作，但都缺乏相关经验。绝大多数吸毒人员家属和爱心人士想帮助吸毒人员，但缺少帮扶吸毒人员的知识和技巧。戒毒人员遇到高危情境时，也期望能得到有效的支持和帮助。戒毒机关延伸矫治范围，向社区输出成熟的戒毒管理和矫治方法，是想社会之所想，急社会之所急，是发挥职能优势服务社会管理创新的具体体现。

二、"大戒毒大矫治"是实现戒毒工作科学发展的必然选择

"大戒毒大矫治"是湖南司法行政系统在总结近 20 年戒毒工作经验的基础上，根据戒毒工作规律和社会管理创新的要求，分析禁毒形势、毒品演绎、吸毒人员变化、社会关注态度等情况，创造性提出且以开放、联系、发展体系为特点的戒毒工作新理念。

1. "大戒毒大矫治"源自劳教戒毒的理性提升

湖南劳教机关自 1990 年《全国人大常委会关于禁毒的决定》至 2008 年《中华人民共和国禁毒法》实施前，共收容、矫治了 6 万多名吸毒人员，探索了 "L-TC" 和 "相对封闭、分期管理、综合矫治、后续照管" 劳教（戒毒）戒毒模式，对吸毒人员实施了程序化的治疗康复计划，给予了吸毒人员很大帮助。

劳教戒毒的贡献在于突破了 "心理脱毒就是戒毒" 的理念，认识到戒毒工作包括生理脱毒、心理脱瘾等方面。但由于传统戒毒方法沿用了劳动教养法律体系，将吸毒人员单纯定位为违法者进行强制教育，在劳教场所完全封闭的环境中进行戒毒，浓厚的强制与惩戒色彩令很多吸毒人员在心理上易产生对抗心理，封闭孤立的环境中难以建立完善的社会支持系统和提供社会适应性训练机会，戒毒成效只能体现在所内戒断率上；戒毒人员一旦离开戒毒场所，得不到后续帮助和社会支持，大多会陷入 "吸毒—戒毒—再吸毒—再戒毒"

的恶性循环中。2008 年，劳教戒毒转型为强制隔离戒毒后，我们认识到，如果想帮助吸毒人员恢复健康，彻底摆脱毒品的毒害，不仅要从生理层面和心理层面进行关注，也要从社会层面加以重视。戒毒工作目标应由提高所内戒断向帮助吸毒人员减少危害，实现再社会化转变，工作内容应由包括程序化矫治、后续照管、社会支持等方面，工作力量上应由所内单独承担向整合社会资源转变，必须构建联系的、开放的、动态的大戒毒大矫治工作体系。

2. "大戒毒大矫治"是落实《中华人民共和国禁毒法》要求的具体体现

戒毒工作社会化是《中华人民共和国禁毒法》的指导思想。《中华人民共和国禁毒法》第四章关于戒毒措施的规定，体现了社会化的方向，在戒毒模式方面，将戒毒工作划分为医疗戒毒、社区戒毒、强制隔离戒毒和社区康复等基本模式，并要求所内所外戒毒措施相对接，形成链条式戒毒工作体系。在协作参与方面，明确了公安机关和司法行政、卫生行政、民政等部门的职能要求，形成联动式戒毒工作体系。在社会支持方面，规定有关部门和组织应当在入学、就业、享受社会保障等方面给予戒毒人员以指导和帮助，形成开放式戒毒工作体系。根据《中华人民共和国禁毒法》要求，2008 年，湖南省劳教局加挂了戒毒管理局的牌子，开始依法履行戒毒管理职责，从整体上把握戒毒工作，整合社会戒毒资源，创新管理机制和方法，不断探索社会化的大戒毒、大矫治新体系。

3. "大戒毒大矫治"是应对毒情变化的重要举措

近年来，湖南着力构建党委、政府领导，禁毒委员会组织协调，职能部门齐抓共管，全社会联动，全民参与的社会化禁毒工作机制，禁毒戒毒取得了巨大成效。为"四化两型"建设和构建和谐湖南提供了坚实保障。但省内毒情正在发生新的变化，毒品泛滥和戒毒效果不佳的状况尚未得到明显改变，禁毒戒毒工作不容乐观。一是吸食新型毒品人数增长迅猛，戒毒矫治难度增大。2011 年我省登记在册吸食冰毒等新型毒品人数达 6.4 人，该类毒品对人的身心影响不同于海洛因等传统毒品，直接损害脑神经，吸食时间过长会导致精神病。这类人员感知觉异常，出现幻听、幻视、被监视感等，情绪容易波动，极易出现自伤、自杀或伤害其他人员，甚至出现突发性地攻击民警等暴力行为。管理控制和医疗矫治难度更大。二是贩毒手段不断变化，场所管理危险加大。戒毒场所是瘾君子集中的地方，极易成为贩毒人员盯上的目标。当前贩毒人员运用先进的网络信息技术，出现了网购贩毒、网游贩毒、邮包快递贩毒等新方式。戒毒场所打造无毒环境将面临新的考验，与地方公安、社区的联防联治机制需要进一步加强。三是一些民众认知错位，吸毒群体扩展。吸毒也是一种文化认同，吸毒人员初次"追求性吸毒"行为的原因是享乐主义的亚文化在作怪。近年来滥用新型毒品的群体不断扩大，一方面的原因是新型毒品服用成瘾时间比较长，身体依赖性不强，停用后戒断症状不明显，让吸食者错误地认为"吸食新型毒品不会上瘾"。另一方面的原因是社会发展迅猛，人们生活节奏快，工作压力大，新型毒品的兴奋效果迎合了某些人希望借此缓解压力，放松身心的错误认识，导致吸食人群由原来的社会无业青年向公司职员、演员、大学生、企业主管和公务员等阶层扩展。四是戒毒措施脱节，各方的协调配合亟待加强。尽管我省"社区戒毒—强制隔离戒毒—戒毒康复"的流程体系现已基本形成，但实际操作上，因不同阶段分属公安、司法、社区等不同的部门管理，各个流程阶段的沟通衔接并不顺畅，特别是后续照管尚处于起步阶段，亟待加强完善。五是家庭关怀逐步弱化，社会支持系统急待重构。家庭成员对初次吸毒人员一般会非常关心与重视，但随着反复吸毒的出现，他们便会逐渐失望、绝望而放弃，吸毒人员返回社会时面临家庭不接纳、工作无着落、生活无来源、交往无朋友的局面。所有这些变化，都昭示着戒毒工作更加复杂，更具社会性，需要建立一种社会化的大戒毒、大矫治体系来应对。

三、努力构建"大戒毒大矫治"工作体系

"大戒毒大矫治"工作体系包括了领导组织、工作流程、服务保障、社会支持、交流合作等多个方面，工作体系的构建必须坚持党委政府的主导，以法律规定为准则，以服务社会发展大局和帮助戒毒人员为目标，开拓创新，主动作为。

1. 建立戒毒工作委员会，统一协调戒毒工作

在各级禁毒委员会下设相对独立的戒毒工作委员会，加强对戒毒工作的领导、监督和协调，推进戒毒工作的规范运行和健康发展。戒毒工作委员会由公安局、检察院、司法局、教育局、卫生局、民政局、社区和戒毒管理局等相关部门组成，日常工作由戒毒管理局负责。戒毒工作委员会建立联席会议制度。定期或视情况需要联合相关部门研究戒毒工作中的重大问题，及时指导、监督、协调戒毒工作，通报相关情况和信息。

2. 建立司法行政和公安联合的协作机制，形成戒毒工作合力

《中华人民共和国禁毒法》和《中华人民共和国戒毒条例》规定，对吸毒人员的检测、戒毒措施的决定由公安机关负责，强制隔离戒毒由公安和司法政机关共同承担。湖南目前采取的是公安和司法行政机关分段执行的模式。这种情况下，需要加强合作，建立四个方面的工作机制：一是规范收治协商机制，2012 年 8 月，我省戒毒管理局联合公安厅监管总队下发的《关于规范强制隔离戒毒人员转送和收治若干问题的意见》，明确了分段收治、分区收治以及转送的具体要求，有效规范收治秩序；二是规范诊断评估体系和网上审批机制。强制隔离戒毒人员的诊断评估是一项政策性、技术性很强的工作，公安和司法行政机关要制订统一的诊断评估办法，并开发制成软件，两家按统一的标准执行。在诊断评估结果运用上，利用现代信息技术，实行网上办公，规范审批程序，保障工作效率；三是规范两家的管理、警戒、教育、治疗和习艺机制，使戒毒人员在流转过程中顺利适应，避免产生执法标准和管理要求不统一的状况；四是建立戒毒场所深挖犯罪工作机制。司法行政戒毒机关在对吸毒人员开展戒毒工作的同时，要通过谈话教育、政策宣传、亲属规劝、重点突破、检举揭发等方式，多渠道收集吸毒人员隐藏的贩毒制毒等违法犯罪线索，为确保公共场所安全，帮助公安机关侦察破案服务。

3. 创新对接载体，构建顺畅高效的流程体系

医疗戒毒、社区戒毒、强制隔离戒毒和戒毒康复是《中华人民共和国禁毒法》规定的四大戒毒措施，也是戒毒体系中不可分割的阶段和环节。各个环节之间要加强沟通，建立对接机制，确保流程顺畅，配合协调。湖南司法行政戒毒已进行了一些有益探索。一是在戒毒康复所建立健全"回归训练区"，接受或解除强制隔离戒毒人员的自愿训练，实现强戒与戒毒康复的对接。二是戒毒所在社区建立"戒毒工作指导站"，既为戒毒人员提供服务，又为社区戒毒及社区康复提供业务支持，实现戒毒所与社区戒毒的对接。三是戒毒康复所受社区委托，为不具备戒毒条件的社区提供戒毒工作平台，实现社区戒毒与戒毒康复

的对接。

4. 构建社会帮教体系，整合戒毒工作资源

戒毒机关要加强与有关部门和社会团体的协作，把社会的资金、人才、技术和医疗、教育、就业政策等资源整合到戒毒场所来，服务于戒毒工作。加强与科研院校的合作，通过课题合作、建立研究基地等形式，邀请考勤医学、心理学、教育学、法学等方面的专家教授参与到戒毒工作中，及时吸收新的科研成果，提高戒毒工作效果。我省新开铺所与湖南省司法警官学院合作，进行绘课治疗的课题攻关，积极探索有效的戒毒康复方法。我省与湖南电视台公共频道合作，结成"善行"，建立长期合作战略联盟，共同打造戒毒康复公益品牌。我们在残疾人福利基金会的支持下，创立戒毒康复爱心基金分会，爱心企业共计捐款 209 万元。目前已有 628 名戒毒康复人员得到了爱心基金的帮扶。

5. 争取支持帮助，构建社会保障救济体系

《中华人民共和国禁毒法》规定，戒毒人员在入学、就业、享受社会保障等方面不受歧视。戒毒场所要加强与当地劳动和社会保障、医疗卫生保险管理、财政等部门联系，将戒毒人员纳入当地城镇居民基本医疗保险范畴，统筹解决这一特殊群体在特殊时段的基本医疗保障问题。解除强戒人员在城镇各类企业就业的限制，要求相关企业为其办理社会保险参保手续，并按时交纳社会保险费。将吸毒人员的文化教育纳入国民教育，使他们既能完成义务教育阶段的学业，又能参加电大、函大、高等教育自学考试的学习；把戒毒人员的职业技能教育纳入当地劳动和社会保障、财政部门的培训计划，享受国家优惠政策，建立就业指导中心和就业基地，积极为矫治对象提供就业帮助。

6. 建立跟踪帮教机制，完善回归支持体系

要想吸毒人员出所后顺利回归社会，一靠戒毒场所的跟踪帮扶，二靠社会力量帮教。我省戒毒所通过建立戒毒热线、"康友之家"QQ 群，及时为出所回归后需要帮助的吸毒人员提供帮助。禁毒工作指导站、"黄丝带"奖励基金、"戒毒家长学校"可向吸毒人员家属传授戒毒方法，为戒毒人员回归社会后正确抵御毒品诱惑，巩固戒毒效果，融入正常社会生活奠定坚实的基础。为使戒毒人员回归社会后有人关心帮助，有人管理照顾，同时可在社区和爱心企业建设试工试学基地、安置帮教基地、技能实习基地、戒毒康复基地，促使戒毒人员回归社会后有学可上，有业可就，有事可做。大力加强衔接工程、心桥工程建设，着力构建矫治对象社会支持系统。

7. 建立综合矫治机制，提高戒毒工作效果

戒毒机关要正确认识吸毒人员中违法者、病人和受害者的法律定位，分别对他们实行服务性执法、教育性管理和综合性矫治。首先是要消除吸毒人员的对抗性，增强他们的戒毒动机。实际工作中要转变工作态度，把戒毒人员视为弱势群体给予人文关怀，做好服务工作。我省的戒毒康复工作坚持公益性，对自愿戒毒人员免费戒毒，得到了戒毒人员和社会的广泛欢迎。其次是戒毒方法要改变，不能把戒毒人员关起来就当做是戒毒，要开展科学有效的戒毒措施，大力采用集戒毒医疗、心理康复、行为矫治、文化教育、习艺劳动、再社会化促进于一体的综合戒毒工作方法，提升戒毒工作水平和实际效果。

8. 参与禁毒宣传，增强全民禁毒意识

禁毒宣传既是戒毒机关的职责，也是服务禁毒工作的重要内容。一是以"6·26"国际禁毒日、"12·1"世界艾滋病日等重大节日活动为载体，积极协助地方宣传部、禁毒办

开展丰富多彩的禁毒宣传活动，深化场所禁毒宣传职能。二是广泛做好戒毒人员及其家属的工作，向社会公众宣传毒品危害和毒品防治知识。三是充分发挥戒毒所法制教育基地和警示教育基地的阵地作用，接待周边学生、党政干部等来所接受法制宣传和警示教育。通过禁毒宣传和教育，增强公众的拒毒防毒意识和参与禁毒的意识，减少毒品侵占市场，为禁毒工作营造良好的社会环境。

参考文献

[1] 法律出版社编. 中华人民共和国禁毒法 [M]. 北京：法律出版社，2008.

[2] 法律出版社编. 戒毒条例 [M]. 北京：法律出版社，2011.

[3] 施红辉，李荣文，蔡燕强. 毒品成瘾矫治概论 [M]. 北京：科学出版社，2009.

[4] 国家禁毒委员会办公室. 2012 年中国禁毒报告 [EB/OL]. http：//www. jhak. com/jdzy/zgjdzy/20120710/7327. html.

[5] 国家禁毒委员会办公室. 2011 年中国禁毒报告 [EB/OL]. http：//www. jhak. com/topic/2011 – 05/29/content_ 5773_ 12. html.

[6] 国家禁毒委员会办公室. 2010 年中国禁毒报告 [EB/OL]. http：//www. mps. gov. cn/n16/n983040/n1262289/n1262304/2453894. html.

〔作者单位：湖南省司法厅、劳教局（戒毒局）〕

青年成才的四大要素

赖建明

摘　要：青年成才必须具备的四大要素，即提升自身的素质，包括品德素质和能力素质；把握时代发展的脉搏，顺应历史发展的潮流；驾驭复杂的社会环境，善于发掘有利自身发展的条件；构建和谐的人际关系，创造自身发展的良好人际资源。

关键词：青年；成才；要素

青年是建设有中国特色社会主义和全面建成小康社会的中坚力量，是祖国的栋梁，未来发展的希望和后备力量。可以说，广大青年生逢其时，生逢其代。在湖南提出推进"富民优先"、"四化两型"、"两个加快"和建设"四个湖南"的大背景下，青年人可以充分发挥自己的聪明才智，投身湖南建设中去，实现自己的人生价值。未来湖南建设，肯定会成为青年人成才的沃土。如何做出一番事业，成为无愧于时代的有为青年人？

青年成才指成为对社会有用的人，在为社会建设作出贡献的过程中实现自我价值就是成才，与简单的成功相比，成才包含了更多的社会道德认同，因此，青年成才是自身提升素质与融入社会的有机结合，它需要具备四大要素。

一、强化自身德才素质

成才是某个个体或群体针对本身的动态过程，而非主体对外物的动作，因此，自身能力对于青年成才是内因，而外部机遇是外因。马克思主义哲学认为，内因是事物发展的源泉和根本动力，是依据，外因是事物发展必不可少的条件。因此，青年成才必须提升自身素质和能力，这样才能把握机遇，达到自身奋斗和外部机遇完美结合的成才目的。

那么，青年成才应如何强化内在素质呢？

1. 强化品德素质

胡锦涛总书记在党的十八大报告中谈到未来人才时说过，人才要德才兼备。习近平同志在全国组织部长会议上强调，"要坚持德才兼备、以德为先用人标准"。有句俗语："无德无才是废人，有德无才是庸人，无德有才是小人，有德有才是人才。"德是做人的根本，是成才的"命门"，是青年人安身立命之本。青年人要成长成才，必须修身立德，克己慎行。高尚的品德是靠后天的长期磨炼和持之以恒的修养而获得的，不是与生俱来的，也不是一成不变的。古人说，"德者，才之帅也""德不优者，不能怀远"；孔子讲过："德之不修，学之不讲，闻义不能徙，不善不能改，是吾忧也。"德才兼备是青年人的生存之道，是成事的基础，是实现人生价值的必备条件。

2. 强化能力素质

这就需要青年人掌握丰富的文化基础知识，提升自身办事的能力和水平，增长才干。青年人应把才作为干事创业的重要"资本"，这样才有可能卓有成效地开展工作，实现自身的人生价值。同时，青年人还需要确立自身的人生目标，从现在开始，从自己的岗位开始，扎扎实实学习，兢兢业业工作，在艰苦奋斗的信念前提下，实现人生价值，走向成功的未来。

二、把握时代发展脉搏

就是要与时代脉搏一起跳动。胡锦涛总书记参加"十八大"江苏代表团的讨论时对大学生村官石磊说："基层是最锻炼人，也是最能成长人的地方，特别是你又赶上了一个好时代，是我们国家全面建成小康社会、基本实现现代化这样一个历史时代，因此可以大有作为。"作为成长在改革开放和建立市场经济新体制下的一代青年人，其思想带有强烈的时代色彩，注重人生价值的体现，渴望个人成长成才。因此，青年成才必须把握时代脉搏，紧跟社会大发展的潮流，响应社会发展的需要，结合自身的实际情况，做新一代有思想有主见的开拓者，投身各领域的建设潮流中锻炼自己、提高能力，才能在更广阔的舞台上展现自己的价值。

三、驾驭复杂的社会环境

既要适应大环境——国内外形势，又要适应小环境——家庭、单位。青年人首先要学会适应环境、认识环境，驾驭环境，改造环境。面对发掘环境，人们往往不太注意。马克思是德国人，他搞社会主义研究，当局讨厌他，把他赶到英国去。马克思马上认识到，我的祖国不要我了，这对我有什么帮助？英国是资本主义国家，我搞调研，当然得充分认识资本主义。马克思并没有埋怨环境，而是适应环境，认识环境，驾驭环境，最后写出《资本论》来了。

四、构建和谐人际关系

马克思说，人是社会关系的总和。人的社会属性决定了领导者无论你愿意不愿意、喜欢不喜欢，事实上都无时无刻不在进行着各种人际交往。青年人不可能以任何理由去厌烦和拒绝各种社会关系，因为青年人走向社会后就必然要协调各种人际关系，来化消极为积极、化被动为主动、化冲突为和解、化失败为成功。

青年人要成才必须懂得一些为人处世的技巧，才能为自己营造一个良好的人际关系环境。对于青年人而言，人际关系是在知识、体力、金钱、物资之外的另一种资源。和谐的人际关系，从工作的角度而言，对于青年人顺利开展工作、抓住生存与发展机会、成就一番事业具有重要意义，它是每个渴望成才的青年人降低办事成本的最佳选择；从个人的成长而言，对于青年人追求进步、不断获得新的发展平台很有帮助。事实一再证明，青年人走向社会后的工作有效展开、人生目标的成功实现、发展机遇的获得以及个人的进步与自身的人际关系状况几乎是成正比的，也就是说，青年人走向社会后具有良好的人际关系，工作开展起来就顺畅，事业成功的几率就大。所以，关系好，事业成，不成也成；关系坏，事业败，不败也败。

  湖南的改革发展所取得的成就凝聚着几代人的知识和智慧，作为青年一代不能一叶障目，做井底之蛙，应把握历史机遇，寻到适合自己体现价值的道路，积极融入社会，成为社会发展主力，施展才干，这样才能成为社会的栋梁之材，建功立业，实现自身人生价值。

（作者单位：中共株洲市委党校）

地缘民族关系研究

——南岭民族区域合作与发展研究

王明生　蒋季红　唐盛明　张小红　唐明川

摘　要：南岭地区具有丰富的资源、良好的生态环境，但却基础设施滞后、经济社会发展速度较慢。如何利用南岭地区的资源优势、区位优势，加强区域合作，成为加强南岭地区民族关系建设的新课题。本文通过大量调查研究掌握的情况，阐述了加强南岭地区民族关系的意义，客观分析了南岭地区民族关系的历史与现状，提出了加强南岭地区民族关系的对策与措施。

关键词：南岭地区；民族关系；区域合作

地缘关系是指以地理位置为联结纽带，即在一定的地理范围内共同生活、交往而产生的人际关系——现代地缘关系。人们由于居住和工作的流动性特点，因此不断形成新的开放型的地缘关系。现代地缘关系包括地缘政治、地缘经济、地缘文明关系。本文研究的"地缘民族关系"是指湘、粤、桂三省区界的南岭地区各民族之间的关系。南岭是湖南、江西两省南部，广西东北部和广东北部山区的总称，南岭地区即湘、赣、粤、桂边界地区，在行政区划上涵盖郴州、永州、赣州、韶关、清远、贺州、桂林7个市，81个县（区），面积15.67万平方公里，人口3 200多万，是瑶族聚居地。南岭地区地理特征、民族文化、资源条件大致相同，从区域经济发展而言，南岭地区应是协同发展的经济区。但由于各省市行政割离、经济发展差异和资源开发差别，从而影响了南岭地区资源的优化组合、经济整体效益的充分发挥和社会稳定。

在经济全球化、区域一体化的时代背景下，以及中央"统筹区域协调发展"战略的提出，南岭地区构建区域发展合作机制已是必然趋势。因此，加强南岭地区民族关系建设，突破自我封闭的行政区域概念，形成良性互动的区域发展合作有着重要意义。

一、加强南岭地区民族关系建设的重要意义

1. 是"统筹城乡发展、统筹区域发展"的具体体现

《中共中央关于构建社会主义和谐社会若干重大问题的决定》提出，"城乡、区域发展差距扩大的趋势逐步扭转"是构建社会主义和谐社会的目标和主要任务之一。南岭地区

是湘粤桂省区交界地域，应是城乡、区域统筹发展的重点区域，其民族地区经济协同发展应是"统筹协调"和"形成合理的区域发展格局"的题中之意。加强南岭地区民族关系建设，协同区域发展，便是"统筹城乡发展、统筹区域发展"的具体体现。

2. 是构建和谐边界、和谐社会的需要

过去，由于省、县行政区域边界不清，南岭地区之间引发了大量的争地、争林、争水、争矿事件。事实上，边界纠纷的实质是自然资源权属争议，凡是存在边界争议的地区，都是经济发展相对比较缓慢的地区。南岭地区之间由于边界和资源问题发生纠纷的双方是不同的民族或同一民族的不同部分，极易影响民族团结。无论是实现小康目标，还是构建和谐社会，都离不开稳定的经济、社会环境，我们必须充分认识和抓好加强南岭地区民族关系建设。

3. 是制订并实施符合少数民族和民族地区实际政策措施的需要

2005年5月，胡锦涛总书记在中央民族工作会议暨国务院第四次全国民族团结进步表彰大会上的讲话中明确提出，要"坚持因地制宜、因族举措、分类指导，制订并实施符合少数民族和民族地区实际的政策措施"。南岭地区各市县的特点是：区位偏僻，交通不便，远离中心城市和政治、经济、文化中心；高山远水，生活和生产条件较差；是重要林区和水系源头，是我国生态环境的绿色屏障。南岭地区民族人口众多、交错居住，经济社会发展政策存在较大差异，并且在今后相当长的时期内，各省（区）、市、县在经济文化发展上的差距、差异还将继续存在。因此，针对南岭地区实际状况制定经济协同发展战略、实施相应政策措施有着必要性。

4. 加强南岭地区民族关系建设具有客观基础和现实需要

南岭地区地缘关系紧密，自然条件相似，生态环境相同，人文习俗相近，发展水平相当，经济交往久远，在自然环境和社会发展特征等方面都具有较强同一性，即相对完整和独立，这构成了南岭地区协同发展的客观基础。但当前南岭地区之间由于不同的行政主体而各自为政，影响着资源的优化组合和区域经济的协调发展。如基础设施——重复建设，但限制共享；"生态"环境———味开发资源，导致生态失衡；产业和企业——产业趋同严重，龙头企业少，鼓励企业进入，限制企业流出；市场竞争——区域过度、无序竞争，区域整体竞争趋弱。因此，加强南岭地区民族关系建设，加强区域发展合作有着现实性和必需性。

二、南岭地区民族关系的历史与现状

从历史渊源来讲，南岭地区自古至今均存在着各地区、各民族内部及各民族之间的和睦友好交往和经济协作关系。如矿产开采、竹纸生产、林业采育、水电开发等，都是由民间交往和乡镇圩市等交换形式与场所开始的，在相互交往和经济协作方面各自都扮演了重要角色，发挥了重要的功能作用。

从现实情况看，南岭地区空间联系紧密，经济互通良好，民族文化同源，协作发展基础良好。

1. 空间联系紧密

南岭地区是中国东、中、西部地区的结合部，自古便是华中、华东地区通往广东、广西、海南及西南地区的交通要塞，素有"楚粤通衢"之称。湘江北去可抵长江，南下经灵渠可达珠江水系；京珠高速，107、207、322三条国道，十余条省道在南岭境内交错纵横，湘桂铁路和京广铁路、洛湛铁路贯通南岭地区。2003 年后永连公路、衡昆高速、二广高速、厦蓉高速、永贺高速相继竣工通车，使南岭地区在空间上的联系更为紧密。

2. 经济互通良好

近几年来，随着世界经济全球化趋势的进一步加强以及国内改革开放步伐的进一步深化，南岭地区承接粤港澳产业转移的力度不断加大，各市县紧紧抓住发展机遇，努力发挥优势，以思想大解放带来大开放，赢得大发展。清远、韶关、郴州、永州、贺州、桂林等地高起点的工业园区的建设及其一系列的经济合作项目，为建立"互利共赢型"区域合作框架率先走出了第一步，南岭地区经济开放合作领域不断拓宽。

3. 民族文化同源

从隋唐以来，南岭地区一直是瑶族的主要聚居地，所居住的瑶族人口占全国瑶族人口2/3 以上，南岭地区瑶族同根同源同文化，信奉盘王，说"勉语"，有过盘王节、唱瑶歌、跳长鼓的传统习俗，有独具特色的瑶族服饰，有盘瓠文化、女书文化、采集文化、酒文化以及婚恋节庆民俗文化等，民族向心力强、凝聚力强。但由于在内涵发掘深度和空间的拓展上缺乏相应的优势互补，南岭文化至今未能形成强大的冲击力和轰动效应。

4. 协作发展基础良好

南岭地区的协作发展有着历史和现实的良好基础。1988 年 12 月，全国人大常委会副委员长费孝通考察南岭地区时，提出了建立南岭瑶族地区经济开发区的构想。这一构想在南岭地区广大干部群众中奠定了良好的思想基础和舆论氛围。1990 年冬，由广西瑶学会发起，在广西贺县召开了南岭地区瑶族代表联席会，确定了两年举办一次盘王活动事项。2003 年，湘、粤、桂三市民委召开联席会议，确定每两年举办一次民族联谊协作会，开始探索实践区域协作的有关事项，至今已举办了五届民族联谊协作会，南岭地区协作领域不断得到拓展与深化。

三、加强南岭地区民族关系的对策与措施

1. 优化区域基础设施系统，加强地区空间联系

首先，要突出抓好交通基础设施建设，完善南岭地区内外交通网络。尽早完成衡昆高速、二广高速、厦蓉高速、永贺高速、洛湛铁路全线贯通。与此同时，进一步抓好国道、省道的提质改造建设，并争取南岭地区的县际和县乡道路以及主要旅游景区的道路全部硬化完毕，以形成公路、铁路和航空立体交通网络，加快跨省、跨境和出海道的建设。其次，要进一步加强水电、通信等基础设施的建设。水电方面，南岭地区可利用丰富的水利资源抓好各县区的小水电开发。永州境内更要尽快加快潇水六级中型水电站的建设步伐，抓紧实施永州火电站建设项目，调整优化水火电站结构，并加强中南电网与华东电网的连接。通信方面要建成以南岭地区为核心的现代通信网络，实现重要交通线、旅游区、城区的无缝覆盖。

2. 调整优化区域产业结构，突出产业发展对接

首先，要因地制宜，有所为有所不为。从南岭地区的资源优势、现实条件出发，要重点突出水能、矿产、林木、食品药材、农产品和旅游等资源开发，着眼于形成具有南岭民族地区优势的若干支柱产业，力争把资源的潜在优势变成现实生产力。其次，要营造公平、开放和富有吸引力的投资环境，建立透明、便利、规范的投资促进机制，支持区域内

开展合作，形成优势互利、协作配套、共同发展的产业布局，提高整个南岭地区的产业水平，承接"泛珠三角"的产业向南岭地区的梯度转移，把我们最有优势的产业、最有效益的企业、最有潜力的市场向合作各方开放。

3. 发挥民族传统文化资源优势，构筑文化空间格局

首先，突出"一园两带"，打造具有浓郁民族特色的文化精品。"一园"就是建设一座集民族文化研究、旅游观光和服务开发三位一体的盘瓠文化产业园。"两带"就是以在广东、广西、湖南三省交界之地的高山峻岭居住的高山瑶、过山瑶、排瑶、土瑶等支系为一带，以广西、湖南交界之地的丘岗平地的富川、恭城、江华、江永等地居住的平地瑶、民瑶等支系为一带，将各地的服饰、民居、工艺等资源进行整合，将其打造成内涵丰富、习俗多彩的瑶族文化精华集中地带。其次，依托多点，建设文化产业基地，促进南岭文化均衡发展。一是以优美秀丽的山水为背景，充分挖掘名山、名水、名人、名镇、名村、名特产等品牌优势，拓展瑶族文化功能区。二是以不同支系的瑶族为基点，充分挖掘瑶族的民居、民俗等民族文化资源优势，规划建设 2~3 个风格各异、民族特色鲜明的瑶族文化旅游胜地。三是以瑶族盘王节和逢十周年大庆为契机，规划建设一批集民族文化、民族体育为重点的综合文化场所。

4. 构建区域发展合作联盟，实现地区互利共赢

南岭地区要建立区域发展合作联盟，区域发展合作联盟可以破除各自为政、条块分割、孤立发展的传统发展方式，确立资源共享、优势互补、合作共赢的一体化发展理念。南岭地区各市县要通力协作、相互配合，建立区域发展合作联盟，形成灵活高效的磋商和协商机制，通过区域发展合作联盟建立政府间合作平台，协调南岭区域社会、经济、文化与生态环境建设。首先，要通过区域发展合作联盟制订区域发展规划，共同制定区域发展政策，共同协商解决共生资源开发、生态环境治理和社会矛盾纠纷等问题，实现南岭地区资源环境可持续发展。其次，要通过区域发展合作联盟促进南岭地区各市县的产业分工与协作，创建资源互补、产业互联、市场互通、经济互惠的多赢局面，解决南岭地区各市县之间产业发展各自为政、项目重复建设、恶性竞争等问题，实现资源与产业的优化配置，促进产业优化升级。最后，通过区域发展合作联盟引进或组建大型集团公司，引进市场化运作机制，拓宽融资渠道，促进生产要素与产业有机结合和优化配置，实现生产要素一体化经营，开发、销售、服务一体化，形成完整的区域产业体系，使产业经济真正"上规模、成体系、创品牌"。

参考文献

[1] 高洪深. 区域经济学 [M]. 北京：中国人民大学出版社，2002.

[2] 鲁勇. 行政区域经济 [M]. 北京：人民出版社，2002.

[3] 王明生. 民族研究文集 [M]. 北京：人民出版社，2010.

[4] 滕森林. 民族地区协调边界关系的探索与实践 [J]. 长沙：民族论坛，2009（07）.

[5] 卢晋波，彭顺喜，戴塔根. 关于湖南参与泛珠三角区域合作的若干建议 [J]. 中国科技论文在线，2005（09）.

（作者单位：永州市民族宗教委员会）

创新产业形态　加快服务型制造业发展

史永铭

摘　要： 目前湖南的工业化进程正在由中前期阶段向中后期阶段加速演进，同时面临着重化工业化阶段资源环境约束矛盾进一步加剧等问题，传统的重化工业化发展模式难以为继。为有效缓解矛盾、应对挑战，加快提升重化工业发展的质量和效益，本文提出，当前应积极创新产业形态，确立以服务型制造业为重要抓手的产业结构优化升级战略，以长株潭"两型"试验区为载体，加快制造业的服务化转型发展步伐，大力发展服务型制造业，推进先进制造业与现代服务业发展的融合互动，促进重化工业在更高层次和更大规模上实现跨越式发展，为今后加快生产型经济向服务型经济转变奠定坚实基础。

关键词： 服务型制造；产业形态；结构调整；两化融合

一、当前湖南正处在一个重要发展"关口"

湖南人均 GDP 于 2010 年首次突破了 3 000 美元大关，2011 年又超过了 4 000 美元。从以往发达国家和地区的演进发展历程看，人均 GDP 从 3 000 美元跃升至 5 000 美元，经历的时间大多为 5~7 年。按照湖南"十二五"规划预计，全省人均 GDP 将会于 2015 年至少达到 5 000 美元以上，"十二五"期间正好处于人均 GDP 为 3 000~5 000 美元阶段。

人均 GDP 进入 3 000~5 000 美元阶段，是国际上公认为一个国家或地区发展的重要"关口"。之所以说这是一个发展的重要"关口"，是因为这一阶段的"黄金发展期"与"矛盾凸显期"交织在一起，发展的不确定性较大。要么能够把握机遇，妥善处理好矛盾问题，继续快速增长一个较长时期；要么可能因经济结构的转型升级跟不上而陷入相对低迷、徘徊，甚至长期停滞状态，落入"中等收入陷阱"。这个规律性的认识，已被世界许多工业化先行国家和新兴经济体的实践反复证明。

当前的湖南，正站在了这样一个发展的"战略十字路口"上，站到了一个或继续快速发展，或可能振荡徘徊的"分水岭"前。今后，湖南的工业化进程应当而且必须由目前的中前期阶段加速向中后期阶段发展演进，但同时面临的诸多矛盾与问题也不容忽视，前景不可盲目乐观。尤其是，在今后城镇化加快推进、消费结构加速升级的过程中，重化工业化的资源能源依赖性大和生态环保问题多的阶段性特征，以及总量加速扩张发展的客观趋势与主观诉求，同资源环境约束的矛盾将进一步加剧，经济结构转型升级的压力空前巨大。

近几年，湖南经济总量增长很快，自 2009 年起 GDP 就一直稳定居于全国前 10 名之列，但省域综合竞争力在全国各省市的排序却有所下滑，大体上在全国中游与下游方阵之间徘徊。中国社会科学院《中国省域经济综合竞争力发展报告》显示：2005 年湖南经济竞争力在全国排名第 19 位，2010 年下滑到了全国第 21 位。另据中国科学院《中国科学发展报告 2012》指出，2011 年湖南 GDP 质量指数在全国排名第 18 位，尽管位次比上年的排序有所提升，但依然是全国 GDP 总量与质量反差最大的省份之一。这种状况表明，我们相对"重型化"并且资源能源依赖性较大的工业化阶段特征及其经济增长模式，构成 GDP 总量规模的要素组合，以及决定竞争能力的产业结构还存在较大问题。显然，今后如不能加快提升重化工业发展的质量和效益，实现总量与质量的同步提升，妥善解决产业结构的"重型化"以及与之密切相关的资源环境约束日趋严重的问题，湖南未来的快速发展和健康发展将难以长久维系。

二、今后的重化工业发展之路该如何走

目前两种观点较具代表性：一是湖南应该"轻型化"产业结构，即加快消费品轻工业发展，促使产业结构尽快由"重"变"轻"；二是应当加快发展服务业，通过服务业的迅速扩容提升，相对降低重化工业的比重。这两种观点都不无道理，但也都有一定的片面性，而且显然在较短时期内都难有扭转当前困局的明显成效。

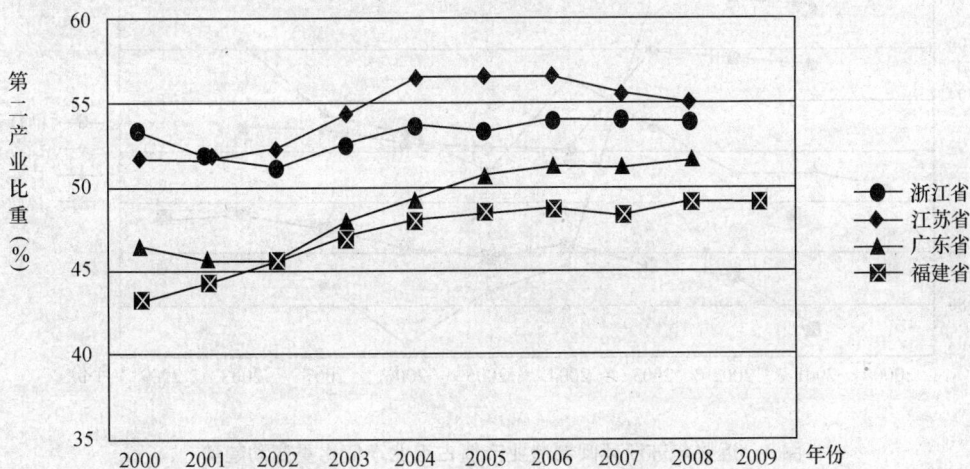

图 1 近些年苏浙粤闽四省第二产业比重变动趋势

注：图中数据根据中国及相关省份统计年鉴数据加工整理，后同。

从表象上看，湖南今后的确应当适时抑制重工业的高速扩张，加快重化工业的"轻型化"发展步伐。但深入考量，这似乎既不太符合重工业曾一直是湖南产业布局重点的历史，并且至今仍一直是湖南强力支柱产业的现实；也不太符合人均 GDP 过 3 000 美元之后先行国家和地区产业结构演进发展的基本规律。据我们对国内若干年前人均 GDP 就已过 3 000 美元的浙江、江苏、广东、福建等先行省份的比较研究和实证分析发现，这些先行省份在跨过 3 000 美元台阶之后，第二产业的比重仍有较大上升空间（图 1），尤其是重工业及其制造业的发展呈现了快速增长态势（图 2、图 3），它们几乎都是在短短几年间实现了其重化工业的大幅度增量扩容。显然，这对于它们加快工业化进程，推进工业型经济逐

步向服务型经济转变起到了巨大的奠基作用。因此,这些先行省份现在几乎毫无例外地都在思考和部署现代服务业的大发展问题。

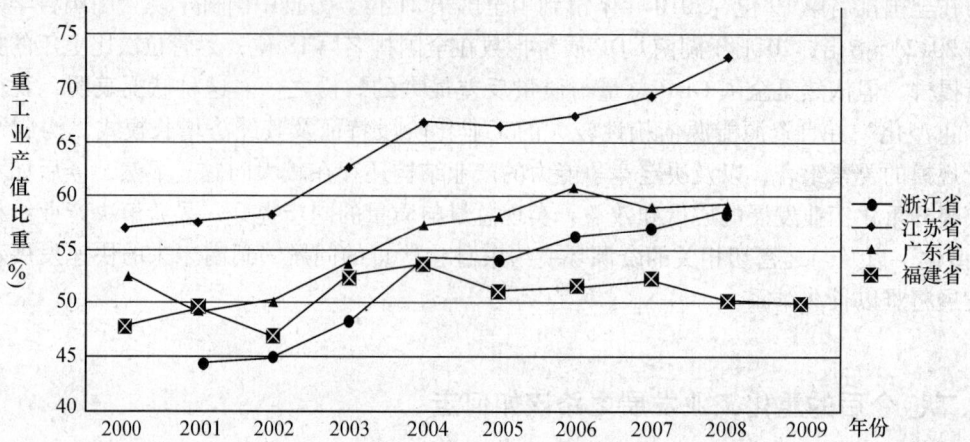

图2　近些年苏浙粤闽重工业产值比重变动趋势

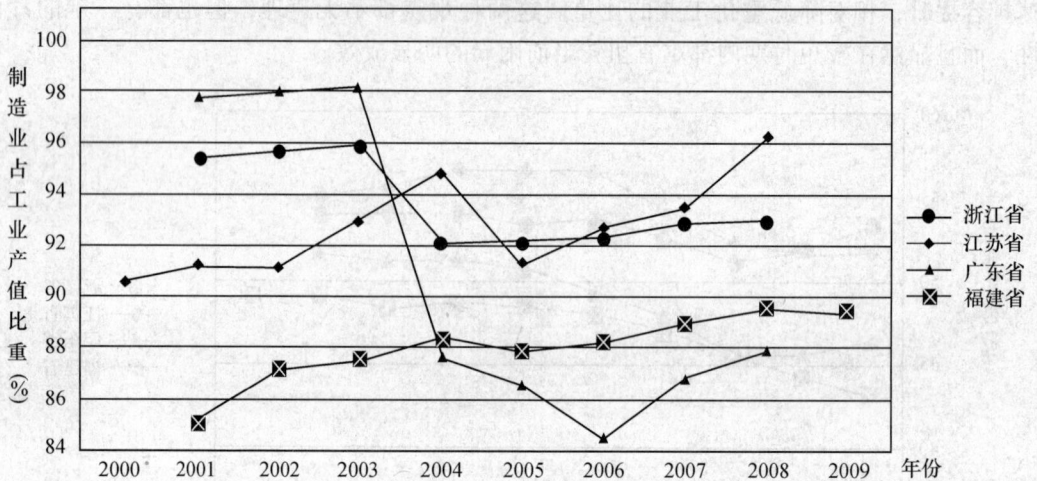

图3　近些年苏浙粤闽制造业产值占工业产值比重变动趋势

　　实际上,湖南人均 GDP 在达到 3 000 美元之前的几年间,就已开始并日渐明显地呈现出这种重工业不断加速发展的产业结构变动的规律性特征了(图4、图5),因此也就有了总量规模的连年持续大幅扩增。在人均 GDP 跨入 3 000 ~ 5 000 美元阶段这一新的发展战略机遇期,湖南仍应遵循规律、乘势而上,继续加快重化工业发展步伐。必须认识到,没有总量规模扩张到一定程度,未来的发展就没有后劲,结构的转型提升就没有坚实基础。因此,"十二五"期间继续加快发展和优化发展,是新时期湖南工业化发展新阶段赋予我们的历史使命,是全省人民肩负的重大责任。

　　同时我们也必须清醒地认识到,尽管"避重就轻"问题在"十二五"期间来谈还为时尚早,目前也没必要过于纠结产业结构究竟是"轻"好还是"重"好,但今后却不能再继续照搬以往的那种"持重"发展模式了。也就是说,虽然重化工业化一般是工业化发

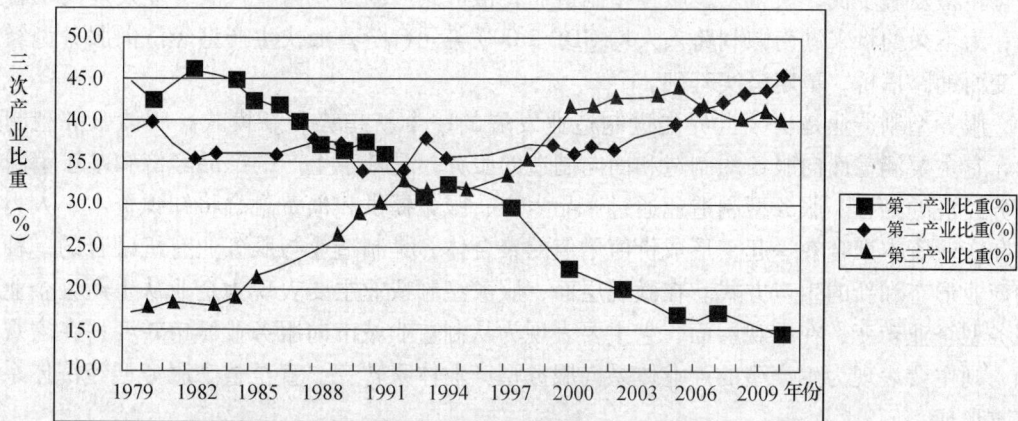

图 4　近些年湖南省三次产业比重变动趋势

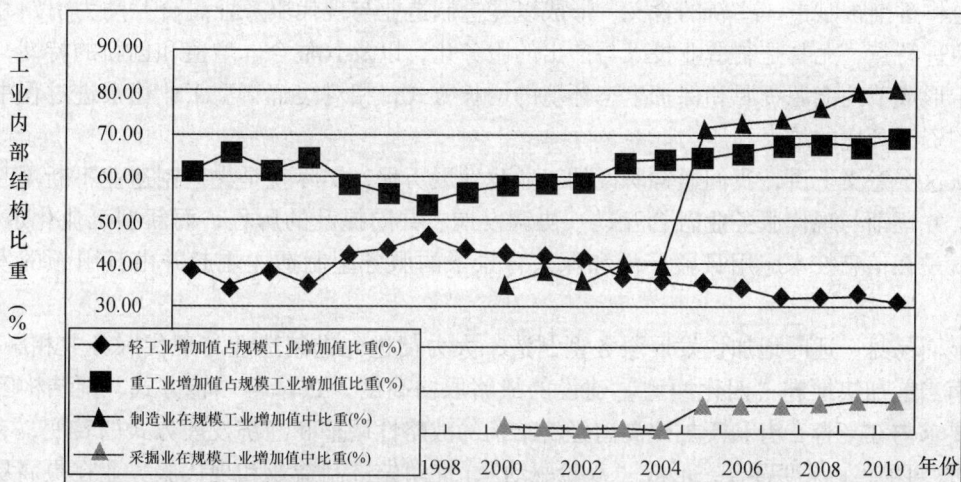

图 5　近些年湖南省工业内部结构比重变动趋势

展过程中一个不可逾越的阶段，但发展至今的湖南已到了需要防范"霍夫曼陷阱"问题的时候了，要有所考虑如何避免在未来一个较长的时期之后仍对重化工业或制造业过度依赖，以致可能落入转型升级相当艰难和迟缓的陷阱。

因此，现在就应当着手积极探索寻求一条较为现实可行的调整与发展"两全其美"之路。既要立足湖南现有基础，又要着眼未来转型发展需求；既要于近中期在总体上继续加快重化工业的扩容发展，又要遵循工业化中后期阶段将会逐渐向服务型经济转型发展的趋势性规律。其结论就是，适时地在当前重化工业发展进程中，通过积极主动地注入"服务"因素而相对"轻型化"，来不断提升重化工业发展和整个社会生产的服务化水平。

三、服务型制造业：结构优化升级的重要抓手

湖南今后中长期发展战略的重要抉择之一，就是应当适时明确地提出加快制造业的服

务化转型发展步伐，大力发展服务型制造业，推进先进制造业与现代服务业发展的融合互动，为不久的将来湖南顺利跨入人均 GDP 5 000 美元台阶，加快生产型经济向服务型经济转变而铺路搭桥，奠定坚实基础。

服务型制造业是当今世界先进制造业发展的一个新趋势和新模式。所谓服务型制造业，它主要涵盖面向服务的制造和面向制造的服务，是基于生产的产品经济和基于消费的服务经济的融合。服务型制造业通过产品生产、服务提供和消费融合将知识资本、人力资本和产业资本聚合在一起，形成价值增值的聚合体，是制造业与服务业有机融合的一种新的产业形态和新的生产方式。在微观层面，服务型制造业主要表现为企业从生产型企业向服务型企业转变；在中观层面，它主要表现为从制造业城市向服务业城市转变；在宏观层面，则主要表现为生产型的产业体系向服务型产业体系转变，直至整个服务型经济体系的基本形成。

上述一系列转变，主要表现为在信息化的融合与催化作用下，制造业和服务业之间的界限越来越模糊，制造业和服务业的发展越来越融合。这种背景和条件下的重化工业发展，也将逐渐被赋予一些新的含义，形成以先进制造业与现代服务业融合互动为引领和支撑的演进特点，尤其是制造业投入与产出的服务化，以及其整合、增值和创新的特性，将有助于形成节约能源资源和保护生态环境的增长方式，相对缓解新型工业化推进过程中所带来的资源环境的约束和压力。

从这个意义上讲，我们通常所说的工业化发展历程，实际就是先进制造业不断崛起和壮大，并逐渐与现代服务业融合互动、协调发展、共同提升的历程；而新型工业化道路，实际就是在信息技术应用日益广泛和深入背景下的服务型制造业崛起并由其引领的发展之路。

显而易见，适时地加快发展服务型制造，大力促进先进制造业与现代服务业相融合，与湖南当前加快推进"四化两型"建设的战略取向高度一致，与"转方式、调结构"的本质要求内在契合，有利于加快湖南经济结构的战略性调整和经济发展方式的转变，有利于通过"两业"深度融合，形成"双轮驱动"，推动先进制造业和现代服务业在更高层次上和更大规模上实现跨越式发展。

因此，在今后较长一段时期内，湖南应坚定不移地坚持以加快发展先进制造业作为提升省域综合实力和长远竞争力的根本支撑，同时紧密结合当前"服务化"的发展大势和"轻型化"的发展需求，以生产型制造向服务型制造转变为切入点，进行一场以制造业与服务业相融合为主要形态的产业变革，有效推进湖南重化工业的相对轻型化发展进程。

四、加快推进服务型制造业发展的若干建议

1. 高度重视，积极推动

要加快发展现代服务型制造业，固然离不开企业的主体性作用和市场化调节的基础性作用，但就当前而言，政府的鼓励、支持和引导作用显得尤为重要。为此，政府主管部门要与时俱进地树立制造业与服务业融合互动的新发展观，把加快推进服务型制造业摆在长株潭城市群乃至湖南全省今后在新的起点上推进"四化两型"建设的高度来抓，加快实现向工业化高级阶段的跨越式发展。

①统筹制订省市各级特别是长株潭城市群有关服务型制造发展的专项规划，并修订完善已有相关规划，从顶层设计层面大力促进先进制造业与现代性服务业的有序融合。

②依托国家级"两型社会"建设改革试验区，"先行先改先试"，加快深化体制机制改革，培育和创新制度条件，加强政策引导，积极构建相关产业融合发展的协调机制和政策体系，着力促成现代服务业与先进制造业相互促进的良性发展态势。

③及时采取多种方式和途经，围绕培育制造与服务融合互动的新发展观，在全省广泛宣传，精心组织，全面发动，适时掀起认知服务型制造和发展服务型制造的新高潮。

2. 认准方向，重点突破

服务型制造业的兴起和发展是产业深化的表现，从根本上说与分工细化、市场细分及专业化高度发展密切相关。因此，在加快推进服务型制造发展的过程中，要继续坚定不移地坚持对外开放和竞合共赢的战略方针，以主动融入国际产业分工体系、向国际产业价值链高端转移和升级为总的目标，以长株潭城市群为先导，举全省之力，争取在以下几方面取得突破性进展：

①着眼于引领全国和服务全球角度，充分把握、利用国际服务产业转移新机遇，依托湖南装备制造业优势，积极承接跨国公司相关的外包业务流程，同时进一步加快自身服务业务外包进程，推动全省先进制造业和新兴产业向价值链高端服务提供商的方向转变。

②着眼于拓展后端服务网络和增值空间，整合全省乃至更大区域范围的生产与服务资源，加快制造业和服务业"两业"的融合与互动，进一步梳理、构建和完善相关产业及企业的面向客户的全面解决方案和长期共生关系。

③着眼于工业化和信息化"两化"的融合互动，借助长株潭城市群国家级"两化"深度融合试验平台，围绕服务型制造业发展方向，大力推进生产服务信息化、设施装备智能化、业务流程自动化和经营管理现代化。

④着眼于集群、集约和集聚"三集"发展，以长株潭三市为先导，以环长株潭城市群为依托，以国家级高新区、经开区和省级产业园区为支撑，率先创新发展服务型制造业，建立若干服务型制造基地，逐步形成服务型制造业的网络体系和示范效应，引领和推动全省经济发展。

3. 协同改造，整体提升

服务型制造业的发展是一项涉及企业和产业、技术和制度以及政府部门等多个层面的复杂系统工程。因此，在加快服务型制造业发展的推进过程中，要把握好统筹兼顾、分类指导、突出重点、协同发展等基本原则。

①在区域空间上，要重点抓好长株潭城市群服务型制造业的培育和发展，力争通过城市群的聚合与辐射功能，以及产业聚集与产业链延伸效应，以点带面，点面结合，相互促进，整体提升。

②在产业层面上，要坚持依靠科技进步，深化改革创新，综合运用现代经营管理方式、高新技术和信息化等手段，着力提升先进制造业和现代服务业，加快其融合互动以培育发展服务型制造产业，同时还要格外重视传统产业和传统服务业的协同改造，全面提升整个产业体系的协同化和服务化水平。

③在具体操作上，要坚持实施大项目带动战略，切实加大投入力度，力争在长株潭城市群及其他区域的每一个重点传统产业上，都至少规划立项一个高水平的"两业融合"重

大项目作为龙头，由此启动和推进整个区域及产业的服务化转型。

参考文献

[1] 牛文元. 中国科学发展报告2012 [M]. 科学出版社，2012.

[2] 纪玉山，等. 谨防霍夫曼陷阱　走重化工业轻型化道路 [J]. 学习与探索，2002 (05).

[3] 何哲，等. 服务型制造的概念、问题和前瞻 [J]. 科学学研究. 2010 (01).

[4] 孙林岩. 服务型制造：理论与实践 [M]. 清华大学出版社，2009.

[5] 汪应洛. 优化我国产业结构调整的战略思考 [J]. 西安交通大学学报（哲学社会科学版），2010 (03).

（作者单位：湖南省长株潭城市群研究会、湖南省社会科学院）

"数字湖南"的制度体系设计

——基于省级统筹架构下的模块集合系统

左 宏

摘 要："数字湖南"需要从制度和技术两个方面共同推进实现，本文在分析"数字湖南"建设的制度需求基础上，提出"基于省级统筹架构下的模块集合系统"模式。整个制度体系首先要进行省级层面的统筹和规范，其顶层设计是技术路线和管理体制的耦合系统。为了打破条块化的体制壁垒，进行跨区域和跨领域的信息共享，可采用子模块的管理机制。最后，从领导管理机制、标准化体系、交换与共享机制、项目管理机制、市场化投融资机制等方面提出了五点对策建议。

关键词：数字湖南；智慧城市；模块化；制度

一、引言

1998年，美国副总统戈尔首次提出"数字地球"概念，2009年，IBM在此基础上深化拓展，提出"智慧地球"概念。两者的实质都是指信息化的地球，包括对地球大部分要素的数字化、网络化、智能化、可视化的全部过程。2011年12月，《数字湖南建设纲要》发布，正式揭开了"数字湖南"建设序幕，省国土部门率先建成"一网一库一平台"数字地理框架，衡阳、株洲、常德等地区相继探索"智慧城市"建设。"数字湖南"不是各领域信息化的简单叠加，它伴随着全球信息技术的演进而不断深化与系统化，其制度结构也需要作出相应的设计安排。

"数字湖南"是一个复杂的系统工程，我们认为其基本内涵是：基于完善的信息基础设施和完备的数据库系统之上，用数字化手段统一处理省域信息和管理等多种问题，最大限度地利用地理、资源、生态环境、人口、经济、社会等信息资源，大力推进政务、经济、社会、文化、资源环境等各个领域的信息化，促进信息产业、信息技术、信息资源和信息环境全面发展，为调控湖南、预测湖南和发展湖南提供先进的技术手段，构架出湖南的信息经济社会基本框架。以上基本内涵能将数字湖南建设纲要和数字湖南"十二五"规划内容进行概括，用框架图表述如图1所示。

"数字湖南"是"信息化"的整合和提升，需要配套的制度创新。不能将"数字湖南"简单地理解为以往的"信息化"建设。两者的区别在于：以往的"信息化"是基于经济、社会、政务、文化等各领域，分头推进的信息化，信息资源散布于政府部门、企业、社会组织等各个经济社会单位，"信息化"是单一目标、单一主体的信息化，缺乏全局性和统筹性，存在大量的重复建设和资源浪费，"信息孤岛"比比皆是；而"数字湖南"是基于一定信息化基础之上，对各领域的信息化的整合、统筹、再造、提升，消除

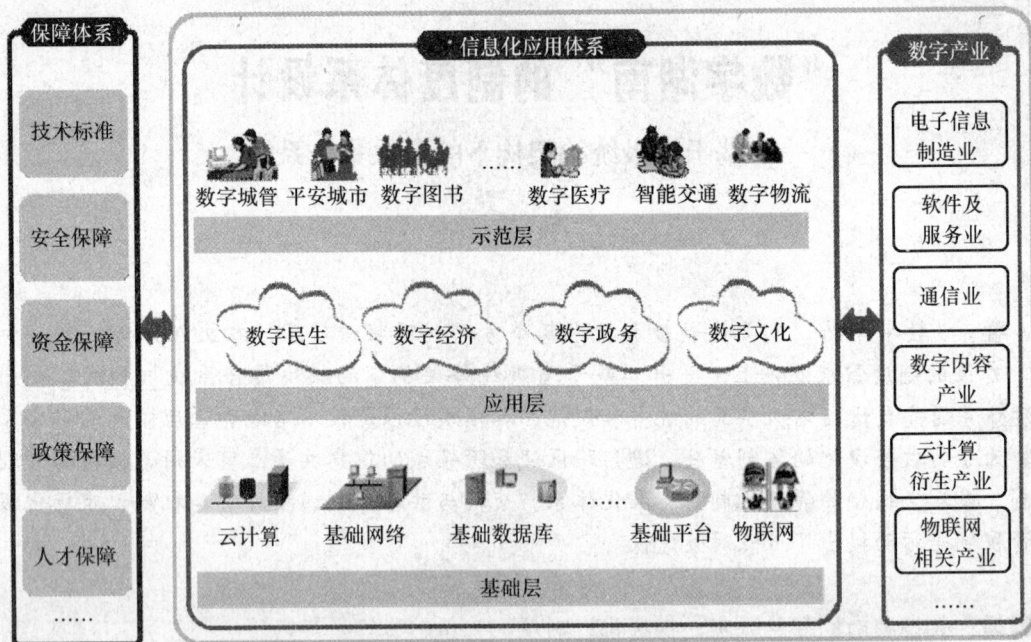

图1 "数字湖南"框架体系图

"数据孤岛"、打破"信息壁垒",形成资源共享共建新机制,是信息化的更深入应用、更广泛覆盖及其系统建设,因此,建设"数字湖南"必须探索与以往不同的路径和模式,形成系统化的制度构架。

二、"数字湖南"建设的制度需求分析

1. 制度需求分析

湖南在信息化建设方面还处于粗放阶段,已有的信息化管理机制已经不能适应"数字湖南"建设需要。我们认为主要在三个方面需要进行制度设计:

一是资源整合机制。湖南省现有各领域、各区域的信息系统是在不同时期、由不同的公司、利用不同的工具、在不同的开发平台开发出来的,并且在不同的操作系统和不同的数据库平台之上运行,这就是"信息孤岛"造成的主要原因。当前要进一步整合相关资源优势,还需要新的配套机制。

二是信息化管理机制。信息化建设和管理条块分割和自行其是的格局还普遍存在,各部门分散投资、分头建设,部分设备(系统)重复建设,使用率不高,资源浪费严重;各自的信息系统都自行管理,应用、服务领域窄,标准不统一,无法对外兼容;由于体制壁垒和利益分割等原因,相关部门对自己的信息加以保护,不愿共享,信息难以交流共享。

三是融资创新机制。"数字湖南"建设不仅需要进行大规模的通信网络基础设施和空间数据基础设施建设,同时还要开展各种应用系统的研发、部署,关键技术的应用研究和推广,这些都需要大量的资金投入。目前的一些信息化项目建设大都依靠财政投入,资金来源单一。要整合整个"数字湖南"建设和运营信息,还需要在融资制度方面进一步创

新，拓宽融资渠道，探索社会力量共建共享模式。

2. 制度设计要点

"数字湖南"制度设计中要充分考虑以下四个方面的问题：

一是如何设计整体的推进路径。《"数字湖南"建设纲要》提出以后，各部门和各地方都已加大信息化投入，但信息化推进中很容易陷入以往的各自为政、重复建设怪圈。以医院的信息化为例，长沙市各大医院均建立了各自的信息系统，每个医院看病都需要办理一张数字医疗卡，各医院的医疗卡无法通用，病人信息也无法共享；相比之下，株洲的"卫生云"建设就更好地整合了全市的医疗信息资源，居民拿一张卡就可以到各个医院去看病，信息可以互通共享，这样既节省了医院的系统建设费用，又方便了居民看病，提高了医疗服务效率。由此可见，"数字湖南"推进路径必须在省域框架范围内重新设计，选择最优的实现方式。

二是如何解决跨领域的整合问题。"数字湖南"是在地理信息系统的基础上对经济、政务、民生、文化等各领域进行信息化提升和数字化整合的过程，涉及面广，需要寻求跨领域、跨部门的交叉性、综合性解决机制。例如，对工商、税务、城管、社保、医保、人口等数据进行数据整合和交互是建立"并联审批"等电子政务系统的基础；又如地理、气象、水利等信息系统在很大程度上具有重合性，将相关资源进行整合将减少重复建设，形成综合决策体系。

三是如何解决跨区域的对接问题。全省 14 个市州的信息化水平和基础都有差异，相互之间没有形成互联共通机制。虽然目前从国家部委及省级自上而下所推动的四大基础数据库等信息系统建设实现了全省域的互通，医保、社保等系统的全省联网也在不断推进，但大多数系统都还难以实现省域互联。更重要的是，目前各地数字城市建设缺乏省级标准指导，事后的对接难度将加大。例如，数字衡阳是由中兴公司设计实施，智慧张家界则由中国电信承担构建……每个城市的系统都有各自特点，然而建成之后在相互对接方面却存在省级标准缺失和协调出现真空等问题。

四是如何厘清公共资源和市场资源的关系。"数字湖南"建设中涉及电子政务等公共资源的利用和公共服务的提供，也包括对企业信息化、信息产业发展等市场行为进行引导等问题。设计中必须充分考虑这方面问题，分清公共资源和市场资源的边界，明确"公共服务是政府的职责，确保公益性的发挥，制定有利于市场健康发展的规则和规范，提供必要的公益性和免费服务等；社会服务是中间地带，由政府和相关协会、企业一起推动；市场服务是盈利的，由企业主导来做"的原则。

三、"数字湖南"建设的制度框架设计：基于省级统筹架构下的模块集合系统

"数字湖南"建设必须进行省级层面的统筹和规范，其顶层设计要考虑技术路线和管理体制两方面；同时，为了打破条块化的体制壁垒，进行跨区域和跨领域的信息共享，必须考虑标准化与个性化的统一；此外，在建设推进中要充分考虑自上而下的统筹性和自下而上的灵活性。为此，我们提出了"基于省级统筹架构下的模块集合系统"这一模式。如图 2 所示。

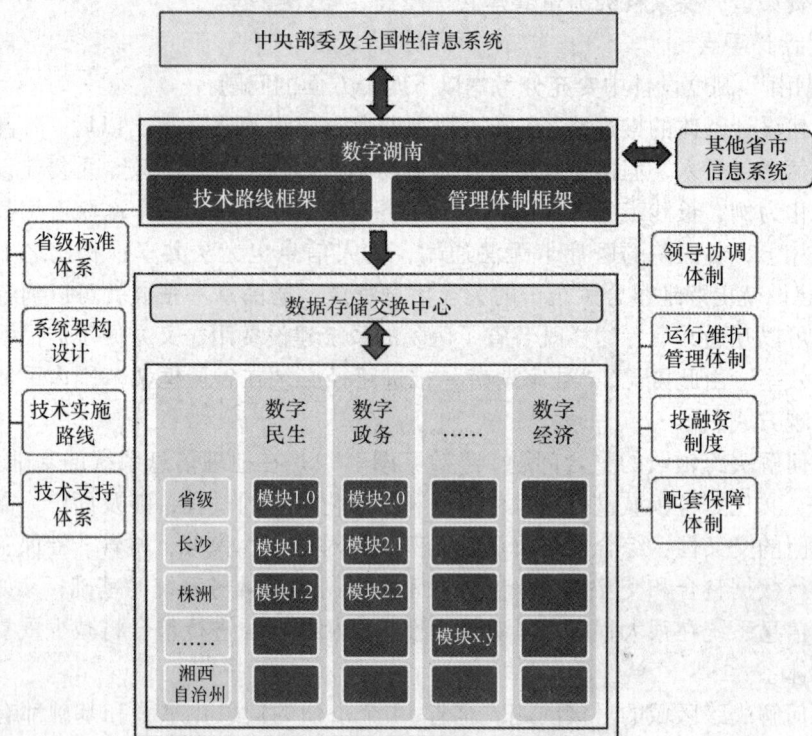

图 2　"数字湖南"制度框架结构图

该框架图的三点说明：

1. 顶层设计：技术路线框架 + 管理体制框架的耦合系统

"数字湖南"建设必须有一个省级层面的总体设计，主要包括技术路线框架和管理体制框架两方面，以及两者的配套耦合。技术路线框架主要包括省级标准体系、系统构架设计、技术实现路线和技术支持体系四方面；管理体制框架主要包含领导协调体制、运行维护管理机制、投融资制度和配套保障体制四个方面。两方面的框架要保证彼此之间配套融合，形成一个有机整体。

2. 框架结构：分领域系统 + 分区域系统组合形成的模块集合

在总体设计架构下设若干标准统一、兼顾个性的子模块，各部门和地区选择符合自身要求的子模块进行各自的应用系统建设。从横向区域来看，子模块集合就是"智慧城市"；从纵向领域来看，子模块集合就是全省该领域的信息化应用体系。每个子模块在符合区域和领域双重标准体系下，允许自由设计、各自建设，充分体现其特点和个性。模块化结构兼顾了领域内的系统完整和区域内的系统完整，同时也可打破部门和区域界限，实现各类传输网络、信息资源、基础设施的互联、互通、共建共享，最大限度地提高信息化的集群效益和网络效应。

3. 路径选择：自上而下 + 自下而上的建设模式

启用自上而下的设计 + 自下而上的整合相结合的建设模式。"数字湖南"可以考虑两种建设模式：一种是完全的自下而上的建设模式，也就是各部门、地区分别推进各自的数字化建设，建成之后，再进行部门和区域之间的资源整合、信息共享，这也是当前的模式。第二种是自上而下的建设模式，把"数字湖南"总体框架搭建起来，自上而下统一建设统一运营。前一种模式在前期灵活度比较大，但之后的资源整合的工作量比较大，而且各部门、区域的标准不统一，容易造成系统的不稳定性，难免出现重复浪费等问题。后一种模式则建成后系统比较稳定，但对前期的顶层设计要求较高，已有的系统要全部打破重来，投入较大，且可能无法充分考虑各子单位的个性化需求。我们认为，可以融合自上而下+自下而上两种模式。首先自上而下地搭建"数字湖南"总体框架和标准体系，在此框架下，鼓励各部门、各地区在该框架标准内自下而上分别建立各自的个性化系统。

四、完善"数字湖南"制度设计的对策建议

1. 建立省级数字化领导机构，从技术路线和管理体制两方面设计顶层架构

建议组建由省委省政府主要领导为组长的"数字湖南"建设领导小组，负责整个"数字湖南"的指导、规划和协调工作。从技术路线和管理体制两方面加强顶层设计：一方面，开展"数字湖南"技术路线和总体框架论证，加快制定"数字湖南"技术总体框架，负责数字化建设工作方案（包括建设方案、实施计划、建设资金等）的审核和论证。另一方面，开展管理流程再造，从领导协调、实施方案、项目审批、综合考核、保障机制等各方面形成一套管理体制机制。启动网格式管理框架再造，探索建立全省域内"横向到边，纵向到底"的网格式管理框架，打通"数字湖南"纵横体制壁垒。横向上，建立"数字湖南"联席会议制度。统筹协调各部门对本系统、本行业的信息化建设与管理职能。纵向上，加强统筹分工，明确各级政府在"数字湖南"建设方面的事权关系。省级政府主要着力于在顶层设计、标准制定、考核机制以及省级重大项目建设等方面；各市（州）、县（市区）、乡镇政府按照职责分工，完成涉及"数字湖南"建设的有关工作。

2. 以省级数字化标准体系建设为重点，逐步搭建"数字湖南"基本框架

"数字湖南"的数据来源非常广泛，数量巨大，又要求相互兼容与沟通，因此必须建设统一的标准化体系，保证"数字湖南"标准体系在层次划分和信息分类标准拟订的科学性、系统性，所涉及的各种技术和各类数据的全面性，以及与国家标准（GB）、行业标准和国际标准的对接拓展。标准体系建设为信息资源一致性和技术平台的互联互通互操作提供了基本保证，围绕信息的采集、组织、分类、保存、发布与使用等信息生命周期各环节建立规范和标准。主要由信息技术基础标准体系、信息资源标准体系、网络基础设施标准体系、信息安全标准体系、应用标准体系、管理标准体系等部分组成。

3. 建立省级数据交换和共享制度，确保省域信息的内联外通

建议湖南省建立多层次、跨区域、跨部门、跨领域的省级数据资源开发和共享机制，提高信息资源利用率。首先，建立省级数据交换中心。要建立跨领域、跨部门、跨区域的数字化平台，实现异构系统之间、新老系统之间信息的透明交换，就必须建立安全、稳定、高性能、跨平台、跨系统、跨应用、跨区域的省级数据交换中心，各行业各部门各区域的系统将统一通过这一平台进行数据交换，达到省域信息共享互通效果。其次，制定数字湖南数据交换和共享管理办法及数字湖南数据交换和共享目录。要求有关部门和单位根据规定向相关服务机构提交信息资源，并制定一系列具体执行规范，明确共享交换信息资源的采集、注册、存储、更新、注销管理办法，保证共享数据库中信息资源的鲜活性，对

共享数据库中数据资源实现动态管理。

4. 建立政府项目的前置审查与企业项目的合理引导相结合的项目管理体系，减少重复建设和浪费

对政府项目和企业项目按照不同的管理方式纳入统一的项目管理体系中。一方面，针对政府信息化项目建立统一的前置审查制度，确保所有项目符合数字化标准体系，与其他系统能够顺利对接，减少部门间的重复建设。福建省成立了数字福建建设领导小组，专门负责编制年度省级信息化建设项目计划并组织实施、监督和检查，审批并组织协调全省信息化重大项目建设和信息基础设施建设。另一方面，针对企业信息化项目，则要采取合理引导的方式，兼顾政府职能和市场规律，鼓励其在标准化框架中自由发展。浙江在物流公共信息系统建设中，政府引导行业搭建公共信息平台，采取了为企业提供一批免费物流管理软件的方式，相关企业在政府搭建的框架和标准下，完全可以自主开发应用和交换相关信息。

5. 引入市场化的投融资机制，降低和分担建设运营成本

建议探索建立政府引导、企业主导、社会广泛参与的多元化、多渠道投融资机制。一是加大财政投入，提高资金使用效率。对"数字湖南"建设资金进行一个总体测算，按比例设立省级"数字湖南"专项资金，确保财政资金的投入力度。二是充分利用市场化融资平台。组建"数字湖南"投资发展股份有限公司，由政府控股或参股，广泛吸纳社会和国际资金参与建设，实行政府投资和市场融资相互结合，充分发挥市场融资功能。通过采取信用担保、贷款贴息、资本金投入、种子基金和参股等多种方式，形成政府引导、以企业为主体，风险投资机构、金融机构、教育科研单位、民间资本共同投资的风险投融资体系。三是鼓励各部门、各地区探索政研企等多主体共建共享合作模式。加快探索步伐，鼓励各方开展包括租赁融资、服务外包、PPP、BT、战略合作、以市场换资金、以资源换资金等多种形式的融资模式，并研究出台相应的优惠政策并给予支持。

参考文献

[1] 李德仁，龚健雅，邵振峰．从数字地球到智慧地球 [J]．武汉大学学报，2010（02）．

[2] 杨永敏，林可．数字福建倾力构建"智慧"生活 [N]．中国日报，2011-04-07.

[3] 梁志峰，杨志新，唐宇文，等．加快建设"数字湖南"的思路与对策研究 [G]．2011 年湖南省哲学社会科学基金委托项目．

[4] 徐晓林．数字城市：城市发展的新趋势 [J]．求是，2007（22）．

（作者单位：湖南省决策咨询研究会、湖南省政府经济研究信息中心）

关于湖南省文化品牌发展的思考

龙 艳

摘 要：文化品牌体现了文化产业的核心竞争力和一个地区或国家的文化软实力。检视湖南文化品牌发展现状，探寻制约文化品牌发展的主要问题，提出有效的发展对策，以加快湖南省文化品牌的培育和建设，推进湖南文化强省建设步伐。

关键词：文化品牌；文化产业；文化软实力

文化品牌具有独特的吸引力和凝聚力。从微观上说，它能帮助品牌产品获得更大规模和更大边际利润，使文化企业拥有强劲、持续和差异化的竞争优势。从宏观上讲，文化产业竞争的核心是文化品牌的竞争。发挥文化品牌对文化产业的引领和支撑作用，已经成为国内外文化产业发展的一个基本规律。湖南要实现由文化大省向文化强省的跨越式发展，必须充分重视文化品牌的培育和建设。

一、湖南省文化品牌发展现状

湖南自2006年提出文化强省战略以来，到2010年，湖南文化产业年均增长20%左右，2010年湖南文化产业总产出达1 868.49亿元，增加值达827.56亿元，占GDP比重的5.2%，对经济增长的贡献率为7.8%。在湖南文化产业繁荣发展的背后，是"广电湘军"、"出版湘军"、"动漫湘军"、"演艺湘军"等为代表的一系列湖南文化品牌的崛起和一批营业收入过亿元文化企业的成长，充分印证了文化品牌对于加快文化产业发展、提高文化产业核心竞争力的巨大推动作用。综观湖南省文化品牌发展现状，呈现出以下几个特点：

1. 文化品牌数量和影响力稳步上升

在文化强省战略目标的指引下，湖南文化产业发展走出了一条品牌建构之路，以广电湘军、出版湘军、动漫湘军、演艺湘军为代表的文化湘军品牌在全国脱颖而出，"湘"字号文化品牌的影响广度和深度逐年扩张。据统计，全省营业收入过亿元的文化企业达110家，利润逾千万的企业达235家，上市文化企业4家，电广传媒、出版集团、中南传媒、拓维信息先后进入全国文化企业30

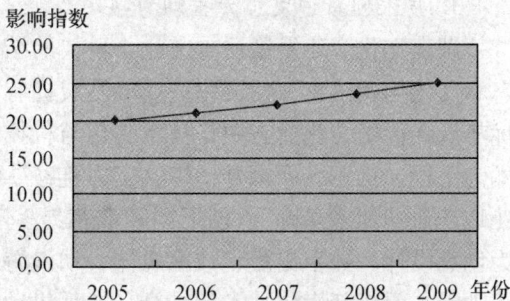

表1 湖南省文化品牌影响指数

强。从 2006 ~ 2012 年，《中国文化品牌报告》共发布 322 个文化品牌，其中"湘字号"文化品牌 36 个，占 11%。浏阳花炮、湖南出版投资控股集团、湖南卫视、快乐购、韶山等五张湖南"文化名片"进入了总榜前 50 位。根据湖南省文化发展指数（CDI）调研报告显示，2005 ~ 2009 年湖南省的文化品牌影响指数平稳上升（表 1）。该指数综合反映出，近年来，湖南省每万人文化品牌拥有量、文化品牌总产值在文化总产值中占的比重、每万人文化品牌拥有的专利和知识产权、文化品牌市场占有率和人均文化品牌广告投放量等数量的增长幅度很大，充分说明湖南省在大力推进文化发展，营造文化发展的良好环境上成效显著。

2. 部分行业品牌发展优势明显

文化品牌是指相关文化、艺术、娱乐、休闲、新闻、出版、传播等行业的品牌，主要涵盖了文化艺术、新闻出版、广播影视、网络传播、休闲娱乐、文化旅游、会展收藏、体育健身八个主要领域及其他衍生领域。湖南各类文化品牌如雨后春笋脱颖而出，业绩骄人，其中广电、出版、网络、动漫、娱乐等门类尤其突出，2006 ~ 2012 年入选的《中国文化品牌报告》的湘字号文化品牌中，广播电视的文化品牌数量占总量的 46%，出版行业占 10%，动漫行业占 14%，旅游与休闲娱乐行业共占 14%……（表 2）。湘版图书在全国同类市场占有率保持领先地位，其中古典名著、科普图书、艺术收藏、作文图书排名第一。近 3 年来，中南传媒输出版权 400 多项，位居全国前列。湖南卫视、快乐购、湖南出版、中南传媒、蓝猫等电视、出版和动漫品牌成为湖南品牌走向全国和海外的主力军。

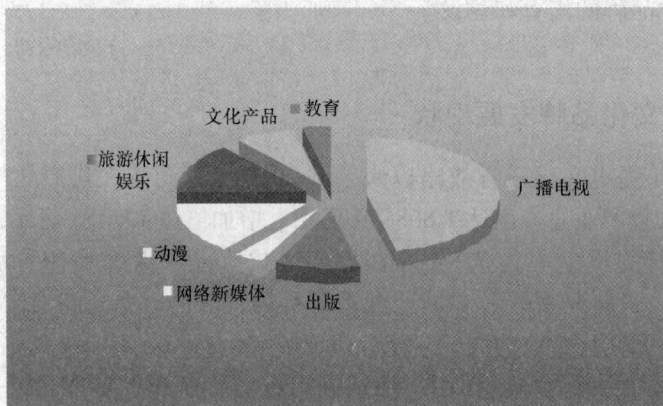

表 2　《2006 ~ 2012 年中国文化品牌报告》湘字号文化品牌比例（单位：%）

3. 技术创新迸发强大推动力

湖南文化产业发展注重文化与科技的结合，创新了文化生产模式，培育出新的文化业态和文化消费热点，使文化产业的发展拥有了技术和市场的双重保障，已形成明显的竞争优势。在传统文化业态中，技术文化与科技的融合日益紧密。"广电湘军"以现代信息技术为手段，推进三网融合，综合实力连续 11 年位居省级广电第一。浏阳烟花以科技引导花炮产业"工业革命"，创下国际烟花界多项世界纪录。在新兴文化业态部分，技术创新为创意设计、数字出版、数字媒体、动漫游戏等新兴产业插上腾飞的翅膀。拓维信息将传统动漫与手机新媒体技术相结合，在手机动漫领域先发制人，承建并运营了国家级手机动漫公共技术服务平台，打造了完整的手机动漫产业链，成为中国动漫第一股。青苹果数据中心是国内最主要的数字化产品制作商和内容供应商，已完成了 100 多项国内外大型数字化工程，成为中国最主要的数字化产品制作商和内容供应商。

二、湖南文化品牌发展存在的问题

湖南文化品牌建设成绩斐然，但其发展过程中仍存在不少问题，相比文化品牌的品牌效应还不明显，文化品牌发展程度还比较粗放，产业链开发短缺，产业附加值偏低，不少文化品牌虽然地域特色鲜明，但仅仅限本土市场，市场的影响力不够广泛，著名文化品牌建设任重道远。探其根源，制约我省文化品牌建设和文化产业发展的关键因素主要在于体制、人才、资金三大问题：

1. 文化体制壁垒制约文化品牌发展

湖南省文化产业发展环境中制约品牌成长的深层次因素在于体制性障碍。行业、区域壁垒所导致的条块分割问题，一些文化实体的行政支撑力量大于市场力量，媒介产品的"市场链条"脱节，致使产品不能自由流通、市场资源无法有效配置、强势文化品牌无法整合资源、做强做大。如湖南广电早在 1993 年进行了第一轮改革，但要进行制播分离和事业编制转企等第三轮体制改革，从根本上革除根深蒂固的体制镣铐，对产业链进行整合，实现广电、影视以及新媒体的融合，仍然是"长远的、伤筋动骨的、在分散格局之上的艰难整合"。

2. 文化经营人才缺乏制约文化品牌发展

人才的缺乏已经成为制约文化品牌发展的重要因素，一方面是品牌经营人才缺乏，文化艺术专业人才远远多于产业运营、品牌运营人才。另一方面是缺乏合理的人才激励机制，导致人才流失。品牌经营人才的缺乏和流失，将严重影响品牌价值的实现，导致很多好的创意不能转化成有竞争力的产品，浪费了大量文化资源。由于缺乏对已有的文化品牌进行有效的管理和经营，限制了品牌对产业的提升作用。天娱传媒有限公司、湖南广电下属艺人经纪公司，超级女声、快乐女声等选秀品牌将其推向市场巅峰，公司规模 2005 年起开始迅速膨胀，员工最多时达到几百人。但由于缺少经纪管理的专业人才和具备现代企业管理素养的管理人才，导致优秀的品牌节目与利润最大化之间无法实现良性转换，优势资源没有产生聚变效应，随着选秀的热潮渐渐降温，天娱经营在 2006 年后逐渐进入困境。近年来，也正是由于人才流失和新鲜血液供应不足，湖南卫视节目创新力下降，品牌经营后继乏力，导致领先优势降低，品牌价值缩水，市场占有率萎缩。

3. 文化产业发展资金不足制约文化品牌发展

发展文化品牌与实现文化企业的集约化生产经营之间密不可分。在市场经济中，文化企业的规模扩张主要不是通过自身的资本积累，而是通过公司制形式向社会融资进行扩张。目前，湖南文化产业主要依靠银行贷款的间接融资来实现跨越式发展，资金供需缺口较大、比例不协调。其中银行贷款占比达到 68.1%，股权融资、风险投资和理财产品等直接融资仅占 6.4%。在 2008 年文化产业贷款占全部贷款的比重仅 0.7%，远低于文化产业增加值占 GDP 的比重 5.1%，而且主要用于支持广播影视等传统领域，动漫、数字媒体等急需资金的新兴业态得不到满足。

三、推动湖南文化品牌发展的主要对策

文化品牌成长有一个确立、培养（打造）、成熟、维护的阶段性连续发展的动态过程，培育文化品牌，需要企业、政府和社会的共同努力，着眼长远，正确规划，科学安排，创新发展。

1. 加强文化体制改革，增强市场活力

加强文化体制改革，创新融资机制，提升市场活力，是发展文化产业，打造文化品牌的关键所在。在发展文化品牌的过程中，要坚持政府引导与市场化相结合的原则，发挥政府的公共行政管理职能和政治影响力，完善相应配套措施，为创立文化品牌提供宽松的外部环境。一方面政府相关部门负责统筹和协调，制订规划、完善政策法规、强化法律手段和市场监管，维护市场秩序，强化对自主知识产权的保护，加大对侵权行为和假冒伪劣文化产品的打击力度，确保文化品牌有效有序运营。同时建立开放的市场化运作体系，发挥市场在资源配置中的基础性作用，通过市场这只看不见的手优胜劣汰，实现文化资源的有效整合，让市场的有效需求引领产品升级、产业链延伸，提高产业价值，提高文化企业的核心竞争力，从而壮大文化品牌。一方面通过改革体制和搞活机制，推动优质资产重组，巩固和壮大已经成立的湖南广播影视集团、湖南新闻出版集团、湖南日报报业集团、潇湘电影集团、长沙晚报报业集团、长沙广播电视集团、湖南省文化艺术产业集团等大型文化产业集团，确立其市场主体地位。另一方面培育民营文化企业。以市场需求为导向，根据我省文化产业发展现状及各地特色资源条件，科学、系统地规划和发展民营文化企业重点行业、重点地区。加大对民营文化企业的扶持力度，为民营文化企业发展开辟引入资金、项目、人才的绿色通道，完善贷款、奖励、补助等激励措施。

2. 提升传统文化内涵，创新发展形式

文化是品牌的内涵和生命，是提高品牌附加值和市场占有率的核心。文化资源的丰富性与鲜明的地域风格，是湖南文化品牌开发与拓展的有力后盾。湖南发展文化品牌就要着力挖掘湖湘文化的深厚内涵，弘扬其文化个性，凸显人文价值，使文化产品传递更多的文化信息。一方面要透彻分析所处区域的消费特点，充分了解可利用的资源。利用区域优势，保留文化的区域性和载体性，将地域文化特征转化成产品，发展个性文化产业。只有在文化独有性上下足工夫，才能带来足够的利润空间，为产业长远发展提供保障。另一方面，不能停留在仅仅依靠对特定文化资源的开发和利用的低附加值层面上。要创新文化样式、文化业态和文化品种，注重原创性、开拓性、新异性，将创意有机融入文化产品的生产和文化品牌的铸造中。在文化产品和品牌里融入多样化的审美情趣，挖掘其中超越国籍、种族、宗教信仰的普适价值，从而得到不同文化背景、不同体制制度下的消费者的价值认同，跃居文化产业高端，创立出优秀的文化品牌，进而提升文化产业的发展层次。例如，好莱坞制作的《功夫熊猫》等电影作品进行了很别致的创意，它将中国两大元素——功夫与熊猫有机结合，在充满东方思想智慧与至美至简的意境里，运用西方科技动画，将禅学精髓、道家核心、儒家思想、港台武侠文化囊括在趣味十足的故事中。该片一上映就席卷全球，在全球取得 631 744 560 美元的票房成绩，成为取得巨额票房收入的文化品牌。

3. 培养引进专业人才，提升创新能力

文化品牌是创意产业，它涉及领域广、科技含量高，需要有大批文化素质高、创新能力突出、掌握高新技术、精通经营管理的高端人才。智力资源是品牌生存与发展的关键，是一个国家一个地区文化品牌的核心竞争力所在。品牌的竞争说到底是人才的竞争。纽约创意产业人才占工作总人数的12%，伦敦为14%，东京则达15%，而我国不足1%。培养专业人才成为我省建设文化品牌、发展文化产业的当务之急。在人才培养和引进方面，一是要制订所需人才的培养规划，提升高校人才培养的数量和质量，以优质教育资源培养高素质的专业人才。二要建立鼓励人才创新的分配制度和激励机制，营造有利于培育文化人才的发展环境，在用人机制方面要不拘一格选人才，打破国家、省市的地域，按照文化产品的生产规律，对优秀的专业人才开通绿色通道，实现人才自由、合理地流动。完善人才激励制度，实行酬劳与绩效挂钩的办法，重奖创新、创作能力强且有突出贡献的人才，努力造就一支高水平、结构合理、具有创新意识的文化人才队伍。三是大力引进国外高层次人才。加强与国际文化组织和机构的合作，采取多种形式拓宽引智渠道，引进国外人才和智力。同时要长期选派高级文化创意人才、管理人才出国研修，以培养具有世界水准的专业人才。

4. 实施"走出去"战略，开拓国际市场

在当今文化发展的前沿，打造世界级的文化品牌，需要紧紧把握世界文化发展趋势，创新推动文化品牌走出去的思路和模式，大力实施"走出去"战略，培育外向型文化企业。一方面政府相关部门要进一步加大政策扶持力度，完善译制、推介、咨询等扶持机制，考虑对一些文化出口重点企业给予一定的政策、资金倾斜，培育一批具有国际竞争力的龙头文化企业，不断提高、扩大湖南影视、出版、民间艺术、工艺美术、文化旅游等文化产品在海内外的知名度和市场占有份额，有效扩大文化品牌的国际传播力、竞争力和影响力，不断壮大对外文化贸易方面的主力军。另一方面湖南的文化企业要抓产品、抓原创，在深入挖掘湖湘文化资源的基础上，认真研究国外受众消费需求的关注点、兴趣点、共鸣点，结合不同地区的人文特点，因地制宜地开发适销对路的文化产品，提供易于接受的文化服务。要探索对外文化贸易的新模式与新体制，比如加强发展对外版权贸易。版权贸易既可避免成品出口所带来的版权纠纷，也可方便购买方对作品进行本土化处理，从而最大限度阻隔、消弭异质文化引进而形成的"文化折扣"。美国的版权衍生业是其支柱性产业之一，市场总量每年都在数百亿乃至数千亿美元以上。英国电视节目版式的版权交易是英国电视业的一大财源。此外，要大力拓展对外文化交流渠道，加强文化品牌建设和市场营销，注意发挥文化会展等活动的传播效力，借助国际文化交易平台推销优秀文化产品，增强湘军文化品牌的国际影响力。

参考文献

[1] 欧阳友权. 文化产业通论 [M]. 长沙：湖南人民出版社，2006.

[2] 王钧，刘琴. 文化品牌传播 [M]. 北京：北京大学出版社，2010.

[3] 湖南省政协文教卫体委员会. 湖南省文化发展指数（CDI）研究报告 [J]. 文史博览（理论），2010（12）.

［4］李思屈，李涛．文化产业概论［M］．杭州：浙江大学出版社，2007.

［5］芮明杰，刘明宇，任江波．论产业链整合［M］．上海：复旦大学出版社，2006.

［6］湖南广播影视集团．2009 湖南广播影视产业发展报告［M］．长沙：湖南人民出版社，2009.

（作者单位：湖南省社会科学界联合会）

湘西少数民族舞蹈创作中民族特质的传承

刘小琼

摘　要：舞蹈文化是中华民族的重要文化之一，可以说，中国有多少年文明，就有多少年的舞蹈发展史，经过数千年的发展和演变，我国逐渐形成了具有独特形态和神韵的东方舞蹈艺术。作为舞蹈文化传播与发展的关键环节，舞蹈编导或舞蹈编创人员肩负着保护和发展民族舞蹈文化的使命，在进行民族舞蹈编创工作时，必须全力保护和传承少数民族的舞蹈特质。湘西地区历史悠久、民族众多，各民族具有丰富多彩的舞蹈文化，是中华民族文化的瑰宝，其舞蹈文化广为流传、经久不衰。然而，经过多年的发展演变，有关湘西少数民族的很多舞蹈作品虽然赏心悦目，但缺少了湘西少数民族独有的一些特色，很多舞蹈作品在创作时只注重形式和舞台效果，却忽视了舞蹈作品最重要、最本真的内涵，没有真正体现出湘西少数民族的文化特色。本文结合自己多年的舞蹈编创经验，对湘西少数民族舞蹈文化进行现状分析并提出了若干建议，以期推动湘西地区少数民族舞蹈文化的保护与发展。

关键词：民族特质；舞蹈编创；传承

湘西地处湘鄂川黔交界的湖南西部，居住着多个少数民族，人民朴实勤劳，热爱生活，素有"歌舞之乡"之称。独特的地理位置和持续的文化传承发展出了丰富多彩的民族文化，是中华民族文化的瑰宝，其丰富、优美、独特的舞蹈文化更是家喻户晓，是人民大众喜闻乐见的娱乐形式。新中国成立后，虽然湘西少数民族舞蹈得到了不断发展，但最根本的民俗特点和特质并没有得到很好传承，很多湘西少数民族舞蹈作品脱离了这些民族原有的特质和特点。所以，对于舞蹈工作者而言，在创作相关舞蹈作品时，应更加注重在作品中传承和体现这些民族原有的、最真实的特质。

一、湘西少数民族舞蹈的起源及现状

湘西的主要少数民族是土家族和苗族，各族人民能歌善舞，其民族舞蹈特色浓郁、丰富多彩、历史久远。民族舞蹈主要是在其日常生活、图腾崇拜、婚嫁习俗等的基础上逐渐发展和完善起来的。虽历经战争、饥荒、迁徙等各种磨难，但湘西地区少数民族的舞蹈却保持了极强的生命力，非但没有中断，反而获得更大的发展和传播。湘西地区民族舞蹈十分丰富，如摆手舞、八宝铜铃舞、跳马舞、梅常舞、团鸡舞、八幅罗裙舞、西兰卡普舞、鼓舞（又称跳鼓）、接龙舞、跳香舞、芦笙舞、盾牌舞及巫傩仪式中的开路郎君舞、开山舞、绺巾舞、司刀舞等，举不胜举。舞蹈种类多彩多样，具有浓郁的生活气息和久远的文化特征。

新中国成立后，在党的"百花齐放、百家争鸣"方针指引下，湘西民族民间舞蹈得以快速传播和发展，人民生活水平不断提高，其文化也得到了较为完善的保护和传承。然而，随着民族的不断融合，湘西地区很多少数民族的民族特性逐渐减弱，此外青年一代更加注重经济和自身的发展，这些都使真正体现湘西少数民族特质的舞蹈反而没有得到很好发展。现在广为流传的湘西民族舞蹈主要是一些加工后的舞蹈作品，这些作品经过反复加工和创作，体现的民族特质已越来越少。因此，如何在舞蹈创作中保护和传承湘西少数民族舞蹈的民族特质应当成为每个舞蹈工作者和创作者共同关注的问题。

二、湘西少数民族舞蹈的民族特质

民族特质是民族的历史、文化、宗教、社会以及民族地区的地理地貌、生态环境、民风民俗、民族性格等诸要素概括性的综合体现。就舞蹈而言，舞蹈风格是指舞蹈的韵律、美感。而风格的形成是与民族的历史、语言、宗教信仰、物质生活、经济发展、地理环境、民风民俗、民族传统文化（包括民族的酒文化、饮食文化、服饰文化、建筑文化、农耕文化），以及民族特有的审美心理等息息相关，而且在生活中无处不渗透着千丝万缕的联系。湘西少数民族舞蹈风格的形成亦是如此，有如下特点：

1. 自然的淳朴生活

湘西少数民族舞蹈源于生活，在生活中不断传承发展，体现的是人民大众对生活的热爱。湘西人民自古以来就以勤劳著称，日出而作、日落而息，男耕女织，祖祖辈辈的湘西人民都在大山里辛勤劳作，湘西的山山水水就是他们的生命，是他们赖以生存的母亲，也是他们艺术灵感的源泉。比如，湘西少数民族摆手舞中表现水田耕作、插秧、踩田、割谷、打谷等。踩鼓舞是湘西苗族人民在"椎牛"盛会高潮中表现的一种大型群众性歌舞，歌舞者的情绪激昂奔放，并以呐喊助阵。再如《苗族鼓舞》中的女子单人鼓舞，其动作多为妇女挖土、纺纱、织布、绣花、梳头、照镜、戴花等情节的逼真反映。《仗鼓舞》的舞蹈动作实际上是白族人民在战斗中各种刺杀动作的重现。这些舞蹈都源于生活，也反映了最真实的生活。

2. 原始的图腾崇拜

湘西少数民族历史非常悠久，因此在图腾崇拜方面也非常独特。如湘西土家族祖先崇拜白虎，很多舞蹈动作就模仿白虎动作，这种舞蹈又叫白虎舞。白虎舞后来发展成巴渝舞，巴渝舞在民间进而演化成现在的摆手舞。摆手舞中舞者打着龙凤、虎旗，旗上绣有白虎怒吼的形状，同时还保留有许多模仿白虎动作的白虎舞舞蹈动作。

3. 独特的生活和祭祀风俗

祭祀舞蹈起源于原始社会的图腾崇拜舞蹈和巫术仪式舞蹈，当时人们认为万物皆有灵性，因此把所有的精神力量和情感寄托在图腾上，于是图腾就成为力量的化身，神圣不可侵犯。主要用以祈求神灵庇佑、除灾祛病、逢凶化吉、人畜兴旺、五谷丰登，或是答谢神灵的恩赐，是一种起源极早、传播广泛的舞蹈，如苗族的开山舞、绺巾舞、司刀舞、接龙舞，土家族的摆手舞等。此外，其他很多舞蹈均受到祭祀舞蹈的影响或直接从祭祀舞蹈转变而来，如在舞蹈中常常表现图腾崇拜或本身即以某种动物图腾符号的动作为舞蹈动作。

这些舞蹈发自内心，如同一本历史画卷，向人们诉说着文化生活历史，表现出人们对神灵，生命的崇拜。此外无论是动作的内涵、形式或是信仰，祭祀舞蹈都有很高的艺术价值。

三、如何在舞蹈创作中尽量保留及传承湘西少数民族舞蹈的民族特质

舞蹈创作者在整个民族舞蹈文化的传播中起着至关重要的作用，因为广为流传或大众喜闻乐见的并不是单个的舞蹈动作，而是有情有景、有意义、有内涵、有文化、有特色的舞蹈作品。因此，作为舞蹈作品编创者，在创作湘西少数民族舞蹈作品时不仅要创作出赏心悦目的作品，更应该在保证舞蹈作品可欣赏度的同时，让整个舞蹈作品更富有特色、内涵及文化，充分体现及传承湘西少数民族的优良传统，让整个作品更加具有生命力。具体可从以下几个方面提高少数民族舞蹈作品创作质量。

1. 舞蹈编导必须深度了解湘西少数民族文化背景

即在进行舞蹈创作之前，先对相关少数民族的历史、风俗、地理分布、语言特点、性格特点等进行深入学习，以便对该民族有充分了解。此外，舞蹈编导必须充分学习了解该民族各类舞蹈的历史、风格、内涵、特点等，为创作出最佳的湘西民族舞蹈作品打下基础。所谓熟能生巧也同样适用于舞蹈编创。如果舞蹈编导对作品相关民族的文化背景知之甚少或一知半解，那他所创作出的作品也将是照猫画虎，形似而神不似。有影响力、传播广泛的民族舞蹈作品无不饱含着民族文化特色。如《云南映象》就是一台将云南原创乡土歌舞与民族舞重新整合且充满古朴与新意的大型歌舞表演，是编导杨丽萍通过她精深的民族文化背景且结合现代舞台技术创作的一台不朽的民族舞蹈作品。

2. 舞蹈编导必须具有较高的专业素质

舞蹈编创并不是简单一个创意或一个想法就可以完成，而需要通过后期的排练以及不断改编，因此要求舞蹈编导必须具有相当高的舞蹈专业素质。当然，舞蹈编导并不一定就是舞蹈专业出身，但在编创湘西民族舞蹈作品时，舞蹈编导需要对该民族的舞蹈特点、动作特色、音乐特点等十分熟悉，如此才能编排、提炼出合适的舞蹈动作，让整个舞蹈作品富有民族特色。如蒙古族舞蹈《东归的大雁》就是在蒙古族传统的民间舞蹈的基础上加工、创作的舞蹈作品，主要舞蹈动作由"马步"、"抖肩"、"挑脚"等组成，加以其他蒙古族的舞蹈要素，最终成为一部上佳民族舞蹈作品。

3. 舞蹈编导必须对舞蹈表演者精挑细选、严格要求

舞蹈表演者是整个舞蹈作品的表现主体，一部好的舞蹈作品不仅要具有良好的舞蹈编排内容，更要有适合的舞蹈表演者。好的舞蹈表演者会将整个舞蹈作品完全按照舞蹈编导的原意传达给观众，甚至其表演效果能够超出编导的预期，让整个舞蹈作品更具意义。因此，在排练民族舞蹈作品之前，舞蹈编导必须挑选最适合的舞蹈表演者，而不一定是最好的舞蹈表演者。如藏族女子独舞《母亲》的表演者卓玛，就非常贴切地表现出一位开朗、慈祥、刚毅、柔情的藏族老妈妈形象，无形中表现了藏族古老厚重的历史色彩。此外，舞蹈编导必须对舞蹈表演者严格要求，不只是每个舞蹈动作的编排，也不只是舞蹈形象的塑造，也应该从舞蹈作品的背景、内涵等方面进行严格要求，让每位舞蹈表演者充分了解并掌握整个舞蹈的各个细节及要求，如此才能在舞蹈表演中充分表现出舞蹈作品之魂。

4. 舞蹈编导必须对整个舞蹈作品缜密安排

舞蹈编导必须对整个舞蹈的舞台布局、服装、道具、音乐等要素精挑细选、缜密安排。"细节决定成败",对于舞蹈作品而言更是如此,好的舞蹈作品最忌讳出现瑕疵。比如在苗族舞蹈作品中出现藏族服饰,再比如一部反映土家族传统祭祀活动的舞蹈中出现极具现代感的道具,这些都与整个舞蹈作品格格不入。因此,舞蹈编导必须考虑到舞蹈表演中的每个细节,做到面面俱到,让整个舞蹈布局、服装、道具、音乐等与整个舞蹈作品融为一体。

总之,舞蹈编导不仅是民族舞蹈文化的传播者,也是民族文化提升及传承的关键,因此舞蹈编导在创作湘西少数民族舞蹈作品时更应该深思熟虑、一丝不苟,让整个舞蹈作品不但要达到预先的创作要求,更要锦上添花,让舞蹈作品体现和传承湘西少数民族的特质,更具内涵,从而为湘西少数民族文化的传播贡献自己的一份力量。

参考文献

[1] 刘健,孙龙奎. 宗教和舞蹈 [M]. 北京:民族出版社,1998.

[2] 林河. 中国巫傩史 [M]. 广州:花城出版社,2001.

[3] 游俊. 李汉林. 湖南少数民族史 [M]. 北京:民族出版社,2001.

[4] 向柏松. 土家族民间信仰 [M]. 北京:民族出版社,2001.

[5] 黄明珠. 中国舞蹈艺术鉴赏指南 [M]. 上海:上海音乐出版社,2006.

[6] 马薇. 中国少数民族舞蹈发展史 [M]. 北京:人民音乐出版社,2002.

[7] 马西沙,韩秉方. 中国民间宗教史 [M]. 上海:人民音乐出版社,1992.

[8] 金秋. 中国传统文化与舞蹈 [M]. 北京:中国社会科学出版社,2006.

(作者单位:衡阳师范学院音乐系)

基于能值分析的环洞庭湖区农业生态经济系统结构功能效率研究

朱玉林　　王茂溪　　龙雨孜　　李明杰

摘　要： 本文借鉴 Odum. HT 的能值研究方法以探究湖南环洞庭湖区农业生态系统的生态效率，实证分析了能值结构、功能和效率，揭示了其中人与自然资源以及环境的相互关系。为进一步缩小工农产品的价格剪刀差，继续对种植业产品实行价格保护，调整农业产业结构和产品结构，转移剩余劳动力的当前该区域农业政策提供了理论依据。

关键词： 能值结构；环境负载率；可持续发展指数；能值产出率；环洞庭湖区

一、引言

湖南环洞庭湖区位于湖南省北部，包括常德、益阳、岳阳三个地市。从理论上说，环洞庭湖区应当只包括与洞庭湖相邻的滨湖堤垸地区，以及直接受洞庭湖影响需要堤垸保护的洞庭湖其他平原地区。本文所指湖南环洞庭湖区依据的是王克英主编的《洞庭湖治理开发》一书对洞庭湖区的界定，"洞庭湖区范围包括滨湖堤区及四水尾闾受堤垸保护地区"。因此根据这一界定，岳阳、常德、益阳三市除平江县、石门县、桃江县、安化县 4 个县外，其余 24 个县、区都属于洞庭湖区，其面积约为 3.2×10^4 km²，占三市总面积的 71.11%。该区域以洞庭湖平原为主体，区内光照丰富，雨水充沛，耕地面积广大，水域宽广，农业资源相当丰富，自古以来该区就是中国农业精华地带，是湖南省农业最为发达的地区之一，也是国家重要的粮食、棉花、淡水水产和生猪等农产品生产基地，素有"鱼米之乡"、"洞庭粮仓"的美誉。但在过去相当长的时期内，由于人为围垦、泥沙淤积和江湖关系变迁等的影响，湖泊生态环境演替频繁，生态环境和自然资源质量呈下降趋势，该区域农业可持续发展问题值得研究。

利用能值理论研究该地区农业生态系统的投入产出问题，进而揭示该区域人与环境的相互关系，对于这一地区农业资源与环境的科学评价与合理利用、农业经济发展方针的制订以及实施可持续发展战略均具有十分重要的意义。能值理论创立至今，在美国（Odum，Brown，1998；Odum 等，2000）、意大利（Ulgiatiet 等，1994）等西方国家已经得到了较为深入细致的研究，我国于 20 世纪 90 年代引入该理论。目前，其相关研究领域已经遍及全球地化循环（Odum，1987）以及国家（李双成等，2001）、省（隋春花等，2006；刘浩等，2008；王闰平等，2008）、市（隋春花和蓝盛芳，2001；李加林和张忍顺，2003；付晓等，2006）、县域（姬瑞华和康文星，2006；姚作芳，2008；孙会东，2010）和企业（Bastianoni 等，2000）的各种空间尺度，并在农业（陆宏芳等，2003；席运官和钦佩，

2006；王闰平等，2009）和工业（张小洪和蒋文举，2008；张芸等，2010）生态系统分析与评价研究中得到了广泛应用和各方的高度重视。本文借助能值分析方法，对湖南省环洞庭湖区农业生态系统的结构功能效率作一整体评价，为该地区农业的可持续发展提供一些参考依据。

二、数据搜集整理与结果

（一）数据来源

本文所用数据主要来源于《湖南省农村经济统计年鉴2010年》、《2010年湖南省年鉴》、《2010年湖南省统计年鉴》、《农业技术经济手册》、湖南统计信息网等。能量折算系数和能值转换率及相关项目的计算公式主要参考蓝盛芳等主编的《生态经济系统能值分析》（蓝盛芳等，2002）和闻大中主编的《农业生态系统的能量分析——理论、方法与实践》（闻大中，1993）著作，少部分能量折算系数和能值转换率是笔者通过查阅《农业技术经济手册》（牛若峰和刘天福，1984）计算整理而成。

（二）能值投入和产出及能值分析指标数据

经计算整理得到以下三个数据表：环洞庭湖区农业生态系统能值投入表（表1）、环洞庭湖区农业生态系统能值产出表（表2）和环洞庭湖区农业生态系统能值分析指标表（表3）。值得说明的是，为了便于分析，在能值分析指标体系中本文共设计了三个一级指标，分别是结构指标、功能指标和效率指标。结构一级指标从自然支撑力、发展潜力、机械化程度和系统均衡性等方面设计了能值自给率等九个三级指标；功能一级指标分别从保障生活、容纳人口和生态调节设计了人均产出能值等四个三级指标；效率一级指标的解释指标是能值产出率，如表3所示。

表1　环洞庭湖区农业生态系统能值投入表（2009年）

项目			能量、数据 （J或t）	能值转换率 （sej·J^{-1}或sej·t^{-1}）	太阳能值 （sej）	能值货币 价值（元）
可更新环境 资源投入	1	太阳能	1.39×10^{20}	1.00	1.39×10^{20}	2.58×10^{8}
	2	风能	1.98×10^{12}	6.63×10^{2}	1.32×10^{15}	2.44×10^{3}
	3	雨水化学能	1.97×10^{17}	1.54×10^{4}	3.03×10^{21}	5.62×10^{9}
	4	雨水势能	1.76×10^{17}	8.89×10^{3}	1.56×10^{21}	2.89×10^{9}
	5	地球旋转能	4.39×10^{16}	2.19×10^{4}	9.62×10^{20}	1.78×10^{9}
		小计			4.13×10^{21}	7.66×10^{9}
不可更新环 境资源投入	6	净表土损失能	1.34×10^{15}	6.25×10^{4}	8.37×10^{19}	1.55×10^{8}
		小计			8.37×10^{19}	1.55×10^{8}
可更新工业 辅助能投入	7	水电	1.54×10^{14}	1.59×10^{5}	2.45×10^{19}	4.53×10^{7}
		小计			2.45×10^{19}	4.53×10^{7}

续表

项目			能量、数据（J 或 t）	能值转换率（sej·J⁻¹或 sej·t⁻¹）	太阳能值（sej）	能值货币价值（元）
不可更新工业辅助能投入	8	火电	5.76×10^{15}	1.59×10^5	9.16×10^{20}	1.70×10^9
	9	化肥	2.56×10^6	4.88×10^{15}	1.25×10^{22}	2.32×10^{10}
	10	农药	3.22×10^{04}	1.62×10^{15}	5.21×10^{19}	9.66×10^7
	11	农膜	1.16×10^{09}	3.80×10^8	4.40×10^{17}	8.16×10^5
	12	农用柴油	7.12×10^{15}	6.60×10^4	4.70×10^{20}	8.71×10^8
	13	农用机械	3.76×10^{13}	7.50×10^7	2.82×10^{21}	5.22×10^9
		小计			1.68×10^{22}	3.11×10^{10}
有机能投入	14	劳动力	1.19×10^{16}	3.80×10^5	4.53×10^{21}	8.39×10^9
	15	畜力	8.24×10^{14}	1.46×10^5	1.20×10^{20}	2.23×10^8
	16	有机肥	2.57×10^{16}	2.70×10^4	6.95×10^{20}	1.29×10^9
	17	种子	2.86×10^{12}	6.60×10^7	1.89×10^{20}	3.50×10^8
		小计			5.53×10^{21}	1.02×10^{10}
总能值投入					2.65×10^{22}	4.92×10^{10}

表2　环洞庭湖区农业生态系统能值产出表（2009 年）

项目			能量数据（J 或 t）	能值转换率（sej·J⁻¹或 sej·t⁻¹）	太阳能值（sej）	能值货币价值（元）
种植业产出	18	谷物	1.20×10^{17}	8.30×10^4	9.92×10^{21}	1.84×10^{10}
	19	豆类	1.65×10^{15}	8.30×10^4	1.37×10^{20}	2.54×10^8
	20	薯类	2.01×10^{15}	8.30×10^4	1.67×10^{20}	3.10×10^8
	21	油料	2.98×10^{16}	6.90×10^5	2.06×10^{22}	3.81×10^{10}
	22	棉花	3.95×10^{15}	1.90×10^6	7.50×10^{21}	1.39×10^{10}
	23	麻类	1.11×10^{15}	8.30×10^4	9.22×10^{19}	1.71×10^8
	24	甘蔗	6.52×10^{14}	8.40×10^4	5.48×10^{19}	1.01×10^8
	25	烟叶	7.00×10^{12}	2.70×10^4	1.89×10^{17}	3.50×10^5
	26	蔬菜	1.23×10^{16}	2.70×10^4	3.32×10^{20}	6.15×10^8
	27	茶叶	3.19×10^{14}	2.00×10^5	6.37×10^{19}	1.18×10^8
	28	水果	3.54×10^{15}	5.30×10^5	1.88×10^{21}	3.48×10^9
	29	瓜果	1.81×10^{15}	2.46×10^5	4.45×10^{20}	8.25×10^8
		小计			4.12×10^{22}	7.63×10^{10}
林业产出	30	木材	4.09×10^{15}	4.40×10^4	1.80×10^{20}	3.33×10^8
	31	竹材	3.72×10^{14}	4.40×10^4	1.64×10^{19}	3.03×10^7
	32	油桐籽	1.08×10^{13}	6.90×10^5	7.43×10^{18}	1.38×10^7
	33	油茶籽	1.42×10^{15}	8.60×10^4	1.22×10^{20}	2.26×10^8
	34	板栗	9.26×10^{13}	6.90×10^5	6.39×10^{19}	1.18×10^8
	35	核桃	3.89×10^{11}	6.90×10^5	2.69×10^{17}	4.98×10^5
	36	竹笋干	1.75×10^{13}	2.70×10^4	4.72×10^{17}	8.74×10^5
		小计			3.90×10^{20}	7.23×10^8

续表

项目			能量数据 （J 或 t）	能值转换率 （sej·J^{-1} 或 sej·t^{-1}）	太阳能值 （sej）	能值货币 价值（元）
畜牧业产出	37	猪肉	4.47×10^{15}	1.70×10^{6}	7.59×10^{21}	1.41×10^{10}
	38	牛肉	1.12×10^{14}	4.00×10^{6}	4.50×10^{20}	8.33×10^{8}
	39	羊肉	1.21×10^{14}	2.00×10^{6}	2.41×10^{20}	4.47×10^{8}
	40	禽肉	8.75×10^{14}	2.00×10^{6}	1.75×10^{21}	3.24×10^{9}
	41	兔肉	3.02×10^{12}	4.00×10^{6}	1.21×10^{19}	2.24×10^{7}
	42	牛奶	4.60×10^{13}	1.71×10^{6}	7.87×10^{19}	1.46×10^{8}
	43	蜂蜜	1.16×10^{12}	1.71×10^{6}	1.98×10^{18}	3.67×10^{6}
	44	蛋	2.12×10^{14}	1.71×10^{6}	3.63×10^{20}	6.72×10^{8}
		小计			1.05×10^{22}	1.94×10^{10}
渔业产出	45	水产品	1.10×10^{15}	2.00×10^{6}	2.19×10^{21}	4.07×10^{9}
		小计			2.19×10^{21}	4.07×10^{9}
总产出能值					5.42×10^{22}	1.00×10^{11}
能值利用总量					2.65×10^{22}	4.92×10^{10}
第一产业 GDP（元）					4.92×10^{10}	
能值/货币比率（sej/元）					5.40×10^{11}	

表3 环洞庭湖区农业生态系统能值分析指标表（2009年）

一级指标	二级指标	三级指标	计算表达式	指标值
结构（I）	自然支撑力（I_1）	能值自给率（I_{11}）	环境资源能值投入/总能值投入	15.90%
		能值投资率（I_{12}）	总辅助能值投入/环境资源能值投入	5.2911
	发展潜力（I_2）	投入可更新比（I_{21}）	可更新资源能值投入/总能值投入	0.3652
		能值密度（I_{22}）	总能值投入/区域土地面积	8.77×10^{11}
		工业辅助能可更新比（I_{23}）	可更新工业辅助能值投入/工业辅助能值投入	0.15%
	机械化程度（I_3）	农业机械能值占比（I_{31}）	农业机械能值投入/总能值投入	10.62%
		有机辅助能值比（I_{32}）	可更新有机能值投入/总能值投入	0.2085
	系统均衡性（I_4）	系统生产优势度（I_{41}）	$\sum (Y_i/Y)^2$，其中：Y_i 为种植业、林业、畜牧业、渔业能值产出；Y 为总能值产出	0.6151
		系统稳定性指数（I_{42}）	$\sum [(Y_i/Y) \ell n (Y_i/Y)]$	−0.6934
功能（J）	保障生活（J_1）	人均产出能值（J_{11}）	总能值产出/农业从业人员数	1.72×10^{16}
	容纳人口（J_2）	人口承载力（J_{21}）	可更新环境资源能值投入*农业从业人员数/总能值投入	4.91×10^{5}
		环境负荷率（J_{31}）	不可更新资源能值投入/可更新资源能值投入	1.7382
	生态调节（J_3）	可持续发展指数（J_{32}）	能值产出率/环境负荷率	1.3982
效率（K）	产投效率（K_1）	能值产出率（K_{11}）	总能值产出/总辅助能值投入	2.4304

三、数据分析

（一）能值投入结构与功能分析

1. 能值投入结构分析

对于能值投入结构的分析，笔者主要从机械化程度、自然支撑力、发展潜力加以论述。

（1）机械化程度

其解释指标主要有：农业机械能值投入占比和有机辅助能值比。如图1，环洞庭湖区农业生态系统能值投入中，可更新环境资源能值投入、不可更新环境资源能值投入、可更新工业辅助能值投入、不可更新工业辅助能值投入和有机能值投入分别占总能值投入（2.65×10^{22} sej）的比重分别为15.58%、0.32%、0.09%、63.17%和20.85%，其中不可更新工业辅助能值投入大大超出其他项目的投入（63.17%），且在不可更新工业辅助能值投入中，化肥占有非常大的比重，为47.13%，说明化肥对该系统的贡献率非常高，农业机械能值投入占比为10.62%，相对于湖南省2008年农业机械化水平0.01%（朱玉林和李明杰，2012）而言，该区域农业机械化水平也处于较高水平状态。有机能值投入20.85%，相对于湖南省2008年农业生态系统有机能投入的平均水平54.19%（朱玉林和李明杰，2012），该比重处于较低水平，充分说明该区域农业现代化水平较高，对劳动力的依赖程度较低，已摆脱自然农业的低水平状态。

（2）自然支撑力

其解释指标有：能值自给率和能值投资率。2009年该区域农业生态系统的能值自给率为15.90%，大于日本（6.5%）和意大利（10.5%），小于海南省（30%）（蓝盛芳等，2002），说明该区域农业生态系统虽然有着较为丰富的自然资源基础，但自然资源对该区域农业生态系统的制约性较大，环境资源对农业的贡献较大，这主要得益于该区域湿润的亚热带气候。该系统能值投资率为5.29，低于意大利（8.52）和日本（14.03），高于海南省（2.33）（蓝盛芳等，2002）。这两个指标均说明该区域农业生态系统的开发利用程度虽高于国内一些省市，但与国际水平差距较大，还可以加大该生态系统的开发力度。净表土层损失能为0.32%，比例较低，说明系统植被好或森林覆盖率高。

（3）发展潜力

其解释指标有：能值密度、投入可更新比和工业辅助能可更新比。2009年该区域农业生态系统的能值密度为8.77×10^{11} sej／（$m^2 \cdot$年），远远高于全国平均水平［1.32×1011 sej／（$m^2 \cdot$年）］（蓝盛芳等，2002），能值密度是评价能值投入集约度和强度的指标，这一指标反映该地区农业生态系统的两个特性——农业生产强度和农业发展等级。农业生态系统能值密度越大，说明该区域农业发展集约化程度越高，农业发展程度越高，经济越发达。该区域较高的能值密度，表明在国内该区域农业生态系统能值集约度比较高，经济较发达。该系统投入可更新能值比（可更新能值投入／总能值投入）为36.52%，比重比较大，但是可更新能值投入包括可更新环境资源能值投入（42.66%）、可更新工业辅助能（0.52%）和有机能（57.09%），所以利用环境所得到的可更新能值所占比例并不大（15.58%）。工业辅助能值可更新比（可更新工业辅助能值投入／工业辅助能值投入）为

0.15%（鉴于统计数据的搜集难度，本文可更新工业辅助能值投入仅限于水电能值），比重很低，农业绿色能源的开发亟待重视。

2. 能值投入功能分析

其解释指标有：环境负载率和人口承载力，2009 年该区域农业生态系统环境负载率为 1.74，低于全国的平均水平（2.8）（蓝盛芳等，2002）。一般来说，环境负载率数值越低，说明该系统环境压力越小。因此该系统来自自然资源和环境的压力不是很大。该系统 2009 年的人口承受力为 4.91×10^5 人，而该区域的农业从业人口为 3.15×10^6 人，表明该系统容纳了过多的农业人口，人口承受力超载严重，系统有过多的农村剩余劳动力需转移。

（二）能值产出结构与功能分析

1. 能值产出结构和系统均衡性分析

2009 年该区域农业生态系统能值产出总量为 5.42×10^{22} sej，由种植业能值产出、林业能值产出、畜牧业能值产出和渔业能值产出构成，它们所占的比例分别为 75.90%、0.72%、19.33% 和 4.05%。种植业和畜牧业占了相当大比例（95.23%），而林业和渔业仅占 4.77%。

2009 年该区域农林牧渔业经济总产值 780.64 亿元。其中：农业产值 360.42 亿元，林业产值 15.18 亿元，牧业产值 298.36 亿元，渔业产值 106.68 亿元。所以，2009 年该区域农业生态系统产值结构中种植业、林业、畜牧业和渔业所占比例分别为 46.17%、1.94%、38.22%、13.67%。

通过对比，在该系统中 2009 年种植业的能值产出比重大于其产值比重（75.90% > 46.17%）；能值产出比重小于产值比重的是林业（0.72% < 1.94%）、畜牧业（19.33% < 38.22%）和渔业（4.05% < 13.67%）。这一方面说明该系统中种植业产品在定价过程中并未考虑自然资源价值，使得其市场价格定价相对偏低，国家仍要继续实行粮食价格保护价，以保障粮农利益；另一方面说明，在当前的市场需求和市场价格前提下，调整农业产业结构和产品结构，增加林业、畜牧业和渔业的比重，将对增加农民收入有一定的积极作用。

从系统均衡性看：2009 年环洞庭湖区农业生态系统的系统生产优势度为 0.62，说明该区域农业生态系统中种植业、林业、畜牧业和渔业的产业分布不均匀，林业和渔业的能值产出比例相对偏低。

2009 年环洞庭湖区农业生态系统的系统稳定性指数为 -0.69 < 0，表明该区域农业生态系统的系统自稳定性较低，系统内部各子系统连接网络不发达，系统的自控、调节、反馈作用弱。

2. 能值产出功能分析

其解释指标有：人均产出能值和可持续发展指数。环洞庭湖区农业生态系统 2009 年的人均产出能值为 1.72×10^{16} sej，其能值货币价值为 31873.56 元，而 2009 年该区域农业生态系统人均地区经济总产值为 24761.14 元。按照这个比例，农产品价格还有 28.7% 的上涨空间。该区域农产品的市场定价从整体上讲忽视了自然资源和环境对农产品生产的贡献，定价偏低，也从另一层面反映出该区域农业系统的产业链相对较短，产品附加值低的特性。虽然农产品供给相对丰富，但由于市场定价低，农民利益得不到保障，不利于农民增收和农业的可持续发展。

结合该区域农业生态系统能值投入表，得出 2009 年该区域农业生态系统可持续发展指数为 1.40，属于 1 < ESI < 10 的范畴，表明该区域农业生态系统富有活力和发展潜力，和我国属于发展中国家这一发展水平相吻合。该指标值也意味着该系统的自然资源的压力不是很大，反过来也证明该系统经济还欠发达，有待更大强度的开发和利用，农业现代化任重道远。

（三）能值投入-产出效率分析

在能值分析中体现投入-产出效率的指标是能值产出率，该指标也常被用来判断系统在获得经济输入能值上是否具有优势，在一定程度上反映系统的可持续发展状况。Odum HT（2000）认为，该值应在 1 ~ 6。如果该值小于 1，说明系统的产出入不敷出。2009 年该区域农业生态系统的能值产出率为 2.43，略高于全国平均水平（2.00）（蓝盛芳等，2002），也高于湖南农业生态系统 2009 年的能值投入产出率（1.80）（朱玉林等，2012）。据此说明该生态系统能值利用效率处于一个较合理的水平。笔者认为其原因主要在于该系统的能值投入和产出结构在不断优化所致（朱玉林等，2012），比如该生态系统工业辅助能值比率达 63%，说明该系统由于属于平原地区，所以投入了大量的工业辅助能值，其中该系统化肥能值投入占比为 45.3%，农用机械能值占比为 10.6%，而湖南省 2008 年农业生态系统化肥能值投入占比和农用机械能值占比则分别为 19.8% 和 0.01%（朱玉林等，2012），因此，环洞庭湖区农业生态系统相对于湖南农业，其机械化和现代化程度要高得多，农业生产的规模效率和集聚效应发挥较好，其能值投入-产出效率自然就高一些。

四、结论

本论文从能值分析入手分析了系统结构、功能和效率，并得出研究结论，其中，该区域农业生态系统农业机械化和农业现代化水平相对较高，农业生产的规模效应和集聚效应逐渐得以体现，这是针对该系统能值投入-产出率高于全省平均水平而言的；该系统富有活力和发展潜力，自然资源和环境压力不是很大，这是通过计算系统可持续发展指数和环境负载率数据，并与发达国家和地区对比确定的；通过计算和对比该系统人口承受力和该系统农业从业人口，得到该系统人口承受力处于超负荷状态，容纳了过多的农村剩余劳动力的结论。通过该系统人均产出能值货币价值和人均地区经济总产值，种植业能值产出总量和经济产出总量的对比发现，得到该区域农产品尤其是种植业产品的市场定价明显偏低的结论，并提出了该系统农产品价格还有 28.7% 的上涨空间的基本观点。笔者认为，农产品的价格不能简单地由其供求关系来决定，必须同时考虑自然资源的消耗和环境对农业生产的贡献，农业与其他产业的不同是它不仅具有产业功能，而且还具有很强的生态功能。建立合理的工农产品比价，进一步完善价格体系，这对于提高农业生产效率、增加农民收入是至关重要的。

值得说明的是，笔者在此次研究过程中涉及的能量转换系数和能值转换率主要参考的是 Odum HT 等学者的相关研究成果，虽然能满足大范围内的分析，但由于各国和各地区生产水平与效益等因素存在一定的区域性差异，可能造成一定的误差，有待于在进一步的研究中加以改进。

参考文献

[1] 付晓,吴钢,尚文艳,等.辽宁省朝阳市农业生态经济系统能值分析 [J].生态学杂志,2005,24 (08).

[2] 姬瑞华,康文星.南方丘陵区县域农业生态经济系统的能值分析——以衡东县为例 [J].中南林学院学报,2006,26 (06).

[3] 蓝盛芳,钦佩,陆宏芳.生态经济系统能值分析 [M].北京:化学工业出版社,2002.

[4] 李加林,张忍顺.宁波市生态经济系统的能值分析研究 [J].地理与地理信息科学,2003,19 (02).

[5] 李双成,傅小峰,郑度.中国经济持续发展水平的能值分析 [J].自然资源学报,2001,16 (04).

[6] 刘浩,王青,李秀娟,等.辽宁省生态经济系统能值分析 [J].应用生态学报,2008,19 (03).

[7] 陆宏芳,彭少麟,蓝盛芳,等.基塘农业生态工程模式的能值评估 [J].应用生态学报,2003,14 (10).

[8] 牛若峰,刘天福.农业技术经济手册(修订本) [M].北京:农业出版社,1984.

[9] 隋春花,蓝盛芳.广州城市生态系统能值分析研究 [J].重庆环境科学,2001,21 (02).

[10] 隋春花,陆宏芳,郑凤英.基于能值分析的广东省生态经济系统综合研究 [N].应用生态学报,2006,17 (11).

[11] 孙会东.临洮县农业生态经济系统能值分析 [J].甘肃农业科技,2010 (10).

[12] 王闰平,荣湘民,侯希红.能值分析在农业生态系统中的应用——以山西省为例 [J].湖南农业大学学报,2009,35 (03).

[13] 王闰平,荣湘民.山西省农业生态经济系统能值分析 [J].应用生态学报,2008,19 (10).

[14] 闻大中.农业生态系统的能量分析——理论、方法与实践 [M].长春:吉林科技出版社,1993.

[15] 席运官,钦佩.稻鸭共作有机农业模式的能值评估 [J].应用生态学报,2006,17 (02).

[16] 姚作芳.基于能值理论的生态县可持续发展研究 [J].长沙:湖南农业大学学报,2008.

[17] 张小洪,蒋文举.拓展的能值指标用于评价工业系统可持续性的研究 [J].安徽农业科学,2008,36 (12).

[18] 张芸,陈秀琼,王童谣,等.基于能值理论的钢铁工业园区可持续性评价 [J].湖南大学学报(自然科学版),2010,37 (11).

[19] 朱玉林,李明杰.湖南省农业生态系统能值演变与趋势 [J].应用生态学报,2012,23 (02).

［20］ 朱玉林，李明杰，侯茂章，等．湖南农业生态系统能值结构功能效率分析［J］．中国农学通报，2012，18（20）．

［21］ Bastianoni S, Marchettini N. The problem of coproduction in environmental accounting by emergy analysis［J］. Ecological Modelling, 2000（129）.

［22］ Odum HT, Brown M. Environment and Society in Florida［N］. Boca Racon：Lewis Publishers, 1998.

［23］ Odum HT, Doherty SJ, Scatena FN, *et al.* Emergy evaluation of reforestation alternatives in Puerto Rico［J］. *Forest Science*, 2000, 46（04）.

［24］ Odum HT, Odum EC, Blissett M. Ecology and economy：Emergy analysis and public policy in Texas. In：Lyndon B. ed. Johnson School of Public policy Affairs and Department of Agriculture, Policy Research Project Report Number 78［N］. Austin：Board of Regents, The University of Texas, 1987.

［25］ Ulgiati S, Odum HT, Bastianoni S. Emergy use, environment loading and sustainability：An emergy analysis of Italy［J］. Ecological Modelling, 1994（73）.

（作者单位：中南林业科技大学）

试论图书馆核心竞争力的构建

许建兰　陈寿祺

摘　要： 图书馆要想在新的环境下生存和发展，必须充分利用其自身所具备的资源优势增强核心竞争力。本文通过分析图书馆核心竞争力的内涵、特点以及目前图书馆核心竞争力现状，指出提升图书馆核心竞争力的应对措施。

关键词： 图书馆；核心竞争力；创新

在竞争日益激烈的信息时代，图书馆与层出不穷的高端服务业和信息服务业的竞争日益加剧，图书馆作为社会知识信息的中心地位受到动摇和强烈冲击，其生存和发展正面临着严峻挑战，同时也带来了难得的发展机遇。图书馆要想在新的环境下生存和发展，就必须充分利用其自身具备的其他机构所无法比拟的资源优势，提高图书馆自身的核心竞争力。

一、核心竞争力来源与图书馆核心竞争力内涵

1. 核心竞争力来源

核心竞争力（core competitive），又叫核心能力或核心生产力，其概念源于企业经营管理领域，是美国经济学家 Prahalad 和 Hamel 于 1990 年在《哈佛商业评论》一文中提出来的。企业核心竞争力是指企业所独有的，在某一市场长期具有竞争优势的内在能力资源，是公司所具有的竞争优势和区别于竞争对手的知识体系，是公司竞争能力的基础。核心竞争力由比较优势和竞争优势组成。比较优势，是指本地区或企业所独具的资源和有利条件。比较优势对核心竞争力的主要贡献是造成了某种差异性，从而能在竞争中获得较大的差别利益，但有了比较优势不一定形成优势竞争力。竞争优势，是指在竞争中相比于竞争对手更强的能力和素质，强调的是一个地区或企业的内生能力，特别是创新力。相对于比较优势，其在核心竞争力中的地位更重要。

2. 图书馆核心竞争力内涵

图书馆的核心竞争力概念是从企业核心竞争力概念移植而来的，指图书馆在社会中的独特竞争优势，是维持图书馆存在和保障图书馆发展的独特的、外界不易掌控的能力。

图书馆对文献信息进行采集、加工、处理、传递、服务的过程，实际上是信息增值的过程，也是信息产品生产的过程，因此，其核心竞争力存在于"资源"与"服务"之间，蕴含于图书馆服务质量、用户价值、文化底蕴、人力资源等内部的知识和能力之中。从中国期刊全文数据库刊载的学术论文可知，我国图书馆核心竞争力的研究始于 2000 年，秦

忠范在《知识经济时代高校图书馆信息服务的核心竞争》一文中首次将核心竞争力概念用于图书馆理论研究中。2004 年得到初步发展，5 年间共发表 31 篇文章，目前公开发表的期刊论文 349 篇，近 4 年发表的文章占图书馆核心竞争力论文总量的 91%。这说明图书馆界已经充分意识到自身所具有的竞争属性，已经引起大家对图书馆核心竞争力问题的广泛关注。

3. 图书馆核心竞争力特点

任何事物都有其特性，图书馆核心竞争力也不例外。图书馆核心竞争力的特性基于图书馆行业的特点，主要表现为：

①公益性。图书馆核心竞争力建立在公益性基础上。

②独特性。是指图书馆在长期的实践中积累形成的，以其基础业务为核心形成的，能够赢得用户，获得最佳社会效益，并在众多信息服务中保持独特竞争优势的那些资源和能力，竞争对手难以企及和模仿、替代。

③价值优越性。图书馆文献信息资源既具有全面性又有独特性，能满足用户个性化的需求，因此能为信息用户创造更高的价值，用户能从图书馆获得比其他媒体更多的实惠，它能按照用户愿意支付的价格为用户提供根本性的效用，在价值链中发挥巨大作用。

4. 图书馆缺乏核心竞争力的具体表现

虽然目前图书馆核心竞争力这一观念已经得到大众的普遍认同和接受，但是由于长期以来图书馆仍然受旧的管理体制影响及传统观念的束缚，缺乏危机意识和竞争意识，因此普遍缺乏核心竞争力，具体表现如下：

(1) 文献信息资源建设水平不高

许多图书馆受旧体制、旧观念的影响，在文献信息资源建设上都在追求"大而全""小而全"，但又由于资金限制而无力实现，结果造成"大而不全""小而不专"的局面。这样做的结果不是遗漏大量的文献资源就是严重重复采购，使得文献资源更加贫乏。在文献资源利用方面，大多数图书馆基本采用自给自足的保障模式，协作能力不强，资源得不到共享，很不利于降低成本，提高竞争力。

(2) 人力资源令人担忧

核心竞争力的关键因素是人。如果仅拥有丰富的文献信息资源，而不具备高素质的人才队伍，文献信息资源也不可能被充分利用。然而，长期以来，各单位都把图书馆看做是吸纳人员的最好去处，造成了图书馆人力资源的学历结构和职称结构都极不合理。同时，由于图书馆长期以来地位低下，即使引进或者培养一些人才也都逐渐流失了。这种现象严重影响了图书馆事业的发展，影响了图书馆的核心竞争力。

(3) 服务理念落后，服务方式单一

传统的图书馆服务是一切从图书馆着想，一切从有利于工作和工作人员利益出发，因此，图书馆员是图书馆的主人，图书馆提供什么服务，读者就接受什么服务。然而图书馆最主要的用途是为读者提供服务，读者的人气指数应该是图书馆服务评估的准确标尺，不为读者利益着想的图书馆是缺乏竞争力的。

(4) 管理水平低，缺乏创新意识

目前，图书馆发展的环境发生了根本性变化，但不少图书馆管理者的管理理念仍停留在过去传统的保守管理时期，按原有办法、经验进行管理，严重制约今天图书馆发展的需要，甚至还束缚它的发展。

5. 图书馆核心竞争力构建

图书馆的核心竞争力是图书馆可持续发展的前提，每个图书馆都要正确认识自己对读者的吸引力和影响力，真正了解和把握它区别于其他行业、其他图书馆的能力，正确认识自己在市场竞争中的相对优势和不足，并通过以下措施和途径增强其核心竞争力。

（1）高素质人才队伍是提高核心竞争力的根本

高素质人才包括敬业爱岗的专业技术人员和具有亲和力的管理人员。图书馆馆员的素质决定着图书馆的发展水平。图书馆管理者的品质、创新意识和决策能力是核心竞争力形成的关键。我们知道，国内发展比较好的图书馆，其馆长基本上是国内有名的学者，如中科院文献情报中心的张晓林、上海图书馆的吴建中等等。而有些原本不为大众所知的中小城市的图书馆，也可能受到大众的瞩目，原因就是领导者具有非常强的开拓和创新精神。图书馆的"馆长"不仅是行政机构中一个职位的称呼，而且是具有企业家的创新能力和敏锐洞察力的管理者。

同时，图书馆的发展需要的是超前型和适应型图书馆员，逐步淘汰滞后型图书馆员。随着社会的不断进步和新技术的出现，图书馆急切需要引进优秀的专业技术人员，以提高图书馆的服务水平。如何合理使用、优化图书馆人力资源，这就需要有一个懂管理且具有亲和力的馆长来组织。只有这样，图书馆才是一个向上的整体，各项工作才会体现出活力和朝气。

（2）建设有特色的文献信息资源是提高核心竞争力的基础

文献信息资源是图书馆的物质基础，是图书馆服务赖以展开的前提和基础。图书馆应以信息资源作为自己变革和发展的动力，在文献信息资源建设上，建立起具有自身特色、有重点的文献信息保障体系。

（3）服务创新是构建图书馆核心竞争力的关键

图书馆区别于其他社会机构的职能之一就是社会文献信息流的整序。在信息急剧增长的今天，图书馆不能推卸这种责任，要加强多元文献载体的复合整序能力，帮助用户和图书馆自身快速、即时、方便地获取资料，满足用户的信息需求，进行服务创新，提供知识服务，即动态地、连续地跟踪用户需求，对信息进行捕获、分析、重组，加工生成知识产品，并能够对这种知识产品做出评价。用户会把图书馆看成是自己科研团队不可或缺的一部分，而不是可有可无的帮手。

（4）先进的信息处理设备是提高核心竞争力的保证

在现代信息社会里，很难想象一个技术和设备落后的图书馆能够为读者提供满意的服务，同样，技术和设备落后也会使图书馆失去核心竞争力。因此，图书馆在信息处理设备方面应加大投入力度，跟上发展要求，使图书馆信息资源及时满足读者需要。

（5）建立学习型图书馆，为提高核心竞争力营造氛围

图书馆作为知识与信息的集散中心和思想文化传播的重要基地，是一个与知识、学习密切相关的特殊的组织实体。只要图书馆每一个工作人员都爱岗敬业，持续学习，不断充电，形成学习氛围，那么图书馆就有朝气，工作人员工作就有热情，事业就会发达，从而提高图书馆核心竞争力。

（6）群体凝聚力是提高核心竞争力的核心

图书馆的凝聚力是指全体员工的个人潜能相互间和谐的合作关系，在共同的事业上相聚合的力度，其主要表现在两个方面：一是精神凝聚力。即员工的理想、追求和谐一致，心往一处想，劲往一处使，形成一股不可阻挡的精神洪流，促进图书馆事业的迅猛发展。二是行为凝聚力。即指图书馆员工精神凝聚力的诸多具体表现。具体指图书馆与图书馆之间、员工与员工之间联系紧密，团结协作，建立和谐的人际关系，这些就是提高图书馆核心竞争力的核心。

（7）现代化的管理方式是构建图书馆核心竞争力的保障

市场经济的目标是资源的最优化配置，图书馆置身市场经济的大潮中，如想不被淘汰，就必须把自己当做一个企业来经营，以自身的服务理念和运作方式来创造效益。吴建中博士提出的"确定核心业务、推动业务重组、提高业务质量"的对策，从管理的角度来说，也是提高图书馆核心竞争力的保障。

（8）营造良好的图书馆文化，提升图书馆的核心竞争力

图书馆要提升核心竞争力，必须建立具有号召力、凝聚力、导向力的图书馆文化。文化可以被看成是具有群体或组织特征的规范与价值观。服务是一种决定其组织成员特定态度和行为的共同价值和规范形成的体系，是群体的理想、道德和价值观的一种表现，在这里起核心作用的是一种"文化力"。图书馆文化不仅具有整合功能，而且还具有控制功能，它能使图书馆的服务长期持久地调整到一种最佳状态。图书馆文化是图书馆灵魂，优良的图书馆文化，能营造出积极、和谐、向上的工作氛围，产生源源不断的动力源泉，对图书馆竞争优势的产生和持续发展起着不可估量的推动和促进作用。

参考文献

［1］CK Prahalad and Gary Hamel. The core competence of the corpo2ration ［J］. Harvad Business Review，1990，68（03）.

［2］秦忠范. 知识经济时代高校图书馆信息服务的核心竞争力［J］. 情报科学，2000（05）.

［3］管荣荣. 基于价值链的高校图书馆核心竞争力构建［J］. 图书馆，2008（02）.

［4］李健康，夏旭. 怎样打造图书馆的核心竞争力［J］. 图书馆论坛，2003（06）.

［5］潘小枫. 特色化建设：演绎图书馆的核心价值［J］. 图书与情报，2008（03）.

［6］唐星敏. 论高校图书馆的核心竞争力［J］. 图书馆理论与实践，2008（03）.

［7］陈永耘，等. 论知识经济时代图书馆核心竞争力的构建［J］. 图书馆理论与实践，2007（01）.

（作者单位：长沙理工大学）

以高度的文化自觉，积极发展创意产业

成松柳

摘　要：本文论述了以高度的文化自觉积极发展创意产业的目的和意义，重点介绍了文化创意产业包含文化产品、文化服务与智能产权有关内容，诠释了高度文化自觉与文化创意产业相互联系、相互促进的理念。

关键词：文化自觉；积极发展；创意产业

发展文化创意产业是湖南建设文化强省的题中之意。厚重的湖湘文化，奇特的自然山水，近代以来的湖湘人才群体，享有盛誉的出版湘军和广电湘军，一直为市场和业界看好的歌厅文化，迅速崛起的动漫产业，这些都为湖南文化创意产业的发展提供了前提和基础。

在切入题目之前，先简单谈一下对于文化的认识。在很多教科书和学者的报告中，我们经常看到和听到他们讲述，文化的定义是非常复杂的，是五花八门的。其实，这是一种误解。关于文化，文化人类学实际上是有一个基本定义的，这个定义得到了学术界的广泛认同。文化是人类生活的意义层面，是社会借以运行的，通常没有被意识到的准则。就如同一个摄影爱好者用广角镜头看世界，退一大步往往看得更清楚一样，人除了自然遗传以外，还有社会遗传，文化就是人的社会遗传。

所谓文化创意产业，是指依靠创意者的智慧和技能，借助现代高科技，对文化资源进行创造与提升，使其产生出高附加值产品。文化创意产业是经济、文化和技术相互融合的产物，在带动相关产业、推动区域经济发展的同时，还可以辐射到社会生活的各个方面，提升人民群众的文化素质。

联合国教科文组织认为文化创意产业包含文化产品、文化服务与智能产权三项内容。围绕这三项内容，就湖南文化创意产业发展，本人提出几点看法。

任何一种文化创意活动，都要在一定的文化背景下进行，因而要积极发展文化创意产业，要有高度的文化自觉。文化自觉，应该体现在这样几个方面：首先，要意识到文化传承的重要性。文化人类学告诉我们，人类文化是多元的，每一种文化都有独特的价值，任何文化形态的存在都是有意义的。不同文化彼此之间没有优劣高下之分，不能把某一种文化作为唯一导向，只有具备这样的视野，文化自信和自觉才有可能。其次是以学术的态度去厘清湖湘文化的资源，湖湘文化厚重而又博大，是我们发展文化创意产业的源头活水。但是，至少到目前为止，我们对湖湘文化资源的了解依然是零散和模糊的。如果能以专题的形式，认真组织调查与清理，弄清家底，这对文化保护与建设是非常重要的。第三，在对待文化资源进行创意提升时，一定要树立明确的保护意识，学会还原历史。对待文化资源，保护永远是第一位的，这方面的教训太多应引以为戒。第四，要注意用文化引领产业的发展。现代科技为文化创意产业发展提供了许多新的手段，使其更丰富、更具有现代感，但也往往会本末倒置，让文化仅仅成为科技和经济的附庸。这些年，湖南也建设了很多文化项目，包括老街区的整治，但很少出现精品，一个重要原因就是建设者缺乏文化眼光。

高度的文化自觉，必须要坚持文化产品的服务理念，强调服务与价格等值。文化是以文化人为主体，大众在享受文化产品的同时，理应受到文化的熏陶，精神价值得到提升，此时，服务的意义就凸显了。英国的华威城堡，连续多年被游客投票排名城堡第一，很重要的原因就是其独具创意的服务：对中世纪气氛的真实还原，很多有趣的历史记录，有关古城堡的详细的历史知识，服务人员的专业水准。因而尽管门票价格不菲，但游人如织，因为服务让这里物有所值。这方面，我们的差距更大。比如长沙野生动物园，其占地面积和硬件设施都不差，但在服务上却差强人意。游客来野生动物园是一个享受和自然、动物亲近的过程，因而国外很多野生动物园都有很多让游客亲近的小动物、学会与动物和谐相处的服务项目，而在我们这里却很少，所有动物基本上都被锁在笼子里。过分的管理措施给人的感受不是人与动物的和谐相处，而是对立。

高度的文化自觉，还体现在一定要有产权意识，要以制度的形式保护创意人的积极性，形成真正的文化创意产业链。文化创意，其产业关联度是很高的，一旦形成，就要善于生发开来。比如，我们目前在下大力气将湘江建设成东方的莱茵河，就可以围绕湘江的建设，展开湘江沿线文化创意产业的整体构思，历史的、文学的、动漫的、科技的，只有有高度的文化自觉，以文化引领，我们才能真正做出大手笔的文章。

（作者单位：长沙理工大学）

两型社会建设中的城市环境保护问题研究

刘　峰

摘　要：两型社会建设进程中，环境保护问题日益受到重视。当前，城市环境污染主要表现为水环境污染、大气污染、固体废弃物污染、噪声污染、土壤污染及其他新出现的危险废物污染、光污染、热污染等。城市环境问题产生的原因主要包括：受环境行政治理体制的影响、环境保护制度建设滞后、市场机制作用未能得到有效发挥、全社会践行绿色环保的社会风尚尚未形成。从现实出发，今后应创新城市功能区布局，建立城市垃圾处理及环境治理管理体系，建立城市绿色保护体制机制。

关键词：两型社会；城市；环境保护；体制机制

近年来，环境保护日益得到重视。党的十八大报告提出，要坚持节约资源和保护环境的基本国策，坚持节约优先、保护优先、自然恢复为主的方针，着力推进绿色发展、循环发展、低碳发展，形成节约资源和保护环境的空间格局、产业结构、生产方式、生活方式，从源头上扭转生态环境恶化趋势，为人民创设良好的生产生活环境，为全球生态安全作出贡献。我国在经济社会发展取得巨大成就的同时，城市环境保护工作也取得显著成效。在经济社会快速发展的情况下，环境污染恶化的趋势基本得到控制，重点地区和城市的环境质量有所改善，生态环境质量稳步提高。从总体来看，城市环境保护方面制定了不少好的政策，也取得了不错成绩。然而目前也还存在一些问题。

一、城市环境污染现状及存在的问题

由于近些年城市发展过程中工业化速度加快，政府注重追求 GDP 增长，对环境问题有一定的忽略，导致不少城市产生了较为严重的环境污染。如 2007 年时，长株潭地区三大产业结构关系为 6：62：32，自 20 世纪 90 年代以来，长株潭地区轻重工业比重一直维持在 0.4 左右，重型化特征非常明显，重污染工业比重高。当前，不少城市均处于从粗放型向集约型发展的转型期，在城市经济发展过程中亟须高度重视环境破坏和污染治理的问题，既要重视累积性污染突出的问题，也要关注不断出现的新的污染问题。从总体来看，污染有以下几种类型：

1. 水环境污染

城市水污染主要由工厂排水、生活用水排放而引起。由于城市人口的急剧增长和工业飞速发展，整体需水量大增，工厂增多的同时产生了大量废水。工业废水中成分复杂，危害性大，有的未加处理就直接排入江水中，使水环境遭到破坏。生活污水含有大量细菌、病原菌和寄生虫卵，极易导致微生物的大量繁殖。从整体来看，水体污染呈上升趋势。生活污水的排放，则导致饮用水受到粪大肠菌类、氨氮和重金属的污染，地下水 pH 值常年偏低，总大肠菌群、锰污染较普遍，部分水井中亚硝酸盐氮和氨氮超标。近些年，大中城市工业性污染比重呈缓慢下降趋势，但城市生活污染则呈现持续上升态势。由于缺乏足够的污水处理厂和垃圾处理场所，导致生活污水过度排放以及生活垃圾的多重污染，使流经城市的河流水体有机污染负荷日益加大。

2. 大气污染

城市中的大气污染主要来自于工厂排放的粉尘、二氧化碳、二氧化硫等废气、汽车尾气、家庭中的能源消耗散发的废气等。城市快速扩张进程中，工业和交通运输业的迅速发展及石化燃料的大量使用，使部分城市大气污染严重。不少城市由于硫化物、氮氧化物超标而导致出现酸雨。大气污染还可引发温室效应，甚至对臭氧层产生破坏，威胁人类的生存环境。

3. 固体废弃物污染

城市居民生产生活中产生了大量的固体废弃物，如工业废渣、生活垃圾等。通常情况下，城市中每人每天的垃圾量为 1～2 千克。在生活废弃物中有毒有害物质比较多，如废电池（含汞、镉、铅等有毒物质）、油漆、过期药物等。废物中有毒有害物质一旦渗入土壤中，就会污染土地，从而影响到居民的身体健康。在城市中，固体废弃物如果没有得到好的处理，而是随处堆放，不仅有碍观瞻、侵占土地、传染疾病，而且在自身严重污染环境的同时加剧水、大气、土壤污染。

4. 噪声污染

噪声污染主要来自工业噪声（如工厂设备运转产生的噪声）、交通噪声（机动车辆、火车、船舶、飞机等产生的噪声）、建筑噪声（建筑工地上建筑机械发出的噪声）、社会噪声（市民社会活动、音响设备等产生的噪声）。伴随城市化的快速推进，工业、交通运输、文化娱乐业的发展，城市中机动车辆剧增，使交通噪声成为城市的主要噪声源，文化娱乐场所的噪声给附近的民众也会带来侵扰。工业噪声通常强度较大，对市民的影响也比较大。近些年，房地产业快速发展，建筑噪声对市民的休息、生活也带来了不利影响。

5. 土壤污染

由于有色冶金、化工等企业废水、废气、废渣的长期排放，对周边土壤产生了一定程度的污染，一些地方环境染污甚至相当严重。当前，城市生活垃圾的处理方法主要是焚烧、填埋，其中填埋过程中如果渗漏液处理不好，也极易对土壤造成污染。欧阳峣等人的研究表明，在长株潭三市区表层土壤中，Cr、Cd、Hg、Pb 等元素含量较多，污染较重。笔者在调研中了解到，株洲市为解决清水塘地区的土壤污染，正通过技术手段进行大面积的土地修复。但修复工程浩大，所需要的资金数量也非常庞大。

6. 其他污染

随着城市化进程的加快，污染源的种类也在不断增多。新的污染源包括危险废弃物、医疗废物、光污染、电磁污染等，热污染也成为一种新型污染。由于城市中大量建筑物是以沙石、混凝土、砖瓦等构成，路面则是水泥或沥青，而城市人口密集、交通拥堵，人为热量大增，造成城市气温高于四周郊区温度，不少城市出现"城市热岛"现象。

二、城市环境问题产生的原因分析

近年来，不少地方政府针对城市环境保护问题制定和出台了一系列法规、规章和规范性文件，初步建立了环境保护的体制机制，但环境质量及其发展趋势却不容乐观。从笔者调研的情况来看，主要存在以下原因：

1. 环境行政治理体制的影响

在我国，地方环保部门既受辖区政府的直接领导和指挥，同时也受上级环保部门的监督和管理。地方政府与环保部门之间由于主体定位不同，因此价值取向存在差异，如地方政府通常更偏向于追求经济的增长，而环保部门更追求环境的保护，因价值取向不同而容易形成冲突。由于环保部门归属于地方政府领导，在两者的博弈中环保部门处于弱势地位。尤其在一些大的江河（如湘江）、湖泊（如洞庭湖）、矿山治理中，由于涉及不同的地方政府和政府部门，仅凭某一环保部门难以将问题解决好。城市环境保护工作具有明显的公益性，企业和个人通常不会主动从事改善生态环境的工作，从而导致市场失灵，因此需要政府的有形之手对其施加影响。

2. 环境保护制度建设的滞后

党的十八大报告提出：保护生态环境必须依靠制度。要把资源消耗、环境损害、生态效益纳入经济社会发展评价体系，建立体现生态文明要求的目标体系、考核办法、奖惩机制。建立国土空间开发保护制度，完善最严格的耕地保护制度、水资源管理制度、环境保护制度。尽管不少地方制定了规范性文件，但总的来看制度建设相对滞后。尤其是对跨地域的环境治理，要让相关地方政府共同商讨制定制度，或由共同的上级部门制定层级更高的制度，只有这样，才能让各主体受到制约，共同推进环境治理工作迈上新台阶。

3. 市场机制作用未能得到有效发挥

党的十八大报告提出，要深化资源性产品价格和税费改革，建立反映市场供求和资源稀缺程度、体现生态价值和代际补偿的资源有偿使用制度和生态补偿制度。积极开展节能量、碳排放权、排污权、水权交易试点。加大环境监管力度，健全生态环境保护责任追究制度和环境损害赔偿制度。由于计划经济体制的惯性作用和受传统思想的影响，城市环境治理过程中市场未能发挥基础性作用，如资源的产权问题、资源和环境的补偿问题基本上是靠行政办法加以解决。地方资源优势（如矿产等）不仅未能变成优势，反而对区域内环境造成了不利影响，导致资源开采过度，环境污染严重。

4. 全社会践行绿色环保的社会风尚尚未形成

我国在建立社会主义市场经济体制以后，地方政府大多只对经济增长有着强烈兴趣，因为它与政绩密切关联。企业则对追求经济利益有着更大的热情，为节约成本可能会忽略给环境带来的破坏，如有意关闭排污设备，为提高利润空间对商品进行过度包装，生产的汽车排量高、油耗高等。全社会在追求财富和进行消费的过程中，未能形成践行绿色环保的社会风尚。

三、创新城市环境保护体制机制的对策建议

1. 资金投入机制

要做好城市环境保护工作，建立城市绿色保护机制，没有资金的投入，这个目标是很难实现的。城市的环境保护成效如何一定程度上取决于资金投入的多少。政府是环保投入最重要的主体，各级政府要在城市环保领域加大投资力度，把城市的环境保护、基础设施建设、管理能力建设等工作纳入财政预算，稳步提高财政资金的支持额度。要通过制定有利于环境保护投资的优惠政策，加强对银行等金融机构的引导，强化环保和金融系统的部门合作和信息共享，对符合环保政策要求的产业予以信贷支持，而对环境有损害的企业贷款应从严管理，逐步建立起控制重污染项目和鼓励清洁项目的信贷机制。及时公布环境保护投资治理工程、环保技术需求等，引导企业增加对环境保护领域的投入。鼓励企业实行清洁生产、绿色生产，避免在承接东部产业转移的过程中，将污染物排放强的企业招商至我省；现有企业在新增生产线时也应避免导致产生污染，以规避未来污染治理成本更大的风险。

2. 科技创新机制

我省不少传统工业主要是靠拼资源，高投入、高消耗、高污染的生产，在创造社会财富的同时，也给环境造成了很大伤害。科技落后是导致污染严重的根源。两型城市建设要求更好地发挥科技的作用，力争形成技术支撑体系，构建科技创新机制。要着力开发有利于两型城市建设的重要技术。如开发有利于废弃物综合利用技术、清洁能源和可再生能源技术、太阳能技术，尤其要抓紧实施湘江流域重金属污染控制关键技术研究、低碳排放技术等前瞻性、基础性的研究项目。在城市环保管理过程中，要加大技术的研发和支持力度，注重技术的推广，为环境保护提供技术支撑，着力打造一支科技人才队伍。

3. 生态补偿机制

对影响或破坏生态环境的生产者、开发者、经营者，要让其对环境污染、生态破坏进行补偿。建立生态补偿机制，有利于从源头上切实推进环保工作，使相关责任主体减少对环境的破坏和污染。要根据国家有关政策，合理制定征收补偿费的项目制度；逐步建立健全污染者付费制度，开展环境税费改革试点工作，全面落实污水和垃圾处理收费制度。要将环境保护作为财政的重点支持对象，以财政转移支付等多种形式予以生态补偿，让环境的受益主体向环境保护的实施主体支付补偿金，同时积极探索污染产业退出补偿政策。

4. 工作责任机制

做好城市环境保护工作，需要建立党委、政府负责，人大、政协监督，环保部门协调监管，相关部门分工负责，社会各界广泛参与的工作机制，做到奖励与惩罚相结合，加强考核。党委和政府在城市环境保护工作中处于主导地位，核心领导要亲自抓，负总责。包括制定重大决策、政策，规划编制、财政预算、科技开发等。根据环保工作需要，可由党委、政府牵头，相关政府部门积极配合，统筹安排，协调力量。政府各部门要相互配合，形成合力。要加强环保部门的机构和队伍建设，提升环保部门在环境保护工作中的地位和作用。要建立奖惩机制，通过激励机制和约束机制，对政府、企业、公众三大城市的主体，从动力和压力两方面确保各主体不偏离两型城市建设的方向。对重大环境问题，要实

行官员问责制。超标排放污染物的企业，要实行停产治理制度。对破坏环境、浪费资源的相关主体，要实行惩罚制度。通过制度建设，让各类主体中的有贡献者得奖励，破坏者受惩罚。要将环境资源保护纳入官员的政绩考核评价体系，将绿色 GDP 作为政府考核的评价指标，并逐步加大指标权重，切实强化政府及相关部门的环保责任。要实行环保"一票否决"制度。对因工作失职、渎职导致辖区重大环境污染事故的依法依纪进行处分。

5. 公众参与机制

城市的环境保护，关乎城市中每位市民的直接利益。从现实来看，公众参与的广度和深度，可直接影响两型城市建设的进程和效果。同时，让公众直接参与，可让城市环境保护工作得到广大市民的认可和支持，调动积极因素，凝聚多方共识，形成合力推动环保城市建设的生动局面。可通过电视、广播、网络、报纸、听证会、公示等多种方式，推进城市环境质量、重点污染源、城市饮用水水质和企业环境信息公开，保证公众及时获得信息，引导公众积极参与。建立健全环境保护有奖举报制度，支持环境公益诉讼。制定环境法规等规范性文件、出台城市规划等涉及城市环境保护的宏观决策时，要广泛听取公众意见。对于环境行政的有关信息，要通过大力发展电子政务，将除国家机密以外的所有文件公开到政府网站，公开环保部门办事程序和法律依据等信息，加强与公众的互动，提升公众对环境问题的监督。还可设立环保热线，鼓励公众举报环境违法行为。对群众反映强烈的环境污染案件，邀请公众参与处理，并积极支持公益诉讼。在城市环境保护的决策、管理、监督和治理各方面，不断扩大公众参与的范围和程度，使政策决策更科学、管理更民主、监督更有效。

6. 执法监督机制

要完善地方性污染防治法规和标准体系建设。加快制定湘江流域环境保护综合管理条例、洞庭湖环境保护条例、湖南省水污染防治条例、湖南省含重金属固体废物环境保护管理办法等法规规章，适时对相关地方性法规规章进行修改完善。要强化环境执法，建立起完整且具可操作性强的执法监督体系，训练一支高素质的执法队伍，采取切实有效的执法手段，及时对相关环境违法行为进行处理。加大执法频次，采取专项行动和日常监管相结合、明查和暗访相结合、部门监督和群众监督相结合方式，有效遏制污染违法行为，对屡查屡犯的环境违法行为要严查重罚。落实环境违法安全后督查制度，跟踪督查，确保处理整改到位。对位于饮用水水源地的企业要依法停产关闭；对长期超标排放的企业依法停产治理；对未进行环评和"三同时"验收的企业、发现重大安全隐患的企业依法停产整改；对有环保劣迹的公司上市或再融资，环保部门两年内不出具同意其通过上市核查的文件；对破坏环境严重的犯罪行为，还应依法移送司法处理。

参考文献

[1] 欧阳峣，等. 两型社会试验区体制机制创新研究 [M]. 长沙：湖南大学出版社，2011. 142.

[2] 闻海梅，等. 浅析城市规划中的环境保护规划 [J]. 法制与经济，2008 (06).

（作者单位：湖南省社会科学界联合会）

企业所得税特别纳税调整反避税效应的实证研究

刘爱明　刘冬荣

摘　要： 避税活动具有隐秘性特征，其存在线索难以为外界真正掌握，理论界一般以实际所得税率（ETR）指标来判断企业避税的倾向。本文以 2008～2009 两年沪深两市上市公司为样本，研究发现以国有或民营为最终控制人的上市公司实际所得税税负 ETR 在统计上没有显著差异，显示税制改革及其特别纳税调整措施限制了企业以往常见避税方式的应用空间，尤其对民营和外资企业大规模避税现象有一定限制作用。而西部地区和农林牧渔行业上市公司实际所得税税负 ETR 显著低于其他地区和行业，说明税制改革导向作用初步显现。

关键词： 企业所得税；特别纳税调整；实际所得税率；反避税；效应

一、引言

2008 年实施的《中华人民共和国企业所得税法》及《中华人民共和国特别纳税调整实施办法》针对纳税人的各种企业所得税避税行为规定了个别反避税措施和一般反避税措施，所以企业的避税行为往往极其隐蔽，一般只限于少数企业高管、大股东知情。正是由于避税活动具有边界性、模糊性和隐秘性特征，外界难以确切掌握其存在的线索和证据。但如果从宏观角度判断，企业实施避税操作后的税负通常要低于同类型未实施避税行为的企业，所以，有不少国外学者尝试以实际所得税率（Effective Tax Rate，ETR）这一指标来判断企业对避税的倾向，ETR 越低，表示企业越倾向于采取更多的避税行为。本文将以 ETR 为主要判断指标研究 2008 年之后企业的避税趋势是否有所变化，国有控股企业和民营企业在避税倾向上是否有明显区别，企业所得税法的特别纳税调整措施是否起到了一定的反避税作用。

二、文献回顾

Siegfried（1974）最早定义和计算了 ETR，并发现其远低于法定税率；Wilkie（1988）以"税收优惠"假设解释 ETR 低于法定税率的原因；Boudewijn Janssen（2005）等人研究了荷兰企业 ETR 及其变化与公司特征的关系；Grant Richardson（2007）等人研究了澳大利亚税改法案对公司 ETR 的影响。

我国学者王昉（1999）经研究发现，我国上市公司的 ETR 远低于 33% 的法定税率；王延明（2002）研究发现，法定税率变化对 ETR 的影响只有其变化幅度的 0.502；吴联生等（2007）研究了税收优惠政策对公司所得税负担的影响以及税收政策的有效性。郑红霞、韩梅芳（2008）对2002～2005年沪深上市公司相关数据研究发现，国有上市公司的ETR明显高于民营上市公司，说明前者采取的是相对比较保守的税收筹划行为，后者则更倾向于选择积极的税收策略。曹书军、张婉君（2008）和许景婷（2009）考察了上市公司ETR的影响因素。

三、实证分析

1. 样本选择

本文从国泰安数据库中选择深沪证交所共1120家A股上市公司2008～2009年的财务数据，并从样本中剔除有以下情况的上市公司：①数据有缺失的上市公司148家；②利润总额小于等于零或所得税额小于零的公司357家；③享受各种税收优惠，名义税率低于25%的企业（含其子公司）391家；共计224家公司样本，其中国有控股130家，民营控股94家。为消除一些数据极端值的影响，对各连续型变量均按1%和99%分位值作了Winsorize处理。

2. 实际所得税率ETR的计算

企业实际所得税率，是指企业在一定时期内实际缴纳的所得税税款占其会计利润的比率，其计算口径多样。本文在对实际所得税税率进行相关分析时，将其定义为上市公司年度所得税费用（应交所得税额＋递延所得税负债额－递延所得税资产额）与当期税前利润总额之间的比率，即ETR＝当期所得税费用/当期税前利润总额×100%。

3. 上市公司ETR的影响因素及其描述性统计分析

（1）上市公司ETR的影响因素

①企业类型。首先，信息不对称会增加企业避税的财务报告成本。国有控股上市公司冗长且复杂的委托代理链增加了委托人与代理人的信息不对称，而民营控股上市公司的委托人与代理人之间信息沟通渠道相对更为直接。其次，政府作为国有股权代表，其特殊身份也决定其具有较弱的避税动机，而民营上市公司大股东的经济利益与公司绩效紧密相连，在税收筹划行为上他们往往会更看重节约税收成本而带来的实实在在的现金流的增加。最后，从企业经营范围来看，国有控股上市公司包含许多民营企业难以进入的垄断性行业，盈利能力和经营状况的不同最终导致了国有企业和民营企业承担的实际税负不同。

②所属地区和行业。新税法建立了以"产业优惠为主，区域优惠为辅，兼顾技术进步"的优惠政策，注重对高新技术、基础设施建设、农业发展及环境保护与节能节水、安全生产等行业给予税收优惠，同时东部、西部、东北和中部地区都曾经或仍然享受一定的税收优惠。

③企业规模。关于ETR与企业规模的关系有两种相反的观点：政治成本假说一般认为规模越大的公司在公众中暴露的程度也会越高，受到税收监管的力度也越大，相应地，其有效税率较高。而政治力量假说则认为规模越大的公司越有能力操纵市场并获得税收优惠，从而有效税率较低。

④盈利能力。关于盈利能力与ETR的关系同样存在两种相反的说法：公司盈利越多，亏损抵扣数越小，实际税负可能越高；上市公司盈利能力越强，其在债务融资决策中破产风险越小，举债经营的意愿越强，可能税收筹划的能力和动机也就越大，从而起到一定的

节税效应。本文在此只能假定两者之间存在一定的关系，而显著与否有待于进一步分析。

⑤资本结构。企业资本结构的选择就是在负债带来的抵税效应和财务困境成本之中的权衡。负债具有抵税作用和财务杠杆作用，但负债的不断增加会加大企业面临的财务风险和代理成本，将抵消负债带来的税收上的好处。本文以财务杠杆系数代表企业的资本结构。

⑥固定资产密度。不同的固定资产折旧方法使得企业每个会计期间的摊销金额不同，相当于免费利用了税收款项的时间价值，从而影响到企业的有效税负。另外，企业购置固定资产越多，则每年可抵扣折旧数额也越大，起到一定的抵税作用。

⑦第一大股东持股比例。我国上市公司大股东掏空企业的行为曾经普遍存在，然而公司管理层的政治意识、政府的征税意愿又可能使得公司管理层积极主动地纳税，通过增加对地方财政的贡献来换取地方政府对企业发展和个人职位的支持，所以上述两股力量的竞争也将影响 ETR。

⑧长期股权投资。企业税负因投资地点和投资形式的不同而异，经营地点的选择需要考虑的主要是税负总体水平以及主要税收优惠政策、产业政策导向、特区因素等可能导致节税的方面。经营形式的选择则主要涉及设立子公司和设立分部的抉择。

（2）ETR 及各影响因素的描述性统计分析

①2008～2009 年国有和民营企业 ETR 的分布情况

本文定义的国有控股上市公司是指最终控制人为国有股且其持股比例达到 30% 及以上的上市公司，民营控股上市公司是指其最终控制人为民营企业。如表 1 所示，从 2008～2009 年两年综合指标来看，国有控股上市公司的 ETR 高于民营控股约 0.11 个百分点，差异并不大。这也说明了新税法实施后，国有企业和民营企业实际税负的差异正在逐步缩小。

表1　2008～2009 年国有企业和民营企业 ETR 及相关影响因素分布

财务指标	平均值		中位数		标准差	
	国有企业	民营企业	国有企业	民营企业	国有企业	民营企业
净资产收益率	9.64%	15.24%	7.44%	8.76%	0.09	0.35
财务杠杆系数	1.97	1.58	1.27	1.22	2.26	0.94
第一股东持股比例	42.31%	33.43%	42%	30%	16.62	15.99
固定资产密度	33.60%	23.15%	31.20%	20.59%	0.21	0.20
企业规模	9.61	9.24	9.51	9.18	0.59	0.49
长期股权投资	6.83	5.80	7.78	7.34	2.81	3.32
实际所得税率	24.68%	24.57%	24.39%	24.04%	0.15	0.17

②2008～2009 年区域间 ETR 的分布情况

表2 显示，由于西部地区仍按规定享受西部大开发地区相关税收优惠，经济特区仍然处于五年过渡期内，其平均 ETR 仍然略低于中部和东部地区，其他地区 ETR 的差异并不大。这也说明了新税法的实施起到了一定的作用，区域因素在税收筹划中的地位也在逐渐

下降。

表2　2008～2009年各地区ETR分布情况

ETR数据 经济区域　　　　年份	2008年	2009年
东部地区	24.14%	25.05%
中部地区	26.62%	25.86%
西部地区	20.27%	20.16%
经济特区	19.73%	21.07%
上海	25.05%	24.25%

③2008～2009年行业间ETR的分布情况

表3显示，农林牧渔业、信息技术业、电子、传播文化业、机械设备仪表业实际税负较轻，房地产业、批发零售业、社会服务业实际税负较高，这与税改后对农林牧渔业、高新技术产业、基础设施产业的税收优惠政策基本吻合。

表3　2008～2009年各行业ETR分布情况

ETR数据 行业分类　　　　年份	2008年	2009年
行业A	5.92%	16.86%
行业B	23.24%	24.19%
行业C	23.54%	21.91%
行业D	22.67%	23.62%
行业E	32.54%	22.57%
行业F	21.60%	23.60%
行业G	33.88%	17.48%
行业H	26.58%	28.07%
行业J	30.31%	30.83%
行业K	18.87%	21.78%
行业M	33.09%	36.07%

4. 对ETR的回归分析

（1）回归模型

本文在吴联生、李辰（2007）和郑红霞、韩梅芳（2008）等人建立的回归模型基础上，考虑增加行业及地区变量，以分析不同新税制改革对不同行业和地区实际所得税率

ETR 的影响。在进行散点图分析证实其大致呈现线性关系后，本文建立以下回归模型：

$$ETR = \beta_0 + \beta_1 PRIVATE + \sum_{i=1}^{23} \beta_i Var_i$$

模型中各变量含义如下：ETR 为被解释变量；PRIVATE 为解释变量，其中国有企业赋值为 0，民营企业赋值为 1；$Var1 \sim Var23$ 为控制变量，分别表示会计年度、市场化指数、净资产收益率、财务杠杆系数、第一大股东持股比例、固定资产密度、企业规模（总资产取对数）、长期股权投资（取对数）、上海、中部地区、西部地区、经济特区（深圳、海南、珠海、汕头、厦门）、行业 B（采矿业）、行业 C（制造业）、行业 D（电力、燃气及水的生产和供应业）、行业 E（建筑业）、行业 F（交通运输、仓储和邮政业）、行业 G（信息、计算机服务和软件业）、行业 H（批发和零售业）、行业 J（金融业）、行业 K（房地产）、行业 L（租赁和商务服务业）、行业 M（科学研究、技术服务和地质勘查业）

（2）各因素之间相关系数

表 4 列示了实际所得税率 ETR 与回归模型中各影响因素的 Pearson 相关系数。

表 4   Pearson 相关系数表

	ETR	企业类型	市场化指数	净资产收益率	财务杠杆系数	第一大股东持股比例	固定资产密度	企业规模	长期股权投资
ETR	1	—	—	—	—	—	—	—	—
企业类型	−0.003	1	—	—	—	—	—	—	—
市场化指数	0.038	0.154**	1	—	—	—	—	—	—
净资产收益率	−0.161**	0.120**	−0.012	1	—	—	—	—	—
财务杠杆系数	−0.189**	0.099*	0.044	0.155**	1	—	—	—	—
第一大股东持股比例	−0.064	−0.257**	−0.032	0.038	0.083*	1	—	—	—
固定资产密度	−0.102**	−0.234**	−0.172**	−0.096*	−0.130**	0.125**	1	—	—
企业规模	−0.013	−0.308**	0.037	−0.015	0.021	0.397**	0.078	1	—
长期股权投资	−0.023	−0.161**	0.081*	−0.073	−0.065	0.028	−0.040	0.385**	1

注意：

**. Correlation is significant at the 0.01 level (2-tailed).

*. Correlation is significant at the 0.05 level (2-tailed).

（3）分年度回归结果

表 5 分别报告了以所建立的回归模型按 2008 年度回归分析、2009 年度回归分析，以及综合两年度数据回归分析的结果。

表5　2008～2009年度分别回归及综合回归系数表

变量	2008 年度	2009 年度	2008～2009 综合
（Constant）	0.154 (0.375)	0.431 (0.011**)	0.297 (0.014**)
会计年度	—	—	0.008 (0.498)
企业类型	0.027 (0.175)	-0.028 (0.149)	-0.004 (0.759)
净资产收益率	-0.125 (0.000***)	-0.287 (0.000***)	-0.126 (0.000***)
财务杠杆系数	-0.014 (0.026)	-0.017 (0.000***)	-0.017 (0.000***)
第一大股东 持股比例	0.000 (0.564)	2.890E-5 (0.957)	0.000 (0.718)
固定资产密度	-0.014 (0.777)	-0.068 (0.180)	-0.037 (0.306)
企业规模	-0.009 (0.624)	-0.028 (0.133)	-0.020 (0.126)
长期股权投资	-0.004 (0.228)	-0.003 (0.399)	-0.003 (0.152)
上海	0.049 (0.167)	-0.020 (0.557)	0.009 (0.709)
中部	0.031 (0.129)	0.004 (0.826)	0.016 (0.258)
西部	-0.036 (0.176)	-0.043 (0.100*)	-0.041 (0.029**)
特区	-0.172 (0.226)	-0.180 (0.040**)	-0.175 (0.037**)
行业 B	0.230 (0.000***)	0.188 (0.004***)	0.197 (0.000***)
行业 C	0.168 (0.000***)	0.102 (0.049**)	0.130 (0.000***)
行业 D	0.167 (0.004***)	0.125 (0.034**)	0.144 (0.000***)
行业 E	0.265 (0.000***)	0.117 (0.108)	0.192 (0.000***)
行业 F	0.184 (0.001***)	0.169 (0.005***)	0.171 (0.000***)

续表

变量	2008 年度	2009 年度	2008 ~ 2009 综合
行业 G	0.402 (0.000***)	0.110 (0.155)	0.206 (0.000***)
行业 H	0.210 (0.000***)	0.177 (0.002***)	0.190 (0.000***)
行业 J	0.250 (0.000***)	0.214 (0.000***)	0.226 (0.000***)
行业 K	0.149 (0.022**)	0.097 (0.121)	0.117 (0.009***)
行业 M	0.298 (0.000***)	0.243 (0.000***)	0.272 (0.000***)

注：①括号中报告的为 Sig 值。
②*、**和***分别表示在10%、5%和1%以上显著。

（4）各因素与 ETR 回归结果分析

①企业类型与 ETR 无显著相关关系。说明税改后，不论上市公司的最终控制人是国有企业还是民营企业，其实际税负并不存在较大差异，企业类型与 ETR 的关系并不显著。这一结果与郑红霞（2008）等对税改前相关关系的研究结论并不一致。本文对税制改革后上市公司数据的回归分析表明，一方面新企业所得税法确实在一定程度上消除了所有制性质不同带来的税收后果的差异，国有企业、民营企业和外资企业逐渐享有公平竞争的税收政策环境；另一方面特别纳税调整实施办法针对以往民营企业更倾向于实施避税行为的管理工作有了一定成效。这是本文的一个重要结论，说明了企业所得税税制改革的导向作用和特别纳税调整办法的反避税效应显著。

②区域与行业因素。区域划分方面，本文选择了"东部"为区域虚拟变量基准组，回归结果显示，除了西部地区 ETR 显著低于东部地区外，其余地区的检验结果均不显著。行业划分方面，本文选择以"农林牧渔业"为行业虚拟变量基准组，由描述性分析可以看出农林牧渔业 ETR 是所有行业中最低的。回归结果表明：区域之间 ETR 的差异程度在所得税税制改革后并不十分明显，但行业间 ETR 的差异却十分显著。上述结果与《中华人民共和国企业所得税法》"产业优惠为主、区域优惠为辅"的政策相符，李增福（2010）的研究也得出了类似结论。新税法除维持西部大开发地区税收优惠之外，主要对农林牧渔和水利等行业，能源、交通、邮电等基础产业，科技进步、环境保护、安全节能节水和自然资源的综合利用等实施税收优惠。在此背景下，区域间 ETR 将会逐步趋于一致，而行业间 ETR 差异仍会加剧。

③其他影响因素相关性分析。企业规模、固定资产密度、第一股东持股比例及长期股权投资等因素与 ETR 无显著相关关系；资本结构、盈利能力与 ETR 显著负相关。

四、研究结论

本文以税改后 2008～2009 年 224 家上市公司为样本进行了描述性统计分析和回归分析，上述实证研究的结果表明，2008 年税制改革的初步成果已经显现。表现为：①对企业避税倾向有了一定遏制作用。对比郑红霞等 2005 年前民营控股上市公司有较强税收筹划倾向的研究结论，2008 年后国有或民营为最终控制人的上市公司实际所得税税负 ETR 在统计上没有显著差异，显示新税制改革及其特别纳税调整措施的出台，限制了以往常见企业避税方式的应用空间，尤其对民营和外资企业大规模避税现象有一定限制作用。②对纳税人身份认定的统一，部分消除了以往不同所有制性质企业税收待遇的差异，体现在以国有或民营为最终控制人的上市公司实际所得税税负 ETR 在统计上没有显著差异；③以"产业优惠为主，区域优惠为辅"的税收优惠政策导向的转变，将使用资金更多投入国家鼓励发展的行业和地区，体现在上市公司实际所得税税负 ETR 在西部地区企业和农林牧渔行业显著低于其他地区和行业；

本文进一步研究后所得到的启示：首先，研究样本中排除了享受各种税收优惠，名义税率低于 25% 的上市公司，而该类公司是上市公司中的重要组成部分，后续研究准备将 15% 税率的高科技企业单独作为一个类别进行对照。其次，对税制改革后企业避税倾向的实证研究中，因为相关数据可取得原因，只研究了最终控制人为国有控股和民营控股的两类上市公司，但是从历史经验来看，我国避税倾向最严重的却是外商投资企业。当前外资控股的上市公司为数极少，等将来这类数据更充分后，从国有控制、民营控股和外资控股三者角度对比分析其实际所得税率 ETR 的变化趋势以判断其避税倾向，更能充分说明我国税制改革尤其是反避税的成效。

参考文献

[1] 俞敏. 我国企业所得税法反避税安排及其实施评价 [J]. 政治与法律，2009（09）.

[2] Porcano，T. Corporate Tax Rates：Progressive，Proportional or Regressive [J]. Journal of the American Taxation Association，1986（07）.

[3] Gupta S.，Newberry，K. Determinants of the Variability in Corporate Effective Tax Rates：Evidence from Longitudinal Data [J]. Journal of Accounting and Public Policy，1997（16）

[4] Siegfried J. Effective Average U. S Corporation Income Tax Rates [J]. National Tax Journal，1974（27）.

[5] Wilkie P. Corporate Average Effective Tax Rates and Inferences about Relative Tax Preference [J]. The Journal of the American Taxation Association，1988（10）.

[6] 王昉. 中国上市公司所得税税收负担问题研究 [J]. 经济研究，1999（05）.

[7] 王延明. 上市公司所得税率变化的敏感性分析 [J]. 经济研究，2002（09）.

[8] 吴联生，李辰. "先征后返"、公司税负与税收政策的有效性 [J]. 中国社会科学，2007（04）.

[9] 郑红霞，韩梅芳. 基于不同股权结构的上市公司税收筹划行为研究——来自中国国有上市公司和民营上市公司的经验证据 [J]. 中国软科学，2008（09）.

[10] 曹书军，张婉君. 企业实际所得税率影响因素及其稳定性研究——来自我国 A 股上市公司的经验证据 [J]. 财经论丛，2008（06）.

[11] 许景婷. 我国上市公司所得税负担及其影响因素分析 [N]. 江西农业大学学报，2009（08）.

[12] 胥佚萱. 企业不同税收负担计量指标的评价与未来研究方向 [J]. 现代财经，2010（09）.

[13] 李增福. 税率调整、税收优惠与新企业所得税法的有效性 [J]. 经济学家，2010（03）.

（作者单位：湖南省会计学会、中南大学）

促进发展方式转变与生态文明建设的结合

刘解龙

摘　要：根据人类社会的发展规律，生态文明既是必由之路，也需要以工业文明的充分发展为基础。因此，推进我国生态文明建设要重视它的特定内涵与途径，突出促进发展方式转变与生态文明建设的有机结合与协同共进，加快工业化进程和提高工业化文明质量。现阶段，大园区建设是促进发展方式转变与生态文明建设的重要途径与模式。

关键词：发展方式；生态文明建设；工业化

党的十八大明确提出了经济建设、政治建设、文化建设、社会建设和生态文明建设的"五位一体"发展思路与战略布局，这不仅将生态文明建设提到了一个全新高度，也将我国经济社会发展总体战略赋予了新的内涵确定了新的目标。对于我国的生态文明建设来说，无论是从发展趋势的绿色要求来看，还是就目前发展中面临的生态环境问题而言，其重要性与紧迫性都是不言而喻的。因此我们不仅要对它的内涵与背景有系统全面的理解，而且要结合时代特点与区域情况，提高生态文明建设的针对性与有效性。

一、我国现阶段转变发展方式要突出"三化"主题

转变发展方式属于老生常谈的话题了，但它是一个长期而艰难的过程，现阶段显得更加紧迫严峻。关于转变发展方式，我认为有几点是需要强调的：一是转变发展方式的本质规定是工业化，二是转变发展方式的空间规定是城市化，三是转变发展方式的时间规定是可持续化或永续化。也即转变发展方式要围绕这样的"三化"主题来开展。

1. 对于工业化要从三个层次上来系统化推进

一个社会的发展要从经济、制度与文化三个方面和三个层次来理解和把握。对于工业化的理解要突破狭义的工业化概念，要从工业经济、工业社会和工业文明三个层次和三大领域的结合上来理解、把握和建设。众所周知，工业化是人类发展进程中最深刻的革命。工业化改变了我们的生产、组织、思维、交往、生活等方式方法。在人与大自然的关系中，人类的自由度与自主性，基本上是在工业化进程中萌生和得到强化的。人们对于工业化的认识，过于侧重在工业经济方面，没有将工业革命的意义理解深透。就我国而言，正处于工业化中期，不仅是发展程度处于中期，而且在发展深度上也主要集中在经济层次之上，工业社会与工业文明层次上的建设，理解也不系统全面，成效远没有经济方面明显。当然，这三个层次是依次推进的，但其本身也是一个相互促进的进程。如果这个进程出现问题，就难以持续发展，无法真正彻底地完成工业革命，主要原因就是制度与文化方面的

工业化难以推进，不能有效配合、促进和保障经济领域的工业化的持续推进，这就是所谓"中等收入陷阱"。因此，可以说我国现阶段强调转变发展方式，是因为正面临"中等收入陷阱"的威胁与考验。这种威胁与考验正迅速而严峻地出现在国人面前。其实，我国的农业文明也由经济、制度和文化三大系统组成，工业化是对农业化的革命，农业文明遇到的三大问题显然也会成为工业化所要克服和超越的问题。

2. 以工业化为基础的城市化也要体现相应的三层次性质与要求

转变发展方式是实现生态文明的社会实践活动，是与空间组织相关的行为。现代文明是城市文明，现代经济也是城市经济，因此，现代意义上的城市化，是与工业化紧密相连的，转变发展方式，必然转变社会存在及其组织运行方式，这就是城市化。因此，联系工业化的三大方面，城市化就是这三大方面的集中与整合，融合是高级阶段或成熟阶段。我国现现阶段加大城市化发展力度，追求城市化的红利，是工业社会发展的阶段性要求，也是客观结果。现阶段的工业化要以城市化为载体，而城市化则要以工业化为动力。城市的工业化不能仅仅只是经济方面的工业化，需要将经济、社会与文化三大子系统有机联系起来，协同推进，即在城市化进程中贯彻和坚持"五位一体"方针。

3. 工业化与城市化要着眼于可持续发展，即发展的永续化

尽管我们现在强调追求新型工业化与新型城市化，尽量避免发达国家曾经出现的问题，实现可持续发展。但工业化与城市化所带来的荣耀与问题已经极其复杂地出现在我们面前。资源能源约束与生态环境压力，已经是全世界公认的共同挑战。然而，对于发展中国家来说，更为严峻的则是面临在世界民族之林中生存与尊严的挑战。在一个国家的不同区域中，不平衡状况也会导致这样的格局出现或加剧。因此，不仅要追求可持续发展，更要追求生存上的平等和有尊严地发展。这两个方面，是工业化与城市化的目标。只有这样，才能将工业化与城市化建立在生态化基础之上，从而创造人类文明。然而我们必须承认和面对"三化"之间的对立统一关系，特别是其中的矛盾方面要处理好，也即可持续发展需要通过各种创新来推进和保障它的发展，同时也要改变一些观念，比如对 GDP 的重视与追求的理性思考，对生活质量与幸福的评价等等，从而把转变发展方式与转变生活方式、转变思维方式结合起来。

二、立足发展规律，理解生态文明建设

保护生态环境和保证可持续发展，是我国的基本国策与长期战略。党的十八大对于生态文明建设给予了高度重视和战略部署，立意高远，内容丰富。将生态文明作为关系人民福祉、关乎民族未来的长远大计，把生态文明建设放在突出地位，融入经济建设、政治建设、文化建设、社会建设各方面和全过程，成为"五位一体"战略的有机组成部分。在提出加强生态文明制度建设的同时，强调了"从源头上扭转生态环境恶化趋势"，进一步将生态文明建设高度提高了，力度增强了。问泉那（哪）得清如许，为有源头活水来。可以相信，在未来发展中，我国生态环境恶化的趋势将得到实质性的控制与扭转。

1. 我国生态文明建设的若干特点

生态文明的核心是人类文明的可持续发展。从发展序列上看，生态文明是一种高级阶段的文明，需要其他文明的支撑，也就是说，它是建立在其他文明的发展有了相当基础之

上的文明，一般而言是以工业化为基础的。建立在农业文明基础之上的生态文明，显然不是我们所追求的生态文明，更不是现代意义上的生态文明。从发展空间关系上看，生态文明是一种大区域的整体文明，小区域中的沙漠绿洲如果面临大区域生态环境的破坏与退化，迟早会消失。从主体关系上看，生态文明是人类生态意识觉醒的文明，这就要求社会活动主体的整体文明水平达到较高层次，经受住工业文明的洗礼，从而让人与自然的和谐成为共同的主流价值或集体意识。从社会关系上看，生态文明是"五位一体"的文明，如果没有其他四个方面的文明，生态文明不可能孤立存在和发展。从自然关系上看，生态文明是大生态系统完整的文明，不仅有丰富的植物，也有各种动物，只有生物多样性有保障，大自然生态系统才能和谐。

2. 建设生态文明是人类社会发展的必然规律

关于人类发展规律的阶段划分有多种观点。在此我提出自己的三阶段论。人类与大自然的关系经历了 3 个阶段。第一阶段是对大自然的服从与崇拜，第二阶段是人类对大自然的自由与自信，第三阶段是对大自然的亲近与和谐。人类发展史就是一部人类挣脱大自然束缚的历史。人类文明越是发展，就越是摆脱了大自然的束缚，人类的自由度与自主性就会不断得到提高和强化，这点在三次产业的发展中表现得非常明显。第一产业与大自然的关系紧密，人类在创造财富的过程中，其生产方式、空间、时间和内容等基本上受制于大自然。而随着人类的发展特别是技术进步，第二产业发展起来，人类在创造财富与生产发展方式、空间、时间和内容等诸方面的能力增强，大自然的束缚就下降了，弱化了。而第三产业的发展，则是人类在创造财富的过程中，其生产发展方式、空间、时间和内容等诸方面，基本上不再受制于大自然，于是有了"人定胜天"思想。现在建设生态文明，走绿色发展、循环发展、低碳发展之路，则是人类在认识到人与大自然的关系之后，主动自觉地回归大自然。这种回归是人类在更高层次上的文明形态发展方式。这种观点，以人与自然的关系为主线，理解人类发展前景与发展进程中的阶段与要求，能够更好地体现发展的逻辑关系，从而更好地调整发展战略与内容。

三、转变发展方式与生态文明建设的互动

刚刚结束的中央政治局会议讨论和部署 2013 年工作重点时，强调了应"加强生态建设"。这个问题重要且复杂，至少有三点需要特别重视。

1. 处理好发展与生态文明建设的关系

生态文明是人类文明发展的新阶段，更是以发展为基础的新阶段，因此，我国现阶段的生态文明建设要以发展为前提，而不是离开发展来谈生态文明建设。对于发展与生态文明建设的关系，特别要重视区域间的生态环境关系恶化问题。现阶段加强生态文明建设，一方面要真正将生态文明建设融入经济建设、政治建设、文化建设、社会建设各方面和全过程，另一方面要形成节约资源和保护环境的空间格局、产业结构、生产方式、生活方式。需要强调的是，在生态文明建设中，要把为人民创造良好的生产生活环境作为生态文明建设的重要任务与目标，让人民从生态文明建设中获得生态实惠和生态享受。要把文化产业和文化事业的大发展与大繁荣与生态文明建设紧密结合起来，丰富并提升文化发展中生态文明的内涵，培育生态文明建设的文化保障力与文化推动力，要重视从源头上扭转生

态环境恶化趋势，特别要防止出现城市化进程中的"生态围剿"和"生态掠夺"。在城市化进程中，还要特别重视城乡生态关系的协调，防止出现城市对周边地区的"生态掠夺"，诸如"古树进城"、与产业外移相伴的污染外移。还要克服"生态形式主义"（看得见的地方生态良好，看不见的地方则是生态灾难），生态短视行为（经济上的效益林建设，政绩上的绿化工程）。

2. 处理好发达程度不一区域之间的关系

生态文明建设与各区域的其他方面的建设情况高度相关，区域间的基础、条件、责任与目标等都会有差异，因此区域之间的协调非常重要。发达地区不能因为生态文明建设而要求欠发达地区克制发展冲动。应通过对生态资源产品的价格改革与生态补偿制度建设，处理好生态环境资源与经济社会发展水平不一致等方面的矛盾。区域关系的协调就是要把经济社会文化关系的协调与生态环境之间的协调有机结合起来。

3. 处理好转变发展方式与生态文明建设的关系，要特别重视园区经济发展

众所周知，园区经济是世界工业化与城市化进程中新出现且发展最快的一种经济形态，也是科技发展创新的一种新模式。在我国工业化和城市化进程中，尽管园区经济发展的探索历程并不顺利，但现在已经日益呈现出良好格局与强劲态势。追求发展方式转变与生态文明建设的结合，园区经济发展是一种有效模式。我省近80家园区已经成为地方经济发展的重要载体与平台，"千亿工程"基本上是以园区经济为载体开展建设，并拥有五家国家级园区。在带动城市甚至区域的"两型社会"建设和转变经济发展方式、调整产业结构的过程中，园区经济将发挥着不可替代的重要作用，成为名符其实的城市经济增长极。而且，在县域经济发展中，经济园区化发展几乎成为一种普遍选择。同时，我们也要看到，在我国经济社会快速发展进程中，园区经济本身也面临改革、发展、转型、创新、升级的良好机遇与严峻挑战。为了更好地促进园区经济发展，尤其是重要园区的发展，作者在此主要围绕产业空间分布、产业组织、产业规模、产业经营和功能定位五个方面谈几点看法，并将其概括为大园区建设"五集"追求。

一是空间分布的集中化。要着力改变产业自发性、就地化的分散布点方式，引导众多企业集中发展，优化产业布局，形成区域性整体规模优势，促进经济的城市集中和城市经济的园区集中。

二是产业组织的集群化。发展产业集群已经成为建立现代工业体系、建设产业基地的主要途径，是产业结构调整的有效手段，是凝聚新的竞争力的重要形态。要立足战略性新兴产业发展和转变经济发展方式，通过抓优势产业推进产业集群，抓中小企业推进产业集群，抓高新技术产业推进产业集群，抓园区建设推进产业集群，强化集群效应。

三是产业规模的集团化。规模竞争是现代竞争的重要形式。缺少龙头企业带动与支撑，缺乏规模竞争力和规模效益，不仅是我国企业存在的共同问题，也是区域产业发展中存在的共同问题。每一个园区的发展，都应当选择和确定明确的产业方向与龙头企业，在集中和集群的基础上，形成相应的企业集团。

四是产业经营的集约化。集约化的内涵与资源节约是紧密联系在一起的，并且更好地体现了减量化与效益化的结合。无论是"两型社会"建设还是转变经济发展方式与调整经济结构，都必须大力推进和坚决实施经营集约战略，要求各行各业的发展走集约化经营道路，依靠人员素质提高和科技进步形成新的竞争力，以取得更好效益。对于工业来说，要

走新型工业化道路，促进科技含量高、经济效益好、资源消耗低、环境污染少、人力资源优势得到充分发挥的产业发展。也就是说，推进产业的集约化发展，要通过制度创新促进效益提高，通过具有自主知识产权的技术创新促进产业升级和结构优化。

五是高端能力的集结化。在城市经济发展中，总部经济是一种令人向往的模式。对于大园区来说，应当把相关产业和技术的发展定位在高端集结的目标上。众所周知，市场竞争和科技发展促进了产业的专业化分工与协作的细化发展，使得价值链不断出现新的变化。要重视纵向分工与创新发展的有机联系与相互促进，同时要重视园区绿色竞争力的培养。园区建设就必须重视将产业链分工体系中最高端的能力加以培养和发挥，在关键技术、核心产品、经营模式、组织管理等方面，拥有自主知识产权，在实力支撑的基础上牢牢把握创新引领能力的持续增强和有效发挥，才能保持高端影响力。

现在的园区发展正在向大园区方向迈进。大园区是由大产业、大集群、大平台、大管理、大文化、大生态组成的高水平园区，是园区发展的方向。小规模园区，要加强与大园区的联系与合作。通过园区建设与发展，把经济、社会与生态等方面的资源消耗与节约理念结合起来，促进发展方式转变，促进效益最大化和持久化。

参考文献

[1] 周生贤. 中国特色生态文明建设的理论创新和实践 [J]. 求是，2012（21）.

[2] 江西省中国特色社会主义理论体系研究中心，把生态文明建设融入经济社会发展全过程 [N]. 经济日报，2012-12-14.

[3] 陈晓红. 突出生态文明建设与"两型社会"建设 [N]. 湖南日报，2012-11-23.

[4] 苏波. 转变发展方式　走新型工业化道路 [J]. 求是，2012（16）.

（作者单位：长沙理工大学）

全面提高基础教育教学质量的战略构想

——浅谈当下学校管理创新

李尤清

摘 要：根据国务院颁发的我国基础教育十年发展纲要，全面提高教育教学质量是学校培养优秀人才的根本保证。如何从学校生存和发展的战略高度出发，全面阐述提高基础教育教学质量的基本思路与对策，是当下学校管理创新的又一重要课题。

关键词：全面提高；教学质量；学校管理

一、理顺"四个系统"

理顺学校与教师、家长、学生四个系统的关系，是全面提高教育教学质量的前提。理顺四个系统关系的目的，是使学校这个大系统的整体功能大于或优于部分系统功能之和。

1. 理顺管理与教师系统关系是提高管理效率、实现管理目标的关键

对于学校先进的办学思想和管理理念，一方面学校可以创造条件使其符合学校实际，或用各种行之有效的管理手段"强迫"教职员工按照学校要求去做；另一方面，教职员工对其略知一二便自以为已经全面知晓而"用新瓶装旧酒"，或为了"适应"新的工作环境，强迫自己按照学校的要求去做，但却会由于"理解的要执行、不理解的也要执行"，或"我们既然来到这所新学校，就要尽快适应之"，或"学校的思路比我们的想法新颖，我们不妨一试"等非自觉性行为，使学校的办学思想和管理理念在执行中的效果相对削弱，从而使学校预期的管理目标难以实现。

解决上述问题必须树立并不断强化学校管理者的非权力性影响，增强执行层的认同感；加强管理层与执行层的对话与交流，促进管理层与执行层的相互融合，不断更新和完善学校的办学思想和管理理念，使学校的办学思想和管理理念能够更加深入人心。坚持一切从实际出发的原则，使学校的办学思想和管理目标细化、明确化、阶梯化，进而使之更加切合实际。

2. 理顺教师与学生系统的关系是全面提高教育教学质量的保证

近几年来湖南大学附属中学在全省公开招聘了一批德才兼备的优秀教师，这些来自全省各地的教师各自有其先进的教育方法和经验，但不可避免地又有其一定的局限性。如果过分、盲目自信，则会有极大的排他性，教学水平越高，这种排他性的可能性就越大，且这种排他性往往具有一定的潜在性，有时甚至对管理层也存在潜在的排他性。

不同的教育艺术、教育方法自有其优越性，而教育艺术、教育方式的相互融合、相互

提高，无论于工作、于协作、于学生、于质量的提高都有极大的好处。排他性则会影响整体功效的发挥，产生内耗。

加强对教师的教育，提高教师队伍的素质，提倡用欣赏的目光来看待别人，多学习他人的优点，多思考自己的问题，会有助于教师之间形成亲和力，也有利于教师在竞争的前提下相互提高，同时促进学校凝聚力的形成，并在实质上减弱甚至消除排他性。

转变教师观念，尤其在原工作单位有所成就的教师，在教育教学中更应重视发挥学生系统的作用（而不是根据原有的经验淡化学生系统的作用），转变原有观念。应从改造教师自身的教育艺术与方法入手，使教与学之间更为适应，使自己的教育方法更适合学生，真正做到教学相长，这是处理教师与学生系统关系的基础。

3. 理顺学校与家长系统关系——发挥教育功效的前提

由于家庭对子女教育重视程度的加强和家庭对教育投入的不断加大，对学校教育的影响越来越大。

一方面，家长的重视对学校双向教育有一定的促进作用，因而有利于教育整体功效的发挥。另一方面，家长的这种重视也会给学校教育带来一定的副作用。如在学校教育的同时，家长往往给学生提出新的、有时几乎是苛刻的、不一定符合教育规律和学生实际的目标和要求，使学生的学习负担、精神负担和心理负担明显加重，从而派生出其他急需解决的问题。

与此同时，家长的重视与学校教育教学效果的不相吻合，容易加大学校与家长的矛盾，使家校双方的冲突加剧，给教育教学工作造成一定阻力。

理顺学校和家长系统的关系，必须正确对待家长的意见和要求，从加强对家长的教育入手，提高家长的认识水平，使家长能够自觉配合学校做好学生的教育工作，从而发挥教育的整体作用，全面提高教育教学质量。

二、调整"四个关系"

成功与失败、动机与策略、学习与创造、知识与智能之间的关系对学生学习的影响至关重要，我们应该在教育教学实践中，积极探索正确处理四个关系的有效途径。

第一，使学生在不断成功的激励中，获得"我能成功"的自信心，这是学生学习不断进步的强大内驱力，更是教育的本质追求。教育的根本目的在于，通过不断激励学生获得成功，让学生牢固树立"我能成功"的坚强信念，使学生为获得成功的体验而终生奋斗。因此，教育教学活动必须把通过促使学生不断获得学习成功，为其培植成功的坚强信念，进而使其由学习迁移并内化为对事业成功的追求，作为重要目的之一予以落实。

教师必须坚定这样的信念：每一个正常的人都有成功的强烈愿望，都有获得成功的巨大潜能，都能在适宜的教育方法指导下取得学习的成功。成功的意义不在于成功本身，而在于成功对于学生的激励、启迪作用。一次成功可以唤起学生千百次成功的欲望，进而激起学生千百次的努力。失败只能给尚未成熟的青少年学生的自信心造成打击，从而使学生对成功失去信心，招致新的、更大的失败。

教师必须以创造成功机会为核心，改进教育教学方法，建立成功评价、激励机制，从而帮助学生不断获得成功，并以小小的成功为基础，促使学生形成自我学习、自我教育、自我完善等内部调控系统，激励学生不断获取更大的成功。

教师要通过帮助学生成功—学生尝试成功—学生自己主动争取成功这三个有序衔接的阶段，促使学生形成内化的、自主性的学习动机。

第二，培养学生形成内在的、自主性的学习动机，是促使学生学习活动持久进行的关键因素，应该受到教师的高度重视。研究表明，学习动机与外因和内因有关。对于缺乏动机的学生以及内化的、持久性的学习动机尚未形成的学生而言，利用诱因（教师的表扬、家长的奖励、同伴的赏识、个体的荣誉等）激发短暂性的学习动机，可以对学生的学习起到一定的促进作用，但这种作用的持续时间是非常有限的。因此，培养与强化学生内化的、自主性的学习动机应该受到教师足够的重视。

在培养学生形成持久的学习动机的同时，辅之以有效的学习策略训练，学生的学习就会"展翅高飞"，教学质量的提高就不难实现。

第三，使学习活动成为一个创造过程，不但会激发学生的学习兴趣，提高学生的学习效率，而且会使学生的创造性思维、创造能力得到提高，从而在本质上提高学生的学习水平和学习能力，进而提高教育教学质量。

使学生接受知识的过程变成创造过程，需要教师认真挖掘知识的各种隐含因素。从本质上说，学生所要接受的知识对于他们而言都是"新"的知识。把学生正在学习的知识（其实质是人类通过创造获得的对客观世界的认识）被人类所接受之前的重要信息加以整理、提炼，提供给学生，让学生根据已有的经验、信息和知识，进行处理、加工形成自己的看法、结论（教师可根据实际加以帮助），进而让其创造"新知"、发现"规律"，无疑是最好的创造训练过程，此过程必然会使学生的学习兴趣激增，使学生的学习潜能得以最大限度的发挥，从而使学生的学习在原有的基础上得到最大限度的提高。

第四，提高教学质量，必须提高学生的智慧水平，而提高智慧水平的关键在于发展智慧的内在因素——智能。智能是决定人的智慧高低的内在因素，而知识则是反映人的智慧水平的外在表现。提高教学质量，必须提高智慧水平，而学习活动是促进智能提高和发展的有效手段。因此，教师应该在教育教学活动中，把发展学生智能作为中心，使其体现在日常教育教学过程中。

三、重视"四个因素"

从内因看，学习主要与四个因素有关，即智能、心理、生理、体能。充分重视四个因素的作用，使其发挥最大功效，方能使学生的学习潜能得到有效发挥。

智能与学习的成败有密切关系，但对于绝大多数智能正常的学生而言，学习失败的原因却往往与其他三个因素有关。强调智能因素，忽视其他三个因素，是导致学生学习潜能无法充分发挥、教学质量不能全面提高的根本原因。

第一，促进智能发展是教育的根本目的，强调智能的先天性无助于提高教育教学质量。通过教育活动促进智能发展，是当今教育科研的主旋律。发挥课堂教学的主渠道作用，使智能发展与日常教育教学活动紧密结合起来，方能使教育科研产生实效，从本质上提高教育教学质量。

为了使发展智能落实到教育教学活动中，教师必须不断提高自己的认识水平，加强对人的智能结构及其相关科学的学习，研究人的智能结构及其发展规律，探索促进学生智能发展的策略，强化在教学活动中发展智能的意识，研究发展智能的有效策略，并努力在实践中加以应用。

第二，发挥心理因素的巨大促进作用，能够有效提高教学质量。人的心理活动非常复杂，学习活动本身就是心理活动的表现形式之一，而且是一种与其他心理活动有着密切联系的、比较高级的心理活动。

在智力因素相对稳定的前提下，非智力心理因素是决定学习成败的关键，尤其情感、意志、动机、兴趣等活性较大的心理因素对学生学习的影响更大。因而，所有的教育教学活动都必须高度重视非智力因素的重要影响，都必须强化非智力因素的培养，都必须创造有利于学生学习的心理环境。

加强对学生的心理调适，创造有利于学生心理健康成长的环境，促使学生的心理得到健康成长，有利于促进学生的学习不断进步，这些方面的教育应该引起学校及教师的重视。

第三，认真研究生理规律对学习的影响，设法提高学习效率。有研究表明，生理活动不但会直接对学习产生作用，而且会通过对人的心理的作用间接影响学习，因而提高教育教学质量必须研究学生的生理活动规律及其对学习的影响。发挥生理规律对学习的积极影响，从而使学习活动更符合生理活动规律，不断提高学习效率。

第四，充分重视体能对学习的重要影响，在学校积极推进"阳光体育"活动的开展，使每个学生精力充沛地上好每一节课，这是提高教育教学质量的保证。

过分重视智能对学习的重要影响，有意或无意谈化其他三个因素的作用，只能使学生的学习在低水平徘徊，无法从本质上全面提高教育教学质量。

四、增强"四个优势"

设施、手段、师资、科研四个优势，是提高质量的基本保证，一定要加以重视。

1. 提高设施的现代化水平，不断增强设施优势

学校要随着社会的发展、科技的进步，不断提高教育教学设施的现代化水平，尤其对各种教育教学急需的功能室的配备更要集中财力加以重点解决。

学校设施的配备要量力而行，使有限的资金用到"刀刃"上。为此，设施配备要采取边建设、边发展、边提高的原则，使其既能体现现代化教学要求，又能随着学校的发展以及教师教育教学手段现代化程度的提高而不断提高，从而使相关设施得到有效利用、资金效益得到更大发挥。

2. 提高手段的现代化程度，不断增强手段优势

有了良好的设施，必须辅之以有效的手段，方能使设施发挥应有的作用。为此，学校一定要创造条件，不断强化教师教育现代化的意识，进而提高教师教育教学手段的现代化水平。

提高教师教育手段的现代化水平，一要靠一定的制度来约束，使观念落后的教师有一定的危机感，增强教师自我教育的意识。二要设法创造条件，如开展信息技术课、组织多媒体课件设计竞赛、邀请有关专家对教师进行现场指导等，使教师有一个学习、提高的机会。

3. 提高教师的整体素质，不断增强师资优势

教师队伍的素质是学校全面提高教育教学质量的关键。提高教师队伍的素质可以通过优胜劣汰的办法，但主要还应依靠挖掘内部潜力的办法，即提高现有教师队伍的素质，从而使教师成为学者型的教育者，而不是工匠型的教书匠。

提高教师的整体素质应该包括思想、育人、业务、科研四个方面的素质。其途径大致有：

①加强对教师队伍的教育，在运用物质奖励刺激的同时，强化精神鼓励，发挥先进模范人物的榜样作用。

②加强对教师教育教学效果的跟踪调查。对育人工作卓有成效的教师予以大力表彰。

③强化教师队伍的竞争意识和风险意识，创造"小竞争、大合作"的环境，使学校内部成为一个"没有时间和对手"的竞争大舞台。

④积极组织教师开展各种形式的岗位练兵、比武活动，促进教师互帮互学、共同提高。

⑤采取请进来、走出去的办法，加强教师的交流与学习。

⑥强化科研意识，使科研在质量建设方面发挥实效，促进教师科研水平的不断提高。

提高教师队伍的素质，既要靠教师的自觉行为，还要靠一定的制度去约束，因此一定要加强制度建设，形成工作规范。

4. 提高科研的整体水平，不断增强科研优势

教育科研必须紧密结合学校实际、教育教学实际来抓，增强教育科研的实效，使其为全面提高教育教学质量服务。

学校要鼓励教师在科研状态下工作，加大对科研实效的奖励力度，增强科研促进教学质量提高的实效，切忌以论文的多少来作为衡量教师科研实力的主要标准。

教育科研的开展有赖于学校良好的科研气氛，学校要通过部署安排召开科研报告会、举办科研讲座、举行课堂教学评价来提高科研水平。

通过开展科研型、高效课堂比赛等途径着力营造"百花齐放，百家争鸣"的教学科研氛围，真正达到"质量强校，科研兴校"的目标。

5. 大胆改革创新教学方法，构建教法体系

大胆改革创新教学方法，构建教法体系，必须以选择适合学生的教育为原则，鼓励教师积极改革、大胆创新教学方法，使之呈现八仙过海、各显神通的局面。

教师的教育教学方法是否先进的检验标准只有一个，即是否能够尽快符合新课程理念的"三个维度"标准开展教学。

教师要根据学生的变化、生源的构成，转变观念，提高认识，选择适合学生的教育方法，而不是选择适合自己的教育方法开展教学。

全面提高基础教育教学质量是一项十分艰巨的任务，涉及学校工作的方方面面，学校管理层一定要从全局出发，全体教职员工必须精诚团结、全力以赴、发愤工作、与时俱进、开拓创新，才能使学校教育教学质量不断跃上新台阶。

（作者单位：湖南大学附属中学）

湖南省公众生态环境价值观的测量及比较分析

吴 钢 许和连

摘 要：本文从世界价值观调查数据中提取了湖南省及22个省市2007年的1943个有效样本数据，基于等级比重的加权求和法测度了各省公众的生态环境价值观状况，并将湖南省公众的生态环境价值观得分与其他省份进行了比较分析。结果发现，湖南省公众在环境意识方面的得分普遍低于全国平均水平，而在环境状况满意度方面高于全国平均水平，但相对公众环境状况满意度最高的江苏、广东和海南仍然存在较大差异。而且，湖南省公众的生态环境价值观主要与河北和贵州较为相似，处于环境满意度较高而环保意识却较低的"隐患发展型"阶段，这不利于湖南省环境保护事业的健康可持续发展。文章最后针对性地提出了有关政策建议。

关键词：生态环境价值观；环境意识；环境状况满意度；世界价值观调查

一、引言

自2007年长株潭城市群被国家批准为"全国资源节约型和环境友好型社会建设综合配套改革实验区"以来，湖南省一直以建设"两型社会"作为转变经济发展方式的方向和目标，积极推进环境保护事业的相关工作，强调把建设"两型社会"与加强生态文明建设结合起来，重视提升全社会的生态保护意识和文明素养。而"十二五"期间，我国为加快资源节约型、环境友好型社会建设，先后出台了《国务院关于加强环境保护重点工作的意见》和《国家环境保护"十二五"规划》。环境保护部等6个部委也首次联合印发了《全国环境宣传教育行动纲要（2011~2015年)》，强调把生态环境道德观、价值观教育纳入精神文明建设内容中，重视提高国民在环保方面的素质教育。在此背景下，湖南省有必要弄清楚以下问题：湖南省公众整体的生态环境价值观如何？与我国其他省份相比较，湖南省公众整体的生态环境价值观还存在哪些有待解决的问题？如何提升湖南省公众的生态环境价值观，以便为建设"两型社会"奠定更为坚实的生态文明基础？

"生态环境价值观"是最近的提法，早期则往往称之为"环境意识"。我国于1983年的第二届全国环境保护工作会议开始正式提出"环境意识"，到1996年"环境意识和环境质量如何"已被认为是"衡量一个国家和民族的文明程度的一个重要标志"。20世纪90年代以来，我国国内开始逐步展开不同规模层次的公众环境意识调查。其中具有代表性的全国环境意识调查及研究报告就有1995年的全民环境意识调查、1998年《全国公众环境意识调查报告》、2001年"联合利华杯全国公众环境意识调查"、2005~2007年的《中国公众环保民生指数》以及2007年《中国公众环境意识调查》。此外，还有郗小林、樊立宏和邓雪明（1998），洪大用（2005）以及严国东、康建成等（2010）的相关调查。此外，针对特定区域和特定群体来进行的环境意识调查及研究则更多，如申秀英和刘沛林（2006）在上海、衡阳等 6 个市进行的城市公众环境意识调查、曹世雄等人（2008）对北京、湖南等 6 个省市的我国国民环境态度问卷调查、吕君等人（2009）对旅游者以及朱启榛（2001）和宋言奇（2010）对农民的环境意识调查等等。

然而，专门针对湖南公众的生态环境价值观的调查研究却非常缺乏，目前主要有张维梅和郎丽琼（2007）对长沙市岳麓山景区旅游者的生态意识调查、曹珍和谭梦玲（2010）、卢莎和石智昌等（2010）对长沙公众的"环境民意"和"环境参与"调查，此外，在楚芳芳和黄顺江（2011）对长沙市城区人居环境满意度调查中也有部分涉及。可见，目前湖南省公众环境价值观方面的调查仅局限于长沙地区，仍难以反映湖南全省公众的生态环境价值观情况，因而，目前湖南省公众整体的生态环境价值观如何仍然缺乏较为系统合理的测评。更为重要的是，由于全国性的环境意识调查及报告都仅仅是针对全国公众整体展开分析，并且在环境意识的概念和测量体系方面也尚未形成广泛一致的意见，使得利用横向的省际比较来反映湖南省公众生态环境价值观发展水平的研究仍处于空白阶段。

为弥补现有研究中存在的不足，本文利用世界价值观调查的数据来计算中国 23 个省市区的生态环境价值观得分，并将湖南省与其他 22 个省市区的生态环境价值观得分进行比较，以明确湖南省公众的生态环境价值观发展水平及其存在的问题，为湖南省加强生态文明建设、推进"两型社会"发展提供较为合理的现实依据和政策建议。

二、调查数据及其有效性说明

本文选取世界价值观调查（World Values Survey，WVS）数据来评测湖南省公众的环境价值观，并将其与其他省份进行比较分析。WVS 是目前世界上规模最大、时间最长、范围最广、影响也最大的价值观调查，WVS 问卷目前在环境方面所涉及的问题较多，且可以提取中国各省份的生态环境价值观数据。有鉴于此，本文选择使用 WVS 最近一次（2007 年）在中国的调查数据来分析中国各省公众的环境价值观情况。

世界价值观调查在中国 2007 年的生态环境价值观调查数据共计有 1946 个有效样本，涉及 10 个问题，覆盖了中国的 24 个省市区。但是，由于重庆仅出现 1 份有效问卷，不具有代表性，为此，本文仅考察湖南省及其余 22 个省市区。从各省在 10 个环境价值观问题上的有效样本量来看，最大样本量达 261 个，最小样本量也有 11 个。而从调查受访对象的结构分布情况来看，有效样本中男性占 45.8%，女性占 54.2%；年龄在 30 岁以下、30～39 岁、40～49 岁、50～59 岁以及 60 岁以上者所占比例分别为 13.0%、20.3%、25.0%、24.0% 和 17.7%；文化程度为小学、初中、高中、大专和大学本科以上者所占比例分别为 26.4%、25.9%、12.6%、28.8% 和 6.3%；在政府或国有企事业单位、私营企事业单位及其他单位工作者所占比例分别为 16.9%、16.8% 和 66.3%；将自己的社会地位划分为高层、中高层、中层、中下层和下层者所占比例分别为 0.6%、5.4%、42.6%、30.4% 和 21.0%；而家庭经济状况收入大于支出、收入支出相当、收入小于支出需动用储蓄、收入小于支出并已借款者所占比例分别为 23.9%、46.3%、19.62% 和 13.2%。可见，WVS 在中国的环境价值观的受访对象有效覆盖到了社会各个层面及人员，样本结构合理，可以较好地反映出全国各省公众的生态环境价值观情况。

三、环境价值观的测量及比较分析

WVS 于 2007 年在中国的调查涉及 10 个生态环境价值观问题，将其可分为四个方面：

（1）环保事业奉献观，主要考察人们是否愿意为环保事业作出贡献

WVS 问及被访者是完全同意、同意、不同意还是完全不同意下列这些说法：B001："我愿意拿出部分收入，如果我确信这钱能用于防止环境污染"；B002："我同意多交税，如果多交的钱被用来治理环境污染"；B003："治理环境污染应该是政府的事，不应该让我个人出钱"。

（2）经济环境关系观，主要考察人们对经济发展与环境保护关系的理解和态度

WVS 问及被访者 B008 项问题，即："在讨论环境保护和经济增长时，哪一种更接近您的看法？"①环境保护优先，即使因此有可能放慢经济增长速度和增加失业；②经济增长和增加就业优先，即使因此有可能使环境遭到一些破坏；③其他（可将其理解为两者兼顾）。

（3）环境问题认知观，主要考察人们对整个世界的环境问题严重程度的评价

WVS 问及被访者，在世界范围内，下面这些问题是很严重、有些严重、不太严重，还是一点也不严重：B021："全球变暖或温室效应"；B022："动植物物种减少，生物多样性遭到破坏"；B023："江河湖海水体污染"。

（4）环境状况满意度，主要考察人们对自己居住社区/村庄的环境状况的满意程度

WVS 问及被访者在其居住的社区/村庄中，下面这些问题是很严重、有些严重、不太严重，还是一点也不严重：B018："水质差"；B019："空气质量差"；B020："生活污水排放系统差"。

本文在洪大用（2005）的基础上进行改进，根据问题的向度分别对选项进行赋值，其中 B001、B002、B021、B022、B023 的选项依次赋值为 100、75、25、0；B003、B018、B019、B020 的选项依次赋值为 0、25、75、100；而 B008 的选项依次赋值为 1、2、3 分别赋值为 100、0、50，然后根据公众选择各项的比重进行加权求和。这种基于等级比重加权求和的评分法不仅能保证最终得分在 0~100 之间，而且能根据其分值来直接比较各选项间的环境价值观水平。

本文将环保事业奉献观、经济环境关系观和环境问题认知观三方面划分为环保意识，强调公众内在的主观感受和认知；而环境状况满意度单独划分为一类，它强调公众对外部客观环境的反映和评价。表1给出了湖南省及其余22个省份的各项生态环境价值观得分，以及环保意识和环境状况满意度两大类的平均得分。在此基础上，本文根据环保意识和环境满意度两个维度绘制了该23个省市区公众的生态环境价值观分布情况图（图1）。不难发现，图中代表湖南省及其余22个省市的点分布较为分散，这意味着中国各省之间的环境价值观存在较大差异。从点集聚的情况来看，湖南省公众的生态环境价值观主要与河北和贵州较为接近，尤其与贵州省最为接近，而与其余省份的情况则差异都很大。这意味着湖南省需要根据自身的生态环境价值观状况因地制宜、创新性地进行生态文明建设，不能简单照搬其他省份的生态文明发展模式。

表1　湖南省及22个省市公众的生态环境价值观得分

	B001	B002	B003	B008	B021	B022	B023	平均分	B018	B019	B020	平均分
湖南	65.2	53.9	51.6	60.0	72.7	80.3	60.7	63.5	65.4	79.4	65.7	70.2
北京	71.1	66.8	62.9	72.7	83.8	88.3	91.7	76.7	44.3	40.2	42.0	42.2
河北	70.7	67.3	53.5	64.1	61.4	57.3	54.5	61.3	40.1	86.1	84.4	70.2
山西	76.3	69.7	58.6	72.7	78.7	84.4	78.6	74.1	50.9	49.4	50.0	50.1
辽宁	60.2	50.7	47.8	63.8	60.7	65.1	69.8	59.7	53.9	56.8	50.9	53.8
黑龙江	67.1	64.3	62.5	62.3	79.6	76.1	69.2	68.7	64.1	68.1	66.2	66.1
上海	73.2	61.5	60.4	61.5	77.0	72.4	75.8	68.9	46.6	50.8	36.7	44.7
江苏	75.0	64.3	56.8	85.0	81.3	79.2	67.3	72.7	89.6	96.0	87.5	91.0
浙江	68.8	65.3	47.5	52.9	81.6	74.5	75.4	66.6	49.7	50.3	43.8	47.9
安徽	73.9	67.6	45.7	57.9	71.4	81.4	73.2	67.3	45.7	63.9	39.9	49.8
福建	73.5	62.7	60.9	51.6	82.2	79.4	83.2	70.5	43.5	55.2	35.8	44.8
江西	67.9	59.2	57.1	67.3	71.4	75.0	89.5	69.7	38.3	66.2	39.4	47.9
山东	73.2	67.7	55.4	80.7	79.5	76.6	79.6	73.2	63.9	68.5	49.0	60.5
河南	65.9	63.7	47.3	70.6	66.5	65.4	68.6	64.0	47.1	65.7	48.7	53.8
湖北	73.4	70.8	54.0	67.0	69.7	76.4	75.8	69.6	66.5	77.5	75.4	73.1
广东	60.0	54.2	42.5	34.0	70.4	58.6	69.0	56.7	75.6	83.0	76.6	78.5
广西	69.4	58.7	52.2	64.2	76.1	78.7	80.9	68.6	46.2	46.4	41.0	44.5
贵州	65.2	64.6	48.4	80.7	64.3	61.4	61.8	63.8	73.0	82.8	51.5	69.1
云南	84.3	78.1	50.0	76.4	75.0	79.9	75.9	74.2	53.0	77.2	34.0	54.7
陕西	80.3	74.6	62.3	78.8	73.9	76.0	82.1	75.4	44.1	42.1	40.5	42.2
新疆	75.0	74.0	57.3	79.1	65.0	84.5	80.3	73.6	53.9	53.4	52.0	53.1
海南	63.7	65.9	52.2	66.3	87.1	88.6	81.6	72.2	69.6	87.1	68.2	75.0
宁夏	65.9	62.0	52.2	80.0	81.7	78.9	77.5	71.2	43.0	68.0	76.0	62.3
最大值	84.3	78.1	62.9	85.0	87.1	88.6	91.7	76.7	89.6	96.0	87.5	91.0
最小值	60.0	50.7	42.5	34.0	60.7	57.3	54.5	56.7	38.3	40.2	34.0	42.2
均值	70.4	64.7	53.9	67.4	74.4	75.9	74.9	68.8	55.1	65.8	54.6	58.5

　　同时，本文根据环保意识和环境满意度两个维度的均值将中国23个省市区公众的环境价值观分布划分为4个区域。结果显示，江苏、海南、湖北、宁夏和山东等5个省份处于第一区域，该区域中各省公众的环保意识及环境满意度都较高，公众对其周边的环境保护状况整体评价较好，并且对环保重要性的认识也较强，属于良性发展型。而湖南和广东、河北、贵州、黑龙江等5个省份则处于第二区域，该区域的特征是存在较高的环境满意度，但存在较低的环保意识，为此，其环境保护工作可能因为存在公众环保意识较低的

软肋而具有潜在威胁，因而属于隐患发展型。辽宁、河南、浙江、安徽和广西等5个省份处于第三区域，这些省份的公众环保意识及环境满意度都较低，因而其环境保护状况不容乐观，属于不良发展型。而处于第四区域的省份最多，共计达8个，即北京、陕西、山西、新疆、云南、江西、福建、上海，这些省份都具有较高的环境意识价值观得分，但却出现较低的环境状况满意度，出现这种情况的原因可能在于其公众的环境意识更多是在遭受环境污染的负面影响后被激发和提升的，是在环境被破坏后而表现出来的被动调整，具有较强的被动性色彩，因而它们属于忧患发展型。综合来看，湖南省目前由于环境保护状况整体较优，并没有出现如北京、陕西等省市的公众环境意识被动调整提升的状况，湖南省公众环保意识整体薄弱，缺乏忧患意识，这种情况不利于湖南省环境保护事业的健康可持续发展。

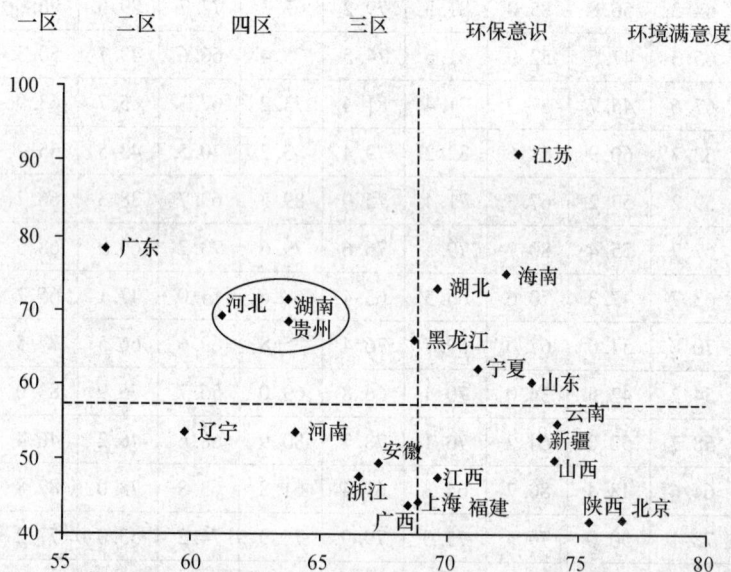

图1　湖南省及22个省市公众生态环境价值观的分布情况

四、结论及政策建议

本文通过提取WVS数据库中湖南省及22个省市2007年的10个环境问题的1 943个有效样本数据，采用基于等级比重加权求和的评分法测度了各省公众的生态环境价值观状况，并将湖南省公众的生态环境价值观得分与其他省份进行了比较分析。结果发现，湖南省公众在环境意识方面的得分普遍低于全国平均水平，而在环境状况满意度方面则较大程度上高于全国平均水平，但相对公众环境状况满意度最高的江苏、广东和海南仍然存在较大差异。从生态价值观发展格局来看，湖南省公众的生态环境价值观主要与河北和贵州较为相似，与其余省份的生态环境价值观发展状况差异较大。而且，湖南省公众的生态环境价值观处于环境满意度较高而环保意识较低的"隐患发展型"阶段，因而有必要在维护和改善现有生态环境的前提下，提升公众的环境意识，以进一步推动湖南省"两型社会"的健康发展。

　　有鉴于此，本文提出如下政策建议：第一，强化公众的环境认知教育，宣传环境变化所带来的危害及影响，增强公众环境忧患意识，激发公众环保责任；第二，建立和完善社会力量参与环境保护的工作机制，积极开展各种形式的全民参与环保活动，在全社会形成保护环境的良好氛围；第三，继承发扬湖湘文化强调"天人合一"理念，扩大传统生态文明的感染力、影响力和传承力；第四，挖掘企业和消费者的环保积极性，积极鼓励企业通过技术创新、文化产业等渠道发展绿色经济，吸引消费者进行绿色消费，推动环保和经济的共生性发展。

参考文献

[1] 国家环境保护总局，教育部．全国公众环境意识调查报告［M］．北京：中国环境科学出版社，1999.

[2] 中国环境新闻工作者协会．联合利华杯公众环境意识调查［N］．中国环境报，2001-05-29.

[3] 中国环境文化促进会．中国公众环保民生指数（2005～2007）［EB/OL］．http：//www.tt65.net/zhuanti/ zhishu/ index.htm/，2009-10-22.

[4] 中国环境意识项目办．2007年中国公众环境意识调查报告［J］．世界环境，2008（02）．

[5] 郝小林，樊立宏，邓雪明．中国公众环境意识状况——公众调查结果剖析［J］．中国软科学，1998（09）．

[6] 洪大用．中国城市居民的环境意识［J］．江苏社会科学，2005（01）．

[7] 闫国东，康建成，谢小进，等．中国公众环境意识的变化趋势［J］．中国人口·资源与环境，2010（10）．

[8] 申秀英，刘沛林．层次分析法的城市公众环境意识提升对策研究［J］．求索，2006（07）．

[9] 曹世雄，陈军，陈莉，等．关于我国国民环境的态度调查［J］．生态学报，2008，28（02）．

[10] 吕君，陈田，刘丽梅．旅游者环境意识的调查与分析［J］．地理研究，2009（01）．

[11] 朱启榛．一个尚未引起足够重视的问题——关于农民环境意识的调查与思考［J］．调研世界，2001（01）．

[12] 宋言奇．发达地区农民环境意识调查分析——以苏州市714个样本为例［J］．中国农村经济，2010（01）．

[13] 张维梅，郎丽琼．湖南省生态旅游者的生态意识调查研究［J］．特区经济，2007（11）．

[14] 曹珍，谭梦玲．湘江（长沙段）环境调查报告［J］．河南化工，2010（01）．

[15] 卢莎，石昌智，高粟，等．环境保护公众参与调查与对策——以长沙为例［J］．环境教育，2011（04）．

[16] 楚芳芳，黄顺江. 长沙市城区人居环境满意度调查与分析 [J]. 人口与经济，2011 (04).

[17] 刘辉. 西方学者对环境意识与人口统计学变量关系的研究与启示 [J]. 求索，2006 (06).

（作者单位：湖南大学经济与贸易学院）

浏阳市加快推进产业优化升级与发展模式转型研究

李祝平　欧阳培

摘　要：在加快推进产业优化升级与发展模式的新阶段，浏阳市审时度势，立足新起点，瞄准新目标，创造新优势，实现新跨越。剖析浏阳市加快推进产业优化升级与发展模式的现实基础，明确加快推进的目标和重点以及产业转型升级的内容，提出加快推进产业优势升级与发展模式的保障措施，是本文研究的主要着力点。

关键词：浏阳市；产业化升级；发展模式；转型研究

浏阳位于湖南东北部，东邻江西省铜鼓、万载、宜春，南接江西省萍乡及湖南省醴陵、株洲，西倚省会长沙，北界岳阳市平江。在加快推进产业优化升级与发展模式的新阶段，浏阳市审时度势，立足新起点，瞄准新目标，创造新优势，实现新跨越，坚持"转方式，调结构，强基础，促和谐"的工作方针，推进发展方式转变，产业结构优化，提高资源利用效率，改善环境和人居质量，全面增强可持续发展能力。

一、现实基础

1. 区位交通相对优越

长浏、大浏、浏醴、沪昆四条高速公路、永盛大道和长浏城际铁路的兴建，为浏阳构建了快捷便利的"高速"立体交通网，日益凸显湖南东大门的交通枢纽地位和"西融长株潭，南连珠三角，东接长三角"的发展格局，使浏阳融入国家重点支持发展的京广经济带的核心区；市内二级公路收费站撤销，促进物流畅通、成本降低和市场拓展；长沙城区的东扩与浏阳西城融城，大大拉近了浏阳和省会的距离，提升了浏阳的地理优势，成为推动工业加快发展的强力引擎。

2. 经济与资源优势明显

浏阳拥有较好的自然生态环境，相对丰富的资源优势：殷实的农林资源、比较丰富的矿产资源，可为发展农产品加工业、建材和采矿业等提供充实的资源。拥有各类旅游景区（点）18 个，国际、国内旅行社 20 家，星级旅游饭店 11 家，并推出了以浏阳城区、大围山国家森林公园和秋收起义文家市纪念馆、耀邦故居、谭嗣同故居、国家级生物医药产业基地、花炮旅游等为代表的观光度假、商务休闲、红色之旅、产业旅游等多条精品旅游线路，城市现代旅游功能日益完备。

3. 特色产业优势较强

浏阳的生物医药、电子信息等战略新兴产业已具强劲发展优势，花炮、机械制造、食品等传统产业通过改造、优化，产业层次和综合竞争实力有了较大提升，产业机构得到优化，集聚程度提高，新兴工业逐步壮大，以工业新城为核心、以园区为支撑的工业发展格局基本形成。生物产业基地晋升为国家级产业基地与国家新药创制孵化基地，获评"中国十大新兴产业基地"称号；现代制造产业基地列入全国机电产品再制造集聚试点园区，农业科技产业园列入全国农产品加工示范基地。

4. 实力与能力优势突出

经过多年的努力奋斗，浏阳经济社会快速发展，综合实力稳步上升，2009 年度已经进入全国百强县第 65 位、中部百强县排名第 4 位；工业经济的主导作用进一步显现，一批重大项目的建设为"十二五"发展奠定了基础。浏阳人民有敢为人先、勇于拼搏的精神和努力实现理想目标的勇气和能力。

5. 科技创新优势凸现

"创新是提升经济的根本动力"。"十一五"期间全市合力打造创新链。有 150 多家科技型企业投入科研开发资金 4 亿多元，与 40 余家国内外大专院校、科研院所及企业科研机构进行科研合作，开发应用新技术、新产品、新工艺、新设备、新材料 1 200 余项，通过省级鉴定的科技成果 22 项，创立省级企业技术中心 5 家，长沙市级企业技术中心 41 家，有 84 家企业与大专院校、科研院所建立了长期合作关系。高新技术企业发展到 66 家，总产值占规模工业总产值的 32.3%。荣获"全国科学进步先进县（市）"称号，获两个国家科技进步奖，评为全国商标百强县（27 位）。企业获中国弛名商标 6 个，国家免检产品 1 个，湖南著名商标 100 个，湖南名牌 42 个，长沙名牌 108 个，省质量管理奖 1 项。

"十一五"期间，浏阳在经济社会许多领域取得了重大突破，为"十二五"时期发展经济奠定了坚实基础。但同时也存在一些矛盾和问题，主要是产业发展层次较低，结构调整相对缓慢；高端人才相对缺乏，自主创新能力有待提高；城镇化水平偏低，产业与人口集聚功能较弱；资源环境约束日渐明显，缓解资源紧张和解决环境问题任务艰巨；体制性障碍突出，公共服务体系不健全。

二、发展目标

发展总体目标是：立足新起点，瞄准新目标，创造新优势，实现新跨越，坚持"转方式、调结构、强基础、促和谐"的工作方针，在中西部地区努力完成"率先基本建成'两型'社会重要组团"、"率先建成承接产业转移基地县（市）"、"率先建成创新创业基地"、"率先建成最具幸福感城市"等 5 个"率先"任务。

1. 经济发展

根据省政府要求，长株潭三市及所属县（市、区）将绿色 GDP 评价指标纳入 2012 年政府统计公报。到 2013 年，绿色 GDP 评价体系在长株潭三市试行。GDP 年均增长 15% 以上，到 2015 年，达到 1 000 亿元，人均为 70 000 元。第一、第二、第三产业增加值年均分别增长 6.25%、9.25%、21.95%，工业增加值年均增长 16.7%，现代服务业占第三产业比重达 55%，期末三次产业结构调整为 7∶59∶34。财政总收入年均增长 25% 以上。全社会固定资产投资年均增长 20% 以上，社会消费品零售总额年均增长 16%。培育一批具有自主创新能力和核心技术的创新型企业，研究与开发经费支出占地区生产总值比重达

2.5%，高新技术产业产值期末占工业产值比重达20%以上，花炮文化创意和服务外包等新兴服务产业发展加快。

2. 基本设施

区位优势进一步提升。建成由长浏、浏醴、大浏、上瑞和长株高速构成的浏阳高速公路网络。加快长株潭城市快速道路对接工程建设，完善干线公路网络体系。基本完成城区、重点城镇和产业园区水、电、路、信息、污水处理管网等基础设施建设。到2015年，以农村电网扩容、公路通达、居民用水、环境整治为重点的基础设施建设取得显著成效，城镇建成区总面积92 km^2。

3. 管理体制

体制创新有突破，社会主义市场经济体制进一步完善，形成更趋合理、更加开放的经济体系。初步形成公正透明、廉洁高效、运转协调、行为规范的行政管理体制。全方位、多层次、宽领域的开放格局进一步形成。期末非公有制经济占地区生产总值的91%以上。招商引资实际到位资金年均增长15%，实际利用外资6.5亿美元以上。自营进出口总额年均增长13%。

4. 社会发展

坚持社会事业优先发展，到2015年，社会发展滞后于经济发展的局面得到基本改善。科技、教育、文化、卫生、人口等全面发展。完善科技普及推广体系，提高新产品（品种）、新技术、新工艺普及应用水平。努力实现教育强市目标，基本普及15年基础教育。健全市、乡（镇）、村三级公共文化服务体系，丰富人民群众精神文化生活。建立健全覆盖城乡居民的基本医疗卫生制度，实现人人享有基本医疗卫生服务的目标，不断提高全民健康水平。人口总和生育率控制在1.8‰以内。

5. 生态环境

生态文明水平进一步提高，生态环境有效改善。万元GDP综合能耗期末小于0.73t标准煤，年均减少4.5%以上。化学需氧量（COD）、二氧化硫（SO_2）、氮氧化物、氨氮排放总量年均分别削减4%，5年累计分别削减15%。单位GDP二氧化碳（CO_2）排放量5年累计降低10%以上，城市空气质量达到功能区标准，优良率保持在90%以上。期末城镇生活垃圾无害化处理率100%，农村生活垃圾无害化处置率60%以上，城市、乡镇污水集中处理率分别达95%、80%以上。建成区绿化覆盖率42%以上，全市森林覆盖率在66.3%以上，森林蓄积量得到提高。力争创建国家生态城市。

6. 生活水平

生活水平和质量进一步提高。城镇和农村居民可支配收入年均增长13%和16%以上。城镇化率达到55%。基本建立覆盖城乡的社会保障体系，基本实现人人享有社会保障的目标。就业更加充分，残疾人就业得到有效保障，年均新增城镇就业岗位5000个以上，城镇调查失业率控制在6.5%以内。城乡居民基本养老保险覆盖率95%以上。新农合参合率95%以上，城镇居民医疗保险登记参保率100%。城乡居民最低生活保障实现应保尽保。公共安全和公共灾害防御体系更加完善，应急救灾能力大幅提升。

三、推动产业转型升级

1. 提升花炮产业发展水平

从推行"公司化经营、专业化生产"入手，突出科技创新和品牌建设，提高浏阳花炮产业集群竞争力；以信息技术应用为核心，全面推进经济和社会信息化；建立健全花炮专业物流体系，加快第三方物流企业发展；加强安全替代材料、新型花炮机械、安全环保产品的研发与推广，创新安全生产工艺，建立由生产到消费全过程的质量安全管理体系。

2. 做大做强生物医药产业

以推进基础设施建设为立足点，实现生物产业集群的规模化和产业提升为目标，建设国内一流的高科技产业化平台为举措，全面启动医药特色城市建设，倡导组建生物医药产业基地及生物医药产业联盟，健全食品药品追溯制度，实现食品药品从生产、收购、加工、储运到销售的全程追溯，严厉打击制贩有毒有害食品和假劣药品违法犯罪。

3. 发展壮大特色农业

强力推进农业现代化示范县建设，完善现代农业产业体系，发展高产、优质、高效、生态、安全农业。促进农业生产经营专业化、标准化、规模化、集约化，实现农业复合型多功能发展。

4. 发展生态旅游和创意旅游业

参与"构建大长沙旅游板块"。浏阳生态植被好，森林覆盖率高，发展生态旅游最具优势。重点推出原生态文化特色，注重开发浏阳生态旅游、创意旅游特色，力争将浏阳打造成国内一流、国际知名的生态旅游目的地。

5. 提升服务业发展水平

依托现有产业基础，大力引进和发展物流、信息、金融、研发、商务等生产性服务业，从"工业型经济"向"服务型经济"转型，形成生产服务发达和生活服务完善的服务业体系。采取健全综合运输体系、加快科技信息服务业的发展、保持金融业持续发展、优先发展商务服务业等一系列措施来提高第三产业所占国民经济中的比重，提升服务业发展水平。

四、保障措施

1. 组织管理

（1）健全组织机构，成立领导小组

成立创建浏阳市发展建设工作领导小组，由市委或政府主要领导任组长，市直各职能部门负责人为成员，按季度定期召开调度会，研究解决全市产业转型升级的重大问题。进一步发挥专家的决策参谋和技术依托作用，加强与高校院所的全方位合作，从省内和国内高校、院所等聘请一批专家，成立浏阳市省级专家指导委员会。

（2）落实工作责任，实行目标考核责任制

在发展建设领导小组的统一安排下，分阶段将涉及"两型社会"项目建设、机制改革的各项工作责任细化分解，层层落实到各个部门、各个领导。

（3）优化改革环境，激发建设热情

营造允许改革、鼓励改革的发展环境。对推进"两型"社会综合配套改革的重点园区和特殊措施少评论、多支持，对敢于改革的领导干部多宽容、多重用。结合"两型"社会建设目标，制订出台推进"创业富民"的系列政策，激发全民干事创业热情，最大限度保护和激发改革创新的活力。

2. 政策法规

（1）"四化两型"，西融长株潭

省委正在全力推进"四化两型"和长株潭"两型"改革的核心试验区建设，并将浏西片区作为《湖南省"3＋5"城市群城镇体系规划（2009～2030）》，将其纳入长株潭大都市区的中心城区、长株潭"两型"改革试验区的绿心规划中。浏阳市委、市政府集中优势兵力，围绕"四化两型"战略，推进"西融长株潭"、走"绿色"之路，并将此地打造为浏阳"四化两型"的主战场。

（2）城乡统筹，带动新型城镇化建设

新型城镇化是一项战略性系统工程，需要长时期和各方面的共同努力。浏阳市将全方位推进"四个核心区"（中心镇）建设作为当前最迫切、最紧要任务，并进行了《浏阳市域城镇体系规划》。坚持城乡统筹，加快"四个核心区"城镇化建设，高标准推进核心区建设，带动农村基础设施和公共服务建设，形成一个相对完整的基础设施网络和公共服务体系。

（3）优化环境，助推浏阳实现新跨越

国家促进中部地区崛起战略的实施，为浏阳加快承接产业转移、提升传统产业、优化产业结构等带来了机遇。

3. 机制创新

（1）创新人才机制，激发科技人员积极性和创造性

人才是科技工作的核心，在经费上，不让人才受困；在水平上，必须世界一流，在服务上，做到周到、主动、高效。

（2）创新资源利用机制，建设节约型社会

出台集约节约用地的规划实施方案，在工业用地上，大力推广标准厂房建设，鼓励厂房立体发展，严格规定单位土地面积的投资强度和产出效率；在农业生产中，加快推进土地整理与流转，坚决遏制耕地抛荒，加强对山地资源的综合利用。要减少能源资源消耗。对全市企业落实节能降耗约束性指标，将指标完成情况与税收、奖励挂钩，形成促进资源节约利用的倒逼机制；提倡适度消费、绿色消费，建立市民节水、节电的梯级收费制度；努力建设节约型政府，加强政府电子信息化建设，推广无纸化办公。

（3）创新环境保护机制，建立生态可持续发展模式

①创新环境治理长效机制。出台生态环境补偿和约束政策，建立生态补偿机制和约束机制，在污水处理、垃圾填埋等环境治理项目上，按照"谁治理谁受益"的原则吸纳社会资金，创新运作模式，建立健全环保投入长效机制。

②健全环境监管长效机制。出台生态保护区的管护实施方案，在全市制定企业环保污染行为惩处机制，对企业的环境行为定期进行审核和评估，确定不同的信用等级，制作企业环保诚信档案，制定农村畜禽污染综合控制政策，划定畜禽养殖禁养区和限养区，推广

"零排放"生猪养殖技术。

③建立环境使用长效机制。在全市排污总量的控制范围内，面向全市企业探索建立主要污染物排放总量初始权有偿分配、排放权交易等制度。

（4）创新绩效考核机制，坚持科学发展观

建立乡镇科学分类考核机制，因地制宜对全市进行功能分区（设置优先开发区、限制开发区等），对乡镇进行分类（如农业优先类、工业优先类、城市经济类、综合发展类），对不同区域不同类别的乡镇，在考核项目和增长速度上区别对待。建立一套用科学发展观和正确政绩观为指导的考核评价机制，作为干部提拔使用的重要依据。

4. 科技创新

（1）实施科技驱动战略，推进产业转型升级

在立足浏阳特色谋发展的同时，要在产业集聚区着力引进专业化合作组织和企业，助推传统企业转型升级，通过科技化提升产品价值，通过品牌提升影响力，通过园区化带动整体发展。

（2）紧抓科技示范工程，促进循环经济发展

重点抓好一批环境、生态、资源保护与综合利用示范基地和工程建设，通过加快废旧资源的综合利用和工业企业"三废"的循环使用，推动低碳经济、循环经济试点工作，实现资源节约利用。

（3）实施知识产权战略，提升自主创新能力

加快形成一批核心专利；以长株潭试验区"两型"社会建设为契机，以支柱产业、特色产业、骨干企业、特色园区基地为依托，形成知识产权优势区域，大幅度提升浏阳自主知识产权产品的比例，优先发展以自主知识产权为核心的高新技术产业，推动优势产业集群发展。

（4）建立信息化技术平台，加大农业科技信息技术推广应用

实施农业科技信息化重点科技项目，建立浏阳市农业科技信息化技术服务平台，加大农业科技信息技术的应用推广。实施农业特色产业，带动科技示范体系建设；建立基于互联网的农村科技信息化平台；开展农村科技合作社示范与推广，促进农业产业化建设；建立以动物疫病防治为主的公益性科技支撑体系；大力开展农业专业技术推广，培育农业专业化合作组织，培育农业产业化龙头企业。

5. 投入保障

构建专业化公共投融资平台，完善信贷服务体系，鼓励运用多种信贷方式开展融资，积极引导民间贷款融资，支持运用多样化证券融资方式，加强上市后备资源培育，积极发展产业投资基金，设立创业投资引导基金，鼓励按照国际标准规则设立绿色私募投资基金，积极争取更多项目纳入国家投资计划，向省财政争取地方特色产业中小企业发展资金。

（注：文中引用资料除已"注释"处，参见《浏阳市省级可持续发展实验区建设可行性分析报告》。）

参考文献

[1] 岳冠文. 强强携手谋共赢 [N]. 长沙晚报, 2012-7-24.

[2] 于建东. 创新是提升经济的根本动力 [N]. 经济日报，2012-7-9.

[3] 谭旭燕，张娜，徐林. 绿色 GDP 评价指标长株潭明年试行 [N]. 潇湘晨报，2012-7-13.

[4] 彭玮蔚. 长株潭打造东方维也纳森林 [N]. 长沙晚报，2012-4-25.

[5] 周斌. 重点建设湘江旅游经济带 [N]. 长沙晚报，2012-7-9.

[6] 高国力. 新型城镇化要有新思路 [N]. 经济日报，2012-7-23.

[7] 佘惠敏，来洁. 世界一流怎样炼成 [N]. 经济日报，2012-7-6.

[8] 庄光平，郭存举. 和谐发展：富民与强省同步 [N]. 经济日报，2012-6-26.

（作者单位：湖南省循环经济研究会、长沙理工大学）

提高社会管理科学化水平需处理好的四个关系

李美玲

摘　要：加强和创新社会管理，提高社会管理科学化水平是促进社会和谐、坚持和发展中国特色社会主义的基本条件。所谓科学的，一般都是符合客观规律的。因此，要提高社会管理科学化水平，就必须遵照客观规律来正确处理社会管理中的各种问题，必须正确处理社会管理与人、利益、非政府组织以及法治四个方面的关系：以宗旨为引领，坚持人民性的立场；以利益为核心，消除多样化的矛盾；以政府为主导，发挥诸主体的合理性；以法治为保障，提升科学化的实效。总的说来，就是试图从宗旨、核心、主体、保障四个维度构建起科学有效的社会管理体制。

关键词：社会管理；科学化；政府

党的十八大报告指出："加强社会建设，是社会和谐稳定的重要保证。必须从维护最广大人民根本利益的高度，加快健全基本公共服务体系，加强和创新社会管理，推动社会主义和谐社会建设。"社会管理是人类社会一项必不可少的管理活动，在一个拥有13亿人口、经济社会快速发展、正处于"五化两转"的国家里，提高社会管理科学化水平的重要性更为突出、任务也更为艰巨。对此，党的十八大提出的途径是"提高社会管理科学化水平"。科学是反映现实世界各种现象的客观规律的知识体系。科学的东西，一般都是符合规律的东西。据此，提高社会管理的科学化水平，就必须遵照客观规律来正确处理社会管理中的各种问题，尤其是必须正确处理社会管理与人、利益、非政府组织、法治这四个方面的关系。遵循这样的思路，本文将重点从认识论和方法论的角度对提高社会管理科学化水平做一具体分析。

一、社会管理与人：以宗旨为引领，坚持人民性的立场

当前，关于社会管理的范畴和内涵，各个领域的专家和学者都在深入研究。如果用一句话来概括的话，社会管理就是在一个国家范围内对涉及老百姓生老病死全过程的一切事物进行管理的活动。正如胡锦涛同志所说："社会管理，说到底是对人的管理和服务。"做的是人的工作，核心是处理人与人之间的关系。因此，提高社会管理科学化水平，必须正确处理社会管理与人的关系，坚持"以人为本"的宗旨。

社会管理要坚持"以人为本"的宗旨，一方面是由人在社会发展中的主体地位决定的。马克思和恩格斯认为："全部人类历史的第一个前提无疑是有生命的个人的存在。"历史的前提应是"一些现实的个人，是他们的活动和他们的物质生活条件，包括他们得到的

现成的和由他们自己的活动所创造出来的物质生活条件"。人是历史的创造者。但是，"人们为了能够'创造历史'，必须能够生活"，具备衣食住行等方面的条件。从这一前提出发，社会管理以人为本，满足人的生存和发展需求也就成为必然。

社会管理要坚持以人为本，另一方面是由政府在社会发展中的基本功能决定的。社会的原始形态是家庭，儿子依附于父亲，是因为需要得到父亲的保护。一旦儿子成年，不再有这需要，这种天然的结合便分解了。儿子不再需要服从父亲，父亲也不再需要照料儿子了，彼此是平等的独立的。如果他们仍然结合在一起，这种结合也不再是出于天然，而只是出于双方同意。这种同意，就是契约。家庭是社会的缩影，统治者相当于父亲，人民相当于儿子。但是，在人类社会，奴隶主和奴隶之间、地主和农民之间是不可能产生契约的，因为他们之间不是平等关系，统治者对人民不存在爱心，维护的只是统治者的利益。相反，在社会主义社会却存在契约，因为，在这样的社会里，人与人之间是平等关系，人民是公共权力的所有者。政府之所以成为社会管理者，是因为人民将自己手中的一部分权力让了出来，交由它去行使。两者之间契约的生成是以人民赋予政府权力、政府服务于人民为主要内容的，基于此，社会管理也就成为政府的一个重要职能。中国政府是全心全意为人民服务的政府，从社会管理的角度出发，政府应当将实现好、维护好、发展好最广大人民群众的根本利益作为社会管理的出发点和落脚点，将人的全面发展作为政府方针政策制定的最终目标。各级政府机构的设置必须以便于为民众服务为根本原则。政府本身则应真正实现由"全能型"向"服务型"的转变。

二、社会管理与利益：以利益为核心，消除多样化的矛盾

社会管理的根本目标是要建立一个开放、自由、民主、公正、平等、和谐的现代社会，使每一个公民有充分的自由和权利追求幸福的希望和实现这种希望的机会，它以承认矛盾的客观存在为基本前提。当前，我国人民内部矛盾呈现出了多发多样的态势，因此，提高社会管理科学化水平的重要性和紧迫性也就显得更为重要和突出。有了矛盾就要化解，前提是必须正确认识矛盾产生的根源，弄清各类矛盾的实质。按照马克思主义的观点，人是在一定历史条件下和社会关系中从事实际活动（首先是生产活动）的人。针对现实的人性，马克思和恩格斯指出："在现实世界中，个人有许多需要。"人的多重需要决定了人们之间社会关系的复杂性。改革开放以来，随着我国生产力水平的不断提高，我国的生产关系，尤其是财产关系、劳动关系和分配关系都发生了深刻变化，一些领域、行业、城乡、地区之间的收入差距扩大。例如，2012 年 11 月 21 日，广州市国资委向市人大代表汇报广州市国有资产情况时，公布了一组数据，数据显示：在广州市国资委监管的 28 家国企中，董事长年薪在 20 万～120 万，平均为 50 万，员工人均收入则仅为 5 万，两者相差 10 倍。一些领域的收入分配不合理现象严重，个别企业劳动关系紧张，甚至引发了一系列社会矛盾。这些矛盾的产生固然是多种因素综合作用的结果，但是，根源在于利益。因此，提高社会管理的科学化水平，必须正确处理社会管理与利益的关系，坚持以利益为核心，从根源上消除多样化的矛盾。

在这个问题上，邓小平曾在全党拨乱反正的进程中，以极大的政治勇气和理论勇气提出了一个论断："不讲多劳多得，不重视物质利益，对少数先进分子可以，对广大群众不

行，一段时间可以，长期不行。革命精神是非常宝贵的，没有革命精神就没有革命行动。但是，革命是在物质利益的基础上产生的，如果只讲牺牲精神，不讲物质利益，那就是唯心论。"这也正好印证了马克思的一个著名论断："人们奋斗所争取的一切，都同他们的利益有关。"基于利益在社会发展中的核心地位，在提升社会管理科学化水平的过程中，我们应当紧紧围绕"利益"来做文章：一是要"大"，即想方设法把蛋糕做大。当前发展中呈现出的种种矛盾，根本原因还在于发展不充分，民众的利益无法得到充分有效满足，因此，政府要从发展大局出发，为发展营造良好的政策环境；二是要"公"，即千方百计实现社会公平公正。中国人向来有"不患寡而患不均"的情结，当前社会管理过程中许多群体性事件、矛盾的产生和蔓延，事实上可归咎于发展过程中的不公现象。因此，政府要树立长远眼光，从根本上消除影响社会稳定的隐患；三是要"通"，即民众利益表达的渠道要畅通。要消除矛盾，首先要使民众利益得到充分有效表达，充分有效的利益表达是民众利益得到实现和维护的基础和前提，因此，为民众利益表达畅通有效渠道，是政府提升社会管理水平的关键环节。四是要"实"，即将实现和维护民众利益落到实处。政府管理过程中出台的政策措施要具有可操作性，操作过程中要有灵活性，将惠民政策落到实处，确保民众利益真正得到实现和维护。

三、社会管理与非政府组织：以政府为主导，发挥诸主体的合力

社会管理是一项复杂的、系统的工程，需要借助不同主体来共同推进。在我国历史发展过程中，社会管理的主体在不同的时期有着不同内容。计划经济时期，政府和单位几乎掌握所有资源，它们自然也就成为提供公共产品，进行社会管理的主体。到了社会主义市场经济时期，市场化改革带来了社会资源的分散化、社会利益的多元化，以及社会需求的多元化，这种变革一方面使得单纯依靠政府和单位提供公共管理的模式不再成为可能；另一方面也使大量独立于政府之外的社团和民间组织不断涌现。这些非政府组织的发展势不可挡，趋势不可逆转。更为重要的是，它们作为不同集团民众利益表达的渠道，是社会管理无法回避、也不能排斥的重要主体。但是，它们在利益表达上具有双重性——既可能与政府一致，也可能与政府背道而驰。因此，站在社会管理的正向角度，要提高社会管理的科学化水平，就必须正确处理社会管理与非政府组织的关系。我们通常认为，社会管理的主体应当是政府主导和公民参与的有机结合，其中，非政府组织在社会管理中作用的发挥则是公民参与的重要形式。

现代社会管理体制建设原本就包含着两个基本目标：一方面要不断提高政府的社会管理能力和成效；另一方面要加快社会的自我发育，增强社会自我管理能力，扩大社会自治范围。所谓加快社会的自我发育，也就是走群众路线，以政府为主导，充分发挥其他社会力量，如工青妇、协会、俱乐部等组织的作用，提高公民参与社会管理的积极性和有效性。其中的关键问题，就在于政府如何处理与非政府社会组织，也即我们所讲的公民社会的关系。

公民社会是人类社会发展到一定历史阶段的必然产物，是人类社会民主进步的集中表现，也是与市场经济相伴相生的一个客观事物。在我国，公民社会的发展具有一定的特殊性——先有政党，然后由政党领导人民实现国家独立和人民解放，之后再由政党领导人民

来发展民主。当民主发展到一度程度后，便出现了公民社会的萌芽。

基于公民社会的出现具有必然性，也基于公民社会在民众利益表达上的双向性，在加强社会管理的过程中，对于公民社会，政府应当持培育和引导的态度：在认识上肯定其存在的合理性；在政策上为民间组织的发展提供良好的环境；在政治上引导民间组织为政府利益的表达和实现减压。总的说来，就是依靠政府和非政府组织的相互协调，使之形成方向一致的合力，降低社会矛盾爆发的燃点，缓和社会矛盾，实现社会和谐。

四、社会管理与法治：以法治为保障，提升科学化的实效

关于社会管理，党的十八大具有两个明显特点：一是在总体上将社会管理格局转向社会管理体制；二是在十六届四中全会的基础上，提出要加快形成党委领导、政府负责、社会协同、公众参与、法治保障的社会管理体制。"法治保障"首次被纳入社会管理体制范畴。人的本性是避苦求乐，人的行为受功利支配，个人对于自身合法利益的追求是社会发展的原动力。但是，个人对于自身利益的追求有时也会超越法与非法的边界，给他人，乃至整个社会带来负面影响。要将这种负面影响降低到最小，一方面固然可以通过加强思想道德建设提升人的自我修养来实现；但是，另一方面也需要借助强制性的力量——法律予以约束和规范。由此，要提升社会管理科学化水平，还必须处理好社会管理与法治的关系。例如，湖南省"法治湖南"的提出，本质上就是对社会管理与法治关系的正确把握和科学运用。

但是，在社会管理中，也还存在当地政府法治意识缺失的情况。2010 年，伴随着《睢宁县 2010 年 1~2 月份大众信用信息征集及信用分值加减情况》的公布，江苏睢宁县创造性发明了史无前例的"良民"评级，纳入评级范畴的事项，从银行欠贷到早点摆摊，从官员受贿到司机闯红灯，从欠缴水费到家庭道德等无所不包。这些行为全部被量化为分数，并将公民个人评为 ABCD 四个等级。活动的目的，用当地县委书记的话来说，是"严管民风"，让群众"一处守信，处处受益；一处失信，处处制约"。但是，此举一出，立即引起舆论一片哗然，民间对此提出各种质疑。从法律上来讲，政府只是接受民众授权管理社会公共事务，而公民的道德之类，都属民间自治领域，政府出台政策和政令，必须有法律规定才行。法治是社会管理的重要方式，也是社会管理的重要保障，但是，现代政府做任何事，都是"法无授权即禁止"。悉数我国法律，我们会发现，迄今为止，国内法律体系中，并没有哪一条法律授权政府来评价公民的信用，更没有授权将民众分成三六九等。睢宁县创建的信用评价体系，有些涉及公共领域，有些则纯粹是家庭道德等私生活领域，如果统一让公权力来制定政策，无疑非常不合适。很明显，所谓的"良民"评级，只是当地政府法治意识缺失的一种体现，违背了社会管理科学化的要求。

法治是加强社会管理的重要方式，管理社会事务本身也是依法治国的四大对象之一。早在党的十五大提出"依法治国"的目标和理念时，这一层次的内涵就得到了体现。就其内涵而言，依法治国就是广大人民群众在党的领导下，依照宪法和法律规定，通过各种途径和形式管理国家事务，管理经济文化事业，管理社会事务，保证国家各项工作都依法进行，逐步实现社会主义民主的制度化、法律化，使这种制度和法律不因领导人的改变而改变，不因领导人看法和注意力的改变而改变。从民主的角度来说，法治也是实现社会管理

科学化的客观要求。民主与法治一直是近代以来文明国家的共同追求，两者相互依存，相互推进，民主是法治的基础，法治是民主的重要保障。我们倡导的科学化的社会管理，其本身就是中国特色社会主义民主发展的客观要求和必然结果。因此，要提高社会管理科学化水平，首先政府要深化法治意识，依法行政；其次，要在民众中广泛宣传和推广法律，使民众认识到法与非法的边界；再次，"打铁还要自身硬"，法治要在社会管理中起积极作用，必须强化自身建设，健全和完善社会主义法律体系。

总之，社会管理是一项事关民族复兴的系统工程，在加强和创新社会管理的过程中，我们应坚持"以人为本"的宗旨，以利益为突破口，充分整合包括政府和非政府组织在内的各种力量，在法治的保障下，不断提高社会管理科学化的水平，最终实现社会和谐，实现人的全面发展目标。

参考文献

[1] 胡锦涛. 在省部级主要领导干部社会管理及其创新专题研讨班开班式上的讲话 [R]. 2011-02-19.

[2] 马克思，恩格斯. 马克思恩格斯选集. 第1卷 [M]. 北京：人民出版社，1995. 67.

[3] 马克思，恩格斯. 马克思恩格斯全集. 第3卷 [M]. 北京：人民出版社，1960. 23.

[4] 马克思，恩格斯. 马克思恩格斯全集. 第3卷 [M]. 北京：人民出版社，1960. 31.

[5] 马克思，恩格斯. 马克思恩格斯全集. 第3卷 [M]. 北京：人民出版社，1960. 326.

[6] 邓小平. 邓小平文选. 第2卷 [M]. 北京：人民出版社，1994. 146.

[7] 马克思，恩格斯. 马克思恩格斯全集. 第1卷 [M]. 北京：人民出版社，1960. 82.

（作者单位：中共湖南省委党校）

民生型社会管理的逻辑起点与建设策略

李 斌

摘 要：西方国家社会管理的逻辑起点是社会、市场和国家三者之间的互相制衡，其社会管理目标往往是守护社会不被国家和市场侵袭。中国社会管理则将国家、市场和社会三者融为一体。然而中国社会经过20世纪50~80年代早期的政治意识形态革命以及随后改革开放后的经济意识形态至上，工具理性张扬，社会元素已经被极大削减。重建民生型社会需要政府、市场和社会三者的协作和各自承担自身的功能并自觉地维护各方使命。

关键词：民生；社会管理；政府；企业；社会

针对市场改革、社会转型所引发的社会变迁和社会问题，社会管理日益成为中国各界的中心议题。中国共产党十六届四中全会首次提出，要"建立健全党委领导、政府负责、社会协同、公众参与"的社会管理格局，党的十七大报告明确要求"完善社会管理，维护社会安定团结"，党的十八大报告则将社会管理与民生并列为社会建设的重要内容。胡锦涛总书记在十八大报告中指出，要"加快形成党委领导、政府负责、社会协同、公众参与、法治保障"的社会管理体制以及"加快形成源头治理、动态管理、应急处置相结合"的社会管理机制。

一、西方社会管理的逻辑起点：社会制衡国家

市民社会是西方理论强调的重点，某种程度上我们可以认为市民社会是西方国家社会管理理论的逻辑起点。西方的市民社会强调"公民的平等、自由、参与意识，注重非政府组织体系建设，培育社会多元主体的融合共存的政治法律环境，以充分满足社会文化再生产、社会整合和个性成长的需要"。所以，社会管理在西方可以被认为是现代公民积极行动以获取或者保护个人权利，进而实现社会秩序的过程。

社会管理在西方伴随着资本主义运行而发展。在古典经济学派占有主导地位的资本主义早期，政府一般只扮演守夜人角色，实施有限的社会管理。20世纪30年代世界性经济危机爆发后，政府开始积极介入经济和社会领域，并在"福利国家"的建设中扮演主要角色。20世纪80年代以后，政府开始反思福利国家政策，进而调整社会管理职能和社会政策，有计划地从社会领域撤退。20世纪90年代，社会管理由"国家"、"市场"和"社会"三者协同，并各自发挥优势，以此达到均衡和有效的双重目的。

社会管理在西方的上述发展过程可以概括为"有限社会管理"、"全面社会管理"和"社会政策改革"三个阶段。在"有限社会管理"阶段，黑格尔的社会共同体学说强调绝

对精神的价值，涂尔干的社会团结理论青睐社会自治。而在"全面社会管理"阶段，美国社会学家帕森斯的结构功能主义理论强调了社会整合的必要性，帕森斯认为，为了实现社会有效管理，人们的行动必须与社会规范、整体价值观相吻合。因此，行政管理、价值引导、社会控制等手段是实现行动者他律的基本条件。在"社会政策改革"阶段，乌尔里希·贝克的"风险社会"理论认定，人类社会正在进入一个风险社会，在风险社会里人类面临着与现代社会完全不同的风险。"公民社会"理论则认为，现代公民会积极主动参与社会政治生活，争取自身权益，维护和推动共同体事业，以实现社会与国家在社会管理中相互影响和相互制衡，不过，"国家"、"市场"和"社会"三者协同是有效制衡的基础。

二、中国社会管理：国家、市场与社会由消解走向协同

与西方国家的历史文化背景不同，社会管理在中国从古至今就与政府管理有更大的相似性或包容性，甚至社会管理往往直接就是政府行政的目标。"中国古人称社会为'乡'。乡的观念，在中国一向极受重视，所谓观于乡而知王道之易。"受此影响，中国学术界在界定"社会管理"内涵时大多取覆盖政府管理内容的定义。郑杭生将社会管理定义为是一种服务、协调、组织、监控的过程和活动。邓伟志认为社会管理是政府和社会组织部门为促进社会系统的和谐运行与良性发展，对社会生活、社会结构、社会制度、社会事业和社会观念等各个环节进行组织、协调、服务、监督和控制的过程。中国政府领导更是将社会管理视为政府管理的拓展，各要素综合协同作用的过程。中央政法委秘书长周本顺强调，"党委领导、政府负责、社会协同、公众参与的社会管理格局，是我们政治优势、制度优势的具体体现，是加强和创新社会管理的根本，要大力加以完善"。所以，中国的社会管理不是某单一要素张扬的过程，而是"国家"、"市场"和"社会"等要素之间的协同作用，达成整体效应的历程。"政府—企业—社会"的合作三维是"国家—社会"新型关系的基本形态。

然而，上述三维关系的变迁在中国社会过去的60多年时间内却呈现出价值目标鲜明，时代特征突出的三个阶段。

第一阶段：阶级斗争阶段。1949年中国共产党取得政权以后，发动了一系列社会主义改造运动，"企业"被迅速纳入国家政治体系，市场被取缔。国家通过"行政下乡"逐步分解乡村社会原有的非正式权力网络，肢解了传统社会，第一次将底层乡村社会整合到国家体系中。国家同时又在农村和城市的每个社区划分"阶级成分"，制造阶级斗争，"阶级斗争"式的政治动员一度成为社会管理的唯一政治手段。社会管理中的行政化命令、高政治效能特征突出。中外理论界称这种状况为"总体性国家"、"总体性社会"抑或"行政主导型的二元结构社会"。

第二阶段：经济建设阶段。30多年的改革开放使中国经济总量于2010年超越日本成为世界第二。这一阶段，中国各级政府的中心工作转移到了经济建设上来，经济意识形态空前高涨。企业要素、市场要素得以在政府的培育和激励下快速成长、发展。增加收入、发展经济成为中国民众以及各级政府的主要追求，并上升为经济至上意识形态诉求，发展经济成为最硬的道理。迅速增长的经济实力促使中国经济快速从日用消费品时代过度至耐用消费品时代。中国社会结构也随之由"政府主导型的二元结构"演变成"市场主导型

的二元结构"。然而，由于人们对市场经济转型中新生的市场关系的两个基本特征——交易性和对抗性认识不足，追求经济收入的即期行为，如假冒伪劣、腐败、传销等，在宏观层面破坏了社会基本结构，导致中产阶级难以形成，大规模的底层化现象逐步显现；在微观层面，经济至上的意识形态消解了社会基本元素，凸显了人与人之间的金钱关系。上层社会由于其雄厚的经济力量而强化他们之间的联结，日益远离国家组织的控制；处于中层的社会成员尽管在城市有可供居住的房产，有比较稳定的工作收入，然而迫于市场竞争压力，他们用于维持既有社会网络关系的时间和精力在减少，难以去创造和构建新的诸如居住地改变、工作改变而出现的新型社会关系。他们的居住区左邻右舍互不往来，社区情理更是无从谈起。中层社会成员之间的陌生和隔阂阻碍了社会管理所需要的基本管道的创造和创新；底层社会成员则有明显的碎片化、原子化和弱势化倾向。大量"留守老人"、"留守儿童"、"留守妇女"现象说明旧有的传统社会正在解体，外出农民工由于工作不固定，生活地点变换不定，他们对所工作的城市和工作单位、行列无归属感，社会要素没有在他们的流动当中有序构建，实施有效社会管理的路径模糊。30多年经济改革变动了人与人、人与自然之间的基本关系，对社会领域造成了严重侵害。

第三阶段：社会建设阶段。所谓社会建设，"就是要在社会领域不断建立和完善各种能够合理配置社会资源和社会机会的社会结构和社会机制，并相应地形成各种良性调节社会关系的社会组织和社会力量。"社会建设就是民生建设。《左传·宣公十二年》中有所谓"民生在勤，勤则不匮"的表述。尽管包括毛泽东在内的历届党和国家领导人都或多或少地推行过民生政策，不过民生建设作为最高政治目标来推行还是开始于2002年党的十六大。十六大以后，胡锦涛提出了以人为本的科学发展观，树立了民生至上的发展新理念。到十七大，中共中央又系统地把解决民生问题的中国特色社会主义事业总体布局写入党章，提出了保障全体人民"学有所教、劳有所得、病有所医、老有所养、住有所居"的民生建设目标。社会建设的内容在十八大报告中进一步具体化为"人民满意的教育，更高质量的就业，更多收入，更好的保障水平、更好的健康水平和更有效的社会管理"六个方面，为了有效达成社会建设目标，十八大强调要构建"党委领导、政府负责、社会协同、公众参与、法治保障"的社会管理体制以及"加快形成源头治理、动态管理、应急处置相结合"的社会管理机制。这说明民生型社会建设需要政府、企业与社会之间的协同并各自承担自身的使命。

三、民生型社会管理体系的构建策略

不少学者误以为社会管理就是社会对其自身的管理，或者是政府对社会的管理，抑或是政府引导社会对其自身的管理。社会的本质是关系，即人与人之间、人与组织之间、组织与组织之间、群体与群体之间、阶层与阶层之间、地区与地区之间、人与自然之间的关系。于是，社会管理就是对上述关系的协调、控制、引导、规范、监督与尊重，以求各方所认定的公平、公正、和谐局面得以达成的过程。在社会建设和社会管理过程中，政府、市场、社会之间的和谐关系至关重要。所以，党中央提出的构建"党委领导、政府负责、社会协同、公众参与、法治保障"的社会管理体制具有很强的学理和经验逻辑基础。于是，民生型的社会管理体系建设需要在规范和经验两个层面进行梳理和确认各种关系。

1. 政府之维：党委领导，政府负责

处于耐用消费品时代的当代中国社会比以往任何时代都更加依赖有效率的、公正的制度体系和组织体系。其实，国家层面公正而有效率的基本制度体系和组织构架本身就是社会管理的主线。政府层面的社会管理"事关巩固党的执政地位，事关国家长治久安，事关人民安居乐业，对于推动党和国家事业发展具有重大战略意义"。因此，政府的主要责任就是针对民生所涵盖的"学有所教、劳有所得、病有所医、老有所养、住有所居"的目标要求，建设强有力的制度法规体系，筹集资源，激励、监督各相关组织的行动，构建并强化有执行力和保障力的组织体系。要建设好这样的社会管理体系，政府必须处理好以下几个关系并且建设强有力的制度保障。

（1）政府自身的关系

霍布斯、亨廷顿、马克思等思想家、政治家大多认为，拥有一致性、一体性、合法性、组织性、高效和稳定特点的政府往往才能够进行有效社会管理。所以，政府自身建设往往是社会管理有效性的基石。目前就我国政府来说，首先，需要整理政府部门的职能。改革开放以来，中国政府在价值理念、职能调整、理顺关系、机构优化、完善机制、活化人力、依法行政等方面进行了一系列探索、改革与创新，实现了向现代化的政府治理体系的初步转变。然而，因为腐败而恶化的政府内部关系，如下级政府联合蒙骗上一级政府，以及政府职能不清等问题依然存在，还需要进一步规范政府行政行为，彻底清除腐败，消除政府部门中的个人权力因为职务便利而出现的腐败空间。其次，改变政府行政方向，变政府管理为民生服务，变官本位为民本位。再次，在民生建设的目标下保障社会正常秩序，建设和维护社会公信力，打击各种违法行为。

（2）政府与企业之间的关系

中国市场经济发展到现在仍然属于政府主导型经济，在政府与企业之间的关系中政府也处于主导地位。不过随着市场体制的完善，企业本身自主程度的提升和发展，政府与企业之间的关系逐步由"行政性"关系回归到"经济性"关系，再到法规规制下的"监控"关系。民生型社会建设要求政府承担对企业的"监控"任务，规范企业行为，杜绝假冒伪劣产品进入市场，保证产品的安全性与可靠性，让诚信经营成为市场经济的唯一原则，保护消费者权益，进而衍生出政府—企业之间的和谐关系。

（3）政府与社会之间的关系

西方国家一般提倡政府与社会处于某种"伙伴关系"（Partnership）。伙伴关系模式的运行主要依赖于"政府采购、政策咨询、志愿促进、社区共建、特殊群体"等为内容的政府与民间制定和执行的协议。改革开放以来，尽管中国经济取得了巨大成就，但是政府与社会关系的模式是典型的"强政府、弱社会"模式，而民生型的社会建设需要着眼于建设"强政府、强社会"模式。如前所述，中国社会相继被20世纪50～80年代早期的总体性国家，以及改革开放以来的政府主导的市场经济所消解。尽管改革开放使个人权利和民间团体得到一定程度的发展，但是目前中国的社会维度仍然处于特别弱小的地位。民生型社会建设需要政府培育一个"强社会"。于是，如何培育社会组织，提升社会自治能力，并使社会管理与政府管理实现有效协同乃至沟通，是政府与社会关系中要处理的主要问题。特别需要提及的是，政府要加强社会工作队伍的建设，通过购买服务的方式，培育社会工作组织的发展，同时实现有效的社会管理。目前最为棘手的问题是我国社会结构存在比较大的问题，清华大学孙立平教授使用关键词"失衡"、"断裂"来形容20世纪90年代以来的中国社会。李强教授也用"倒丁字形"结构描绘中国社会的非均衡发展。调整上述结构性矛盾只能依赖于政府的政治智慧、战略选择和政策推进才能实现。

2. 企业之维：社区联动、资源协助

企业及企业群组建的生产体系、销售体系、保障体系和金融体系构建起消费者对社会的基本信赖关系。企业行为的自律和具有社会责任心的行为是社会建设的基本内容，它在核心层面保障民生，保障社会秩序良性运行。然而，我们痛心地发现，不少企业为了追求利润，置国家法律于不顾，损害国家和消费者的利益：家乐福被爆低价标签高价结账的"价签戏法"，麦当劳被爆包装破损的汉堡原料面包在烈日下暴晒，肯德基陷入"豆浆门"，"味千拉面"遭遇"骨汤门"，牛奶企业陷入"三聚氰胺门"，太多的假冒伪劣产品和欺诈性服务致使不少消费者感觉到我们生活在一个极端不安全、无保障、不稳定的社会。因此，企业自律、合法经营，与其周边社区联动发展可以引领和提质社会建设水平，提升民生建设质量。

3. 社会之维：社会组织、公众参与

民生问题主要是社会自身的问题，它需要社会大众积极参与才能有效改善。首先，社会需要自省。社会大众需要明白并确认每个人都是自己生活和发展的责任承担者，改善民生主要是自己努力的结果。其次就是社会自觉。在社区内部强化居民之间的联动，构建有组织力的社区网络，使进入社区网络的居民在网络社会中互相认识，增进友谊，实现传统社会情感纽带的回归，获得并增强幸福感。同时，网络社会中不同阶层民众互相包容、互相尊重、互相帮助能够达成良好关系，实现社会和谐；再次，公众积极参与。社区网络组织可以针对"学有所教、劳有所得、病有所医、老有所养、住有所居"的民生目标，有针对性地开展实际行动，尤其是针对有困难人群的公益行动。

然而，现代社会分化速度加快，各种亚群体社会正在快速催生并发展，青年人社会、移民社会、虚拟社会、公共空间社会、艺术社会、交通社会、权利社会正在以各不相同的姿态出现，并且正在催生各自的亚文化和价值观。因此，如何运用社会主义核心价值体系引领多元化社会的亚文化是社会管理创新所面临的重要问题。

四、讨论

20世纪50～70年代末的政治意识形态革命实践导致在中国取缔了市场经济，同时极大地消解了中国社会，异化了人与人之间的关系，并且阶级斗争运动制造了大量分裂性群体与"敌我群体"，民生建设被践踏。然而，由于总体性国家的建设逻辑，社会管理路径与政治行政管理路径存在同质性和重叠性，因此，此时的社会管理有比较高的效率。当然，这种高效率主要建立在忽视社会大众基本权利基础上；20世纪80年代以来的市场经济改革扭转了国家发展方向，中国由"政治国家"过渡到"经济国家"。国家出台并实施了一系列放权让利政策调动了劳动者的积极性和创造性，建设了一系列现代制度以保证各种财产权、经营权、发展权、生存权等多种权利体系，国家经济实力得到迅速提升，综合国力跃居世界前列，中华民族得以快速复兴。然而中国在取得令世界瞩目的经济成就的同时，GDP至上的发展策略逐步导致经济主义意识形态膨胀，全球化标榜的工具理性的过分张扬，中国社会元素再次在市场改革中被极大地削减，社会被进一步吞噬。

目前，政府、市场和社会三维模式是"政府强—企业强—社会弱"。民生型社会建设就是要针对"社会弱"这一局面展开工作，工作的突破口仍然在政府，民生型社会建设和管理必须以政府为主导并负责社会组织建设，配套相应资源，培养合格的社会工作、社会建设和社会管理专业人才；企业主动承担社会责任，与临近社区实现联动发展；社会则在自省、自觉的基础上，依据社会的复杂程度，构建丰富多彩的适合特定社会的社会管理组织。社会管理组织的目标包括两方面：一方面重建社会成员之间的社会联系，强化社会关系，同时实现各亚群体与主流社会、主流文化的贯通和对接。社会主义核心价值观得以在各专门社会中体现，亚群体的文化和价值也能够得到主流价值、主流文化的包容。因此，重建社会，重建民生型社会，更加需要政府、市场和社会三者的协作和各自承担应有的功能，自觉维护和监督各方使命和职责。这是中国特色社会管理机制体制创新的必然战略选择。

参考文献

[1] 佚名.《"政府社会管理"课题的研究报告》之一，政府社会管理职能的概念辨析 [J].东南学术，2005（04）.

[2] 钱穆.中国历史研究法 [M].北京：读书·生活·新知三联书店，2001.

[3] 郑杭生.社会建设和社会管理研究与中国社会学使命 [J].社会学研究，2011（04）.

[4] 邓伟志.创新社会管理体制 [M].上海社会科学院出版社，2008.

[5] 周本顺.走中国特色社会管理创新之路 [J].求是，2011（10）.

[6] 李路路.社会结构阶层化和利益关系市场化 [J].社会学研究，2012（02）.

[7] 孙立平.断裂：20世纪90年代以来的中国社会 [M].社会文献出版社，2003.

[8] 刘旺洪.社会管理创新：概念界定、总体思路和体系建构 [J].江海学刊，2011（05）.

[9] 马凯.努力加强和创新社会管理 [J].求是，2010（20）.

[10] 丁元竹，张强，张欢.努力建设中国特色社会管理体系——"首届中国社会管理论坛"综述 [N].人民日报，2011-7-8.

[11] 张成福.变革时代的中国政府改革与创新 [J].中国人民大学学报，2008（05）.

[12] 周雪光.基层政府间的"共谋现象"——一个政府行为的制度逻辑 [J].社会学研究，2008（06）.

[13] 贾西津."伙伴关系"——英国政府与社会关系的启示 [J].学会，2006（06）.

[14] 颜如春.当代中国的政府与社会关系模式探析 [J].探索，2006（03）.

[15] 孙立平.失衡：断裂社会的运作逻辑 [M]，社会科学文献出版社，2004.

[16] 李强."丁字形"社会结构与"结构紧张" [J].社会学研究，2005（02）.

（作者单位：中南大学社会学系）

后危机时代湖南企业"走出去"的税收思考

陈湘涛

摘　要：在企业"走出去"过程中，税收效果如何是影响企业投资成败和经营效益的重要因素。到海外投资意味着进入了全新的税收环境，相关企业不仅要面对自身经营上的各种挑战，还要面对许多国际税收方面的难题。本文分析了国际金融危机之后湖南企业"走出去"实施境外投资的主要特点及不足，提出了进一步助推湖南企业"走出去"的税收及相关建议。

关键词：后危机时代；走出去；税收

2012 年 4 月 20 日，湖南省地方税务局召开支持"走出去"企业专题座谈会，专门听取三一重工、中联重科等 15 家"走出去"企业的意见和建议，并免费向省内企业发放《"走出去"企业涉税服务手册》。2012 年 5 月 19 日，第七届中博会中非商务合作论坛在湖南湘潭举行，6 个对非项目成功签约，推动了湖南及中部地区企业对非洲的投资合作。2012 年 6 月 26 日，湖南省委、省政府下发《关于促进全省经济平稳较快发展的若干意见》（湘办发〔2012〕26 号），提出要研究更加积极的政策措施，鼓励企业"走出去"，带动省产装备和劳务输出。这是近半年来面对严峻复杂的国内外经济形势，省委、省政府及各级各部门正确研判和积极应对，在落实"走出去"战略、促进企业境外投资方面密集推出的重要举措，有助于帮助"走出去"企业克服后危机时代的各种困难，实现逆势上扬和可持续发展。

所谓后危机时代，是指危机缓和后出现的一种较为平稳的状态。这种状态是相对而言的，因为造成危机的根源并没有消除，而且危机也并没有结束，经济发展仍然存在很多不确定性和不稳定性。当今我们身处的后危机时代，是一个危机缓和与未知动荡交织的时代，也是一个机遇与挑战同在的时代。2008 年爆发的国际金融危机延续至今，欧债危机再度升级，美国经济复苏乏力，使世界经济遭受自 1929～1933 年经济危机以来最大的一次震荡，其造成的经济衰退、市场萎缩及连锁效应难以估量。后危机时代引发各国保护主义势力有所抬头，给中国企业"走出去"造成了一定的困难和问题。与此同时，国际金融危机引发国际优质资产贬值和人民币不断升值，降低了投资成本，增加了市场预期，给"走出去"企业境外投资提供了难得的机遇。本文通过分析后危机时代湖南企业"走出去"的发展现状，试从税收角度提出促进湖南"走出去"企业发展壮大的对策建议。

一、当前湖南"走出去"企业境外投资特点的对比分析

近年来，在省委、省政府"走出去"战略的实施带动下，越来越多的湖南企业抓住境

外直接投资的重要战略机遇期，不断增强跨国经营意识，努力提升对外投资实力，湖南企业"走出去"进入快速发展阶段。2009 年湖南境外直接投资达到创纪录的 10.16 亿美元，2011 年对外直接投资居中西部地区之首。与此同时，由于湖南"走出去"企业起步较晚，结构性和竞争性矛盾不同程度存在，与沿海经济发达地区相比，我省在"走出去"整体发展水平上依然有较大的差距。

1. 境外直接投资增速迅猛，但投资规模普遍偏小

2008 年以来，湖南企业规模较大的海外投资活动逐渐增多，国际市场上越来越多地出现湖南企业的身影。2011 年，湖南企业共发生海外并购 16 起，累计中方合同投资额 2.65 亿美元，约占境外投资总额的 15%。截至 2012 年 3 月底，全省累计核准境外企业达 602 家，合同投资总额 96.2 亿美元，中方合同投资总额 47.7 亿美元。累计实际对外投资额

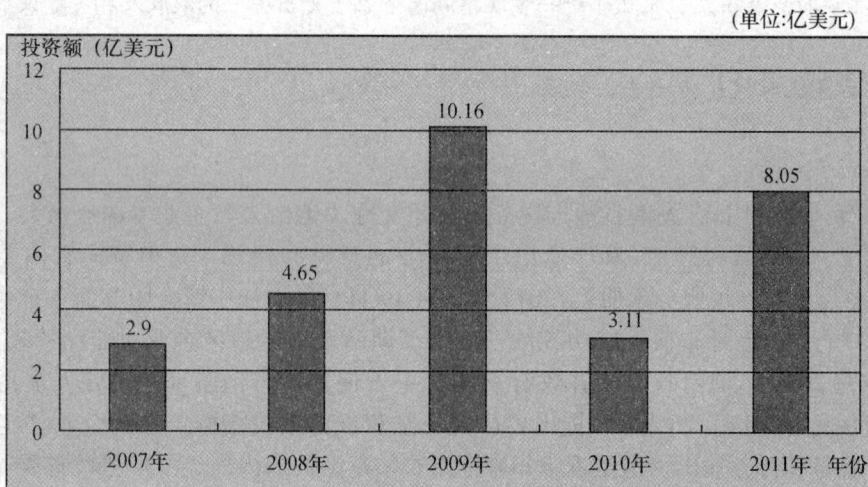

图1　2007～2011 年湖南省境外直接投资情况

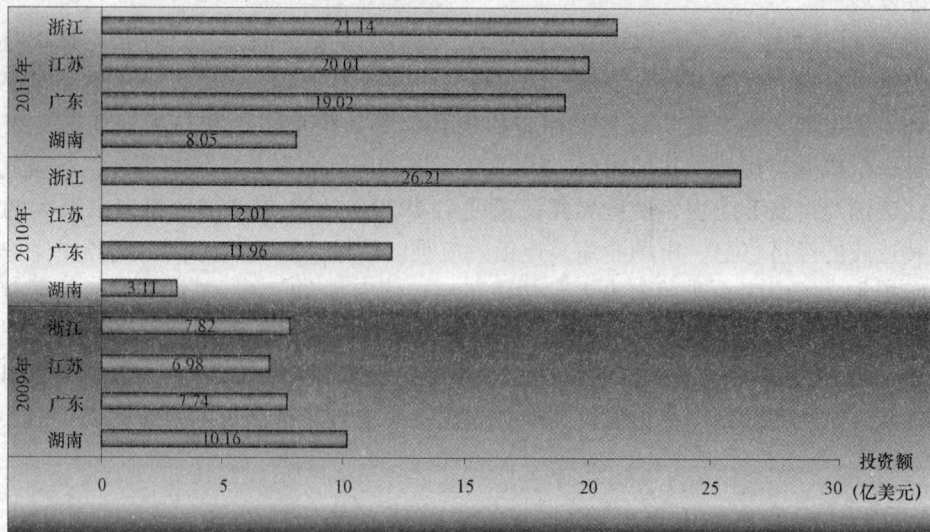

图2　2009～2011 年湖南与沿海省份境外直接投资情况对比

36.7亿美元，位列中部地区首位。2012年一季度，实际对外投资额6.6亿美元，居全国前三位。目前，湖南对外投资企业已遍布全球61个国家和地区。境外投资增长迅速，地区分布更为合理。但从投资规模上看，湖南对外直接投资额不到广东、浙江、江苏等沿海经济发达地区的1/3，存量不到其1/5，占全国的比重仅5%左右，"走出去"企业对整个经济增长的拉动作用还不强。

2. 民营企业境外投资步伐加快，但集群效应不明显

从投资主体来看，2011年我省由国有企业投资设立的境外企业达127家，占总数的21%，合同投资总额76.1亿美元，占总额的79%，中方合同投资额30.1亿美元，占总额的63%。民营企业投资设立的境外企业为475家，占总数的79%，合同投资总额20.1亿美元，占总额的21%，中方合同投资额17.6亿美元，占总额的37%。民营企业正逐渐成为我省境外投资的生力军。但囿于体制机制不够健全，目前我省绝大多数中小民营企业还是以"单打独斗"为主，没有形成中小企业集群。纵观浙江、江苏、广东等地"走出去"发展经验，他们积极鼓励中小民营企业抱团"走出去"，变"单兵作战"为"集团军作战"，变"散兵游勇式"对外投资为"企业集群式"对外投资。经过多年的发展，浙江、江苏、广东等地的中小企业集群已粗具规模，形成有一定竞争优势和市场份额的海外制造业基地。

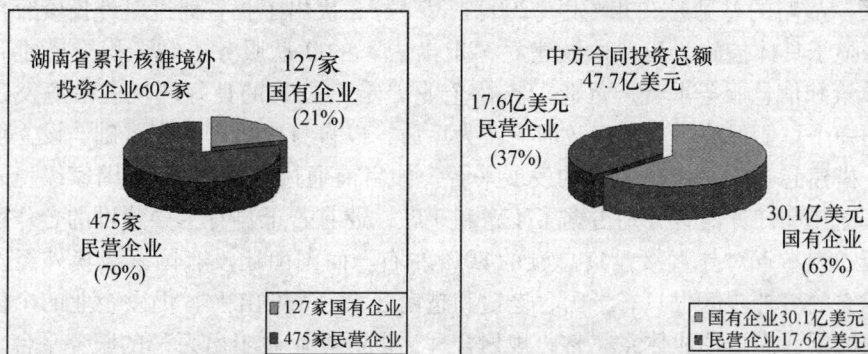

图3 2011年湖南省民营企业"走出去"情况

3. 境外投资形式日趋多元，但技术含量仍然较低

从投资形式来看，我省境外投资形式有了突破性进展，已逐步从以往的单笔项目交易或者产品出口，发展到在国外设立分子公司、创办境外工业园等多样化形式。目前，除商贸服务、加工制造、批发零售、资源开发等传统行业外，在新能源、计算机软硬件、通信技术以及生物医药等领域投资快速增长，投资企业9家，中方合同投资额共计9152万美元。2010年，娄底德胜能源设备发展有限公司在瑞典设立"绿色能源有限公司"，成为湖南首个进驻国际新能源及环保技术市场的企业。但由于核心技术的缺乏，我省境外投资企业仍以贸易公司为主，传统、粗放型投资项目居多，主要集中在采矿业、初级加工制造业和主要执行贸易功能的传统服务业等一些技术含量较低的领域。这也严重制约着湖南企业"走出去"的步伐。

投资数目(家)

图4

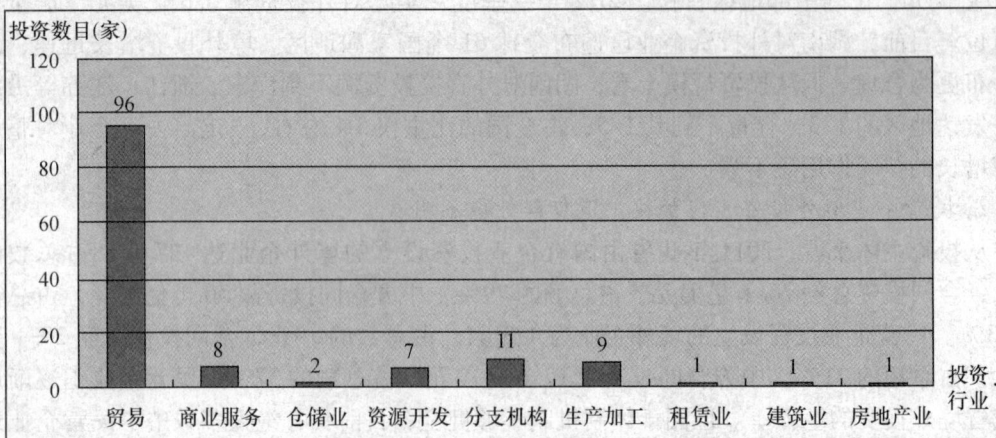

图4 2011年湖南省新批136家对外投资企业投资行业分布情况

4. 服务"走出去"措施有力，但服务体系有待完善

近年来，中央和地方政府在项目审批、外汇、税收、信用保险等方面出台了一系列支持企业"走出去"的政策和措施。2009年，省政府出台了《湖南省人民政府关于加快实施"走出去"战略的意见》（湘政发〔2009〕35号），提出了我省促进对外投资合作的整体思路和一揽子具体措施。我省积极建立"走出去"的联动服务机制，积极搭建"走出去"企业政策和信息服务平台，营造了支持企业"走出去"的良好环境。沿海发达地区境外投资的一个重要保障，就是以政府支持为后盾，以自身优势产业为基础，设立境外经贸合作区，搭建起企业"走出去"的发展平台。如目前通过审批的19个国家级境外经贸合作区中，浙江和江苏两省分别占据了4席和3席，还有若干自身主导建设的合作区，入园企业投资占到本省对外直接投资总额的80%左右。而湖南还没有国家级境外经贸合作区，自主建立的境外园区也只有泰国、老挝和越南三个，"走出去"仍以企业的个体行为为主，在政府层面尚未形成体系完整、规划合理，促进企业"走出去"的服务平台，扶持企业"走出去"未能与我省成熟产能转移很好结合，助推企业"走出去"平台建设任重道远。

二、支持湖南企业"走出去"的税收及相关对策建议

"走出去"是培育和壮大湖南企业的必由之路。作为正处于"四化两型"建设关键时期的湖南，需要牢牢把握后危机时代扩大开放空间、提升国际化水平这一机遇，统筹利用好国际国内两个市场、两种资源，增强经济发展的后劲和活力。为此，我们建议切实加大税收扶持力度，努力提升湖南企业境外投资的层次和水平，使湖南"走出去"企业在后危机时代不断发展壮大。

1. 完善税收体系，扶持优势产业做大做强

充分发挥湖南产业特色及优势，大力支持工程机械工业等优势产业走出去。一是重点支持高科技工程企业"走出去"。重点支持三一重工、中联重科等具有高科技含量的工程企业以产品销售为目的，通过合资、并购、参股等多种形式实施境外投资。对通过境外投

资带动省内成熟产业转移和优势产品出口的企业，实行全额退税或者较高的退税率；对通过并购国外高新技术企业，以控股方式获取先进技术并将其引入国内以提高相关产业技术水平的企业，准予免征进口关税。对通过境外投资带动出口的机器设备、原材料和中间产品，实行全额退税或者适用较高的退税率。二是重点扶持资源开采型企业"走出去"。支持湖南有色、瑞祥公司、华菱集团等资源型企业以独资、合资等方式获取紧缺资源的勘探权、开采权，建立原材料供应基地和产品加工基地。对获取境外开发、勘探权的项目，前期资源勘探调查费用给予加计扣除；对资源产品返销国内的，给予关税减免。对重点扶持的资源开发型企业境外投资实行再退税，按其对外直接投资的一定比例退还其国内所得课征的所得税额；对资源型企业采购省内工程机械、商品以实物进行境外投资的，以其投资额的一定百分比冲抵其国内应纳税所得额，提高境外投资的联动效应。三是积极支持文化产业"走出去"。重点支持湖南电广传媒、湖南出版集团等具有核心技术和自主品牌的创新型骨干文化企业进入海外市场。建议将影视、出版、音乐等文化企业直接按高新技术企业对待，适用15%的企业所得税税率。进一步制定和完善支持文化企业"走出去"的税收政策，如出口退税、税收抵免等更具激励性的政策，增强产业的创造力和竞争力。

2. 运用税收优惠，发挥配套产业集聚效应

充分发挥税收优惠政策的引导作用，建立起有利于形成集聚效应的税收政策体系。一是促进产业优势互补。对进入经国家和省批准认定的境外经贸合作区的企业，对其前期费用和公共平台建设费用允许相应比例扣除其所得额；对在经国家批准的境外重点建设自由贸易区内投资企业，其国外所得在汇回国内时给予税收减免、未汇回国内则不予征税，对扩大境外投资规模，按其增加投资额的一定比例在税前允许扣除其所得额，不足抵扣的允许结转以后年度；对于能够带动上下游产业共同"走出去"发展的龙头企业以及投资于国家在鼓励地区建立的经济贸易区企业，除给予普遍适用的税收优惠政策外，给予放宽费用扣除、亏损结转等特定税收优惠。二是引导企业转型升级。在统筹考虑产业结构和区位构成的基础上，积极引导企业进行市场导向型投资，尤其是重视对发达国家的市场投资，就地生产、就地销售，以规避日益增多的反倾销调查和各种贸易壁垒。对企业境外收购和兼并项目取得的收益给予所得税优惠，对于在欧美发达国家建立研发中心，将取得的研发成果在国内推广时，减免其特许权使用费应缴纳的所得税；对能够带动国内技术研发、对经济发展具有重要意义的国内产品、设备或者装配重新进口的，给予关税减免优惠。三是帮助企业规避投资风险。建议对国家鼓励投资的行业、项目，国家、地区的对外投资，按照投资风险高低和投资成本的大小，实行有差别的投资准备金制度。允许企业在一定年限内，每年从应税收入中免税提取相当于投资额一定比例的资金进入准备金，若投资失败，则可以从投资准备金中得到补偿；如果规定年限内没有发生损失，则逐年合并到应税所得收入中纳税。

3. 搭建政策平台，给予中小企业税收倾斜

积极出台相关税收扶持政策，解决中小企业"走出去"融资难、信息缺乏等问题。一是构建融资服务体系。一方面，包括对金融机构向中小企业贷款取得的利息收入可给予减征或免征营业税的优惠政策；对其他企业和个人向中小企业投资获得的利润和利息，可给予一定的税收减免优惠等。另一方面，帮助企业充分利用现行的金融和财政政策，以中小企业自身的纳税信誉做担保，协调银企合作，使境外投资中小企业多形式、多渠道、多方

位吸纳资金，并推动有发展潜力的企业上市或发行企业债券，积极募集资金，为企业境外投资提供资金支持。二是拓宽信息服务渠道。加强与相关国家（地区）税务机关、中介机构等的合作，努力拓展涉税信息服务的资源；加强东道国税收制度信息的收集、整理以及对国际税收协定的通俗化解读，制作简明易懂的宣传文本或解读文本，引导和帮助企业按照国际通行规则开展境外投资。高度重视案例的收集整理和经验教训的总结，建立"走出去"企业涉税处理案例库，帮助广大"走出去"中小企业更好地理解把握税收协定的内容。三是减轻企业税收负担。建议允许中小企业对固定资产实行加速折旧，并在所得税前扣除；对中小企业用税后利润进行境外再投资的，可允许再投资退税，对其再投资净损失可从应纳税所得税额中扣除；允许中小企业广告费、业务宣传费以及申报国外知识产权、建立国外营销网络等支出在税前全额扣除等。

4. 健全服务体系，提升境外企业竞争实力

整合服务资源，建立起高效、便捷的综合服务平台，帮助境外投资企业参与国际竞争。一是加大指引服务力度。借鉴一些发达国家的通行做法，将对外投资企业涉税事项纳入国际税收管理部门统一管理，广泛收集境外投资及相关税收信息，建立集中、全面的信息资料系统，向"走出去"企业提供信息服务与相关的税收法律援助，尽可能降低企业境外投资风险。另外，定期与商务、外管部门联系，全面及时掌握境外投资情况，为即将准备境外投资的企业提供税收协定介绍、外国税制翻译等订制服务。二是优化政策扶持体系。建议在国家层面加快建立规范的境外投资税收促进法，系统规划相关的税收法律规定，结合对外直接投资在产业、区域上的战略考虑，鼓励企业"走出去"。同时，建议进一步扩大税收饶让抵免的适用范围，凡是纳税人从与我国已签订避免双重征税协定的国家取得减免所得税的，不论在协定中是否有减免税，均视同已征税给予税收抵免，以促进更多企业"走出去"，在国外发展壮大。三是强化国际税收协调。一方面，建立健全境外税收争端的专业援助体系，帮助企业维护海外税收合法权益。另一方面，积极引导和鼓励"走出去"企业增强维权意识，及时反映国外税收管理中侵害企业税收正当权益的问题，逐级向国家税务总局申请，以便税务部门更加及时、高效地通过国际税收协商以维护国家税收权益和企业利益。

参考文献

[1] 中国国际贸易促进会. 中国企业走出去发展报告［M］. 北京：人民出版社，2009 ~2011.

[2] 冯雷，夏先良. 中国"走出去"方式创新研究［M］. 北京：社会科学文献出版社，2011.

[3] 国务院发展研究中心企业研究所. 中国企业发展报告2012［M］. 北京：中国发展出版社，2012.

[4] 中华人民共和国商务部，等. 中国对外投资统计公报［R］. 2008 ~2010.

[5] 中国国际贸易促进会. 中国企业海外投资及经营状况调查报告［R］. 2012（04）.

[6] 王逸. 鼓励企业"走出去"的税收法律机制研究［J］. 江南大学学报（人文社会科学版），2011（02）.

[7] 孟莹莹，崔志坤. 企业"走出去"战略的税收问题探讨 [J]. 商业时代，2008 (15).

[8] 刘耘. 境外投资财税激励政策的国际比较及借鉴 [J]. 经济问题，2008 (08).

[9] 何倩. 关于鼓励和规范我国企业对外投资税收问题的思考 [J]. 税务研究，2007 (10).

[10] 肖捷. 下一步将完善对"走出去"企业的税收服务机制 [EB/OL]. http://news.steelhome.cn/2012/03/31/n2303609.html.

[11] 杨莎. "走出去"企业税收支持政策的国际借鉴 [J]. 东方企业文化，2011 (09).

[12] 佚名. 湖南地税召开"走出去"企业税收座谈会 [EB/OL]. http://dsj.hunan.gov.cn/hnmh/zwgk/xwtt/content_45615.html.

（作者单位：湘潭市地方税务局）

论舜德文化的当代思想价值

陆魁宏

摘　要： 舜文化是中华传统优秀文化的重要组成部分，是中华传统文化的最早源头，是中华传统道德的始祖，凝聚着中华民族自强不息的精神追求和历久弥新的精神财富。本文通过深入研究舜文化的大孝之德、亲民之德、勤政之德、"禅而不传"之德和助人为乐团结群众之德等，汲取舜德文化中的丰富思想资源，同时通过进一步挖掘和阐发其重大思想价值来促进我国社会公民道德建设工程。

关键词： 中华传统文化；舜德文化；当代思想价值

优秀传统文化凝聚着中华民族自强不息的精神追求和历久弥新的精神财富，是发展社会主义先进文化的深厚基础，是建设中华民族共有精神家园的重要支撑。挖掘和阐发优秀传统文化的思想价值，意义十分重大，可以成为新时代鼓舞人民前进的精神力量。舜文化是中华传统文化的重要组成部分，是中华传统文化的最早源头，尤其值得一提的是，舜德文化是中华传统道德的始祖，正如司马迁在《史记·五帝本纪》中所说："天下明德皆自虞帝始。"在新的历史起点上，全社会在努力推进和加强的社会公德、职业道德、家庭美德、个人品德教育，倡导的爱国、敬业、诚信、友善等道德规范，形成的尊老爱幼、扶贫济困、扶弱助残、礼让宽容的人际关系，都可以从舜德文化中找到丰富的思想资源。

"大舜有大德"，"明德"是舜文化的基本内涵，伦理道德是舜文化的基石，对于周朝的"修德配命"、孔子的"为政以德"，乃至当今的"以德治国"，具有重大而深远的影响。

舜有大孝之德。舜以大孝享名于世。司马迁在《史记·五帝本纪》中作了详细记载："舜父瞽叟盲，而舜母死，瞽叟更娶妻而生象，象傲。瞽叟爱后妻子，常欲杀舜，舜避逃；及有小过，则受罪。顺事父及后母与弟，日以笃谨，匪有解。""舜父瞽叟顽，母嚚，弟象傲，皆欲杀舜。舜顺适不失子道，兄弟孝慈。欲杀，不可得；即求，尝在侧。""舜年二十以孝闻……瞽叟尚复欲杀之，使舜上涂廪，瞽叟从下纵火焚廪。舜乃以两笠自杆而下，去，得不死。后瞽叟又使舜穿井，舜穿井为匿空旁出。舜既入深，瞽叟与象共下土实井，舜从匿空出，去。瞽叟、象喜，以舜为已死。象曰：'本谋者象。'象与其父母分，于是曰：'舜妻尧二女，与琴，象取之。牛羊仓廪予父母。'象乃止舜宫居，鼓其琴。舜往见之。象鄂不怿，曰：'我思舜正郁陶。'舜曰'然，尔其庶矣。'舜复事瞽叟爱弟弥谨。于是尧乃试舜五典百官，皆治。舜之践帝位，载天子旗，往朝父瞽叟，夔夔唯谨，如子道。封弟象为诸侯。"

舜的父亲双目失明，舜的生母死后，其父娶了一个后老婆，又生了个儿子叫象。舜的后母对舜十分凶狠，象对舜也很傲慢无礼，舜的父亲也很不近人情，几个人纠合在一起加害于舜，几次欲置舜于死地。他们叫舜爬上粮仓，却在下面放火焚烧粮仓。舜用两根木杆从粮仓上面跳下来，没有被大火烧死。他们又叫舜去穿井，当舜到了井下之后，又从上面用土填井，想把舜埋在井下面，结果舜从旁边的空道逃出来。他们以为舜已被害死，便商量瓜分舜的妻子和财产，想要占有舜的妻子（尧嫁过来的两个女儿）和贵重的琴，牛羊和仓库里的粮食归瞽叟老头和象的生母享用。可见，"父顽、母嚚、象傲"，对舜怀恨在心，刻薄至极。然而，舜作为一大孝子，他决不以牙还牙，而是诚心诚意对父母尽孝道，即帝位之后亲自去拜见父母，谦和孝敬，极有礼貌。对同父异母的弟弟也疼爱有加，封象为一方诸侯。以孝事父母，以悌待其弟，这种行为感动了天地，正如《史记》记载尧帝的四位辅佐大臣所称赞的："父顽、母嚚、弟傲，能和以孝，烝烝治，不至奸。"舜"克谐以孝"，对迫害过自己的父母兄弟依然孝敬爱护，不藏怒、不蓄怨、不记仇，把这样一个"父顽、母嚚、弟傲"的家竟能建成一个和谐家庭，实在难能可贵。家庭是社会的细胞，有了家庭美德，推广用于治国、平天下定能起作用。所以，尧帝见舜"能和以孝"，放心将两个女儿嫁给他，愿意试着将他作为帝位的接班人。

舜有亲民之德。舜的亲民之德为万民所称颂。舜为民兴利、为民除害、服务人民的思想和行为早已载入史册。

为民兴利。《史记·五帝本纪》有这样的记载："昔高阳氏有才子八人，世得其利，谓之'八恺'。高辛氏有才子八人，世谓之'八元'。此十六族者，世济其美，不陨其名。至于尧，尧未能举。舜举八恺，使主后土，以揆百事，莫不时序。举八元，使布五教于四方，父义、母慈、兄友、弟恭、子孝，内平外成。"舜帝选贤任能，举尧之未能举，任用高阳氏才子仓舒、聩皑、梼寅戈、大临、龙降、庭坚、仲容、叔达等八人，让他们参政议政，协助处理日常政务；任用高辛才子伯奋、仲堪、叔献、季仲、伯虎、仲熊、叔豹、季狸等八人，让他们宣扬父义、母慈、兄友、弟恭、子孝之五伦以教化万民，使国泰民安。

为民除害。《史记·五帝本纪》有这样的记载："昔帝鸿氏有不才子，掩义隐贼，天下谓之浑沌。少暤氏有不才子，毁信恶忠，崇饰恶言，天下谓之穷奇。颛顼氏有不才子，不可教训，不知话言，天下谓之梼杌。此三族世忧之。至于尧，尧未能去。缙云氏有不才子，贪于饮食，冒于货贿，天下谓之饕餮。天下恶之，比之三凶。舜宾于四门，乃流四凶族，迁于四裔，以御螭魅，于是四门辟，言毋凶人也。"去掉邪恶势力，也是去尧之未能去，对尧有发展，舜把穷凶极恶的浑沌、穷奇、梼杌、饕餮之流发配至离开王城四千里的边远地区。经过打击治理，扬善去恶，社会上"无凶人"，无邪恶之徒侵扰，人民守伦常，知礼仪，过上了安定和谐的日子。

为人民办实事。舜给大臣们作了明确分工，各司其职。洪水为患，直接祸及百姓的生命和生产安全。原先尧任命负责治水的鲧，仅用堵的办法，九年未能治服水患。舜经过考察，让鲧的儿子禹继续治水，对禹说："禹，汝平水土，维是勉哉。"（《史记》卷一，第38页）禹没有辜负舜对他的信任和器重，坚持治水十三年，三过家门而不入，即使老婆生孩子也不进屋看一眼，终于疏通了河道，治服了水患，而且把水患变为水利，开沟渠灌溉田地，使百姓安居乐业。民以食为天，吃饭是第一件大事，舜见百姓仍然被饥饿所困，便任命弃主管农事，教百姓种植谷物，发展农业生产。舜对弃说："弃，黎民始饥，汝后稷播时百谷（《史记》卷一，第38页）。"舜见社会上人与人之间存在不少矛盾，关系不太和谐，不太亲近，为了让老百姓有一个舒畅、祥和的生活氛围，便任命契为司徒，主管思想教育工作，开展"五品之教"，恭谨地传授父义、母善、兄友、弟恭、子孝这五种伦理道德，突出一个"宽"字，营造宽松、宽厚、宽容的人际关系。舜对契说："契，百姓不亲，五品不驯，汝为司徒，而敬敷五教，在宽（《史记》卷一，第38～39页）。"为了把社会治理好，让百姓生活在一个安定和谐的社会环境里，舜懂得德法并用，除了道德教化，还搞法治化。他任命皋陶主管刑狱，使用五刑，对不同程度的犯罪行为给予不同的惩罚。舜对皋陶说："皋陶，蛮夷猾夏，寇贼奸轨，汝作士，五刑有服，五服三就；五流有度，五度三居；维明能信（《史记》卷一，第39页）。"

关心百姓的精神生活，用音乐陶冶人们的性格、情操。舜让夔主管音乐，教化万民，使大家通过音乐的熏陶，促使心态平和，彼此和睦相处，做到既为人正直、坚持正义，又态度温和、讲究方式方法；既待人宽厚，又明辨是非，不是好好先生、一团和气；既性情刚毅，又不暴戾；既态度简约，又不傲慢，不"刚失之虐，简失之傲"；使金、石、丝、竹、拊包、土、革、木"八音能谐，理不错夺"，达到和谐的境界。舜曰："以夔为典乐，教稚子，直而温，宽而栗，刚而毋虐，简而毋傲；诗言意，歌长言，声依永，律和声，八音能谐，毋相夺伦，神人以和（《史记》卷一，第39页）。"

关注民意。为了知晓民意，集中民智，舜专门任命龙为纳言之官，无论早晚，民众有什么意见随时报上来，舜帝有什么指示随时传达下去，所谓"听下言纳于上，受上言宣于下"，务求诚信真实，要摆脱那些德性不好、爱进谗言之人的干扰。舜对龙说："龙，朕畏忌谗说殄伪，振（震）惊朕众，命汝为纳言，夙夜出入朕命，惟信（《史记》卷一，第39页）。"

舜有勤政之德。舜是勤政为民的典范。政令下达后，各州长官是否贯彻了？贯彻了多少？他们都为百姓办了什么事？百姓还有什么疾苦？这些问题日夜挂在舜的心上。舜帝制定了巡狩制度，按时到各地巡阅，考察官员们的政绩，了解民情民意。据《尚书·舜典》记载，舜帝每五年到四方巡察一次，按受诸侯觐见，听取他们的述职，给有功者赐予车马衣服。舜终生坚持执行了巡狩制度，即使到了晚年，年老体弱，在让位给禹之后，仍勤于政务，关心群众疾苦，不远万里巡狩南方，最后死在南巡途中，如《史记》记载："践帝位三十九年，南巡狩，崩于苍梧之野，葬于江南九疑，是为零陵。"舜这种为百姓鞠躬尽瘁、死而后已的精神，永远值得大家敬仰，值得大家学习。

舜有"禅而不传"之德。在接班人的人选问题上，他出以公心，以天下为公，坚持"利天下，而不利一人"的理念。《史记·五帝本纪》记载了尧舜禹禅让的故事："尧知子丹朱之不肖，不足授天下，于是乃权授舜。授舜，则天下得其利而丹朱病；授丹朱，则天下病而丹朱得其利。尧曰'终不以天下之病而利一人'，而卒授舜以天下。""舜子商均亦不肖，舜乃豫荐禹于天。"尧以其子不肖禅让帝位于舜，舜亦因其子不肖让帝位于禹。正如郭店楚简所记载的，"唐虞之道，禅而不传。尧舜之王，利天下而不利也。禅而不传，圣之盛也。利天下而不利也，仁之至也"。将帝位、事业交给德才不够条件的不肖子孙，好像子孙得了利，但对天下不利，对事业不利。在公与私的矛盾面前，怎么下决心作出抉择？"终不以天下之病而利一人"，这是正确的抉择，这就是出以公心。尧舜为王，利天下而不利己，实在是出以公心、以天下为公的典范。当今某些以权谋私、不顾德才条件而为子女谋取官位者，在尧舜面前理当汗颜。

舜有助人为乐、团结群众之德。他具有团结群众的极高的凝聚力和亲和力，是处理人际关系矛盾、构造和谐社会的高手。《管子·治国》记载："舜一徙成邑，二徙成都，三徙成国。舜非严刑罚，重禁令，而民归之矣；善为民除害兴利，而天下之民归之。"《韩非子·难一》记载："历山之农者侵畔，舜往耕焉，期年甽亩正。河滨之渔者争坻，舜往渔焉，期年而让长。东夷之陶者器苦窳，舜往陶焉，期年而器牢。"《史记·五帝本纪》记载："舜耕历山，历山之人皆让畔；渔雷泽，雷泽之人皆让居；陶河滨，河滨器皆不苦窳。一年所居成聚，二年成邑，三年成都。"我们看看，历山之农者侵畔，在历山开荒种粮的人为争夺田畔而扯皮打架，舜来到历山同大家在一起耕田，带头让畔，帮助调解纠纷，年把时间，"侵畔"现象没有了，而且还"皆让畔"。在雷泽打鱼的人争夺水中的小块陆地，舜来到雷泽同大家一起打鱼，带头让居，帮助调解纠纷，年把时间，在水中小块陆地上搭个棚子住下的雷泽人不争坻了，而且"皆让居"了。在东夷制陶的人制造出来的陶器质量不高，舜来到东夷同大家一起制陶，带头拿出高质量的产品，年把时间，陶器质量很快得到提高。舜助人为乐，团结群众很有凝聚力、亲和力，所以"天下之民归之"。"一年所居成聚"，一年就聚成一个村落；"二年成邑"，按照"九夫为井，四井为邑"的统计，两年就集聚了36户人家；"三年成都"，按照"四县为一都"的统计，三年就集聚成一个都市了。当然，这些描述有部分是后世史家的溢美之词，但也可看出舜的道德魅力，看出他由一介平民变成一个部落首领的过程。

在中华传统文化中，舜德文化典籍极为丰富，已出版的《虞舜大典》古文献卷和近现代卷，洋洋800余万字，收录了大量的传世文献资料。有些典籍对虞舜的高尚品德的记述，言简意赅，有血有肉，深刻生动，十分精彩，对于人们的道德教化作用，与当今某些编写得枯燥无味的德育课本比起来更胜一筹。中央关于文化大发展大繁荣的《决定》指出：要广泛开展优秀传统文化教育普及活动，增加优秀传统文化课程内容。这是十分英明的决策。列宁于1922年在《论战斗唯物主义的意义》一文中讲过："恩格斯早就嘱咐过现代无产阶级的领导者，要把18世纪末战斗的无神论的文献翻译出来，在人民中间广泛传播。我们惭愧的是，直到今天还没有做这件事……一个马克思主义者如果以为，被整个现代社会置于愚昧无知和囿于偏见这种境地的亿万人民群众（特别是农民和手工业者）只有通过纯粹马克思主义的教育这条直路，才能摆脱愚昧状态，那就是最大的而且是最坏的错误……18世纪老无神论者所写的那些泼辣的、生动的、有才华的政论，机智地公开地抨击了当时盛行的僧侣主义，这些政论在唤醒人们的宗教迷梦方面，往往要比那些文字枯燥、几乎完全没有选择适当的事实来加以说明，而仅仅是转述马克思主义的文章要合适千万倍（《列宁选集》第4卷，人民出版社1995年版，第648~649页）。"作为优秀传统文化，舜德文化中许多有思想价值的内容，是可以进教材、进课堂的，是可以在道德建设中发挥重要作用的。

参考文献

[1] 司马迁. 史记·五帝本纪第一 [M]. 北京：中华书局，1959.

[2] 列宁. 列宁选集（第四卷）. [M]. 北京：人民出版社，1995.

[3] 〈中共中央关于深化文化体制改革推动社会主义文化大发展大繁荣若干重大问题的决定〉辅导读本编委会. 中共中央关于深化文化体制改革推动社会主义文化大发展大繁荣若干重大问题的决定 [M]. 北京：学习出版社，2011.

（作者单位：湖南省舜文化研究会）

虞舜文化：东方文化资本摇篮

周亚平　刘新荣

摘　要：东方文明根于炎黄、始于虞舜。传统文化是精神文明的屋、经济道德的魂、和谐社会的根。当文化成为经济的文化时，文化就被赋予了创造价值的使命；当经济是文化的经济时，经济就承担了厚积文化资本的社会责任。虞舜文化不仅是湖湘文化资本的摇篮，也是亚细亚东方文化资本的摇篮。

关键词：虞舜文化；东方文化资本；传统文化；价值转化

一

传统文化是精神文明的屋、经济道德的魂、和谐社会的根。东方文明根于炎黄、始于虞舜。舜帝是我国上古时期的五帝之一。东汉史学家司马迁在写《史记·五帝本纪》时，把舜帝写成继黄帝以后的第五代君主，即黄帝、颛顼、帝喾、尧帝、舜帝，舜排五帝最末，且指出："天下明德皆自虞舜始。"我国现存最早的史书《尚书》，是以舜帝的《虞书》开篇，也就是说，《尚书》的作者认为，中国的历史是以尧舜开端的。《虞书》即虞国之书，共五篇。《虞书》虽然有《尧典》，但写的全是舜帝的事。中国古代最大的学问家孔子，一生没有提过黄帝，但言必称尧帝。清代著名考据学家崔述在《考信录》自序中更有言道："《考信录》何以始于唐虞也？遵《尚书》之义也。《尚书》何以始于唐虞也？天下始平于唐虞故也。"又说："尧在位百年，又得舜以继之，作为《典》、《谟》以纪其实，而史于是乎始。是以孔子祖述尧、舜，孟子叙道统亦始于尧、舜。然则尧、舜者，道统之祖，治法之祖，而亦即文章之祖也。"据文献记载，从夏禹开始，就有在湖南宁远九疑山公祭舜帝的惯例。近年在九疑山玉琯岩进行的考古发掘已经发现汉代的陵庙遗址，且规模宏大。而五帝中的其他各帝，没有任何一位发现有宋代以前的遗址，可见，舜帝的存在，或者说舜部落的存在，不仅是真实的，而且是历史最为悠久的。虞舜文化经孔孟传承而成中华文明化身，受儒家道统弘扬而流淌于东方文化血液，生生不息，这是不争之实。

当文化成为经济的文化时，文化就被赋予了创造价值的使命。不管你愿不愿意，经济全球化时代舜的文化已经被东方文明国家的经济唤醒，刻上各种文化资本的烙印、走向资本的舞台，为文化产业提供着新的发展机遇。

当经济是文化的经济时，经济就承担了厚积文化资本的社会责任。湖南经济发展正在撑起一片文化创意产业新天空，沉睡九疑山下几千年的虞舜文化精神，将随着《虞舜大典》的编纂出版而展现新的社会价值，似乎要给九疑蓝天散发些文化资本气息。这时的你我，冒出些许担当情结或是热泪呐喊：四千五百年舜帝精神几时才能成为湖湘的文化资本、两型的经济灵魂？

十七届六中全会的胜利召开，标志着党对文化建设的认识达到了新高度；昭示着中华文化大步走出去、更加主动地参与文化全球化的时代已经到来，虞舜文化——东方文化资本的摇篮，在新的历史时期将迎来大放光彩的前景！

二

文化资本理念应当成为开启虞舜文化研究的新钥匙。法国著名学者布迪奥将文化资本划分为文化能力、文化产品、文化制度3种具体形式。文化资本的理念就是要让文化亲近资本、武装资本、成就资本；就是要把传统文化价值转化为某种具体形式的文化资本，为经济建设提供动力源。

美国没有传统文化，却用美元打造着现代文化帝国，向中国等发展中的文明古国输出文化资本。不过美元是流浪的，在流浪儿身上建造文化资本帝国，注定要接受文化流浪的宿命。

日本和韩国承接孔孟文化恩惠，受过舜文化精神的熏陶。不管他们的资本主义外表有多丑陋，流浪在中国的日韩文化资本或多或少都继承些舜文化的真善美基因。——日本动画片、韩剧比美国大片更加流行中国也就不足为奇。

中国湖南有四千年的虞舜文化，却没有让它与资本相识；我们无须怀疑传统文化走向资本舞台的正义，更不要怀疑舜文化成为文化资本的能力。因为文化的特性特质决定了该种文化资本的特性特质。舜帝生活在原始共产社会，没有阶级、没有国家，只有完全平等的、和谐的部落文化氛围，人民的灵魂是那样的淳朴，舜的思想道德是那样的高尚，以德孝为核心价值观的舜文化精神特质，虽然很少有文字记载，却经过四千年阳光的考验，成为文化思想道德典范。建立在舜文化核心理念之上的文化资本，必然充满阳刚正气。

虞舜文化的根插在中华大地，以它为基石的文化资本也必然是稳固的，不会随风飘散，注定修成正果。所以，虞舜文化不仅是湖湘文化资本的摇篮，也是亚细亚东方文化资本的摇篮。虞舜文化虽是历史长河的金沙、哲学深海的龙珠，但研究虞舜文化不只是历史学家和哲学家的专利，经济学家也可以从另一个视角、以另一种理念来阐述虞舜文化资本的万亿价值。

三

既然虞舜是文化资本之源，湖南就不能满足于公祭舜帝的活动影响力，宁远就不能满足于舜帝陵"潇湘文脉"的成千上亿观瞻收入。挖掘虞舜文化资本的万亿价值，心动不如行动。

1. 行动起来，将虞舜文化资源纳入湖南公共文化服务体系

十七届六中全会指出，构建公共文化服务体系，加强公共文化服务是实现人民基本文化权益的主要途径。虞舜文化的公益性价值十分突出，应当纳入湖南的重点公共文化资源加以开发利用。一是要扩大虞舜文化基础设施建设，论证开发舜文化馆项目；二是要将虞舜文化典籍资源数字化、系统化。以现代传媒技术扩大虞舜文化的传播速度和范围；三是

要将虞舜文化精要写入小学生课本，增强子孙后代对文化垃圾的免疫力。

2. 行动起来，将虞舜文化资本纳入湖湘文化产业发展的重要内容

解构虞舜文化资本，一定要以文化产业为基础、文化优势资源为载体、创意企业为依托，并在创造和满足中国乃至亚细亚人民"公共文化需要"过程中得以释放。因此，要把沉睡几千年的虞舜文化价值转化为特色文化资本进行储备，需要产业化机制来激活。也就是要通过扩大湖湘传统文化价值转化渠道，加大湖湘传统文化产业化力度。这就需要各界人士达成共识，形成合力，以虞舜文化资源为基础，塑造丰富多彩的文学艺术形象，创造出系列银幕形象，形成虞舜文化品牌，打造虞舜文化资本产业链。

3. 行动起来，将虞舜文化精神作为湖湘文学艺术创作动力之源

虞舜文化精神是中华民族的凝聚力，是其重要象征，要鼓励湖湘学人、特别是文人多研究虞舜文化，以虞舜文化精神为养料，创造出多种形式的虞舜文学艺术精品，为厚积湖湘文化资本作出应有贡献。

4. 行动起来，将虞舜文学艺术精品制作成以古典文明为现代社会服务的精神大片

经济全球化越深入，越是需要全面认识祖国传统文化，古为今用、推陈出新。美国利用科技创新手段制造科幻地、"无中生有"地塑造了阿凡达形象，获得上十亿美元票房收入。高于阿凡达境界的舜帝形象是那样真实存在着，我们完全有理由相信，虞舜文化精品力作可以通过与科技创新相结合，制作出超出阿凡达影响力的精神大片。

5. 行动起来，将虞舜文学艺术精品制作成陶冶心灵的动画片

中华博大精深的传统文化正在被少年一代遗忘，而散发着铜臭味的日本动画片占领了儿童的视线，其隐藏故事深处的文化污垢污染着中国下一代的心灵。文化传承危险在增加。将虞舜文学艺术精品制作成陶冶心灵的动画片，既是发展文化创意产业的需要，更是建设优秀传统文化传承体系的需要。

6. 行动起来，将舜帝再现舞台，创作一台九疑山实景文艺节目

将传统文化故事与大自然的文化意境相结合，是现代景观旅游的重要创新。就连张家界天子山下一台千年狐仙刘海砍樵的实景节目都能座无虚席，将舜帝的神圣与九疑山的神奇、神秘之缘搬上实景舞台的效果，不是更加令人期待吗？

7. 行动起来，将舜文化产业做强、做大，迈向国际化

虞舜文化资本的万亿价值就在你我身边，正热烈期待着文化产业的大呼唤，强烈需要文学家、艺术家、戏曲家、舞蹈家以及电影、电视的导演们来合力打造一条强大的产业链，让民族文化的血脉奏出经济实力最强音，走向国际化。

（作者单位：湖南省舜文化研究会、湖南省社会科学院）

甘地与毛泽东政治哲学比较：基于现代国家建构的视角

周　骅

摘　要：甘地是国家的反对者，毛泽东坚持国家至上论。两者对现代国家的不同定位与理解，与当时国大党和共产党面临的历史困境有关，也和各自对民族传统的接受有关。甘地、毛泽东的政治哲学，是对本民族政治传统的创造性转换。这种转换，强化了对本国中下层民众的政治动员与掌控能力，推进了庶民阶层向公民身份的转变，有利于封建帝国向现代民族国家的转型。甘地与毛泽东的国家观，不仅对印中两国现代国家的建立功勋卓著，也对当下印中两国的政治格局与实践产生了持续而深远的影响。

关键词：国家反对者；全能主义国家；政治动员；传统的现代性转化

　　甘地与毛泽东都是具有世界性影响的伟大人物，一个被誉为"印度国父"，一个被称为新中国的"缔造者"。他们的主要思想——甘地主义与毛泽东思想，分别是印度、中国走向民族独立与解放的指导思想。但由于两者面对的国情不同、文化传统各异、汲取的理论资源有别，甘地与毛泽东的政治理念在各自现代民族国家的建构过程中又表现出相当大的差异。这些差异，决定了甘地主义与毛泽东思想在印度、中国独立后的不同命运，也影响着印、中两国的政治格局与政治生态。本文将以甘地与毛泽东如何建构现代国家为视角，分析两者在政治哲学上的差异，并试图分析造成这种差异的原因以及对各自国家的影响，从而为了解印、中两国的政治实践与走向提供新参考，更为中国当下正在进行的"国家建设"提供一份西方话语之外的新参考。

一、国家的反对者：甘地的国家观

　　虽然《甘地全集》有九十卷，但其中有关国家、民族与社会的论述并不多见，较为集中体现甘地政治思想的是其早期用古吉拉特文撰写的《印度自治》（Hind Swaraj）。当然，甘地不是一位书斋中的学者。他的有关现代国家的构想，不仅体现在他的著述中，更体现在他现实的政治诉求与斗争中。通观甘地的政治著述与实践我们可以发现，甘地希望印度作为一个民族国家独立，但又反对现代国家利用"政治规则"愚弄普通民众；甘地希望印度成为一个团结的统一体，主张通过去中心化（Decentralization）的权力架构，激活草根阶层的活力，但又反对中央集权；甘地希望印度摆脱贫困，主张回到自给自足的小农经济时代，但又反对市场化与大规模工业化。从现代政治的视角看，甘地主要是作为西方现代国家批判者的角色存在，他批判代议制民主，否定工业化与城市化，希望通过每个印度人普遍道德的提升，从而实现印度传说中的理想社会"罗摩盛世"。

甘地是"印度国父"，他希望印度能脱离英国的殖民统治，但他又是国家的"反对者"，反对西方现代国家制度。印度学者马宗达认为，甘地"作为一个哲学无政府主义者而闻名于世"。甘地反对现代国家制度，主要基于如下三方面原因：

第一，根据自身虔诚的有神论信仰，甘地认为精神权威高于任何世俗政治统治者。在甘地看来，人之为人，不仅是躯体骨肉，更在于有独特的神灵观念。甘地认为"爱的力量和灵魂的力量或真理的力量相同。在它发挥作用的每一过程中，我们都有证据。如果没有爱的力量存在，整个宇宙早就不见踪影了"。正是因为对精神因素的强调与重视，所以在甘地看来，外在的制度性约束，如现代国家的法律制度都必须消除。第二，根据非暴力原则，甘地反对以国家、党派、议会等国家强力机构对普通民众形成的"暴政"。甘地认为，"国家深深地根植于强权和暴力之上，准确地说，这就是国家的本质。它以集权和有组织的形式表现为暴力……它是永远不能与暴力分开的实体。"在甘地眼里，现代国家制度的重要组成——议会只是运用党派的力量谋求少数人私利的工具。第三，甘地主张恢复村社制度，并以此抗衡国家的中央集权，用潘查亚特制度（Panchayat）规范与治理地方共同体。甘地认为："我的想法是乡村自治是完全的共和体……村政府是由五人组成的'潘查亚特'，这五个人将具有一切权威和司法权。"在甘地的理想社会蓝图中，可通过建设这种小而独立、自给自足的村社，从而实现高度分权的社会结构，进而消解国家的中央集权。

甘地反对现代国家制度，但又不是将个人利益置于首位的自由主义者，也不是将集体利益与阶级利益置于首位的马克思主义者，而是将公共的善与服务置于首位的有神论者。甘地希望通过否定现代国家制度、完善潘查亚特的村社制度，构建自我与他人、自然、神灵之间的和谐世界。甘地对国家与个人主义双重批判的背后，是试图回到印度传统的理想社会。甘地的这种国家观，是一种用"社会包含国家"的观念。甘地反对现代国家的制度设计，用印度理想的村社制度反抗现代国家制度。甘地的这一理念与他其他诸多主张一样，不仅遭到了同时代政治家的反对，甚至受到不少知识精英的嘲讽。但历史的吊诡之处就在于，恰恰是甘地的上述主张，让他赢得了多数民众的认同。

二、全能主义国家：毛泽东的国家观

近代中国没有完全沦为西方国家的殖民地，但是毛泽东对中国社会"半殖民地半封建"的论断充分说明，近代中国与印度一样，都面临着由殖民地走向民族独立，由传统的"封建帝国"向现代"民族国家"转型的挑战。而面对这个历史性转型，政治伟人毛泽东的设计与理想，与甘地有着云泥之别。毛泽东与甘地的国家观相比，两人最大的不同之处在于，毛泽东是位坚定的国家主义者，他主张以党建国，通过强化中央权力，建立全能主义国家。

首先，毛泽东强调以党建国，通过"支部建在村庄"与"支部建在连上"的举措，成功地打造稳固的政权基础，这与甘地否认现代政党、议会、法律等制度有着显著的不同。在1929年召开的古田会议上，毛泽东反对当时有人提出的"纯军事观点"，"认为军事与政治二者是对立的，不承认军事只是完成政治任务的工具之一"。此外，毛泽东还指出，一些军事方面的领导人"把红军的政治工作机关隶属于军事工作机关……这种思想如果发展下去，便有走到脱离群众、以军队控制政权、离开无产阶级领导的危险，如像国民党军队所走的军阀主义的道路一样"。因此，在毛泽东的政治哲学中，他坚持"党指挥枪，枪杆里出政权"。这一逻辑推导的必然结论便是，要建立合法政权、维系政权统治，"党"是关键所在。对此，史华慈（Benjamin I. Schwartz）也注意到毛泽东对政党的重视："毛泽东决心防止苏维埃运动像中国早期曾经发生过的许多运动一样，成为有野心的军阀手中的玩物……在维持其权力地位的斗争中，他同时为维持军事服从民事、军队服从党而斗争。"尽管"以党建国"并不是毛泽东的独创，但是只有在"草根型"政党——中国共产党的领导下，通过党领导的青年团、工会、农会、妇联、民兵等群众团体向基层渗透，并经过有组织、持续不断地宣传、动员、组织城乡社会的政治、经济、文化与社会活动，才能将党和国家的意志渗透到底层民众内心，强化普通民众对国家的认同与忠诚。

其次，毛泽东追求建立全能主义国家，这和甘地主张建立去中心化的国家权力架构，提倡潘查亚特的村社制度大为不同。毛泽东强调中央集权、国家至上，通过土改、集体化及公社化运动、阶级斗争等组合方式的运作，将国家的意志渗透到社会底层。毛泽东之所以强调国家集权的重要性，与他对近代中国"一盘散沙"的认识有关。毛泽东在早期著述中曾写道："我们这四千年文明古国，简直等于没有国。中国只是一个空架子，其内面全没有东西。说有人民罢，人民只是散的，'一盘散沙'，实在形容得真不冤枉。中国人生息了四千多年，不知干什么去了？一点儿没有组织，一个有组织的社会看不见。"因此，在以毛泽东为首的中国共产党人在逐步获得统治权之后，便通过党及群众组织，改造旧中国的社会结构，使一盘散沙的中国重新聚合起来。"中国共产党自获取政权之后，即以马克思列宁主义为最高原则，通过党及群众组织，而铲除中国之社会结构，将一切皆予以政治化、意理化。中共在广大乡村推行之土改、集体化及公社化运动皆发生翻天覆地之变，其最彻底处是一方面把政治'中心'与政治的'边陲'打通，使原先分散的社区归纳到一个政治系统中，一方面把原来松弛的'部分'与'全体'之关系扣紧。"这种改造，从根本上改变了困扰近代中国的痼疾——中央权威的缺席，地方军阀的坐大。传统中国社会，地方政权"天高皇帝远"自治自为的状态，在毛泽东全能主义国家的改造下，得到根本性的改写。

利用现代政党控制国家权力中枢，并运用高度集权的方式，对各种社会力量与社会关系进行强有力的干预和整合，这是作为后发国家实现现代化转型较为可行的选择。毛泽东以党治国、中央集权的理念与实践，是契合中国实际的有效方式。自戊戌变法以来，康有为发出"保国、保种、保教"的危言，到抗战时期"中华民族到了最危险的时候"的呐喊，都充分说明近代中国需要一个强有力的中央政府，改变积贫积弱的历史窘况。毛泽东的国家观，建立国家在先，社会治理在后，是一种"国家包容社会"的观念。这与甘地的国家观相比，前者更多具有一种精神性的吸引力，因此两人的观点有着极大的不同。这种操作性强的"党国一体"模式，为中国共产党取得全国性的胜利，为新中国的社会主义建设发挥了巨大作用。

三、传统的继承与超越：甘地与毛泽东国家观的形成

通过上述对比我们可以清楚地看到，甘地与毛泽东对国家的理解与定位大相径庭。甘地强调精神权威的重要性，反对世俗国家，他的国家观的核心是用"社会包含国家"；毛

泽东强调政党在现代国家建构中的核心作用，主张建立全能主义型的国家，他的国家观的核心是用"国家包含社会"。造成这种差异的原因，学界现有研究较为强调外在因素对两位的影响，如甘地受到了西方反现代化者的影响，毛泽东为对马列主义理论的中国化改造。但更为重要的原因，也许是甘地与毛泽东是针对当时的历史困境，从本民族的政治传统中汲取养分，又对传统进行了创新性改造，从而创造出新的理论，推动着印中两国的现代化转型。

毛泽东与甘地当时所面临的历史困境是，精英型政党如印度的国大党与中国的国民党均无法实现整合国家、治理社会的任务，无法动员人口众多的底层民众参与到现实的政治斗争中来。甘地运用宗教的手段、精神的力量吸引底层民众参与到非暴力不合作运动中，从而将庶民阶层整合到国家中去；毛泽东运用土地改革、阶级斗争等手段，吸引人民大众参与到民族解放斗争中，从而形成"家国一体"的政治格局。在吸纳社会底层民众参与到国家的建设、动员底层民众参与现代国家建构上，毛泽东与甘地有着惊人的相似之处。

甘地将宗教的超越性置于世俗政权之上，进而以此否认现代国家的必要性。这种观念，不只是受到西方反现代化者的影响，更和印度传统社会中注重精神力量有关。在古代印度，"婆罗门至上"是由来已久的传统，世俗王国的统治者有至强的权力却未必有至尊的地位。印度古代法典《摩奴法论》有很多"抬举"婆罗门的论述："早晨起来以后，国王应该伺候最优秀的学习过三明（即三吠陀）的博学的婆罗门，还应该听从他们的指教。""国王应该进行要花费大量祭礼的种种祭祀；为了求功德，他应该把种种供享受的物品和钱施舍给婆罗门。"正因此，印度人视人生的最高追求为"解脱"（Moksa）——超脱生死轮回的涅槃为人生最高理想。甘地对国家制度的批判，从根本的精神上看，充分继承了印度不重现实世界，而注重来世往生、精神解脱的传统文化。这充分说明，作为现代国家的反对者，甘地不只是从托尔斯泰、梭罗与爱默生等西方现代文明的反对者那里借鉴了经验，而是作为印度"文化之子"，他从印度传统中汲取了养分。

但甘地又不只是一味复古，而是对传统进行了创造性改造——打破阶层限制，反对因出生不同到导致的不平等。这种改造，其本质是将印度从种姓制、等级制中解脱出来，使得印度民族独立运动具有了现代政治的特征。但是庶民的崛起，打破了种姓制度下社会的稳定与阶序，让注重秩序与法规的婆罗门阶层感到不安。中下层种姓的崛起，给部分失势的婆罗门和旧贵族带来巨大的压力，他们将自身社会与经济地位的下降归因于甘地。在甘地1948年遇刺身亡之前，还有三起针对甘地的刺杀事件，这三次事件都发生在婆罗门势力强大的马哈拉施特拉邦。甘地之死从侧面反映出，甘地提升底层民众社会地位的努力，打破了印度旧有的差序格局，动摇了种姓间的限制。让低种姓成员与高种姓成员平等地参与反对英国的殖民统治，这是甘地试图将等级制度下的"庶民"转变为具有平等资格"公民"的努力，尽管这种努力受到了旧势力的反对，并且甘地为此付出了生命的代价。但由"种姓社会"向"公民社会"的转变，正是建构现代印度所必需。从现代国家建构的视角看，甘地对印度传统文化的超越之处，正是表现在此。

毛泽东的政治哲学，特别是他对于现代国家的理解，也同样有对传统的继承与超越之处。毛泽东对现代国家的定位，与传统王朝政治中对国家职能的定位多有继承之处。中国典籍《礼运》中记述孔子的大同之义就写道："大道之行也，天下为公。"也就是说国家的一个重要职能就是管理公共事务。荀子认为国家是治理天下的重要工具，担负着十分重要的任务。所谓"国者天下之大器也，重任也，不可不善为择所而后错之，错险则危，不可不善为择道而后道之。"在这里，荀子特别强调国所承担的"天下大器"的作用。汉代大儒董仲舒认为："国之所以为国者，德也；君之所以为君者，威也，故德也不可共，威不可分。"董仲舒赋予国以人格的德性，并将国与君主看做国之根本，强调君主的权威性。到了近代，康有为认为："国为公有之义，天下者天下人之天下，非一人所能私有之。"孙中山认为："新世界国家与以前国家不同，通常国家只有保民一种职能，而不能教民，养民。而近日所抱改造新世界国家之希望则不仅仅是保民，举凡教民、养民亦当引为国家的责任。"通过上述梳理，我们可以看出，中国传统政治中对国家的定位，既强调保土守疆的防御职责，更强调教民、养民的职责。毛泽东的国家观充分继承了中国传统政治中对国家的定位，延续着"普天之下，莫非王土；率土之滨，莫非王臣"的全能主义国家观，主张国家的势力渗透到天下的每一个角落，强调国家所应发挥化育天下、守土保疆的功能。正是对国家的这一期许，新中国成立后毛泽东通过一系列改造，将国家的权力与意志布控到社会的各个层面，从而改变了近代中国一盘散沙的局面，提升了中国作为一个整体的实力与国际地位，这都是毛泽东全能主义国家观的重大成效。

毛泽东还继承了中国传统政治伦理中对"民"的重视，中国传统政治中有很多伸张民本的思想，如孟子的"民为贵、君为轻"，唐太宗所言"水能载舟，亦能覆舟"，毛泽东延续自古以来"得民心者得天下"的政治理念，在制定军队及国家政策时，主张维护基层民众的利益，如"不拿群众一针一线"、"全心全意为人民服务"等，都是传统政治哲学的现代表述。但毛泽东又不只是站在统治者的角度施惠于民众，因为"传统的政治伦理，总是站在统治者的角度来考虑政治问题……政治问题，总是在君相中打转，以致真正政治的主体没有建立起来。"而毛泽东的政治实践，则试图跳出历史兴亡的周期律，推动农民成为历史的主体，实现"民众"向"公民"的身份转变，这是毛泽东对传统民本思想的超越之处。

毛泽东打破了农民对地主的依附，通过土地革命，实现耕者有其田，使农民成为历史的主体。毛泽东的土改与阶级斗争，让农民有了现实的利益保障，提升了他们的政治地位。这种政治哲学与中国古代的民本思想又不尽相同。无论是明代的"皇帝—官—民"的里甲制，还是清代的"皇帝—地主—佃农"的管理模式，其核心都是加强对农民的控制。但无论哪种方案，都无法跳出中国封建社会中长期存在王朝兴亡的历史周期律。毛泽东基于底层民众的立场，赋予农民现实的利益与权利，既不是单纯强调中央（官府）权力，也不是鼓吹注重地方（地主）权力，而是打通中央与地方的对立，建立了一个全能主义的国家，实现对所有民众直接、有效管理。这种管理，其实是现代国家所具备的基本特性。也正因为这种突破，使得毛泽东的国家观具有了现代性特征。在毛泽东之前，在前现代的中国社会，即便有民本思想，主流也是基于皇帝或地主的思想，而不是民权的思想，只有到了毛泽东的理论与实践中，才真正将农民、工人塑造成国家的主人与历史的主体。

印度国大党是社会精英的集合，中国共产党是工农联盟的集合。无论是精英型的国大党，还是草根型的中国共产党，都必须实现由传统政治向现代政治的变迁。现代民主政治都要求保障多数人自由平等的权利，实现由"王道政治"向"公民政治"的转变。在这个意义上，毛泽东思想与甘地主义既有对传统的"继承"，更有对传统的"革命"。尽管两者在转型路径上完全相反——甘地通过弱化国家，拓展底层社会空间，追求小农经济下的村社自治，从而实现庶民百姓的平等与自由；而毛泽东通过整合社会，壮大国家，以不断强化国家意志渗透到基层组织，实现对人民的管理与掌控，从而实现人民当家作主。这两种手段与路径都从精神脉络上继承了本民族深厚的政治传统，但在具体策略上，又是对本民族传统的创造性"背叛"与"革命"。

四、甘地与毛泽东国家观的影响与评价

甘地的政治哲学，从现代政治的角度看，其特别之处就在于，它为不同阶层，特别是下层民众的自我发展、自我提升提供了理论支撑与精神动力。帕瑞克（Bhikhu Parekh，1935—）是当代研究印度政治哲学的知名学者，他分析了甘地的政治哲学所具有的地位和意义。甘地关注各种形式的压迫，甘为受压迫者代言，以受压迫者为中心的视角是甘地政治理论的基础。"甘地比他同时代的民族运动领导更清醒地认识到，国家只对少数利益集团进行偏袒与现有社会秩序的维系。因此，作为一名道德主义者与个人权利者，甘地反对任何集体主义的道德许诺。"正因为如此，甘地对现代国家充满了怀疑，并以此为基础，大力宣扬印度传统的村社与自治。这也就是为什么在国家层面上，甘地的政治哲学完全被抛弃，却对印度乃至全世界的环保主义者、非政府主义者、乡村自治实践者依旧有着持久而广泛的影响力。甘地对基层民主、草根政治的重视，开创了"政治社会"的生存空间。甘地开创的政治空间，打破了在现代民族国家形式下用法律整编所有民众的单一构想，而在现代国家政权、法律体系之外，形成了等级共治的多元政治格局。在这种格局之下，民众利益的协调、纠纷的处理，不完全是按照宪法规定的条文来进行，而是依据宗教、村社等传统方式去进行。

毛泽东的政治思想，并没有如同甘地主义那样在独立后被迅速遗忘与抛弃，而是对中国政坛与政治格局产生了深远而持久的影响。时至今日，"举国体制"是当下中国政治的重要表征，这是毛泽东全能主义国家观的发展。"人民民主"是毛泽东全能主义国家观的核心，围绕这一核心，毛泽东倡导建立了一套适合中国国情的人民民主制度：人民民主专政的国家制度；人民代表大会制度；中国共产党领导下的多党合作与政治协商制度；民族区域自治制度。这种政治实践仍然是当代中国国家政治的基本形式。毛泽东的政治哲学，为中国告别"一盘散沙"，成为一个团结的共同体，成为国家实力与声誉都具有世界性影响的现代大国起到了至关重要的作用。

但不可否认的是，甘地淡化国家意志，强调扩充社会发展空间的政治哲学，与当下印度形成"弱政府、强社会"的状态不无关系，而毛泽东强调国家意志与中央权威，却也部分压缩了"社会"的发展空间。"特别是1949年新中国成立以后，尤其强调国家主义的'公'，在此过程中市民运动几乎看不到。"这是与甘地倡导发展社会空间，培育草根民主不甚相同之处。尽管中国启动市场化改革以来，"国"与"家"之间的"社会"空间在不断扩大，但全能主义国家的特性并没有得到根本改变。国家依旧跨越了区分国家利益与市场利益之间的界限，在诸多领域卷入了本应该属于公民社会的事务。如果继续坚持全能主义的国家治理模式，"个体与社会自主性的发展将受到限制，从而使得整个中国建设与社会发展缺乏持续不断的活力和动力。"

五、结　语

从世界历史的大格局来看，中印两国在近代以前基本上还处于一个前现代的王朝政治时代，与西方文明的相遇，使得两国都面临着由传统王朝政治向现代民族国家迈进的历史性挑战。甘地与毛泽东很好地完成了这一挑战，也有力地推动着世界上最大的两个发展中国家向现代国家的转型。印度、中国的现代化包括政治、经济、科技等诸多方面的内容。现代化的本质，意味着人的解放，即从"人的依附性"走向"人的独立性"。如何让印度庶民阶层摆脱对高种姓的依附、摆脱对宗教神灵的依附，如何让占中国人口多数的农民摆脱对地主的依附，从而让印度庶民与中国农民成为具有自我权利与意识的现代公民，便是甘地与毛泽东面临的历史性任务。为了完成这一任务，两者采取了看上去彼此相反的策略与方法，但他们最大的共同之处在于，他们的理念与实践，赢得了本民族多数民众的广泛支持。而正是来自底层民众的支持，让他们赢得了世道人心，推动了两国的独立与解放。当然，印中两国的现代化，依然处在现在进行时，依然是未竟之伟业，而且印中两国的国家建设、民主政治都有彼此的不足与缺陷，但印中两国都可以从对方既往的政治实践中汲取有益成分。甘地与毛泽东的政治理论与实践，可以成为两国共同的精神财富，相互补充，为全球化时代的印中崛起、龙象共舞提供精神力量与历史借鉴。

参考文献

[1] 彭树智．甘地的印度自治思想及其国家观［J］．史学集刊，1989（01）．

[2] Hind Swaraj, Collected Works of Mahatma Gandhi. VOL010，291［EB/OL］．http：//www. gandhiserve. org/cwmg/cwmg. html, *Collected Works of Mahatma Gandhi Online*.

[3] N. K. Bose, Selections from Gandhi, 1959. 41. 转引自彭树智．甘地的印度自治思想及其国家观［J］．史学集刊，1989（01）．

[4] Harijan. Collected Works of Mahatma Gandhi［DB］．VOL083，1942-7-26.

[5] 毛泽东．毛泽东选集，第一卷［M］．北京：人民出版社，1991.

[6] 史华慈（Benjamin I. Schwartz），陈玮译．中国的共产主义与毛泽东的崛起［M］．北京：中国人民大学出版社，2006.

[7] 毛泽东．反对统一．毛泽东早年文稿［M］．长沙：湖南出版社，1990.

[8] 金耀基．现代化与中国现代历史：提供一个理解中国百年来现代史的概念框架．罗荣渠，牛大勇．中国现代化历程的探索［M］．北京：北京大学出版社，1992.

[9] 蒋忠新，译．摩奴法论［M］．北京：中国社会科学出版社，2007.

[10] 康有为．康有为政论集（下册）［M］．北京：中华书局，1981.

[11] 孙中山．孙中山全集（第六卷）［M］．北京：中华书局，1985.

[12] 徐复观．徐复观集［M］．北京：群言出版社，1993.

[13] Bhikhu Parekh, Gandhi's Political Philosophy：a Critical Examination［M］. MacMillan Press，1989.

[14] 陈光兴．发现政治社会：现代性、国家暴力与后殖民民主［M］．中国台湾：台湾

高雄复文图书出版社，2000.

[15] ［日］沟口雄三著．中国思想史中的公与私（第1卷）［M］，北京：人民出版社，2009.

[16] 徐勇．现代国家建构中的非均衡性和自主性分析［J］．华中师范大学学报，2003（05）．

（作者单位：湘潭大学哲学与历史文化学院）

消费社会语境下《刘海砍樵》创作现状

郜丹丹

摘 要：《刘海砍樵》经历了花鼓戏《刘海砍樵》、动漫版《刘海砍樵》、旅游演绎版《天门狐仙——新刘海砍樵》，以及最近由罗浩指导的电视连续剧《刘海砍樵》等不同版本。虽然《刘海砍樵》扩大了民间文化传播范围与受众人群，也取得经济、文化方面的成功，但观众在其中却一直处于权力的边缘，扮演文化失语者的角色。因此，消费社会语境下文化创作生态危机值得深思。

关键词：刘海砍樵；精英创作；消费社会

一、消费社会语境下的《刘海砍樵》已成为大众文化视觉盛宴下湖湘文化传承的经典符号

《刘海砍樵》因其讲述关于子对母孝、妻对夫忠的故事，与主旋律契合度高、解读空间大而备受编导喜爱。从动漫版《刘海砍樵》到旅游演绎版本的《天门狐仙》，从湖南花鼓戏第一剧的《刘海砍樵》到神话剧《海樵戏金蟾》，从春晚的刘海哥、胡大姐的桥段到最近由罗浩导演指导的大型青春偶像神话剧《刘海砍樵》等，我们可以发现不同版本的《刘海砍樵》有一个共同特点：密切结合消费社会语境下的流行元素创作，引导和满足大众的消费文化需求。如动漫版《刘海砍樵》，一方面兼顾神话传说和武侠特点，大胆创作，另一方面以幽默风趣的手法，将刘海塑造成一代神将之后，他具备勤劳、善良、孝顺、乐于助人的传统美德，敢于承担责任，克服重重困难追求自己的理想。而配角金蟾则不再是完全的反面角色，而是在大是大非面前还是能坚持正义，体现了一定的佛性。《天门狐仙》更是在原故事情节中增加了"狐王选妃"、"仙山奇遇"、"月夜相思"、"背叛旋风"、"千年守望"五幕剧，演绎了一个"千年期待、万年守候"的爱情绝唱，情节生动感人。大型青春偶像神话剧《刘海砍樵》对该传说进行全新演绎，以天地大爱为创作高度，通过天上、人界、妖界三界中的人物成长和事件发展向观众展示古典美学对于大爱的精神阐述。

综上所述，一方面，文化精英者以脱窠臼的精神，旧剧换新颜的勇气，"不唯上，不唯书，只为是"的与时俱进的创作态度，造就了一幕幕文化经典，推动和建立旧传说也时尚的文化景观。另一方面，创作者积极迎合了主流价值观，满足了大众对明星、对故事消费的需求。但是，各种文化景观问题也层出不穷，如各种轻喜剧和娱乐片以及"性而上"和"星而上"，艺术文化的一部分由通俗化转为媚俗化或庸俗化，艺术欣赏转向纯粹的娱乐与消遣，等而下之的则追求感官的刺激与满足，设置一个又一个虚假文化景观诱导大众

进行低级文化消费，误导大众的文化价值观，大众对各种"星"的仰慕或爱恋已成世风，谁能制造流行，谁就能收获金钱和荣誉，掌控国民价值尺度与审美趣味。商业价值成为艺术的最高标准，市场成为艺术的评判人。这就容易使文艺创作过程中的选择标准、价值评判、感知方式受到影响，如剧情设计情境虚构和艺术假定性制作相结合的超真实审美幻觉，大众传媒迎合着大众心理，通过娱乐性的"狂欢文化"场面复制着大众文化兴趣、幻想和生活方式，使越来越多的大众痴迷其中而迷失了自我。鲍德里亚认为，电子媒介不仅影响和改变人的感知方式，而且直接改写媒介所传达的意义与现实，大众传媒的符号价值对当代人真实情感的遮蔽和对正常人类社会关系的扭曲已日趋明显。大众渐渐脱离了过去部落化式地听故事、编故事的传播方式，逐渐被虚构的故事情节、狂轰滥炸似的发行所代替，在不知不觉中成为商品——消费关系中的一员，眼球经济就此诞生。文化精英制作者利用当前的媒介传播结构消费意识形态，把控了传统文化经典的改编与创作，扭曲了当代文化创作的最新理论视野和研究方向，为精神生态危机埋下了隐患。

二、消费社会语境下大众对《刘海砍樵》创作的失语

文化盛宴具有意识形态属性，隐含了权力斗争与说教动机，大众往往会在无意识的文化欣赏中成为文化工业的买单者和被洗脑者，失去文化创作的话语权与反思力量。

大众在消费社会语境下心理会发生变化。唯"上"是从的文化氛围与权力精英的文化场域控制，使大众养成被领导、被代表的文化创作意识。以《刘海砍樵》为例，大众首先在意识上自我"悬置"、"不在场"，潜意识地将大导演、大明星作为文化场域控制的最高执行者与操作者。民众不知"创作"、唯"古"是信、唯"上"是从、尊祖述，信圣人，合乎理，通于道，在家从父，出门从兄；在乡从老，在学从师；出嫁从夫，夫死从子……而各种各样的"从"都是"唯'上'是从"的文化精神在民间的反映，《易纬·乾凿度》把它表述为"上者专制，下者顺从"，它形成一种奴性人格：认命安分、崇拜权力、服从权威、恪守传统，迷失"自我"。正是这种人格最终造成了个性被泯灭、民众不知"创作"的社会后果。也正是这种精神糟粕为华夏文明制度的、心理的、人格的创新设置了障碍，成为中国古代社会发展长期停滞的重要根源，所以以精英掌握文化创作大权也是不足为奇的。综上分析，大众首先在思想方面不自觉地向文化精英投降了，习惯"被代表"、习惯被操纵。

创作实践方面，未将文化创作看做应争之地，大部分沉浸在文化盛宴的享受中，如，喜欢窥视《刘海砍樵》剧组拍摄的最新动态，期待与想象影片的剧情设计。通过对大众在消费社会语境下行为变异的社会学分析，我们可以发现大众沉浸在精英创作的文化氛围中，逐渐异化成为商品并被广告商竞相追逐。权力精英在文化狂欢障眼法下不知不觉重新分配了文化的制作权和占有权，信息传播和技术的霸权，不仅引导了《刘海砍樵》的创作，而且决定了湖湘文化的发展现状。在鲍德里亚看来，"新鲜空气权"意味着作为自然财富的新鲜空气的损失，意味着向商品地位的过渡，意味着不平等的社会再分配。这种盲目拜物的逻辑就是消费的意识形态。同样，民间故事传说被大众媒介、编导改编，意味着大众创作的财富被权力阶层再分配，大众在消费社会语境下的文化创作资源的"被掠夺"。

现代性传媒和技术应用方面，精英与大众不断加剧的技术鸿沟也使得改编文本"知

沟"也越来越大。文化精英创作者通过科技手段制造一个个"拟像"的仿真文本，使大众沉浸在"超真实"的审美体验中，一方面是影视改编剧日益过剩，另一方面大众在文化创作方面话语权越来越少，权力阶层完美地完成了"从一种暴力结构向另一种非暴力结构转化：它以丰盛和消费替代剥削和战争"。最终，"文化霸权"潜移默化地使大众认同，这也意味着消费主义的一元性正在排斥其他生活方式和存在方式。由大众媒体与世俗文化主导的世俗社会，大众"思想的齿轮处于技术性的停顿状态"，名人怎样享乐，我们就怎样享乐；名人对文学艺术怎样阅读怎样判断，我们就怎样阅读怎样判断；甚至名人对什么东西愤怒，我们就对什么东西"愤怒"。这就使精英思想的立场至关重要，如在政治专制、思想禁锢的时代，他们大多沦为统治者的附庸；而在思想自由争鸣的时代，他们的独立性较大，有可能自觉地反映社会利益与民众呼声。尤其在动荡时代，他们往往具有敏锐的政治嗅觉和远大的时代眼光，往往成为变革社会的启蒙家和指导师。所以，一个有良知的文化精英者可能真正创作出启蒙大家思想的文艺作品，但假如碰到一个只懂迎合消费、流行等市场因素的创作者，大众的灾难将要来临，一个地方一个民族的文化灾难也将不远了。

三、对《刘海砍樵》文化创作生态危机的反思

当今出现的"生态批评"，或者又称为"生态诗学"（Ecopoetics），注重当代世界文化精神的生态平衡及文化与自然环境的关系，对诸多复杂的问题有新的透视角度，值得重视。同样，对《刘海砍樵》文化创作生态系统的剖析，可以使民间文化改编的传播上升到文化哲学高度。中国近年来出现的消费主义思潮和电视媒体膨胀的世俗化倾向，已经和正在深刻地改变着当代中国个体空间和大众场域。鲍德里亚文化理论提醒我们对知识生产重新理解和认识，对其立场、前提、利益冲突、文化产业资本加以深切的反思。保持民间文化传播的有效性和合法性，需要对各种文化符号资本在社会中的权力运作加以分析定位，并对一切文化特权加以质疑，必得成为我们思考的重要层面。文艺作品的创作和传播在消费社会语境下需关注生命的本真意义，在传媒热衷于制造"追星"群体和消费"热点"之中，给当代精神失重的人们亮出了另一种价值尺度，并为人类走出消费社会消费主义的阴影，重建精神生态的平衡系统作出了前沿性的学术思考。在我看来，衡量一部文学作品最好的尺度，就是看它在所谓的流行文化或者泡沫文化前的反思性深度，以及对历史的深切了解所达到的文化批评悟性。只有庸俗的评论家，才会对一切新潮的东西低能地叫好，才会无原则地从事短期行为的平面性文化泡沫活动。由此，我们明了这个精神生态已经失衡的世界和我们的思想平面化状态，以及重建价值平衡的可能性。因为，在现代性的境遇中，思想者的魅力不在于怂恿价值平面化，而是追问深度模式是怎样消失的，而且质疑那些现代性的罪行是怎样被新的技术乌托邦修辞成为"完美"的。

《刘海砍樵》文化生态创作的运转机制和存在问题都是需要审理的。列维．施特劳斯划分了两种文化：吸收、吞食和掠夺的文化、"吃人肉的文化，及呕吐、排出、驱逐的文化"吸人血的文化，现代文化。但是，我们的文化，我们的当代文化似乎在两种文化之间，在最深入的结合：功能的结合、空间的结合、人的结合和最激进的排出，几乎是生活必需的排斥之间实现了一个引人注目的综合。文化创作过程中，大众既被吞食，又被吸收和完全排除。高速发展社会下，大众所面临消费社会中的客体、符号以及符码的多层复杂关系所表现的精神生态危机。说到底，消费社会需要商品来维持这个社会良性发展的假象，而

真实的命运是政府和个人都需要共同努力建设文化工程。

思想建设方面，辩证看待儒家的礼让文化，不能将其狭隘的定义为服从等级秩序，如等级低的人礼让等级高的人，造成的后果是缺乏对他人权利的承认，难以形成文化创作所应有的现代意识。生态学家、诺贝尔奖评委、瑞典皇家科学院院士拉斯·奥尔夫·彼昂在谈及中国诺贝尔奖空白时表示，"我很欣赏中国学者对长者教授的尊重，这一点在国外非常少见，但我鼓励学生敢于提出自己的观点。在西方，学生有不同意见都是当场提出的。"彼昂教授说，中国人太过迷信权威，做了很多模仿性的研究，原创性的工作做得太少，这导致了国内研究一直得不到国际的认可，至今无人填补中国本土专家夺得诺贝尔奖的空白。

政策制定全民化、体制化，使用政治资本遏制消费社会中的文化霸权。打造良好的创作环境，疏通创作管道与交流平台，因地制宜地制定文化创作的制度条例，从制度上保障文化的大发展大繁荣，适时引导，用先进的文化培育人、塑造人，丰富人们的精神内涵，提升人们的精神素养，使人们拥有良好的精神面貌、振奋的精神状态和高尚的道德情操，要发挥人民群众文化创造积极性。人民是推动社会主义文化大发展大繁荣最深厚的力量源泉，要发挥人民群众文化创造积极性，支持群众依法兴办各种门类的文化创作演出团体，引导群众在文化建设中自我表现、自我教育、自我服务，依靠人民的智慧和力量推动文化繁荣发展。政府应把公共文化服务体系作为统筹城乡发展的重要载体和改善民生的重要举措。文化政策选题方面，真正贴近民生，创作文本来源大众，反馈大众，使大众重温"地球村"似的文化交流与传播。

文化权利精英帮扶大众。代表着"民族脊梁"的权力精英者也应帮助处于自为、未开发的民众提炼精彩的优秀民间文化。费希特在《论学者的使命》中指出，"学者的真正使命就是高度注视人类一般的实际发展进程，并经常促进这种发展进程"。所以学者是社会进步真正的动力源，但这需要学者具有独立性与创造力。

媒体方面，应关注百姓的原创文化，多走基层，发现民间文化的创意，传播民间文化的发展成果，得到更多人的关注，尽量减少舆论偏向精英文化的现象，百姓自己的文化也应当在媒体日程上占有相应的一席之地，这样对其他普通百姓会产生良好的示范效应。

总之，文化创作不是一个人的事情更不是精英阶层能完成的事情，这是一个民族共同努力、参与、互动的结果。真正形成政府主导、社会力量共同参与的大众精神文化建设格局，使大众文化创作的激情真正点燃，创意之火才能真正在湖南大地上点燃。

参考文献

[1] [法] 鲍德里亚. 消费社会 [M]. 王为民译. 北京：商务印书馆，2000.
[2] [法] 鲍德里亚. 消费社会 [M]. 王为民译. 北京：商务印书馆，2000.
[3] [法] 鲍德里亚. 消费社会 [M]. 王为民译. 北京：商务印书馆，2000.
[4] 徐静. 诺奖评委：中国学者缺乏原创 [N]. 广州：广州日报，2010.
[5] 汪开云. "人类的真正特点在于对未来的希望……"——费希特《论学者的使命》阅读札记 [J]. 天水行政学院学报，2006 (02).

（作者单位：吉首大学文学与新闻传播学院）

学习型社会中的开放性学习制度构建分析

钟云华　屈林岩

摘　要：开放性学习制度是对各种学习资源进行整合与共享的一系列制度安排。它契合了学习型社会以人为本的理念，追求人的幸福、自由、尊严与终极价值，使学习机会与学习资源在社会公众之间共享，实现了全民学习、处处学习与时时学习的目标，成为学习型社会建设的重要制度保障。瑞典的"学习账户"与英国的"开放性大学"是开放性学习制度建设的成功典范，启示我们，学习型社会建设应该重视开放性学习制度的构建。

关键词：学习型社会；开放性学习制度；终身学习；全民学习

　　自罗伯特·哈钦斯20世纪60年代提出"学习型社会"概念以来，学习型社会建设在全球范围内迅速开展，美国、德国、意大利、加拿大、瑞士等国通过开放性学习制度建构，将学习机会与学习资源向所有社会公众开放，从而使得有限的学习资源能最大限度地满足社会公众的学习需求，有效促进了学习型社会建设。我国学习型社会建设也取得了重大进展，但与国外通过开放性学习性制度有效促进学习型社会建设相比，我国尚未建立开放性学习制度，而要实现学习资源的开放与共享，学习型社会建设过程中就会消耗较多资源，而且进程缓慢。因此，如何构建开放性学习制度，促进学习型社会建设，成为理论界与实践界关注的热点之一。

一、"开放"之蕴：开放性学习制度的内涵

　　学习型社会是以学习者为中心，以终身学习、终身教育体系和学习型组织为基础，以保障和满足社会全体成员各种学习需要和获得社会可持续发展的社会。学习型社会作为任何人（anyone）在任何场所（anywhare）、任何时间（anytime）都可以学习任何知识（anyknowledge）的社会，包括四个基本内涵：一是教育的人性化，教育要以人为本；二是学习的民主化，要实行全民学习；三是处处可学；四是时时可学，进行终身学习。学习型社会中的开放性学习制度，就是在对社会各种学习资源进行整合基础上形成的有利于学习者全民学习、处处学习与终身学习的一系列制度安排。这种制度安排，能够适应广大社会成员对学习的多种选择和要求，能更好实现教育的人性化、学习的民主化，处处可学，时时可学。为了更清晰地表达开放式学习制度的内涵，本文将传统的封闭式学习制度与开放式学习制度在学习性质与学习主体等各方面进行一系列比较，具体内容见表1。

表1　封闭式学习制度与开放式学习制度的比较

学习制度种类　　制度内容	封闭式学习制度	开放式学习制度
学习性质	学历教育	学历教育与学力教育并举
制度的灵活性	非常固定，缺乏灵活性	富有弹性，非常灵活
学习主体	教师为主体	学习者都是主体
学习对象	在籍学生	全体社会成员和组织
时间安排	固定时间（上课或自习时间）	任何时间
地点安排	教室或实验室	任何地点
学习方式	以传授为主	注重自我学习

　　从表1可知，开放性学习制度的开放性主要体现在以下几个方面：一是学习性质开放。封闭式学习制度追求学历教育，学历是学习的重要目标，但开放性学习制度追求以人为本，既追求学历，更追求人的学习能力提高与全面发展。二是学习主体开放。教师不再是学习活动的唯一主体，所有学习者都是主体。三是学习内容开放。封闭式学习制度放弃了人类文明的精华，选择一些与学习主体生活及工作相去甚远的学习内容；但开放性学习制度规定的学习内容非常丰富，人类文明的精华和最新学习资源都是其学习内容。四是学习时间开放。从长期看，学习不再是人某个时间阶段内的需要，而是人的终生需要；从短期看，学习主体每天不需要刻板地安排自己的学习时间，而是可以根据自己的工作生活时间安排与学习兴趣随时选择学习时间。五是学习地点开放。学校不再是进行学习的唯一场所，家庭、企业、工厂或政府机关都可以成为学习主体进行学习的场所，处处皆可学。

二、制度保障：开放性学习制度在学习型社会建设中的作用

　　开放性学习制度是学习型社会建设的制度保障，也是学习型社会建设的核心着力点。

　　1. 开放性学习制度契合了学习型社会以人为本的理念

　　学习型社会建设试图通过人的学习行为的常态化，追求人的幸福、自由、尊严与终极价值。开放性学习制度是一种以人为本的制度，它能够通过一系列方式促进人的全面发展，契合了学习型社会以人为本的理念。首先，开放性学习制度的最大目标，就是以人的各类需求为出发点，开放学习内容与学习资源，推广人性化的学习方式，促进人的全面发展。其次，开放性学习制度注重充分调动人的主动性。开放性学习制度通过一系列正式规定与非正式约束，促进教育者与学习者的共同开放，学习者以一种主动而不是被动的姿态参与整个学习过程，学习者的主观能动性得到充分尊重与发挥。最后，开放性学习制度规定的学习内容更是以人为本。不同学习者可以根据自身情况灵活地选择学习内容、学习形式、学习时间与学习空间，学习与生活及工作实际联系更加紧密，学习内容与方式可提高学习者的兴趣，更能突出其爱好、特长与个性特点。

　　2. 开放性学习制度可以实现全民学习的目标

　　开放性学习制度通过为学习主体平等拥有学习的机会，促进全民学习。第一，开放性

学习制度通过学习理念促进全民学习。开放性学习制度的学习理念在于学习型社会中，人人都要学习，每个组织也都需要学习，学习不再是某个特定年龄阶段或特定阶层的人拥有的特权，而是每个人与每个组织实现自我价值目标的普遍权利。第二，开放性学习制度通过学习机会的公平分配促进全民学习。学习机会分配突破了年龄、地域、时间、社会等级、种族、身体、智力发展水平等因素的限制，公民只要有学习需求，就能获得学习机会，且这种学习机会不仅能满足学习者的学历文凭需求与职业发展需求，也能满足个人提升生命质量和完善自身的需求。第三，开放性学习制度通过学习主体多元化实现全民学习目标。开放性学习制度将学习机会与学习资源向各种组织开放，家庭、企业、社区、政党与政府机关也可以通过获得学习机会与学习资源，成为一种以学习作为根本特征的学习型组织。

3. 开放性学习制度促进处处学习

开放性学习制度，不仅使得人人可学，而且实现了处处可学。首先，开放性学习制度贯彻了构建学习型社会和终身学习的理念，立足于构建学习型社会教育体系，规定学校不再是学习的唯一场所，建立起富有弹性、灵活多样的开放性学习体系，开展多层次、多形式的学习活动，为每个人任何阶段的继续学习创造了条件，避免了封闭式教育制度以学校教育为中心的不足。其次，开放性学习制度使得学习系统不断扩大。开放性学习制度使得开放与提供学习资源不只是教育系统的事业，而是整个社会事业，各行各业的组织都有提供学习机会的权利与义务，每个人也都有权利与义务分享自身拥有的各类学习资源，从而使得学习者的学习行为在时间上从正规教育扩展到人的一生，在空间上也从学校扩展到全社会，可以处处开展学习活动。最后，当全球对学习型社会中"学习成为社会化的行为与社会的表征状态"的判断达成共识时，各国不仅会将本国的学习机会与学习资源向社会公众及组织平等地开放，而且各国之间也会将各自的学习机会与学习资源相互开放，使得学习不仅可以在本国范围内开展，而且还可在全球范围内进行。简而言之，开放性的学习制度将社会成员的学习行为从学校围墙内、教室内解放出来，突破学习行为发生的空间限制，使学习行为在个体适合的空间内发生，实现处处可学的目标。

4. 开放性学习制度促进时时学习

开放性学习制度的建设，可以实现学习时间的开放，促进时时学习。首先，开放性学习制度秉承终身学习的价值取向，在学校教育与继续学习之间建立起一个有机联系的整体，分阶段地为学习者提供多次学习的机会，使社会成员在一生各个阶段的学习与国民教育体系既能有效衔接又能适当分离，使社会公众的学习时间突破学校教育的时间樊篱，可在一生中任一时间开展。其次，开放性学习制度可以使学习者选择自己合适的时间进行学习。开放性学习制度适应了行业分化与生活节奏加快的趋势，对学习者什么时候开始学习、什么时候结束学习与学习多久都没有明确限制，当学习者觉得自己不需要或不愿意学习时，就可以不学习；当学习者觉得自己有学习的需求与欲望时，马上就可得到学习机会；当学习者走上工作岗位以后，还可以根据自己的工作时间和闲暇时间灵活选择自己的学习时间。开放性学习制度对学习时间的灵活安排，大大增加了社会成员一生中多次与长时间进行学习的可能性。最后，开放性学习制度能够激发学习主体进行终身学习的动力。开放性学习制度使得学习内容更符合学习主体的兴趣与爱好，并且让学习者以一种主人翁的姿态进行学习。学习行为是自愿心理、兴趣爱好与自愿行为的复合表现，学习效果更佳。

三、他山之石：发达国家构建开放性学习制度的成功经验

发达国家经济社会发展水平较高，在开放性学习制度方面积累了许多成功的经验。

1. 瑞典的"学习账户"

瑞典为大力推进学习型社会建设，1999 年，瑞典政府委任利尔·利扬任·楼纳贝格组织了一个专门委员会，审视和提议一种发展个人技能的新制度，即个人学习账户制度。所谓"学分账户"，实质上就是一种模拟或者是借鉴银行的某些功能特点，对不同类型学习成果通过学分进行认证、累积、转换的一个形象化的表述。该制度规定，任何社会公众都可以开设一个学习账户，成为此账户的终身拥有者；社会公众在每个阶段所取得的学分或学习成果，彼此之间都相互承认与衔接；社会公众在每个学习机构所取得的学分与学习成果，也彼此相互承认；为学习者提供灵活、方便、个性化的选择，使学习者可以根据自身的需求、基础、情况，选择教育形式、学习时间、学习内容、学习方式和学习时限。瑞典利用"学习账户"这样一种开放性学习制度，使在校学习与社会学习很好互通，建成了一个多样化、多层次与开放性的学习体系，为学习型社会建设提供了有效保障。

2. 英国的开放性大学建设

1969 年，在珍妮·李的出色工作推动下，英国成立了世界上第一所开放性大学，第一次使以学习者为中心的教育理想成为现实。开放大学的成立标志着学习资源向全体社会公众的开放：一是在学习机会获得上，对学习者没有前期学历要求，开放学校完全按照"先报名先录取"的原则将学习机会向所有社会公众平等地开放；二是在学习过程中，对学习时间与学习地点实行开放，学习时可以选择适合自己的时间与地点进行学习活动；三是建立良好的评估制度，对开放性学习的效果进行开放评估。开放大学的建立与发展，具有重要的理论意义与实践意义：从理论层面讲，开放大学的创办完善了英国的高等教育结构；从实践层面来看，开放大学为许多成人或教育不利者提供受高等教育的机会，推动了开放学习和终身教育的普及，促进了英国学习型社会的形成和发展。

3. 对我国的启示

瑞典的"学分制银行"与英国的"开放性大学"，都是开放性学习制度的成功典范。他山之石，可以攻玉，这些成功经验对我国的启示有：第一，学习型社会中学习是一种社会化行为，传统的教育体系能够提供的学习机会与学习资源非常有限，远远未能实现学习型社会全民学习与终身学习的要求。学习型社会的构建不能仅仅依靠传统的教育体系，应该建立符合本国国情的开放性学习制度来保障学习活动的全民化与终身化。第二，开放性学习制度构建要突出"开放"特性。不管是瑞典的"学习账户"，还是英国的开放性大学，它们能够取得成功并促进学习型社会建设的一个重要原因，就是通过一系列制度安排，将学习机会、学习资源、学习时间与学习地点有效地向整个社会开放。我国在构建开放性学习制度促进学习型社会发展的进程中，要始终将"开放"作为一个最基本的原则。第三，开放性学习制度构建不宜采取自下而上的诱致性制度变迁，需要政府相关机构全面介入，适宜采取强制性制度变迁的方式。

四、未来之路：我国构建开放性学习制度的对策

开放性学习制度构建是加快学习型社会建设的重要抓手，我国推进学习型社会建设，需要从以下几个方面着手：

1. 加强开放性学习制度建设的理论研究

自学习型社会概念提出以来，学界对学习型社会相关理论研究较多，但对开放性学习制度的研究却非常匮乏，对开放性学习制度的科学内涵及其构建路径探讨不够，增加了实践界构建开放性学习制度的难度。故构建开放性学习制度，需要理论界提供充分的理论支撑、引领与保障，需要教育科学研究界的系统深入研究作为基础、前提和动力。具体而言，目前迫切需要理论界回答好如下几个问题：第一，在学习型社会建设过程中，掌握开放性学习制度的内涵与外延，尤其是"开放性"的内涵；第二，开放性学习制度作为制度的一种，同样遵循制度变迁的一些基本规律，那么，与其他领域的制度变迁相比，构建或者演绎的动力机制是否存在差异，具有什么独特性；第三，已有研究大多在全国范围内探讨学习型建设及开放性学习制度建立，视野过于宏大，所得政策建议缺乏实践操作性，未来理论研究更应关注在相关城市群（如长三角城市群、珠三角城市群、长株潭城市群）内，如何建立开放性学习制度，使城市间的学习机会与学习资源实现有效共享。

2. 树立正确的开放性学习制度构建理念

将开放性学习制度构建付诸实践，不仅需要进行理论探讨，而且还需要树立正确的理念。首先，要意识到学习型社会中开放性学习制度构建的重要性。学习型社会中学习是一种社会化行为，学习成为一种普遍的生活方式与价值选择，人人、处处与时时都可以进行学习，因而需要抛弃之前封闭与独享学习机会与学习资源的观念，通过开放性学习制度的构建，有效推进学习型社会建设的进程。其次，在开放性学习制度构建与执行的过程中，要始终坚持与发扬"开放性"。学习型社会中的开放性学习制度，要彻底打破传统教育体系中非均衡化的、阶段性的、封闭的、僵化的状态，将学习机会与学习资源向所有学习者开放，不仅有学习机会的开放与学习过程的开放，而且还有学习内容的开放与学习环境的开放。

3. 建立构建开放性学习制度的组织机构，加大经费投入

根据中国现实国情，要在学习型社会建设过程中短期内迅速而有效地完成开放性学习制度构建，并在实践中有效地执行，需要政府机构的大力参与。因而构建开放性学习制度的一个重要前提，就是要完成构建开放性学习制度的顶层设计，建立一个自上而下的政府组织机构，全面负责开放性学习制度构建工作，并组织协调各方面力量致力于开放性学习制度的推行和实施。同时，开放性学习制度是一项系统巨大的工程，不仅需要大量人员的参与，也需要投入大量的物力，因而需要调动一切力量，多渠道筹集资金，加大经费投入，为开放性学习制度构建奠定雄厚的物质基础。但必须指出的是，在加大对开放性学习制度构建经费投入时，须同时加强对经费分配与使用方向的监督，建立一系列指标，对经费使用效益进行评估。

4. 建立一批开放大学，为构建开放性学习制度积累经验

借鉴英国的经验，建立一批开放性大学，为构建开放性学习制度积累经验。客观地

说，我国建设开放大学已有一定的内部基础与外部机遇。内部基础有：成人高等院校蓬勃发展；高等教育自学考试广泛普及；普通高校网络教育学院的成功运行。外部机遇有：英国等国开放大学的发展为我国提供了相关经验；中国政府把成立开放大学纳入了教育中长期发展规划；中国经济转型需要大批高素质劳动者。我国开放大学要通过探索建立宽进严出、自主学习、学历与资格证书并重的开放式学习制度，建立不同类型学习成果的互认与衔接机制，探索开发并整合终身教育课程，为全民学习提供资源、技术支持和服务等，成为加快学习型社会建设与建立灵活开放的终身学习体系的重要载体和抓手。

参考文献

［1］屈林岩.学习型社会教育范式的转变与学习创新［J］.教育研究，2009（05）.

［2］贺继明.完善立法，建立与学习型社会相适应的教育管理体制［J］.中国教育法制评，2011（07）.

［3］郝克明.终身学习与"学分银行"的教育管理模式［J］.开放教育研究，2012（01）.

［4］贲智勤.学习型党组织的特征及其动力机制构建研究［J］.淮海工学院学报（社会科学版），2011（24）.

［5］刘奉越.瑞典个人学习账户制度研究［J］.教育发展研究，2008（05）.

［6］高勤丽.北京开放大学建设的价值取向和基本思路［N］.北京广播电视大学学报，2011（04）.

（作者单位：长沙学院法学与公共管理系）

地方法治建设中行政法治的湖南模式评析

——以《湖南省行政程序规定》为例

胡正昌

摘　要： 法治是一项高度实践性和实施复杂性的社会系统工程。鉴于我国不同地区社会差异大与发展不平衡的现实，要使"法治之制"层面上的规章制度和程序方法具有可操作性，只有因地制宜才能摆脱一些不合时宜的机械性限制。2008 年制定实施的《湖南省行政程序规定》是我国首部地方性行政程序规定，它要求向社会公开行政权力运行的依据、过程和结果，有利于提高政府工作的透明度，推动行政法治建设的进程，让掌握行政权力的行政机关及其相关主体受到社会公众的监督，确保政府权力在阳光下运行。这对丰富我国地方法治实践的内涵、加强和完善我国"两型社会"建设的法治保障具有开创性意义。

关键词： 法治保障；地方法治；行政法治；湖南模式

近年来，以长株潭"资源节约型、环境友好型"社会（即"两型社会"）建设为契机，湖南省陆续颁布实施了《湖南省行政程序规定》、《湖南省政府服务规定》、《湖南省规范性文件管理办法》、《湖南省规范行政裁量权办法》、《湖南省实施〈政府信息公开条例〉办法》、《湖南省依法行政考核办法》、《湖南省行政执法案例指导办法》、《湖南省人民政府重大行政决策专家咨询论证办法》以及《法治湖南建设纲要》，这一系列被统称为"一纲要两规定六办法"的地方法规引起国内外广泛赞誉，被称为地方法治建设的"湖南模式"或"湖南样本"。尤为值得一提的是，2008 年制定实施的《湖南省行政程序规定》是我国首部地方性行政程序规定，它要求向社会公开行政权力运行的依据、过程和结果，从而有利于提高政府工作的透明度，让掌握行政权力的行政机关及其行使者受到社会公众的监督，确保政府权力在阳光下运行。这对丰富国家法治实践的内涵、促进湖南"两型社会"建设具有开创性意义。

党的十八大报告根据我国经济社会发展实际，提出要在十六大、十七大确立的全面建设小康社会目标的基础上努力实现新的要求：经济持续健康发展，转变经济发展方式取得重大进展，在发展平衡性、协调性、可持续性明显增强的基础上，实现国内生产总值和城乡居民人均收入比 2010 年翻一番；人民民主不断扩大；文化软实力显著增强；人民生活水平全面提高；资源节约型、环境友好型社会建设取得重大进展。针对中国特色社会主义的建设内容，党的十八大报告首次明确提出"五位一体"的总体布局，即：在经济方面加快完善社会主义市场经济体制和加快转变经济发展方式；在政治方面坚持走中国特色社会主义政治发展道路和推进政治体制改革；在文化方面推进社会主义文化强国建设；在社会方面致力改善民生和创新社会管理方式；在生态环境方面大力推进生态文明建设。如何实现全面建成小康社会的宏伟目标？如何全面落实经济建设、政治建设、文化建设、社会建设、生态文明建设五位一体总布局？这一切都需要依赖法治的保障。法治意味着法的统治，它强调法律作为一种社会治理工具在国家生活中的至上地位，充分反映并体现出人类追求民主、人权、平等、自由等价值目标。同时，法治是一项实践性很强又具有高度复杂性的社会系统工程。实现法治不仅需要具有规范各类行为的法律，还需要具有能够将这些代表着公平、正义和秩序的法律应用到社会各层面的法治制度。鉴于我国不同地区社会差异大与发展不平衡的现实，要使"法律之治"层面上的规章制度和程序方法具有可操作性，只有因地制宜，才能摆脱一些不合时宜的机械性限制。无疑，这就需要调动各个地方在法治建设上的能动性和创造性。如果不了解中国的"地方"，则很难说清楚中国的法治所面对的问题。

一、地方法治建设在国家法治建设中的意义

德国著名思想家马克斯·韦伯曾指出，"形式主义"原则是一切近代法律的重要特征，而法律的"形式主义"主要是指法律活动本身的程序性。美国联邦最高法院前任大法官威廉·道格拉斯进一步认为，也正是"法律程序决定了法治与人治之间的基本区别"。从某种意义上来说，制定与遵守行政法律程序及其规范化往往被认为是给行政主体，尤其是行政工作束缚手脚，会影响与降低行政机关的行政工作效能。为此，各国行政程序法制化都经历了比较艰难的历程，各国法学家都将行政程序法典化视为难题。在我国法律现代化的进程中，人们对行政程序法日益关注，行政法学界也有不少学者从发展市场经济与建设民主政府的角度探讨重视行政程序法的必要性。行政程序法典化已成为我国实现行政法治、程序法治、权力法治的一个重要课题。

1. 有利于发挥地方在国家法治建设中的积极性

国家法治建设的总体规划和布局，需要地方的积极参与和具体组织实施。在我国单一制国体下，地方是具体实施各种中央决定和法律的主要力量，是行动者、实施者，是接受指令的一方，相对被动。也正因如此，"地方"也就成为中央各项决定能否得到真正贯彻执行的关键。如同中央的手脚，没有它，中央的各项决策就无法落实，成为一纸空文，成为毫无意义的空气震动。地方工作是否得力，直接关系到中央决策的实际结果。地方出色的工作，甚至可以弥补中央决策的不足和失误；而如果懈怠或者不得力，好的政策也会走样；如果地方不听话，还会严重干扰中央的决策，带来负面后果。理想的状态当然是中央说什么，地方就干什么，整个国家就像一个人一样，中央是大脑，地方是肢体。

2. 有利于提供国家法治建设的稳定环境

地方作为国家管理、服务社会的最前沿，是国家行为的直接体现者，必须建立一个地方国家机关及其公职人员依法向社会负责的法律机制。地方官员在任何意义上都是代表国家的，政策法律不是一纸空文，而是通过地方国家机关的官员行为体现出来的。这个直接与群众打交道，承担发展经济、改善民生、行政管理、调处纠纷、处理争端、化解矛盾的直接责任的群体，其所思所想、所作所为，可以对社会产生巨大影响。他们的工作水平就是国家的管理与服务水平。如果地方国家机关职责不清、权限不明，其公职人员疏于职守、相互推诿、态度恶劣，人民群众对国家就很难形成信赖感。

3. 有利于丰富国家法治建设的内涵

地方作为国家与社会的"结合部"，只有以法律为基础开展各项工作，才能有力联结国家与社会。地方具有连接国家与社会的作用，有作为的地方政府是贯彻上级乃至中央决策的重要保证，也是人民群众各项要求准确传递到中央的保证。金字塔式的权力构造，必然导致国家机构中基层政权对社会活动、社会变化最为敏感，地方政府往往成为掌握第一手资料和讯息，最熟悉公众的诉求和关切所在，也最清楚工作中的困难和矛盾焦点。因此，对于中央而言，决策的正确与否很大程度上要依靠地方国家机关参与决策过程并对其进行评估，甚至可能要赋予地方一定的重要事项决策权。因此，只有通过加强地方法治建设，才能最大限度地公正地维护人民群众的利益，丰富国家法治建设内涵。

二、《湖南省行政程序规定》的内容特点和创新

《湖南省行政程序规定》（以下简称《程序规定》）是以行政行为为核心概念构筑其体例的，包括实施行政行为的依据、行政行为的主体、实施行政行为的程序、行政行为的表现形式、对行政行为的监督及责任追究等内容。《程序规定》的制定，借鉴了西方各国行政程序立法的实践经验，运用了我国对行政程序立法的理论研究成果，总结了改革开放30年来我国依法行政的实践经验。

1.《程序规定》的特点

（1）突出"权利模式"并兼顾"效率模式。

《程序规定》体例设计既不属于美国的"权利模式"，也不属于德国的"效率模式"，而是两种模式的综合，即强调为公民提供基本程序保障的同时，也保证行政权力行使的统一化、标准化和简单化。在具体内容规定上，为保障相对人权利，规定了听证制度、公开制度、行政问责制度等。为保障行政机关合法、公正、高效行使行政职权，规定了行政管辖制度、行政协助制度、时效制度等。

（2）坚持公开原则并兼顾公平、公正原则。将行政权力运行的依据、过程和结果向公众和当事人公开，是保障人民群众的知情权，提高行政透明度，促进公众参与，加强对行政机关的监督和防止腐败的重要措施。《程序规定》在具体内容中始终贯穿了公开的原则。一是在总则中规定了公开原则；二是规定了公开的具体内容；三是规范了公开的方式，规定以政府公报和指定的网站为本级政府统一的政府信息发布平台；四是对政府信息查阅场所和设施进行了规范和要求。在追求行政公开的同时，《程序规定》也追求公平公正。一是在总则中规定了公平公正原则；二是专列章节规定了裁量权基准，对裁量权基准的定义、制定主体、效力和考量因素等进行了规定。

（3）明确执行权、决策权和监督权的划分

《程序规定》将行政行为程序分为决策、执行和监督三个阶段，相应地对决策权、执行权和监督权进行了规范。在对决策权的规范上，规定了决策主体、一般原则、适用范围、具体程序、公开及听取意见程序等；在对监督权的规范上，规定了监督主体、层级监督、绩效管理、监督方式及行政机关违法行为的处理方式等，并规定了责任追究的相关内容。

（4）着力规范行政行为

针对行政行为的行使，《程序规定》在重点规范一般行政行为的同时，兼顾了规范特别行政行为。《程序规定》将行政行为分为四大类：行政决策、行政执法、特别行为和行政监督，并分别进行了规范。《湖南省行政程序规定》用很大的篇幅对行政决策行为、行政执法行为和行政监督行为进行了规范，共计80个条文，基本涵盖了行政机关经常实施的行政行为的程序。在对以上三种一般行政行为进行规范的同时，也对特别行为程序和应急程序进行了规范，包括行政合同、行政指导、行政裁决、行政调解、行政应急等行为程序，对行政行为进行了全面规范。

同时，在突出规范具体行政行为的同时，也兼顾了规范抽象行政行为。《程序规定》对行政决策行为、行政执法行为、特别行为和应急行为程序等具体行政行为进行了详细规范。此外还单设一节规定了规范性文件制定程序。规定了规范性文件的定义、制定主体、规范性文件的限制、听取意见、合法性审查、集体讨论、申请审查，以及统一登记、统一编号、统一公布的"三统一"制度和时效制度等内容。其中"三统一"制度和时效制度有力地规范了"红头文件"。

（5）注意外部程序和内部程序的区分

在突出外部程序的同时，兼顾了内部程序。《程序规定》主要对与相对人权利义务直接相关的外部程序制度作出了规定，同时也对与相对人没有直接关系的涉及行政机关之间的内部程序进行了规定。因为虽然内部程序不直接涉及相对人的权利义务，但对相对人的权利义务会间接产生影响。在内部程序上，主要规定了管辖制度、行政决策的集体研究制度、重大行政执法决定的集体讨论决定制度、行政执法的统一受理、统一送达制度、并联审批制度和健全内部工作程序、委托办理行政事务的程序等。

（6）兼顾程序法治和实体法治

在突出程序法治化的同时，兼顾了实体法治化。《程序规定》对行政决策程序、行政执法程序、特别行为程序和应急程序、行政听证制度和行政公开制度等程序性内容进行了规定，同时没有拘泥于"程序"二字字面上的限制，将急需以法律规定的实体内容进行了规定。如实体法的基本原则、行政机关的行政事务管辖、行政协助、部门联席会议、权限冲突的解决机制、行政行为的效力、行政合同、行政指导，以及有关行政监督的规定等。

2.《程序规定》的创新之处

《程序规定》的颁布及执行开中国行政程序法典化立法之先河，被誉为"一场行政机关'作茧自缚'式的革命"，[①] 其创新之处是：

（1）反映推进依法行政、建设法治政府的根本立法目的

立法目的分为直接目的和根本目的两个层次。直接目的有二：其一是规范行政行为，促进行政机关合法、公正、高效行使行政职权；其二是保障公民、法人或者其他组织的合法权益。这两个直接目的实现了，则推进依法行政、建设法治政府的更高层次目标相应得以实现。《程序规定》的内容不仅符合国务院在2004年2月发布的《全面推进依法行政实施纲要》和在2010年10月发布的《国务院关于加强法治政府建设的意见》的要求，而且也回应了我国依法治国、建设社会主义法治国家的基本方略在现阶段的要求，将推进依法

---

① 在2007年9月该草案公布后向社会征求意见的时候，湖南省乃至全国一些电视、广播、报刊等主流媒体对此作了十分详细的报道，民众广泛参与讨论，专家积极现身说法。

行政、建构法治政府的要求制度化。法治的核心要义是规范与控制政府权力，即"政府权力的内容和范围要以法律规定为限，不应逾越公民权利与公共权力的障碍"。然而，行政权力在中国之强大使得依法行政是否能够真正实现直接影响到我国法治目标的实现。伴随着改革开放 30 年的步伐，依法行政历经了从理念到官方确立、推进、深入的过程。《国务院全面推进依法行政实施纲要》中明确提出要用十年的时间，基本实现建设法治政府的目标。要达到此目标，则需要着眼于建立制度和不断完善机制建设，使依法行政不再停留在理念和口号层面上，而是具体的制度要求，其中"最为重要的当属正当程序制度建设，因为行政程序法治乃行政法治之根本"！实体法设定了行政权力的边界，但留下了巨大的裁量空间。正当程序则是个体抗衡权力、实现个案正义，到达理想彼岸的桥梁和武器。在行政权分配利益与负担场景中，正是凭借正当程序提供的理性规则和个人权利保护规则，个体进入权力运作体系，才得以积极主动为自身利益而斗争。没有正当程序提供的相关制度安排，个体将被排除在权力运行体系之外，消极、被动等待最终的结果，实体正义的实现将完全依赖于决定者的业务能力和道德自律，仰仗于人而非制度。这也正如美国联邦最高法院前任大法官道格拉斯所说的那样："行政程序法区分以法而治与恣意而治，坚定地遵循严格之程序保障是我们在法律之下平等正义之保障。"

（2）呈现出较强的功能主义立法风格

全世界没有哪一部法律如行政程序法那样在内容上存在如此巨大的差异。[①] 世界各国行政程序法在内容上的巨大差异性无形中给中国未来行政程序法的选择尚且增添了难度，更遑论作为中国一个省的湖南。地方政府规章的立法权限无疑束缚了立法者实现理想的空间。应松年教授受全国人大法工委委托起草的行政程序法典专家意见稿立足于构建行政权力的基本法，与行政法体系相匹配，具有很强的规范主义风格。作为地方政府规章，湖南的规定如何对待之？是全盘照搬，还是另起炉灶？抑或以它为蓝本，加以吸收改造？立法起草专家与湖南省政府法制办立足于解决湖南行政管理实践中存在的问题，同时兼顾法典自身的体系。考虑到行政程序规定将以地方政府规章的形式出现，应当结合湖南的实际，确定在草拟条文时立足于湖南面临的实际问题，同时尽可能吸收借鉴行政程序法最新研究成果的内容。

（3）体现现代行政程序的理念和要求

现代行政程序机制视个体为主体，以外部程序为其核心内容，行政程序法是为个体而设的程序权利法，形式上通常以行政程序法典系统规定之；传统行政程序机制则视个体为客体，以内部程序为其核心内容，基本没有外部程序的规定，行政程序法是为行政机关的管理程序法，形式上通常以行政机关规章制度或者行政惯例方式出现，没有行政程序法典。参与和公开是现代行政程序机制的两大核心要素，是正当法律程序原则在行政领域的

---

① 有的国家如美国、奥地利、瑞士仅仅对行政程序作了十分原则性、抽象性的规定，而德国、西班牙、葡萄牙和我国澳门地区对此则非常具体与系统，不仅对行政程序作了一般规定，还对几项重要的行政行为的具体程序作了规定；有的国家如美国、日本、瑞士、荷兰仅规定了外部行政行为，而西班牙、葡萄牙和我国澳门地区不仅规定了外部行政程序，还规定了内部行政程序；有的国家如日本仅仅规定了行政事前、事中程序，而意大利、奥地利、瑞士、西班牙、葡萄牙和我国澳门地区不仅规定了行政事前、事中程序，还规定了相关的行政事后救济程序。相关内容参见王万华：《中国行政程序法立法研究》，中国法制出版社 2005 年版，第 280 页。

基本要求，构成了最低限度公正行政程序制度的核心内容，也是我国近年来推进依法行政工作的重点内容。① 参与和公开共同构成《湖南省行政程序规定》的两大主旋律：第一章中将公开原则（第五条）和参与原则（第六条）作为基本原则规定下来，第六章专章规定行政听证制度，第七章专章规定行政公开制度。此外，在第三章"行政决策程序"、第四章"行政执法程序"和第五章"特定种类行政行为和应急程序"中参与和公开也作为行为的必经程序。事实上在《程序规定》草案的前三稿中仅将行政听证制度独立成章进行规定，没有将行政公开制度作为独立章节进行规定，而是将之分散在各种行为的程序之中。在《程序规定》起草的后期工作中将行政公开制度独立成章进行规定，以突出行政公开的重要性和引起更多关注，《湖南省行政程序规定》重点体现参与、公开等依法行政工作基本要求，同时也为了回应即将实施的《政府信息公开条例》。在最后，第七章单列一章对行政公开作出规定，该章所规定的公开属于政府信息公开的大公开范畴，重点是整合实践中发布政府信息的各类平台，使政府信息发布平台相对集中、统一，既节约资源，也确保政府信息的准确性、权威性，这一点被证明对于应对突发公共事件尤其重要。该章还尝试借鉴美国的行政会议公开制度，对行政会议的公开作出鼓励性规定（第一百四十九条）。

（4）注重制度构建的可操作性

一般说来，有三个方面的因素会直接影响行政程序的类型划分：其一，行政行为的种类。行政行为种类繁多，且性质差异较大，遵循的程序规则相应差异亦大。如同是听证制度，行政决策听证规则与行政决定听证规则就存在很大差异。其二，行政事务的大小。行政事务大小亦有差别，遵循的程序繁简亦应区别对待，合理分流。如《行政处罚法》规定的简易程序与一般程序。其三，行政事务的紧急与否。日常状态下的行政管理与应急状态下的行政管理，程序规则也应有所区别，应急状态下的行政程序规则规定需要科学、快速应对应急事务。《程序规定》关于程序类型的划分采用了前述三种区分标准：首先，将行政行为类分为行政决策行为、行政执法行为和特定种类行政行为，分别逐章规定每种行为的程序。且将行政听证区分为行政决策听证和行政执法听证，在第六章中分节分别予以规定。其次，按照行政事务的繁简将行政执法程序规则区分为普通程序和简易程序，将听取意见制度区分为非正式形式和正式听证会，听证仅适用于特定情形。再次，区分常态行政管理和应急行政管理，对行政应急程序单设一节规定。

三、国家法治建设需要强化地方行政法治保障

2008 年 10 月 1 日起正式实施的《湖南省行政程序规定》，开启了一场行政机关"作茧自缚"式的革命，在国内外引起广泛关注，并由此形成推进依法行政、建设法治政府的"湖南模式"。2010 年 4 月 17 日，在《程序规定》发布两周年之际，防止行政机关权力滥

---

① 胡锦涛同志所作的《中国共产党第十七次代表大会的报告》明确提出"公民有序政治参与不断扩大"，"要保障人民的参与权"。国务院颁布的《政府信息公开条例》已于 2008 年 5 月 1 日开始实施。我国 2008 年发生的南方冰雪灾害和汶川大地震的应对，都为政府信息公开实践积累了经验，也是人类进一步认识到政府信息公开的重要性。

用的《湖南省规范行政裁量权办法》也开始实施。这两个地方性法规一脉相承，不仅将依法行政、高效便民的"湖南模式"推向深入，也对我国服务、责任、法治、廉洁政府建设进行了有益探索。

当然，包括湖南在内的地方行政法治建设需要以国家法律、法规为前提和基础，以保证国家法制的统一性和国家法的权威性。湖南地方行政法治的探索是形式法治的重要体现，融会了形式法治中民主、自由、平等、人权等诸多价值观念，包含着法律至上、民主政治、权力制约、司法独立、依法行政等丰富的制度意蕴，其核心是国家行政权力的依法行使。因此，国家应当充分尊重地方根据自身的地区情况在一定程度上具有法治建设的自主性和独立性，这对丰富国家法治建设的内涵具有重要意义。

参考文献

[1] 季卫东. 程序比较论. 比较法研究［J］. 1993（01）.

[2] 杨海坤. 论我国行政程序法典化［J］. 学习与探索，1996（03）.

[3] 朱未易. 地方法治建设的法理与实证研究［M］，南京：东南大学出版社，2010.

[4] 王锡锌. 行政程序法理念与制度发展、现状及评估——兼评〈湖南省行政程序规定〉正式颁行［J］. 湖南社会科学. 2008（05）.

[5] 王万华. 统一行政程序立法的破冰之举——解读《湖南省行政程序规定》［J］. 行政法学研究，2008（03）.

[6] （德）哈贝马斯著. 曹卫东，等译. 现代性的哲学话语［M］. 北京：译林出版社，2004.

[7] 唐婷，徐蓉. "湖南模式"探索服务、责任、法治、廉洁政府建设［N］. 湖南日报，2010-5-11.

（作者单位：湖南科技大学法学院）

关于推进人才政策创新的思考

胡跃福

摘　要：人才发展改革试验区建设，重在制度改革，首在政策创新。人才政策创新要坚持政策要素创新与政策体系创新并重，注重人才政策创新与经济社会发展政策创新的结合，突出人才政策创新的地方特色，把准人才政策创新的价值取向。

关键词：政策要素；政策体系；人才政策；社会发展；创新

人才发展改革试验区建设，说到底是要创新人才制度，破除一些不适应人才发展的体制机制障碍，实现人才管理体系与国际接轨。我国改革开放三十多年来经济特区的发展历程表明，制度必须经过政策创新并逐步累积才能最终确立，政策创新是制度创新的基础和先导。经济特区的发展为人才发展改革试验区建设提供了有益借鉴，人才发展改革试验区建设，要遵循并沿用这一路径，以人才政策的创新带动人才体制机制的变革。因此可以说，人才发展改革试验区建设，重在制度改革，首在政策创新。

正是在此意义上，各地纷纷把人才发展改革试验区之"特"定位在特殊政策上，大打政策牌，推出了一些颇具探索性的人才政策。但是，考察目前各地人才发展改革试验区建设的政策措施可以发现，不论是东部发达地区还是中西部欠发达地区，不论是大城市还是小城市，不论是开发区还是县（市、区），人才政策的创新往往还停留在"给票子"、"给房子"等优惠条件的比拼上，且把其作为人才发展改革试验区建设的最大政策卖点，导致各地人才政策大同小异，缺乏实质性的突破。有鉴于此，笔者认为，在当前人才政策的创新上，需要注意以下几个问题。

一、坚持政策要素创新与政策体系创新并重

无论是政策要素还是政策体系，都是一个各自独立的系统，如何加强人才政策各要素和人才政策各单元的创新，使之达到 n 个 1 相加大于 n 的效果，呈现出能有效强化政策效应的政策要素系统和政策体系的整体特性，是人才发展改革试验区建设人才政策创新要考虑的问题之一。

1. 要加快政策要素的系统创新

和其他公共政策一样，人才政策也由政策目标、政策主体、政策工具、政策资源等基本要素构成。人才政策创新，实质上是人才政策要素的创新。人才政策创新，要以制度创新为指向，既要努力避免因政策的灵活性而导致的创新人为性和短期性，又要避免因现存体制机制障碍的强大而导致的故步自封。体现在人才政策各主要要素的创新上，就是政策

目标的确立要慎重，杜绝好高骛远或谨小慎微；政策主体的确定要多样，除党政机关职能部门外，也可以探索选择企事业单位、社会化组织作为政策的执行与制定主体；政策工具的选用要多元，合理组合政治、经济、法律（法规）、市场、舆论等多种手段，而不是单一的经济杠杆；政策资源的运用要开放，在公共资源之外，大力开发社会化的资源，等等。通过这些要素的系统创新，使人才政策真正与过去有所不同，与周边有所不同，与国际日趋接轨。

2. 要加强政策体系的系统创新

人才政策体系是现行全部人才政策相互作用、相互依赖而构成的具有管理和调控功能的有机整体。从内涵上说，考察人才政策体系主要从两方面着眼：第一，人才政策体系由人才培养、引进、选拔、使用、评价、激励等一系列人才政策单元组成；第二，人才政策体系在形成过程中，各政策单元要形成一定的结构。按照这一逻辑，人才政策体系的系统创新。主要应该从两个方面着手：一是创新和完善人才政策单元体系，包括创制新政策，完善旧政策，做好顶层设计与配套措施，坚持体制内人才开发政策与体制外人才开发政策创新并重，避免政策缺位、失位。二是优化人才政策体系结构，理顺各政策单元的组合方式与协同关系，实现各层次政策单元相配套，各平行政策单元相协调，以人才政策体系结构的创新放大人才政策体系的整体功能。

二、注重人才政策创新与经济社会发展政策创新的结合

总体而言，一个社会的政策体系是由若干不同种类政策安排所构成的有机结构体，某一类政策的效果，不仅取决于其体系自身的结构状况，还取决于它与总体制度结构中其他政策的兼容性和配套性。人才政策作为整个社会政策体系中的一个子系统，是一个有限的存在，与当地其他经济社会政策的关系十分密切。开展人才政策创新，就不能不把它与这些政策结合起来考量，其兼容性与配套性客观上要求新政策与其他相关政策相兼容、相配套。在此情况下，建立政策创新联动机制，实现人才政策创新与其他政策创新的联动，就十分必要。

为实现这一目的，在人才政策创新过程中，就要通过行政协调和配合，将各个层级和部门的力量联合起来，围绕人才发展改革试验区建设中的人才问题开展统一的政策创新活动，使人才新政策出台后能得到相关政策的跟进支持，从而使得人才新政策在整个社会政策结构中发挥预期效果。具体来讲，这种联动有两个向度，一是要开展纵向的上下级之间的政策联动，二是要开展横向的部门之间、地区之间的政策联动。当前，人才政策创新，特别要强调与科技政策、产业政策，教育、社会保障等民生政策创新的联动。

三、突出人才政策创新的地方特色

建设人才发展改革试验区，最直接的目的就是促进地方经济社会的发展。我国幅员辽阔，各地资源禀赋不同，产业结构各异，发展态势和战略目标千差万别，决定了各地人才发展改革试验区的定位不应该也不可能完全一致。中关村定位于国内层次最高的国际化人才特区，是基于首都得天独厚的地缘条件和国家有关部委以及北京市的大力支持。如果中

西部城市甚至县级市的人才发展改革试验区定位都向中关村看齐，其效果和结果可想而知。为此，必须着眼于本地区发展的实际，围绕本地区产业结构调整、发展方式转变和改善民生的需要创新人才政策，突出人才政策创新中的地方特色，进而推动具有地方特色的人才发展改革试验区建设。

　　具有地方特色的人才特区人才政策创新，要把握好两个关系。一是继承和创新的关系。在政策创新过程中，一方面要对原有政策中那些被证明行之有效、且符合人才发展方向的成分加以保留并继续发扬放大，而不是全盘否定；另一方面要对原政策中无效甚至阻碍人才发展的成分加以改革和创新，通过一种新的组合将继承和创新融为一体，使之相得益彰。二是借鉴和创新的关系。学习和借鉴是政策创新中十分常见的手段，国内外相关的成功经验和做法为各地政策创新提供了有益借鉴。在人才政策创新中，一方面不能忽视这些成功的经验和做法，而是要有选择地学习和借鉴；另一方面不能盲目模仿，而是要对有益的经验、做法进行消化吸收，并在此基础上创造加工，使之更加适合本地实际，避免照搬式引进。

四、把准人才政策创新的价值取向

　　秉持什么样的价值取向，是人才政策创新需要解决的基本问题。

　　1. 要关注人才的全面发展

　　人才政策的出发点和落脚点都是人，实质上是通过对各种利益关系的调整与变化来达到对人才发展和人才工作的调整与控制。和其他社会政策相比，人才政策更加强调以人为本，对人自由而全面发展的关注更加直接，这就构成了人才政策最核心的价值取向。

　　人才政策创新，要牢牢把握这一点，在服务于人才发展改革试验区建设这一现实取向之外，更加关注人才的全面发展。通过政策创新，一方面为人才能力与素质的提升提供有效的制度安排，在增强人才自身素质的同时增强人才被需要的能力。另一方面，为人才的事业成功创造条件、搭建平台，帮助各类人才实现自我价值。同时，高度关注人才的各种需要，走出人才政策单纯注重对政策工具性一面经营完善的泥沼，防止人才政策迷失在片面的程序性、技术化之中，成为没有灵魂、没有心肝的技术支配，避免最终将"为了人的政策"异化成"对抗人的政策"。

　　2. 坚持效率优先的价值取向

　　公共政策应追求公平与效率的统一。然而，这种统一只是相对的，没有绝对的平衡，二者的矛盾与冲突不可避免，反映在政策创新上，就是对"公平优先"还是"效率优先"的选择。

　　我国政策的基本价值取向因社会发展阶段以及政策背景的不同，从绝对公平向"效率优先、兼顾公平"，再到"公平优先、兼顾效益"的演化。然而，尽管"公平优先、兼顾效益"目前已达成共识，但也不能就此认定当前人才政策创新就一定要遵循这一价值原则。人才发展改革试验区的设立，是基于国内外激烈的人才竞争态势以及经济社会发展对人才的极大需求这一背景，旨在通过在人才管理模式和政策创新上的优先权和特殊权，加快人才开发，聚集高端人才，最大限度地激发人才创新创业活力。相对于其他地区以及其他地区的人才，这和改革开放初期经济特区的设立相似，人才发展改革试验区的设立在某种程度上其本身就不是出于"公平"的考量，而是"效率优先"价值原则的具体体现。这也正是人才发展改革试验区之"特"的核心所在。

以"效率优先、兼顾公平"为取向创新人才政策，一是要大幅度创新资源组织、整合、积聚方式，驱动人才整体快速流动。二是大幅度创新资源分配方式，向人才倾斜，向高端人才倾斜；向创新倾斜，向创业倾斜。三是大幅度创新人才服务方式，为特殊人才提供个性化、国际化的服务。同时，创新基本社会保障政策，在效率优先的基础上，彰显人才政策的公平取向。

（作者单位：湖南省社会科学院）

为学而教"八环节"教学策略初探

——以边城高级中学新课程改革实践与探索为例

唐冰军

摘　要：本文依据新课改精神，以课堂教学改革为突破点，通过两年的教育实践与探索，提出了为学而教、学后再教的教学理念，并总结出一套"准备、探究、自测、讨论、展示、评讲、温习、拓展"八环教学策略，极大地调动了学生的学习积极性，使教师专业素养与学生综合素质同步提高。

关键词：为学而教；八环节；策略；预习；自主学习；协作学习

我校是一所以苗族为主的少数民族地区高级中学，校龄3年，生源基础差。创校第一年招高一新生1 100人，一个学年下来只留下近900人，学生严重流失。失流的学生除少数是家庭经济原因外，绝大多数学生是满怀信心进入高中的，他们中许多学生花了大量的时间学习，但收获很小，陷入厌学的困境，最终要么以失败者的身份退学，要么留在学校里混日子。面对如此实情，只有全面实施新课程改革才有希望。我们把课堂教学改革作为新课程改革突破口，同时大力提升教师的专业素养，培养学生与新课程改革相适应的良好的学习习惯。

一、教师是学习者

教师是具有专业知识且经验丰富的学习者，教师每天的工作就是学习。问教师记忆中最深刻的课是怎么得来的，教师们一致认为：自己独立探究、认真备课，然后上公开课，课后专家点评、教师互评，并写了课后记的课记忆最深刻。为什么呢？教师备课、上课、点评、反思的过程，其实就是按有效学习方式进行的一次有效学习的过程。备课是一个自主学习、探究的过程；上课是与人讨论、分享成果的过程；点评是复习、巩固、提高的过程；课后记则是自我强化、拓展提升的过程。根据自身的体验与平时经验，教师们总结出学生在学校的有效学习方式应有四个主要环节。一是预习环节。这个环节包括学生个体阅读、探究、自我检测等，以学生发现问题，自主学习、探究学习为主，培养学生的自学能力；二是协作学习环节。这个过程以上课为主，学生在课堂上通过小组讨论，相互释疑，教师释疑，分享学习成果，整理所学知识，形成知识网络，培养与人沟通，交流、合作的能力；三是复习环节。这个环节是教师根据记忆与遗忘的规律，让学生对当天所学进行自我归纳，及时强化；四是巩固拓展环节。学生通过作业、检测，运用所学知识解决问题，教师批改，学生查漏补缺，拓展所学。

据作者调查，某些教师自己是优秀的学习者，但教学生时却没按有效学习规律去教。一项教育心理学研究发现，不同学习方式的学习效率是大不相同的，学生采用不同学习方式对同一内容记忆的平均有效率如下表所示：

学习方式	教师讲授	学生阅读	视听并用	教师演示	学生讨论	学生实践	学生教别人
记住率	5%	10%	20%	30%	50%	70%	95%

而现实中教师采用的教学方式其有效率如下表所示：

学习方式	教师讲授	学生阅读	视听并用	教师演示	学生讨论	学生实践	学生教别人
采用率	95%	80%	70%	65%	45%	20%	5%

我校教师经反思并统计自己所采用的教学方式与学生的学习方式后惊奇地发现，在整个教学过程中，教师讲授与听教师讲授用得最多。

二、教学实践

我校教师通过学习、讨论与调查，找到了问题所在，明确了方向，开展了3个阶段的教学实践探索。

第一阶段是在课堂上进行分组协作学习的教学实验。教师们主动搬掉了自己的讲台，学生按学习能力及特长相互搭配，每班分成9个学习小组，在教室中同一小组对面而坐，完全改变了传统的教室面向教师而坐的传统。这样一来，上课教师讲得少了，小组学生之间讨论、相互学习的时间多了，小组与小组间的竞赛多了，学生真正动起来了，学生的学习积极性高涨。

第二阶段是综合协调学习用时，强化自主学习与探究学习。作者经调查发现，学生学习中缺了两个重要环节：没有预习与复习。年级组综合协调，调整教学的时间与作业量，使学生在校学习，确保课前有预习时间，上课学生有发言的机会，下课有复习的时间，作业有作业的时间。教师总结出了预习课模式，强化了自主学习与探究学习。班主任总结出了对学习小组管理的一整套办法。学生的学习自觉性明显提高。

第三阶段是全面落实，把学习方式内化为习惯。一是预习后要落实到学生的自我检测上，发现学中的问题；二是每堂课要落实到知识的验收上，发现学中的漏洞；三是每次作业后要落实到个别辅导上，及时补缺；四是每月要落实到学生阶段性评价上，总结学生的进步与不足。人是有惰性的，好的学习方式必须通过习惯固定下来，不能内化成良好习惯的方式、方法是靠不住的。而习惯的形成过程也是培养学生良好的学习品质、坚强意志的过程。为此，学校专门研究出一个471学习策略与学生的成长记录。即把有效学习的4个必要环节与7种良好的学习习惯融入学生的成长记录之中，变成学生学习生活的一日常规，由科任教师、班主任、小组成员等相互激励、相互督促，共同完成，以培养学生良好的习惯。

三、教学理念

两年的教育教学实践与探索，使我们深深体会到了新课程改革的前瞻性与正确性，体会到了对学习者的尊重以及给学习者所带来的巨大变化，结合学校实情和学生实情，我们总结并形成了如下教学理念：

（1）为学而教，学后再教

为学生而教。一切都要为学生着想，为学生的未来发展着想，既要让学生学到适应高考的知识，更要让学生掌握对自己终身发展有用的基础知识、学习方法与良好的行为习惯。

为学习而教。根据学生有效学习的规律去教，是每个教师必须遵循的有效教学原则。没有学的教是一种极大的浪费。只有当学生想学、愿学时才去教，只有当学生学后感到困惑、急于解惑时才去教，这时的教才是最有效的。

为学校而教。学校即社会，是社会中的一块净土。教师的教必须有强烈的责任感与敬业精神，维护好学校的尊严，并在教学中促进师生共同发展。

（2）先学后听，敢当先生。

学生在听老师讲课前必先对所要学的内容进行自主学习，提出问题，带着问题去听课。学生在课内课外都要敢于展示自己的学习成果，敢于当同学的小先生。学习是自己的事。

（3）学必形成习惯

有教师的为学而教就必有学生的为学而学，学生只有形成良好的学习习惯，才会终身享用。

四、"八环节"教学策略

根据教学理念，我们在教学实践中总结出了我校特有的八环节教学策略。

（1）准备

准备是学的前提，是教师对整个学的过程的整体规划。准备有四要求：一备知识。教师要深入钻研课本，通过自己的学习找到学习的方法，用以指导学生学习。熟练掌握教学大纲中该节课的要求。二备学情。了解学生的知识水平与学习习惯。三备课程。根据知识与技能、过程与方法、情感与价值观三维目标对教材进行二次开发。四备落实。分层选好预习、课堂测验、作业三层目标的题目。

（2）探究

学生在教师的引导下进行自主性学习，学生的自主性学习可以是教师先给预习提纲下的预习，也可以是教师创设学习情境下的自学，亦可是教师设计好实验情境下的自主探究。

（3）自测

自测是学生自主学习后的自我检测。该环节关键是教师出的"题"难度要适中，适合学生学习，有利于激发学生的学习兴趣，便于学生提出问题。重点是学生的"问题"，学生能通过检测，一要巩固自学知识，二要提出不懂或有必要继续探究的问题。

（4）讨议

学生把自测中所难以解决的问题在进行学习小组学习时提出来，小组成员展开议论，生生相议，师生相议。在议论中，教师要注意在小组中巡视，对学生难以解决的问题，要及时进行引导、启发、点拨，让学生得到解决问题的方法。

（5）展示

该环节主要是给学生一个展示与分享学习小组研究学习成果的平台，使学生既获得成功的体验与快乐，又能学习其他小组的经验，同时使学生的口头表达能力得到锻炼，并使所学知识更巩固。

（6）评讲

教师最精彩的活动在于用精当的语言及时进行点评与精讲。其目的有四：一是肯定学生研究的成果，并指出其独特之处，研究其中的不足；二是进一步激发学生的学习兴趣；三是精讲难点、重点，为学生示范；四是为学生构建知识网络体系。

（7）温习

温习是学生学习升华的重要一环。在该环节中，一是学生每天必须温习所学，坚持归纳，补充笔记。其关键是教师的"查"，重点是要保证学生有温习的时间。

（8）拓展

教师精编作业题，通过学生限时、限量，独立完成，以及教师的及时批改，达成学生所学知识的进一步强化、巩固与拓展。该环节关键是教师的"选题"，重点是学生的"做题"，不能忽视的是教师的及时"批题"。

八环节教学策略既是一个整体，也可拆开来用。各科教师根据教学理念及所教学科特点与内容进行组合，灵活运用。

参考文献

［1］陆怡如.积极学习［M］.上海：华东师范大学出版社，2005.

［2］肖成全.有效教学［M］.大连：辽宁师范大学出版社，2006.

（作者单位：湖南省教育学会、湖南花垣县边城高级中学）

博学与精研结合，个人与社会相融

郭杰荣

摘　要：本文结合作者自身学习工作经历，探讨了坚持目标与持续渐进对于学习的重要性，论述了对于博学与精研的认识，指出青年科技工作者不仅要有精深的本专业知识，而且要有丰富的邻近学科知识和尽可能多的其他知识。另一方面，探讨了工作成果的积累和服务社会的成就感，总结了工作成果的积累需要及早定位，持之以恒，同时又需要适时调整，不断发展的经验，强调了服务基层社会发展和经济建设的必要性。

关键词：博学；精研；社会服务

笔者作为一名高校教师，自 1995 年来到常德师范专科学校，在高校教学岗位上已经工作了 17 个年头，对这些年自己学习、工作深有体会。

一、求学方面：求学过程的持续渐进和求学目标的坚持如一

1. 求学过程的持续渐进

学习是一个循序渐进，需要长期努力的过程。努力几天、几个月是容易的，但努力上几年、几十年却是困难的。作为学生，必须树立远大的理想，对学习产生浓厚的兴趣，要有严谨治学态度和坚韧不拔的精神。按孔子的说法：十五有志于学，三十而立。古人尚且如此，我们今人条件更加优越了，更应立志求学，将学习、求知看成自己的事情，自主学习，向着自己既定的理想进军。我于 1991 年在湖南师范大学物理系学习，当年学习的状态现在学生的情况差不多，只不过那时没有电脑、没有手机，生活远比现在的校园生活单一，基本上是宿舍、教室、食堂三点一线。我们也要过四级英语，对期末考试也是忐忑不安。但总而言之，本科 4 年过得挺愉快。毕业时较为理想地分配到当时的常德师范专科学校，即现在的湖南文理学院。走上工作岗位，压力随之而来，尤其是个人知识水平方面的缺陷尤为突出。因此，我开始考研并进入西安电子科技大学无线电物理专业学习。走进西电，其老式的苏联建筑、浓烈的学习气氛就深深地感染了我。西电的两年半是我求学过程中最为勤奋的时段，我在物理光学、电磁学、电子信息学科的学术基础得到了很大程度的加强。也正因为这段求学经历与学术背景，2004 年我在没有名额的情况下仍被导师已特批的方式录为湖南大学电气与信息工程学院电气工程博士，学习集成电路与光电信息处理。现在博士毕业了，对自身学术水平的认可程度仍然不高，虽然已 38 岁了，但我还是申请进入合肥工业大学博士后流动站继续学习。求学是没有止境的，而持续渐进地坚持求学需要自身在思想上保持对学习的热情和对知识的积极渴求。

2. 求学的目标的坚持如一

就我个人来说，求学的目标是博学与精研，就是基础知识应该较为宽泛，学术研究要有专攻。我学过物理、电子技术、无线通信、光电传感、集成电路等，作为高校教师，我可以承担多门专业课程，相比其他教师，我在教学能力方面就有了优势。我在担任教研室主任期间分配教学任务，就可以对教研室老师说，教学任务大家可以先选，没有人能够承担的课程可以留给我。我院新建电子信息科学与技术本科专业时，大部分新的专业课程都是我来承担的。而且在此期间还获得过两次教学比武奖和教学质量奖，从而也得到其他教师、学院领导的认可。另一方面，对于学术研究，特别是进入博士研究学习的 7~8 年以来，我的研究方向是明确的，就是光电集成电路的设计与测试。我的导师对我们的要求很明确，成果不要多，水平足够高就行，论文也不数篇数，有 1 篇够分量的就行。我的博士论文主题内容只有 80 多页，相对工科博士论文而言算是偏少的，但是我的论文围绕一个主题进行研究，研究较为深入，发表的论文档次最高，在同期答辩的论文中获好评。围绕这一主题，我在毕业后又发表了两篇高质量论文，出版一部专著，成功申报了两项国家发明专利、两项实用新型专利。

二、工作上有两个方面体会：工作成果的积累和服务社会的成就感

1. 工作成果的积累

工作十几年以来，最大的体会是一个人获得的成绩是需要较长时间积累的。取得成果需要长期的准备：学术上的准备、能力上的锻炼、形成成果过程中的不断尝试，这都需要长时间潜下心来做工作。工作成果的积累需要及早定位，持之以恒，同时又需要适时调整，不断发展。以我为例，本科毕业刚上班时，确定一个目标就是尽快站稳讲台，成为合格的高校教师，能够从容地完成各类教学任务。我在参加工作的第一年就获得当时学校教学比武第一名，十个评委听几十堂课，独立打分，一个刚刚走上工作岗位的青年教师能够获得最高分，当然是需要刻苦训练才能做到的。而这期间，我正是坚持每天跟班听老教师上课，自己上课前除完成备课外还单独用一页纸设计课程的板书，撰写教学讲稿等。经过一轮教学，我就达到了熟练、从容的水平，单位领导和同事对我的教学能力一致认可。教学还需要有相应的学术水平，因此我开始计划在获评讲师以前完成硕士学业，而这正是在我工作的第六年即获得讲师职称的第二年完成的。在这期间，有一件事不得不提。我完成硕士论文答辩回常德的火车上，当时同行的有一位老师，我们因为同在西电攻读学位（他是读博），半师半友的关系，因而很谈得来。他在火车上问了我一个问题，他问我是否有计划在什么年纪获得教授职称。我那时 27 岁，刚获得讲师职称。按照 5 年一评的时间，我说计划 36 岁以前评到。这位老师告诉我这有较大难度，多数人很难按期评上，但是像我这样的年轻人就应该有自己的目标，而且应该从现在开始抓紧时间，不断出成果并积累，才有可能达到目标。这次谈话对我感触尤深。我在 2001 年获得硕士学位后，制订了两个 5 年计划，分别是求学和成果积累。2008 年博士毕业，今年我还未满 39 岁，教授职称获评通过，虽然比计划晚了两年，我觉得已达到了预期目标。工作的确需要占用娱乐和休闲时间，如果所有人都和你一样花时间准备，你面临的竞争会更加激烈，你获得成功的机会就会下降，但是如果你花的时间和努力更多，你就可以脱颖而出。

2. 服务社会的成就感

博士毕业以后，由于所学专业偏工科，我对应用开发有了较强意向，又正逢教育改革的新时期，从国家到地方、从高校管理机构到我们学校，都开始了教学改革，提倡创新人才培养、产学研结合的新模式。我就顺理成章地将个人的工作方向放到了服务地方产业。

在本职岗位上做出成绩，取得成就，并得到领导和群众的肯定，得到社会的承认，就会产生一种良好的自我感觉，一种积极的自信心，这就是"工作成就感"。这种感悟会使自己珍惜社会提供的施展才华的机会，把心思和精力更多地投入本职工作中，如此发展，就会形成一种"良性循环"，就会不断地引导每个人选择正确的价值取向，在各自的岗位上挖掘潜力，实现人生价值。

我担任常德市博士创新联盟理工科组长、常德市科技小分队队长，组建课题组为企业提供技术服务，共同申报完成多项产学研重点项目，技术领域包括高精度位置伺服系统、陶瓷纳米技术、超大视场镜头视频图像实时校正技术、光纤光谱测量技术等等。我们课题组的多项服务工作在常德电视台新闻频道、《常德日报》及湖南省科技厅网站获得报道，获评"常德市优秀小分队"称号。我本人还获聘为常德市电子信息产业发展顾问委员会委员，担任常德市电子信息企业协会副理事长。作为主要负责人，配合相关企业共同申报并获批了湖南省产学研结合重大科技成果转化项目（A类）、工业中小企业改制项目，2010年中央预算内计划投资项目、湖南省战略性新兴产业重大科技成果转化项目等。受常德市政府信息化办公室委托，为常德市引进大型工业项目完成了可行性论证报告。与此同时，与课题相关的技术研究和开发也进入我的教学工作计划中，每年我都单独指导10名左右的学生参与课题的研究，在提高自身技术水平的同时，学生也有了明确的学习任务、实训机会，并且能够形成作品并获得各类奖励。比如去年我指导学生完成的基于蓝牙技术的车库管理系统，根据企业的开发要求，完成了全部软硬件开发，该项目获得全国大学生电子创新设计大赛一等奖，并且申报获得国家实用新型技术专利，获得专利的还有基于热释电红外传感器的智能课桌。今年有光学测量项目已获得由学校颁发的学生科技制作一等奖，该项目正在进一步完善，争取明年获得较好的省级奖励。另外这些学生还在湖南省电子设计竞赛、湖南省挑战杯等竞赛中取得好成绩。毕业以后，这些学生的就业质量明显高于同届同学，基本都到深圳、北京、上海等地电子企业担任技术研发工作。由此也更加坚定了我学以致用、培养学生专业能力、服务地方企业的信念。

总的来说，我觉得人要有居安思危的意识和时不我待的紧迫感。居安思危，就是要不断加强学习，提高自己的业务素质和工作能力。如果不孜孜不倦地学习，在漫长的人生道路上，无论是多有才识的专家还是一般学者，都将会被社会所淘汰，陈旧的知识、思想与经验也会被时代所摒弃。有紧迫感才有效率。一个做事迅捷、高效的人，在开始每一项任务之前，先为自己规定好最后的完成期限，有了期限，也就有了压力和约束，你便会加快节奏，提高效率。当哪天突然需要你把真才能拿出来亮亮，或是靠成果竞争时，你才能从容应对。

将自己的工作经历、工作理念进行回顾与小结，对于我也是一种鞭策与激励，期望在今后的工作与学习中能够取得更多更好的成绩。

参考文献

[1] 杨乐. 学习、创新与成才 [EB/OL] . http：//www. fjrclh. com/news/show. asp？ ar-
    ticleid＝1451，2002-12-18.

[2] 眭平. "博学"是科学创新的基础 [J] . 科技导报，2012，30 (18) .

[3] 黄雪霜. 精研力学理论　勇于开拓创新 [J] . 中国高校科技与产业化，2010 (06) .

[4] 孙泽文. 地方大学"社会人"人才培养规格之探索 [J] . 内蒙古师范大学学报教育
    科学版，2012 (09) .

（作者单位：湖南文理学院）

论祁剧《梦蝶》服装的哲学意蕴

贾晓瑛

摘　要：祁剧《梦蝶》改编自"庄周梦蝶"。全剧渗透了庄子诗化哲学的精义，其服装设计以红、白两色揭示生与死的时空幻化，突出庄子学说"生死同一"的哲学主题；以"蝴蝶"、"云水"作为文化符号，揭示剧中主要人物的哲学内涵；以庄周分身角色的服饰变化，暗示庄子哲学体系的封闭与开放的双重性特征。

关键词：庄周；梦蝶；服装；哲学

祁剧《梦蝶》的故事原型来自《庄子·齐物论》中的"庄周梦蝶"和《庄子·至乐篇》中"庄周鼓盆"典故，其情节开展更多地是采纳了冯梦龙《警世通言》里的《庄子休鼓盆成大道》文本。然而，与小说不同的是，祁剧《梦蝶》扬弃了冯文中扼杀人性的封建教化主题，在剧的结尾改"庄妻自缢"为"送妻改嫁"，使全剧内容不仅统一于庄子的"人不可能确切地区分真实与虚幻和生死物化"的千古哲学命题，而且更寄寓了当下社会对人性自由的哲学思考。全剧渗透了庄子诗化哲学的精义，也充满了现代人文关怀和哲思——可以说，诗意与哲思，是祁剧《梦蝶》的灵魂。

祁剧《梦蝶》的舞美创作便是严格在这个基点上定位的：一个圆形的转台，托着一个一面高一面低的 S 形竹简屏风，从中间把圆形转台切割成太极八卦阴阳鱼形，通过转台的360 度正反旋转，带出"水墨山水"和"先秦篆书"两大中国文化元素，并由此幻化出生与死、婚与丧、阴与阳、物与我的中国人的表演时空。"梦蝶"→"扇坟"→"幻化"→"试妻"→"汲水"→"劈棺"→"改嫁"——全剧所有的场景和情节都是在这个作为中国哲学符号的简约的"太极图"中完成的。

戏剧服装是角色外部造型和性格揭示的重要手段，如何使服装为剧中主旨服务，契合"诗意与哲思"情境，该剧的服装师们应当说是煞费苦心。我们至少从三个方面看到了其匠心独运。

一、以红、白两色揭示生与死的时空幻化

以红、白两色揭示生与死的时空幻化，突出庄子学说"生死同一"的哲学主题。生亦死，死亦生，是庄子哲学的精髓。祁剧《梦蝶》的编剧巧妙地把对这位伟大哲学家的灵感来源归之于他对中国民间红白喜事的感悟。"红喜事，白喜事，本来就是一回事。"——这句从庄周巧遇的红白喜事队伍中飞扬出来的唱词，如一只纷飞的彩蝶，让庄周心旌摇动，也让观众陷入深思。这种处理不仅为全剧展示庄子哲学思想提供了一个民俗文化背景，也

为服装师以红白两色服饰来展示该剧的"诗意与哲思"引入了一个特定的文化气场。该剧服装师对红与白两色婚丧队伍服饰的处理，突出了这两种颜色对生与死的象征意义。

首先，在服装材质上突破了轿夫、皂隶等类角色服饰材料质朴、粗糙的传统做法，而改为轻柔、有透明感的纱绸。

其次，在服装形式上更加远离了生活服装的原型，与其说是衣服，不如说是披在身上的一抹颜色。特别是丧葬队伍的白色服装，袒露右臂，向一边飘逸的白纱服与生命的肉身互相映衬，让我们想起南方庄子所处的"左衽"地域文化背景。

这种改变使红、白两色脱离了传统角色服装的凝重与庄严而变得灵动、缥缈。这种从生活化到艺术象征的转变，使红、白两队服装在表演时空中流动起来。在迷幻的灯光、梦幻般的布景烘托下，它们如哲人的思绪在舞台上神秘地飞扬，引导观众直参生与死的玄机奥秘。

象征生与死的红、白两种色彩，应当说是《梦蝶》的底色。随着剧情的推演，它们在舞台上三次出现，极尽渲染、煽情之能事。第一次是在《扇坟》中作为民俗文化背景出现的，由此引出庄子"生死同一"的哲学命题。第二次是在《幻化》中作为扇坟少妇再婚与庄周试妻后幻化出殡的"情欲释放"和"死亡感喟"出现的，少妇婚嫁队伍与庄周丧葬队伍的狭路相逢，让生与死、喜与悲、婚与丧的无常人生主题，在红、白两色的碰撞、冲突、释解、交融中合二为一，激发了观众对生命过程的叩问和思考。第三次是在《劈棺》中作为庄周鼓盆嫁妻的哲学空间而存在的，在旋转的太极图舞台背景中，白色丧葬队伍的悄然退场和红色婚嫁队伍的再度登场，象征着死与生的重新转换。庄周嫁妻，高唱"开金笼，放彩凤"，这实际上是对新的生命的放飞；高唱"搬青石，涌甘泉"，这实际上是对原有生命的激活。在大幕将落之时，庄周进入物我相忘的境界，鼓盆而歌曰：自然。自然——不正是对生死转化，红白相融的大彻大悟么！

红色作为人之诞生的第一缕原色，白色作为人之死亡的最后虚空色，在中国文化中，它们是一直相通。中国人一直用这种红白互通的视角来感悟宇宙，感悟人生。在《红楼梦》中，贾宝玉在红尘大梦觉醒后，看见的是一片白茫茫的大地；而"红颜易老"、"白首蹉跎"也一直是中国人吟唱的永恒主题。在中国画里，白色则是最富有想象力的空间，它可以化生出万事万物。庄子的"生死同一"哲学命题，便是对中国文化的这种感悟的高度抽象。祁剧《梦蝶》的服装师们深谙此中妙谛，就这样用象征性的红、白两种颜色，借助婚丧服饰这个直观的民俗文化载体，把庄子的这一哲学命题演绎得淋漓尽致，让观众看得如醉如痴。

二、以"蝴蝶"、"云水"作为文化符号，揭示剧中主要人物的哲学内涵

"蝴蝶"是庄子哲学思想的重要物像基础。祁剧《梦蝶》开场表演的就是庄周于梦中化蝶，醒来复为庄周的寓言故事。《庄子·齐物论》曰："不知周之梦为蝴蝶与？蝴蝶之梦为周与？"在这里，蝴蝶俨然便是人的幻化。

或许，庄子以蝶比人，是由于蝶而结蛹、蛹而化蝶的自然生命过程，一如人类生命的生生不息过程。然而，庄子哲学中的蝴蝶，似乎还有更深的原始文化内涵。在庄子所处的南方文化系统中，至今仍有一个少数民族把蝴蝶视为人的生命之源，他们称蝴蝶为"蝴蝶

妈妈"，认为人类即蝴蝶所生。因此，我们不能把"周庄梦蝶"的故事看成是人与蝶的自然生命过程的简单比附，在这个故事中，"蝴蝶"或是一个更古老的原始文化母题，是庄子哲学的图腾文化符号。

在这里我们清楚地看到服装设计师的确是将蝴蝶作为庄子哲学的文化符号运用于剧中主要人物服装的设计的。

《梦蝶》剧中的主要人物有庄子、楚王孙和扇坟的少妇、庄子之妻田氏。前者为一个人物的两面，后者为两个人物的一面，实际上只有男与女、夫与妻两类人物。而在剧中，"妻"是蝴蝶文化符号的载体，她既是生命的创造者，又是生命的呵护者，象征着复活、欲望、对自由的追求和向人类本性的回归。《梦蝶》服装师以"蝴蝶"作为扇坟少妇、庄妻田氏服装的唯一纹式，明白地揭示了这两个人物身上所蕴含的庄子哲学的深刻内涵。

扇坟少妇在剧中的服饰十分简单，只有白色和黄色两种褶子。在《扇坟》中，她守孝时穿的是白色褶子，上面绣着蓝色的蝴蝶；在《毁扇》中，她再婚时穿的是黄色的褶子，上面绣的是红色的蝴蝶。服饰虽然简单，但细心的观众仍会看到，少妇服装上的蝴蝶符号从蓝色到红色的变化过程，其实暗示了少妇追求新的婚姻、追求新的自由的欲望从压抑到释放的全过程——亦即解脱束缚，走向自然的过程。

这一过程从庄妻田氏服装上的蝴蝶颜色变化亦得到体现。在《梦蝶》中，扇坟少妇其实只是庄妻田氏的影子。在《毁扇》中，庄周以扇试妻，虽然引发了田氏对少妇渴望再嫁行径的谴责，但她白色褶子上的红色蝴蝶符号告诉我们，她心中隐藏着少妇这种同样的欲望。至于到了《吊孝》一场，田氏白褶子上的蝴蝶变成了蓝色，这不过是庄周"死"后她心中的那种潜在欲望暂时受到压抑而已。不难看出，少妇服装上的蝴蝶由蓝变红，田氏服装上的蝴蝶由红变蓝，这种反向的错位变化，正反映了她们在追求新的婚姻、新的自由过程中的痛苦与彷徨。这是道德同人性的斗争，教化同本能的冲突。然而不管这种斗争和冲突是何等激烈，她们作为蝴蝶文化符号的载体，最后的心理走向必然是欲望的完全释放和本能的彻底放飞。当田氏在《吊丧》中遇到风流倜傥的楚王孙而怦然心动后，服装师在《汲水》、《劈棺》两场戏中，特意给田氏服装上的蝴蝶符号又设计了一个由蓝到白、由白到红的颜色变化过程，这足以见其对这一心理走向的清晰把握。

"云、水"是庄子哲学的另一重要文化符号。云和水的浑厚与阔大，犹如庄子哲学的博大精深；而它们的形肖万象、缥缈无常，亦如庄子哲学的变幻莫测。《庄子·逍遥游》中有两段关于"云、水"的精彩描述，一段写大鹏之翼"若垂天之云"、"水击三千里"；一段写"藐姑射之山"上的神人，"乘云气，御飞龙，而游乎四海之外"。每当我们读这两段文字，都会心驰神迷，茫茫然不知所归。真不知道这是"云、水"的力量，还是庄子哲学的力量，但我知道，庄子哲学是无论如何离不开"云"的张力和"水"的浮力的。祁剧《梦蝶》的服装师准确地认识到"云、水"与庄子哲学的相通相似之处，以"云纹"和"水纹"符号作为剧中庄周服装的文化识别，可谓精当之极。

传统戏剧服装纹饰有龙、凤、鸟、兽、鱼、虫、花卉、云、水、八宝、暗八仙等，"云、水"本是其常见的纹饰图案之一。但《梦蝶》中庄周服装上的云水纹图案显然不是传统戏衣上的云水纹图案的照搬，而有了新的文化象征意义。这一点，从《梦蝶》中庄周服装上的云水纹与传统戏衣上的云水纹的不同造型和构图的非对称性，及其在特定部位的夸张、强调部分可以看出来。就庄周服装上的云水纹图案而言，与其说它是一类戏剧角色的区分代码，不如说是一种人物精神的特定标签。符号学家福柯说："符号与其所指的关系形式，通过适合、仿效、特别是同感这三者之间的相互作用来显现。""符号在呈现为被自己所指称的物的同时，还必须呈现为认识的对象。"毫无疑义，从庄周服装上的云水纹图案的特殊处理来看，服装师将"云纹"和"水纹"作为庄周服饰的文化符号，是完全建立在对"云、水"与"庄子哲学"这一认识对象的"同感"基础上的。

无论是"蝴蝶纹"还是"云水纹"，从符号的角度看，在祁剧《梦蝶》中它们都已经超出了传统戏剧服装纹饰的意义。不管是作为文化母题的"蝴蝶"，还是作为庄子哲学精神象征的"云、水"，在观众眼里，它们的装饰效果都已经不再重要，观众关注的只是它们与剧中"诗意与哲思"情境的巧妙融合。所以，随着演员庄周在舞台上的一举手，一投足，以及少妇与田氏的水袖飘扬，它们才这样让人魂牵梦萦。

三、以庄周分身角色的服饰变化，暗示封闭与开放的双重性特征

道家的思想体系兼有封闭性和开放性的双重特点。作为道家思想体系的主要建立者之一，庄子的哲学体系也具有封闭与开放的双重性，这由庄子哲学中内在的、由庄子自己提出来的矛盾现象所表现出来。

庄子哲学体系的这种双重特点，在祁剧《梦蝶》中亦得到充分体现。这主要表现在对"情欲"的压抑与放纵、否定与肯定上。全剧的戏剧冲突都是围绕着"守寡"还是"再婚"这个矛盾的焦点而展开的。这表面上看是庄周、楚王孙、少妇、田氏各种剧中人物之间的矛盾冲突，实质上只是庄周内心矛盾冲突的戏剧化显现。庄周试妻，其实是在试自己，是对自己内心潜在情欲的窥探。

在这里我们不妨借用弗洛伊德的"本我、自我、超我"理论来做一分析。1923 年，弗洛伊德提出相关概念，以解释意识和潜意识的形成和相互关系。所谓"本我"，是与生俱来的人的一种潜意识，它遵循享乐原则，意为追求个体的生物性需求如食物的饱足与性欲的满足，以及避免痛苦；所谓"自我"，它介于本我和超我之间，大部分有意识，负责处理现实世界的事情；所谓"超我"，是人格结构中的管制者，部分有意识，由完美原则支配，是至善的我，属于人格结构中的道德部分。

如果我们认识到祁剧《梦蝶》中各种人物的矛盾冲突只是作为哲学家庄子的内心矛盾冲突的戏剧化，那么我们不难看出，楚王孙（包括少妇和田氏）即庄子潜意识中的"本我"；帮少妇扇坟和以扇试妻的庄周即庄子人格中的自我；而"死"后隐形现身的庄周，则是庄子人格中的"超我"。

这里我们感兴趣的是，《梦蝶》的服装师是如何从"服饰"的特殊角度来对这一复杂的人格心理过程进行展示的？

剧中的"楚王孙"本来就是"庄周"分身出来的形象，他与新寡的田氏一见钟情，冲破所有道德约束，在庄周的灵堂与田氏成亲，体现的正是庄子潜意识中本我"享乐原则"的力量。在《吊丧》、《成亲》两场中，服装师给楚王孙设计的服饰是一袭亮丽华贵的淡红色男披，上面绣着似云似蝶的红色花纹图案。红色象征着情欲和冲动，符合"本我"特征；而这"似云似蝶"的花纹图案，似乎又在暗示他作为庄周分身形象与庄周的内在联系，以及作为庄子潜意识中的"本我"与庄子潜意识中的"本我"的另一形象

——少妇、田氏的符号重叠。

作为庄子人格中"自我"形象的哲人庄周，在剧中饱受"本我"和"超我"的挤压。他帮少妇扇坟，化身楚王孙与田氏调情并与之成亲，反映了庄子潜意识中"本我"力量对"自我"的冲击；而在《吊丧》、《汲水》两场中，"死"去的庄周现形在舞台上的心理活动表演，又体现了庄子潜意识中的"超我"力量对"自我"的压迫。服装师给这位哲人庄周设计的服装是一袭飘逸的蓝色男披和一件蓝色的褶子。蓝色作为"三原色"之一，在色谱中具有重要作用。一方面，"青出于蓝"，它可以与红、黄两色调变出各种颜色，极具开放性；另一方面，它作为"原色"，又显得沉稳、庄重、老到，具有封闭性。因此，蓝色最能体现"自我"在"本我"和"超我"的挤压下经过调节所达到的心理平衡状态。

在《梦蝶》中，服装师给庄子人格中的"超我"形象设计的是一件香色褶子，上面绣着"水纹"。这个"超我"作为出窍的灵魂，曾在舞台上两次出现，一次是操纵纸扎人"二百五"为童，欲变身"楚王孙"对田氏进行道德审视；另一次是田氏与楚王孙汲水后，它躲在暗处对春心荡漾的田氏进行观察，念道："想到此不是滋味，我怎么自己吃起自己的醋来了？"这反映了"超我"对"本我"的管制，和在"自我"的调节下，对本我情感的某种程度上的升华。在中国文化中，"香色"是一种很神圣的颜色。清代昭梿的《啸亭续录·香色定制》曰："国初定制，皇太子朝衣服饰皆用香色，例禁庶人服用。"香色的尊贵和高高在上，与人格结构中的管制者——由完美原则支配的"超我"身份是十分吻合的。

哲学家庄子一生都执著于道的统一，又困苦于道的开放。在《庄子·天下》中，他悲痛百家"往而不返"，有损"天地之纯，有损天道的统一"；在这里，庄子的"道"似乎是"纯粹"和"统一"。但在《骈拇》中，庄子的"道"又承认"百家"的存在，认为无论是"凫胫之短"还是"鹤胫之长"，都是合乎天性的，如果对它们强行改变，便会痛苦。庄子的这种"道"的双重特点自始至终存在于他的哲学体系的各个部分，犹如"超我"同"本我"的对立而无时不在。作为服装设计师，或许当时并没从哲学的层面去考虑《梦蝶》中庄周服装颜色的选择问题，但她们对庄周及其分身形象的服装颜色处理，却恰好揭示了庄子哲学体系中内在的矛盾冲突和作为哲学家的庄子的多重人格纠葛。

我们感谢《梦蝶》的服装师在使我们享受到不同服装颜色所产生的视觉愉悦的同时，也享受到了一场哲学的精神大餐。

参考文献

[1] 陈鼓应．庄子今注今译［M］．北京：中华书局，1983.
[2] 米歇尔·福柯．词与物［M］．上海：上海三联出版社，2001.
[3] 西格蒙德·弗洛伊德．自我与本我［M］，上海：上海译文出版社，2011.
[4] 昭梿．啸亭续录［M］．上海：上海古籍出版社，2012.

（作者单位：湖南省湖湘文化研究会、深圳市福田区福强小学）

湖湘文化与创新湖南

曹山河

摘　要：文化与创新有着非常密切的关系，一方面，文化影响并推动创新，对创新起着引领、教育、服务与推动的作用。另一方面，创新反作用于文化并促进文化的发展，对文化起着改宗、转型、重塑与超越的功能。就湖南区域来看，湖湘文化作为古老而优秀的地域文化，对创新湖南的建设起了重大的推动作用。同时，我们也应清醒地看到，湖湘文化中的缺陷因素仍然制约着创新湖南建设的加速发展。因此，探讨湖湘文化与创新湖南的关系，弘扬湖湘文化的优秀特质，重塑湖湘文化形象，进一步推动创新湖南建设又好又快发展，有着十分重大的理论意义与实践意义。

关键词：湖湘文化；创新湖南；湖南建设

湖湘文化作为古老而优秀的地域文化，对创新湖南的建设起了重大的推动作用，湖湘文化的优秀特质孕育创新湖南建设取得了丰硕成果，湖南经济总量跃居全国前十名，湖南区域整体创新实力排全国第十一位。同时，我们也清醒地看到，湖湘文化中的缺陷因素仍然制约着创新湖南建设的加速发展，湖南作为文化人才强省却未能跻身全国经济强省，湖南作为科技教育强省却未能站在全国创新前列。因此，探讨湖湘文化与创新湖南的关系，弘扬湖湘文化的优秀特质，重塑湖湘文化形象，进一步推动创新湖南建设又好又快发展，有着十分重大的理论意义与实践意义。

一、湖湘文化与创新湖南的内涵与特征

1. 湖湘文化的内涵与特征

（1）湖湘文化的内涵

湖湘文化是一种具有悠久历史和深厚蕴涵且独具湖南地域特色的区域文化，历史上从春秋战国时期一直到近现代，它对我国民族文化传统的形成与发展产生过十分重要的影响，在中华文化中有着很强的代表性。湖湘文化的发展经过了三个阶段、两次转型。第一阶段为"道德"文化阶段，从屈原、贾谊到周敦颐、王船山，以至近代的陶澍、曾国藩等，从春秋战国到中国19世纪，历时两千年之久，这一阶段的湖湘文化整体上是一种道德文化，以小农经济为经济基础，以修身、齐家、治国平天下、崇尚官场为价值取向，倡导道德文章、忠君爱国、维护封建统治为目的的以伦理道德为核心内涵的文化体系。第二阶段为"革命"文化阶段，从鸦片战争到洋务运动，从维新运动到辛亥革命，从旧民主主义革命到新民主主义革命，一代代湖南政治精英影响乃至左右着中国的历史，湖湘文化在

近现代逐渐演变为一种革命文化。特别是以毛泽东、蔡和森、刘少奇为代表的中国共产党人，成功地实现了湖湘文化的历史超越，将马克思主义同中国的具体实践高度结合起来，指导中国革命取得了胜利，建立了新中国，并开辟了中国的社会主义道路。这一阶段湖湘文化完成了由道德文化转化为革命文化的第一次转型。第三阶段为"发展"文化阶段，当今世界的主题是和平与发展，中国进入改革开放的新时期以来，党的政治路线毅然由"以阶级斗争为纲"转向"以经济建设为中心"，社会经济、政治、文化等各个领域发生了根本的变化，社会权力也正如美国著名的未来学家阿尔文·托夫勒在《权力的转移》一书中所说的那样——在暴力、财富与知识中发生游离。在这样的和平与发展的背景下，特别是进入21世纪的重要战略机遇期，湖湘文化迫切需要从"革命"文化向"发展"文化转化，这也是湖湘文化面临现代化建设的第二次转型。目前，这一阶段正在进行过程中，第二次转型尚未完成。

（2）湖湘文化的特征

尚独强韧。尚独指的是独树一帜，独辟蹊径。理论观点自成一体，独到见解。不信教条，敢于自我创造，敢于开风气之先河。"无所依傍，浩然独往"，这一傲然不群、卓然独立的文化性格，为湖湘文化所继承和发扬光大，成为一种"敢为天下先"的新型品格。强韧是指坚韧固守、百折不挠的顽强精神和斗志，旗帜、方向一经确定，就会矢志不移、"咬定青山不放松"，一以贯之、坚持到底、直到成功。

经世致用。经世是指"经世济民"，要深入研究人类社会、自然界和人类思维；致用就是利用认识掌握的规律和方法来为现实社会服务。经世致用是湖湘文化知识阶层居主导地位的文化价值观，这种价值观认为，一种文化学术的价值标准是它的实用性，即由文化学术价值向政治伦理价值的转换。主要思想有：通过"格君心之非"来塑造理想君主，从而重新建立统一的社会价值系统。遵循实事求是的学风，研究学问要和社会实际相结合，不要空谈，要活学活用。对待外来文化方面，主张在传统文化与西方文化的交融中寻找一条救国自强、民主富强之路。

创新求变。湖湘文化博采众长、兼收并蓄，其发展历史就是不断创新、不断变革而创立出新思想、新理论的历史。突出表现有三个方面：其一，对传统文化理论的合理继承与鉴别吸收，对于儒家、释家、道家、兵家、法家，湖湘文化都能尽情汲取其精华为"我"所用，而且是恰到好处。其二，对于外来文化（含器物文化）表现出诚恳虚心接纳的态度，并及时消化再创立出新成果来。其中外来理论总是被巧妙嫁接到自己的体系之中而圆润自然、浑然一体，外来器物总是被作为引子、师其长技、推陈出新。其三，不断吸收新时代精神的最新信息、最新元素与最新营养，以使特定时代的湖湘文化具有与时俱进、与时代人们息息相关的崭新气息。因此，充满创新求变精神的湖湘文化在近150年以来，总是能够成为中国一切变化理论和思想的故乡和策源地。

合作共进。近现代以来，秉承湖湘文化特质，在中国历史舞台上上演出一幕幕精彩喜剧的三湘儿女，有一个共同的特点，就是团队意识、合作精神非常强，一个个团队、一个个群体精诚团结、生死与共、驰骋九州、不离不弃，在领袖的号召下凭借集体智慧共同建立惊天伟业。呈现出三湘大地英雄辈出、灿若群星的美好历史图景。具体表现在：文化理论的构建有海纳百川的胸襟，在以己为核心的基础上能充分容纳兄弟省份友好学派的观点与学说；伟大的社会实践中，湖湘子弟坚持团结各地优秀人才搞五湖四海，聚天下才智以成大业。

当然由于地域的缘由和历史的局限，湖湘文化也存在一些明显的缺陷，如重军政而轻经济、重农业而轻商业色彩很浓重，内陆地势造成的封闭意识相对较强而开放意识不够，内部凝聚超然自大意识较强而平等诚信意识不足，性格特征上刚性直进有余而柔性回旋不足，等等。在我国建设中国特色社会主义新的时期，这些缺陷需要努力克服并重塑崭新形象。

2. 创新湖南的内涵与特征

（1）创新湖南的内涵

创新湖南建设具有丰富的内涵，概括起来，就是要把创新作为一种科学价值观和社会实践方法论运用到湖南经济社会发展的各项事业之中，将创新发展战略提升到湖南核心发展战略的高度，深化科技体制改革，实施科技创新工程，大力增强自主创新能力，完善政策体系，优化创新环境，高效整合创新主体能力、创新资源、创新宏观环境、创新绩效等创新要素，充分吸纳省内外、国内外的创新资源向本省聚集，与兄弟省份特别是周边省份以及国际发达地区或企业合作协调共赢发展，从而使湖南形成具有极强创新能力和整体综合竞争力的中部强省。

（2）创新湖南的特征

时代性。创新湖南建设是进入 21 世纪湖南要汇入世界创新浪潮的必然选择，是湖南作为内陆省份长期依靠资源和劳力走资源密集型强省之路向新时期依靠创新走新型工业化、新型城镇化、农业现代化和信息化之路的时代要求。

创新性。创新是一个经济学术语，现在看起来更应该成为一个价值论术语，无论是技术创新、知识创新、知识技术的传播、知识技术的应用等多个方面的创新内容，都应理解为是创新的旧的价值形态向新的价值形态彻底转换的产物。

系统性。创新是一个非常复杂的系统，湖南区域创新系统就包括创新主体能力子系统、创新资源子系统、创新宏观环境子系统和创新绩效子系统，而且子系统之间又是一种相互联系、相互作用、相互促进的过程。

集聚性。创新不仅仅就是一项两项新成果新成就，而是区域内部和外部大量创新要素向湖南区域集聚，如人才、资金、项目、先进技术、先进设备、信息资源、政策资源等许许多多优势资源向湖南区域汇集并且相互激荡、相互碰撞，从而催生出无数创新成果。

内生性。外因是变化的条件，内因才是变化的根据。创新湖南建设归根结底是要依靠湖南内部力量来大力提高自身的自主创新能力，即使是引进外部优秀的创新成果，也要对其进行引进消化吸收再创新，确实增强自身的内部造血功能。

开放性。当今世界是一个完全开放的世界，无论是市场、产品、技术以及人才、政策等，都是一个全球性的结构。因此，创新湖南建设一方面应当充分吸纳世界优秀的创新成果，另一方面湖南区域的创新成就也应大踏步地走向世界市场。

可持续性。可持续性是一个区域在某些领域保持创新领先或先进地位的必不可少的特性，创新的前瞻性决定了区域创新只能是有所为有所不为，要保住区域已有的创新成果的先进地位，必然要在人才、资金、政策等多方面持续投入，以确保创新的可持续性。

协调性。创新是一个全社会共同参与的巨大工程，创新的主体包括企业、科研院所、大学、政府以及社会中介组织在内的社会各界，不同的创新主体之间需要相互协调、相互配合、相互支持、相互融合，才可能产生很高的创新绩效，才能实现区域创新目标。

二、湖湘文化的优秀特质孕育创新湖南建设取得丰硕成果并制订科学发展目标

1. 湖湘文化的优秀特质孕育创新湖南建设取得丰硕成果

进入新的世纪，湖湘子弟解放思想、与时俱进、锐意进取，实施后发赶超战略，创新湖南建设取得可喜成绩，特别是通过近些年的努力，湖南区域创新能力水平在全国 31 个省（市、自治区）中的综合排名，已由 2007 年的第 16 位、2009 年的第 15 位上升至 2010 年的第 11 位，2011 年保持了第 11 位，在全国居于中上游水平。尤其是创新绩效方面，湖南由 2005 年的第 29 位上升至 2009 年的第 17 位，2011 年进入第 9 位。

三湘科技英才求真务实、攻坚克难，深入推进自主创新。一批世界 500 强、中国 500 强企业和战略投资者进驻湖南，一批优势本土企业成功走出去实现跨国经营。在湘投资的世界 500 强企业达到 125 家，与 71 家央企对接项目 294 个、引进到位资金 2 000 亿元。同时，制定和实施《创新型湖南建设纲要》，着力实施九大创新工程。全省相继取得了炭/炭复合材料、超级杂交水稻、"天河一号"超级计算机、中低速磁悬浮列车等一批国际领先的科技成果；获国家科技奖数量连续 6 年排全国前 5 位；科技进步对经济增长的贡献率达到 51.5%。

2. 湖湘文化的优秀特质孕育创新湖南建设制订科学发展目标

湖南省人民政府发布的《2012 年创新湖南建设纲要》，明确提出了创新湖南建设的战略目标。

近期目标有：到 2015 年，全民创新意识明显增强，开放协同创新水平显著提高，科技成果转化率和科技进步贡献率大幅度提升，全社会创新格局基本形成，具有湖南特色的创新体系基本建成，为创新湖南建设打下坚实基础。创新能力显著提升。科技创新综合能力进入全国先进行列。每万人发明专利拥有量达到 1.6 件，研发人员发明专利申请量达到 12 件/（100 人·年）。国际科学论文被引用次数进入全国前 10 位。创新资源总量与质量显著提升。全社会研发经费投入占地区生产总值比重提高到 2%。研发人员总量达到 10 万人/年。建成一批重大科研基础设施和科技创新平台。创新绩效显著提升。科技进步贡献率达到 55%。高新技术产业增加值占地区生产总值比重达到 25%；战略性新兴产业增加值占地区生产总值比重超过 20%；单位地区生产总值能耗和二氧化碳排放量分别降低 16% 和 17%；技术市场合同交易额达到 100 亿元。全民创新意识与公民基本科学素质显著提升。全社会形成敢为人先的创新创业文化氛围，公民具备基本科学素质的比例明显提高。

创新湖南建设的长远战略目标是：到 2020 年，科技进步贡献率达到 60%，全社会研发经费投入占地区生产总值比重提高到 2.5% 以上，研发人员总量达到 18 万人/年，高新技术产业增加值占地区生产总值的比重达到 35% 以上，其他主要指标均达到创新型国家建设要求，综合创新能力进入全国前 10 位。

三、弘扬湖湘文化优秀特质，重塑湖湘文化形象，推进创新湖南建设加速发展

弘扬湖湘文化优秀特质，重塑湖湘文化形象，结合我们近些年来对创新湖南建设的实证研究取得的成果，提出以下创新湖南建设建议：

①注重增强开放意识与合作意识，打破创新主体的封闭意识和单干意识，努力促进湖南创新要素跨省跨国流动。切实提高创新主体能力水平，关键是增强技术创新能力与知识技术的应用能力水平。切实提高政府科技投入，政府引导社会形成民间资金与科技、金融资本与科技的融合；完善对科技创新的风险投资机制；增大专利申请量。

②营造公平、诚信、互助的良好氛围，增强合作与宽容意识。优化创新宏观环境，着重从体制与政策上下工夫。重视和发挥民营科技企业在自主创新、发展高科技产业的生力军作用；加大对中小企业特别是高新技术企业的金融支持；通过价值引导、政府采购、税收优惠、贷款快捷等措施，大力扶持符合"两型社会"建设的产业发展。

③以海纳百川的宽广胸怀吸引海内外、省内外的投资商与创业者来湘发展事业。加大创新的资源投入，尤其是大中型企业技术改造的投入以及教育与信息的投入。提高企业技术改造的投入，使企业真正成为创新、投入、市场三个主体。

④发扬真抓实干、"扎硬寨、打硬仗"精神。努力提高创新的绩效水平，狠抓劳动生产率的提高，扩大经济总量；提高产业的集中度，做大做强优势产业；着力培育战略性新兴产业，大力发展高新技术产业；努力提高第三产业比重，降低第一产业比重；扩大出口。

⑤求实、求细、求精，加强管理长效机制的建立。建立市（州）区域创新能力水平发展的监测机制和激励机制。参照国家每年公布《中国区域（31 个省、市、区）创新能力报告》的做法，采用科学评价手段，每年公布 14 个市（州）的创新能力指数，揭示其优势与劣势，利于各个市（州）、各个领域准确定位，发扬优势，弥补不足，整体提高创新水平。

⑥放眼看世界，看中国，看湖南，增强全局意识，加强创新宏观战略管理。科学规划全省创新战略布局，逐步形成湘中国家级创新中心（以长株潭为中心，带动衡阳、岳阳、娄底、常德、益阳）、湘南省级创新中心（以衡阳为中心，衡阳具有双重角色，相对湘中国家级创新中心来说是 3 + 5 成员，相对湘南省级创新中心来说是中心城市，带动郴州、永州、邵阳）、湘西省级创新中心（以怀化为中心，带动张家界、湘西自治州）等三个创新中心的格局，调动三个积极性，有效整合区域资源，发挥区域创新系统的集团优势，利于湘中、湘南、湘西三个区域协调发展。湖南省 3 个创新中心（对应湖南省 3 个试验区）的建设紧紧围绕 5 个方面进行：一是基础设施，二是产业结构的布局与整合，三是区域市场的功能定位与互补，四是城市建设与新农村建设，五是生态建设与环境保护。湖南省 3 个创新中心（对应湖南省 3 个试验区）的建设符合发达国家与地区（如美国、英国、日本、韩国等）总是形成 2～3 个创新中心（对应 2～3 个经济中心）的创新格局或经济发展格局。到 2020 年，湖南省 3 个创新中心（对应湖南省 3 个试验区）的中心城市的经济总量将会达到全省的 60%～70%。

参考文献

[1] 中共中央. 十八大报告全文 [EB/OL]. http：//Phycjy. Pinghu. gov. cn/readnews. asp?
    id = 3121.
[2] 周强. 科学发展谱写富民强省新篇章 [J]. 求是，2012 (13).

（作者单位：中共湖南省委党校）

海峡两岸促进文化交流与合作的思考

——基于湖南和平文化的视角

戚钧科

摘　要：促进台海和平、发展两岸关系，首先应通过加强海峡之间的文化交流来减少彼此的陌生感、疏离感。两岸有许多共同的历史及文化记忆，这是两岸人民不可或缺的精神财富，需要整理、传承和弘扬。以湖南和平文化为样本勾连相关历史事件和文化脉络，发挥其文化影响力，有助于加强彼此的互信互谅、凝聚民族精神、增进两岸共识。

关键词：两岸；交流；湖南和平文化；功效；途径

从某种意义上讲，人类的发展史就是和平与战争交替演变的历史。自 2000 年被联合国大会定为"国际和平文化年"后，和平文化由此成为新世纪和新千年的基调和准则——有助于解决冲突并致力于全球和平建设如和平谈判、和平研究及能倾听他人意见、能理解他人的文化被定义为和平文化；与此同时，战争和暴力文化则被彻底抛弃。对于中华民族来说，和平思想及和平文化源远流长，有其历史创造积累和独特精神记忆。

胡锦涛在党的十八大报告中指出，希望"协商达成两岸和平协议，开创两岸关系和平发展新前景"；此前一年发布的《中国的和平发展》白皮书宣称："中华民族是爱好和平的民族，中国人民从近代以后遭受战乱和贫穷的惨痛经历中，深感和平之珍贵、发展之迫切……要和平，不要战争；要发展，不要停滞；要对话，不要对抗；要理解，不要隔阂，乃大势所趋、人心所向。"在海峡两岸深入往来、不断加深理解的新的历史时期，弘扬和平文化，对于促进两岸文化交流与合作、构建两岸和平氛围将发挥其独特作用。

一、以湖南和平历史事件唤醒民族情感

湖南和平文化是指由湖南抗战文化遗产转化而来，以战争与和平相关事件、史实、轶事、遗迹、纪念物及所附加的意义、影响为基本载体，促进和平交流与建设的文化。回顾历史，国共双方在民族危机深重的时刻共赴国难，"兄弟阋于墙而外御其侮"，推动形成中国抗日民族统一战线，以正面抗战和敌后抗战、阵地战、运动战相结合，浴血奋战，驰骋疆场。作为抗战中后期重要战场的湖南省，"心忧天下"、"敢为人先"的湖南人民奋起反击，"平均 15 人中就有一个人参军，居全国人均参军人数第一位""国民政府……八年征募兵 203 万人，占全国征募兵总数近 1/6……在全国正面战场服役的湘籍国军官兵伤亡 48 万余人。""在全国抗日战争 22 次正面战场会战中，在湖南进行的就有 6 次……中日双方投入湖南战场的兵力占各自总兵力的 70% ~ 80%"；三次长沙会战及常德会战、衡阳会

战、湘西会战，"战时湖南人口以伤亡近 372 万人"的代价，推动了全国的抗日进程，也极大改变了世界人民反法西斯战争的全局，使湖南成为压在侵略者头上最大也是最后一座大山。尤为重要的是，发生于湖南的重大历史事件"芷江受降"，标志着日本侵华战争失败、第二次世界大战暨世界反法西斯战争的结束，成为东亚地区步入和平时代的起点。湖南救亡图存的进程从反战争始至缔结受降条约终，湖南保卫和平、维护和平的意志和力量得到最充分展现——以捍卫和平、追求和平、维护和平为核心理念而形成的文明形态，成为湖湘文化的重要组成部分；从过去的革命文化、战争文化向建设文化、和平文化转变过程中，它成为湖南精神的核心内容。

60 多年前的战争硝烟已经散尽，但中国抗战志士的宝贵遗产，尤其是当年发生在湖南的反战争、保和平的大事件及相关历史记忆，不仅为中国大陆人民所珍藏，也为海峡对岸曾亲身参与那场战争的战士及其家人、后代所珍视。在海峡两岸共谋和解、和平的大趋势下，湖南和平文化作为沟通海峡两岸中国人的共同语言和重要元素，成为各自构筑精神品格的基础，浓缩了民族感情，强化着对岸人民的故土意识。挖掘并利用好丰厚的湖南和平文化资源，无疑具有重要的现实针对性，对服务两岸双方的交流合作将产生直接效用。

二、以和平文化增强中华文化凝聚力

中华民族传统文化尽管学派众多，并各有主旨和侧重，但却都有和平、仁爱的思想，和平文化已成为中华文化最核心的价值取向之一。儒家思想的核心是爱人，主张"四海之内皆兄弟"，道家始祖老子提出通过谦让达到和平的思想，墨家强调"兼相爱"。英国哲学家罗素显然也从中认识到中国人的特点，并且高度赞赏中华民族"和"的品质，他认为，"在中国人所有的道德品质中，我最推崇的是他们平和的气质，这种气质使他们在寻求解决争端时更多地是讲究平等公正，而不是像西方人那样喜欢仰仗实力。"

海峡两岸阻隔已久，虽然政治制度、意识形态、价值观念方面存在不小差异，且台湾还受到过殖民侵略的冲击和西方世界的影响，但两岸同胞作为血脉相通的炎黄子孙、龙的传人，一直受到中华传统文化的耳濡目染，在哲学理念、社会伦理道德上有着共同的传承。中华文化所展现出的生命活力和包容性，几千年来一直渗透在两岸人民的精神和物质层面，无论语言文字、思维方式、生活习俗等都大同小异，形成了可相互理解且比较稳定的文化符号和文化认同。这种文化符号和文化认同作为一种形态固化后，较少因环境、地域及经济生活的变化而受到影响。

台湾文化在明清以降更多体现出"尊孔敬儒"的特点，儒学传统中基于春秋大义、强调忠孝爱人、修身养性等思想处于主流地位；19 世纪后，它更是成为台湾民众反抗日本侵略、抵制殖民文化的重要武器，并与本土"妈祖文化"所体现的见义勇为、扶危济困的"大爱"精神一道，反映出台湾人民的和平理想和追求。湖南和平文化是中华传统"和"文化一脉相承的支流，因抗战而意义彰显，它清晰地沿着大败倭寇的戚家军、收复台湾的郑成功等维护国家独立的先辈们的轨迹，体现着中华民族不屈抗争、救国图存的血气。就大陆之外的中华文化包括和平文化而言，它作为一种精神母体连接着四海华人，为他们提供着精神慰藉，强化着文化自觉。当湖南和平文化和台湾文化中的和平思想一同作为中华文化的核心内容体现出来，无疑烙上了使"天下兼相爱，国与国不相攻，家与家不相乱"

"……强不执弱，众不劫寡……"的印记，其中爱国爱家的传统精神在此汇聚并得以发扬光大。

三、以和平文化旅游增进文化认同

在以文化为主要内涵的旅游方式日渐盛行的今天，和平文化旅游主题的切入恰逢其时。越来越具有现实影响力的和平文化诉求、日渐稀缺的和平文化实物资源在和平与发展主题下彰显着独特魅力。以抗日战争遗存的和平文化资源来说，其中许多抗战遗迹、纪念性碑塔建筑等都是和平文化的物质载体。这些抗战遗迹许多因当年抗战需要而修建的防御工事、纪念碑塔也是因纪念抗战牺牲的英烈而建造，尽管其初衷并不是为了旅游而建，但是随着岁月的变迁，人们为追思当年的抗战历史，缅怀抗战英雄，从中吸取凝聚民族精神的强大动力，由此而形成与旅游相伴而生、相辅相成、相映生辉的联动效益，不失为一种多赢的选择。

八年抗战，湖南人民付出了惨重的民族牺牲，为全国抗战胜利作出了重大贡献，应当为历史谨记；和平时代，由此而转化来的和平文化，更值得保护、挖掘并应用于实践。仅以湖南现代的和平文化旅游资源而论，长沙现存有岳麓山陆军73军抗战阵亡将士墓、岳麓山清风峡作战指挥部、响鼓岭长沙会战碑、南黄庞墓至五道梯处陆军第四军抗敌阵亡将士墓、师大文学院樟园内陆军第10军第三次长沙会战阵亡将士墓；株洲有留芳园"抗日阵亡将士纪念碑"；常德有市中心74军公墓及城区抗战防御工事群；衡阳有良口镇石榴花抗战公园63军抗日阵亡将士公墓、黄竹朗62军157师抗战将士纪念碑、衡阳会战阵亡将士纪念塔，张家山衡阳保卫战陆军第10军阵亡将士墓；湘西一带有湘西会战（雪峰山会战）遗址，如美国抗日飞虎队及陈纳德纪念馆、保靖县矮寨抗战遗址；湘中地区有邵阳市中山公园六岭山"抗日阵亡将士纪念碑"，江口陆军第74军湘西会战阵亡将士纪念塔等，可资发掘、保护、开发的遗址遗迹不下50处。

湖南和平文化旅游逐渐为人所知并升温。以芷江抗日战争受降为主题的"湖南芷江（国际）和平文化节"至今已举办四届，吸引了世界爱好和平人士的目光。越来越多的两岸中国人，通过实地观览衡阳抗战纪念城（馆）、芷江受降纪念馆等散布于湖南境内的标志性建筑，了解到战争的残酷、和平的价值。这些和平文化的载体，已不仅仅是简单的实物遗存，它作为一种可资推广的旅游资源，镌刻在所有观瞻者的内心，引起爱和平、反战争的共鸣和反思——如果国与国之间的侵略与反侵略最终仍要以缔结和平条约的形式终止，那么作为同属中华民族的两岸人民，实在没有理由破坏台海之间长期保持的和平与安宁现状，这也切合了"和平文化旅游"的题中应有之义。

四、以和平文化交流和教育扩大两岸共识

以联合国大会宣布的国际和平文化年为起始，和平文化概念已被大众接受，即非暴力、宽容、合作、对话与谅解。湖南深厚的和平文化资源及其背后的历史价值和意义，需要通过交流彰显并提升。两岸人民基于血缘、情感尤其是共同经历战胜暴力的体验，将对两岸关系特别是促进台海和平起到不可替代的作用，至少它可以形成并集中民意，部分消

除认识上和情绪上的对立、误会，化解因对彼此政治体制不了解而产生的陌生感、隔离感。两岸可借此在特定的时日开展纪念活动，举办论坛，组织两岸团体共同交流、互访，可经由先民间再官方、先小团体再大范围、先一般人士再高层人士等循序渐进的方式，形成活动的常态化、协商的机制化，保持两岸的良性互动。

扩大湖南和平文化的影响力并强化两岸人民的和平共识，要以青少年为对象，以文化产品为载体。当务之急是恢复被废弃或因历史原因遭到破坏的相关历史遗存，如可以以三次长沙会战为背景，择址在长沙建设和平文化主题公园，在衡阳修建衡山游击抗战训练班，在怀化建设战争影像博物馆，以此扩大和拓宽和平文化受众，在两岸民间产生一定的影响力。在此基础上，两岸可以围绕历史事件组织坚持抗战、捍卫和平的文化作品，如出版一批纪实文学、拍摄一批影视作品、演出创意舞台曲目，让各类人等通过自己的感官体会并了解那段血雨往事，拉近两岸之间的距离并增进交流、产生认同。两岸还应尝试在学术研究上加强合作，如进行专项专题交流，举办论坛活动；如以湖南抗战事件为焦点，编印双方均能接受的和平文化系列通俗读本、历史读本，以单行本或采用专章、专节的方式，有针对性、系统性地进行和平文化教育，并适机将其纳入国民教育体系，推动和平文化在义务教育、中等（职业）教育、高等教育中进教材、进课堂；与此同时，发挥民间教育机构的作用，让两岸青少年知会并认同民族史和国家史。

两岸同胞是血脉相连的命运共同体，需要更广泛和更深入地交流，有交流才会有认知和理解，才会有以此为前提的共识和合作。两岸和平发展的良好势头需要更多的交流内容、方式和渠道，作为排头兵的文化交流注定会在两岸关系发展进程中持续占据先导位置并发挥作用。湖南和平文化作为其中的重要组成部分，同样将起到其应有的作用并推动两岸统一事业的发展。

参考文献

[1] 秦麟征. 从战争文化走向和平文化 [J]. 国外社会科学，2000（01）.

[2] 萧栋梁. 论湖南抗战文化的历史地位和作用 [J]. 抗日战争研究，2007（04）.

[3] 萧栋梁. 抗战时期湖南人口伤亡研究 [J]. 文史博览（理论），2011（12）.

[4] 石柏林. 略论湖南战场在抗日战争中的地位、作用及影响 [J]. 抗日战争研究，1996（02）.

[6] 罗素. 罗素文集 [M]. 北京：改革出版社，1996.

（作者单位：湖南省和平文化研究会、湖南省和平文化研究基地）

培育社会共治理念　落实社会组织参与

董文琪

摘　要： 随着我国社会管理体制变革的深化，社会组织作为一种公民结社组织，在社会建设中拥有不可取代的积极作用。社会组织由公民自发成立，在社会建设中具有资源动员、社会服务、社会治理和政策倡导四种基本功能。各级政府应在思想认识与制度设计层面切实支持社会组织的开展，实现其在社会管理方面的独特作用。

关键词： 社会管理；社会组织；制度创新

随着我国社会体制变革的不断深化，如何在改善民生与创新管理中加强社会建设、构建和谐社会，已成为我们当前必须面对的一个重要课题。党的十八大报告也明确提出要围绕构建中国特色的社会主义社会管理体系，加快形成党委领导、政府负责、社会协同、公众参与、法治保障的社会管理格局。在此过程中，我们看到了各级政府在优化社会管理方面所做的种种努力；但是，这并等于全部。因为围绕社会管理，我们还需要社会的协同与公众的参与。如何充分发掘社会内部的资源，将各种社会力量整合入社会管理体系？关键还在于社会共治理念的树立与社会管理合力的发挥。要达到这一目标，必须重视社会组织，应发挥其作用，将其纳入社会管理的系统之中，通过对社会组织活动空间的创设，实现和谐社会共建。

一、什么是社会组织

按照人类社会活动的国家—经济—市民社会的三分法，现代社会可以划分为公共部门、市场部门以及志愿（或非营利）部门这三大体系；与这三大社会体系相对应，分别是政府、企业以及社会组织三种不同的组织制度设计。其中，社会组织作为志愿部门的基本组织和运行单位，泛指在一个社会里由各个不同社会阶层的公民自发成立的、在一定程度上具有非营利性、非政府性和社会性特征的各种组织形式及其网络形态。

在国外，社会组织也被称为"第三部门"、"民间社团"、"非政府组织"、"非营利组织"、"市民社会"或"公民社会组织"。不管称呼如何，都是对国家与市场、政府与企业之外的各类社会组织，包括学校、医院、宗教组织、慈善机构、社团、基金会、中介机构、职业协会、合作社、互助会等多种在文化思想、机构设置、活动领域等方面性质各异、范围广泛的组织机构的描述。它们被认为是一群"不是致力于分配利润给股东或董事，而是在正式的国家机关之外追求公共目标"的自我管理的私人组织。尽管它们在组织上与政府没有隶属关系，也不代表政府或国家，但却承担着弥补及整合政府体系和市场体系的职能缺失、提供社会化公共服务、满足公众多元需求的希望。

在我国，社会组织被划分为社会团体、基金会与民办非企业单位三类基本形态。其具体类别见下图。

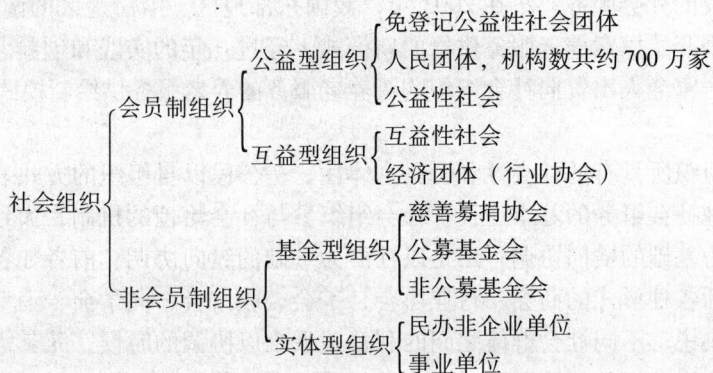

图1 我国社会组织的基本分类

二、认识社会组织的价值和功能

一百多年前，法国人托克维尔曾经说过："一个中央政府，不管它如何精明强干，也不能明察秋毫，不能依靠自己去了解一个大国生活的一切细节。"在他看来，让社会永久保持活力的做法就是鼓励人们结社，鼓励人们通过创办社会组织的形式自发地去应对社会问题、提高社会福利。人们普遍认为，社会组织在社会管理系统工程中主要承载着下列四大功能：

1. 资源动员

这是社会组织在社会建设方面所具有的一个最重要的社会功能。它集中表现在两个方面：一方面，社会组织可通过各种慈善性的募款活动吸纳社会捐赠，引导社会资源流动；另一方面，社会组织通过发动志愿者参与各种社会活动的方式，动员大量的人力资源。

社会组织的这种资源动员能力使得它们能够在社会领域作为社会保障制度和救助体系的有益补充，消融社会冲突和矛盾。以我国农村扶贫领域为例，自我国政府于1986年允许社会组织参与农村扶贫开始，到2000年，国家共投入扶贫资金1 776.3亿元，而社会组织的总投入则为567亿元。据权威统计，约有40%的政府发放的扶贫资金未用于扶贫，直接投放到贫困农户的扶贫贷款仅占47%，扶贫资金的回收率为50%。而社会组织投资的扶贫项目的成功率和资金回收率均在90%以上。此外，据有关机构统计，2008年，我国各类社会组织募集的社会捐赠总额超过1 000亿元，2009年为540多亿元，2010年再超1 000亿元，2011年接近800亿元。这些数据都展示了社会组织在调集社会组织资源方面的能力和作用。

2. 社会服务

一般而言，社会组织主要集中在公益慈善、救灾救济、扶贫济困、环境保护、公共卫生、文化教育、科学研究、科技推广、农村和城市社会发展及社区建设等领域，开展公益性的社会服务活动。在服务形式上，社会组织既可以根据社会需要，利用所动员的社会资源直接从事各种形式的社会服务，如为农民工开展教育培训、文化传播、弱势群体救助等各种相关的社会服务活动，形成对政府提供公共服务具有补充作用的民间社会服务体系；也可以通过接受政府委托或参与政府采购的方式，加入政府的公共服务体系，为我国城乡社区发展提供各种力所能及的社会服务。早在 2003 年，我国东部地区、沿海地区的南京、上海、宁波等发达城市已经开始探索养老服务供给的新模式，经过几年的实践和创新，这些城市逐渐形成了政府为居家老人出资向社会组织购买养老服务的养老服务供给新模式。

3. 社会治理

这一功能体现了社会组织所具有的社会性和公民主体性，是公民以自组织的方式表达意愿、反映诉求、参与各种社会事务的基本途径。社会组织参与社会治理的机制，大致可以分为两类，一是以社区为基础的横向协调；二是以社群为基础的纵向协调，前者如各种社区群团组织，后者则包括各种形式的商会、行业协会、工会、联谊会、同学会、消费者协会等。在社会矛盾比较尖锐、不同社会群体之间的利益关系难以协调的时候，尤其需要通过这些组织来表达意愿、维护权益、协调关系、化解矛盾、实现价值。这样的对话、制衡、互动、协调是现代社会的基本机制。

4. 政策倡导

在立法和公共政策倡导方面，社会组织也发挥着积极影响。它们不仅积极参与各级相关立法和公共政策的制定过程，以各种努力影响政策的制定，还往往作为特定群体，尤其是弱势群体的代言人，表达其利益诉求和政策主张。对于社会组织的这种作用，联合国早在 20 世纪 60 年代就通过在联合国体系设置"社会组织咨商地位"予以认可，通过授权社会组织参与联合国相关国际政策和制度体系，参加联合国会议、提交口头或书面意见等种种方式，将社会组织纳入全球治理的国际决策体系。

20 世纪 70 年代以来，全球范围内出现的国家治理危机和种种全球性社会问题的频发，给了社会组织作为独立的社会力量参与公共治理的种种机会，并在国际社会以及各个国家、乃至社区层面获得了合法性支持。各国政府都希望通过与社会组织的合作改进公共管理和治理体制，形成官民合作、市场和社会合作互动的共赢机制。如今在世界各国，社会组织与政府开展的合作项目遍及医疗、卫生、保健、供水、教育、艺术、扶贫、灾难救助、环境保护、乃至消防、公众安全、监狱等各个相关领域的公共物品或公共服务的提供。社会组织作为政府的合作伙伴，不仅丰富了公共服务的供给制度，还在很大意义上影响着政府的公共政策的制定，充当着政府的智囊或顾问。欧洲绿党的兴起，企业社会责任SA8000 标准的制定，对南非种族歧视者的经济隔离以及世界卫生组织"扩展免疫计划"的成功推广等等，都向我们表明：通过各种制度化、常规化的合作链接，社会组织不仅可以接替政府"划桨"，还可以协助政府"掌舵"。

三、扶持社会组织的发展和制度创新

截止到 2011 年年底，我国共有正式登记注册的社会组织 46.2 万个，其中社会团体 25.5 万个，占全部社会组织的 55.19%；民办非企业单位 20.4 万个，占 44.15%；基金会 2614 个，占 0.66%。不过，这一绝对数额与我国庞大的人口数量来看，并不意味着我国的社会组织发展已取得令人满意的进展。比较而言，世界多数国家特别是发达国家普遍存在一个庞大的社会组织类群，其平均规模约占各国 GDP 的 4.5%，非农就业人口的 5%，服务业就业人口的 10%，相当于政府公共部门就业人口的 27% 左右。就每万人拥有社会组织而言，法国拥有 110 个，日本拥有 97 个，美国拥有 52 个，阿根廷拥有 25 个，新加坡拥有 14.5 个，巴西拥有 13 个，而我国目前不足 3.5 个。从湖南省的情况来看，目前约有近 1.9 万家社会组织，发展状况在全国处于中游位置。

尽管党和政府已经在各种政治文件和施政纲领中明确表态要大力扶持和培育社会组织、促进其发展，但是从我国社会组织发展的相关数据以及具体的管理制度可以看出，政府在社会组织的发展问题上，仍以监管和控制为主、扶持和培育为辅。这种状况已完全不适应我们的党和政府所倡导的社会管理体制变革与创新要求。因此，我们需要更多地从行为层面落实对社会组织的支持工作。具体而言，在当前我们需要从以下四个层面解决社会组织的发展问题：

1. 从执政思想上切实提高对社会组织的认可

当前时期是社会组织的快速成长期，同时也是加强党和政府对社会组织领导与管理，培育、发展和规范社会组织的关键时期。要真正发挥社会组织在社会建设中的积极作用，需要我们的党和政府彻底改变对社会组织不信任、不支持、不发展的"三不"政策；必须从"五位一体"建设的高度，在思想上认识到社会组织的重要作用，在政治上认可社会组织，在政策上支持社会组织，在体制上吸纳社会组织，引导社会组织向正确的方向发展，发挥其积极作用。

2. 创新与变革社会组织管理体制

在新的历史时期，社会组织的发展随着政治、经济、社会等环境的变化将会以更快的速度发展，这就要求相应的政府管理体制也必须充分考虑这些现实因素，在社会组织发展的最新格局下，变革过去的社会组织管理体制、管理模式、管理能力，实现社会组织管理的制度创新，其核心目标在于不断地为社会组织的发展创造良好的制度环境。这些制度环境包括与社会组织有关的各种行政管理制度。具体包括：

（1）取消社会组织成立的高门槛，把所有的社会组织纳入管理体制之中

赋予所有的社会组织以法律合法性，不再把管理重点放在社会组织的成立与否之上，而应该放在组织成立之后的行为监管之上。这样就能让所有的社会组织浮出水面，为建立更科学、更合理的社会组织管理体制奠定基础，同时也让地下秘密组织、秘密结社形成的秘密社会彻底失去生存的土壤。

（2）变革当前的登记管理制度

由业务主管单位审查、登记管理机关登记调整为社会组织统一直接向登记管理机关登记，使除法律法规有明确规定外的所有社会组织在符合形式要件的前提下取得合法地位。对那些依据法律法规和有关规定需要进行前置审批的，取得前置审批资格后由登记管理机关直接登记。对不具备法人条件的基层社会组织由登记管理机关实行备案制度。对在法律法规中明文规定禁止成立的社会组织要坚决不予登记并坚决取缔。同时，建立操作性强的社会组织退出机制。建立定期换发证书、吊销证书等社会组织的退出机制。

（3）完善社会组织管理体制

建立国家层面的社会组织管理协调机制，由民政部门牵头，公安、安全、财政、外事等相关部门支持、配合，共同解决社会组织管理中的重大问题。改变现有的双重管理体制

下的组织控制，转向对社会组织的行为控制，由公安、安全、财政、外事部门依据法律规定的权限对社会组织的行为进行监督和管理。教育、科技、文化、卫生、体育、环保、商务、工业和信息化等行业主管部门对社会组织进行行业指导和管理。

（4）对社会组织实施分类管理

根据社会组织的活动领域及其功能作用，将其划分为不同的类别，制定不同的法规和相应的制度框架，并采取不同的监管政策。在我国社会组织目前分为基金会、社团和民办非企业单位三大类别的基础上，可以考量社会组织在社会功能上的差异性，将其划分为动员资源型、公益服务型、社会协调型、政策倡导型等不同类别，并在此基础上深入探讨相关立法调整、管理体制改革和政策完善等问题。

3. 构建社会组织培育扶持政策体系

政府应当积极寻求与社会组织合作，通过购买服务、委托职能、税收优惠等措施推动建立党和政府对社会组织的引导型培育扶持政策体系，从而优化社会组织的发展布局，明确社会组织的发展重点。一是进一步转变政府职能，使政府从业务型政府向服务管理型政府转变。改变政府的职能将使得政府在现实中的强势地位得到削弱，从而为社会组织更好地发展进而促使政府和社会组织形成平等合作的契约关系。把微观层面的事务性服务职能、部分行业管理职能、城市社区的公共服务职能、社会慈善和公益等职能转移给社会组织。同时，制定相应的规则以确保社会组织胜任这些职能并能够为政府、公众等对其问责。二是建立政府向社会组织购买服务的政策体系，建立对社会组织的资助机制，设立政府向社会组织购买服务的专项资金。三是健全社会组织配套政策。健全社会组织的财务制度、人事管理、职称评定等政策。四是根据经济社会发展的需要，重点培育、优先发展公益慈善类社会组织、行业协会、民办非企业单位、学术性社团和城乡社区社会组织。

4. 加强社会组织的能力建设

（1）加强社会组织的人才队伍建设

建立健全社会组织内部激励和约束机制，发挥从业人员的工作积极性和主动性。在社会组织领域逐步推开社会工作者资格认定及职业水平评价，推动人才专业化、职业化、年轻化建设。采取多种措施，有效动员和利用志愿者开展相关服务。

（2）健全社会组织治理结构

健全权责明确、协调运转、有效制衡的法人治理结构，明确会员代表大会、理事会、监事会和管理层职责，强化章程的核心地位，健全议事、选举、机构、财务、人事等各项制度。在形成良好的治理机构的同时，减少社会组织行政化倾向。改变政府管理体制中对社会组织的介入式干预。社会组织本应当是独立的法律主体，政府对于社会组织的管理更多地应当通过问责、政策引导的方式，而不是直接刺破社会组织的"法人面纱"，使得组织的独立性、主体性遭到彻底破坏。党政领导干部原则上不得兼任社会组织的职务，社会组织与党政机关在人、财、物方面实现脱钩，政府部门不得直接干预社会组织的业务活动，以保障社会组织的民间性、独立性和自主性。

（3）提高社会组织的项目化运作水平。

社会组织开展活动主要通过各种项目进行，要注重项目开发的针对性和可行性。对项目实行规范管理，提高资金运作效益，降低项目成本。打造有竞争力的品牌项目，扩大项目影响力。

（4）加强和改进社会组织的党建工作。

研究在社会组织中建立党组织的有效形式，通过党建保证对社会组织的政治领导，同时建立党组织和社会组织的相互配合、相互支持的工作机制。

参考文献

[1] 王名．社会组织概论［M］．北京：人民大学出版社，2010.
[2]（美）莱斯特·萨拉蒙．第三部门的兴起．何增科主编．公民社会与第三部门［M］．北京：社会科学出版社，2000.
[3]（法）托克维尔著．董国良译．论美国的民主［M］．北京：商务印书馆，1988.
[4] 曲天军．非政府组织对于中国扶贫成果的贡献分析及发展建议［J］．农业经济问题，2002（09）.
[5] 邱玥．中国慈善事业透明度不够问题凸显，亟须立法规范［N］．光明日报，2012-5-7.
[6] 李璐．夯实社会管理合力成为必然：对我国社会组织发展情况与问题的思考［N］．中国经济导报，2012-11-10.
[7] 廖鸿．我国民间非营利组织发展的机遇和挑战［J］．中国民政，2005（02）.

（作者单位：中南大学）

上市公司财务绩效综合评价的可视化研究

舒晓惠

摘 要： 目前，保护中小投资者是实现我国股市健康有序发展的热点问题，本文认为，对上市公司财务绩效综合评价的可视化，其直观形象与综合性为广大中小投资者了解上市公司基本财务状况提供了一种有效途径。对于规避上市公司财务造假、倡导价值型投资具有重要意义。本文在对相关可视化方法进行文献梳理的基础上，提出并设计了可用于上司公司财务绩效评价的三种可视化方法：雷达图、脸谱图和树谱图；并进一步对三种方法以深、沪两市钢铁行业 30 家上市公司 2003～2007 年的财务数据为例进行了实证分析，结果表明：三种方法均能形象反映上市公司的财务状况，而且可以很好地动态反映不同时期财务状况的变化情况；并在构建财务体系预警值和评价方法的基础上，雷达图可以很好地动态进行上市公司的财务预警；脸谱图、树谱图则更直观形象利用自然属性综合敏锐有效地反映上市公司的财务状况，从而更好地帮助投资者了解上市公司财务的历史信息，进行对比分析。

关键词： 上市公司；财务绩效；可视化；雷达图；脸谱图；树谱图

一、引言

在现代财务分析中，由于计算机的迅速发展和普及，可视化多元图形分析方法因其直观性和形象性得到了人们的重视和应用。我们在做多维数据分析的时候，常希望借助计算机生成的图片来直接观察多维数据的本质。对于上市公司多指标财务分析，数值方法给出的结果往往缺乏整体性印象，而图形化方法则具有明显的直观优势，借助计算机编程和多元统计分析理论，图形不仅可以帮助观察多维数据的本质，更可以通过多元图形本身的信息来反映公司财务的综合状况。因此，对于上市公司财务分析的可视化方法显然不仅能直观准确综合反映财务的真实状况，更能够为广大普通中小投资者提供简单易懂的财务分析途径。

二、文献综述

基于可视化技术的思路，通过将指标数据转化为图形进行分析和辅助决策，特别是多指标系统的可视化研究一直广为关注。刘文远（2007）认为，在分类决策和综合评价过程中引入可视化技术是十分必要的，可视化技术可以直观显示指标的数量关系，还可以通过图形的方式引导分类决策的过程，使决策者可以将可视化技术和数值方法交互进行数据分析。何晓群（1998）指出，常用多元图形化方法有平行坐标法、雷达图、脸谱图、星座图及像素图等，其中平行坐标法、星座图与像素图鲜有应用于上市公司财务绩效评价方面的研究。基于"四能力"说的上市公司财务指标体系，舒晓惠等（2006）提出了一种新的图形化方法：树谱图，该方法恰当地应用了树谱的自然属性与上市公司"四能力"的巧妙对应，使得通过树谱图形能简单明了地把相关财务状况反映给任何一位不懂财务分析的投资者。

基于可视化目标的多元图形方法来看主要分为两个层次：一是直观反映上市公司财务的各指标状况，例如平行坐标法、二维散布图、雷达图、星座图；其二则是图形本身所具有的信息可以形象反映财务状况的优劣，如脸谱图和树谱图等。由于雷达图可以任意反映多指标财务状况，按图形形态对研究对象进行初始可视化聚类，并且可以利用雷达图自身的面积且结合综合评价方法进行财务绩效评价，目前，国内文献主要集中在研究雷达图在财务分析评价与预警中的应用，主要有王强（2000）、舒晓惠等（2005）、付赟（2007）与金晓燕（2010）。脸谱图则最初是由 Chernoff（1973）提出来的，由 Wainer、Thissen（1981）、Smith 与 Taffler（1984）将其应用于公司财务分析，国内则仅有舒晓惠等（2006）将其用于上市公司财务评价。实证研究表明，在进行上市公司财务分析时，通过雷达图向普通股民传达公司信息时缺乏综合形象性，而脸谱图的应用则有明显优势。舒晓惠等（2012）研究表明，雷达图和脸谱图不仅能够形象反映上市公司的财务状况，并且可以很好地动态反映不同时期财务状况的变化情况。

综上所述，本文认为，利用图形化方法展开对上市公司财务绩效评价研究具有重要的现实意义，但前述研究仍有不足，图形的深入分析方面仍待改进，并且还没有较为系统地对上市公司财务绩效评价的图形化方法进行阐述。因此，本文将进一步探讨其在上市公司财务绩效评价中的应用角度、细节和实现方法。

三、上市公司财务绩效综合评价的可视化方法

可用于上市公司财务绩效评价的可视化方法主要有三种：雷达图、脸谱图和树谱图。其应用的实现机制如图 1 所示：

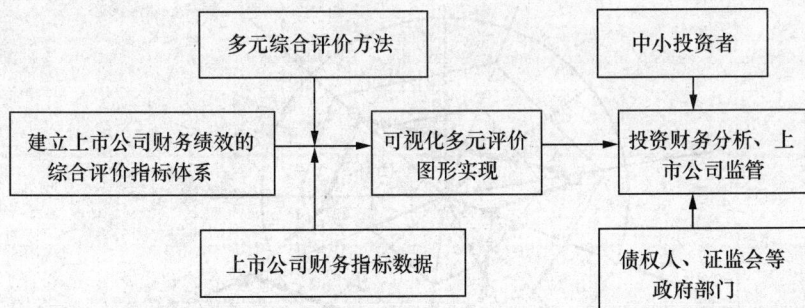

图1 上市公司财务绩效评价可视化的实现路径与作用机制

按照图 1 的思路，考虑到传统企业、双高企业和金融类企业的分类，本文首先运用舒

晓惠（2005）提供的方法，依据"四能力"说，即上市公司最核心的财务能力表现为：盈利能力、偿债能力、营运能力以及成长能力，建立传统企业类上市公司财务绩效指标体系，其相应的财务比率指标如表1所示。

表1 基于中小投资者角度的上市公司（传统企业类型）财务绩效评价指标体系

类别	指标名称	计算公式	指标性质	数据来源
盈利能力	主营业务利润率×1	＝主营业务净利润/主营业务收入净额	正指标	利润表
	总资产利润率×2	＝利润总额/平均资产总额	正指标	利润表
	净资产收益率×3	净资产收益率＝利润总额/平均股东权益	正指标	财务报告指标摘要
偿债能力	资产负债比率×4	＝负债平均总额/资产平均总额	适度指标	资产负债表
	流动比率×5	＝流动资产/流动负债	适度指标	资产负债表
	速动比率×6	＝（货币资金＋短期投资＋应收票据＋一年内应收账款）/流动负债	适度指标	资产负债表
运营能力	总资产周转率×7	＝主营业务收入净额/平均资产总额	正指标	资产负债表、利润表
	存货周转率×8	＝主营业务成本/存货平均余额	正指标	资产负债表、利润表
	应收账款周转率×9	＝主营业务收入净额/应收账款平均余额（期初/2＋期末/2）	正指标	资产负债表、利润表
成长能力	主营业务增长率×10	＝（本年主营业务收入－上年主营业务收入）/上年主营业务收入	正指标	利润表
	净资产增长率×11	＝（期末净资产－期初净资产）/期初净资产	正指标	资产负债表

基于表1的财务指标体系，本文进一步给出雷达图、脸谱图和树谱图的应用设计如下：

1. 雷达图在上市公司财务绩效综合评价中的应用

对于上市公司的财务绩效状况的雷达图设计，运用舒晓惠（2005）提供的方法，按盈利能力、偿债能力、资产运营能力和成长能力四个方面，应用雷达图的基本原理，对数据进行预处理本文给出上市公司财务绩效预警雷达图如图2所示。

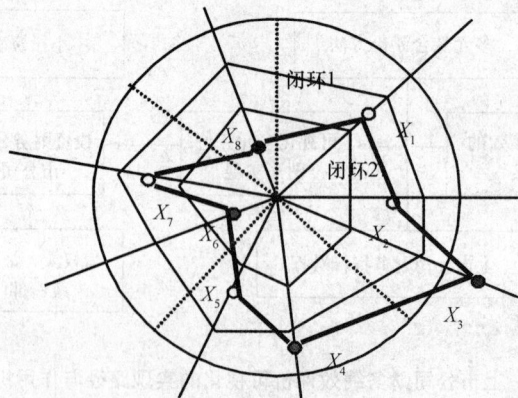

图2 上市公司财务绩效的预警雷达图

由图 2 可知，上市公司各财务指标的运行状况一目了然。另外，通过引入权重，星形所围的面积可用于综合评价排序；为进一步为实现雷达图的动态化预警机制，则需要将上述行业标准值、平均值和警戒值确定基期值，上市公司各期的财务指标值均与基期值进行比较，从而给出动态变化的直观雷达图，同时计算雷达图的面积并进行动态综合评价。

2. 脸谱图在上市公司财务绩效综合评价中的应用

雷达图的应用在描述综合财务指标之间以及指标以外的相关信息时仍有一定缺陷，特别是在进行上市公司财务绩效分析时通过雷达图向普通股民传达公司信息时缺乏综合形象性，而脸谱的应用则有明显优势。基于美国统计学家 Chernoff（1971，1973）的脸谱图构想，将上市公司相关财务指标数值与脸谱的相关部位进行对应，即可实现利用 Chernoff 脸对上市公司的财务状况进行辅助聚类分析和辅助判别分析。此外，利用 Chernoff 脸的表情还可以对财务状况进行形象评价，即脸谱具备一定的综合评价功能。基于这一思想，本文以上市公司行业平均值作为人脸表情改变的阈值，示意图如图 3 所示。

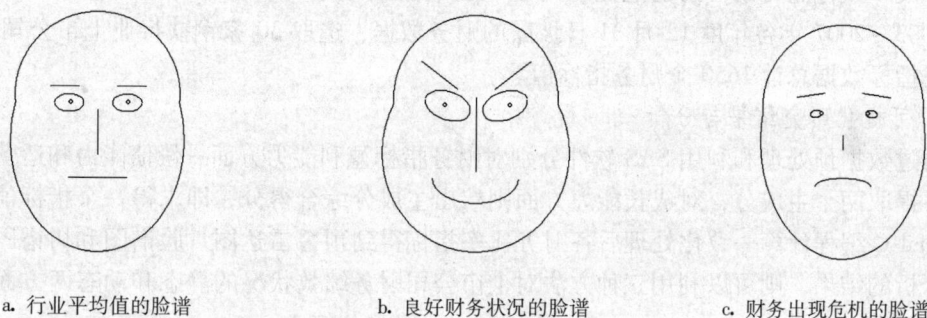

a. 行业平均值的脸谱   b. 良好财务状况的脸谱   c. 财务出现危机的脸谱

图 3　上市公司财务绩效状况的脸谱示意图

3. 树谱图在上市公司财务绩效综合评价中的应用

树谱图是在对上市公司财务绩效评价的多元图形化研究中，基于雷达图和 Chernoff 脸谱图两种图形的不足而由舒晓惠（2006）首次提出。如前所述，雷达图在向股民传达上市公司财务绩效时缺乏综合形象性，脸谱图虽然一定程度弥补了这一不足，即利用人脸的表情综合反映财务绩效状况，但其不足是许多情况下上市公司的四项能力会不协调，从而会

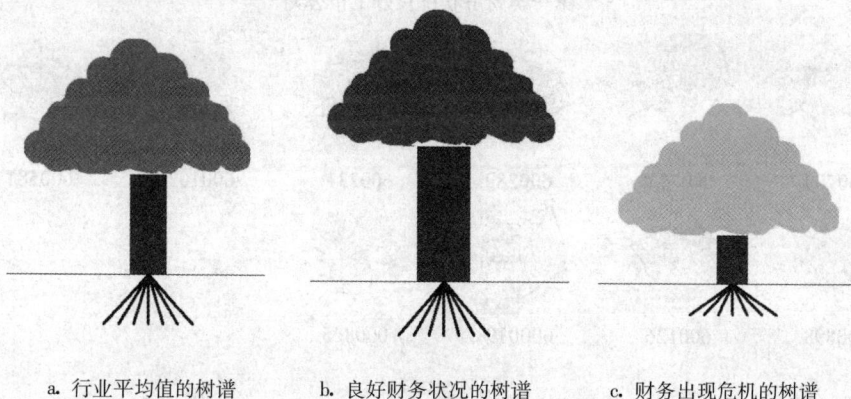

a. 行业平均值的树谱   b. 良好财务状况的树谱   c. 财务出现危机的树谱

图 4　上市公司财务绩效状况的树谱示意图

导致人脸的怪异表情无法达到通过可视化方法进行综合评价这一层次。树谱图则克服了这一不足，通过主成分分析法将财务指标的信息按"四能力说"高度综合后，利用树谱的自然属性，将树叶部分与公司的盈利能力联系起来，把树干部分与公司的成长能力和偿债能力联系起来，把树根部分和公司的运营能力联系起来，其示意图如图4所示。

四、上市公司财务绩效综合评价可视化的实证研究

对于上市公司财务绩效评价的可视化分析，本文以2003～2007年5年之间的钢铁行业上市公司年度财务数据为研究对象，在对上市公司财务绩效评价分析的基础上，展开运用多元图形的方式来对上市公司财务绩效的综合状况进行可视化实证研究，主要应用预警雷达图、脸谱图与树谱图进行上市公司财务绩效的静态与动态分析。

1. 数据的选取

本文以铁行业为例，按前述建立的上市公司财务绩效评价指标体系，从《中国证券报》2003～2007年各年度12月31日披露的财务数据，选取30家钢铁行业上市公司的11个财务指标数据总计1650个财务指标值。

2. 可视化研究结果与分析

通过数据预处理和利用SAS软件分别对财务指标盈利能力方面、偿债能力和运营能力方面各提取两个主成分，对成长能力方面则求出主成分综合得分，即求得一个指标值。利用Visual C编程计算一致化处理后各财务比率指标得到预警雷达图、脸谱图和树谱图，利用所分析的结果，则可以利用三种方法对上市公司财务绩效状况的静态和动态两方面展开分析与预警。

（1）静态分析

首先，对于上市公司财务状况的多元图形分析，其第一层意义乃是可以进行最初的聚类分析，第二层次则可以达到形象反映上市公司财务状况的目的。以2003年度30家钢铁行业的财务数据为例，通过聚类，可以清楚地将上市公司的财务状况做一个大致分类，具体内容见图5。

第一类财务状况良好上市公司

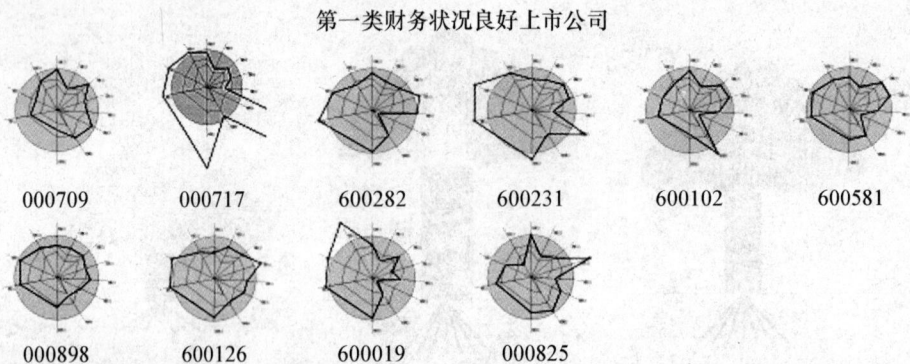

| 000709 | 000717 | 600282 | 600231 | 600102 | 600581 |

| 000898 | 600126 | 600019 | 000825 |

第二类财务状况有需要改进上市公司

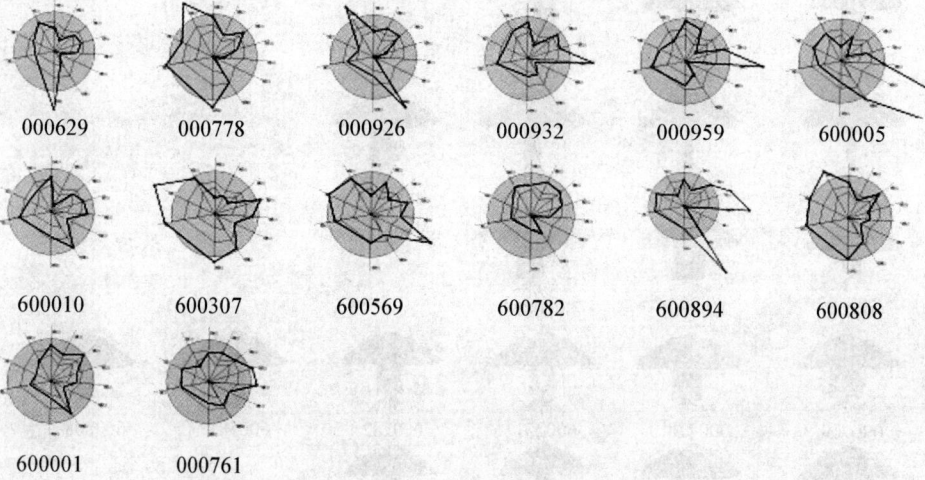

| 000629 | 000778 | 000926 | 000932 | 000959 | 600005 |

| 600010 | 600307 | 600569 | 600782 | 600894 | 600808 |

| 600001 | 000761 |

第三类财务状况有需要改进上市公司

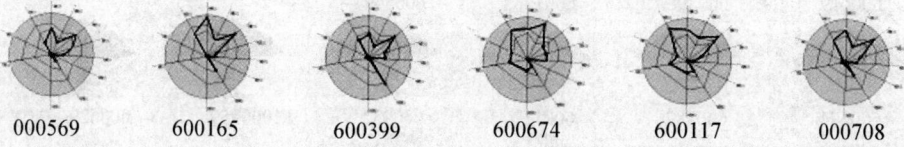

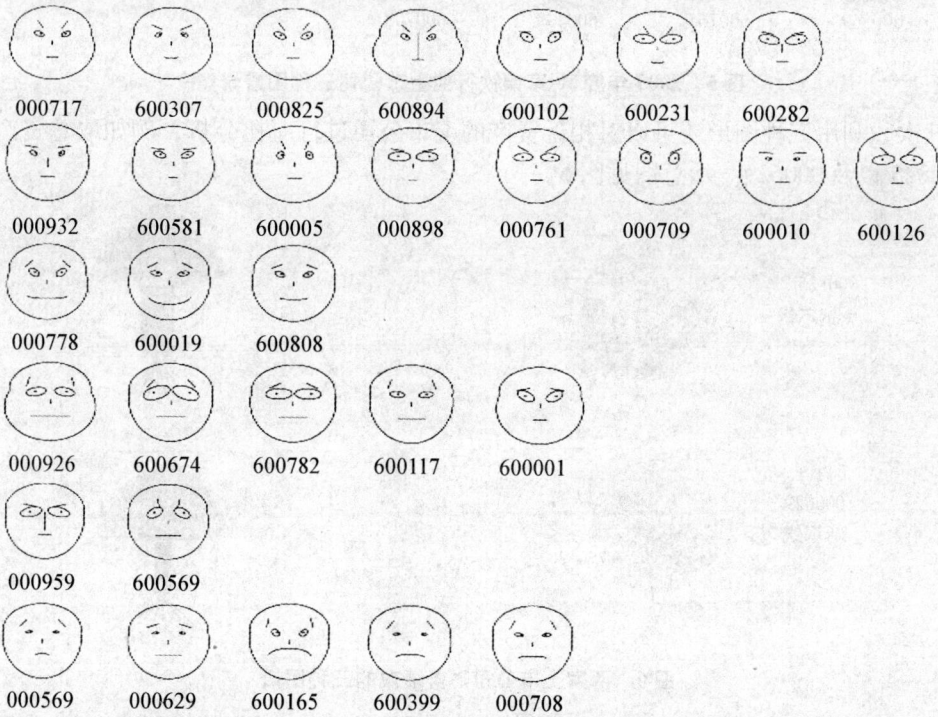

| 000569 | 600165 | 600399 | 600674 | 600117 | 000708 |

| 000717 | 600307 | 000825 | 600894 | 600102 | 600231 | 600282 |

| 000932 | 600581 | 600005 | 000898 | 000761 | 000709 | 600010 | 600126 |

| 000778 | 600019 | 600808 |

| 000926 | 600674 | 600782 | 600117 | 600001 |

| 000959 | 600569 |

| 000569 | 000629 | 600165 | 600399 | 000708 |

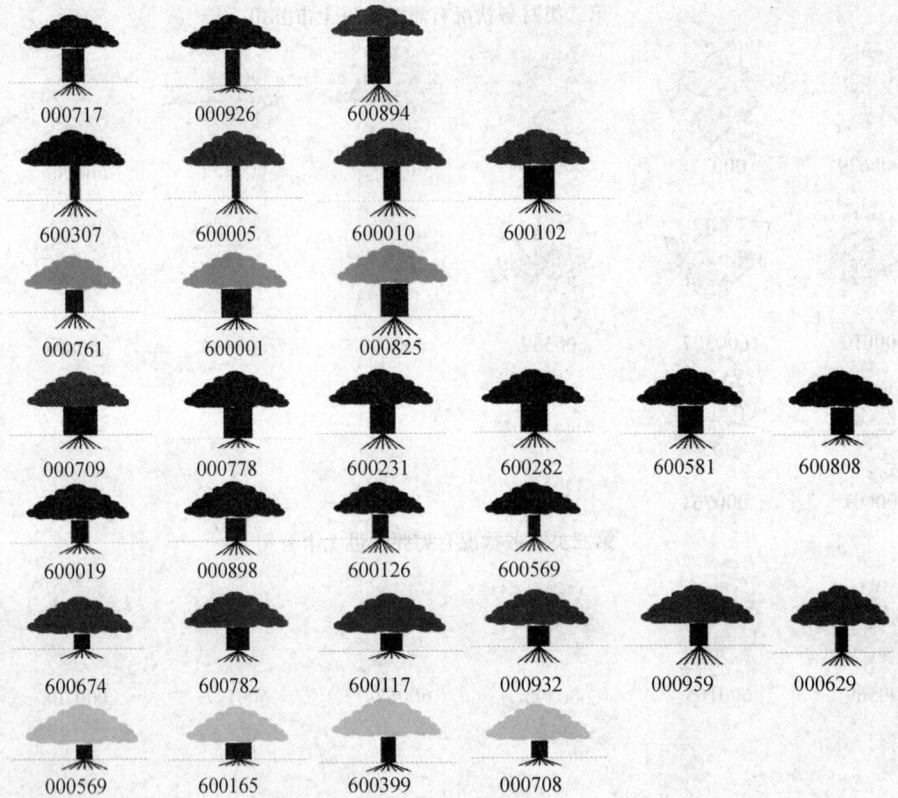

图5 2003年度30家钢铁行业上市公司三种图谱聚类

其次，利用三种图形还可以对相近资产的上市公司进行对比分析，例如取总资产相近的000825以及000629。示意图见图6。

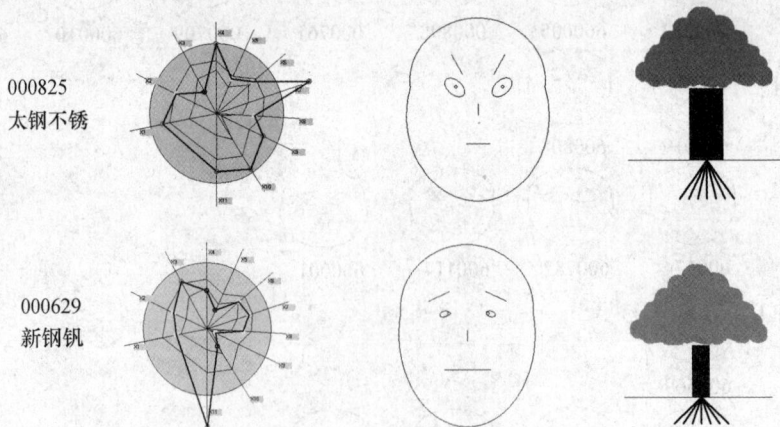

000825
太钢不锈

000629
新钢钒

图6 两家上市公司财务绩效的三种图谱

第三，计算预警雷达图星形面积展开对财务预警的数值分析，对于各处理后的财务指标值 $X_1 \sim X_{11}$，按照表2中所给出的权重分值，换算为圆的弧度设为 α_i（$i=1, 2\cdots, 11$），则星形图的面积由式（1）计算：

$$S = \sum_{i=1}^{10} \frac{1}{2} X_i X_{i+1} \sin((\alpha_i + \alpha_{i+1})\pi) + \frac{1}{2} X_{11} X_1 \sin((\alpha_{11} + \alpha_1)\pi)$$

$$(1)$$

普通投资者可以通过观察星形的面积大小来了解上市公司的财务绩效。

（2）动态分析

当编制了多期雷达预警图、脸谱图和树谱图时，则可以进行动态比较分析：

首先对整个上市公司财务状况的图形动态跟踪分析，考察整个钢铁行业财务指标四个方面综合能力各指标平均水平的变化，如图7所示。

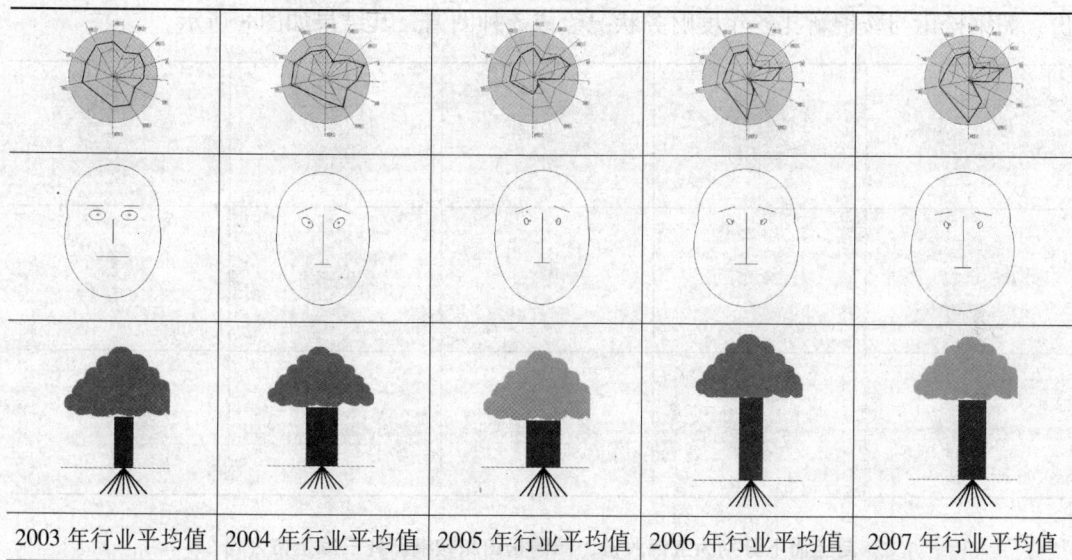

| 2003 年行业平均值 | 2004 年行业平均值 | 2005 年行业平均值 | 2006 年行业平均值 | 2007 年行业平均值 |

图7 钢铁行业上市公司 2003～2007 年财务状况平均水平的三种图谱

由图7所知，本文以2003年钢铁行业平均值为基期对比值，对于用雷达图进行实证数据分析表明：①从整个星形图来看，行业平均财务状况形态首先出现一定程度的萎缩，然后各指标值出现分化，从而使得整个星形图不规则化，说明钢铁行业在2003～2007年五年内发展并不是平稳有序的，而是有较大变化，特别是偿债能力出现明显问题。结合行业股票价格2003年到2007年的走势，则可以发现上市公司在牛市会利用财务杠杆增加负债，以提升每股收益。②由预警雷达图中的盈利能力指标表明，整个钢铁行业的盈利能力出现一定程度的下降，特别是主营业务的收益率表明整个钢铁行业相对于2003年其主营业务利润率有所下降，其中一个主要原因是由于铁矿石价格不断攀升导致。③由预警雷达图的运营能力指标形态表明，整个钢铁行业的运营能力喜忧参半，总体来说有所降低；代表应收账款周转率的指标2005年开始快速下降并出现红灯，这表明钢铁行业上市公司的产品销售出现一定积压，这也与整个钢铁行业的产能扩张有关。④由预警雷达图的成长能力指标形态表明，2004年与2005年整个钢铁行业的成长能力有所下降，但2006年后则有所增强，这主要与近年来钢铁行业在受外部铁矿石价格因素的影响导致整个行业进行了一定的整合重组，使得强者愈强以提高行业的整体竞争力有关。上述图形分析与我国钢铁行业近5年来的发展情况基本吻合，这表明预警雷达图可以动态反映行业的发展状况并进行适时预警。

脸谱图、树谱图与雷达图有相似的结论，这里特别指出，由树谱图的树干宽度表明，整个钢铁行业的偿债能力出现较大波动，从宽度看其偿债能力明显提高，似乎偿债能力增强；但从雷达图与脸谱图的分析则为渐次下降，其原因与将资产负债率、流动率和速动率看做适度指标有关，从财务管理整体看理论认为这3个指标为适度指标，然而从偿债能力单一能力看，这3个指标则应为负向指标，整个行业的3项指标有一个从低于适度值到高于适度值的过程，这就表明树谱图也可以很好地动态反映行业的发展状况，其对行业各能力综合动态变化情况的分析较雷达图和脸谱图更灵敏。

其次，对单个上市公司财务状况进行动态跟踪预警分析。为简单起见，本文将宝钢股份、韶钢松山与鞍钢新扎各年度财务状况绘或3种图谱，其结果如图8所示。

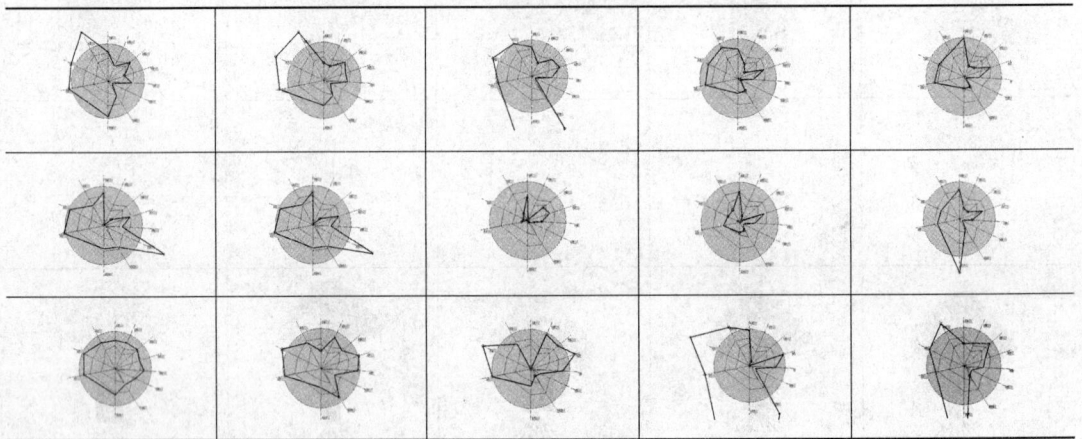

自上而下分别为宝钢股份、韶钢松山和鞍钢新扎三家上市公司

2003～2007 年财务状况预警雷达图

自上而下分别为宝钢股份、韶钢松山和鞍钢新扎三家上市公司

2003～2007 年财务状况脸谱图

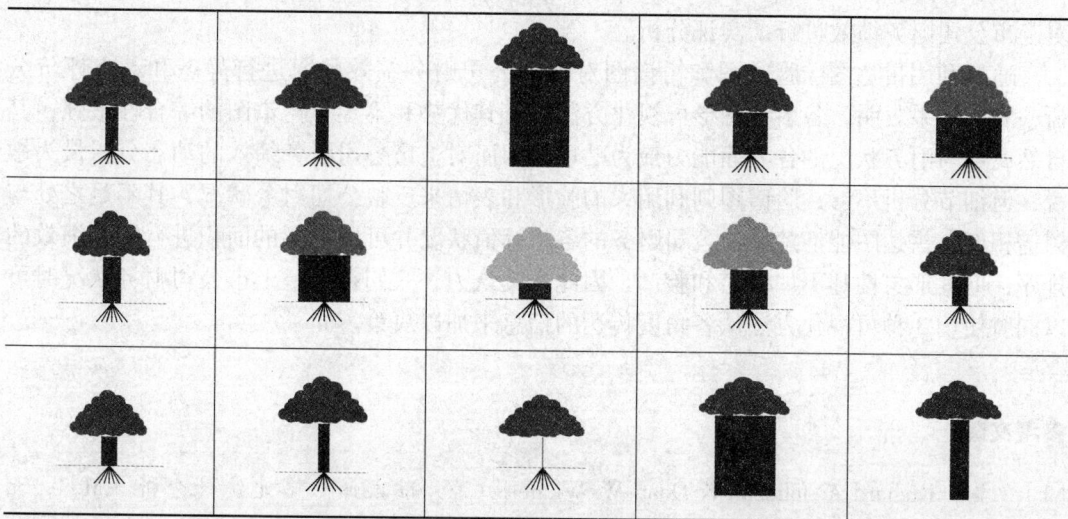

图 8　自上而下分别为宝钢股份、韶钢松山和鞍钢新扎三家上市公司

2003 ～ 2007 年财务状况树谱图

第三，计算预警雷达图星形面积展开对财务预警的数值分析，将 2003 年度的行业警戒值对应的星形面积作为参照值，则低于警戒面积的如表 2 所示。

表 2　2003 ～ 2007 年钢铁行业财务预警雷达图星形面积低于警戒值的上市公司

2003 年	2004 年	2005 年	2006 年	2007 年
600165 宁夏恒力	000708 大冶特钢	000932 华菱管线	000629 新钢钒	000569 川投长钢
000569 川投长钢	600165 宁夏恒力	600102 莱钢股份	600808 马钢股份	600894 广钢股份
600399 抚顺特钢	600399 抚顺特钢	000708 大冶特钢	000932 华菱管线	600165 宁夏恒力
000708 大冶特钢	000569 川投长钢	600117 西宁特钢	600569 安阳钢铁	600399 抚顺特钢
		600165 宁夏恒力	000569 川投长钢	
		000569 川投长钢	600117 西宁特钢	
		600674 川投控股	600674 川投控股	
		600399 抚顺特钢	000717 韶钢松山	
		000717 韶钢松山	600165 宁夏恒力	
			600581 八一钢铁	
			600894 广钢股份	
			600399 抚顺特钢	

五、结论

本文研究并设计了上市公司财务绩效评价的三种可视化方法，并以 30 家钢铁行业上市公司 2003 ～ 2005 年各年度 12 月 31 日披露的财务数据为依据，从可视化评价方法角度对上市公司财务绩效进行了实证分析。

通过利用雷达图、脸谱图和树谱图对上市公司财务绩效状况进行静态和动态评价分析，实证结果表明，各多元图形可视化方法都有其优势和不足。树谱图的综合性最强，其自然属性与财务状况的各方面能力最为贴切，因而对上市公司财务绩效的动态分析最为敏锐，但细节分析不够；脸谱图则利用人的脸形和表情来反映公司财务状况，其不足之处与树谱相似；雷达图能清楚反映公司财务的各指标值状况并可用星形的面积进行财务绩效的排序，但其形象性却不如树谱和脸谱。因此本文认为，人们在了解上市公司财务状况时可以同时使用 3 种可视化方法从各角度传达的信息来加以决策。

参考文献

[1] ［美］Richard A. Johnson & Dean W. Wichern. 著，陆璇译. 多元统计分析［M］. 北京：清华大学出版社，2001.

[2] 郭亚军. 综合评价理论与方法［M］. 北京：科学出版社，2002.

[3] 财政部注册会计师考试委员会办公室. 财务成本管理［M］. 北京：经济科学出版社，2004.

[4] Chernoff. Using Faces to Represent Points in K-Dimensional Space Graphically［J］. Journal of the American Statistical Association，1973（68）.

[5] Wainer. H&D. Thissen. Graphical Data Analysis［J］. Annual Review of Sychology，1981（32）.

[6] Smith，M. &，R. Taffler.（1984）. Improving the communication Function Of published Accounting Statements［J］. Accounting and Business Research，1984（26）.

（作者单位：怀化学院经济学系）

湖南省妇女生育模式变化研究

詹 鸣 尹 晖 邹 骏 喻锁铃

摘 要: 湖南自20世纪90年代就已实现人口转变和进入低生育率时期。本文基于历次全国人口普查和湖南省全员人口数据,研究了60余年来湖南妇女生育模式的变化及成因,推导出更替生育水平和政策总和生育率,推演了生育模式的变化趋势,分析了湖南低生育水平的由来和影响,论述了适度生育率及其合理区间,阐明了群众生育意愿与现行生育政策的反差及人口发展规划对生育率控制的要求,探索了调整和完善生育政策的必要性和可行性。

关键词: 生育模式;人口发展;政策完善

一、湖南省育龄妇女生育率情况

(一)湖南省历年育龄妇女总和生育率情况

湖南人口发展的60年,生育率变化大致可以分为以下四个阶段:

第一阶段:(20世纪50~60年代):自然生育率阶段。除三年灾害时期外,人口出生率在30‰以上,总和生育率在5.5以上,1962年和1963年由于补偿性生育,人口出生率达41.40‰和47.29‰,总和生育率高达6.30和7.54。生育无节制,人口自发发展。

第二阶段(20世纪70年代):生育率迅速下降阶段。从1970~1978年,人口出生率从30.75‰下降到17.40‰;育龄妇女总和生育率从5.42下降到2.40。生育率大幅度下降既开启了人口转变的新模式,也为后来湖南人口增长趋势的重大转折奠定了重要基础。

第三阶段(20世纪80年代):生育率水平波动阶段。此阶段,生育率呈现波动中小幅下降变化,育龄妇女总和生育率曾一度回升到3.22(1982年),直到1987年以后,生育率下降态势才重新确定,90年代之前,生育率下降的幅度很小,并维持在更替水平之上。

第四阶段(20世纪90年代至今):生育率下降到更替水平以下。进入90年代以后,《湖南省计划生育条例》的颁布、实施和强有力的计划生育行政措施,使得湖南生育率水平出现了新一轮控制性下降。1992年,总和生育率降到更替水平以下,在其后的年份里,基本上稳定在1.8左右。

从年代看,50年代总和生育率平均为5.43,60年代为5.71,70年代为3.78,80年代为2.58,90年代为1.82,2000年代为1.77(详见表1、图1)。

表1 湖南省1950～2010年育龄妇女总和生育率

年度	TFR	年度	TFR	年度	TFR	年度	TFR	年度	TFR	年度	TFR
1950	5.69	1960	3.31	1970	5.42	1980	2.42	1990	2.44	2000	1.63
1951	5.65	1961	2.25	1971	5.07	1981	2.85	1991	2.17	2001	1.72
1952	5.89	1962	6.30	1972	4.84	1982	3.22	1992	1.94	2002	1.75
1953	5.76	1963	7.54	1973	4.35	1983	2.88	1993	1.82	2003	1.74
1954	5.96	1964	6.73	1974	4.16	1984	2.45	1994	1.73	2004	1.78
1955	5.20	1965	6.65	1975	3.62	1985	2.33	1995	1.66	2005	1.77
1956	5.42	1966	6.43	1976	2.87	1986	2.40	1996	1.64	2006	1.83
1957	5.72	1967	5.64	1977	2.51	1987	2.62	1997	1.63	2007	1.78
1958	5.07	1968	6.54	1978	2.40	1988	2.58	1998	1.60	2008	1.84
1959	3.92	1969	5.73	1979	2.54	1989	2.44	1999	1.62	2009	1.85
										2010	1.75
平均	5.43		5.71		3.78		2.62		1.82		1.77

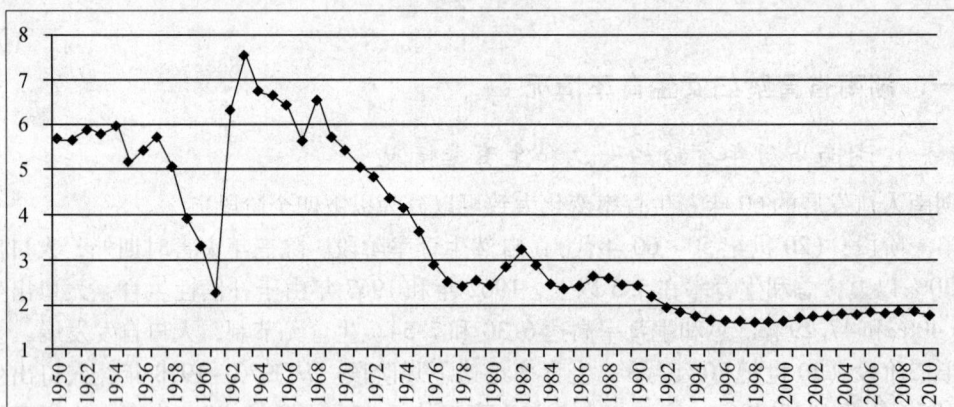

图1 湖南省1950～2010年育龄妇女总和生育率曲线图

（二）湖南省"六普"育龄妇女生育率情况

根据"六普"抽样汇总，湖南省育龄妇女人数为1819.78万人，占总人口比重的27.70%，其中20～29岁生育旺盛期妇女553.58万人，占育龄妇女总数的30.42%。

从年龄别生育率判断，0.1及以上生育率年龄宽度为5年（23～28岁），最高生育峰值年龄为24岁，年龄别生育率峰值为114.1‰。30～34岁年龄别生育率为257.7‰，35岁年龄别生育率为31.4‰，40岁年龄别生育率为16.2‰。分孩次的总和生育率分别为：一孩总和生育率为0.81，二孩为0.52，多孩为0.10。生育孩次构成：一孩率为56.8%，二孩率为36.5%，三孩及以上比重为6.7%（详见表2、图2）。

表2　湖南省"六普"育龄妇女生育率情况

年龄别	合计	一孩	二孩	多孩	年龄别	合计	一孩	二孩	多孩
总计	1428.24	810.94	520.82	96.48	32	51.73304	18.29550	27.51121	5.92633
15	0.03218	0.03218	0.00000	0.00000	33	41.41756	13.78889	22.76948	4.85919
16	0.55685	0.55685	0.00000	0.00000	34	36.88754	10.83081	21.07860	4.97814
17	2.51085	2.38686	0.09299	0.03100	35	31.44033	9.55915	17.90828	3.97290
18	6.90280	6.34311	0.55969	0.00000	36	31.37527	9.84813	17.26796	4.25917
19	11.83858	10.71109	0.97197	0.15551	37	24.94855	8.07673	13.24118	3.63064
20	37.61103	34.21030	3.04543	0.35530	38	22.13806	7.71123	10.99094	3.43589
21	67.42064	59.77162	6.93875	0.71027	39	17.08058	6.70002	8.59389	1.78667
22	85.32926	72.33789	11.70528	1.28609	40	16.16189	6.48159	7.37386	2.30644
23	111.35050	87.55264	21.58457	2.21330	41	13.04535	5.59543	5.64339	1.80653
24	114.05754	85.24532	26.14278	2.66943	42	13.96886	5.94528	6.14971	1.87387
25	108.55561	73.09132	32.06902	3.39527	43	10.59180	4.81955	4.52066	1.25159
26	104.55796	61.35258	38.41000	4.79537	44	9.93142	4.42747	4.16703	1.33692
27	89.79299	48.58617	36.50493	4.70189	45	9.86327	4.81856	3.70525	1.33946
28	103.26246	49.68902	46.09650	7.47693	46	8.77588	3.92182	3.32712	1.52694
29	82.45804	34.57419	41.16466	6.71918	47	10.76363	5.10583	3.98461	1.67319
30	68.46532	27.21123	35.18428	6.06980	48	14.19049	6.22130	5.98430	1.98489
31	59.20370	21.07558	32.18439	5.94373	49+	10.02051	4.06237	3.94630	2.01184

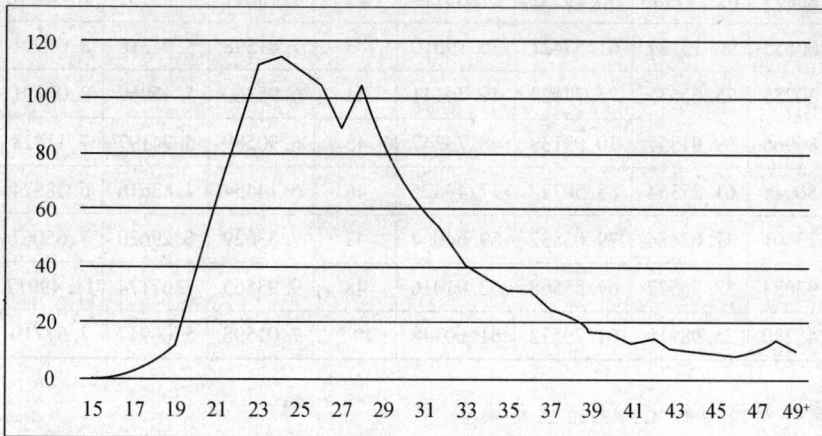

图2　"六普"年龄别生育率图

二、湖南省育龄妇女生育模式变化情况

（一）湖南省当前育龄妇女生育模式的确定

1. 还原年龄别生育率：构建生育模型

基于对数正态分布为概率分布，各胎次别终生（累计）生育率要接近或等于1，才可能有较好的拟合效果。本课题组据此对年龄别生育率进行还原，并把一孩比率（一孩比率＝一孩总和生育率/总和生育率）作为按龄生育率模式的控制变量，建立与之相关联的按龄生育模式（见表3）。

表3　湖南省"六普"还原年龄别生育模式

年龄别	合计	一孩	二孩	多孩	年龄别	合计	一孩	二孩	多孩
总计	1000.00	1000.00	1000.00	1000.00	32	36.22153	22.56092	52.82298	61.42313
15	0.02253	0.03968	0.00000	0.00000	33	28.99901	17.00364	43.71861	50.36278
16	0.38988	0.68667	0.00000	0.00000	34	25.82727	13.35591	40.47202	51.59564
17	1.75800	2.94333	0.17855	0.00000	35	22.01333	11.78777	34.38484	41.17687
18	4.83308	7.82195	1.07463	0.32128	36	21.96778	12.14413	33.15540	44.14399
19	8.28892	13.20828	1.86623	1.61183	37	17.46803	9.95974	25.42376	37.62963
20	26.33383	42.18611	5.84738	3.68249	38	15.50023	9.50903	21.10319	35.61110
21	47.20539	73.70681	13.32277	7.36152	39	11.95918	8.26206	16.50072	18.51786
22	59.74433	89.20278	22.47476	13.32961	40	11.31594	7.99271	14.15820	23.90494
23	77.96342	107.96470	41.44351	22.93963	41	9.13387	6.89996	10.83562	18.72365
24	79.85879	105.11946	50.19552	27.66719	42	9.78047	7.33137	11.80776	19.42164
25	76.00655	90.13187	61.57421	35.19010	43	7.41598	5.94318	8.67991	12.97202
26	73.20754	75.65635	73.74924	49.70141	44	6.95360	5.45969	8.00091	13.85646
27	62.86966	59.91357	70.09139	48.73247	45	6.90589	5.94197	7.11428	13.88273
28	72.30048	61.27354	88.50772	77.49425	46	6.14454	4.83616	6.38824	15.82588
29	57.73401	42.63484	79.03832	69.64064	47	7.53629	6.29620	7.65067	17.34172
30	47.93683	33.55527	67.55568	62.91016	48	9.93565	7.67174	11.49017	20.57230
31	41.45220	25.98915	61.79572	61.60348	49⁺	7.01598	5.00947	7.57710	20.85160

2. 生育率平滑与标化：圆滑生育模型

利用五点三次平滑公式，按立方法和平方法分别对分孩次、分年龄别生育模式进行平滑，得到滑动值 F_{3i} 和 F_{2i}，取其算术平均作为圆滑值。计算结果见表5和图4。

表5　湖南省"六普"圆滑生育模式

年龄别	合计	一孩	二孩	多孩	年龄别	合计	一孩	二孩	多孩
总计	1.00	1.00	1.00	1.00	32	0.03541	0.02167	0.05257	0.05841
15	0.00002	0.00003	0.00000	0.00000	33	0.02991	0.01733	0.04498	0.05440
16	0.00070	0.00120	0.00005	0.00000	34	0.02504	0.01338	0.03907	0.04740
17	0.00193	0.00321	0.00030	0.00000	35	0.02309	0.01215	0.03602	0.04528
18	0.00350	0.00566	0.00072	0.00039	36	0.02066	0.01139	0.03133	0.04098
19	0.01051	0.01698	0.00212	0.00152	37	0.01841	0.01054	0.02659	0.04050
20	0.02627	0.04195	0.00603	0.00369	38	0.01476	0.00914	0.02057	0.03071
21	0.04503	0.07042	0.01247	0.00730	39	0.01272	0.00856	0.01700	0.02457
22	0.06281	0.09294	0.02489	0.01418	40	0.01056	0.00763	0.01343	0.01966
23	0.07515	0.10496	0.03862	0.02155	41	0.01001	0.00738	0.01201	0.02125
24	0.08016	0.10479	0.05145	0.02796	42	0.00886	0.00681	0.01053	0.01706
25	0.07730	0.09132	0.06284	0.03747	43	0.00796	0.00617	0.00947	0.01491
26	0.07011	0.07389	0.06907	0.04390	44	0.00692	0.00568	0.00774	0.01292
27	0.06894	0.06463	0.07762	0.05829	45	0.00656	0.00536	0.00699	0.01432
28	0.06606	0.05553	0.08201	0.06857	46	0.00649	0.00542	0.00649	0.01544
29	0.06031	0.04583	0.08059	0.07250	47	0.00798	0.00640	0.00859	0.01792
30	0.04797	0.03262	0.06898	0.06364	48	0.00889	0.00693	0.00989	0.01993
31	0.04154	0.02674	0.06076	0.06226	49⁺	0.00746	0.00536	0.00822	0.02107

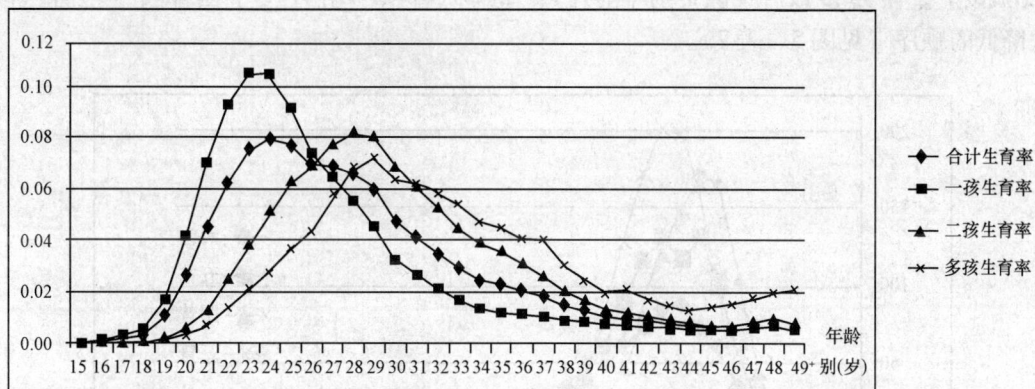

图4　湖南省六普育龄妇女生育模型图

3. 平均生育世代间隔：人口的再生产

据"六普"还原年龄别数据，按照湖南省妇女当前的生育水平，计算出全省妇女的粗再生产率（$R = \delta \sum_{15}^{49} f_i$，$\delta$ 为女婴比，湖南省六普出生性别比123.23）为0.788 97。如果考虑人口的死亡水平，可求得人口净再生产率（$R_0 = \delta \sum_{15}^{49} f_i L_i$，$\delta$ 为女婴比，L_i 为妇女生存年率），湖南妇女净再生产率为 0.76882。湖南人口母女间的平均世代间隔（$T = \sum_{15}^{49} I \div f_i \div L_i / \sum_{15}^{49} f_i L_i + 0.5$）为 28.37 年，人口内在自然增长率（$K = T\sqrt{R_0} - 1$）为 $-9.22‰$。

本课题组结合人口计生全员信息数据及一孩还原年龄别生育率进行推算（"全员"人口出生性别比为 115.66），修正"六普"$R = 0.802\,82$，$R_0 = 0.782\,31$，$T = 27.00$，$K = -8.52‰$（见表 6）。

表 6　湖南省历次普查人口再生产指标比较分析

时期	总和生育率		平均世代间隔		净再生产率		内在自增率	
	数值	比上期 ±	年	比上期 ±	数值	比上期 ±	（‰）	比上期 ±
三普（1982）	3.22	—	24.17	—	1.02	—	0.56	—
四普（1990）	2.44	−0.78	22.99	−1.18	1.07	0.06	2.68	2.12
五普（2000）	1.63	−0.81	24.54	1.55	0.62	−0.45	−18.25	−20.92
六普（2010）	1.75	0.12	27.00	2.46	0.78	0.16	−8.52	9.72

由上述计算结果和表 6 可得知，湖南人口的再生产水平已长时间低于世代更替水平，人口的增长势头已失去动力。

（二）湖南省历次普查育龄妇女生育率及生育模式比较分析

1. 生育率比较

从历次普查育龄妇女生育结构来看，呈现如下四个特点：

其一，总体来说，在 18 岁以前，历次普查育龄妇女生育率数值十分接近，20 岁以前生育率均在 100‰以内。20 岁以后出现明显分化，生育率差距逐渐拉大，差值最高在 220‰以上。在 35 岁以后（除个别年龄外），呈"六普"、"五普"、"四普"、"三普"渐次降低的顺序（见图 5、表 7）。

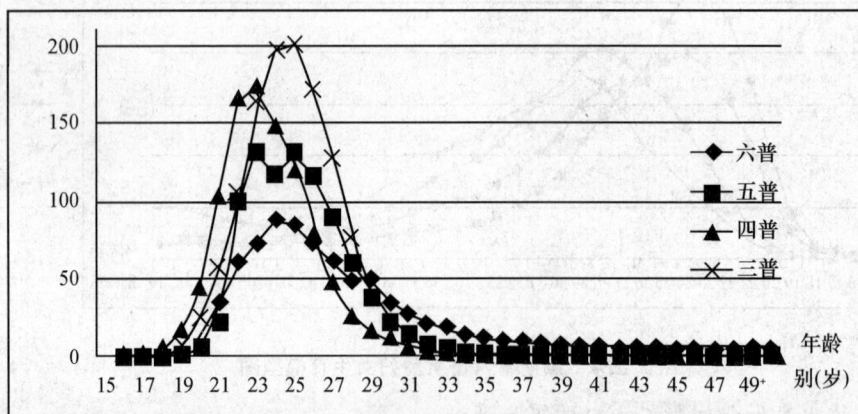

图 5　湖南省历次普查合计年龄别生育率

表7　湖南省历次普查育龄妇女生育峰值年龄变化情况

时期	生育合计（岁）		生育一孩（岁）		生育二孩（岁）		生育多孩（岁）	
	峰值年龄	比上期±	峰值年龄	比上期±	峰值年龄	比上期±	峰值年龄	比上期±
三普（1982）	25.00	—	24.00	—	26.00	—	29.00	—
四普（1990）	23.00	−2.00	22.00	−2.00	24.00	−2.00	27.00	−2.00
五普（2000）	24.00	1.00	22.00	0.00	29.00	5.00	30.00	3.00
六普（2010）	25.00	1.00	23.00	1.00	28.00	−1.00	28.00	−2.00

其二，一孩年龄别生育率没有太大差别。"六普"达到生育峰值的年龄为23岁，较"五普"和"四普"滞后1岁，较"三普"提前1岁，但峰值水平要低33%~56%左右。自28岁以后，"六普"生育率均高于其它各次普查，其生育率曲线尾部相应增厚，反映了妇女队列初胎生育年龄比较分散，晚育现象明显（见图6）。

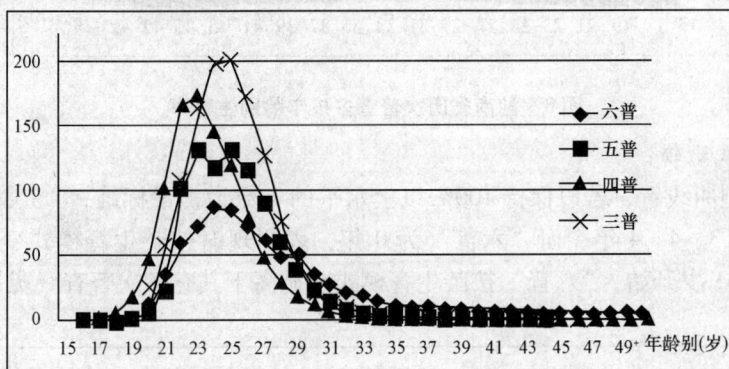

图6　湖南省历次普查一孩年龄别生育率

其三，二孩年龄别生育率出现明显分化。"三普"和"四普"分别在26岁和24岁达到峰值水平，而"五普"和"六普"相对比较滞后，分别于29岁和28岁达到峰值，其峰值水平也相差一倍多。值得注意的是，"六普"时31岁以后的二孩生育率显著高于以往各次普查，不排除现时违法生育和"强生偷生"现象有所抬头的情况（见图7）。

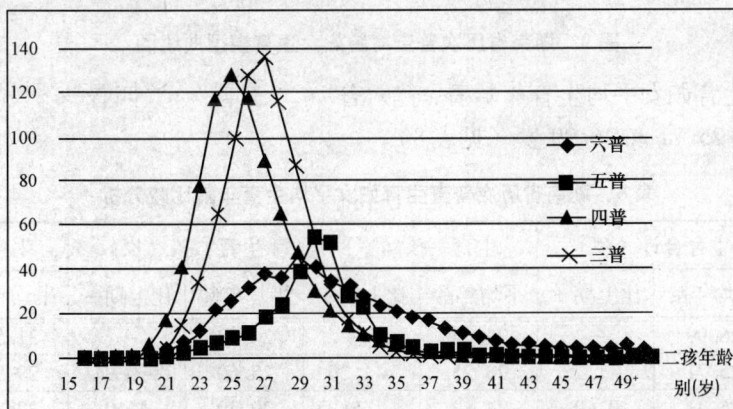

图7　湖南省历次普查二孩年龄别生育率

第四，多孩年龄别生育率差异最为显著。虽然多孩的生育峰值年龄变化不大，但峰值水平相差甚远，"三普"、"四普"、"五普"、"六普"分别为81.09‰、59.74‰、4.42‰和7.48‰。需特别指出的是，在43岁以后，"六普"多孩年龄别生育率有"上扬"趋势（见图8）。

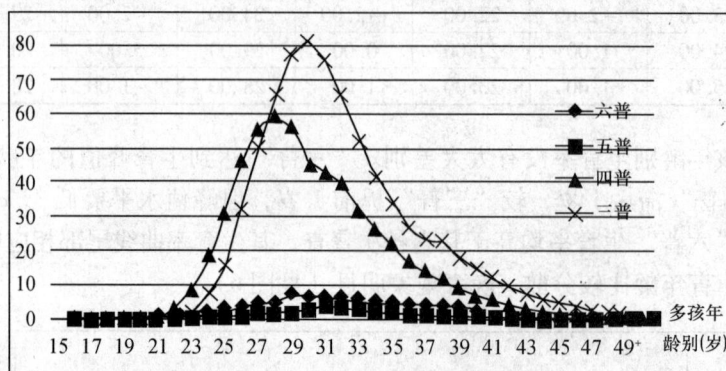

图8 湖南省历次普查多孩年龄别生育率

2. 生育模式比较

从生育模型曲线看，若以保持100‰以上水平的年数为衡量标准，"三普"、"四普"、"五普"分别为3、4、4年，而"六普"为0年，表明现时按龄生育模式变化波动不大、趋于平缓。自31岁开始，"六普"按龄生育模式明显高于其它各次普查（见图9）。

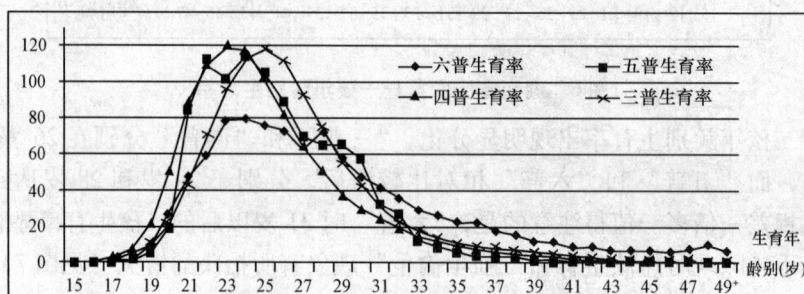

图9 湖南省历次普查育龄妇女生育模型曲线图

从全省有生育妇女平均生育年龄看，"六普"、"五普"、"四普"、"三普"分别为29.13、26.31、25.71和26.99岁（见表8）。

表8 湖南省历次普查生育妇女平均生育年龄比较分析

时期	生育合计（岁）		生育一孩（岁）		生育二孩（岁）		生育多孩（岁）	
	平均年龄	比上期±	平均年龄	比上期±	平均年龄	比上期±	平均年龄	比上期±
三普（1982）	26.99	—	24.44	—	26.63	—	31.52	—
四普（1990）	25.71	-1.28	23.25	-1.20	25.69	-0.94	29.98	-1.54
五普（2000）	26.31	0.60	24.82	1.58	29.79	4.10	32.88	2.90
六普（2010）	29.13	2.82	27.36	2.54	31.09	1.30	33.49	0.61

从全省有生育妇女年龄中位数看，"六普"、"五普"、"四普"、"三普"分别为26.71、24.59、23.83 和 25.20 岁，后次普查与前次普查的差值依次为 2.12、0.76 和 -1.38 岁（见表9）。

表9　湖南省历次普查生育妇女生育年龄中位数比较分析

时期	生育合计（岁）		生育一孩（岁）		生育二孩（岁）		生育多孩（岁）	
	年龄中位数	比上期±	年龄中位数	比上期±	年龄中位数	比上期±	年龄中位数	比上期±
三普（1982）	25.20	—	23.28	—	25.45	—	29.58	—
四普（1990）	23.83	-1.38	21.87	-1.40	24.16	-1.30	28.09	-1.49
五普（2000）	24.59	0.76	23.46	1.58	28.72	4.56	30.77	2.68
六普（2010）	26.71	2.12	24.63	1.18	28.88	0.17	31.29	0.52

从历次普查分孩次生育模型峰值年龄、生育宽度等的比较分析，有理由认为二孩生育模型的差异造成了历次普查合计生育模型的不同。

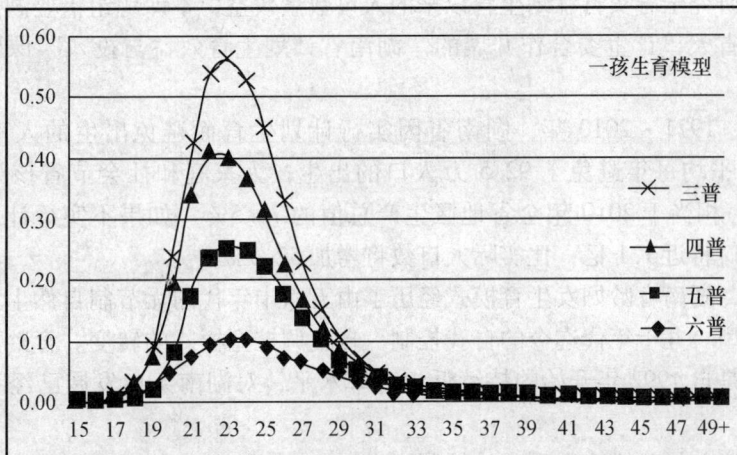

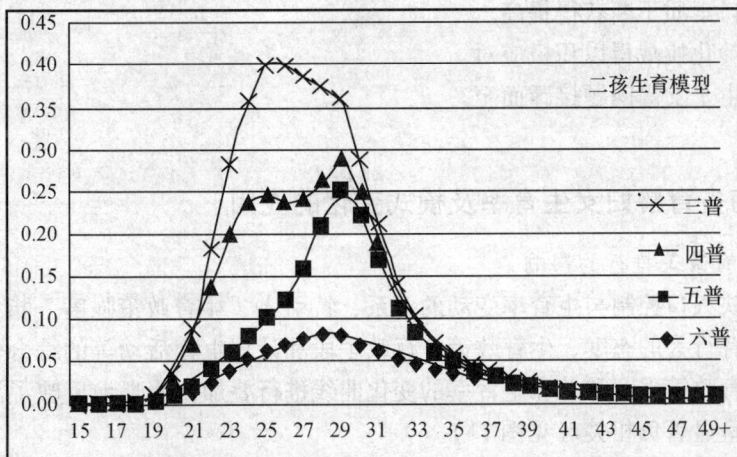

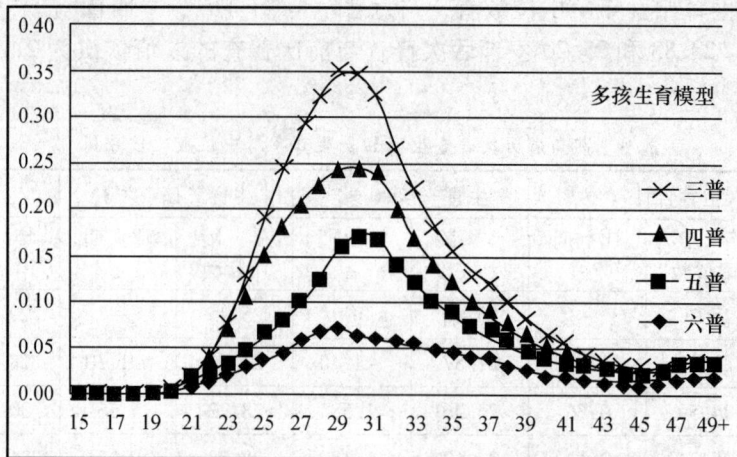

图10　湖南省历次普查分孩次生育模型

（三）湖南省育龄妇女生育率变化对人口发展的影响

为进一步研究全省实行计划生育以来的人口数量效益，本课题组借鉴湖南大学经济研究中心与湖南省人口计生委合作开展的"湖南省计划生育效益与投入"课题研究的成果（计算过程略）。

结果表明：1971～2010年，湖南省因实行计划生育而避免出生的人口数累计达到3 713.3万人，平均每年避免了92.5万人口的出生，为家庭和社会节省孩子抚养费支出1.2万多亿元，相当于2010年全省地区生产总值的75.5%。如果不实行计划生育，2010年全省户籍人口将近1.1亿，比实际人口数将增加52.5%。

回眸历史，湖南育龄妇女生育模式经历了由五六十年代的无节制自然生育型→七八十年代的晚稀少型→九十年代迄今的自我控制、自我调控型模式的转变。育龄妇女生育水平的变化，特别是自1992年开始的持续低生育率水平，对湖南人口发展已经和必将产生重大影响。

第一，人口总量、增速得到有效控制。

第二，人口素质不断获得提高。

第三，老龄化挑战得以积极应对。

第四，独生子女等问题接踵而至。

三、湖南省育龄妇女生育率及模式变化的成因

1. 计划生育政策推行的影响

为综合反映人口控制与生育率变动的关系，特引入"生育政策强度"指标，用以表示政府对人们生育行为的态度、生育政策、行政手段和计划生育活动等的综合作用强度。将生育政策、生育政策强度和总和生育率的变化曲线进行叠加，清晰地反映了湖南生育率与生育政策强度呈显著负相关（见图11）。

无生育政策 阶段	计划生育思想萌发 无实施社会环境阶段	推行计划生育 生育政策渐严阶段	调整与完善 生育政策阶段	稳定现行生育政策阶段
政府无控制人口思想，甚至鼓励人口增长，群众提出的控制人口意见被批判，人口自发发展，第一次生育高峰	在城市和人口稠密的农村提倡节制生育，使生育问题由无计划状态走向计划状态。但是，社会动荡，无实施的社会环境，人口实际上自发发展，第二次生育高峰	生育政策逐步严厉，实行计划生育力度不断加强。从晚、稀、少一三个多了、二个正好、一个不少→二个多了、一个正好→晚、稀、少、优→一对夫妇只生一个	《湖南省计划生育条例》出台，继续提倡只生一个，农村适当放宽二胎，严禁不正之风，晚婚晚育，少生优生，优育优教	坚定不移贯彻落实现行政策，晚婚晚育，少生优生，提倡一胎，控制二胎，不动摇，不松动，不改变；保持政策连续性、稳定性

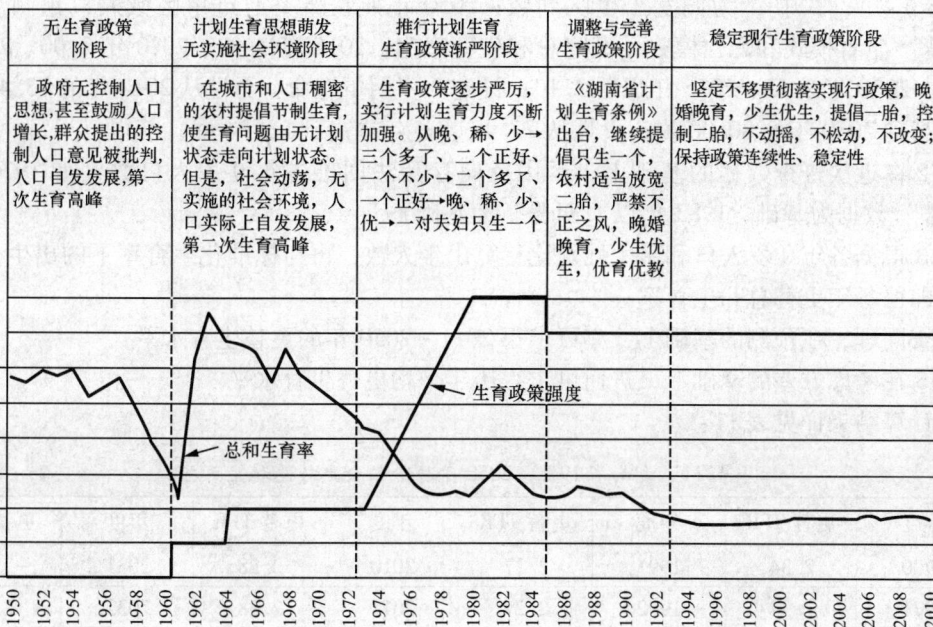

图11 湖南省生育政策演进、生育政策强度与总和生育率转变关系

2. 社会经济发展的影响

目前，我国经济实现了快速增长，已发展成为世界第二大经济体和中上收入水平国家，经济社会发展对生育率下降的牵引作用必然越来越大。

①支撑体系趋于多元，养老模式由"传统"型向"现代"型转变。

②孩子价值变化、抚养成本上升，生育效应由"数量"型向"质量"型转变。

③妇女受教育程度普遍提高，生活重心由"生育"型向"发展"型转变。

3. 新型文化观念理念渗透的影响

①现代文化思想冲击着宗族和传统思想观念，新型婚育理念日渐形成。

②农民生活方式现代化，加速了城市文化向农村渗透，促进了农民在生活方式上模仿城市居民，促进了农民现代生活意识的增强。

③避孕节育知识和措施的推广与普及，为降低人口出生率提供了有效手段。

四、湖南省更替生育率计算和生育控制展望

(一) 湖南省历年更替生育水平的计算

鉴于更替生育水平的计算过程及方法比较繁冗，本研究在计算湖南历年更替生育水平时做了适当简化。具体思路是：

①假设育龄妇女在 24 岁（全员人口信息数据生育峰值年龄）已经全部生育，以 1969 年作为基年，根据历次普查 0 ~ 24 岁的合计死亡率 Y_i、距离基年的距离 X_i 及 1970、1982、1990、2000、2010 和 2050 年的死亡率（概率）建立平均死亡概率线性回归光程 $y' = a + bx$。其中：$b = (N \times \sum x_i y_i - \sum x_i \times \sum y_i) \div (\sum y_i \times \sum x_i x_i - \sum x_i \times \sum x_i)$，$a = (\sum y_i - b$

$\times \sum x_i$）/N，式中 N 为妇女出生队列数；2050 年死亡概率通过单区域人口预测（采用"六普"生育模式和死亡模式，设定总和生育率为：2015 年 1.83、2020 年 2.00、2025 年 2.10、2030 年 2.15、2035 年以后 2.10；设定 0 岁期望寿命：男性从 2010 年的 73.41 岁逐年提高到 2050 年的 80.00 岁，女性从 77.40 岁逐年提高到 83.34 岁）获得；

②在近次普查数据的基础上，运用反向存活法回推各年 0 岁人口数（如 1970 年以"三普"数据为基础，1983 年以"四普"为基础）；

③根据各年 0 岁人口和出生性别比移算出生人数，再与标准化生育率下的出生人数相除，即得各年更替总和生育率；

④同理，在预测的基础上，亦可求得 2011～2050 年的更替生育水平；

⑤在考虑方差的基础上，进而可求得历年平均更替生育水平。

计算结果详见表 11：

表 11　湖南省 1970～2050 年育龄妇女更替总和生育率

年度	更替 TFR	年度	更替 TFR	年度	更替 TFR	年度	更替 TFR
1970	2.34	1991	2.27	2010	2.28	2031	2.15
1971	2.34	1992	2.27	2011	2.28	2032	2.14
1972	2.34	1993	2.28	2012	2.26	2033	2.14
1973	2.33	1994	2.28	2013	2.25	2034	2.14
1974	2.32	1995	2.29	2014	2.24	2035	2.13
1975	2.32	1996	2.30	2015	2.23	2036	2.12
1976	2.30	1997	2.32	2016	2.23	2037	2.12
1977	2.30	1998	2.33	2017	2.22	2038	2.12
1978	2.30	1999	2.35	2018	2.21	2039	2.12
1979	2.30	2000	2.38	2019	2.21	2040	2.11
1980	2.29	2001	2.37	2020	2.20	2041	2.11
1981	2.29	2002	2.36	2021	2.20	2042	2.11
1982	2.28	2003	2.35	2022	2.19	2043	2.11
1983	2.28	2004	2.34	2023	2.18	2044	2.10
1984	2.28	2005	2.35	2024	2.18	2045	2.10
1985	2.27	2006	2.32	2025	2.17	2046	2.10
1986	2.27	2007	2.31	2026	2.17	2047	2.10
1987	2.27	2008	2.30	2027	2.16	2048	2.10
1988	2.27	2009	2.29	2028	2.16	2049	2.09
1989	2.27	2010	2.28	2029	2.16	2050	2.09
1990	2.26			2030	2.15		
1970～2010 年平均		2.27405		2010～2050 年平均			2.10665

从 1970 年以来湖南实际生育水平与更替生育水平的变化情况看（见图 12），正经历从正增长→零增长→负增长的历程，但人口惯性延缓了这一进程。

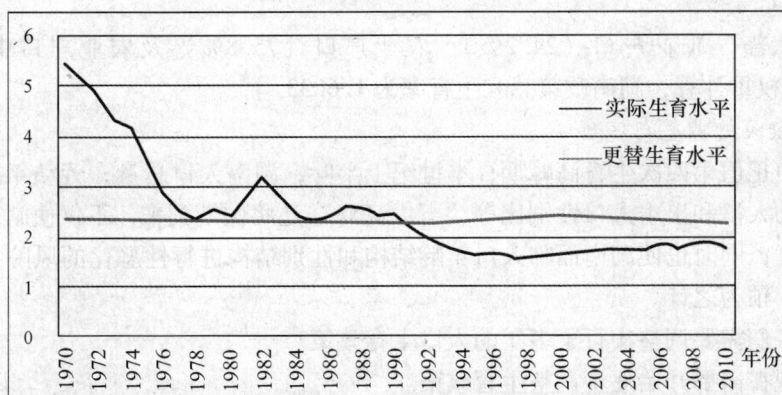

图12　湖南省实际生育水平与更替生育水平比较

（二）群众生育意愿与现行生育政策的反差

据 2001 年全国计划生育与生殖健康调查统计，群众生育意愿平均为 1.7 个孩子。

2002 年全国城乡居民生育意愿调查表明，城乡居民生育意愿平均为 1.8，无计划生育政策下的生育意愿平均为 2.05，城市、小城镇居民在没有计划生育政策下的生育意愿平均为 1.67。

株洲市 2010 年 7 月开展的 1 000 人随机问卷调查显示，96.5% 的被调查对象希望生育两个小孩。郴州市 2009 年对市直单位 2 000 多名国家工作人员进行问卷调查表明，89% 的受调查者希望生育两个孩子。

可见群众较强的生育意愿与较严的生育政策之间仍存在较大落差。40 年的人口和计划生育工作，只是在一定程度解决了不敢超生的问题，而不愿超生的问题没有从根本上得到解决。多数地区人口增长仍存在反弹势能。政府职能转变、社会快速转型和人口流动加剧，使得以行政手段为主的工作方式效率递减；一些地方对计划生育的长期性、艰巨性、复杂性认识不足；人口综合治理机制尚不完善，任何工作失误及外部环境的不利影响，都会导致生育水平的回升，并破坏来之不易的工作局面。

（三）湖南政策总和生育率与生育政策完善

1. 湖南政策总和生育率估算

湖南现行"1.5 孩"生育政策的具体操作方法是：在城市有 5 种情形、农村有 6 种情形，允许生育第二个孩子；其中民族自治地方除前述 11 种情况外，夫妻均系少数民族、一方是农村居民的和夫妻均系农村居民、一方是少数民族的，均可生育第二个子女。

鉴于湖南不婚不育的比例较低，可不考虑其影响，故城市的总和政策生育率应该为 1，"双独"进入婚龄生育二孩每年递增 5 万人以上、常德市生育政策"并轨"每年多出生政策内二孩近 5 万人，此两项可提高政策总和生育率 0.1，一孩系"病残儿"、再婚只有一子女等其他 4 种情况可提高 0.05 左右，故城市政策总和生育率在 1.15 左右。

就农村而言，第一胎为女孩政策内生育二孩约 0.48（"六普"一孩出生性别比110.48），男到独女家结婚落户、一方两代系独生子女等情况可增加 0.09 左右，故农村（非少数民族）政策总和生育率在 1.72 左右。少数民族农村居民政策总和生育率按 2

估算。

根据"六普"非农户口（24.2%）、农业户口（75.8%）及农业户口中少数民族（10.0%）的权重计算，湖南政策总和生育率为1.6033。

2. 生育政策的调整与完善

湖南目前正值第四次生育高峰期，本世纪上半叶，湖南人口总量、劳动年龄人口、老年人口、流动人口和出生人口性别比等"五大高峰"还将同期到来，不仅使湖南人口压力达到最大限度，同时也使湖南面临人口年龄结构和性别结构进行性恶化的风险，现在就应该未雨绸缪、预为之计。

第一，我们需要调整实行了多年的人口生育政策。

第二，现在需要开始逐步调整生育政策。

第三，可以实行软着陆政策进行生育模式调整。

具体表现在操作层面上，湖南生育政策调整要把握好三点：

一是调整时机不宜太晚。

二是调整过程理应渐进。

三是调整政策力求公平。

参考文献

［1］国家人口发展战略研究课题组. 国家人口发展战略研究报告［EB/OL］，http：// www. china. com. cn/policy/txt/2007-01/11/content_ 7643393. htm.

［2］马瀛通. 数理统计分析人口学［M］. 北京：中国人口出版社，2010.

［3］原新. 中国人口转变及未来人口变动趋势推演［J］. 中国人口科学，2000（1）.

［4］解振明. 曲折、艰难、辉煌的中国生育转变［J］. 人口研究，2012（1）.

［5］元昕. 标准化按龄生育模式的建立［R］. 第二次全国中青年"人口与发展"学术讨论会.

［6］王广州，胡耀岭. 真实队列年龄别生育率估算方法与应用研究［J］. 人口研究，2011（4）.

［7］李万郴，张义昌，尹晖等. 湖南省育龄妇女生育率研究，湖南人口发展研究（2008～2011年）. 长沙：湖南人民出版社，2012.

［8］孙苗钟. 基于MATLAB的振动信号平滑处理方法［J］. 电子测量技术，2007（6）.

［9］朱何东，马勇. 世纪之交的中国人口（湖南卷）［M］. 北京：中国统计出版社，2004.

［10］佚名. 湖南统计年鉴2011［EB/OL］，http：//www. hntj. gov. cn/sjfb/tjnj/.

［11］佚名. 人口和计划生育常用数据手册（2000～2010年）［M］. 北京：中国人口出版社，2011.

［12］佚名. 湖南省人口普查资料［M］. 北京：中国统计出版社，2000.

研究湖南文献　创新湖湘文化

雷树德

摘　要：本文论述了湖南文献在湖湘文化发展中的重要作用，重点介绍了五种湖南核心文献，简要介绍了五十种湖南代表文献和五百种湖南重要文献。

关键词：湖南文献；文献作用；湖湘文化

一、湖湘文化与湖南文献的关系

文献对文化的重要作用不仅表现在文献对文化的传承作用，还突出表现在文献对文化的复活作用。湖南文献在湖湘文化发展中的具体作用表现为：

1. 史鉴作用

一地的鉴往知来，首重地方文献。湖南建设文化强省，离不开湖南文献。

2. 发展的原动力

一地的发展固然离不开吸收其他相关的文化的长处以丰富自我，但内因起主导作用，其发展的原动力仍在其固有的文化特质。探求湖南的发展之道，必须吸取湖湘文献的精华。

3. 特色作用

整个中华文化是世界文化中的特色文化，而中华大地内各种地方文化立足于中华众文化之林，必然表现其鲜明的特色，因此独具特色的湖南文献是湖湘文化发展值得挖掘和开发的宝藏。

湖湘文化属于南方文化区系中之一种，在两千年的历史文化积淀中，逐渐形成了上下求索、探寻宇宙奥秘、研求人生真谛、经世致用、倔强霸蛮、百折不挠的文化特质。在唐宋以前，主要表现为迁客骚人与当地固有文化相结合形成了楚骚风格；至宋朝则因道学的创立，为湖湘文化奠定了重要的思想基础；明末清初以至清代中叶以后，湖湘文化因经世致用发挥到极致而成为中国文化中最为耀眼的一颗新星，湖湘文化的一部分已经上升和熔铸为整体文化之中。

作为湖湘文化的重要载体，湖湘文献源远流长，最近几十年考古出土的马王堆帛书和秦、汉、三国、晋代简牍，充分反映出湖南文献的源远流长及重要价值；历代湖南人（包括流寓）汗牛充栋的著述，集中显示了几千年来湖南名人学者、圣贤豪杰的聪明睿智。随着湖南文献的全面整理和研究的深入，将发掘出湖湘文化更多的文化价值。

需要指出的是，在众多湘人文献中扔可寻觅其思想的相沿、相感、承先启后的历史脉络，共同表现出湖湘文化的共有特性。在湖南文献的具体选择上，一是要充分考虑文献的核心作用、代表的广泛性与重要程度；二是要尽量以湖湘文化这条主线作为参照；三是要根据湖南的历史发展情况来考量。湖南在清后期举足轻重，相应地其对清后期文献选择较多；四是当代的文献数量庞大，但很多还需历史来检验，所以选择时需特别慎重。本人经过多年来对湖南文献的学习探索，特提出以下选择方案，文中所列的种数和具体文献并非一成不变，容有不同看法，希望获得有关专家的指正。

二、五种湖南核心文献

1. 屈原文献

屈原（前340～前278）为战国时楚国贵族，有着远大的政治理想和文学才华，楚怀王时三闾大夫、左徒，草拟诰令，力图变革，主张联齐抗秦。多次遭到朝臣的谗陷与楚王的放逐，但其爱国忠君的情怀不改，于是在流放地湖南沅湘之间，充分吸收和改造了当地文学艺术形式，创作了《离骚》、《九歌》、《天问》、《九章》等，后人汇集总称为《楚辞》。屈原开创的楚辞成为中国文学史上与《诗经》并立的重要文学艺术体裁，具有前承《风》、《雅》后启"汉赋"的重要作用，其后仿效者络绎不绝，如宋玉、景差、贾谊、淮南小山、东方朔、刘向等。屈原的上下求索、爱国忠君、九死而不悔的高洁情怀成为后代湖南人同时也成为所有中国人学习推崇的榜样。司马迁《史记·屈原贾生列传》说："《国风》好色而不淫，《小雅》怨诽而不乱，若《离骚》者，可谓兼之矣……其文约，其辞微，其志洁，其行廉，其称文小而其指极大，举类迩而见义远……，虽与日月争光可也。"屈原《楚辞》自创立以后，历代对其注释、解说的著作层出不穷，形成了以楚辞为内容的文献集群，其中东汉王逸的《楚辞章句》和南宋朱熹的《楚辞集注》影响很大，屈原文献成为湖湘文献也即成为中国整体文献中的核心之一。

2. 周敦颐文献

周敦颐（1017～1073）为北宋道州营道（今湖南道县）人，历任洪州分宁县主簿、南安军司理参军、郴县令、永州通判及广南东路转运使等基层官吏，以为官清廉、敢于任事著称，宋黄庭坚称其"人品甚高，胸中洒落，如光风霁月"。周氏虽处于基层，仍致力于探求宇宙的大本大源与人生的终极目的。其所著《太极图说》，论述宇宙万物的生成变化模式，从而说明人类顺应天理建立理想社会之道，即所谓"立人极"；其所著《通书》为《太极图说》的姊妹篇，重点阐述儒家伦理观念，最后归结为以"诚"为最高的道德境界。周氏影响极大，成为湖湘文化的奠基者，同时成为影响世界的宋明理学的开山祖师，其学说被奉为官方哲学，历代谥封、褒荣不断提高，被称为"元公"、"周子"，达到神化的地步。历代汇集、解说周敦颐著作者颇多，或称《濂溪集》，或称《周元公集》，或称《周子全书》，其中以南宋大儒朱熹的解说最为完善。

3. 王夫之文献

王夫之（1619～1692），字而农，别号姜斋，衡阳人。晚年隐居衡阳县石船山，学者称船山先生。王夫之少负异才，读书十行俱下，被誉为神童。清兵入关后，曾与好友举义兵于衡山，后任南明朝行人司行人，一意辅佐永历政权，以图有所补益。但朝廷楚党、吴党内讧严重，王夫之深受排挤，几遭不测。知国事不可为，于是退居于衡阳西部山区，往来于郴州、永州、涟水、邵阳一带，生活异常艰苦，在这种情况下，埋头著述四十年，成为一代学人。

王夫之著作数量极多，论述极为广泛，思想博大精深。他全面编定、评选、批改、注疏、订正、阐释了《易》、《书》、《诗》、《礼》、《春秋》、四书、《资治通鉴》、《宋史》、《庄子》、《老子》、《张子正蒙》、《唐诗》、《宋诗》、《明诗》等中国传统经史子集经典著作，所著约 100 种，398 卷，传世著作有 74 种，373 卷，收集整理最全者为岳麓书社所出版的《船山全书》，成为湖湘文献的典型代表和中国思想文化宝库。

王夫之文献中的突出成就是其所深入阐述的唯物主义思想和爱国主义精神。他在《自题墓石》中有"抱刘越石之孤愤而命无从致，希张横渠之正学而力不能企"，简要地表达了这两个方面的抱负。在唯物主义方面，他以"六经责我开生面"的胆识，通过对张载、二程、朱熹、陆九渊、王守仁等理学思想家的批判，在自然观、认识论、辩证法、历史论等方面不断创新，达到了古代朴素唯物主义的最高境界，在爱国主义方面，王夫之继承了屈原忧国忧民的高洁志行，纵使生活极为穷困，也终生不仕清朝。他通过总结历代政治得失和明朝亡国的经验教训，提出了深刻的民族爱国思想，为民族复兴埋下了精神火种。清末及民主革命时期的谭嗣同、黄兴、蔡锷、宋教仁等一大批革命志士通过研读王夫之著作，成为反对清朝封建专制统治的勇士，而何叔衡、毛泽东利用船山学社创办自学大学，宣传民族大义，传播马克思主义，在实践中发扬光大船山学说。

应该指出的是，王夫之著作长期被湮没，而随着其著作的逐渐发掘、流布，湖湘文化深受其学术思想影响。王夫之称："吾书二百年后始显。"从康熙六年（1667）王氏陷居深山著述开始，到同治六年（1867）曾国藩大量刊刻《船山遗书》时，其间恰好 200 年。由于清朝实行残酷的文字狱，而船山著作中反清意识浓厚，其著作的湮没起到了保存文献的作用；而随着清后期清朝统治的衰弱，船山著作的逐渐公开和流传，船山文献中的思想火花渐成燎原之势，湖南在清末民初以后人才辈出，事功彪炳千秋，影响寰宇，湖湘文化由此在中国文化中占据了重要地位，推期原因，是与王夫之著作的传播分不开的。

4. 曾国藩文献

曾国藩（1811～1872），字伯涵，号涤生，清湘乡荷叶塘（今属双峰）县人，道光间中进士。1851 年太平天国起义爆发后，曾国藩奉命在湖南帮办团练，创建湘军，经过十余年的艰难曲折，最终平定太平天国。先后任两江总督、节制四省军务，直隶总督，大学士，封一等毅勇侯，谥"文正"，清代被称为中兴第一名臣。

曾国藩的成功在于他对中国传统学术的精深造诣和经世致用、挽救时势的政治理想。在开始戎马生涯之前，他已对程朱理学有了独到见解，他把中国传统学问归纳为"义理、词章、经济、考据"缺一不可的四个方面。他的文章卓然成家，被称为桐城派之湘乡派；他注意日常伦理，提出"书、蔬、鱼、猪、早、扫、考、宝"八字家训；他对书法终生爱好，提出刚柔相济的理论观点。他在开始步入政坛之后，一反当时士大夫平庸苟安的混世作风，敢于犯颜直谏，对当时吏治、人才、财政、军事等各个方面提出了尖锐的批评。虽然他精通各门学问，但反对空疏夸大之学；虽然他是中国传统文化的集大成者，但强烈主张学习西方先进技术，成为中国近代化的发轫者。

曾国藩的道德、事功、文章引起后人的浓厚兴趣，随着对其文献的探索和传播，百余年来形成了多次"曾国藩热"，不论对其大褒或大贬，都成为湖湘文化和中国学术研究的重要课题。自清光绪三年（1876）李瀚章缉、湖南传忠书局刊印《曾文正公全集》以来，各种版本频出，而以 2011 年岳麓书社出版的《曾国藩全集》30 余册收集较全，其内容包括家书、日记、奏稿、书信、批牍、诗文集等，为湖南历代名人著作字数最多者。

曾国藩文献对后世的影响是极为深刻的。青年毛泽东对之推崇备至，韶山纪念馆现仍藏有其所阅读过的《曾国藩家书》，上书"咏之珍藏"；1917 年致黎锦熙信中有"吾于近人独服曾文正，见其收拾洪杨一役，完美无缺"。蒋介石把曾国藩奉为终生学习的楷模，并告诫子弟僚属："曾文正家书及书札，为任何政治家所必读。"当 1986 年美国《北美日报》得知《曾国藩全集》重新编纂时，评论称"中国爆炸了一颗精神原子弹"。无疑，曾国藩文献已经成为湖湘文献中的重要核心文献，在浩如烟海的中国文献中有着十分重要的地位。

5. 毛泽东文献

毛泽东（1893～1976），字润之，湖南湘潭（今韶山）人。

毛泽东思想是马列主义和中国革命实践相结合、以毛泽东同志为代表的集体智慧的结晶。毛泽东同志深受以王夫之为代表的湘湘文化经世致用、实事求是思想的影响，深刻分析了中国社会的性质、中国革命的对象、任务、动力和领导权等问题；提出了新民主主义革命和社会主义革命一系列重要理论，揭示了中国革命以农村包围城市，武装夺取政权的特殊道路；带领党和人民经过长期革命斗争，最终建立了新中国，成为马克思主义和中华民族思想宝库中的重要组成部分。毛泽东文献是整个湖湘文献中的核心文献，同时也是中华整体文献中的宝贵精神财富。

毛泽东在长期革命斗争中形成了大量文献，其名作有《中国社会各阶级的分析》、《湖南农民运动考察报告》、《星星之火，可以燎原》、《反对本本主义》、《实践论》、《矛盾论》、《战争和战略问题》、《〈共产党人〉发刊词》、《中国革命和中国共产党》、《新民主主义论》、《论联合政府》、《论十大关系》、《关于正确处理人民内部矛盾的问题》等等。毛泽东著作在世界出版发行据估计有三千多种版本，其中《毛泽东选集》一至四卷印刷最多，有多种版本，流传最广；《毛泽东选集》第五卷于 1977 年由人民出版社出版，流传有限；2004 年由中央文献出版社出版的《毛泽东文集》一至八卷是继《毛泽东选集》一至四卷之后又一部体现毛泽东思想科学体系的综合性多卷本著作集；毛泽东著作的各种单行本数量多，流传颇广，各种研究毛泽东思想的著作更是层出不穷。无论是在毛泽东生前还是逝世后，多次形成了"毛泽东热"，毛泽东文献永远值得人们研究探讨。

三、五十种湖南代表文献

《神农本草经》，《禹王碑》，《里耶秦简》，《马王堆帛书》，《走马楼吴简》，《楚辞》（屈原），《贾长沙集》（贾谊），《伤寒杂病论》（张仲景），《艺文类聚》（欧阳询），《自叙帖》（怀素）、《周子全书》（周敦颐），《胡氏春秋传》（胡安国），《宋史》、《辽史》、《金史》（欧阳玄），《谦谦斋集》（夏原吉），《楚宝》（周圣楷），《船山全书》（王夫之），《大义觉迷录》（记雍正与湖南永兴人曾静回答之词），《九溪遗书》（王文清），《沅湘耆旧集》（邓显鹤），《陶文毅公全集》（陶澍），《皇朝经世文编》（贺长龄），《浮邱子》（汤鹏），《魏源集》（魏源），《何绍基墨迹》，《湖南文征》（罗汝怀），《白芙堂算学丛书》（丁取忠），光绪《湖南通志》（卡宝第、李瀚章等修；曾国荃、李元度等纂），《曾国藩全集》，《左宗棠全集》，《郭嵩焘全集》，《胡林翼集》，《彭玉麟》，《刘坤一遗集》，《国朝先正事略》（李元度），《湘绮楼诗文集》（王闿运），《曾纪泽集》，《书林清话》（叶德辉），《谭嗣同全集》，《经学历史》（皮锡瑞），《杨度集》，《汉书补注》（王先谦），《四魂集》（易顺鼎），《黄兴集》，《宋教仁集》，《蔡锷集》，《猛回头》（陈天华），《帝王春秋》（易白沙），《齐白石全集》，《毛泽东选集》，《社会学大纲》（李达），《四库提要辩证》（余嘉锡），《地洼学说文选》（陈国达），《杂交水稻育种栽培学》（袁隆平）。

四、500 种湖南重要文献

近年来，省委、省政府大力弘扬文化事业，组织编纂大型丛书《湖湘文库》，选择书刊一千余种，可作为重要参考。限于篇幅，此处从略。

参考文献

［1］李德勤.中国区域文化［M］.太原：山西高校联合出版社，1995.
［2］湖南省地方志编纂委员会.湖南省志.人物志［M］.长沙：湖南出版社，1992.
［3］湖南省地方志编纂委员会.湖南省志·著述志［M］.长沙：湖南人民出版社，2003.
［4］刘志盛.王船山著作丛考［M］.长沙：湖南出版社，1999.

（作者单位：湖南图书馆）

二等奖论文（以第一作者姓氏笔画为序）

太虚大师的总持智略论

丁小平

摘　要：总持一般可分为三或四种，与大乘佛学六度中的大部分内容相应，而总持智则侧重与般若度的相应。现代中国佛教复兴运动的领袖和旗手太虚大师，基于三次禅悟的宗教经验而获得总持智，并将此总持智应用于对大乘诸宗诸派、小乘和大乘、世界三大文系佛教的整体融贯，对世间各种思想学说的批判、融贯和重建，以实践其救世救人救国救民的悲愿。

关键词：总持智；悟境；融贯；志趣

一、总持智的语义

总持，梵语为陀罗尼。龙树《大智度论》卷五说陀罗尼有三种，一种是"闻持陀罗尼，得是陀罗尼者，一切语言诸法耳所闻者，皆不忘失"，其功能主要体现为对语言音声乃至思想学说的超强记忆力；第二种是"分别知陀罗尼，得是陀罗尼者，诸众生、诸法、大、小、好、丑分别悉知"，其功能主要体现为对各种事物乃至思想学说的明晰认识、透彻了达；第三种是"入音声陀罗尼，菩萨得此陀罗尼者，闻一切语言音，不喜不瞋，一切众生如恒河沙等劫，恶言骂詈心不憎恨"，主要体现为高度的智慧统领下的安忍之德。

弥勒《瑜伽师地论》卷四十五分陀罗尼为"法"、"义"、"咒"、"慧"四种，其中"法陀罗尼"侧重在"闻未曾闻言，未温习未善通利"却能"经无量时能持不忘"，相当于《大智度论》的"闻持陀罗尼"。"义陀罗尼"义为"于彼法无量义趣，心未温习未善通利，经无量时能持不忘"，侧重在对法义的闻持；"慧陀罗尼"侧重在"具足妙慧……于佛所说得菩萨忍诸咒章句，能谛思惟"，侧重在对法义的思维、了达。"义"、"慧"二种陀罗尼相当于《大智度论》的"分别知陀罗尼"。"咒陀罗尼"义为"菩萨获得如是等持自在，由此自在加被，能除有情灾患，诸咒章句，令彼章句悉皆神验，第一神验，无所唐捐，能除非一种种灾患"，其功能主要体现为禅定力基础之上种种咒语的神验。

如果把前面的三种或四种陀罗尼与大乘六度对应起来，则"闻持"（"法"）、"分别知"（"义"、"慧"）陀罗尼与般若度联系很是紧密，而"入音声陀罗尼"当于安忍度，"咒陀罗尼"大略当于禅定度。

僧肇《注维摩诘经》卷一将"总持"释为"持善不失，持恶不生，无所漏忘谓之持"，在闻持陀罗尼的基础上，更侧重持善止恶的功德，当于大乘六度中第四精进度的功德。湛然《止观辅行传弘诀》卷二则释为"体遮三惑，性持三智"，则以"总持"的体性为对见思惑、尘沙惑、无明惑的遮止，对一切智、道种智、一切种智的任持，不仅是大乘六度中的般若度的全体，而且可以视为法界、真如、真心的全体。太虚大师说："一切法皆大总持义，如天台圆教一色一香皆法界义，贤首圆教事事无碍法界义，皆任何一法包一切法，等于密教大陀罗尼……则任何一事物即一切事物，一切事物亦即一事物，即境即心，即身即佛。"可以说，"总持"一词的义理，到此已经臻于极致。

总持智，则侧重智慧的层面。《增壹阿含经》卷一大迦叶劝请阿难结集佛陀经典时，便印可称赞道："汝今总持智慧业，能使法本恒在世。"此处"总持智"侧重在"闻持"和"法"陀罗尼。《大宝积经》卷三十说"若人能了眼尽性，於眼空性常通达，彼则能生总持智，是人爱乐于此经"，以对空性的通达为获得总持智的条件，故此处"总持智"侧重在"分别知"、"义"、"慧"陀罗尼，是以对空性的体认之根本无分别智为基础的后得无分别智。《佛说未曾有正法经》卷一描述菩萨的功德时说"入三摩地总持智门，了诸众生心所乐欲，善说法要如法解脱"，便更为明确，直接说明此为菩萨观察众生的根性、乐欲，而以其所得道种智说法，属后得无分别智。由此可见，总持智大致与"入音声"、"咒"陀罗尼联系不是很紧密，即与六度中安忍度、禅定度有所距离，而侧重在般若度，尤其是后得智。若予以深化，其义理可及于天台宗、华严宗的圆教之圆理，相应于"一即一切，一切即一"的圆实中道或事事无碍境界。

二、太虚大师的佛法修证功德

太虚大师 1889 年出生于浙江海宁州，次年父亲病故，5 岁时母亲改嫁他乡，由崇信佛教的外祖母张氏一手抚养成人。印顺《太虚大师法师年谱》写道："大师幼失怙恃，长养于庵院，深受外祖母之宗教熏陶。"

1904 年，太虚大师年届 16 岁，于苏州木渎浒墅乡出家。太虚大师后来回忆自己当初出家的因缘，认为"最主要的还是仙佛不分，想得神通而出家"。次年听了《法华经》后，才知道仙佛不同。后住禅堂参禅，"要得开悟的心很切"。第三年又听讲了《楞严经》，并旁研及天台教观、《贤首五教仪》及《相宗八要》，而参究话头的闷葫芦，仍挂在心上。秋天，进入汶溪西方寺阅看藏经，经一位老首座的指点，从大藏经最前的《大般若经》看起。看了个把月，身心渐渐安定。一日看到"一切法不可得，乃至有一法过于涅槃者，亦不可得"时：

"身心世界忽然的顿空，但并没有失去知觉。在这一刹那空觉中，没有我和万物的世界对待。一转瞬间明见世界万物都在无边的大空觉中，而都是没有实体的影子一般。这种境界，经过一两点钟。起座后仍觉到身心非常的轻快、恬适。在二三十天的中间，都是如此。"

后来改看《华严经》，觉得华藏刹海，"恍然皆自心中现量境界"，莫不空灵活泼，"以前禅录上的疑团一概冰释，心智透脱无滞，曾学过的台、贤、相宗以及世间文字，亦随心活用，悟解非凡"。此前，他的记忆力很强，书籍只要用心看一遍就能背诵；此后，理解力变强而记忆力变弱。太虚大师后来回忆，当时"已造于超俗入真的阶段"，如果从这种定慧心继续下去，可以成就三乘的圣果。但是因为遇到了在杭州办僧学校的革命僧人华山，与其辩论十多天，又读了他带来的《天演论》、《大同书》、《仁学》、《章太炎文集》、《饮冰室》等新书，深受影响，"生起了以佛法救世救人救国救民的悲愿心"。

1914 年，欧战爆发，太虚大师对于西洋的学说及自己以佛法救世的力量产生怀疑，遂到普陀山闭关。之初，"于台、贤、禅、净的撰集亦颇温习……尤于会合台、贤、禅的《起信》、《楞严》著述，加以融通决择"，冬天，每夜坐禅，专提昔日在西方寺阅藏时的悟境作体空观，功夫渐渐成片。

"一夜，在闻前寺开大静的一声钟下，忽然心断。心再觉，则音光明圆无际，从泯无内外能所中，渐现能所、内外、远近、久暂，回复根身座舍的原状，则心断后已坐过一长夜，心再觉系再闻前寺之晨钟矣。心空际断，心再觉而渐现身器，符《起信》、《楞严》所说。"

此次悟境，使太虚大师大学对《楞严经》《起信论》中所说真如缘起的意义有了深彻的决定见，"像是自己所见到的"，"从兹有一净裸明觉的真心为本，迥不同以前但是空明幻影矣"。

此后，继续看经、著书、坐禅，专看法相唯识书，尤其注意看《成唯识论述记》。1916 年，看到《述记》中"假智诠不得自相"一段，反复看了多次，有一次又入了定心现观。

"朗然玄悟，宴会诸法虽言自相，真觉无量情器、一一尘根识法，皆别别彻见始终条理，精微严密，森然秩然，有万非昔悟的空灵幻化，及从不觉而觉心渐现身器堪及者。从此后，真不离俗，俗皆彻真。"

此次悟境与前两次不同，见到因缘生法——有很深的条理，秩然丝毫不乱。这一种心境，以后每一静心观察，就能再现。

这三次悟境，每一次心理生理都有改变，并曾偶然有过天眼、天耳、他心通的征兆，因此深信六通皆可获得，立基于此天眼、宿命通上的业果流转，亦得决定信解，于佛法由胜解而至于决定见。但因为悲愿心太重，转向了大乘救世的道路，没有向禅修去继续深进。

1928 年冬，太虚大师在《我之学佛经过与宣传佛学》中说道："在读《般若经》的参禅心中，证得实相无相不立文字之正法眼藏，始超脱一切而实现天上天下唯我独尊之意志。"这是大师对于自己第一次悟境的自信和自肯：得禅宗之正法眼藏。他在《律禅密净》中说："以二十余年的修学、体验，得佛陀妙觉的心境，照彻了大小乘各派的佛学，及一切宗教、哲学、科学的学说。"又在《新与融贯》（1937 年）中说"天台的离言谛、法相的离言自性、法性的离戏论分别，都融彻到禅宗上的不立文字，如古人所谓'不即文字不离文字而为道用'"，则进一步自信已依超越文字的根本无分别智而起不离文字的后得正分别智，对一切经典的深义乃至世间一切学说，皆能了然于心而融会贯通。

现量智的获得，使得大师能从心性体悟的高度，对佛教各种系统、宗派、经典的思想学说，有切实圆彻的决定见，远非由钻研学问而获得的比量智可比。

三、太虚大师的总持智

综观太虚大师三次悟境，第一次由读《大般若经》而入，侧重于对缘起之空性的体悟，与中观学的教理相应；第二次由会和台、贤、禅、净而加以融通抉择的努力中进入，侧重对真心的体悟，对"《起信》、《楞严》的由觉而不觉的缘起相，得了证明"，与如来藏学的教理相应；第三次，由致力于法相唯识的义理而入，"现观唯识的因果相"，侧重在对唯识性相的体悟，与唯识学的教理相应。这三次悟境，从宗教实践的层面，成为后来大师判摄大乘佛教为中观学、唯识学、如来藏学三宗的基础。也正是因为将此三种悟境先后证于自己身心的经历，所以大师秉持了整体佛教融贯的思想立场，将中观、唯识、如来藏三学融贯为一体，以建设整全的大乘佛教。

太虚大师在《新与融贯》（1937）一文中明确说明自己的融贯思想的由来，是源出于禅悟的境界：

"关于本人的融贯思想的由来，说起来亦大有因缘。最初本人亲近的善知识，是禅宗的寄禅老和尚（即八指头陀）等，对于参禅的倾向较深，对台贤教义稍稍研究。后来自看藏经，于性相经论的得意处，每在离言的禅意，颇契《维摩经》所谓文字性空即解脱性。如天台的离言谛，法相的离言自性，法性的离戏论分别，都融彻到禅宗上的不立文字，如古人所谓'不即文字不离文字而为道用'。放观一切经典文字的佛法，不是摆设在地上的木石，而同渗透虚空中的光影；故于一切佛法，容易成为融会贯通的思想。"

太虚大师由禅悟而产生的融贯思想，根本即在总持智的获得。联系前文对总持智语义的分析，可知大师早年未曾禅悟之时，书籍只要用心看一遍就能背诵，应是基于宿慧的"法"、"闻持"陀罗尼；禅悟之后，参禅过程中的疑团一概冰释，曾学过的台、贤、相宗以及世间文字，都能随心活用，达到非凡的悟解，可知大师已得"分别知"、"义"、"慧"陀罗尼。

太虚大师的总持智，具体体现为对空性、真心、唯识性的现量智。大师对由现量智准确把握佛法、了悟佛心一事，充满自信，承当自己以二十余年的修学、体验，得佛陀妙觉的心境，照彻了大小乘各派的佛学，及一切宗教、哲学、科学的学说。尤其大师对第三次的悟境，后来每一静心观察，皆能再现，更是说明了这种修慧与基于根本无分别智的后得无分别智相类，可以"起摹仿智——相见道的如量智变相缘真如万法"，以这种现量智慧来观照世间的一切学问，无不能透其心髓而握其枢纽，识其弊病而知其出路。大师第一次悟境之后即说："吾本未多读书，至是于世间学说亦多一目了然，文思风发泉涌，益放恣自喜，颇有弘法利生，今世舍我其谁之概。"第三次悟境之后，更是"真不离俗，俗皆彻真"，其智慧已经决然建立，真俗相彻不二；而且"思想文字等都有改变，从前是空灵活泼的，以后则转入条理深细坚密的一途"；大师重新广泛阅读严复的译作，梁启超、章太炎等时人的著作，以及先秦诸子、宋明儒学、明末顾黄王等人之作，都仅以之"为增上缘"，而"其本因仍在从佛学的心枢，自运机杼，随时变化，不拘故常以适应所宜，巧用文字而不为文字粘缚"，其总持智慧在世俗学问面向，越来越宽广而深透。

结合大师将"天台的离言谛，法相的离言自性，法性的离戏论分别，都融彻到禅宗上的不立文字"的境界；于一切佛法，皆能融会贯通的成就；于世间一切思想学说，皆予以批判、融贯、导建的做法，可知大师的总持智已臻于教理所言"一即一切，一切即一"的极致。

由宿慧的"法"、"闻持"陀罗尼到禅悟所得的"分别知"、"义"、"慧"陀罗尼，总持智层次的深入，以及弘扬佛教的实践的开展，使得太虚大师的佛学志趣和弘法抱负先后也产生了质的变化。如前所述，大师出家之初，是为了追求神通；后来参禅求悟，第一次悟境之后，1914年前，其对佛教的判摄还停留在承袭古人的境地，将佛教判为教下和宗下。此后到1924年间，大师将小乘附入大乘，将中国佛教先后出现的十一个大乘宗派归摄为八，有八宗并弘的志向。1924年后，太虚大师逐渐形成了建设"世界佛教"的理念。1926年8月至1929年4月共历时20个月前往欧美弘法的历程，大大地开阔了太虚大师的弘法视野，从此，他以更为圆融、宽广的理念，推进佛教教育，推进中国佛教向世界佛教改进和发展。为了这样一个伟大宏图，"八宗并盛"显然已经不够。在"世界佛教"的理念下，太虚大师表示只要符合佛教的理论，不管哪一系哪一宗的佛教，都应当采取熔铸法，用以振兴中国佛教，乃至建设世界佛教。

大师出家之后，不仅在两次阅读大藏经的过程中读了大量涉猎佛教诸乘诸宗的经典，还广泛阅读了古今中外的哲学、科学、心理学、宗教等方面的著作，为融贯统摄世间学问奠定了坚实基础。另外，根据大师的著作，可知大师还对藏传密教、道教、基督教、伊斯兰教等各种宗教都有深刻了解。在涉猎世间学问的过程中，大师自认"在民三以前，多受谭（谭嗣同）、梁（梁启超）的影响；而民三以后，则受章（章太炎）、严（严复）的影响较深；此后，则说不上更受甚么的影响。但章等亦仅为增上缘，其本因仍在从佛学的心枢"。这里表明，大师对各种世间学问，都以佛学为心枢而批判性地学习。

太虚大师还从宗、乘、系三个角度，把印度、中国、日本各部各宗各派佛教（宗），五乘共法、三乘共法、大乘不共法（乘）流传于锡兰、缅甸、暹罗等地的巴利文系佛教，中国、高丽、日本等地的华文系佛教，西藏、蒙古、尼泊尔等地的藏文系佛教（系），全部予以融贯，构成整全的世界佛教。大师的目的即在于，以自己的终生努力和后继者的不懈奋斗，"本着这新的融贯的宗旨，勇猛研究，乃能跃进为现在到将来的世界佛教"。

综上所述，可以说，太虚大师的佛学志趣和弘法抱负的成熟，正是以其总持智为基础的。而总持一切佛法和各种世间学问，以建立世界佛教，重建世间新文化，及其救世救人救国救民的实践，又无疑不断加深、提升了其总持智的程度和高度。

参考文献

[1] 太虚. 太虚大师全书：第1册［M］. 北京：宗教文化出版社，2005.

[2] 印顺. 太虚法师年谱［M］. 北京：宗教文化出版社，1995.5.

[3] 太虚. 太虚大师全书：第22册［M］. 北京：宗教文化出版社，2005.

[4] 太虚. 太虚大师全书：第31册［M］. 北京：宗教文化出版社，2005.

[5] 太虚. 太虚大师全书：第26册［M］. 北京：宗教文化出版社，2005.

[6] 陈兵. 佛法真实论［M］. 北京：宗教文化出版社，2007.

[7] 太虚. 太虚大师全书：第25册［M］. 北京：宗教文化出版社，2005.

[8] 太虚.太虚大师全书：第 32 册 [M].北京：宗教文化出版社，2005.

[9] 太虚.太虚大师全书：第 7 册 [M].北京：宗教文化出版社，2005.

[10] 太虚.太虚大师全书：第 28 册 [M].北京：宗教文化出版社，2005.

（作者单位：湖南省佛教文化研究会、湖南师范大学公共管理学院哲学系）

乡村文化与现代文明融合中麻阳
盘瓠文化发展模式探究

马 特 薛 丹

摘 要： 盘瓠文化是我国华夏文化体系中具有久远历史、特色鲜明的古文化生态文明，盘瓠是苗、瑶、畲等少数民族共同信奉的精神图腾，对苗族文化特性的形成与发展有着十分重要的作用。随着现代文明的不断发展，农村建设不断深入，盘瓠文化在与现代文明的融合过程中出现了传承与保护脱节、发展模式单一、资金投入不够等一系列问题，使盘瓠文化的发展陷入困境，严重影响乡村文化建设。本文以湖南麻阳苗族自治县盘瓠文化为研究对象，通过文献研究、实地采访、调研核实等方式，调研传统文明与现代文明融合中盘瓠文化发展所存在的问题。通过对问题的分析，提出以政府为主导、以企事业单位为两翼，以盘瓠文化固有发展模式为原则的"双金字塔"模式作为麻阳盘瓠文化的发展模式。同时，通过对麻阳盘瓠文化发展模式的探究，进一步探寻将"文化放样"模型作为新时期下湖南其他乡土文化发展的新模，并为湖南省新农村文化建设提供借鉴。

关键词： 麻阳；盘瓠文化；乡村文化；现代文明；发展模式

一、盘瓠文化的发展现状

湘西、黔东为古"武陵蛮"地区，直到今天该地区仍是苗族的聚居地，依然流传着盘瓠与辛女的故事、龙犬的故事、神犬的故事……，这些故事是在一定的社会环境下形成的原始民族记忆，大都反映了盘瓠与辛女在南山生六男六女，自相婚配，繁衍苗族十二宗支的故事。拉法格在《宗教和资本》一书中指出："神话既不是骗子的谎话，也不是无谓的想象的产物……神话是保存关于过去的回忆的宝库，若非如此，这种回忆便会永远付之遗忘。"。马克思说图腾是"表示氏族的标志或者符号"，每一个部落以什么物种作为自己的图腾，取决于那时他们所处的自然环境和所从事的主要经济活动。麻阳盘瓠文化起源于土著水文化，形成三苗傩文化和荆楚巫文化，属于原始农耕社会的祭祀文化。

1. 盘瓠文化信奉广泛

盘瓠是苗、瑶、畲等少数民族共同信奉的图腾象征，盘瓠文化在麻阳扎根以来，就一直生生不息。盘瓠文在麻阳化具有广泛的群众基础，当地百姓每到节日时都会去庙里祭拜，向祖先祈福。麻阳保留有完整的盘瓠庙建筑体系。麻阳有据可查的盘瓠庙及其遗址有18处之多，保存完好者尚有8处，其中高村镇漫水"龙王庙"、兰里镇新营"祖神殿"、郭公坪乡陈家坡"三座大王庙"最为完整。最具代表性的是漫水村和新营村的盘瓠庙。盘瓠文化深入民间，在当地百姓心中占有很高的地位。

2. 盘瓠遗址损毁严重

盘瓠遗址遭到不同程度的破坏。由于盘瓠遗址建筑时间大都年代久远，距今有六七百年的历史，历经战争洗礼、自然消磨，大部分都已破败不堪，加上资金缺少，保护不力，使得当前仅存的18处盘瓠遗址处境堪忧，长此以往，经过千百年磨炼而幸存的盘瓠遗址会越来越少。盘瓠遗址是汉、蛮文化相互影响融合并固化下来的产物，作为盘瓠文化传承的重要载体，它遭受的人为或自然的破坏将给盘瓠文化的传承带来巨大困难。

3. 新旧文明冲击剧烈

受现代文明的冲击，盘瓠文化的发展已经到了岌岌可危的地步。而文化传承都少不了传承人和文学作品。但在麻阳，盘瓠文化的发展正面临着严重困难，甚至出现了盘瓠文化传承后继无人、文学作品严重流失的状况。苗族的传承主要是靠口头传承，没有文字保存文学作品，熟悉盘瓠文化文学作品的人因去世或年高健忘，大量的作品流失，甚至失传。首司五老年高，因没有正确定位麻阳盘瓠图腾祭祀的文化价值取向，所以每个村寨目前能够完整担任首司的"五老"只有1~2人，而且年事已高，使得盘瓠祭祀文化活动面临难以原汁原味完整保留下来的困境。

二、麻阳盘瓠文化在新形势下面临的困境

1. 村民对乡土文化淡漠

随着经济社会的发展，国家中部崛起、西部大开发战略的实施，这些因素对保护乡村文化也产生了一定影响。

①农村文化出现断层。由于城市化进程的不断加快，农村失去了作为文化发源地的地位，在与城市现代化接轨的同时，"农村"仅仅成为与"城市"相对的地域概念。大量青壮年在经济利益的驱使下，逐渐离开自己的乡村，使农村逐渐成为城市的"附庸"。在兰里镇新营村581户人中，留守儿童有270人，空巢老人332人，外出打工者870人。大批青壮年外出打工，村里剩下的大部分都是"老、妇、幼"。青壮年是保护乡土文化的主力军，他们长期远离故土，逐渐失去了乡土文化的熏陶，慢慢地也就失去了对乡土文化的认同感。科技的发展在丰富村民生活的同时，也在一定程度上对村民之间的文化交流形成了严重阻碍。人与人之间缺少面对面的沟通，文化的认同感在渐渐淡化。

②代际交流严重不足。由于农村"中层空虚"的现象，农村"386199"部队大量存在，使得代际之间交流不畅，"老、妇、幼"之间由于不同的价值观念而难以产生共同的话题。老年人熟悉盘瓠文化的发展、演变及传承，但是缺少交流及可传播的对象，使得了解盘瓠文化的人越来越少。任何民族的优秀文化要想获得大发展，就必须扎根在农村这片肥沃的土地上，只有保留了民族最原始的文化特质，这类文化才有延续下来的基本条件。但长期受城市文明的影响的青壮年不愿意接纳和传播乡土文化，使得乡土文化的代际传承出现断裂，难以延续。尤其是年轻一代，对传统文化传承不够，没有情感交流与传承。

2. 乡土文化发展模式单一

首先，资金来源方式单一。目前，国内乡土文化的市场需求非常旺盛，但仅有政府保护投入资金，乡村的自筹型资金显然不能满足未来发展的需要。文化保护者如果仅把希望

寄托于这样一种资金方式上，那么乡土文化发展将难以更好地前进。其次，保护管理方法单一。在调查过程中我们发现，乡村中对于乡土文化的保护，仅仅是修缮庙宇、举办活动，而缺少体现乡土文化内涵的管理措施。再次，弘扬宣传途径单一。乡土文化的宣传过程中，乡土文化的负责人大多数倾向于能够把乡土文化打造成为一个旅游景点吸引人前来参观，从而了解有特色的乡土文化，以至于忽略了宣传文化的其他方式，比如说新闻网络的宣传、文化艺术节的举办、杂志的宣传等方式。

3. 经济发展与文化保护不协调

第一，经济发展的投入与文化发展投入的不协调。在每年的财政预算里，当地政府对经济发展的投入远远高于对文化发展的投入，并且经济发展的预算增长速度远远快于文化发展预算，没有给予文化发展以公平机会，造成文化发展落后于经济发展。

第二，对经济发展的重视程度与对文化发展的重视程度不协调。过分追求 GDP 和经济发展速度，忽视对文化的重视，这是一个普遍现象，文化发展没有受到应有的重视。

第三，经济发展速度与文化发展速度不协调。受到资金投入和意识形态的影响，经济发展的速度远远快于文化发展的速度，也就形成了一种恶性循环——文化发展紧追经济发展，却永远落后于它。

三、乡村文化与现代文明融合中麻阳盘瓠文化的发展模式

基于在实际调研中发现麻阳盘瓠文化的发展呈现"中层管理空虚"的现状，我们提出"双金字塔模式"以适应麻阳盘瓠文化在新时期的发展。该模式是集政府、企事业单位、乡土文化自身发展规律为一体的综合构架模式。以政府政策指引为主导，乡土文化自身发展为支撑，同时鼓励企事业单位积极参与、大力带动。在双金字塔模式中，重点是规范政府管理、完善管理体制机制、消除"中层中空"状态，亮点是鼓励企事业单位积极参与，发挥文化的市场化优势，核心是乡土文化自身兼收并蓄、推陈出新，取其精华，弃其糟粕，在保持民族性的同时，体现时代性，在不失特色的基础上形成与现代文明的融合，形成一种独特的发展模式。

1. 政府部门做好牵头工作

（1）培育领军企业，重视集聚效应

在调研中我们可以明显感受到，麻阳盘瓠文化早已形成自身的优势、特色和亮点。作为民族传统文化的见证和精华，相关政府应树立"文化＋科技"的理念，以文化为核心、以科技为依托，以文化为内容、以科技为工具，积极探索文化产业发展的新路子，创新文化产业发展模式，通过政策引导培育一批文化、科技融合型的行业龙头企业，推动人际交流，通过情感沟通、思想交流和高端对话，"以文化人、以文促情、以文建信"，让麻阳盘瓠文化真正走进人们的内心。

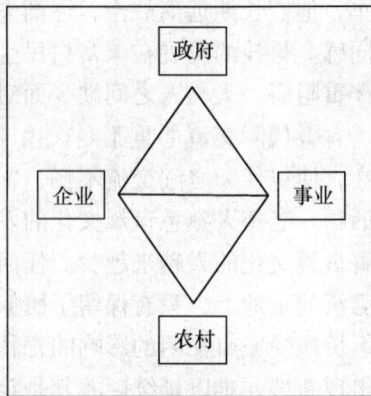

图 1　双金字塔模型

（2）借力"十二五"，民族引领世界

麻阳盘瓠文化传承至今，应该是中华民族珍贵的人文财富之一。在对传统文化进行发

展创新之时，一定要先在思想上认识到民族文化的世界性，提高自身对古老文化的认识和敬仰。麻阳县政府应该遵循文化发展规律，结合时代特征和我国文化发展实际，通过文化体制改革创新，综合并吸纳多种文化发展优势，实现"目标一致、各有侧重、要素联动、优势互补"的多元发展动力组合，形成良性互动，探索一种更加有活力、有效率的文化发展模式，产生文化发展的强大合力，为社会主义先进文化的繁荣发展创造良好条件。

（3）企事业单位发挥两翼作用

①享受市场驱动，融入市场文化。文化活动涉及文化产品的生产者、传播者、接受者等不同主体，生产、流通、接受等不同环节及其手段和方式，这些因素及其相互关系和运动发展，形成了特定的文化生产方式，决定着文化发展的内在机制、发展模式和时代特征。麻阳盘瓠文化应适应文化与经济密切联系的发展趋势，着眼市场，通过合作开发等方式，拓展文化资本来源，推动文化产业的资本运营，促进文化人才合理流动，开拓文化发展空间，扩大文化传播渠道，提升盘瓠人文精神和文化品位。同时，也应避免因过度渲染商业化的文化发展取向，导致文化商业化泛滥。

麻阳盘瓠文化在发展时最主要的困境在于不能走出去实现交互流动。缺少流动的文化就只能像埋藏陈年的老酒，虽然味香醇厚，却鲜为人知。盘瓠文化管理方应积极利用数字媒体信息的超链接技术，把盘瓠文化按一定的逻辑关系组织成一个具有非线性、网络化特征的信息体系，构建地区文化的网络资源管理系统。

②借位错位发展，合理有序竞争。盘瓠文化的发展，应借鉴沿海许多乡镇对于本地区文化的发展经验。浙江南山区在文化产业园区和基地规划建设过程中，力求各园区和基地有所侧重，鼓励错位发展和有序竞争，布局上力求形成合理的结构。麻阳盘瓠文化在发展中，通过功能定位的不断调整，在文化区内逐步形成分工明确、优势互补的良好发展布局。比如兴建民俗产业园，植根于古老的、原汁原味的盘瓠文化；兴建动漫园，以动漫、网游等为主，开辟盘瓠文化发展新途径；兴建数字文化产业园，以数字娱乐内容为主，利用3D放样技术、IMAX影音播放技术，吸引更多年轻人的关注；兴建盘瓠原创基地，以创意设计为主，也可同时带动建筑设计、环保等产业的发展。

③牵手"数媒文化"，探索"文化放样"。放样是二维图形转换为三维图形的建模方法。是将一个二维形体对象作为沿某个路径的剖面，而形成复杂的三维对象。研究盘瓠文化的发展可通过"文化放样"来实现其发展模型的构建。对于盘瓠文化在湖南的弘扬和发展问题，可将麻阳盘瓠文化作为放样目标，将湖湘文化千百年来形成的特有的文化发展轨迹作为麻阳盘瓠文化发展的新趋势，使盘瓠文化在新时期环境下开拓新格局、获取新机遇、迎接新发展。在保留原始传统文化的基础上摄取新元素，为湖南省民族传统文化的发展注入新活力，开辟新道路。

在数字信息化时代日益发展的今天，人们足不出户便知天下事。数字媒体主要是依托数字媒体技术的信息传播渠道、信息传播服务和信息传播方式，包含数字媒体内容和数字媒体技术得以发展的，其中不仅包括纯粹的数字化内容，还涵盖为内容提供支持的各类技术和硬件。网络是数字媒体传播过程中最显著的关键特征，也是媒体发展的必然趋势。利用数字媒体的多样化，在进行麻阳盘瓠文化的宣传策划时，不仅可以用图片、文字等传统静态方式表现，也可以用图像、图形、视频和动画等动态媒体来表现其特征。

（4）农村做好基层推动工作

①成立村级理事会，汇集文学作品。在每一个盘瓠文化分布村建立理事会，选派一人兼职负责保护盘瓠文化，负责管理盘瓠文化传承人，开展村级文化活动，对于文化传承人和文学作品实施有针对性的保护。提高传承人的地位，理事会要对每一位盘瓠文化传承人登记在册，对年龄大手艺精的传承人实行重点保护；颁发证书并向全村乃至全镇全县宣传，提高他们作为文化传承人的自豪感。由于盘瓠文化的文学作品大多靠口头传播，因此在文化传承的过程中许多文学作品都流失了，理事会应组织人员对这些文学作品进行抢救性收集整理，以文字的形式保存，使其永远流传下去。

②举办盘瓠文化节，激发村民热情。盘瓠文化虽然有着广泛的群众基础，村民平时都会拜祭盘瓠大王，但这远远不够，村民仍因缺少更多途径接触盘瓠文化而导致对盘瓠文化的疏远。理事会通过节日举办文化活动，能充分展现盘瓠文化的精髓，这样既加深了村民对盘瓠文化的认识程度，又加强了他们对盘瓠文化的笃信程度。

③建设村级活动室，增进文化情感。盘瓠庙作为供奉盘瓠大王的场所，村民一般只有在重大节日时才会聚集在盘瓠庙，而平时大部分时间盘瓠庙都处于闲置状态，资源没有得到充分利用，造成了极大浪费。通过在盘瓠庙建立村民活动中心，这样既解决了盘瓠庙长期得不到利用的窘境，又解决了没有地方作为村民活动中心的困境，一举两得。

④推行专人问责制，选取法人代表。作者在麻阳新营村调研时发现，当地的盘瓠庙有专门负责的人员，文化保护机制比较完整，因此当地的盘瓠庙保护较好，没有受到很大破坏。因此作者认为，建立这种机制能够很好地保护盘瓠文化遗址，促进盘瓠文化的传承。

参考文献

[1] 石宗仁. 湖南五溪地区盘瓠文化遗存之研究 [J]. 中南民族学院学报，1991 (05).

[2] 拉法格. 宗教和资本 [M]. 上海：三联书店，1963.

[3] 麻阳：湖南省盘瓠文化研究基地 [EB/OL]. http：//hn. rednet. cn/c/2012/11/15/2815082. htm.

[4] 民俗文化研究之六：湘西南麻阳盘瓠文化现象 [EB/OL]. http：//www. sanhak. cn/666/dispbbs. asp？BoardID = 32&ID = 9474.

[5] 陈大民. 捍卫国家文化安全 [J]. 求是，2012 (16).

[6] 中国社会科学网. 多元动力组合推动文化大发展 [EB/OL]. http：//www. cssn. cn/news.

（作者单位：湘潭大学公共管理学院）

试论绿色会计与可持续发展

王登高

摘　要：会计工作环境与其质量愈来愈重要，人们对会计信息质量的关注度与要求也越来越高。从可持续发展战略下传统会计局限性入手进行研究分析，提出绿色会计的新理念，将会计学、环境科学、现代经济理论和可持续发展理论相互结合，反映、报告和考核企业自然资源、人力资源和生态环境资源成本价值。运用现代理论以区别传统会计理论，论述绿色会计对于经济建设可持续发展的意义。

关键词：传统会计；绿色会计；持续发展

绿色，是大自然的恩赐，是生命力的象征。当全球性环境保护的呼声日益高涨时，人们对环境与经济之间的联系也随之倍加关注，会计的绿化也将成为一种时尚。1992 年在巴西里约热内卢举行的联合国环境与发展首脑会议，将有关社会、经济及环境一体化的可持续发展概念，变成一种各国政府和国际组织在共识基础上的发展战略，就此拉开了全球性绿色会计重点研究的序幕。

国际上对环保日益重视，要求企业将自然资源的损耗进行核算，计入损益。因此，企业要顺应国际形势，增强竞争力，就需要建立相应的绿色会计核算系统，在进行产品定价时考虑有关环境因素的影响，从而更加充分地参与国际竞争。

一、可持续发展战略下传统会计的局限性

人类社会的发展，归根结底是人类与其所处自然环境与社会环境对立统一、协调共进的动态过程。在这种动态过程中，传统会计功不可没。传统会计理论一般侧重从人类经济活动的角度，着眼于对自然资源的开发利用，来反映和监督企业资本及其运动，并建立在历史成本计价、权责发生制和复式记账三大支柱之上。但传统会计没有将环境所带来的经济问题很好地纳入会计理论与实践加以研究和解决，以至于没有联系可持续发展战略来看待传统会计理论与实践。不能不说传统会计尚存在一定的局限性，集中表现在以下方面：

1. 会计循环过程及内容不完整

（1）在会计确认上

传统会计没能将整个社会生产、消费和相应的生态循环价值都反映至会计图表上，因此，会计循环过程及内容暴露出一定的不完整性。具体而言，没将涉及环境的经济业务作为会计要素加以正式确认。例如，没将环境资源按资产要素确认；没将企业应承担的环保社会责任按负债要素确认；在所有者权益要素中没将环境资本列入；没将资源成本列作费

用要素确认；没将环境收益列入收入要素确认；对环境利润更是缺少必要的确认、计量、记录与报告。

（2）从会计实践看

我国现行的会计制度，还没有与环保相配套的会计核算体系，仅在企业管理费用中包含了排污费和绿化费项目，所有这些表明，传统会计侧重核算与企业直接相关的信息、资金和物质商品，而对与企业有关的资源、环境、废弃物及生态环境的反映和监督不够，致使会计循环过程及内容呈现出一定的不完整性。可喜的是，我国已把生态保护提上了议事日程，对征收生态环境补偿费做出了政策性规定，在我国，将环保支出费用反映在国民生产总值中已势在必行。

2. 狭义循环成本概念不适应可持续发展战略要求

成本的经济实质应是价值耗费与补偿的有机统一体。为此，人类的劳动消耗需要补偿，自然资源的消耗同样需要补偿。从某种意义上说，成本充当了消耗补偿的价值尺度。传统会计所依赖的成本观念是狭义循环成本概念（或称小循环成本概念），而绿色会计则是在批判传统会计的基础上产生的，它所依赖的成本观念是广义的循环成本概念（或称大循环成本概念）。

（1）狭义循环成本概念

狭义循环成本概念立足于企业微观本身来处置成本补偿，讲究企业资本运行与周转的畅通性、安全性及增值性，会计所提供的信息侧重于披露经济信息，而缺乏有效的环境社会信息的披露，也使得国民生产总值和企业生产成本的正确量化计算缺乏科学依据。从可持续发展战略对自然资源消耗的成本补偿要求的实际出发，我们应倡导广义循环成本观，并将广义循环成本理论有效地应用于会计实践中。

（2）广义循环成本概念

按照广义循环成本观的要求，在宏观上计算国民生产总值时应扣除环保支出，而在微观上企业生产成本应反映当期环保支出。要从自然资源在人类活动作用下的整个循环过程来研究、定义有关成本的范围和内容，从整个物质世界的循环过程来看待成本耗费及补偿问题；不仅要考虑人类劳动消耗的补偿，而且要充分考虑自然界各种物质资源的消耗及补偿，以实现可持续发展。

3. 环境成本与收益计量的弱化制约了对环境信息的披露

（1）从会计计量角度讲

理论上，会计计量工作应贯穿于会计核算系统从数据输入到信息输出的全过程，它包括选择计量客体的计量属性、选择会计计量单位和确定会计计量模式三个计量要素。从实践上看，由于传统会计没能将环境带来的经济问题很好地纳入会计核算体系，因此，在会计计量方面缺乏对绿色会计对象的有效计量，集中反映在没能用会计计量反映和控制环境资源及其耗费与补偿问题。必须指出，当资源与环境具有价值时，应视为资本性质，这种资本的价值能向人造资本转换，为此，会计实践上要计量两种资本的转换过程，并确定适度的转换比，以利于满足可持续发展的内在要求。

（2）环境成本与收益计量的弱化须有突破

传统会计计量是建立在历史成本计价原则基础之上的，并以交易价格为前提。由于环境成本与收益一般不能通过市场交易来确认其市场交易价格的高低，这给会计对其有效计量确实带来一定的困难，但也正因为如此，才需要对会计计量方法予以创新，大胆采用一切可采用的方法。传统会计在会计计量上缺少必要的突破，尤其在环境成本与收益计量上不无弱化，反过来制约着对环境信息的有效披露以及现代会计职能的能动发挥。由此可见，对环境成本和环境收益计量尽管存在困难，但必须有较大突破，否则，会计很难满足社会各方面对环境问题提出的信息披露的要求。

二、绿色会计与可持续发展的联系

1. 绿色会计是可持续发展的必然要求

20世纪80年代以来，随着我国经济发展步伐的加快，由于相关措施不够完善，导致对自然资源的过度开采，环境污染日益严重。在我们身边就存在着大量的环境问题，如长沙市三汊矶那几个工厂排放出的污烟、污水，导致周围的空气和湘江水受到严重污染，如何合理、高效地利用有限的资源，符合可持续发展这一主题，认真治理污染已迫在眉睫。

2. 绿色会计是可持续发展的重要组成部分

绿色会计作为会计学的一个分支，从资源、环境、生态的整体出发，要求各企业对自身所拥有和使用的自然资源，对环境资源的污染破坏应履行的治理义务按照有关原则进行确认、计量并反映到财务报表中。绿色会计的建立有利于敦促我国企业转变过去"无偿使用"资源的错误观念，建立一套行之有效的资源利用制度。绿色会计是实施可持续发展战略的重要组成部分。

3. 绿色会计可以帮助认定和考评企业的受托责任

在可持续发展战略下，建立绿色会计制度的企业应在"决策有用观"和"受托责任观"中取"受托责任观"，既包括经济的受托责任，也包括社会和环境的受托责任。绿色会计信息系统可以帮助认定和考评企业的社会和环境受托责任。可持续发展已逐渐融入政府的政策，这些政策为企业的活动提供了指南。在欧洲，随着《阿姆斯特丹条约》的实施，可持续发展的概念已经进入了许多领域，其中包括欧盟新发布的实现平衡和可持续发展的目标。而且，有的国家（如加拿大）还使环境和可持续发展独立委员的作用制度化，这种作用在于强制要求联邦政府机构改进环境受托责任。

三、可持续发展战略下绿色会计在我国运用的思考

我国在建立现代企业制度的过程中，绿色会计将得到更为有效的运用。因为建立在社会主义市场经济基础之上的现代企业，虽然其直接生产目的是盈利，但从整个社会生产的宏观目的来看是最大限度地满足人们日益增长的物质文化生活需要，虽然也存在着国家、企业和劳动者个人三者利益的差别和矛盾，但从根本利益上看，三者的目的是一致的。因此，绿色会计更能在社会主义市场经济条件下充分显示其作用。

1. 我国推行绿色会计的前提条件及重要意义

（1）我国推行绿色会计的前提条件

在传统会计中，一些企业的经营决策者往往只考虑企业的短期利益，而不顾长远发展。在这一体系下，企业主只承认那些能以货币计量和能用价格确认和交换的东西，即仅

对直接消耗的生产要素付费，环境的消耗破坏则没有计入成本。致使相关企业对生态资源进行大量非可持续发展的利用，由企业经济活动的外部非经济性造成其社会总成本大大高于经济成本，从而阻碍了整个社会高生态效率的实现和社会福利的最大化。从整体来看，导致了利润虚增，并鼓励了以牺牲环境、透支未来换取当前利益的做法。作为绿色会计要克服传统会计的以上缺点，必须具备下面一些前提条件：

①全民素质的提高，尤其是领导者。我们周围的环境问题已不再是个人问题，而是关系到全人类的生存与发展的社会问题，这要求每个人都要有较强的环保意识。

②企业抗风险的能力较强。企业投资于环境维护、改善并从中取得效益，必须有长远发展的打算，有较强的竞争能力。

③完善的、科学的绿色会计方法体系。既要解决传统会计与绿色会计的许多核算之间的许多矛盾，同时制订各种环境绩效衡量指标。

④健全的环境保护法律法规建设。以法律形式约束、规范人们的经济行为必须符合环境发展的需要。

（2）我国实施绿色会计方针的重要意义

我国绿色会计的研究具有极其重要的理论意义和现实意义：

①绿色会计是实施可持续发展战略的重要组成部分。制定绿色会计制度，是实施可持续发战略目标的需要，是建立新的社会经济发展模式的需要。

②在可持续发展战略下，企业应确立"绿色经营"的新理念，并将其贯穿于企业经营的全过程。绿色经营系统是绿色会计发展的微观背景，而绿色会计则是绿色经营系统的有机组成部分。

③在可持续发展战略下，企业应确立"受托责任"。受托责任既包括经济的受托责任，也包括社会和环境的受托责任。绿色会计信息系统可以帮助企业认定和考评企业及其经营者的社会和环境受托责任。

④在可持续发展战略下，传统的 GDP 统计核算方法和国民经济核算体系需要修正，而企业的绿色会计核算则是"绿色 GDP"计算和核算的基础。

2. 在我国制定绿色会计制度的必要性和可行性

（1）制定绿色会计制度是实现我国可持续发展战略目标的要求

现代工业化社会在快速发展的同时，也在以前所未有的速度破坏着人类赖以生存的环境。纵观全球社会经济所依赖的资源基础及生态环境，已呈现出处入不敷出的景况，进入了"正在靠向未来借债而生活"的时代。残酷的现实使我们深刻地意识到，走一条可持续发展的道路是人类向前发展的必然选择。在实施可持续发展战略的过程中，人们已认识到一个亟待解决的核心问题，那就是如何准确核算相应的投入与产出，定量地评估可持续发展目标。因此，制定绿色会计制度，是实现可持续发展基本战略目标的需要，是建立以循环经济为主要特征的新社会经济发展模式的需要。

（2）制定绿色会计制度是我国企业自身发展的要求

"十一五"规划提出必须加快转变经济增长方式，这就要求企业必须转变过去那种资源消耗高、资源利用率低、废弃物排放量多的粗放型的企业发展模式；要求企业在评估投资方案时，不能低估环境污染成本；要求企业在日常经营活动中必须注意污染的防治，并核算企业环保成本及其效益；要求企业在建立经济目标的同时，还要考虑污染的治理、环境的保护、资源的利用等多个目标，承担相应的社会责任。只有这样，从长远利益出发，企业才能具有竞争优势，才能在激烈的国际市场竞争中立于不败之地。

（3）绿色会计制度的制定与完善得到了政府的大力支持

虽然我国对绿色会计制度的研究起步比较晚，但政府一认识到这个问题后，立即给予充分重视。2001年3月，在政府的支持下，我国成立了"绿色会计委员会"；2001年6月，经财政部批准，中国会计学会成立了第7个专业委员会——绿色会计专业委员会，为会计学家和环境学家、经济学家们提供了一个研究绿色会计理论与实务的广阔平台。

3. 关于我国建立绿色会计制度的思考与建议

（1）建立、健全与绿色会计制度相关的法律、法规

推行一项新制度必须以法律为依据，使之具有一定约束力和强制性。因为企业在面对追求自身经济效益与社会要求的可持续发展目标之间的矛盾时，不会主动牺牲自身经济利益而去实现整个社会的可持续发展。因此，我国应尽快制定与企业绿色会计关系密切的法律、法规，通过相关的法律、法规的强制性要求，使企业更加明确自身在环境保护和可持续发展方面的社会责任及其评价标准，促使企业贯彻实施绿色会计核算系统。

（2）加强绿色会计理论的研究，逐步建立绿色会计理论体系

环境状况不断恶化的现实，不仅对传统的会计实务产生了重大影响，而且对会计理论也产生了巨大冲击，迫切要求进一步加强绿色会计的基本理论研究。我国开展绿色会计的研究比较晚，由于缺乏绿色会计行为规范标准，无法统一规范绿色会计核算的对象及披露形式，致使绿色会计核算与信息披露的可操作性差。一些企业披露的环境信息缺乏可比性，所披露的环境信息还停留在定性信息上，缺乏定量的信息披露。因此，我国应尽快制定绿色会计制度和准则，使企业开展绿色会计实务工作有章可循。

（3）加强对绿色会计专业人才的培养

绿色会计由环境学、会计学、生物学等多种学科交叉渗透而成，绿色会计的开展对会计人员的要求非常全面，但是目前我国培养的会计人员还是以传统会计为标准，大多数会计人员只对本专业知识掌握得比较好，相关专业即使有所了解也只是在审计、税务、财政等方面，很少有在环境学、生物学等方面有所研究的。为此，一方面应在大中专院校增设绿色会计、环境审计专业，另一方面要加强在职会计人员的绿色会计培训工作，采取高等教育与继续教育相结合的方式培养绿色会计专业人才。

（4）进行绿色会计试点工作

我国要制定绿色会计制度，可以借鉴国际上的成功经验，但不能照抄照搬国外做法。要从实际出发，由简入繁，从易到难，先从明确的易于掌握的科目入手，即先选择个别产品在部分地区、部门试行，也可以试行两笔账并行法，先以不计算环境资源成本的原始账为准，以计算环境资源成本的绿色会计账作参考。如果试点效果可行，则可在进一步深入研究、不断修正完善的基础上逐步推行。

总之，制定和实施绿色会计制度不仅是一个会计问题，同样也是一个复杂的环境和社会问题，涉及面广、内容复杂、对社会可持续发展意义重大。因此，它需要全社会的共同关心和支持。

目前，我国的绿色会计任重道远，我们应该坚持科学性、理论性、前瞻性和适应性相结合的原则，加快绿色会计理论与方法的研究以及绿色会计制度的建设，以适应可持续发

展战略目标的需要。在理论上，科学估价自然资源与环境的价值，修正现行经济分析的理论与方法，构建可持续发展评估指标体系和监测方法体系。在政策法规上，制定绿色会计、统计和审计的准则、制度和法规，为绿色会计理论与方法的研究创造良好的条件。在实践上，有计划、有步骤地进行绿色核算工作，逐步积累经验，尽快提升我国绿色会计的国际地位，为可持续发展服务。

参考文献

[1] 谢德仁. 企业绿色经营系统与环境会计［J］. 会计研究, 2002（1）.

[2] 李连华. 环境会计学［M］. 长沙：湖南人民出版社, 2001.

[3] 李心合, 汪艳, 陈波. 中国会计学会环境会计专题研讨会综述［M］. 北京：中国财政经济出版社, 2002.

[4] 王文学, 王沅, 孙承咏. 黑色绿色的岔口［M］. 太原：山西经济出版社, 1996.

[5] 王凤羽. 浅谈绿色会计的确认、计量和报告［J］. 财会月刊, 2001（14）.

[6] 朱丹. 论绿色会计的理论结构体系［J］. 上海会计, 2001（6）.

[7] 冯淑萍. 环境会计［J］. 会计研究 2001（6）.

[8] 李祥义. 可持续发展战略下绿色会计的系统化研究［J］. 会计研究 2000（10）.

[9] 杨劲伟. 关于我国绿色会计的探讨［J］. 财会研究 2002（10）.

[10] 祝圣训等. 走向21世纪的现代会计［M］. 大连：东北财经大学出版社, 1999.

[11] Michael Davis：Green Accounting：Time for an Overhaul［J］. Journal of Accountancy, 1992（4）.

（作者单位：湖南省黄金会计学会）

湖南城市化进程中的社会管理创新研究

邓子纲

摘　要： 当前，我国城市化水平加快提升，已经迈入了新的发展阶段，而我国现在的社会管理尚处在工业社会的初级阶段水平，社会发展相对滞后，社会管理中的各种问题和矛盾日益突显。因此，伴随着我国日益加速的城市化进程，探索符合中国特色的城市社会管理体系成为当务之急。本文着眼于湖南，分析了城市化进程中社会管理面临的新形势，需要解决的新问题，最后提出对策建议：把社会管理的政治取向和管理取向合二为一；把市场竞争机制引入政府的公共管理领域，强调在政府行政机关开展"为质量而竞争"；引进市场竞争机制，采取更多的市场化手段来改造执行机构，提高公共管理效率；提高社区的自治管理能力，着力构建社会要素管理体系；培育和发展社会组织，推进社会管理的多元主体发展等等。

关键词： 城市化；社会管理创新；对策和建议

基金项目： 1. 湖南省社科基金项目：快速转型期湖南群体性冲突的调节机制研究，项目编号：11YBA200

　　2. 湖南省社会科学院属课题：快速转型与湖南群体性冲突的调节研究，项目编号：2012QNKT18

一、引言

　　城市是经济、政治和文化的中心，在社会文明进步中起着主导作用。城市化是世界发展的潮流，中国的城市化则是世界城市化的重要组成部分。国家统计局 2012 年 1 月 17 日发布的统计数据显示，2011 年末，中国大陆城镇人口比重达 51.27%，数量首次超过农村人口。中国已经步入城市化社会。社会建设和社会管理是一个全社会共同关注的问题，城市社会管理创新是社会管理领域内的一个核心问题。城市问题也是社会问题，社会问题包含城市问题，城市问题存在于社会问题之中。城市社会管理是在以单位制为核心进行建构，个人通过依托工作单位得到生产生活资源、获取基本生活保障的过程中发生各种社会关系并对其加以调节和优化的过程。随着市场经济体制构建、利益格局深度调整、社会结构剧烈变动以及思想价值观念多元化，对城市社会管理提出了严峻考验和挑战。深入推进城市社会管理创新，是适应城镇化发展的必然要求，也是促进经济社会又好又快发展的重要保障。我国现在的社会管理尚处在工业社会的初级阶段水平。在我国改革开放和体制转轨带来经济发展的同时，社会发展却相对滞后，社会管理中的各种问题和矛盾日益突显。伴随着我国城市化进程的加快，探索符合中国特色的城市社会管理体系成为当务之急。

湖南省统计局的数据显示，2011 年，全省城镇化率达到 45.1%，湖南已进入城镇化加速发展阶段。经济社会发展到一定阶段，作为主要载体的城市中存在的人与社会、自然，以及人与人之间的关系或产生失调，或者发生冲突，这就是所谓的城市社会条件下的问题。从世界城市发展的一般规律来看，一个地区城市化水平处于 30% ~ 70% 时属于城市化快速发展阶段，而目前湖南省的城市化率正处于这个阶段。社会的现代化程度越高，社会关系就越复杂，这一特点不为湖南所独有。加强和创新社会管理不能只单独解决社会问题，必须把解决城市问题结合起来。同样，解决城市问题也不能只单独地解决城市问题，必须与加强和创新社会管理体制结合起来。

二、城市化进程中社会管理面临的新形势

现阶段凸显的各种矛盾，很多是社会结构性矛盾的体现。世界上任何国家都一样，在社会转型阶段，出现各种类型的矛盾很正常。当前的社会矛盾与社会转型密切相关，转型既是解决旧矛盾的过程，又是产生新矛盾的过程。

1. 人口的结构性变化和城市就业压力增大带来巨大压力

当前，湖南已进入"统筹人口发展"的新时期，人口发展所面临的形势越来越严峻，问题越来越复杂，压力越来越大，主要表现为人口总量的压力、出生人口素质堪忧的压力、出生性别比失衡的压力、人口老龄化的压力、人口分布不协调的压力、人口就业的压力、人口宏观管理的压力、人口计生工作的压力。据测算，要缓解全省城乡劳动力供求压力，大约要 15 年。根据人口结构测算，今后一个时期，城镇每年有近 100 万新增劳动力需要就业，其中高校毕业生就达到 26.6 万人。因企业改制产生的失业人员有近 100 万人，农村还有 1 000 万左右的富余劳动力处于隐性失业或不稳定就业状态。这两年受全球金融海啸影响，已有近 300 万在外省打工的湘籍农民工因找不到工作回湘。这种总量性矛盾、结构性矛盾"两并存"和城镇新增劳动力、失业人员、农民工返乡潮同时出现"三碰头"的局面，使湖南就业形势更为紧张，面临着很大压力。而在经济正常增长条件下，湖南每年新增就业岗位只有 60 万个左右，劳动力求大于供的矛盾相当突出。

2. 家庭结构的变化给城市社会带来了巨大冲击

家庭结构是社会结构的初级单位。家庭结构的变化主要体现在以下方面：一是现在家庭规模趋于小型，各种类型的家庭，如丁克家庭、空巢家庭、单身家庭等都开始出现。二是家庭的功能开始改变，经济功能日益强化，传统家庭承担的社会功能将逐渐被剥离，转移给社会和国家。就社会组织结构而言，已经从"国家—单位"的单一结构模式演变为"国家—企业事业实体—社会组织"复合模式。湖南家庭结构与全国具有大致相同的特征，在城市，目前形成了"4-2-1"的家庭结构，一对夫妇要供养 4 个老人，不论是目前的家庭收入，还是夫妇能够用于赡养的精力和时间，都难以满足老年人的养老需求。家庭结构的脆弱，使负担老人的能力大大降低，难以承受人口老龄化和老年人口高龄化的冲击。

3. 社会阶层分化不合理给社会的稳定和和谐带来隐患

湖南社会阶层结构和全国的平均水平差不多。十一五期间，特别是在富民强省战略的

推动下，中等收入阶层有着增加的趋势，但是不牢固。主要表现在：作为中产阶级后备军的高校毕业生就业不稳定，社会保障差，劳动法律法规没有真正落实；庞大的农民工群体其收入方面面临很多问题，农民增收难度越来越大，而农民始终是最大的就业群体。总体来看，虽然社会阶层分化加快了，整个阶层结构也有向现代社会的理想结构——橄榄型趋势发展，但是这种趋势还很脆弱。而这种阶层分化的不合理，使个人的挫折不幸或消极情绪被看做与他人无关的事情，不可能指望得到群体的理解和援助，这使得那些被社会边缘化的人很容易形成心理偏差，产生强烈的被孤立、被抛弃感觉，从而对社会产生仇视和敌对心理，走上极端，很容易诉诸自杀或反社会行为而成为城市社会安全的最大隐患。

4. 信息化、网络社会的变革带来新的挑战

信息技术发展和应用所推动的信息化，给人们的经济和社会生活带来了深刻影响。2011 年，湖南电信业务总量 401.88 亿元，增长 17.6%。局用交换机总容量 1 247.43 万门，增长 3.1%。固定电话用户 1 011.41 万户；移动电话用户 3 772.11 万户，新增 539.54 万户。互联网宽带用户 495.99 万户，增长 34.8%。信息化、网络社会条件下，一些传统的就业岗位被淘汰，劳动力人口主要向信息部门集中，新的就业形态和就业结构正在形成。一大批新的就业形态和就业方式被催生，如弹性工时制、家庭办公、网上求职、灵活就业等。商业交易方式、政府管理模式、社会管理结构也在发生变化。信息安全与网络犯罪、信息爆炸与信息质量、个人隐私权与文化多样性的保护等等，也是信息化带给城市社会管理的新的挑战。

三、城市社会条件下社会管理的新问题

作为社会稳定与社会风险重要指标的联名信、集体上访数量等指标不断上升，标志着湖南进入了社会风险加剧的时期。

1. 如何有效防治"城市病"

"城市病"即城市问题，是指城市生存发展过程中普遍存在的城市各种要素之间关系严重失调的现象，而且是被大多数人公认为消极的、必须尽力解决的问题。由于湖南城镇化的快速推进，使人口迅速向城镇集中而资源要素的增长跟不上这种加速度，从而引发了一系列社会问题，主要表现为：城市规划和建设盲目向周边摊大饼式地扩延，大量耕地被占，使人地矛盾更尖锐。长株潭等中心城市迅速发展超出了社会资源的承受力，导致各种"城市病"的出现，主要包括人口增多、交通拥堵、污染严重、用水用电紧张、卫生状况恶化等社会问题，并由此还引发了很多城市人群易患的身体与心理疾病。由于土地存在供给的绝对刚性，土地对湖南城市的可持续发展的制约作用也更加突出。城市病是中国大多数城市正在或即将面临的问题，但城市病的轻重可以因政府重视程度和管理方法的差异而有所不同。

2. 如何加强基层单位的社会管理

社会学家费孝通早就看到："由于文化的隔阂而引起的矛盾会威胁人们的共同生存。"在湖南的城市社会管理中，目前仍主要以行政手段为主来管理日趋多元化和复杂化的社会问题，这使得以往社会管理大多呈现一种运动性、突击性，而缺乏有效性、规范性和统一性。湖南正处于加快发展重要战略机遇期和社会矛盾集中凸显期，发展不平衡、不协调、

不可持续的问题仍然比较突出。据调查，湖南目前有涉及群体以及因征地拆迁、企业改制等引起的失房、失地、失业、失利人员近 10 类维权群体。各类因阶级固化而诱发的社会矛盾纠纷亟待化解，因征地拆迁安置问题到市、区两级集体上访，以及进京赴省越级个访多批次发生。此类事件突发性强、组织化程度高，历史问题与现实问题、合理因素与无理要求相互交织，给处置工作带来难度，稍有不慎就会酿成大的事端，使细小问题扩大化，无理诉求白热化，经济问题政治化，局部问题全局化。

3. 如何培育发展社会自组织

我国社会管理体制改革相对滞后，政府构建和谐社会的能力还不强。社会中介组织或第三部门还未真正成为政府职能转移的载体，社会资本的开发利用不足，社会的自主性及自我组织能力不够强等等。有效的社会管理，必须依赖于有效的社会自我管理机制，必须以市场的自律、社会的自我完善和自我管理为基础。截止 2009 年，全省社会组织总量15 324个，其中社会团体 10 124 个（省本级 730 个），基金会 100 个，民办非企业单位5 100个（省本级 191 个）。但是他们大都带有准官方性质，附属在政府的业务主管部门之下，这在某种程度上抑制了社会意志的独立体现和表达，不利于社会力量在社会管理中发挥自我管理的作用。

4. 如何提升政府的服务能力

"强化社会管理的目的在于发展各项社会事业，政府社会管理的基础也在事业的发展。但很多事业单位中部分机构的设立，并非基于经济和社会发展的需要，而是出于解决政府机构改革过程中'甩包袱'的需要，或某种利益需要。一些本应作为营利性市场主体存在的经营性机构堂而皇之地存在于事业单位之中；而某些承担社会公益职能的事业单位，按企业化方向转制或依企业化管理要求被推向市场后，被迫放弃了公益目标，使社会事业和国家目标受到损害。"经济体制改革后，城市公用事业仍然是由地方政府垄断经营。这些公用事业外部缺乏竞争压力，内部缺乏激励和约束机制，市政公用产品仍然短缺。承担社会管理职责的上下级政府和上下级部门之间事权和财权不对等使市政公用事业始终面临亏损的窘境。公共资源配置不均衡，公用事业建设条块分割和低水平重复建设现象比较严重，导致城市公共事业不合理扩张。总之，市政公用事业发展已经滞后于城市化发展的需要，直接影响了居民生活质量的提高和城市功能的有效发挥。

四、推进城市社会管理创新的对策和建议

在立足国情省情的基础上，我们可以适度借鉴国外发达国家在城市社会管理方面已经取得的成功经验和共同做法，特别要重视城市社会管理对外部环境变化的适应性。

1. 改革"单中心"治理结构，提升城市社会管理的统筹能力

改变以政府为唯一中心的"单中心"治理结构，建立政府与其他公共管理主体共同管理社会事务的"多中心"治理结构。城市作为区域内政治、经济、文化、商业、教育中心，人财物的流动性、思想观念的多样性、信息传播的便捷性、价值观念的多元化、整个社会的开放性日益增强，应摈弃传统单一、片面的旧式发展观，更加注重"社会管理与公共服务"等社会性职能，关注社会事业，促进社会发展。政府向社会提供的最主要的公共产品是制度和服务，尤其是要提供一个稳定、公开、可预期的制度环境，保证各种创新机

制能有效运转，保证市场的公平竞争秩序。

2. 创新管理体制，增强城市公共服务能力

创新以事业单位改革为核心的公共事业管理体制，加快生产经营类、社会中介服务类事业单位的转企改制，加大监督管理类、社会公益类事业单位的优化重组。如果说市场行为是实现效率的主要手段，那么，政府的干预是维护和实现社会公平的基本手段，国家的法律、制度和政策是维护和实现社会公平的基本保障。建立领导干部述法述安考评机制，将社会建设和社会管理创新机制纳入本地区、本部门、本单位领导班子和领导干部的年度考核中。城市公用事业价格制定和调整的总目标应体现效率和公平原则，既要考虑生产经营企业的收益，又要考虑社会的承受能力。通过全面开放，进一步盘活国有资产的存量，引进建设资金，创新公用事业和企业的竞争机制，鼓励社会资金，外国资金采取独资、合资、股份制、BOT、TOT 等多种形式，参与市政公用设施的建设。

3. 强化社区管理建设，夯实城市基层社会管理的自治能力

以实行民主选举、民主决策、民主管理和民主监督为内容，建立社区党组织领导下的充满生机和活力的居民自治机制，全面提升居民自治工作水平，保证社区居民依法直接行使民主权利、管理基层公共事务和公益事业。加强社区文化建设，充分调动辖区内各机关、团体、部队、企事业单位参与社区教育和文化建设的积极性，开展群众喜闻乐见且行之有效的社区教育活动，向社区居民开放文化设施，丰富社区居民文化生活，提升社区居民的自治理念，以各类社区社会组织为载体，提高社区居民的组织化程度。

4. 着力构建社会要素管理体系，提高城市社会管理的针对性

加强社会服务体制建设，提升社会管理和服务水平，消除社会排斥，推动社会融合。完善流动人口信息社会化采集机制，推进流动人口基础信息平台建设，加快建立房屋出租信息管理系统，建立户籍管理人口流入地、流出地双向管理协作机制，着力解决外来人员就业、居住、就医、子女就学等方面的困难，有效满足流动人口物质、精神、文化需求，加强刑满释放及解除劳动教养人员服务管理。建立完善定期排查收治和分类管控机制。建立互联网舆情处置领导小组和具体工作机构，加强对互联网舆情的预警监测。加强对城市征信体系的建设，基本建成以"一个保障""两大平台""三大体系""四大系统"为主要内容的社会信用体系基本框架，促进城市诚实守信社会风尚的形成。

5. 培育和发展社会组织，推进城市社会管理的多元主体发展

社会矛盾纠纷主体即社会矛盾纠纷的参与者与涉及者。当前，我国社会矛盾纠纷主体已由一元化向多元化转变。应努力推进社会组织与政府部门、社会组织与社会各界以及社会组织之间的广泛交流与合作，推动社会组织健康发展。发挥社会组织在疏导社会矛盾、联系政府与公众的桥梁和纽带作用，利用社会组织接近群众、运作成本低、效率高的特点，充分发挥其提供政策咨询，反映合理诉求，平衡各方利益的积极作用，为政府职能的顺利转变创造条件，逐步形成"小政府、大社会"的社会自主管理格局。积极支持发展有利于改善民生、提高社会公共服务水平的社会组织；积极支持发展有助于化解社会矛盾、促进社会和谐的社会组织；积极支持发展符合产业发展方向、适应市场化进程的行业性社会组织；鼓励发展教育、科技、文化、卫生、体育、社会福利等公益性社会组织，拓展社会组织管理服务的职能内涵。

参考文献

[1] 杜晓. 社会转型冲击传统管理模式，社会建设瓶颈急需突破 [N]. 法制日报，2010-07-02.

[2] 清华大学社会学系社会发展研究课题组. 怎么重建社会 [N]. 南方周末，2010-09-16.

[3] 傅崇辉. 流动人口管理模式的回顾与思考: 以深圳市为例 [J]. 中国人口科学，2008 (5).

[4] 何增科. 中国社会管理体制改革路线图 [M]. 北京: 国家行政学院出版社，2009.

[5] 何增科. 社会管理体制改革与和谐社会建设 [J]. 甘肃行政学院学报，2007 (4).

[6] [美] 塞缪尔·P·亨廷顿著，王冠华，刘为，等翻译. 变化社会中的政治秩序 [M]. 上海: 上海世纪出版集团，2008.

[7] 林鸿潮. 政府应急能力建设及其自我认知调查 [J]. 行政法学研究，2009 (1).

[8] 尹中卿. 流动人口管理创新: 一个亟待深入研究的问题 [J]. 中国党政干部论坛，2007 (8).

[9] 刘月平. 浅析城市社区管理体制中存在的问题与改革措施 [J]. 新西部，2008 (12).

[10] 扎扎实实提高社会管理科学化水平，建设中国特色社会主义管理体系 [N]. 人民日报，2011-02-20.

[11] 俞可平. 社会公平和善治是建设和谐社会的两大基石 [J]. 中国特色社会主义研究，2005 (1).

[12] 山风. 社会建设: 改善民生与公平正义 [J]. 中国社会科学院院报，2007-11-15.

[13] 郑杭生. 关于和谐社会建设的几个问题 [J]. 江苏社会科学，2005 (5).

[14] 李洪雨. 西方发达国家社会建设的经验与启示 [J]. 马克思主义与现实，2005 (6).

[15] 元文礼. 西方社会建设理论对构建和谐社会的启示与借鉴 [J]. 辽宁经济，2008 (8).

（作者单位: 湖南省社会科学院）

农村公共文化服务：困境与出路

——以湖南省茶陵县为例

邓文飞

摘　要：社会主义文化大发展大繁荣，农村公共文化服务是应有之义。农民文化素质低下的国家，城市文化产业再强大也不是真正的文化强国；农村公共文化服务滞后的政府，经济建设再成功也不是真正的服务型政府。但是目前农村的公共文化服务现状堪忧，存在着多方面问题：高层高度重视，基层政府既无心又无力；农村文化需求"潜水"，农民文化活动参与度不高；农村公共文化服务中介"真空化"，文化民间组织少且缺乏活力。这些问题的存在，直接影响着新农村建设，直接影响着统筹城乡发展，直接影响着社会主义文化大发展大繁荣。要破解当前农村公共文化服务的困境，应当从以下四个方面着手：立足农村文化实情，创新农村公共文化服务理念；面向现代文化潮流，创新农村公共文化服务内容；秉承以人为本原则，创新农村公共文化服务方式；科学培养农村文化人才，创新农村公共文化服务队伍。

关键词：农村公共文化服务；困境；出路

2012 年 11 月 8 日，在中国共产党第十八次全国代表大会上，胡锦涛同志在报告中指出："文化是民族的血脉，是人民的精神家园。全面建成小康社会，实现中华民族伟大复兴，必须推动社会主义文化大发展大繁荣，掀起社会主义文化建设新高潮，提高国家文化软实力，发挥文化引领风尚、教育人民、服务社会、推动发展的作用。"

对于社会主义文化大发展大繁荣，许多地方政府往往只关注高端文化产业的发展和创新，却轻视了一个至关重要也正亟待提高的方面——农村公共文化服务。

一、农村公共文化服务的基本内涵及其重大意义

农村公共文化服务，实质上指的是一种向全体农民群众提供的在消费上不具竞争性、受益上不具排他性的农村文化服务。其基本内涵主要体现为：满足农村社会基本公共文化需求，如听广播、看电视、演戏等；面向农民群众提供公共文化产品和服务行为，如修建文化站，开展文化下乡、举行民俗艺术展等；围绕政府、社会、农民三方建立相关制度与系统，如农村公共文化服务设施管理办法、农村公共文化服务事业发展网络等。

党的十八大报告中指出："让人民享有健康丰富的精神文化生活，是全面建成小康社会的重要内容。"因此，农村公共文化服务应当成为各地政府重要工作之一。农民文化素质低下的国家，城市文化产业再强大也不是真正的文化强国；农村公共文化服务滞后的政

府，经济建设再成功也不是真正的服务型政府。

开展农村公共文化服务，有益于劳动者素质提高，有益于农村社会稳定，有益于农村经济社会实现跨越式发展，有益于统筹城乡发展，保障农民文化权利，向广大农民群众提供现代化、大众化、科学化的公共文化服务，意义重大。

二、现阶段农村公共文化服务面临的困境

为了解我省农村公共文化服务的现状与问题，进行对策探讨，笔者于 2011 年 11 月及 2012 年 8 月对湖南省茶陵县进行了相关的实地调研，发放调查问卷 1 000 余份，走访农民群众 300 余名。在湖南 123 个县市区中，茶陵经济与综合实力处于中游，调查结果应该具有一定的代表性。

1. 高层高度重视，基层政府却无心又无力

（1）党和政府高度关注农村公共文化服务

随着改革开放进程的推进，统筹城乡发展，农村出现了严重的社会失序和文化失调。这一现象也引起了党和政府的高度关注。在党的十六大和十七大中，政府都将文化建设、文化体制改革置于重要位置，而在党的十八大中，政府再次提出了建设社会主义文化强国的新要求，强调指出，要"丰富人民精神文化生活"，要"坚持面向基层、服务群众、加快推进重点文化惠民工程，加大对农村和欠发达地区文化建设的帮扶力度，继续推动公共文化服务设施向社会免费开放"。

（2）对于农村公共文化服务，基层政府无心打理

一方面，长期以来，一些地方政府只重视经济建设轻视文化建设，一些县乡领导几乎把全部精力放到跑项目、跑资金上，农村公共文化服务根本列不上地方的发展规划，挤不上财政支出项目。

另一方面，由于对农村公共文化服务缺少过硬的责任机制，导致基层政府无心抓农村公共文化服务。上级政府没有把农村公共文化服务纳入经济社会全面协调发展的总体规划中，没有真正把公共文化服务的各项目标纳入绩效考评和奖惩制度中，众多基层政府权衡利弊后自然会放弃对农村公共文化服务的投入和落实。

（3）对于农村公共文化服务，基层政府也无力打理

即使基层政府认识到农村公共文化服务的重要性，也往往有心无力。

一个原因是上级投入机制不健全，农村文化投入严重不足，导致农村公共设施差，公共文化服务缺乏载体和动力。

茶陵县属于革命老区，经济不发达，财政困难，文化欠账多，事业费基数较低，虽然近些年文化事业费增幅较大，但与东部地区或中部一些发达地区比较，投入差距仍然很大，一时难以突破。

由于农村文化设施的投入几乎是零，乡镇文化站已处于瘫痪或半瘫痪状态。目前茶陵 22 个乡镇（办事处）名义上建设了 24 个文化站，但大多数文化站是无房子、无设施、无经费、无活动的"四无"文化站，很多乡镇文化站都是"五个一"，即一块牌子、一间房子、一张桌子、一枚章子、一条汉子。乡镇文化站在很大程度上是一具"空壳"，其活动用房被挪用、挤占，甚至被变卖。如潞水镇电影院，原本有座位 680 个，80 年代还非常红

火，90 年代就只是偶尔举办乡镇大型文艺汇演，现在却被改建为计划生育站的办公楼，导致农民群众看电影难。

另一个原因是文化人事制度僵化，人才管理无序，导致农村公共文化服务人才奇缺。在茶陵，乡镇文化专干"人、财、物、事"四权中，人事权属县文化局管，其他三权却都在乡镇，县财政只拨付了文化专干人头经费，文化站办公经费和活动经费没有列入县财政预算，这就导致了乡镇文化专干普遍存在专职不专用的问题，被当成"万金油"。茶陵绝大部分乡镇文化站干部被乡镇任意指派，协助乡镇政府搞农村中心工作，无法集中精力把时间用在农村公共文化服务上，基本没有开展文化站常规业务活动。再加上文化人才不受重视、内部流动困难等原因，导致茶陵整体农村公共文化服务队伍工作积极性很差。

2. 农村文化需求"潜水"，农民文化活动参与度不高

现阶段农村公共文化服务实施遭遇困境，重要原因之一就在于农民从思想上不重视文化权利的维护，文化权利意识淡薄。

从文化消费支出来看，茶陵县农民群众的文化消费在其家庭支出结构中并不占重要地位。2011 年该县农民人均纯收入 3 749 元，农民家庭的平均年支出达 14 500 元，可用于文化消费支出的仅有 120 元（教育费用除外），占全部支出的 0.83%，在所有的开支项目中排在最后。

从参与的文化形式来看，茶陵县的农民在劳动之余从事最多的娱乐活动分别是：看电视，占调查总人数的 31.3%；上网，占 5%；下棋，占 0.6%；读书看报，占 7.9%；进行传统的民俗文化活动，如唱花鼓戏、舞龙灯舞狮子等，占 2%；唱歌、跳广场舞等，占 3%；进行科技培训，占 1.1%；打牌玩麻将（赌博式），竟然高达 35.2%；其他活动，占 15%。也就是说，在工作之余自觉进行文化活动的农民还不到总人数的 1/2，而采取打牌玩麻将来消磨时间的人数，竟然超过了总人数的 1/3。

但是笔者在调查中也发现，农民群体中实际上存在着大量"潜在"的文化需求。受访农民都表示，农忙之余很想参与看电影、上网、拉歌、跳广场舞、读书看报、体育锻炼等健康的文体活动。表 1 列出了受调查的 300 名农民对文化活动的需求情况（农民可做多项选择）：

表 1　茶陵县农民对文化活动的需求情况

农民需求的文化活动	人 数（人）	所占比例（%）
看电视、看电影	126	42
唱 歌	108	36
跳 舞	45	15
读书看报	117	39
体育锻炼	105	35
下棋玩牌（娱乐式）	60	20
传统的民间文化活动（舞龙灯、唱花鼓戏等）	27	9
上 网	117	39
参加技能培训	102	34

从调查结果可以看出，农民对文化活动的需求其实非常强烈，只是因为长期以来没有

条件实现而"沉淀"下来，转而通过赌博来消磨时光，加上长期以来政府不重视也不擅长激励、引导、实现农民的文化需求，导致出现恶性循环，这些需求越来越弱化，甚至出现了在一些文化惠民工程中，农民不参与、不配合、不领情的情况。比如电影下乡，在茶陵界首镇朱岭村，每月一场的电影观看人数平均不到5人/场；再比如农家书屋，茶陵每个村都设了农家书屋，平均每家书屋存书1 000余册，但是在浣溪镇，100％的农家书屋无人进门，农家书屋的书籍积满了灰尘成为摆设。

3. 农村公共文化服务中介"真空化"，文化民间组织少且缺乏活力

从政府的角度来看，真正的服务型政府的职能定位是服务，而不是掌舵，所以政府在农村公共文化服务供给中，要与群众主动交流，倾听他们对农村公共文化服务的建议或意见，不断改进所提供的公共文化服务品质，引导农村公共文化服务新方向。而农村具有地域广、居住分散的特点，农民也具有人口多、需求多元化的特点，政府的服务在很大程度上要依靠民间组织来完成。

从农民的角度来看，农民文化水平普遍较低，表达自身需求的意愿与能力都不强，对参与文化决策缺乏足够的心理准备和法律常识，因此更需要民间文化组织的引导、教育、激励和召集。

目前茶陵县常见的农民民间组织可分为三类：一是村民代表会议、计生协会、团支部和村民小组。这些民间组织工作重点往往是乡镇政府的中心工作。二是农村合作经济组织。近年来茶陵此类民间组织正在蓬勃发展，但其工作重心是组织村民发展经济。三是腰鼓队、舞龙灯舞狮队等传统文化民间组织。但其具有不规范性和趋利性，主要通过出席农村红白喜事或春节时期表演节目赚取一定费用，并没有很高的文化追求。

这三类民间组织，对茶陵农村文化事业的贡献微乎其微。

三、农村公共文化服务的出路所在

1. 立足农村文化实情，创新农村公共文化服务理念

农村公共文化服务，应该立足农村文化实情，坚持同步协调、立足本土、服务农民、传承创新的理念，建设面向现代化、面向世界、面向未来，为民族的、科学的、大众的社会主义新农村文化。

①同步协调理念：必须把农村公共文化服务放到整个新农村建设、社会主义文化强国建设的大背景下进行，必须使农村公共文化服务与农村其他方面的各项建设工作同步协调推进。

②立足本土理念：必须立足于本乡本土，根据当前农村社会的特点，确立农村公共文化服务的目标和任务。

茶陵的农村公共文化服务，应该以各种农村文化组织的发展为依托，发掘本土的农村文化资源，开展广大农民喜闻乐见、便于参与的文艺活动（如高陇乡的文化大赶集活动、花鼓戏表演、潞水镇的广场舞、打快板比赛等等）。

③服务农民理念：必须注重以人为本，把保护好、实现好、发展好广大农民群众的基本文化权益、不断满足农民群众日益增长的精神文化需求放在突出位置。要把公共文化服务情况作为衡量村级任务或县乡级政绩的重要指标，并建立考评机制，考评中农民群众的

意见反馈应在考评中占较大权重。

④传承创新理念：必须注重民间传统优秀文化的发掘、整理、保护和弘扬，必须站在时代的高度，大胆创新，努力创造出满足广大农民群众需要的、适应当前农村发展形势的文化活动方式。

茶陵县 2010 年创排的湘剧现代戏《洣水魂》，融传统文化与现代文化于一体，深受农民群众喜爱，参加全省县级专业剧团优秀剧（节）目展演荣获金奖。茶陵县工农兵政府旧址 2010 年成功申报为湖南省爱国主义教育基地，2011 年成功列入《全国红色经典景区二期名录》。茶陵的公共文化服务，应该以这些就在群众身边、喜闻乐见的文化产品为依托，既会受到群众的欢迎和喜爱，又可以将其打造为当地的文化品牌和产业。

2. 面向现代文化潮流，创新农村公共文化服务内容

①要加强农村公共文化服务基础设施建设。因为农村地域广阔，所以公共文化服务的基础设施建设的重点应该是各个行政村，而不是乡镇，更不是县城，否则服务永远不会有真正的进展。通过县乡两级财政的支持和社会力量的参与，各村要组建集图书阅读、广播影视、宣传教育、文艺演出、科技推广、科普培训、体育和青少年校外活动等于一体的综合性文化室，并配备专职人员管理。

②要加快农村文化信息资源共享工程建设。积极发展文化信息资源共享工程农村基层服务点，重点支持乡镇、村基层服务点建设。文化信息资源共享工程要与农村文化设施建设统筹规划，综合利用，使县文化馆、图书馆和乡镇综合文化站、村文化活动室逐步具备提供数字化文化信息服务的能力。

③要实施"三农"图书下乡工程。重点支持和培育一批以服务"三农"为主的出版单位，增加农民群众买得起、读得懂、用得上的通俗读物的品种和数量，为农民群众读书提供方便。继续实施送书下乡工程，以政府采购形式，每年集中招标采购一批适合农村的图书，直接配送到乡村文化站（室），方便农民群众阅读。

④要增加与农村老人和儿童相关的文化服务。倡导建立老人健身养老社团，开展老人爱好或特长方面的比赛。农家书屋应该增加老人和儿童保健、学习、爱好方面的书籍。电教化教室可以开展老人和儿童保健、爱好方面的讲座学习。

⑤要引导、鼓励农村民间文化组织发展。要通过村民大会、村民小组来宣传民间文化组织的重要意义、组成方法、活动方式，由村干部、党员或文化志愿者、文艺爱好者等牵头召集农民群众建立各种文化组织、协会、团体，开展丰富多彩的文化活动。

3. 秉承以人为本原则，创新农村公共文化服务方式

秉承以人为本、贴近农民的原则，实施网格化公共文化服务。将农村各乡镇按照一定的标准划分为若干个"网格"（一般以一个行政村为一个"网格"），使这些"网格"成为政府公共文化服务的基本单元，把地方政府所辖农村的所有人口均纳入公共文化服务体系服务范围，实现公共文化服务的均等化、便利化、对象化、精细化、人性化、个性化，全面提高公共文化服务的有效覆盖率和公共文化服务水平。

"网格化公共文化服务"有一套较为完善的模式：一是需求导向。以服务对象的文化需求为导向，提供有针对性的文化服务；二是层级管理。为每个"网格"设网格文化员，形成村、乡镇、县三级管理体系。网格文化员主要由业余文艺骨干、文化志愿者担任，主要负责了解"网格"内群众的文化需求，收集并反馈群众意见，提供或负责提供文化服

务；三是多元供给。公共文化服务由政府、相关公共部门、公益性文化单位和农村文化民间组织共同提供，同时鼓励和支持"网格"之间、村村之间交互供给；四是"菜单"服务。将全县公共文化资源列成"菜单"，供群众选择；五是统筹协调。重大公共文化服务项目和活动由县网格化公共文化服务委员会统筹协调。

4. 科学培养农村文化人才，创新农村公共文化服务队伍

一要解决乡、村文化站（室）文化专干编制问题，充实人员，稳定队伍。要出台政策，规定相应规模的文化站（室）所应有的文化专干的编制数量，并要求乡、村文化站（室）都必须按规定要求进行配备，任何乡、村都不得以任何理由进行变通，以此来保证乡、村文化站（室）都拥有一定数量的、有一定工作能力的文化专干从事农村公共文化服务工作。

二要加大财政支持力度，提高农村公共文化服务者的待遇，保证服务经费，解除其后顾之忧，发挥他们在农村公共文化服务中的中坚作用。

三要加大人才培养力度。县级文化部门应选送工作责任心强、有工作热情的文化专干学习、深造，提升服务者的素质。

四要整合城乡文化队伍建设，吸纳各类文化人才，尤其要加强农村文化艺术人才的培养，积极支持民间文艺团体、文化中心户、文化经营户联合发展，最大限度发挥他们在活跃农村文化生活、传承民族文化方面的作用。

参考文献

[1] 李建新. 加快推进农村公共文化服务体系建设的调查与思考 [J]. 中共乐山市委党校学报，2009（30）.

[2] 王义杰. 农村民间组织参与河北省新农村文化建设的发展路径探讨 [J]. 群文天地，2012（15）.

[3] 余贤. 古田县农村公共文化服务体系建设的现状与思考 [J]. 大众文艺，2011（07）.

[4] 蒋培玲. "小网格"串联起基层群众文化网 [N]. 农民日报，2012-09-29.

（作者单位：中共株洲市委党校）

论我国会计精神文化建设

尹建中

摘 要：会计精神文化是会计文化的核心、实质和灵魂。建设会计精神文化是提高会计人员道德素质、防范会计信息失真和构建和谐社会的需要。中国传统文化的影响、对优秀会计文化宣传不到位、会计监督不力、会计领导者对会计精神文化重视不够等是导致我国会计精神文化建设薄弱的主要原因。以提高会计职业道德和健全会计法规为先导，建立"以人为本"的会计价值观，以形成先进的会计精神作为会计职业的最终目的与归宿，是推进会计精神文化建设的基本途径。

关键词：会计文化；会计精神；会计精神文化

会计文化是社会文化发展的一个分支，它是人们在会计行业活动实践中积累形成的一种共同认可的价值观念体系或财富的总和，其表现的载体是会计活动，同时它也是会计工作的一种管理手段。会计文化由会计物质文化、会计制度文化和会计精神文化三个要素构成，其中，会计物质文化是基础，会计制度文化是中介，会计精神文化是核心，是会计文化的实质和灵魂所在。

会计精神文化是会计人员在会计工作中，受一定的社会文化背景、意识形态影响而长期形成的一种精神成果，是会计人员在共同价值观和道德观上的综合体现，是一种多层面、多方位的意识形成领域的群体文化，是会计文化中的无形文化并具有内隐性，是相对于其他要素更深层次的文化现象，在会计文化中处于核心地位，并对其他要素产生制约和影响。为了防范会计舞弊和审计失败，除了进一步改革以完善治理、准则，防止制度领域的纰漏和弊端，会计文化的柔性约束机制也越来越受到人们的关注。

一、会计精神文化建设的意义

会计精神文化建设，对于深化会计制度改革，提高会计队伍整体素质，弥补会计法制式刚性制约的不足，防范会计信息失真，构建和谐会计环境，都具有重要的理论意义和实践意义。

1. 防范会计信息失真的需要

会计制度在规范会计工作各个方面发挥着重要作用。但是，会计制度由人制定和实施，随着经济社会的发展而需要进行修补和完善，在此过程中必然会存在漏洞和真空地带。连续不断的会计造假和会计舞弊造成的会计信息失真使会计法制式的刚性约束陷入困境，必须通过提高会计人员的觉悟和道德水准来自觉遵守行业规则并做出合理的职业判断，以价值观、道德、社会责任感等所构成的柔性管理来激励、引导会计行为，防范会计信息失真，保证我国资本市场以及经济社会的健康稳定发展。

2. 提高会计人员道德素质的需要

随着我国社会主义市场经济的发展，会计人员的思想观念、思维模式、伦理道德、行为规范和生活方式等发生了重大变化。随着会计改革的深入发展，必然要变革会计人员的价值观念，使其符合当代经济生活对从业者的要求。因此，应明确会计精神文化的建设机制，采取各种措施使会计人员树立正确的价值观、人生观和奋斗目标，从低层次的精神境界进入较高层次的精神境界，自觉约束自己的行为。

3. 构建和谐社会的需要

自古以来，构建和谐社会是我国各界人士的理想和愿望。孔子提出了"和为贵"，"君子和而不同"的思想；孟子提出"天时不如地利，地利不如人和"；墨子主张"兼相爱，交相利"。经济作为社会的重要组成部分，它的和谐发展对于构建和谐社会尤为重要，而和谐社会的诉求反映在会计领域即为会计人员更加希望在一种和谐的环境中心情舒畅地工作。因此应通过会计精神文化建设，本着理解人、尊重人、信任人、爱惜人才的原则，创建一个和谐的会计环境，从而提高会计人员的积极性、主动性，增强会计人员的凝聚力、创造力，提高工作效率。

二、我国会计精神文化建设的现状

会计文化是人类社会文化体系中的一个分支，虽然远古时期的简单刻记和结绳记事已经标志着会计文化的产生。但是，直到 20 世纪 80 年代会计文化才得到会计界的关注和重视。因此，会计文化的建设并未系统化、程序化。我国目前会计精神文化建设虽然已取得了一定成果，但仍存在诸多不容忽视的问题，制约了会计系统的进一步完善，阻碍了会计改革的顺利进行。

由于会计精神文化对会计职业界来讲是一种较新的文化观念，而这种观念尚未深入到会计职业界中，因而许多人对会计精神文化这一概念不甚了解，许多会计人员的思想还停留在记账、算账、报账水平，市场观念、竞争观念、参与意识不强，普遍存在求稳求安和自满自足等心理。

我国会计人员精神层面的需求已经大大超过了对于物质的需求，但缺乏对会计精神、道德和价值观的正确引导和构建。我国会计职业道德建设存在诸多问题，已经引起了各界的重视和不满，会计职业道德偏低，这在很大程度上引发了会计失信、败德及会计信息严重失真的恶劣现象。

三、我国会计精神文化建设薄弱的原因

1. 中国传统文化的影响

中国传统文化对于我国会计精神文化建设有着十分重要的影响。在各个时期会计文化的改革都深深地打上了传统文化的烙印。较明显的集体主义倾向、较大的权距、较高的不确定性回避程度和明显的阴柔特质，是我国传统文化价值的特征，这些传统文化特征中的

精华部分对会计精神文化有着积极作用,但是其不良因素也在一定程度上造成了我国会计精神文化出现一些问题。主要表现在以下几个方面:

(1) 中国传统文化具有崇尚伦理的特点

以伦理为核心的传统文化对我国会计文化建设产生了良好影响,但对伦理的过度吹捧造成了国人严重的臣服心理。在这种文化氛围中形成的会计职业就难免带有臣服特征,会计人员在工作中对不公正、不公平事件具有较强的容忍和接受能力,强调对领导言听计从,人治代替法制。中国有两千多年的皇权统治历史,因而专制主义与皇权主义思想根深蒂固,正如邓小平所说,中国传统文化中缺乏民主与法治的传统。在此文化环境下,会计领域具有较强操作性的激励和约束机制很难真正建立起来,致使会计诚信的成本高于会计造假的成本。这种收益倒置现象纵容了会计造假。

(2) 中国传统文化的一个重要特点是崇和

中国人自古就有"和为贵""得饶人处且饶人"和"礼尚往来"的观念。这表现为重视人际关系,重情轻法。反映在会计职业中,一方面,会计监督不力,为顾及同事和领导的面子违法不究,使内部审计形同虚设;另一方面,注册会计师为留住客户,在审计中对违法违规事件睁一只眼闭一只眼,致使注册会计师公信力不高。

(3) 中国传统文化中素有"德成而上、艺成而下"的观念

中国人崇尚"义理",轻视"技艺"。这种观念沿袭至今就是对科学技术、知识和人才的轻视。而其对会计文化的影响突出表现是:一方面,会计职业在社会和企业中未受到足够重视。会计人员自古就被称为"账房先生",地位低微,而如今仍有部分人认为会计工作仅仅是算账、记账、报账。这使得一些优秀人才不愿意从事该行业,而已经从事会计职业的人"心不甘,情不愿",工作积极性不高且工作被动。另一方面,由于会计职业不受重视,造成少数会计人员抱着得过且过的思想,不重视文化和专业知识的学习,缺乏责任感。这造成了会计人员文化素质和专业技能普遍偏低。

2. 对优秀会计文化的宣传不到位

对于优秀文化的宣传有多种形式,如媒体、学校教育、公益活动等,对优秀文化的宣传普及是人们认识、了解、学习、内化优秀文化的方式,而社会上出现的不和谐现象大都是对优秀文化欠缺了解和学习。

3. 会计监督不力

会计监督包括内部监督和外部监督,内部会计监督是企业内部控制的组成部分,而且对会计工作的监督也主要是内部审计,我国目前的内部审计制度形同虚设,甚至有部分企业并未建立内审部门,外部监督包括国家审计和注册会计师审计。近年来层出不穷的会计造假案件已经使注册会计师公信力降至低点,而注册会计师本身在审计中的形式主义色彩以及协同造假行为使得注册会计师审计失去了较强的监督作用。

4. 会计领导者对会计文化重视不够

会计领导者是会计文化的建设者和倡导者,会计领导者不仅同其他会计个体一样是会计文化的实践者,而且由于其在会计组织中特殊的地位决定了他们在建设优秀的会计文化过程中起着关键作用。但是部分会计领导者对文化建设的重视程度不够,甚至部分领导者是造成目前会计职业道德丧失进而影响会计行业诚信的最主要的内部原因。因此,加强对会计精神文化建设的重视,发挥领导者在会计文化建设中的积极作用是非常必要的。

四、我国会计精神文化建设的基本途径

1. 以提高会计职业道德为先导

会计职业道德是会计精神文化的重要组成部分，是会计人员必须遵循的行为规范，并以一种无形的力量约束着会计人员的行为。

(1) 建立健全会计职业道德规范

市场经济是一种法制经济，通过法律来对职业道德做出规定也是出于对市场经济的适应、维护以及防范和治理会计人员失信、败德等会计职业道德缺失的一种手段。建立健全的会计职业道德规范是完善会计职业道德的重要内容。应切实考虑我国国情，根据会计环境的需要，借鉴国际上优秀的道德规范，建立切实可行的、有效的职业道德规范，用法制的方式对会计人员的职业道德进行规范，同时要求会计人员应根据我国实际情况和会计法律、规范、会计准则的规定，结合国际会计界公认会计职业道德要求，自觉遵守会计职业道德规范。

(2) 建立会计职业道德自律机制

会计职业道德自律机制是会计人员和会计行业的自我约束过程。一方面，通过提高会计人员道德素质，采取社会舆论、传统习俗和内心信念进行外部监督和自我监督，对遵守职业道德行为给予肯定和褒奖；对于会计人员违反职业道德的行为进行教育，对造成严重损失和屡教不改的人员进行严厉批评，必要时进行惩罚等，使会计人员的个体职业道德建设和整体职业道德建设有机统一。通过会计人员的自我监督、自我约束、自我调节实现对会计行为的规范。另一方面，建立会计行业的自律组织，制订相关措施，举行各种活动，为更好地执行会计职业道德规范、提高会计人员职业道德服务。我国通过会计行业组织进行自律管理已经取得了一定进展，如中国注册会计师协会作为注册会计师的行业自律组织，为我国注册会计师事业的发展和提高注册会计师道德水平作出了突出贡献。但是，由于其建立得比较晚，并受我国传统文化的制约，政府部门的权威性较弱，因此自律监管还比较薄弱。要借鉴国内外先进经验，加强会计行业自律的研究和建设力度，有效实施自我管理。

(3) 加强会计职业道德教育

职业道德属于思想领域范畴，不能采取行政命令等生硬办法解决，而应主要通过宣传教育途径来开展教育。通过有目的、有计划、有组织、有系统的道德教育活动，促使会计人员正确履行会计职能，包括会计职业道德观念教育、会计职业道德规范教育和会计职业道德警示教育等方面的内容。通过会计职业道德教育不仅仅是让会计人员认知会计职业道德及其规范，而且要促使他们将会计职业道德规范逐步内化为自身的思想观念，并指导和约束自身行为，提高职业道德自律能力，形成良好、稳定的道德品质，从而最大限度地发挥会计人员的主观能动性。

2. 建立"以人为本"的会计价值观

以人为本的会计价值观应具备的特征是：以诚信为荣，实事求是，坚持原则，开拓创新，公正廉洁和追求卓越。

(1) 加强会计领导者的示范作用

会计领导者不仅同其他会计个体一样是会计文化的实践者，而且由于其在会计管理活动中的特殊地位决定了其自身的文化素质、工作作风、思想道德和价值观念对于企业会计文化的主导作用，也决定了他们在建设以人为本的会计价值观的过程中具有关键作用。因此，在建设会计价值观的过程中，一方面，会计领导者要给予足够的重视，并亲自组织相关人员开展各项活动，培养模范人物并宣传其优秀的会计价值观，建立奖惩制度；另一方面，会计领导者应以身作则，积极倡导以诚信为荣，实事求是，坚持原则，开拓创新，公正廉洁和追求卓越的理念，并以自己的实际行动影响下属，最终实现以人为本的会计价值观目标。

（2）树立模范人物的榜样作用

会计模范人物对会计人员的价值影响和引导作用主要是通过三个方面来实现的：一是在会计活动之前把模范人物的价值观通过宣传教育的方式灌输给会计人员；二是在会计活动过程中通过共同工作使会计人员耳濡目染，从而习得模范会计人物的优秀价值观并逐步内化；三是按会计任务的价值观进行会计反映、会计分析和会计检查，并对外提供会计报表。

3. 以形成先进的会计精神作为会计职业的最终目的与归宿

会计精神是会计文化的高度浓缩，是一种被全体会计人员共同拥有和普遍掌握的团体精神，是由会计领导者基于会计价值的基本理念，通过对民族传统文化精神的批判继承和发展，取其精华弃其糟粕，并借鉴外国优秀的会计精神文化，结合本组织的实际情况精心培育和倡导而成的，并为员工群体认同的反映会计价值观、会计伦理道德、会计目标的思想观念、精神支柱。会计精神一旦形成，就会在组织内部形成系统的价值和规范标准，引导会计人员的个体思想和会计组织的价值取向和行为取向，并对会计人员发挥强大的激励作用，调动会计人员工作的主动性、积极性和创造性，促使会计人员自觉规范自身的行为，维护会计组织形象，激发会计人员的工作热情，主观能动性，鼓舞士气，形成一种积极向上的氛围。

（1）强化先进精神的宣传教育

首先，会计组织要确立协作、奉献、创新的会计精神目标，并要运用高度概括、精练明了、便于理解、有感染力且朗朗上口的语言、口号等来表达，而且要在组织内部保持语言、口号的相对稳定性。其次，通过开展各种讨论、知识竞赛、先进事例表彰和文娱体育活动等，将会计组织所倡导的先进的会计精神灌输给会计人员，在组织内部形成一种浓烈的舆论氛围，让会计人员在耳濡目染、潜移默化中接受并了解先进会计精神的实质和内涵，并将其自觉地运用到会计工作中指导自己的行为。第三，结合会计组织的实际，把先进会计精神教育内容形式的广泛性、教育对象的针对性和教育手段的灵活性有机结合在一起。

（2）做好模范人物典型示范

会计模范人物与会计人员感情融洽、关系密切、团结和谐，并能够充分了解并代表会计人员的思想和需求，反映会计人员的合理愿望，对会计人员有极强的吸引力和引导力。一方面，模范人物的精神是被广大会计人员认可和效仿，作为一种非成文的规定且每个成员都必须遵守的行为规范，否则将受到其他会计人员的排斥。另一方面，会计模范人物的精神具有极强的引导力，将会计个体的精神导向符合本组织发展的方向，使其行动围绕会计组织目标来进行。

（3）会计领导以身作则，率先垂范

会计领导者由于其特殊的地位并拥有权力，因而对会计人员有着强迫性的、不可抗拒的影响力，并以强大的外部压力的形式起作用。领导者要以身作则，在工作中以自己的实际行动带头实践自己所设计和倡导的会计精神，将自己积极践行先进会计精神的理念传达给下属，以领导权威影响会计人员有效、快速地接受和内化先进的会计精神。领导者的影响力和号召力是十分强大和不可替代的，一个会计组织的会计领导者重视并率先垂范会计精神，那么本组织的协作、奉献、创新的会计精神就比其他会计组织塑造得更有效、更迅速。

参考文献

[1] 徐敏. 会计文化的层次结构及其影响因素 [J]. 经济师, 2006 (12).

[2] 崔洪义. 新形势下加强我国会计文化建设的思考 [J]. 当代经济, 2012 (17).

[3] 张云, 石晓磊. 会计文化重构与再社会化：一个中国文化背景的视角 [J]. 北京工商大学学报（社会科学版），2007，22 (6).

[4] 倪国锋. 基于人本理念的企业会计文化建设探讨 [J]. 中国管理信息化, 2012, 15 (19).

[5] 石晓磊. 我国会计文化建设研究—重构与路径 [D]. 天津财经大学学报, 2008.

（作者单位：湖南省会计学会、湖南城市学院商学院）

湖南省旅游业发展与就业增长关系研究

王春梅

摘 要：湖南省是人口大省，就业压力大，因此，制定有效的经济政策，促进旅游业发展，改善就业状况，对于湖南未来的发展至关重要。文章根据湖南省 2000～2010 年相关统计数据，对旅游业发展与就业之间的关系进行研究。研究表明，湖南旅游业发展与就业增长有着紧密的关联，旅游业逐渐成为湖南省解决就业问题的重要渠道，尤其是对第三产业就业的促进作用更加明显。湖南旅游业还处于数量增长发展模式，带动就业具有波动性。湖南省旅游业发展对城镇就业影响不明显，对乡村就业影响较显著。在研究基础上为制定旅游业发展、促进就业的政策提出了建议。

关键词：湖南省；旅游业；就业增长

湖南省总人口为 6 570 万（2010 年底），是我国人口第七大省，面临着很大的就业压力。随着湖南省旅游业的迅速发展，旅游业成为新的提供就业的渠道，旅游业一方面带来了直接就业，另一方面旅游业的"溢出效益"又为湖南省提供了间接的就业岗位。本文从旅游收入和旅游市场增长两个方面着手，利用 2000～2010 年湖南省两个 5 年计划建设期的相关统计数据，对旅游业发展与就业增长关系进行研究，旨在揭示两者之间的数量关系，为就业工作的开展与相关政策的制定提供科学依据。

一、湖南旅游业发展与就业状况总体分析

1. 湖南省旅游业发展状况

根据中国旅游年鉴相关统计数据，2000～2010 年，湖南省旅游总收入从 148.75 亿元人民币递增到 1 425.80 亿元人民币，相当于全省生产总值的 9.5%，10 年增加了 1 277.05 亿人民币，年均增长速度 25.6%。其中入境旅游外汇收入从 2.21 亿美元增加到 8.87 亿美元，年均增长速度为 65.08%；入境旅游人数从 45.40 万人次增加到 189.87 万人次，年均增长率为 13.47%；同时国内旅游也快速发展，湖南省国内旅游收入从 130.46 亿人民币增加到 1 365.54 亿人民币，年均增长 26.70%；国内旅游人数从 4 650 万人次增加到 20 587.9 万人次，年均增长率为 16.24%（图1、图2、图3）。

这 10 年，湖南旅游业发展总体呈上升趋势，2003 年和 2008 年出现了下滑，这主要是受到非典和经济危机的影响，湖南省国内旅游人数和收入发展减缓，入境旅游人数及入境旅游外汇收入在这两年均出现了负增长，尤其是 2003 年非典时期，增长速度为 -85.2%，入境旅游接待人数仅为 15.39 万人次，甚至低于 2000 年（45.40 万人次），但两次旅游业

恢复都较快，2008 年开始湖南省旅游业增长速度加快，2008 年以后国内旅游人数年均增长率为 22.83%，就算在 2008 年为负增长的情况下，入境旅游人数年均增长率达到 18.35%，两者均高于十年平均增长率的 16.24% 和 13.47%。

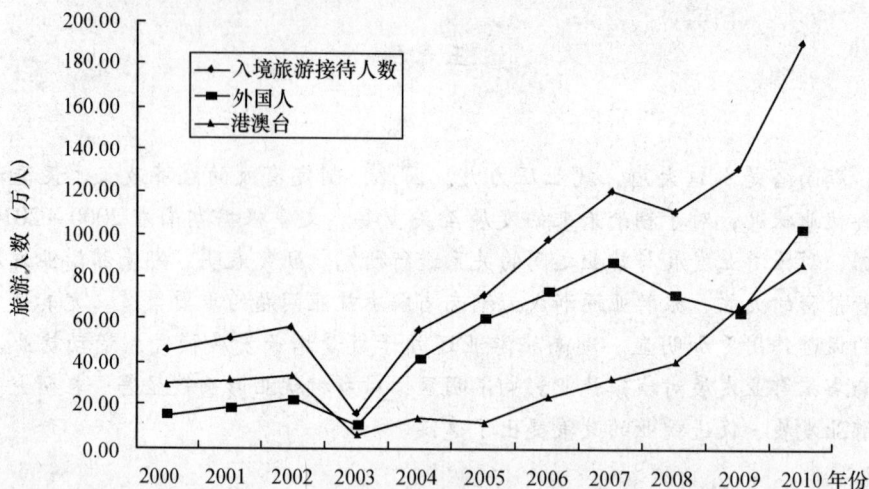

图1　2000～2010 年湖南省入境旅游及外国人与港澳台旅游接待人数

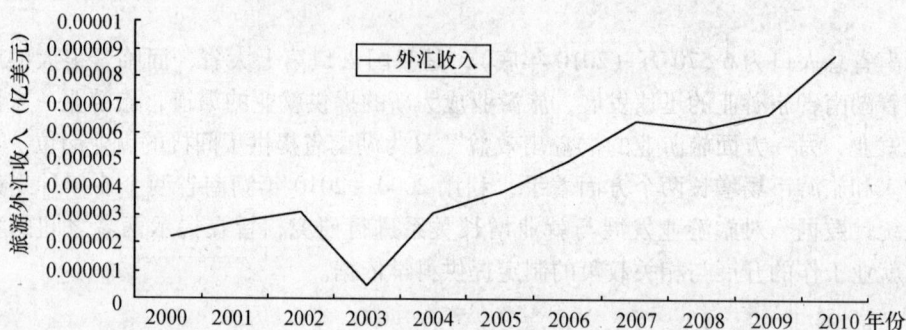

图2　2000～2010 年湖南省国际旅游收入

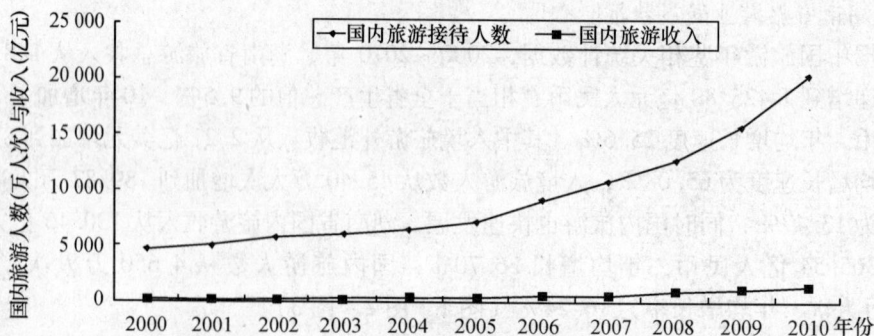

图3　2000～2010 年湖南省国内旅游人数与收入

截至 2010 年底，湖南省星级宾馆达到 549 家。其中五星级 17 家，四星级 60 家，三星级 235 家。全省共有旅行社 678 家。其中出境游组团社 24 家，经营国内旅游与入境旅游旅行社 654 家。国家等级旅游区点 143 家。其中 5A 级旅游区点 2 家，4A 级旅游区点 42 家，3A 级旅游区点 64 家。国家级工业旅游示范点 5 家，国家农业旅游示范点 10 家。湖南省旅游业在湖南经济体系中的地位越来越高，2006 年 9 月旅游业被确定为湖南省支柱产业，湖南旅游业社会贡献能力不断增强，在拉动经济增长、吸纳社会就业等方面发挥了重要作用。

2. 湖南省就业增长状况

2000～2010 年，湖南省总就业人数、第二产业、第三产业就业人数均呈上升趋势，第一产业就业人数则逐年递减（图 4）。湖南省就业人数从 2000 年的 3 462.1 万人增加到 2010 年的 4 007.7 万人，增长了 15.8%，年均增长 1.5%，第三产业就业人数从 850.2 万人增加到 1 275.0 万人，增长了 49.9%，年均增长 6.05%，明显高于全省总就业增长水平。就业人员在第一、第二、第三产业的比例分别从 2000 年的 60.8：14.7：24.6 发展为 2010 年的 46.7：21.5：31.8，其中第一产业比例下降了 14.1 个百分点，而第二产业和第三产业分别上升了 6.8 个百分点和 7.2 个百分点，湖南省就业结构明显改变；城乡就业总量绝对数均增加，城乡就业比例从 2000 年的 17.5：82.5 发展为 2010 年 21.91：78.09，城镇就业人数增加，说明湖南省农村经济体制改革和农业经济结构改革初见成效，农村劳动力转移到城镇就业效果明显。

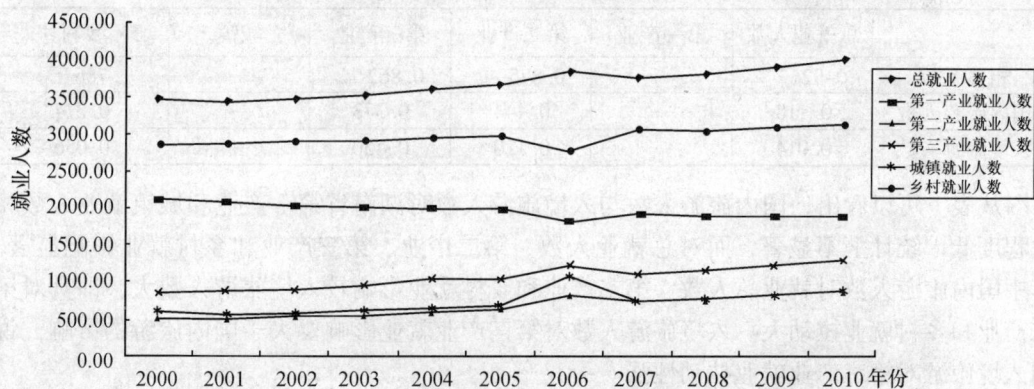

图 4　2000～2010 年湖南省总就业人数、三次产业及城乡就业人数

二、关系研究

所谓就业弹性，是指当影响经济增长的其他因素不变时，每一单位经济增长引起就业增长的比率。计算公式为：就业弹性系数 = 就业增长率/某一经济要素增长率，它反映了某一经济要素在发展过程中对劳动力的吸纳程度。为了研究旅游业发展与就业增长的关系，引入就业弹性概念。本文运用就业弹性来分析湖南省旅游业发展对就业的吸纳作用。应用 SPSS1.9 软件包对湖南省 2000～2010 年旅游业发展及就业增长数据进行分析。

1. 建立模型

为了较全面地反映湖南省旅游业与总就业、三大产业及城乡就业的关系，研究分别从旅游市场和收入两个方面建立 6 个方程式：

$$\text{InJY} \ (\text{JY}_1 \text{、} \text{JY}_2 \text{、} \text{JY}_3 \text{、} \text{JY}_C \text{、} \text{JY}_X) = a_0 + a_1 \text{InHRR} + a_2 \text{InHNR} \tag{1}$$

$$\text{InJY} \ (\text{JY}_1 \text{、} \text{JY}_2 \text{、} \text{JY}_3 \text{、} \text{JY}_C \text{、} \text{JY}_X) = a_0 + a_1 \text{InHRS} + a_2 \text{InHNS} \tag{2}$$

$$\text{InJY} \ (\text{JY}_1 \text{、} \text{JY}_2 \text{、} \text{JY}_3 \text{、} \text{JY}_C \text{、} \text{JY}_X) = a_0 + a_1 \text{InHRR}_w + a_2 \text{InHRR}_g \tag{3}$$

$$\text{InJY} \ (\text{JY}_1 \text{、} \text{JY}_2 \text{、} \text{JY}_3 \text{、} \text{JY}_C \text{、} \text{JY}_X) = a_0 + a_1 \text{InHRS} \tag{4}$$

$$\text{InJY} \ (\text{JY}_1 \text{、} \text{JY}_2 \text{、} \text{JY}_3 \text{、} \text{JY}_C \text{、} \text{JY}_X) = a_0 + a_1 \text{InHNR} \tag{5}$$

$$\text{InJY} \ (\text{JY}_1 \text{、} \text{JY}_2 \text{、} \text{JY}_3 \text{、} \text{JY}_C \text{、} \text{JY}_X) = a_0 + a_1 \text{InHNS} \tag{6}$$

式中，JY 表示湖南省就业人数（单位：万人），相应的 JY_1、JY_2、JY_3 分别表示第一、第二、第三产业就业人数（单位：万人）；HRR 表示湖南省入境旅游人数（单位：万人次），相应地 HRR_w、HRR_g 分别表示外国人入境旅游人数（单位：万人次）和中国港澳台旅游人数（单位：万人次），它们共同反映了入境旅游市场的发展状况；HRS 表示湖南省的入境旅游收入（单位：亿美元），反映了入境旅游收入状况；HNR 表示湖南省的国内旅游人数（单位：万人次），反映了国内旅游市场发展状况；HNS 表示湖南省的国内旅游收入（单位：亿元）反映国内旅游收入状况。a_0 为常数，a_1、a_2 为就业弹性系数。

2. 回归分析

对上述方程进行回归分析计算，其结果见表1、表2、表3、表4、表5。

表1　湖南省旅游接待人数对总就业人数、三次产业及城乡就业人数的弹性表

	总就业人数	第一产业	第二产业	第三产业	城镇	乡村
相关系数	0.926**	—	0.875**	0.862**	—	.786**
国内旅游人数	0.118	—	0.444	0.373		0.274
入境旅游人数	0.014	—	0.120	0.450		0.056

从表1可以看出，国内旅游人数与入境旅游人数对湖南省第一产业和城镇就业人数相关程度低，统计上不显著，而对总就业人数、第二产业、第三产业和乡村就业影响显著。其中国内旅游人数对就业总人数、第二产业和乡村就业影响较入境旅游人数大，即其对第二产业和乡村就业拉动大。入境旅游人数对第三产业就业影响要大于国内旅游的影响，说明入境旅游对第三产业就业拉动性强。

表2　湖南省旅游收入对总就业人数、三次产业及城乡就业人数的弹性表

	总就业人数	第一产业	第二产业	第三产业	城镇	乡村
相关系数	0.947**	—	0.899**	0.894**	—	0.788**
国内旅游收入	0.061	—	0.238	0.227		0.094
入境旅游收入	0.010	—	0.133	0.093		0.045

从表2可以看出，国内旅游收入对总就业、第二、第三产业以及乡村就业的影响作用大于入境旅游收入，即湖南省国内旅游每增加一个收入对就业的影响要大于入境旅游带来的影响，说明湖南国内旅游人均花费大于入境旅游花费，这可能与湖南省旅游市场以国内旅游市场为主有关系。

综合表1和表2可以看出，旅游接待人数增长对湖南就业增长的影响要大于旅游收入对湖南省就业增长的影响，说明湖南旅游业还处于数量增长模式，还未达到高层次高质量的增长模式。

表3　湖南省入境旅游接待人数对总就业人数、三次产业及城乡就业人数的弹性表

	总就业人数	第一产业	第二产业	第三产业	城镇	乡村
相关系数	0.913**	—	0.885**	0.851**	—	—
外国人旅游人数	-0.015		0.052	0.1527	—	—
港澳台旅游人数	0.006		0.023	0.1475	—	—

从表3可以看出，入境旅游市场中，外国旅游人数和港澳台旅游人数对总就业、第二产业和第三产业就业有显著影响，对第一产业和城镇、乡村就业影响不显著，说明湖南省入境旅游人数主要促进了第二产业、第三产业的就业增长，对城镇和乡村就业推动作用小。值得注意的是外国人旅游人数对上述各就业增长的影响均大于港澳台旅游人数带来的影响，只是差异不大。外国人旅游人数就业弹性为负数，说明外国人旅游人数增加了，就业反而下降了，表现出外国人旅游人数对就业的"挤出效应"。湖南省入境旅游市场中外国人在绝对数上多于港澳台旅游人数，成为湖南入境旅游市场的主体，这一现象在入境旅游发展趋势图上能够看出来，从2003年非典之后，来湖南旅游的港澳台旅游人数增长速度变慢，少于外国旅游者人数。

表4　湖南省入境旅游收入对总就业人数、三次产业及城乡就业人数的弹性表

	总就业人数	第一产业	第二产业	第三产业	城镇	乡村
相关系数	0.907**	—	0.887**	0.854**	—	—
入境旅游收入	0.009	—	0.091	0.132	—	—

从表4可以看出，湖南省入境旅游收入对就业总人数和第二、第三产业有显著影响，对第一产业和城乡就业影响不明显，说明湖南入境旅游收入对湖南就业三次产业就业结构有影响，但是对城乡就业结构没有推动作用。

表5　湖南省国内旅游发展对总就业人数、三次产业及城镇就业人数的弹性表

	总就业人数	第一产业	第二产业	第三产业	城镇	乡村
相关系数	0.925**	—	0.874**	0.862**	—	0.786**
国内旅游人数	0.119	—	0.371	0.445		0.275
	总就业人数	第一产业	第二产业	第三产业	城镇	乡村
相关系数	0.945**	—	0.895**	0.891**	—	0.791**
国内旅游收入	0.060	—	0.219	0.237		0.055

说明：**表示在0.01水平上显著相关；—表示旅游市场或收入对就业的影响不显著，相关程度低

从表5可以看出，湖南省国内旅游发展对就业总数、第二、第三产业和乡村就业有影响，只是对乡村就业增长的影响效果没有前三者明显，对乡村就业影响可能得益于湖南农村旅游示范点的建设。国内旅游人数对乡村就业的影响大于国内旅游收入对乡村就业的影响，说明湖南省国内旅游人均消费水平还不是很高，主要依靠旅游人数的增加来带动就业。

三、总结

1. 研究结论

本研究在对湖南省就业及旅游业发展状况统计分析的基础上，选择了2000～2010年

的实践序列应用回归分析的方法，从旅游收入和旅游市场两个方面研究国内旅游人数、国内旅游收入、入境旅游人数与国际旅游收入的增长与就业增长之间的关系。结果表明，湖南旅游业发展与就业增长有着紧密关联，旅游业逐渐成为湖南省解决就业问题的重要渠道，尤其是对第三产业就业的促进作用尤其明显；湖南旅游业还处于数量增长发展模式，还未达到高层次高质量的增长模式，旅游业增长主要依靠接待量的增加，而不是由消费水平的提高带来的，直接表现为旅游业带动就业具有波动性；湖南省旅游业发展对城镇就业影响不明显，对乡村就业有一些影响；湖南省旅游业的发展还主要是以国内旅游为主，在入境旅游市场中，外国人入境旅游市场比港澳台旅游市场发展要好；国内旅游与入境旅游发展趋势表明，湖南省入境旅游更加容易受到外界因素的影响，发展起伏比较大，这可能与湖南省入境旅游客源市场较单一有关系，如 2008 年经济危机，湖南省入境旅游客源市场负增长达 7.92%，其中外国旅游市场的负增长 18.76%，国内旅游市场发展相对平稳，说明湖南入境旅游市场抗风险能力较差，直接影响到旅游业对湖南各大产业就业的增长。

2. 政策建议

（1）坚持旅游业支柱产业的发展模式，发挥旅游业促进就业优势

旅游业是劳动密集型产业，是拉动和促进就业的优势产业，旅游业发展自身的特殊规律会对就业提出新的挑战，反过来促进劳动力质量提高，促进就业结构的改变。十二五期间，湖南省应坚持大力发展旅游支柱产业，充分发挥其对第三产业和乡村就业的强大带动性，缓解湖南省当前的就业压力。另一方面也可利用旅游业发展改变就业结构。因此，政府需要制定有效的经济政策，从产业政策、资金投入等方面促进旅游业发展，将发展旅游促进就业指标列入湖南省就业规划和政府考核体系中，改善劳动就业状况。

（2）外国人市场和港澳台市场共同发展，促进就业

必须看到外国人市场对就业的作用要强于港澳台市场，积极开拓外国人旅游市场，同时，港澳台入境旅游对湖南省总就业数、第二产业和第三产业就业有促进作用。近几年，由于经济危机，湖南省外国人旅游市场增长速度减缓，港澳台市场增长速度加快，如2009年外国人旅游人数出现了负增长，港澳台旅游人数增长了 67.31%。湖南省应采取两手抓的政策，一方面积极开拓国外市场，另一方面借助地理优势，打"粤港澳后花园"品牌，加大对港澳台地区的宣传，吸引更多的港澳台旅游者入湘旅游，带动第三产业就业的增长。

（3）改变入境旅游客源结构，减少就业波动性

从 2008 年经济危机对湖南旅游业的影响中吸取教训，认识到单一的入境旅游客源市场对就业的影响，适当调整入境旅游市场结构，改变原来主要以韩国客人为主的入境旅游市场结构。一方面政府统一形象对外宣传，另一方面用政策优惠措施鼓励旅游企业积极开拓其他入境旅游市场，扩大入境客源市场，降低旅游业发展风险，减少旅游业发展对就业带来的波动。

（4）加大农村旅游业发展，促进乡村就业

国际、国内旅游市场和旅游收入对湖南乡村旅游均有促进作用，为湖南省解决农村就业问题提供了途径。政府应加大对农村旅游的宣传和基础设施的建设，在原有 10 家国家农业旅游示范点的基础上，再选取一些有代表性的农村作为示范点，大力发展农村旅游，提供家门口的就业机会，促进乡村就业。

参考文献

[1] 石培华. 中国旅游业对就业贡献的数量测算与分析 [J]. 旅游学刊, 2003, 18 (6).

[2] 赵东喜. 我国旅游业发展与就业增长关系实证研究 [J]. 福建师范大学福清分校学报, 2009, 92 (3).

[3] 汪宇明. 旅游促进社会就业增长的战略思考 [J]. 经济地理, 2003, 23 (3).

[4] 周梅. 江苏省旅游业发展与就业增长关系研究 [J]. 安徽农业科学, 2010, 38 (19).

（作者单位：湖南女子学院）

洞庭湖区民歌民俗旅游开发研究

邓 勤

摘 要：洞庭湖区特有的湖区文化中富有强烈地湖湘文化气息，包涵着浓郁的楚风楚韵，具有淳厚朴实的气质和真挚动人的感情。其中，风格独特、艺术价值很高的民间歌曲中韫藏着丰富的民俗旅游资源，具有相当的发掘潜力。本文从旅游开发的视角对湖区民间歌曲的风格特性以及所蕴含的民俗现象进行研究，从湖区的民间歌曲的艺术特征中着力发掘蕴藏在民歌中所体现出来的湖区的民俗特色，将为外界了解湖南人民的性格、风俗和文化提供一个窗口，将为洞庭湖区民歌理论研究的增添新的活力，将为政府部门挖掘旅游事业、建设当地精神文明和研究人文艺术提供可行性参考的资料。

关键词：洞庭湖区；民俗；民歌

洞庭湖区是我国著名的"鱼米之乡"，是楚文化的发祥地之一，也是现今湖湘文化的中心。洞庭湖区蕴涵着深厚的音乐文化资源，其中风格独特、艺术价值很高的民间歌曲鲜明地体现了该地区的乡土人情和深厚的文化意蕴，藏着丰富的民俗旅游资源，具有相当的发掘潜力。本文从旅游开发的视角对湖区民间歌曲的风格特性以及所蕴含的民俗现象进行研究。

洞庭湖区，古称"云梦泽"，为我国第二大淡水湖，位于湖南省北部，长江荆江河段以南，面积2 820平方千米。洞庭湖区的区域区划简单地说是以洞庭湖为中心，包括岳阳、益阳、常德三地区的大部分县市和15个国营农场，另外还包括长沙市望城区。据第三次全国人口普查资料统计，湖区共有1 104.23万人。洞庭湖区属山地、丘陵、湖泊、盆地兼有的湿润大陆性亚热带季风气候。这里雨量充沛，蕴藏着丰富的自然和人文资源，是世界自然遗产和文化遗产的重要组成部分。

一、丰富的民歌资源

由于洞庭湖区的地形地貌多种多样，带来各种不同的劳动生产方式和生活习惯；由于各县市的传统和风俗习惯差异，方言的多样性，该地区形成了民歌和民俗风格丰富多彩的局面。湖中捕鱼，湖面上会飘荡起悠扬的渔歌；山间劳作，人们情不自禁喊起山歌；丘陵采茶，便有采茶小调传开；水田耕作，也有过山垅、插秧歌飘荡；时逢久旱不雨，乃有车水号子。

1. 夯歌

在安乡每年冬修、秋修现场，都会响起此起彼伏、具有一定音乐节奏的硪歌谈唱。硪歌通过调子高低、节奏快慢唤起劳动激情，具有强烈的号召力和凝聚力。据载此演唱始于明万历年间围堤修境时，已有500多年传承历史。由于年年修堤打碗，受荆楚文化的熏陶与田歌、山歌、习俗歌的影响，简短的劳动口令于是变成了既有节奏又有旋律的劳动号子。

2. 澧水号子

居住在澧县境内的澧水、道河沿岸的人过去多以行船运货为生，在逆水行船拉纤的过程中，为集中注意力，振奋精神，统一步调，自然而然出现了一种本地小调转化成的独特的劳动号子——澧水船工号子。唱词因时、因地、因人即兴而起，不需专门从师，全凭口口相传。其句式分七字、五字两种，一般是一人领唱，众人合唱。它以反映船工们苦难生活和劳动场面为主题，兼有调节气氛的内容。如"高山乌云即刻到，拉纤好比过天桥。泥烂路滑难行走，汗水雨水流成槽"等等。

3. 洞庭渔歌

洞庭渔歌是洞庭湖区独特的渔歌风情，其曲调主要源于洞庭渔民中广泛流传的地方小调，通过不同的声响和节奏形象地表现渔民的劳动生活，如《手撒渔网口唱歌》《洞庭四季歌》《洞庭湖上搭歌台》等。很多歌谣生动形象地说明洞庭湖区的鱼虾之繁多、硕大以及捕鱼人的本领高强，如"洞庭湖的虾子，犁马大的脚""洞庭湖人的本事高，指甲破鱼不用刀"等。

4. 地花鼓

南县地花鼓从民间山歌、小调和劳动号子的基础上演化而来。以其朴实粗犷的动作、明快高亢的音乐、活泼自如的表演、浓郁的生活气息、独特的艺术风格，深深扎根于民众之中。南县地花鼓有"对子地花鼓""竹马地花鼓""围龙地花鼓"等多种表现形式。"对子地花鼓"，也称"单花鼓"，两男装扮一旦一丑，按"十二月望郎""拖板凳""十月看姐""采条""插花""扇子调""送财歌"的词意玩"套子"，转"窝子"，擅长用扇子和手帕表现人物情绪与性格。"竹马地花鼓"是在"对子地花鼓"的基础上演变的一种表演形式，增加的主人公是位武士，手持马鞭，肩背或腰挎各种颜色的布料或纸竹马，与地花鼓丑、旦穿插表演，有的还配有翻筋斗的马夫，场面威武，表演细腻。"围龙地花鼓"旦、丑的表演程序较前两种形式略有不同，进门有"送财"，出门有"辞东"，以"戏珠""起井""盘柱""顶蝴蝶""旺罗汉"等套式或摆出"五谷丰登"字样，渲染喜庆气氛。

二、民歌中的民俗事象

民歌的研究离不开对民俗的研究，二者不可分割。民歌所歌为人们在社会生活中的内心感受，表现了广阔生活场景。我们研究民歌，应包括与其紧密相关的民俗。解析湖区民歌中的民俗事象，厘清民俗事象的渊源、传承、流变，进一步发掘可开发的资源，可为当前的经济建设提供新的增长点。

湖区民歌多以表现、反映生产劳动、传授生产、生活知识以及认识自然环境资源为主，叙事多于抒情，直述或描写民俗事象，亦较其他地区具体、生动。

1. 生产民俗

湖南拥有纵横交错的河流网络，渔业一直较为兴旺，洞庭湖区尤甚。湖边居民一年四季在湖面早出晚归，起居都在船上，歌谣中多是以渔业、农业等多种生产方式及与大自然作斗争的内容为主。如《手撒渔网口唱歌》《洞庭四季歌》等。

湖区农家极重育秧。春耕时分，播种成厢，每厢还要插枫枝，取"丰收之意"。农家对插秧也极为重视，谓之"栽米树"，春耕之前开秧门，家家户户要放铳燃炮，接打山歌的歌手到田头，用鼓、锣间奏打一曲《秧田里扯秧叫秧苗》：

> 秧田里扯苗叫秧苗，
> 移过田畔叫禾苗，
> 娘屋里做姐叫大姐，
> 生男育女叫家娘。

在快乐诙谐的气氛中以祈求来年的好收成；插秧时主人要热情招待插秧能手，插秧能手们往往打起《打鼓插秧歌》，歌中唱到：

> 看哒插秧看哒干，
> 看哒五谷进哒仓，
> 看哒哥哥讨嫂嫂，
> 一同划去又划回。

一人唱众人和，自由开朗、气氛热烈，工作效率高。

2. 商贸民俗

> 正月（里子）采也茶是呃新年啰，
> 姐妹（衣个）双呃双呃，定咧茶园咧。
> 茶园（衣个）定哪了十啊儿块咧，
> 先写（衣个）文嘞章呃，后呃交钱咧。

洞庭湖区是我国茶叶高产区，这首流传在岳阳县一带的《清塘茶歌》，描绘了当地茶农与茶园之间签署工作协议的过程。

叫卖音乐也是过去湖区民谣的一大特色，与叫卖人的语言以及其生活环境有很大关系。湖区的叫卖歌曲内容丰富，但因为社会生活的发展，现今叫卖声已经很难听到了。目前能听到的仅有《卖西瓜》《卖槐豌豆》《玫瑰槟榔》等几首。

3. 居住民宿

湖区百姓在新建房屋上梁时，主持的木匠一般都会唱赞歌，以求新屋吉利，人丁兴旺。如《赞梁》：

> 东边一朵紫云开哩，
> 西边一朵紫云来，
> 两朵彩云齐喝彩也，
> 奉请鲁班仙师下凡来。

4. 生活民俗

在民间，小孩被吓后，夜里就会常常做梦，人们往往被认为是丢了魂魄，于是由老婆婆在黄昏或晚上抱着孩子，提着马灯，烧炷香，到小孩经常玩耍的地方吆喝喊唱，有的还呼唤小孩的姓名，以图喊归其魂魄，产生喊魂歌。如《喊魂》：

> 对着的苍天烧炷香，菩萨呀公婆把魂啰还，
> 保佑毛毛不做梦，一夜睡到大天啰光。
> 对着苍天烧炷香，菩萨呀公婆好孤啰单，
> 夜夜独有我喊动，社里头人人哦都上学堂。

5. 仪式民俗

古书记载："湘沅之间，士人多祀鬼神。"湖区作为楚文化的发源地，巫傩之风盛行，注重祭祀。当地老人归天后，道士做道场时常在道场举行祭酒仪式，唱祭酒歌，意在诉说在世苦难多，并向诸神诸菩萨献酒。如《奠酒》：

> 旁白：向来咽喉开通，无衣殷勤具有孝土。跪在灵柩前，把酒奠献。
> 奠酒把香（哪）启过亡人，三魂（哪）从此人幽（啊）冥，
> 受了孝土三奠酒（啊）略表啊（哇）为情（哪）。

在湖南各地劳动人民表现对神灵的敬畏与信仰的民俗活动中，赞土地就是其中一种。湖南是农业大省，湘、资、沅、澧四大水系对农民的耕作有着重要影响。因此劳动人民想通过对土地神的赞颂，祈求来年风调雨顺的好年景。如益阳地区民歌《唱土地》：

> 送春送到东君牛栏处，牛栏土地保东君，
> 黄牛栏里像骒马，水牛栏里像麒麟。
> 送春送到东君菜园处，菜园土地保东君，
> 种的辣椒像牛角，种的南瓜像墩它。……

6. 儿童游戏民俗

当地童谣都是根据儿童特点、心智水平、欣赏趣味而创作流传的口头短歌，在生活中有相当大的教育作用，也包括催儿睡眠、盼儿长大的摇篮曲，如《四样歌》《摇篮曲》以及一些寓言故事等。小朋友们玩耍时要唱《调毛虫歌》《牵牛卖羊》等游戏歌。如《两个伢伢拍手掌》：

> 打铁一，苏州羊毫好做笔；
> 打铁俩，两个伢伢拍手掌；
> 打铁三，三皮荷叶戏牡丹；
> 打铁四，四口花针好拔剌……

三、开发民歌民俗旅游资源的对策

1987年5月31日，益阳县文化局在兰溪镇举办端午山歌对唱赛，天成乡、千家洲乡、兰溪镇20多名歌手参赛，吸引了各地观众2万多人。湖南电视台《八百里洞庭》系列片摄制组在现场进行摄录。2011年11月9日，由湖南省文化厅、益阳市政府主办的湖南省首届南县地花鼓艺术节圆满落幕。这些活动的开展为保护与发扬当地音乐文化的宝贵资源，对提高当地城市知名度、促进旅游业的发展亮出了一张亮丽的名片。由于现代生活水

平的提高，也抬高了民俗旅游要求，人们对民俗旅游越来越感兴趣。那么如何在原来的基础上加强和扩大民俗旅游的影响力，使民俗旅游的实施得到可持续发展，从而对洞庭湖区民俗资源的开发产生良好的经济效益和积极社会影响？我们可以从以下几点去尝试：

1. 与时俱进，积极创新

文化部门要有计划地到有传统文化基础的村落进行民歌搜集，并在韵律、内容和形式上加以改进和创新，让湖区民歌跟上时代步伐。大部分湖区歌曲是旧社会的产物，内容已经和现代社会格格不入，需要更新。比如《幼女思春》，其内容低俗欠雅，在这方面，创作者必须转换思路。

2. 加强民歌传承人队伍建设

对濒临失传、又具有重要价值的湖区民歌种类，要采取文化扶持政策，加强对民歌艺术进行传承、保护、研究的骨干队伍建设，促进民歌的传承与研究，鼓励带徒授艺，使之后继有人。同时组织人员进行记录、整理，尽快用录像、录音、文字、照片等方式，把湖区民歌尽可能地留存下来；对长期从事优秀民歌制作、表演，形成风格、自成流派、有成就者，给予一定的精神和物质奖励；推出民歌品牌人物，通过各类传播平台，使民歌重新成为大众的精神依托和娱乐消遣；加强民歌文化的教育，引导年轻人学习民歌，培养下一代传承人；要创造条件，促使民间艺术进学校、进课堂，在中小学倡导成立兴趣班，把民歌列入乡土教材，用以在中小学以至幼儿园中的音乐课中传教，使湖区广大群众从小就接受民歌的陶冶，从而热爱家乡的民歌。

3. 创设民歌的生存环境

有关职能部门要积极搭建民歌文化的宣传、交流平台，让更多的人知道和喜欢民歌。充分挖掘民族民间传统文化的潜力，广泛开展群众文化活动。在传统民俗、节日庆典文化活动中，充分整合、利用湖区现有民歌资源，努力开展有价值的群众性文娱活动，既满足群众"求美、求乐"的需求，又可为民间民歌资源的发展创设良好环境。

4. 树立全民保护民歌艺术的意识

民歌文化的源头存在于民间，只有在民间这块丰富的土壤中，才能孕育出属于人民的宝贵精神财富。从教育入手，从小抓起，渗透到不同层次的人群之中；积极宣传保护民间传统文化的价值和意义，从文化资源是一个地区软实力标志的高度，鼓励人们更多地了解民歌艺术资源，进一步提高广大民众对抢救和保护民歌艺术的认识，增强全民保护民间文化的自觉性，培养人们对民间文化的感情，努力在全社会形成关注、支持、保护民间传统文化的良好氛围。

5. 积极开发民俗旅游资源

（1）加大力度宣传民俗旅游文化

对当前民俗旅游的开发进行重新规划和组合，要坚持有的放矢、供需对应。成立专门的专家部门对旅游客源市场进行有效的因素分析，多开发有市场需求的项目。通过电视、网络、报纸杂志、广播、大型民俗节庆活动、展览和博览会等对湖区的民俗风情进行宣传和推广，使更多的人了解湖区的民俗旅游资源。

（2）高品位开发和利用民俗旅游资源，防止庸俗化

高品位开发指对当地民俗资源充分地调查和研究，结合本地区及周边地区旅游环境，瞄准本地区的资源特色，选择开发方向，确定文化定位，尽最大可能挖掘出当地民俗资源

潜力。开发建设民俗旅游资源，要保证具有魅力的民族文化能真正得以弘扬和保护，就必须杜绝肆意亵渎和歪曲旅游地民俗风情资源的现象。遏制低格调，避免标新立异、生搬硬套而造成的民俗庸俗化。因此，高品位开发利用民俗资源是关键。

四、坚持走可持续发展道路

为了对民俗文化加以科学保护和发扬其特色，我们的民俗旅游开发必须走可持续发展道路。民俗旅游是一种不可再生的资源，一旦过度开发，不注意保护，就会枯竭乃至消失。所以应对湖区民俗旅游资源环境进行评估，制订民俗文化环境保护规划，把民俗文化环境与社会经济、文化的发展协调起来。另一方面要依靠政府和媒体力量，向公众传播有关保护民俗资源的意识，使老百姓们能辩证地对待自身传统和生活方式，防止民俗被庸俗同化。

洞庭湖区的民歌是湖区厚重的历史文化积淀的艺术体现，为外界了解湖南人民的性格、风俗和文化提供了一个窗口。发现和利用当地民歌文化资源，通过劳动加工使其成为具有更高文化价值的文化产品，这可为洞庭湖区民歌理论研究增添新的活力，可为政府部门挖掘旅游事业、建设当地精神文明和研究人文艺术提供可行性参考资料。

民歌民俗与当地旅游资源的开发在传播湖湘文化、增强地方经济实力方面都具有重大意义，值得有识之士为之努力，将洞庭湖区的文化传播与经济发展结合起来，创造更多更好的社会效益。

参考文献

[1] 赵玉燕，吴曙光. 湖南民俗文化 [M]. 长沙：湖南师范大学出版社，2010.

[2] 刘焕庆. 文化与民俗旅游资源开发理论与实践 [M]. 北京：科学出版社，2012.

[3] 余永霞，陈道山. 中国民俗旅游 [M]. 武汉：华中科技大学出版社，2011.

[4] 江明惇. 汉族民歌概论 [M]. 上海：上海文艺出版社，1982.

[5] 唐海燕. 湖湘地域性音乐文化研究 [M]. 长沙：湖南人民出版社，2011.

[6] 田可文. 民歌与民俗 [J]. 民族艺术，1988（3）.

[7] 彭静. 从文化衍生的角度看湖南民歌的演进 [J]. 艺术评论，2010（6）.

[8] 周密. 湖南风俗音乐的核心"语境" [J]. 艺术评论，2011（3）.

（作者单位：湖南城市学院音乐学院）

医疗服务公益性的政府责任机制

宁德斌

摘　要： 尽管医疗服务公益性是政府的责任已经成为共识，但是，由于政府的双重人性假设冲突，使得如何确保政府履行责任仍然是一大难题。因此，从医疗服务公益性和医疗服务体系的特点出发，构建政府责任机制就成为必然选择。这一机制包括基于责任范围动态性的目标确立、基于回应性的责任规范和基于多元协同的政府治理。

关键词： 公益性；政府责任；目标动态性；回应性；政府治理

不管是"奥尔森困境""布坎南失灵"还是"诺思悖论"或"阿罗不可能"，都提出了一个非常严峻的挑战：政府能够有效地担当医疗服务公益性责任吗？如果不能，那么，政府责任就成为一句空话。使公共利益成为政府实质的目标和行动准则，是首先要加以解决的问题。政府的效率动机缺失，影响政府履行责任的动力和政府决策的科学化是又一关键问题。因此，政府责任机制构建的核心或者关键是在动态的目标下规范政府职责，并使政府获得持续的公益行为动力。

一、政府责任目标的动态机制

1. 政府责任范围的动态性

政府责任与市场功能是一对相辅相成的矛盾体，事实上，关于政府与市场关系的话题在经济学领域由来已久，如从亚当·斯密"看不见的手"和"守夜人"到凯恩斯主义，从新公共管理运动到新自由主义学派，等等。在医疗卫生领域同样如此，从英国的 NHS 到美国的医疗市场体系，从德国的社会保障体系到新加坡的公立医院重组，从英国内部市场（Internal Market）、市场化（Marketization）的兴起到美国国家医疗安全网（National Healthcare Safety Network）的构建，等等，它们持续地对政府职能提出了挑战。有意思的是，这场争论和变革还在继续，一个重要原因是政策环境的改变。尽管争议颇多，但在政府职能上已经达成共识，那就是：在一个以市场为基础性资源配置手段的社会体系下，政府在社会经济活动中的职能大体可以概括为两个方面——使市场的运行更加富于效率和弥补市场供给缺陷。因此，政府责任随着市场的变迁而变化，当市场制度比较完善的时候，政府的责任范围就界定在"为穷人提供帮助"上，不需要它对市场进行过多的干预。而当市场体系不成熟时，"市场失灵"将表现出非常复杂的特征，对市场干预首先需要政府识别是否存在"市场机制不健全"，因为市场机制的完善程度对于市场失灵具有乘数效应，即市场机制越是不健全，"市场固有的缺陷"就暴露得越深刻，影响越广泛。对"市场机制不健全"和"市场固有的缺陷"的判断正确与否将影响政府责任的有效性。回顾20世纪80年代中后期至本世纪初我国的医疗卫生制度变迁，其特点被有的学者认为是"伪市场化"，这种"伪市场化"使市场机制很难有效发挥作用，以至于市场运行秩序混乱，机会主义盛行。

2. 基于动态性目标的需求捕捉机制

作为公共利益的代言人，动态地把握公共需求，是确立目标、规范责任的基础。如何才能真实动态地了解社会对医疗服务的公共需求呢？这就需要政府有完整的需求捕捉机制和判别机制。

（1）及时把握医疗服务需求的变化

第一，分析医疗服务需求与利用价值。目前，我国没有医疗服务需求与利用方面的统计体系，以国家卫生服务调查作为基本的数据获得途径，与西方国家的家庭健康询问制度相比较，缺乏经常性、系统性、连续性，因而对城乡居民的医疗服务需求与利用价值不能作出深入、全面、及时的分析，也就无法及时把握医疗服务需求与利用价值的变化特点。而其中一个重要的原因是我国的基层医疗卫生服务体系不健全，社区医师制度还不能充分发挥其作为宏观决策信息来源的作用。

第二，判断医疗服务需求的变化特点。一直以来，学术界认为，医疗服务需求的价格弹性小，而收入弹性地区差异大。从病人的需求行为的角度来看，国内有研究表明，居民（病人）在就医之前愿意寻找质量标志物来求得质量与经济的统一。医疗服务需求的低价格弹性可反映医疗服务需求的基础性作用。这种基础性不仅表现在个体成长与发展方面，更表现在它是促进人的全面发展、构建社会主义和谐社会、发展社会主义经济的基础与保证。

（2）判断医疗服务的公益性水平

基本医疗服务均等化是指可以从基本医疗服务资源配置的公平性、医疗保障的覆盖率、医疗服务利率特别是贫困人口医疗服务的利用率等角度来构建指标体系。公益性医疗服务的产品属性是指，可以从产品质量、产品价格两个主要方面来构建指标体系，例如区域内医疗服务技术质量指标、区域内医疗服务平均价格与区域内人均可支配收入的比例指标、贫困家庭个人医疗费用支出占家庭全部医疗费用的比重，等等。

（3）分析医疗服务公益性的政府责任范围

一方面，在现实状态下，分析公共服务供给不足究竟是政府"缺位"还是政府"越位"因素所导致的。另一方面，政府在制度建设方面的作为将影响市场化进程，进而影响政府的公益性责任范围，需求信息的捕捉是政府主导市场制度变迁的基础。

二、政府责任的规范机制

1. 政府的回应性

政府能否有实质的回应，关键在于制度，制度分析学者已经证明："制度建立的基本规则支配着公共的和私人的行动，即从个人财产权到社会处理公共物品的方式，以及影响着收入的分配、资源配置的效率和人力资源的发展。"

甚至可以说，在我国医疗服务产品供给中，有相当一部分市场失灵是由于市场体系不完善所导致的。当医疗服务机构成为真正的市场主体的时候，当医院的经营管理者、医师都面临着市场竞争的时候，当政府没有"越位"和"缺位"的时候，医疗服务市场就能够运行有序，就能够促进医疗服务产品不断地接近人民群众的医疗服务需求。

2. 基于回应性要求的政府责任规范

（1）回应公众的医疗卫生服务需求

人民群众在医疗服务方面的公共利益主要源于其外部性特征，反映在医疗服务的需求层面，其动机包括：第一，基本公共服务均等化动机。基本公共服务是以保障公民基本人权为主要目的、以均等化为主要特征、以公共资源为主要支撑的公共服务。基本医疗服务均等化需要政府承担"兜底"的责任，"对那些在经济和社会发展过程中受益最少的弱势群体给予额外的利益补偿，确保他们能够均等地享受底线公共服务"。第二，疾病风险的防范动机。有效化解疾病风险是普遍的社会需求。因为这种方法不仅会影响居民个人及家庭的基本生活，也会影响一个地区或国家的人口素质和经济发展，甚至可能造成比较大的社会影响。因此，政府主导下的医疗保障体系的建设也就成为公共需求的一部分。第三，对医疗风险的规避动机。上述关于病人需求行为特点的研究结果表明，人在医疗服务方面所追求的"高消费"，也许有"搭便车"的成分，但更多的是为了规避医疗风险。

（2）回应市场失灵对政府的监管需求

理论上，以"供给诱导需求"（Supply-Induced Demand，简称 PID；也称医师引致需求，Physician-Induced Demand，PID）为典型性的市场失灵"直指健康政策的要害"，所以"市场缺陷却提醒我们，政府必须对市场实行强有力调控"。另一方面，部门利益论对此提出了挑战，部门利益论的监管俘获直接导致了政府监管的低效率，从而放松管制，这已成为新公共管理运动的重要内容之一。我国医疗服务市场扭曲，监管滞后，设计出既能充分激励被规制对象，又能有效约束其利用特有的信息优势谋取不正当利益的激励规制合同或者机制，是政府回应监管需求的关键。它的基本特点是政府、社会与市场在法律体系下的博弈均衡，关键是要允许在生产这些服务的机构之间开展最大限度的竞争。一是要健全医疗服务市场体系，通过积极培育多元化的市场主体，通过医疗服务要素市场的培育，促进医院管理者之间、医师之间的竞争，形成声誉等市场约束机制，有效地遏制供给诱导需求。二是要建立独立的监管机构，以打破行政垄断。虽然政府规制是一个规制机构、政治家、企业主、利益集团、消费者等众多人的博弈过程，但是始终存在相对独立的规制机构、企业和消费者。从医疗服务公益性的角度来看，建立一个医疗服务公益性的社会评价机构，对于医疗服务机构而言，这个独立机构的公正结论将是医疗服务机构不断创新的压力和动力。

（3）回应制度创新的知识要求

拉坦断言，拥有社会科学的知识越多，制度的设计和实施就越好，正如自然科学知识的进步会降低技术变迁成本一样，社会科学知识的进步会降低制度的发展成本。这里所指的社会科学知识，是关于医疗卫生服务特点和制度变迁规律的认识，这些知识的积累对于人们发现医疗卫生服务的制度不均衡、设计制度以及提高认知制度的能力都有重要影响。

第一，全面理解公益性的内涵。保罗认为，一部分医疗服务产品具有公共产品属性，还有相当一部分具有准公共产品的性质。这一观点得到了广泛认同，但是面临着挑战，如雷克斯福特等认为医疗服务并非公共产品或准公共产品，而是私人产品，金碚进一步指出

"医疗服务是具有公益性的私人产品"。为何会有如此大的争议？周子君对此的解释是："医疗服务在经济学性质上属于私人产品。但由于其涉及人的健康权和社会伦理、道德等社会问题，人们往往更多地从其社会公平性、社会消费性出发将其列为'公共服务'范畴。在一些国家和地区，医疗服务经公众或政府选择将其列为公共服务，由政府或社会提供。"（笔者赞同这一解释，在医疗服务产品不具备典型的公共产品特征的前提下，之所以认为一部分医疗服务具有公共产品属性，主要是基于医疗服务的外部性特征。）尽管有很大争议，但大多数国家和地区均把医疗服务作为公共产品或准公共产品。

第二，探寻公益性的多样化实现形式。仅仅理解医疗服务具有公益性是远远不够的，需要从医疗服务公益性的内涵出发，探讨医疗服务公益性的测度和多样化的实现形式，否则，公益性除了有宣示价值之外，在公益与私益的冲突中容易被私人利益所侵蚀。

具体到医疗服务机构，其公益性目标的确立首先要区分产品公益性与组织公益性的不同含义。公益性不以营利为目的，是出资人的意图表达，作为一个市场主体，在市场竞争中追求高效率地运行，促进医疗服务产品优质、低耗、廉价，是无可非议的，而且，这也是公益性的本质要求，也只有如此，才有可能持续保持医疗服务的公益性。

三、政府治理机制

1. 治理视角下的多元协同

公共领域最初将治理定义为不同领域、不同层级的公私行为体（如个人、组织、公私机构、次国家、超国家、权力机关、非权力机关、市场、社会、国家等）、力量和运动构成的复杂网络。1995年，全球治理委员会将治理正式定义为"个人或组织、公共部门或私有部门管理其一般事务的多种方式的总和，它是一个使得冲突和多元利益得到妥协并采取合作行为的持续过程"。从这一点来看，其实质仍然是关于公共事务决策权的制度安排，是对传统意义上政府的绝对强权的一种挑战。现代社会的治理变为一个协调、掌舵、施加影响并且去平衡相关利益体相互行为的一个过程。因此，对于医疗卫生服务而言，从治理的视角，只有各个参与主体仅仅以私人的身份平等地参与医疗卫生事业领域的对话与交往，才能实现医疗卫生事业的真正价值。

2. 基于多元协同的政府治理机制

（1）政府职能的重新定位

正如约翰逊所说，"一个监管式国家或市场——理性国家关心经济竞争的形式和程序，而非其具体事务"。摆脱具体事务的政府，在某种程度上可以称之为规划型政府。所谓规划型政府，是指政府对医疗卫生资源的配置、医疗服务价格、医疗服务需求、医疗服务供给、基本医疗服务的界定等方面进行宏观筹划。政府职能要从直接提供医疗卫生服务转向规范、监管医疗卫生服务市场转变。

（2）培育医疗服务第三方

治理是指"我们共同解决自己的问题和满足我们社会需要的实施过程"。平等对话机制的形成还需要第三方的作用，一是发挥其在医疗服务需求识别、医疗服务质量管理、医疗服务价值评价、医疗卫生政策制定、医疗服务市场监管方面的专业性作用，二是发挥其在公共利益诉求和利益表达方面的决策咨询作用。医疗服务的公共利益表达，不仅是政治学概念中的民主决策，而且是一个需要加以科学测度和鉴别的专业问题。

（3）问责制

行政问责是构建责任型政府的助推器。根据医疗服务公益性要求和医疗服务体系的运行特点，医疗服务公益性责任的规范和公开是一个非常关键的问题，因为高信息壁垒是问责制的一个重大障碍，在医疗服务领域尤其如此。行政问责主体面临着对责任内涵解析的困难，行政责任主体同样面临着对于其举办或监管的医疗机构的信息不对称。所以，在责任体系规范上，既包括政府责任的公开，也包括医疗服务信息的披露，在此基础上，建立法律规范、公正解读、多元问责、以问促建、以能促效的问责制度体系。

总之，医疗服务公益性需要政府发挥其应有的作用，政府作用的发挥需要一系列制度加以保证，而这一系列制度的建设需要从政府变革开始。

参考文献

［1］史云贵. 从政府理性到公共理性——构建社会主义和谐社会的理性路径分析［J］. 社会科学研究，2007（6）.

［2］Alan C. Organizational Reform and Health-care Goods：Concerns about Marketization in the UK NHS［J］. Journal of Medicine and Philosophy，2008（33）.

［3］Dov C& Arleen A. L. Integrating Public Health and Personal Care in a Reformed US Health Care System［J］. American Journal of Public Health，2010，100（2）.

［4］Paul Contoyannisa，Jeremiah Hurleya，Paul Grootendorst. Estimating the Price Elasticity of Expenditure for Prescription Drugs in the Presence of Non-linear Price Schedules：An Illustration From Quebec，Canada［J］. Health Economics，2005（14）.

［5］王俊，昌忠泽，刘宏. 中国居民卫生医疗需求行为研究［J］. 经济研究，2008（7）.

［6］尼古拉斯·阿尔迪托—巴莱塔. 制度分析与发展的反思·前言［A］. 北京：商务印书馆，1992.

［7］陈海威. 中国基本公共服务体系研究. 科学社会主义［J］，2007（3）.

［8］杨宏山. 论政府在公共服务领域的底线责任［J］. 学习与实践，2007（5）.

［9］Reinhardt，U. E. Economists in Health Care：Saviors，or Elephants in a Porcelain Shop［J］. The American Economic Review. 1989（2）.

［10］凯特尔. 唐，著. 孙迎春，译. 权力共享：公共治理与私人市场［M］. 北京：北京大学出版社，2009.

［11］Mitnick B M. The Political Economy of Regulation［M］. New York：Columbia University Press，1980.

［12］Vincent Ostrom，Charles M. Tiebout，and Robert Warren. The Organization of Government in Metropolitan Areas：A Theoretical Inquiry. American Political Science Review［J］，1961（55）.

［13］卢君. 政府规制理论变迁视角下中国政府规制能力的提升［J］. 云南财经大学学报，

2009（1）．

［14］V.W. 拉坦．诱致性制度变迁理论［A］．科斯．财产权利与制度变迁——产权学派与新制度学派译文集［C］．上海：上海三联书店，1991．

［15］［美］保罗·J. 费尔德斯坦．卫生保健经济学［M］．中文版．北京：经济科学出版社，1998．

［16］［美］雷克斯福特·E.，桑特勒，等．卫生经济学——理论、案例和产业研究［M］．中文版．北京：北京大学医学出版社，2006．

［17］金碚．医疗卫生服务："具有社会公益性的经济私人品"［J］．江西社会科学，2009（5）．

［18］周子君．医疗服务——性质、公益性、生产与供给［J］．医院管理论坛，2009（26）．

［19］吴志成．西方治理理论述评［J］．教学与研究，2004（6）．

［20］Commission on Global Governance. Our Global Neighborhood：The Report of the Commission on Global Governance［R］［M］．Oxford：Oxford University Press，1995（2）．

［21］包国宪，郎玫．治理、政府治理概念的演变与发展［J］．兰州大学学报（社会科学版），2009，37（2）．

［22］赵德余．政策制定中的价值冲突：来自中国医疗卫生改革的经验［J］．管理世界．2008（10）．

［23］黄显中．行政共和主义的基本理念——基于西方公民治理理论的解构与重构［J］．南京社会科学，2009（3）．

［24］Johnson，C. MITI and Japanese Miracle：The Growth of Industrial Policy，1925～1975［M］．Stanford：Stanford University Press，1982．

［25］戴维·奥斯本，特德·布勒．企业精神如何改变着公共部门［M］．上海：上海译文出版社，1996．

［26］龚亮．行政问责制：构建责任型政府的助推器［J］．中共南京市委党校学报，2008，6（2）．

（作者单位：湖南省卫生经济与信息学会）

经费供给制度变迁对高校办学行为的影响论释

——基于资源依赖理论视角

刘天佐　张　平

摘　要：随着我国高校经费供给制度由中央集权的财政管理体制向地方政府分级负责和以高校为主体多元化筹措教育经费的供给模式变迁，我国高校与政府、市场及学生等投资主体间关系发生了重大变化，政府不再是高校唯一的投资主体。高校经费供给制度的变迁导致了高校与利益相关者关系的变革，主要是高校与政府间的"上下级"关系逐渐削弱、高校与合同者之间的"合作"关系的扩大以及高校与学生群体之间的"主顾"关系的增强。在资源依赖理论的作用下，高校不得不回应来自市场、学生群体等其他非政府主体的需求，对自身的办学行为进行调整，包括寻求政府控制与高校自治的平衡、合理利用市场机制改善资源环境、为学校资源主要提供者——学生提供优质服务等。

关键词：资源依赖理论；经费供给制度；高校办学行为

资源依赖理论是研究组织变迁活动的一个重要理论。资源依赖理论认为组织存在于相互联系以及各种各样的联系的网络之中，组织所需的各种包括财力、物质、人力以及信息等资源，都是从环境中获得的，组织不得不依赖这些外部资源提供者。组织间的资源依赖产生了其他组织对特定组织的外部控制，并影响了组织内部的权力安排，能够提供和取得更多资源的组织成员显然比其他成员更加重要。在资源依赖理论的作用下，自上世纪末高校扩大招生规模以来，我国高校经费供给制度的变迁导致了高校经费供给模式的变化，这种变化直接导致高校与利益相关者关系的变化，进而对高校内部办学活动产生了重大影响。

一、高校经费供给制度的变迁过程

制度变迁是指创新主体为实现一定的目标而进行的制度重新安排或制度结构的重新调整，它是制度的替代、转换、交易与创新的过程。实际上，制度变迁过程就是利益的重新分配和权利的转移过程。高等教育作为一种特殊的稀缺资源在国家经济体制转型的大环境当中也处于一个不断选择优化配置的过程中。因此，在不同的时期，高等教育经费供给制度选择的方式不同，高等教育的经费供给途径与资源整合的优化程度也不同。

从新中国成立至今，我国的教育经费供给制度的变迁主要分为三个阶段：

1. 中央统一财政与分级管理（1949～1980年）

由具有特殊权力身份的政府对时局的把握和信息处理为主导而推行的高等教育供给制

度对当时的高等教育的发展发挥了很大的作用。从新中国成立至改革开放前这一期间，我国的高等教育经费供给制经历了由"集中统一"、"条块"结合以"块块"为主到"分级包干"的三种管理模式。这个时期高校所有的经费都由政府统一划拨，实行"统一领导，分级管理"的财政管理体制。

这一阶段高校拨款方式主要是"基数＋发展"的拨款模式。该拨款模式是按照学校的规模及各种日常经费开支的需求核定一个拨款基数，然后在这个基数上按照一个标准逐年增长。这个阶段高校拨款方式的主要特点是政府是这一时期高校经费的唯一供给主体，国家集办学者与管理者于一身，高校学生全部由政府统一组织招生、安排就业。由此，也造成了高校极度依赖于政府：高校办学主体的产权不明晰，管理者的权限不规范，高校的高层领导是政府官员，由政府直接任命等。

2. 地方负责与分级管理（1980～1993年）

这个时期我国财政体制进行了较大改革，由中央"统收统支"改革为"划分收支，分级包干"，实行中央与地方分级负责，即由以往的全国"吃大锅饭"变为了"分灶吃饭"。

从1980年起，高等教育的经费投入由各自的"婆婆"下达，中央院校由教育部负责，地方院校由各省财政部门及地方财政拨款。尽管层次不同、类别不同的高校资金来源不同，但总体上呈现出双渠道的格局。这一时期，高等教育发展极度不平衡，经济发达地区由于其投资力度大，经费充足，办学条件好，高等教育事业发展较快；而不发达地区高校，经费紧张，发展缓慢。

在这个时期确定的拨款方式主要是1986年确定的"综合定额＋专项补助"的分配方式。其中"综合定额"部分包括：教职工人员经费、学生奖贷学金、行政公务费、教学业务费、小型设备费和其他费用等各个项目；"专项补助"是对"综合定额"的补充，它是由政府部门在考虑了学校的各种特殊需要后单独支付的。下表描述的是这个时期高校经费来源结构。

表1　1986～1992年我国高等教育经费来源构成表（％）

年份	国家财政性收入	事业收入（学杂费）	社会捐赠	其他教育经费
1986	85.94	2.98	6.00	5.08
1987	84.49	2.86	5.58	5.26
1988	84.07	3.56	6.98	5.39
1989	83.35	4.13	7.04	5.45
1990	80.68	4.24	10.33	5.87
1991	78.26	4.42	11.5	5.83
1992	77.64	5.07	11.69	5.59

资料来源：1987～1993年中国教育事业综合统计年鉴

从上表可以看出，1986年至1990年这个时间段，国家财政性教育经费占总数的80%以上，其比例并逐年减少，而学杂费和社会捐赠的费用逐年上升。

虽然高等教育财政性拨款实行了"地方负责，分级管理"的办法，但是国际资本和私营资本基本上没有利用起来，高校经费由国家和受教育者承担，其中，政府支付承担绝大部分直接成本，受教育者仅仅承担部分间接成本。

3. 高校自主筹措经费的多元教育经费供给制度（1993 年至今）

改革开放后，一方面，随着经济的增长与公共事业的发展，中央财政部面临平衡医疗卫生、社保以及国防与公共安全等公共部门发展需求的巨大压力，有限的财政拨款远不能满足高等教育迅速发展所需的经费投入；另一方面，由于高等教育的准公共产品属性，在"成本分摊"理论的推动下，学生个人、家庭以及社会资本成为高校扩充资源的主要途径。

1993 年至今，高等教育投资渠道单一化的局面逐渐被打破，呈现了高等教育经费来源多元化的格局。财政性教育经费与非财政性教育经费呈此消彼长趋势，其投资来源已经形成"财、税、费、产、社、基、科、贷、息多元投资体"。多元利益主体格局的形成极大地减轻了政府的财政负担，高校实现了投资主体多元化，扩宽了办学资金的来源，这在一定程度上缓解了我国财政拨款不足和高等教育需求迅速扩大之间的矛盾。但从资源依赖的角度分析，收入来源的转变，特别是国家财政性教育经费投入的急剧下降，已经影响了公立高校"以国家财政拨款为主的经费供给模式"，使得高校办学行为陷入另一种"不自由"的旋涡中。

表 2　2000 ～ 2009 年我国高等教育经费来源表　　　　　　　　（单位：亿元）

年份	总经费	国家财政性教育经费	社会团体和个人投入	事业收入		社会捐赠	其他经费
					学杂费		
2000	920.44	528.86	16.00	314.00	192.61	15.18	46.40
2001	1163.38	629.60	18.20	435.16	282.45	17.28	63.14
2002	1 479.87	749.45	33.14	599.51	390.65	27.83	69.94
2003	1 743.37	836.94	60.30	721.49	505.73	25.64	99.00
2004	2 112.35	965.01	112.20	889.52	648.00	21.54	124.08
2005	2 550.24	1 090.84	180.13	1 097.67	791.93	21.08	160.52
2006	2 940.46	1 259.57	234.33	1 223.95	857.50	19.33	203.28
2007	3 634.18	1 598.32	31.88	1 698.70	1 223.19	27.18	278.10
2008	4 085.44	2 003.51	30.17	1 725.03	1 418.13	28.63	298.10
2009	4 645.03	2 264.51	33.10	2 018.90	1 540.35	26.18	302.34

数据来源：2001 ～ 2010 年中国教育经费统计年鉴

从上表可知，国家财政拨款从高校扩招前的 70% 逐年下降；国家财政拨款体制的转变，从"经济上"迫使高校寻求其他外部资源的改革。伴随高校学费制度改革和高校扩招，学杂费收入的增长速度是最快的，年均增长 33.97% ，社会集捐资与其他教育经费的年均增长率也分别为 23.31% 和 23.47% 。但这一时期高等教育经费总量和来源结构的重大变化，主要根源于同时期教育财政制度强度最大的变革。

二、高校与利益相关者关系的变革

在计划经济体制下，政府将众多社会资源直接控制在自己手中，它在经济上的绝对垄断地位，迫使其他个体"自由地"依赖它而获得自己的利益。同时政府也封锁了一切有可能成为社会独立性的替代性资源的来源渠道。随着中国经济体制的转型，高等教育投资体制也随之改革，高校已形成了多元供给主体的格局。国家财政性教育拨款减少的部分开始被高校的事业收入（主要是学杂费）及合同收入、社会捐赠等替代。高校自身所控制的资源越来越多，自主权相对增大。随着市场经济的不断发展，一些社会组织和个人借助市场机制进入高等教育系统，开始打破政府在高等教育办学主体中的垄断地位。参与主体的多元化使高校可供选择的依赖主体发生了变化，高校组织资源依赖的环境从原来的单向依赖转向了多向依赖，高校与政府、市场和社会组织之间相互并存，如图1所示。

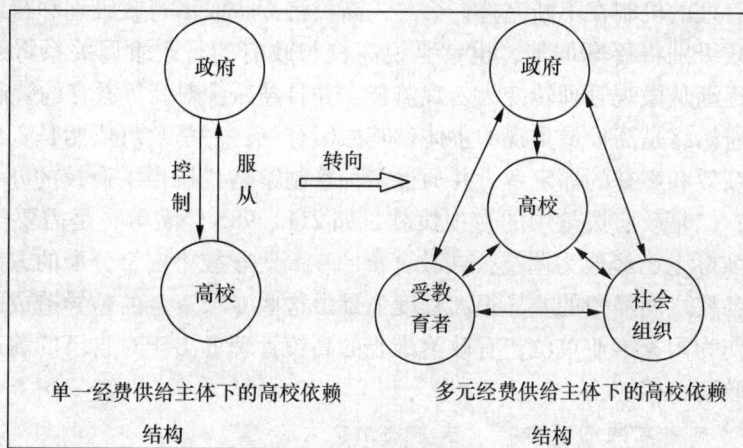

图1　高等教育资源依赖环境变化图

资源依赖理论认为，人们占有资源的状态决定了其使用资源的状态。按照这一理论观点，占高校经费结构最大部分的主体，对高校的办学行为影响也最大。

1990年前期，高校经费由政府全额拨款，高校管理者完全听命于政府，充当政府政策的传达者和执行者；1993年的收费政策与1999年扩招政策的实施以及产学研合作模式的推广，使得高校的经费来源多元化。这个时期的高校校长就像一只处于由各种关系交织形成的网中央的"蜘蛛"，他要忙于协调各个方面的资源提供者。依据高校资源依赖程度不同，笔者将这些资源供给方分成三个层次的主体：第一个是为高校提供制度环境并对高校进行监督的政府机构；第二个与学校有契约关系的非政府机构科研经费提供者、产学研合作者、贷款提供者等，他们借助市场机制使高校充满了活力，弥补了政府拨款不足方面的缺陷；第三个为接受教育的学生群体。学生因提供不菲的学杂费而成为高校的"顾客"。

在资源依赖理论作用下，高校与各利益主体间的关系变化具体表现为以下三方面：

1. 高校与政府之间的"上下级"关系逐渐削弱

改革开放前，在单一经费供给环境下，政府对高等教育进行全面管制，高校只能够服从政府的管制。在这种官僚控制模式下，一方面政府基本上负担了高校运行成本的费用，高校不用在办学经费上花太多的时间和精力，从而保证了高等教育的质量；另一方面政府对高等教育的管制，使高校失去真正的自由，高等教育不能够按照其自然规律发展。由于完全依赖于政府的资源，高校失去了社会交换的能力和自由。

改革开放后，由于高校规模扩大，在其运行成本迅速增长和国家财政能力不足的情况下，政府不再对高校进行全额拨款。供养高校的财政责任由国家、社会、企业和学生共同分担。政府不再是高校唯一资源供给主体和价值来源截取主体，劳动力市场、资本市场等各种主体直接或间接地作用于高等学校。这些新的替代性资源的出现，直接改变了高校对于政府的完全依赖关系，也改变了政府对高等教育的管理模式。政府从直接管制向主要靠教育资源分配机制对高等教育进行宏观调控，通过法律法规监管高等教育的运行等间接管理方式转变。

尽管政府至今依然是高校最重要的外部控制因素，但高校对政府机构依附关系的性质开始发生变化。主要表现为三点：第一，高校自主权增加。高校自主决策的领域在逐步扩大，高校自主管理的机制在不断完善；第二，高校将逐步取消行政级别和行政化管理。高校管理者的行政级别将逐渐取消，也就是说高校与政府的行政隶属关系将逐渐减弱。第三，政府调控逐渐从微观管理转变为宏观监督，并日益减少对高等教育的管制。

然而，政府始终是高校最重视的主体，其原因有三：一是政府依然是资源配置者、规则的设定者、绩效和声誉的评定者，并通过多种管制策略"调控"高校的办学行为和内部资源配置结构；二是政府拨款中的专项拨款，如211、985经费等，是需要学校靠"准竞争"得来的，实际上已经成为调整公共教育资源在高等学校中资金分配的方向、体现重点的重要工具，各校之间经费的差异很大程度上是由这些专项资金的差异造成的；三是由于我国公立高校作为国家事业单位，有政治雄心的高校管理者出于对自己的前途考虑，可能会更主动接近政府部门。

2. 高校与合同者之间的"合作"关系逐渐扩大

改革开放前，由于缺乏合适的制度环境，几乎看不到高校和社会机构、企业合作的市场行为。改革开放后，政府为了减轻财政负担而引入市场机制等措施，扩大了高校的自主权，拓宽了企业、社会机构投资的范围。市场力量和社会组织开始渗入高等教育领域，为高校提供了大量的非政府财政资源。

高校与合同者之间存在相互依赖关系，并且高校与社会机构的合作对象、范围越来越广。高校的依赖主体包括：科研经费提供机构、产学研合作者、提供贷款的银行等。从构成高校的经费结构中可以看出，校企联合产业、社会咨询服务、银行贷款等，已成为高校办学经费的重要组成部分。这些经费在横向科学研究市场、产品生产市场、劳动力市场、资本市场上通过竞争方式获得的。

3. 高校与学生群体之间的"主顾"关系逐渐增强

高等教育的基本职能是科学研究、人才培养、社会服务。高等教育的发展有利于国家的政治经济的发展，有利益社会的稳定，同时也是一个国家和民族文明传承的重要途径。因此，国家有责任和义务维护高等教育发展，为其提供运行经费和资源。随着成本理论的引入，受教育者也开始分担高等教育的运行成本。

大学作为人类社会发展的"动力站"，为了能够在社会生活、工作中实现个人的社会价值，学生进入大学深造，接受高校系统性的专业知识的学习。在收费制度实行后，学生缴费上大学，与高校之间发生了交易行为，学生和高校之间的关系就转变成了"主顾"关系。高校为学生提供学习的场所，为他们传授知识。这种"主顾"关系在高校扩招后有了明显增强，尤其是在高等教育大众化的时代，学生已成了名副其实的"消费者"。

在现代大学里，学费收入已在高校经费总额中具有举足轻重的地位。高校对自身的招生情况也将越来越重视。但目前的情况是，在我国高校仍处于卖方市场下，服务学生意识还未得到高校足够的重视，大部分普通高校学生的地位不及扩招前"精英主义"时期。同时，高校的教学经费投入情况和利用效率等几乎不受学生的监督，也未广泛地征询在校学生的意见，尊重学生参与学校管理的权利。因此，在高校与投资主体关系层次当中，受教育者人数最多，但是受关注程度却不及政府和合同合作者，受教育者几乎成了"金字塔"的最底层。

三、高校办学行为的调整应对

资源依赖理论指出，组织要想稳定和可持续发展就要想办法降低对外部关键资源供应组织的依赖程度，并且寻求一个可以影响这些外部资源提供者的方法。普费弗与萨兰奇克通过分析企业组织怎样以合并、联合、游说或治理等方法改变环境，说明组织不再是为需要去适应环境的行动者，而要让环境来适应自身。在现实组织行为中，大量的组织合并战略、组织网络行为是组织控制环境资源的实例。比如通过多样化的策略，扩展到多个领域，以避免依赖单个领域内的主导性组织等来达到组织资源依赖的平衡和稳定。在高校与各利益主体之间的博弈之中，高校应与各投资主体寻求一个平衡点从而达到资源环境利用的稳定。

1. 寻求政府控制与高校自治的平衡

现代大学已走出象牙塔，成为社会政治文明，经济发展、科学技术进步的动力之源。大学因其活动的特殊性而需要自由空间以及不受外界干扰。而高校对市场等社会利益主体的依赖，在一定程度上制约了高等教育的自由发展。例如，高等教育与社会组织发生的市场行为，导致了高校自主性受到威胁。社会组织介入高等教育的育人环节，参与教学内容和教学方法的改革，这可能使高等教育知识传承的功能仅为某一行业提供专门化服务。因此，这些外部因素既影响了高校组织的独立性和自主性，也导致这些高校无法遵循教育"以人为本"理念，实现人全面发展的宗旨；其次，社会组织与高校收益的追求不同。社会组织追求资金运转速度，重视短期的收益，而教育产品具有滞后性，其体现在人力资本上的收益则需要较长时间。因而高校长期利益会受到社会组织投入、产出的短期利益的影响。若是高校想得到更多的资源，就必须倾向或服从社会组织的标准，最终会限制高校发展。

因此政府应增加对高等教育的财政性拨款。尤其是在关乎大学发展的宏观性、战略性问题上，政府应对大学进行适度的关注，并通过信息服务政策甚至必要的行政手段来指导高校的发展水平，促使大学在自主办学的过程中认真考虑并切实履行其对国家及社会发展所应担负的责任。而高校也应确立积极自治的理念，在自主和控制中寻求平衡，形成自我激励、自我完善、自我发展的办学体制，建立自控和自我约束机制，做到发展与社会、国家需求相结合。

2. 合理利用市场机制改善资源环境

高校与外部市场机构利益交换的不断深化，一方面加强了高校与外界的联系，满足了高校寻求资本增收、提高高校教职工福利等组织利益的要求；另一方面为了回应外部控制因素的需求，高校组织通过改变以往的管理模式，引入了市场机制并构建了内部激励机制来经营大学。高校可能为市场所侵扰，产生市场化和庸俗化。为了得到市场收入份额，高校不得不放弃一些本应该保持的东西，屈服于满足市场的需求，从而造成了利益上诱惑的"不自由"。例如，引发学科之间的矛盾，一些远离市场的学科将陷入不利的处境。高校组织将变得越来越不稳定。

为了保障与合同者建立良好的合作关系，更大程度地获得外部资源，首先，高校必须调整自身的战略发展，出台相应的制度保障和优化工作条件来吸纳这些外部资源。如通过提高科研人员的实力、硬件设施配备来获得科研机构提供的经费。其次，要努力协调各学科的共同发展，给予市场竞争性较弱的学科或部门更多的内部激励机制，从而达到内部主体发展平衡，维护高校组织的稳定的办学目的。

　　3. 从以教师为"中心"向学生为"中心"转变

　　学生群体作为教育经费的重要提供者之一，每年以学杂费及其他费用的名义给予高校数额不菲的经费，占据学校获得总经费的四分之一以上。同时，按照我国目前拨款政策规定，拥有学生的数量决定了生均拨款的额度。因此，学生俨然已成为高校最重要的"顾客"。高校应该尽力"讨好"学生，提供优质的教育服务，而不是对学生的需求置之不理。按照资源依赖理论的要求，组织应对掌握关键资源的提供者的需求给予回应，从而维持组织自身的发展。高校为了留住学生，可以采取两方面的措施：一是不断提供优质的教育服务，改善学生的学习、生活条件；二是借鉴欧美国家经验，适当扩大学生的民主权利，吸纳一部分学生进入学校的管理机构，进一步了解和回应学生群体的需求。

参考文献

[1] North, D. C., and Thomas, R, P., The Rise of the Western World：A New Economic History [M]. Cambridge：Cambridge University Press. 1973.

[2] 魏伏生.《高等学校财务管理改革实施办法》简介 [J]. 财务与会计, 1987 (13).

[3] 刘天佐. 高校经费筹措与管理新论 [M]. 长沙：湖南人民出版社, 2007.

[4] 杰佛利·菲佛和杰勒尔德·R·萨兰基克. 组织的外部控制——对组织资源依赖的分析 [M]. 北京：东方出版社, 2006.

[5] 李璐璐, 李汉林. 中国的单位组织—资源、权利与交换 [M]. 杭州：浙江人民出版社, 2000.

[6] 郭海. 高校内部的财政分化研究 [J]. 教育财政参考, 2010 (10).

（作者单位：湖南省教育会计学会、湖南农业大学）

环保产业对经济发展的贡献、困境及路径优化

——基于建设"绿色湖南"为视角

刘安长

摘　要：环保产业是未来经济发展最具潜力的新的经济增长点之一，它对我国优化产业结构、转变经济发展方式有着不可替代的作用。在建设"美丽中国"和"绿色湖南"的大背景下，运用实证方法研究环保产业对湖南经济发展的贡献，并通过分析湖南环保产业存在的困境，提出环保产业发展的政策措施和优化路径，对湖南实现跨越式发展是具有积极意义的。

关键词：环保产业；经济发展；绿色湖南

一、环保产业政策的历史沿革及文献回顾

改革开放 34 年来的实践表明，中国的经济改革至少在经济增长率方面是取得了巨大成功的，但经济增长并不等同于经济发展，因为与快速的经济增长、工业化和城市化相伴随的是给环境带来的巨大压力，给人体健康和自然带来的严重危害，并正在越来越严重地制约着经济的进一步发展。据环境保护部发布的《2009 年中国环境经济核算报告》称，2009 年环境退化成本和生态破坏损失成本合计 13 916.2 亿元，约占当年 GDP 的 3.8%。因此，这种不断增长的 GDP 数字，是建立在资源环境和公众健康不断透支的基础上的，这种高消耗、高污染、高风险的发展方式注定不可持续。

1. 环保产业政策的历史沿革

中央政府把转变经济增长方式和经济增长结构提高到前所未有的战略高度，把环保产业作为我国的新经济增长点，并陆续出台了相关文件：1987 年党的十三大将"从粗放经营为主逐步转为集约经营为主"放到经济发展的战略中来；1989 年第七届全国人民代表大会常务委员会第十一次会议通过《中华人民共和国环境保护法》；2001 年国家八部门联合发布《关于加快发展环保产业的意见》；2002 年十六大明确提出要走一条科技含量高、资源消耗低、环境污染少、人力资源优势得到充分发挥的新型工业化之路；2006 年第十届人大四次会议提出"加快转变经济增长方式，发展循环经济，保护生态环境，加快建设资源节约型、环境友好型社会，促进经济发展与人口、资源、环境相协调"，并把它列入了"十一五"规划；2007 年，环保支出科目正式纳入国家财政预算，政府对环保工作提出了新思路、新对策；2012 年 11 月 8 日召开中国共产党第十八次全国代表大会，全国党代会

报告首次单篇论述生态文明，第一次提出"推进绿色发展、循环发展、低碳发展"和"建设美丽中国"。

而起步于 20 世纪 70 年代的湖南环保产业，在湖南省委、省政府的大力支持和有关部门及相关企业共同努力建设"绿色湖南"的大背景下，初步形成了具有自主主导产品、规模逐渐扩大、涉及领域不断延伸、技术水平逐步提高的环保产业体系，又恰逢长株潭"两型社会"综合配套改革试验区建设的历史机遇期，湖南的环保产业迎来了发展壮大的好时机。

2. 文献回顾

对于环保产业与经济发展之间的关系，国内许多学者进行了大量的定性和定量研究。比较具有代表性的有：徐嵩龄借鉴发达国家的历史经验阐述了环境投资、环境产业和经济影响之间的关系，并分析了环境产业对国民经济的带动作用，针对中国特点，作出相应的政策选择与政策设计；李树、陈刚借用 DEA 核算了中国经济的 TFP（全要素生产率指数）及其对经济增长的贡献率，发现 TFP 对中国经济增长的贡献率有比较明显的提高，并且主要表现为环保产业促进了技术进步；颜伟、唐德善基于 DEA 的 C2R 模型，对环保投入量、投入产出效率以及环保从业人员数量等方面进行了实证分析，其结果对环保产业的政策制定具有重要指导意义；胡仙芝主要从我国节能环保产业的发展现状及存在的问题出发，分析了我国环保产业发展面临的各种障碍因素，并从管理、经济、技术和产业等各方面给出了应对措施。从文献的梳理情况来看，无论是用宏观还是微观、定性或者定量的分析方法，所有学者都是从整个国家层面出发来研究环保产业与经济增长之间关系的，从环保产业与区域经济发展的角度来阐述的文章相对较少，特别是在建设"美丽中国"与"绿色湖南"这个背景下研究环保产业与湖南经济发展的研究成果还鲜有涉及。本文正是基于此对湖南经济增长与环保产业的关系进行了较为详实的实证分析，希望对环保产业相关公共政策的制定能提供借鉴。

二、环保产业对经济发展贡献的实证分析

1. 模型构建

先研究环保产业与经济增长的关系。从逻辑上讲，环保产业的发展一方面因对环保基础设施建设投入、项目建设投入，可以带动环保产业产值增加，从而促进 GDP 的增长；另一方面，节能环保产品和服务的大规模生产可以带动相关产业的发展，从而促使环保产业产值的增加。从实证分析的角度来看，可以引用柯布—道格拉斯生产函数作为构建模型的基础，柯布—道格拉斯生产函数的一般形式为：$Y_t = A_t K^\alpha L^\beta \mu$，经济增长主要体现在促进环保产业产值的增长上，把其设为被解释变量（PV），资本投入主要体现为对环保产业资金投入（EI），劳动力投入主要体现为环保产业人员数量（EP），把这两者设为解释变量，e^μ 为随机扰动项，于是得到下列模型：

$$PV_t = A_t EI_t^\alpha EP_t^\beta e^\mu$$

其中 $t = 1$，2，3，…，16 表示 1995 ~ 2010 年，α、β 分别为产出弹性。为了让模型进行多元线性回归，将方程两边取对数得到：

$$\ln PV_t = \ln A_t + \alpha \ln EI_t + \beta \ln EP_t + \mu$$

2. 数据来源及处理

本文选取 1995～2010 年湖南省环保产业产值、环保产业资金投入、环保产业人员数量等数据，由《湖南统计年鉴》、湖南省环境保护厅网站整理得来。其中环保产业产值和环保产业资金投入单位为/亿元，环保产业人员数量单位为/万人，环保产业资金投入包括城市环境基础设施建设投资、工业污染源治理投资、建设项目"三同时"环保投资三部分。由于湖南省环保产业产值数据均为当年价格值，从统计上获得我国 1995～2010 年消费价格指数的数据，对数据进行处理，剔除通货膨胀影响，对各组数据进行平稳性检验发现，取对数后是一阶平稳的。

3. 回归结果分析

根据回归结果，参数估计如下：

$$\ln PV_t = 1\,542.01 + 1.853 \ln EI_t + 0.012 \ln EP_t$$

$$(215.6) \qquad (0.211) \qquad (0.001\,7)$$

$$t = (7.15) \qquad (8.78) \qquad (7.06)$$

$$P = (0.000\,0) \qquad (0.000\,0) \qquad (0.000\,0)$$

$$R^2(0.89) \qquad F = (21.32) \qquad DW = 1.691$$

4. 模型检验

从模型结果可以看出，环保产业人员数量和环保产业资金投入弹性分别为 0.012，1.853，即在样本期内，环保产业人员数量不变，环保产业资金投入每增加 1%，环保产业产值平均增加 1.853%；保持环保产业资金投入不变，环保产业人员数量每投入 1%，环保产业产值平均产出增加 0.012%。比较符合湖南省实际情况。

从统计结果来看，$R^2 = 0.89$，说明模型对样本的拟合较好，解释变量对被解释变量的绝大部分作出了解释。在 F 检验中，针对假设 $H_0: \alpha = \beta = 0$，在 F 分布表中查出自由度的临界值 $F(1, 14) = 1.44 < 21.32$，应拒绝原假设 H_0，说明回归方程显著；对 t 检验中，分别针对假设 $H_0: \alpha = 0$，$H_0: \beta = 0$，查 t 分布表得自由度为 $n - k = 14$，临界值 $t(14) = 2.145$，而 EP、EI 分别对应的 t 统计量为 $7.06 > 2.145$，$8.78 > 2.145$，不拒绝 $H_0: \alpha = 0$，和 $H_0: \beta = 0$，这说明环保产业人员数量与环保产业资金投入与环保产业产值正相关是显著的。

通过实证研究，可知环保产业对经济增长的作用是非常明显的，不仅如此，环保产业还对经济增长结构和增长方式产生成效，这些成效也集中体现在环境保护的改进、产业联动发展、居民生活改善等多个环节，而这些成效又会继续作用于现有的经济环境，使经济环境不断完善，刺激环保产业的发展，形成一个良性循环的闭路模型。如下图所示：

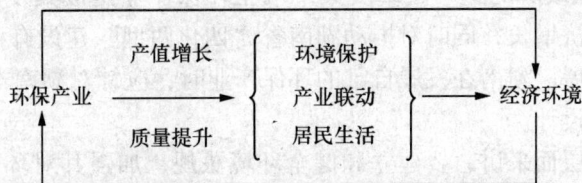

三、湖南省环保产业存在的问题及发展路径

目前，全省从事环保产业的单位700多个，从业人员5万余人，湖南省环保产业产值为145亿元，占GDP的1.12%，环保相关产业总收入达407亿元，并计划在2015年实现环保产业年产值达1 600亿元。在长沙、郴州、岳阳、湘潭、衡阳等市，集中了80%的湖南环保产业。大型环保产业也有行业分布特点，长沙、衡阳拥有年营业收入达4.02亿元的环保设备生产企业和环保服务企业，而资源综合利用企业主要分布在长沙、郴州、岳阳和衡阳，其产值占湖南资源综合利用产品产值的98.9%。环保产业的集聚化，为全省环保产业的集群发展、集约发展奠定了良好基础。但作为一个新兴产业，对于一个成熟产业发展所需具备的条件和机制来说，还面临着进一步发展所存在的障碍因素。

1. 湖南省环保产业存在的问题

首先，环保产业在全省乃至全国都还处于起步阶段，市场准入门槛比较低，很少有规模大、实力强、品牌响、在全国甚至世界上有影响力的环保企业和环保产品，企业规模小，分散化经营，很难形成规模经济；其次，产业结构不合理。长期以来，环保企业只注重环保产品的生产，因此湖南省的环保产品门类很多，但产品在功能、结构和性质上趋同，低水平重复建设严重，而其他方面的发展相对薄弱，比如在环保运营服务、环保咨询服务、环保技术开发等服务类的产出比较落后，只占整个环保产业的14%，一些急需、技术含量高的治污设备严重短缺，长期依赖国外进口；第三，环保产业投资不足，特别体现在环境污染治理投资、环保科研经费投入、环保人员工资等方面。以环境污染治理投入为例，其投资额占全省GDP的1%左右，低于全国1.39%的平均水平，况且湖南省的GDP在全国属于中等水平，因而体现出来的投资更少，拉动环保产业市场份额仅占全国市场份额的2.7%~2.8%；第四，环保产业科研含量比较低，技术水平落后。省内环保企业科研设计能力薄弱，企业技术开发投入占销售收入的比例为3.4%，而高校和科研院所虽然具备一定的科研能力，但成果转换率比较低，部分科研成果仅停留在实验室，很难实现产业化运作；第五，环保产业的市场化机制没有形成。这是国内的一个普遍现状，环保产业一直受到政府的管制，各种环保政策、措施以及管理制度大多由政府直接运作，环保企业的投入和财政补贴都受到政府政策的影响，因此行政色彩比较浓重，政府、市场、企业的边界不清晰，事权不明确。

2. 发展路径

2009年，周强省长在《政府工作报告》中强调："大力发展环保产业，重点培育和引进环保骨干企业。"从政府的这一战略决策中可见环保产业是极具发展前景的朝阳产业，它不仅能促进湖南经济增长，同时对推动湖南省"四化两型"建设有积极作用，并最终实现湖南科学跨越式发展。湖南在发展自己的环保产业时，应针对湖南本省的特点，做出相应的政策选择和路径设计。

路径一：从全国层面来讲，要建立和健全环境法规，加强其对环保产业的驱动作用。经济与合作发展组织（OECD）对环保产业做的报告认为，环境法规是国家环保产业发展的第一要素。环境的破坏与治理属于市场失灵区域，市场无法厘清环境破坏的责任人、环保产品的提供人和需求人三者之间的关系时，这就需要政府这只"看得见的手"制定相应

的法规来加以明确，并由此而强化对环保产业的驱动作用。与环保产业相关的法律法规主要包括环境责任的认定、环境标准的制定、环境税费的规制。环境责任认定可以明确税费的承担者，以及为环保产品的需求提供适应范围；环境标准大致可以反映出符合中国经济和社会发展实际的环境质量，并规范环保产业的发展；环境的税费可以实现由环保产品的可能需求者向现实需求者转换。而当今我国实际情况却普遍存在环境责任不明确，环境标准过低和环境税费扭曲的现象，政府需要认真研究如何完善环境法规。

路径二：加强政府对环保产业的投入力度，拓宽多元的投融资渠道。很长一段时间，中央及地方政府一致认为，环保产业投资是对国家资源的一种消耗，不仅不会促进经济增长，反而会影响到经济增长的速度，于是政府对高消耗、高污染、高风险，短期且见效快的产业大力推进，造成了经济"粗放式"增长局面。从发达国家的经验来看，20世纪70年代，发达国家出现的环境危机恰好成为这些国家转变经济发展方式和调整经济结构的一个转机。所以政府在环保产业的投入上是起关键作用的。湖南政府部门要通过政策和资金投入、财政补贴和税收优惠等措施大力打造省内环保龙头企业和拳头产品，把环保产业作为本省经济转型的契机；在投融资方面，要鼓励金融机构对环保项目的贷款，支持有条件的环保企业采取股票上市或股份制方式融资，引入有资质的外资企业投资环保产业等。

路径三：调整环保产业结构，优化市场环境。要打破环保产业低水平重复建设的局面，就要调整和优化产业结构，首先，要以企业为主体，市场为导向，生产适销对路、有一定技术含量的环保产品；其次，把环保产业生产的重心转移到提供优质的环保运营服务、环保咨询服务、环保技术开发服务上来，实行差异化生产和经营；第三，形成品牌意识，要打造一批在国内，甚至在国际上都有影响力的环保产品，在国内国际竞争中占有一席之地；第四，对现有投资回报率低，污染比较大的企业，要加强产品的结构调整、优化和升级，发展循环经济。同时，要通过提高环保产品的标准，加强产品的质量监督，实现第三方认证等措施来提高市场准入门槛，规范市场行为，优化市场环境；打破分散经营、各自为政的局面，形成环保产业的集聚化效应。

路径四：实现技术创新，提高环保产品的科技含量。环保产业是一种高新技术产业，它对技术的要求比较高。在环保产业发达的国家，其技术发展一般形成两种路线：一种路线是依靠跨国企业，利用其雄厚的资金和先进的技术大规模地开发新的环保产品，另一种路线是依托于科研机构，利用其强大的科研力量来推动新产品开发。湖南省环保产业市场发育不充分，环保企业以中小型企业居多，经济实力不强，科研力量薄弱，很难形成竞争力。但湖南拥有一大批从事环保产业技术研发的机构，如中南大学、湖南大学、长沙理工大学、湘潭大学、湖南省环保科学研究院等，因此要利用好这些科研机构的科研优势，加大技术攻关力度，提升科研成果的转化率，形成拥有自主知识产权的核心产品并实现产业化运作。还可以引进国外先进的环保技术，在借鉴的同时充分考虑本省的特点，进行技术创新。

参考文献

[1] 中国环境保护部环境规划院. 2009 年中国环境经济核算报告［R］. www. caep. org. cn，2012-11-08.

［2］胡锦涛．坚定不移沿着中国特色社会主义道路前进，为全面建成小康社会而奋斗
　　［N］．人民日报，2012-11-09.

［3］徐嵩龄．论环境产业对国民经济的带动作用［J］．管理世界，1999（5）.

［4］李树，陈刚．中国环保产业发展与经济增长效率［J］．经济管理，2011（12）.

［5］颜伟，唐德善．基于 DEA 模型的中国环保投入相对效率评价研究［J］．生产力研究．
　　2007（4）.

［6］胡仙芝，沈继伦，张平淡．转变经济发展方式与发展节能环保产业［J］．经济杂志，
　　2011（8）.

［7］任赞．环保产业对经济发展的作用［J］．现代商业，2008（36）.

［8］湖南省计划到 2015 年环保产业年产值达到 1 600 亿元［EB/OL］，http：//
　　www. gov. cn/gzdt/2009-11/18/content_ 1467364. htm，2009-11-18.

［9］湖南确定发展环保产业目标［EB/OL］．http：//www. hunan. gov. cn/cztlxsh/jsdt/lxcy/
　　201007/t20100716_ 217797. htm，2010-07-16.

［10］2015 年湖南环保产业年产值将达 1 600 亿元［EB/OL］．http：//hj. voc. com. cn/list-
　　Id. asp？FId＝3878，2010-07-21.

（作者单位：湖南女子学院）

农民"法治消极"特性分析及现代性培育

朱全宝

摘　要：农民作为社会弱势群体，充分彰显了其社会、身份方面的特性。就法律视角而言，近些年，农民的法治意识有所增强、法律素质有所提高，但"法治消极"仍未从根本上得到改变，仍是农民特性的重要方面。通过农民法治意识的实证分析，"法治消极"由此浮出水面。进一步剖析其原因，经济动因是一个重要方面。因此，培育农民现代法律人格主体可从国家、农民、法律三个方面着力：一是国家应确保农民主体的平等性，主要是适时修改现行宪法。二是农民应保持法治参与的自觉性，这需要从树立法律信仰和培育法治文化两方面下工夫；三是法律应彰显农民群体的认同性。为此，有关法治的一系列过程应充分吸纳农民群体的意见和建议，减少不对称性，增强认同感。

关键词：农民；法治消极；现代性；培育

农民因其经济利益的贫困性、生活质量的低层次性、承受能力的脆弱性等特性，已被社会广泛界定为"弱势群体"，这是农民社会、身份方面的典型特性。然而农民问题不仅仅是经济问题、社会问题，更是法治问题、权利问题。经过30多年的改革开放和20多年的普法实践，农民的法治意识有所增强、法律素质有所提高，但"法治消极"仍未从根本上得到改变，仍是农民特性的重要方面。当现代化已成为我们无法回避的历史潮流时，"现代性"作为一个主流命题被广为提起、广受关注。"现代性以前所未有的方式把我们抛离了所有类型的社会秩序的轨道，从而形成了其生活形态。在外延和内涵两方面，现代性卷入的变革比过往时代的绝大多数变迁特征都更意义深远"。因此，在"现代性"这一宏大命题中，中国农民的"法治消极"特性有何表征？原因何在？如何培育农民的现代法律人格？这些追问表明，对农民"现代性"法治问题的研究具有一定的理论价值与现实意义。

一、法治消极：农民法治意识的实证分析

法治化如果在乡村获得农民的支持，首先是法治得到人民的信任，获得人民的社会支持，但现阶段，农民的法治知识水平尚处在对法律的一般了解水平上，离对法治的全面了解还有一段距离。"法治现代化的基本价值指向，就是要培养公民信任法律、尊重法律的思想意识，确立法律至上的现代法治观念。"现阶段，在农村进行法治教育仍是我国面临的重要任务。那么农民对法治究竟持什么态度？根据一些致力于乡土研究的学者社会分析的数据，农民对法治持一种较为消极支持的态度。

表一反映的是人们对待法律和法制系统功能的态度。对问题1、2、3、4、5、6的肯定回答，表明了被访者对法律和法制系统的敬畏和服从，从这种意义上讲，农民对法律的认识持一种消极的肯定观。从表一中的数据笔者还发现，回答同意的人占有的比例较大，尤其对1、3、6问题的肯定回答高达71%、64%、73%。但是对个人和法律的关系，回答模糊的人所占的比例较高，说明人们与法律之间的距离比较远，如果不是必然要和法律打交道，宁可把法律束之高阁。

表一　农民对待法律和法制系统功能的态度　　　　　　　　　（单位:%）

问题	同意	不同意	中立	拒绝回答	不知道
1. 即使法律规定与人们所持观点不同，人们也应遵守法律	71.2	10.1	14.6	0.5	3.5
2. 即使法律规定不合理，人们也应邀守法律	39.0	14.5	41.8	0.4	4.2
3. 人们几乎没有理由不遵守法律	64.1	13.1	18.2	0.7	3.7
4. 人们很难在违法时又能维持尊严	49.0	20.1	21.6	2.3	6.9
5. 没有多少理由要我这样的人去遵守法律	16.6	11.1	66.7	1.3	4.1
6. 一个不遵守法律的人会对社会造成危险	73.2	9.5	12.4	0.6	4.1
7. 与陌生的人发生纠纷，即使吃点亏也不愿打官司	38.1	13.9	42.0	1.8	4.0
8. 与本村人发生纠纷时，即使吃点亏也不愿打官司	52.2	13.8	29.3	1.2	3.3
9. 与亲戚发生纠纷，即使吃点亏也不愿打官司	75.6	9.2	11.0	1.1	3.0
10. 与家里人发生纠纷，即使吃点亏也不愿打官司	84.6	5.6	6.2	1.1	2.3
11. 我的生活好像与法律没有什么关系	22.6	8.7	63.4	1.3	3.8

　　资料来源：陆益龙：《论中国农民对法制系统的支持程度》，载中国人民大学报刊复印资料《社会学》2003年第1期。

　　从表二的统计数据看，对当地警察、法院和法官作支持性评价的农民占50%左右，不支持的评价在30%左右，保持中立立场的占15%左右。农民对司法系统的信任程度相对较低，但总体是持一种肯定的评价态度。

表二　农民对当地法治系统的评价　　　　　　　　　（单位:%）

问题	非常同意	同意	不同意	非常不同	中立	拒绝回答	不知道
1. 我非常尊重警察	12.2	49.4	23.4	1.6	10.1	0.8	2.3
2. 总体上说警察执法是公正的	4.7	46.9	28.2	2.2	12.2	0.9	4.7
3. 我为本地警察感到自豪	4.7	33.1	33.5	5.4	17.7	1.3	3.9
4. 我认为应该支持本地警察的工作	14.4	61.4	10.5	1.3	8.3	0.7	3.1
5. 本地警察一般能公正地审理每个案子	4.7	46.2	22.9	2.0	13.8	1.0	9.1
6. 本地法院很好地保护了公民的基本权利	5.5	44.0	22.4	2.0	14.8	1.1	10.0
7. 本地法官总体上说是廉洁的	4.3	45.1	23.3	2.5	13.4	1.9	9.3
8. 本地法院所作的决定几乎都是公正的	4.4	33.8	30.3	3.3	15.4	1.3	11.2

　　资料来源：同表一。

从上述调查数据可以看到，我国农民对法治基本上持一种消极的支持态度：一方面说明农民对法治有一种天然的距离；另一方面也表明中国农民的法律意识较为薄弱。农民了解法律的愿望和动机不够积极，这和现代社会的法治要求是不协调的；同时也说明，在中国农村，大部分的社会纠纷正在通过其他的途径来解决，出现了"可替代性纠纷的解决方式"。这些表明了农村有一定的社会纠纷的吸附能力，对中国的法治建设具有重要的补充作用。但是，由于社会不断开放，人们不断从消极适应法治到积极主动参与法治，法治的现代化是社会发展的方向，法治必须体现现代化的社会变革，一个社会的经济和社会的发展和分工程度，决定法治的地位。在中国广大乡土社会，农民对现代法律存在一定的认识距离，这不仅说明现代法治和中国农村的实际情况存在差距，也说明现代农民自身对法律的认同也有一定距离，法治还没有真正深入人心，中国农民对法律的遵守更多的是消极意义上的遵守。因此在构建现代农村法制时要注意农村社会调整的综合互动，不应是"格式化"。类似的实证材料也出自一些对农村感兴趣的法学界学者。郑永流、马协华、高其才、刘茂林等通过对湖北省农民法律意识调查的总体分析后也得出类似结论——"现阶段农民的法律知识水平尚处在一般了解的初步阶段，离全面了解与理解还有很大距离。""由此可见，在我国农村进行法制教育，以期达到法治目的，即使与行政手段、经济手段并用的'法治'（法律手段），仍是当前面临的重要任务"。他们得出结论："依据中国的实际情形，人情与国法并不决然对立，而是可以恰当统一的，积极地利用农村丰富的人情资源，与有步骤地运用法律手段，这二者同样具有现实的合理性。"

二、经济贫困：农民"法治消极"的主要动因

产生"法治消极"的原因很多，经济原因是一个重要方面。农民在经济上相对贫穷。司法诉讼是以经济成本为代价的。农业经济环境的恶化和农民社会地位的恶化是制约农民权利保护的根本原因。农民必须根据自己的实际经济情况来决定是否选择用司法诉讼的方式保护自己的权利。问题的关键是农民是否有能力和精力并且掌握足够的法律供给来支持自己的诉讼，"经济学家切记一个重要原则是：资源是稀缺的。这就意味着每次我们采用一种方法使用资源时，我们就放弃了用其他方法利用该资源的机会。这在我们的日常生活中很常见，我们必须决定如何使用有限的时间和收入。"

市场准入造成制度不公，农民的收入降低。在中国农村，谈论价值公平和自由显得较为"理想化"，农民更多关注的是经济利益的自给和公平。农民解决诉讼纠纷需要诉讼费用、律师代理费用、时间和精力的投入，"法律所创造的规则对不同种类的行为产生隐含的费用，因而这些规则的后果可当做对这些隐含费用的反映加以分析"。以巨大的财力到精力的投入换取一个公平、一种说法的代价是高昂的，不切合中国农民的实际。正如哈耶克所言"个人是否自由，并不取决于他可选择的范围的大小，而取决于他能否期望按其现有的意图形成自己的行动途径，或者取决于他人是否有权力操纵各种条件以使他按照他人的意志而非本人的意志行事。因此，自由预设了个人具有某种确获保障的私域（some assured private sphere），亦预设了它的生活环境中存有一系列情势是他人所不能干涉的。"中国的工业化道路是一种政府推进型的现代化道路，改革开放以后中国走向了市场化，中国农村社会也走向了飞速发展的阶段。但是我们在现代化转轨过程中没有处理好市场贸易和

农商结合的关系，经济发展的同时造成了城乡财富分配的严重失衡。中国的改革虽然有一些经济成就，但能够持久享受这些成果的是少数人和少数阶层；而广大农村人口与城市下层人民却成了承担改革代价的巨大载体。尤其是中国加入 WTO 之后，在享有经济全球化收益的同时，急剧地增长了开放市场的种种风险。外部冲击直接影响宏观经济稳定，尚不具备利用经济全球化的人群（包括农民），尚不具备国际竞争力的行业受到严重冲击，原有的经济不安全、社会不平等及政治不稳定会随之凸显出来。

农民经济状况的恶化使农民没有足够的精力和财力去占有足够的法律资源，缺少获得法律支持的必要条件，尽管"法律平等保护条款给予作为平等的个人而受到对待的权利以宪法地位"，但是农民"在那一权利中，他找不到支持他关于平等保护条款是一切种族分类为非法的诉求的任何支持"。贫困不仅仅表现为农民个人、家庭物质资源的缺乏，也表现为文化的匮乏和占有社会资源的局限。市场化和经济利益的最大化阻碍人民接受规则，造成农村法律规则的短缺，法律知识在中国农村成了一种稀缺资源。法律知识是靠教育来获取和完善的，但是教育的产业化导致农民的受教育权利也无法得到根本保护。

综合以上分析，笔者认为，现代法治需要有现代性的理念，法治现代化就是要培养有现代意识的法律主体，增强法律主体的法律选择能力，而且能够主动参与法律实践，自觉地表达自己的权利要求，能以自己的行为自觉地适应现代化发展的要求。

三、现代性培育：农民现代法律人格主体的塑造

法治的"现代性"既是一种价值分析，也是一种法律模式的制度分析，它深刻影响法律现代化的方向，同时为中国法制现代化提供借鉴。法治的现代化就是要培养现代的法律人格主体，具体而言，即是要求法律主体的平等性；法律主体在法律关系中是自觉的主体；同时要求法律必须是法律主体认同、信仰的法律。

1. 现代性要求国家确保农民主体的平等性

农民的平等主体地位源于"平等权"的宪法保障。平等权作为农民宪法权利的一项基本权利类型，其宪政意义不仅在于它为农民人权的终极价值提供了超自然的元权利，而且还在于它为农民其他各项宪法权利的实际享有提供了有效的保障和救济手段。从宪法权利体系而言，农民权利上的不平等（包括形式的不平等与事实的不平等）享有并非宪法上的个案，其关涉的权利面还较为宽广，农民的选举权不对等、土地财产权不明确、物质帮助权缺乏以及迁徙自由权缺失等权利享有现状仍较为突出。当务之急是修改现行宪法，给予农民权利保障的"宪法关怀"。这些措施主要包括：①补充完善选举权。建议在宪法第34条增加"农民与城市居民享有平等选举权"。这是宪法上对城乡居民"同票同权"问题的积极回应，从而有效避免农民与城市居民选举权上的形式不对等、事实不平等。②确认农民的土地产权主体地位。应从宪法上进一步明确农村土地的产权归属，界定"公共利益"的范围，确定土地征收或征用的补偿原则。近年来，四川、江西、浙江等地出现的"土地股份合作社""土地信用合作社"等，深受农民欢迎。说明"土地确权"已是民心所向、大势所趋。③恢复迁徙自由权的设置。早在 1998 年，中国政府已在联合国签署了《公民权利和政治权利国际公约》，这一国际公约对保护公民的人权与尊严有着世界意义。因此，作为我国的最高立法机关——全国人民代表大会，一方面应尽快批准该公约在国内生效，

另一方面应将公民的"迁徙自由权"载入宪法，以有效保护农民的自由迁徙权。

2. 现代性要求农民保持法治参与的自觉性

现代法治也是一种主动参与的精神，要求法律主体对法律产生高度认可，法律主体"内在"地信仰法律。法治是法律主体选择法律、适应法律的过程，在这个过程中，法律主体不但要亲身实践，而且要自觉维护法律的尊严，养成守法的自觉性。我们不能期望在中国农村依赖法律的权威并通过法律制裁手段让农民接受法律，被动地服从法律。法治应该是法律主体参与的事业，农村的法治建设只有在农村得到农民的内在信仰，才可能真正建立起来。农民只有建立起对法律的信仰，并且对自己的权利和义务观念有明确认识，才可能主动援引法律，保护自己的权益。一是树立法律信仰。从根本上而言，自觉性源于信仰，无信仰则无自觉，或者说难以坚持"自觉"。法治意识淡薄说到底也是不信任法律、不依赖法律，对待法治表示出一种怀疑甚至背离抛弃的心理态度。为此，要着重培育农民的权利意识。权利是法的内核，没有对权利的要求，也就无法产生对法的需要和渴望，权利意识与法律信仰是一种互动关系，权利意识的增强促使对法律的认知与对其价值的认同，有利于法律信仰的增长。二是培育法治文化。在许多农民心目中，法律是高高在上的。中国农村普法时间短，人们对法律的理解能力停留在国家主动援引的基础上。农民服从法律是为了免于惩罚，人们对法律往往抱着一种外在的旁观者的态度。现代法治最终要形成守法的传统，主动参与法治的精神，应成为法治文化的一部分。因此，中国农民需要树立尚法的理念、认同法律的价值、培育守法的精神。

3. 现代性要求法律彰显农民群体的认同性

现代法律要获得社会主体的认同，形成守法的法律文化传统，保持对法律的热情和期待、认同与参与，必须保证法律是能够为社会接纳的法律。亚里士多德明确提出："我们应该注意到邦国虽有良法，要是人民不能全部遵循，仍然不能实现法治。法治应该包含两重意义：已成立的法律获得普遍的服从，而大家所服从的法律其本身又应该是制定得良好的法律。"法律要起到"定分止争"的作用，要求法律首先是能够为社会认同的法律。政治法律对于社会的意义有三：安全、秩序和正义。政权的建立要基于广大人民广泛的支持和同意，才有存在的理性根基，才能获得稳定的秩序，这就需要权力来源的可靠性和合理性，获得其应有的权威，只有法律制度获得了权威，秩序的建立才有了正义的标准。要使法律成为农民群体认同的法律，就要从法律制度产生的各个环节入手，认真对待、细致行事。首先，立法前应深入实际、贴近农民、认真调研，尤其对与农民利益密切相关的涉农法律、法规、规章以及其他规范性法律文件，在制定与修改之前，应广泛征求农民群众的意见和建议，做到"宗旨明确、共识广泛"。其次，立法过程中应更多地吸纳农民群众参与立法，让农民群体在立法等重大事项中充分行使知情权、参与权、表达权与监督权。农民只有亲历立法，才会尽可能地让立法体现自身意愿、接近自身期待。2010 年 3 月 14 日，十一届全国人大三次会议表决通过了关于修改选举法的决定，将我国农村和城市每一名全国人大代表所代表的人口数比例规定为 1：1。我们期待这一规定将为农民充分行使其参政权发挥更为重要的作用。最后，法律实施过程中，应加强法律实施效果的评估，充分接纳农民群体的反馈意见，根据实际情况不断修改和完善法律制度，不断延续和增强农民群体对法律制度的认同性。

参考文献

[1] 陈成文. 社会弱者论 [M]. 北京：时事出版社，2000.

[2] [英] 安东尼·吉登斯，著. 田禾，译. 现代性的后果 [M]. 江苏：译林出版社，2000.

[3] 公丕祥. 当代中国的法律革命 [M]. 北京：法律出版社，1999.

[4] 郑永流，马协华，高其才，等. 农民法律意识的现实变迁 [A]. 李楯. 法律社会学 [M]. 北京：中国政法大学出版社，1999.

[5] [美] 保罗·A·萨缪尔森. 经济学 [M]. 北京：机械工业出版社，1999.

[6] [美] 罗伯特·考特，托马斯·尤伦，著. 张军，等，译. 法和经济学 [M]. 上海：三联书店，1991.

[7] [英] 弗里德利希·冯·哈耶克等，邓正来，等，译. 法律、立法与自由 [M]. 北京：中国大百科全书出版社，2000.

[8] [美] 德沃金等，信春鹰，译. 认真对待权利 [M]. 北京：中国大百科全书出版社，1998.

[9] [古希腊] 亚里士多德等，吴寿彭，译. 政治学 [M]. 北京：商务印书馆，1985.

（作者单位：中共衡阳市委党校）

浅谈"两型"交通建设中的文化内涵

汤远华

摘　要：从两型社会、交通及文化建设的内容着手，笔者初步培育和构建了两型交通建设的文化动力和价值体系，简单概括了两型交通建设中的一些发展理念对文化内涵的丰富与提升作用。

关键词：两型；交通建设的；文化内涵

党的十六届五中全会提出了应加快建设资源节约型、环境友好型社会，是从我国国情出发提出的一项重大决策。两型社会建设是我国走新型工业化和新型城市化道路的基本要求与目标。加强文化建设是我国新时期谋求新发展的新战略和新主题。对于湖南交通的发展现状来说，如何抓住历史机遇，在湖南两型社会的建设过程中当好先行者，更好地把文化与两型交通建设有力结合起来，其前提就是要丰富和提升两型交通建设中的文化内涵，促进两型交通建设呈现良好发展局面。

一、"两型"社会（交通）与文化建设的内涵

1. 两型社会与两型交通的基本内容

两型社会指的是"资源节约型、环境友好型社会"；两型交通就是指资源节约型、环境友好型的交通运输事业。资源节约型社会是指整个社会经济建立在节约资源的基础上，建设节约型社会的核心是节约资源，即在生产、流通、消费等各领域各环节，通过采取技术和管理等综合措施，厉行节约，不断提高资源利用效率，尽可能地减少资源消耗和环境代价满足人们日益增长的物质文化需求的发展模式。

环境友好型社会是一种人与自然和谐共生的社会形态，其核心内涵是人类的生产和消费活动与自然生态系统协调可持续发展。

2010 年 8 月，湖南省委、省政府在全国率先通过了加快经济发展方式转变、推进"两型社会"建设的决定，确定以建设"两型社会"作为加快经济发展方式转变的方向和目标，争取率先建成"两型社会"，争当科学发展排头兵。而交通作为经济发展的基础性产业，既对"两型社会"建设起着推动作用，也是其先决条件。就湖南交通而言，如何推动本地区的"两型社会"建设，完善交通基础设施起着关键性作用，两型交通建设不能真正达标，就难以建成令人满意的两型社会。

2. 社会主义文化建设的基本内容

社会主义文化建设内容广泛，其中最基本的内容是思想道德建设和教育科学文化

建设。

加强思想道德建设，要解决的是整个民族的精神支柱和精神动力问题。社会主义思想道德集中体现着精神文明建设的性质和方向，对社会政治经济的发展具有巨大的能动作用。思想道德建设要以为人民服务为核心，是社会主义道德的集中体现，是中国共产党的一贯宗旨，是社会主义社会经济基础、政治制度和思想文化的客观要求。

加强教育科学文化建设，要解决的是整个民族的科学文化素质和现代化建设的智力支持问题。要引导人们普及科学知识，树立科学精神，掌握科学方法。只有科技知识得到普及和广泛使用，才能有效促进"两型"交通的顺利发展。

二、培育和构建"两型"交通建设的文化动力和价值体系

众所周知，尽管文化可以从不同角度进行理解和概括，但有一点是明显的，即文化是长期积累并为公众广泛接受和自觉遵守的思想认知体系与精神价值体系，因而是凝聚人心、激发力量的不可缺少和不可替代的巨大精神力量，是一个社会或行业运行发展不可缺少的重要支柱。其功能与特点是十分明显的，诸如价值导向、社会认同、凝聚人心、激发潜力等等。如果说湖南的"两型"交通建设需要各种力量的综合推动，那么，只把注意力集中于制度、技术、筹资、设计、规划、建设等方面的体制机制创新，而忽视文化的力量和文化创新推动，这显然是不全面的，也是需要进一步完善的。

"十二五"期间，湖南交通运输系统确立了交通运输发展的总体要求、新理念、行业使命、共同愿景、交通精神、职业道德等核心价值体系，提出了坚持"四新"（创和谐新局面、登发展新台阶、上服务新水平、树交通新形象）引领的总体要求，努力倡导"四个交通"（综合交通、两型交通、智慧交通、阳光交通）的发展新理念，确立了"加快交通发展，服务富民强省"的行业使命，树立了"团结务实，开拓创新，敢于担当，无私奉献，争创一流"的交通精神，广泛弘扬"爱岗敬业，诚实守信，服务群众，奉献社会"的职业道德，力求创造"建成现代综合交通运输体系，实现交通运输服务人本化、品质化、均等化，交通与自然、社会、人高度和谐"的共同愿景。把"两型"交通、智慧交通、阳光交通、综合交通建设作为交通运输发展的奋斗目标、工作重心，加快推进交通运输发展方式的转变和整体素质的提升。由此可见，湖南交通运输系统初步构建了两型交通建设的文化动力和核心价值体系。

三、丰富和提升"两型"交通建设的发展理念和文化内涵

两型社会不是简单意义上的节约与环境友好，而是整体发达程度更高的社会，是新型工业化新型城市化基本完成的社会，是物质文明、精神文明、政治文明、生态文明和社会文明充分协调发展的社会。从这样的角度来说，两型交通也不是简单的资源节约与环境友好，而是要体现出规划的综合化、合理化、一体化，设计的合理化、多样化、艺术化，服务的人本化、品质化、均等化，交通与自然、社会、人的协调化、和谐化。近几年来，我省交通运输事业提出的一系列新的举措，不断丰富了两型交通建设的发展理念和文化内涵。

一是提出"进一步完善交通基础设施,建设综合交通运输体系"的发展理念。以长株潭两型社会综合配套改革试验区的交通建设为例,湖南实现了韶山市核心景区农村公路率先到户、韶山市农村公路率先到组,湘潭率先实现乡镇间连通工程。同时启动了长沙大河西综合交通枢纽、长沙机场地区综合枢纽、武广高铁客运枢纽、长沙南站综合交通枢纽等建设;以实施公交改造和公交一卡通为重点,实施长株潭综合交通一体化试点,在长株潭地区率先建设综合运输体系,为"两型"示范提供交通保障。

二是提出"加强各种运输方式的规划衔接,实现'零换乘、无缝衔接'"的发展理念。湖南将加快构建多种运输方式高效衔接、城际交通和城市交通相互融合的综合交通运输枢纽,实现"零换乘、无缝衔接"。在长株潭城市群率先开展综合运输一体化试点,将长沙机场地区综合枢纽、高铁地区综合枢纽率先打造成全国首批集成公铁空运输方式的"零换乘、无缝衔接"枢纽。

三是提出"坚持'设计回头看',严格建设项目环境评审"的设计与建设理念。此理念于 2011 年在 12 条共 857.34 千米高速公路组织实施,重点审查勘察设计深度、精度和工程造价的合理性,在设计理念、路线走廊带选择、平纵面控制等方面形成了体系性的指导意见,施工图预算较初步设计概算减少 102.4 亿元。同时,坚持严格建设项目环保评审,认真组织编制项目环境影响报告书和水土保持方案报告书,对可能产生的环境问题进行科学分析和预测,并提出优化方案和解决对策,加强对线路沿线生态环境、景观环境的保护,努力做到减少工程建设对周边环境的破坏。交通重点建设项目环境影响评价率达到100%,"最小程度的破坏、最大限度恢复"的原生态建设理念得到有效贯彻。

四是提出"大力推进智慧交通建设,提高通行能力和运输效率"的发展理念。近年来,湖南大力推进交通行业信息化和智能化建设,加快了现代信息技术和组织管理技术的集成应用,运输生产效率和行业节能水平持续提高。智慧交通是提高交通通行能力的重要途径。到"十二五"末,将初步建成智能化交通运输系统,实现 80% 的公路水路重点基础设施监控覆盖,100% 的载运工具实现动态定位跟踪监测覆盖;60% 以上的高速公路应用不停车收费系统;95% 的行政许可实现在线办理;长株潭城市群率先实现交通一卡通服务。交通信息服务覆盖全省,惠及全省老百姓。

五是提出"推动绿色交通和节能减排,统筹区域交通发展"的发展理念。近年来,湖南交通运输系统以"两型"社会建设综合配套改革试验为契机,紧紧围绕交通运输发展的新形势、新任务,以科学发展为主题、转变发展方式为主线、结构调整为主攻方向,努力推动绿色交通和节能减排。湖南抓住"公交都市""低碳交通城市"建设重点,大力发展以大容量快速公交和轨道交通为重点的城市公共交通系统,推进新能源与新技术在城市公共交通中的应用,大力发展绿色交通。目前全省"车船路港"百家企业低碳交通运输专项行动已全面启动,在长沙开展甩挂运输试点,在长株潭投入运营的新能源公交车达 1816台。特别是株洲市推行低碳营运,城区范围公交 100% 实现电动化,城区双燃料出租车达470 辆,占总量的 24%,成为全国首个电动公交城和全国首批低碳交通运输试点城市。同时株洲还建设了城区"公共自行车租赁系统",已建成 1 000 个租赁点,投放自行车16 000台,倡导市民低碳出行,为全省节能减排做出了示范。此外,湖南交通运输系统还统筹区域交通发展,政策设计、资源安排突出对后发地区的支持,重点加强对武陵山区、罗霄山区集中连片特困地区的扶贫开发,促进交通公共服务的均等化,实现交通与社会的和谐。

加快交通由能力增加为主向以提高服务质量为重点转变，普遍提高服务水平，为老百姓提供有选择、多层次、有品质的出行服务，实现交通与人的和谐。

六是提出以"节约、生态、创新、安全、人文"为在建高速项目建设着力点，创新工作实践，实现了从外延式建设向内涵式建设的质的转变。以长湘高速建设为例，主要体现在以下方面，提倡"节约"理念，通过加强建设重点环节全面管控和综合保护土地等举措，累计产生循环经济效益达 2.05 亿元。提倡"生态"理念，对全线隧道采取"零仰坡"进洞，使隧道洞口减少土石方开挖 1.27 万立方米，保护天然植被近 1 万立方米。提倡"创新"理念，采用多项新工艺，确保桥梁、隧道等高速项目建设的"咽喉"工程安全、高质量完成。严格"安全"理念，在项目建设过程中始终坚持"安全第一，预防为主，综合治理"方针和"一岗双责"要求，倡导人人都是安全员，人人都要管安全，从"要我安全"变为"我要安全"，使安全观念内化于心，安全工作固化于行。倡导"人文"理念，人性化拆迁、点对点宣传、纪委推动、绩效考核等经验被誉为"长湘模式"，得到长沙市高速公路协调指挥部推广；长湘公司还坚持建设与民生并举、以人为本服务新农村建设新理念。在工程设计上将部分通道涵洞提高 0.5 ~ 1 米，保证收割机等大型农用机械通过；还利用耕种季节对全征塘和半征塘采取围堰施工，以及时恢复路系、水系，免除老百姓生产生活上的后顾之忧；在湘江特大桥处增加人行通道，解决附近洪家洲居民出行问题；结合农村公路路网，修建施工临时便道，防止重复建设，全线便道建设达 35 千米。

省委、省政府争取率先将湖南建成"两型社会"，争当科学发展排头兵。而交通作为经济发展的基础性产业，既对"两型社会"建设起着推动作用，也是其先决条件，两型交通建设，要继续完善"两型"交通建设的文化动力和核心价值体系，为"两型"交通建设赋予新的发展理念和文化内涵，促进湖南"两型交通"建设实现更长时期、更高水平、更好质量的发展，为湖南实现"四化两型"社会和富民强省作出更大贡献。

参考文献

[1] 佚名. 2011 年全省交通运输工作报告. 立足新起点，抢抓新机遇，推进"十二五"交通运输事业再上新台阶 [C]. 2011 年全省交通运输工作会议，长沙，2012-2-11。

[2] 佚名. 2012 年全省交通运输工作报告. 坚持科学发展，实现稳重求进，全面提升湖南交通运输服务保障能力 [C]. 2012 年全省交通运输工作会议，长沙，2012-2-2.

[3] 杨煦，刘解龙. 促进文化建设与两型社会建设的结合 [EB/OL]. 湖南经营网 http：//hunan. cb. com. cn/，2011-11-21.

[4] 佚名. "两型"高速看长湘：创新务实构筑生态路 [EB/OL]. 湖南省交通运输厅网 http：//hnjt. gov. cn/，2012-9-14.

[5] 佚名. "两型"交通在湖南 [EB/OL]. 湖南省交通运输厅网 http：//hnjt. gov. cn/. 2012-6-20.

（作者单位：湖南省交通建设质量安全学会）

跨国并购的策略选择及管理整合研究

——以中联重科并购 CIFA 为例

刘 彦 陈 靖

摘 要：随着中国与全球经济的融合不断加速深化，越来越多的中国企业开始走出国门开展跨国并购业务，但60%以上的并购并没有实现预期商业价值。本文以首届中国海外投资五大经典案例之一——长沙中联重工科技发展股份有限公司收购意大利最大的混凝土机械设备制造商 CIFA 公司为例，分析企业跨国并购中的策略选择、管理整合、风险防范等问题，并提出相关对策和建议。

关键词：跨国并购；策略选择；管理整合

随着全球经济一体化和中国企业经济实力的大幅提高，中国企业"走出去"开展跨国并购业务大幅激增，所涉及的行业越来越广泛，交易额越来越大，涉及企业的规模、知名度也越来越高，如 TCL、联想、吉利、三一、万达等。据商务部统计显示："十一五"期间中国企业跨国并购的投资额累计将近 940 亿美元，年均增速达到 35%。2011 年中国大陆企业海外并购交易数量和金额又创纪录：交易数量 207 宗，金额达 429 亿美元。但是在中国企业跨国并购战略步伐加快的同时，国际化经营风险也日益凸显。据商务部统计，"十一五"以来至少有 60% 的跨国并购行为没有达到预期商业效果。究其原因，除开政治因素外，管理理念冲突、运行模式冲突、企业文化冲突成为并购失败的主要根源。本文以长沙中联重工科技发展股份有限公司成功收购意大利最大的混凝土机械设备制造商 CIFA 公司为例（以下称中联重科和 CIFA），分析企业跨国并购的策略选择、管理整合、风险防范等问题，并提出相关对策和建议。

一、并购策略选择

中联重科创建于 1992 年，主要从事建筑工程、能源工程、环境工程、交通工程等国家重点基础设施建设工程所需重大高新技术装备的研发制造，是中国工程机械装备制造领军企业，全国首批创新型企业之一。公司注册资本 77.06 亿元，员工 3 万余人。2007 年，中联重科下属各经营单元实现收入 90 亿元，利税过 13 亿元。CIFA 是一家成立于 1928 年的意大利家族企业，主营产品包括混凝土搅拌站、运输车和混凝土泵等，2007 年的营业收入达到了 4.7 亿美元，是意大利最大、欧洲前三的混凝土机械设备制造商。受国际金融危机影响，产品单一的 CIFA 财务状况和盈利水平有所下降，其股东开始希望能跟一家产品线更广泛的企业合作，以获得更大发展。消息传出，全球范围内 20 多家机构参与项目的争夺，竞争十分激烈。在激烈谈判过程中，中联重科向 CIFA 作出了"123"承诺："1"是中联和 CIFA 是一个家庭；"2"是两个品牌，即中联和 CIFA 同时存在；"3"是三个基本原则，即保持 CIFA 管理团队和员工队伍的稳定，保持 CIFA 公司独立自主经营，两家企业在全球市场实现资源共享。基于对中联重科管理理念和企业文化的认同，CIFA 最终选择了报价并非最高的中联重科。2008 年 9 月，中联重科投资 1.626 亿欧元收购 CIFA，中联重科借此成为全球最大的混凝土机械设备制造商，其混凝土机械业务也顺利实现了销售和服务网点的全球化布局。

二、管理整合过程

并购整合一直是并购过程中风险最大的危险期也是关键期，它涉及企业全球战略、财务控制、国际营销、人才国际化以及企业文化等多方面的整合。虽然中联重科和 CIFA 在企业文化、思维方式、管理制度等方面存在巨大差异，但双方经过有效沟通和探讨，推出"四个注重"的整合原则，经过 4 年多的实践，取得明显实效。

1. 注重人员融合

员工压力和不确定性是并购整合中最为麻烦的问题。由于交易带来的不确定性，来自被收购公司的员工往往会感到巨大压力，尤其是一些重要岗位的员工可能会离开公司，并带走他们的市场、产品和客户专长。中联重科非常注重这一点，始终坚持以人文本。首先，并购初期注重保持人员的稳定。2008 年 9 月，中联重科完成收购后，保留了原意大利管理团队成员，同时坚持不裁员，CIFA 原董事长法拉利继续留任，并在中联重科下设的混凝土跨国事业部兼任 CEO、中联重科副总裁等两大职务，CIFA 原首席财务官马克则被任命为 CIFA 的新 CEO。其次，并购中期注重人员相互融合。并购一年以后，中联重科在 CIFA 和混凝土跨国事业部两个层面上重新布阵，马克代替了法拉利出任 CIFA 的董事长，其 CEO 一职仍然不变；而法拉利也卸任了混凝土跨国事业部的 CEO，由中联重科总裁张建国接替。61 岁的法拉利则将常驻长沙，协助拓展海外并购、建设海外品牌并制定新的海外战略。此举加快了中联重科和 CIFA 人员的相互融合，促进了公司全球战略的有效推进。再次，并购过程中注重吸纳和培养人才。中联重科一方面注重吸纳具有国际视野、熟知国际惯例，能帮助企业参与国际竞争，真正实现国际化的人才；另一方面建立了合适的人才培训、考核、奖惩制度，注重培养熟悉国际规则、懂得国际惯例、熟悉意大利当地法律制度和文化的复合型人才。

2. 注重文化融合

文化作为"软环境"是决定中联重科和 CIFA 能否有效融合的重要因素。在重组并购前期，中联重科以诚信为本、换位思考，方案设计考虑了双方企业、员工、政府、社会等多方利益，做到了"多赢"。重组并购以后，中联重科在原有企业文化理念的基础上，充分吸收 CIFA 文化中的先进成分，契合了现代企业全球化发展的需要，明确了"至诚无息、博厚悠远"的企业文化核心理念，最后形成了"一元、二维、三纲、四德、五常、六勤、七能、八品"的价值观体系。具体操作上，中联重科先是通过引进熟悉中国和意大利文化的共同投资人形成"文化缓冲地带"，用 40% 的股权空间换取 3 年的整合时间，从而使两家存在巨大文化差异的企业可以渐进、有序地在磨合中融合，在融合中整合。其次是注重中意文化的交流和宣传,通过举办一些跨文化的培训交流活动,来加强不同文化背景下员工之间的沟通与理解。第三是有意识将国际事业部几个部门分设米兰、长沙两地:研发、国际市场和国际销售放在了米兰;国际战略、协同、财务和信息化及采购部则将长沙作为根据地,职员们不定期地穿梭于米兰与长沙作交流。正是在这种"你中有我、我中有你"职能分工的交流与融合中,中联文化与 CIFA 文化进一步相互融合,大家都明确了一个共同的愿景——所有中联重科员工,包括 CIFA 员工,将一道打造全球工程机械的领先企业。

3. 注重制度融合

中联重科并购 CIFA 以后,并没有采用并购企业常用的调整干部、派工作组的做法,而是充分信任原意大利管理团队和员工队伍,放手让他们按照全新的机制,植入新的管理理念、管理模式,实施企业变革,通过 4 年融合,形成了一整套行之有效的制度体系。这一制度体系包括基本宪章、基本制度和操作细则三个层次。公司基本宪章是支撑公司运行的基本大法,体现了公司企业文化、价值观和基本规章,统一和规范员工的价值取向、愿景和行为;公司基本制度重点关注有效内控的关键点,统筹基本运行规则,体现信任,权利重心下移;各事业部操作细则符合各自规模、发展阶段、行业特征,充分体现独立经营的特征。这种分层制度体系使中联重科的管理模式利于监控,便于操作,在与 CIFA 的相互融合中发挥着重要作用,保证了 CIFA 运营的透明、灵活、高效和可控。

4. 注重资源整合

在重组整合中,中联重科提出整合要达到"四个一"的阶段目标,即中联重科和 CIFA 拥有一个共同的管理团队,一个共同的国际市场营销体系,一个共同的研发平台和一个共同的生产协调体系。在全球采购上,在对双方采购模式、采购资源和采购链条进行梳理对比基础上,整合双方优势资源,有序开展全球供应链战略性整合,此举大大提高了公司议价能力,为中联重科和 CIFA 带来了直观的成本领先优势。在技术研发上,通过研发团队的全面对接搭建了统一的研发平台,共同开发新产品、制定流程和标准;原来分属两个运营中心的研发团队合并后,通过优势互补、技术相互渗透,明显加快了产品新推和技术提升的速度,并在较短时间内统一了产品开发流程、结构计算方法和产品质量控制标准。在生产制造上,CIFA 依托中联重科场地建设厂中厂,产品以 CIFA 品牌主要面向亚洲市场销售。CIFA 中国基地将移植 CIFA 在欧洲的全套生产工艺,实现 CIFA 零部件的中国化制造,在保证技术和品牌优势的同时,大大降低了生产成本。在市场开拓上,结合中联重科和 CIFA 在各自不同目标市场的销售网络和渠道资源互补的特点,对国际市场进行了重新划分,将全球市场细分为六大类,对于不同类别的市场,在品牌定位相同的情况下采取不同的品牌组合策略。

由于整合过程中始终坚持"四个注重",4 年过去,中联重科顺利度过了海外并购之后最艰难的文化融合期与业务整合期,不但赢得了 CIFA 顶尖的技术与工艺,也赢得了遍布全球的海外市场,并成功探索出一条具有开创性的国际化之路:①CIFA 公司实现扭亏为盈。2008 年并购时 CIFA 亏损达到 600 万欧元,并购后业绩开始回升,从 2009 年二季度开始已经盈利,2011 年 CIFA 公司成功实现盈利约 1.3 亿人民币;②通过对 CIFA 公司原有技术的整合、融合,中联重科的混凝土机械制造技术达到全球领先水平,并迅速成长为行业的领头羊;截止 2011 年年末,中联重科实现营业收入 463 亿元,同比增长 43.89%;净利润 81 亿元,同比增长 72.88%。中联重科成功跻身全球企业 800 强之列,居第 776

位，较 2010 年大幅跃升 676 个名次；③对于部分需要进口的原材料，通过 CIFA 的平台进行协同采购，极大降低了成本，仅 2011 年降低的采购成本就达 3 500 万美元；④利用 CIFA 的品牌效应，迅速打开了海外市场，拓宽了营销网络。2011 年中联海外销售同比增幅达到 46.24%，超过公司主营业务收入增长速度。

三、经验和启示

目前中联重科与 CIFA 已经获得全球经济以及产业界的广泛认可，该案例成功入选"首届中国海外投资五大经典案例"，中联重科成为中国装备制造业中唯一获得此项荣誉的企业。公司董事长兼 CEO 詹纯新凭借其带领公司在国际并购上的出色表现，成功当选2010 年度意大利"莱昂纳多国际奖"和 CCTV "2011 中国经济年度人物"。从此案例中，我们可以得到一些有益的借鉴和启示。

1. 练好内功、巧借外力是跨国并购成功的根本

首先，从战略高度提前布局国际化。中联重科从成立之初就立下了"产业化、科技化、全球化"的宏大战略，立志要在工程机械领域走出一条"科技产业化、产业科技化、企业全球化"的发展道路。从 2001 年开始，中联重科就陆续进行多次并购。2001 年 11月，中联重科整体收购英国保路捷公司；2002 年 12 月，中联重科兼并老牌国有企业湖南机床厂；2003 年 8 月，中联重科完成了浦沅的重组；2004 年 4 月，中联重科收购中国环卫机械行业第一品牌"中标"实业。通过这一系列并购，中联重科成为目前国内产品链最为完整的工程机械企业，也积累了比较丰富的并购经验，形成了比较成熟的并购模式。其次，借助投资银行力量完成并购。据公开资料显示，国外企业在并购过程中经常借助投资银行的力量完成并购。2006 年，全球并购交易额达 3.37 万亿美元，其中投资银行参与的并购交易金额达 5 600 亿美元，美国高额并购的前 6 笔中，有 5 笔出自投资银行之手。在并购 CIFA 过程中，中联重科充分重视投资银行的作用，邀请了具有国际视野的中国本土基金弘毅投资、具有全球投资管理经验的美国高盛和意大利本土基金曼达林三大投行，形成了既熟悉中国国情又具有国际视野的投资组合，顺利完成了对 CIFA 的并购。

2. 对目标企业和自身的前期调研和科学评估是并购成功的前提

在并购 CIFA 之前，中联重科认真搞好了调查分析，借助国际评估公司、投资银行等中介机构充分收集和了解了 CIFA 的详细情况和各种信息，包括市场前景、潜在合作效应、财务优势、管理能力等，并进行了科学估值定价，做到了心中有数。因此在谈判时，真正做到了知己知彼，有的放矢。由于我国企业缺乏跨国并购的经验，往往对各种变量的估计过于乐观，很多企业为此吃到不少苦头。因此，在并购前企业必须做好各方面的准备：一是充分考虑到东道国的制度环境，充分做好并购的可行性分析，不仅要考虑当地的市场工程与财务因素，还要关注法律体系、政治制度、舆论导向、文化因素等方面。二是要正确评估产业结构、竞争对手、行业周期及趋势，在此基础上形成并购战略，再确定投资区域与目标。三是企业要正确评估自身实力、核心竞争力与财务能力，避免为收购过度透支或者出现"消化不良"。四是要精心设计并购方案与过程。

3. 促进多元文化融合，坚持管理创新是企业持续发展的关键

整合是跨国并购的关键，并购成功与否，在很大程度上依靠并购后的整合效果，其中

文化整合又是其中的重中之重。著名的"七七定律"就这样揭示出企业文化差异在并购中的阻隔影响："70%的企业并购会因为种种原因失败,而其中70%失败于并购后的公司文化整合。"中联重科的成功之道在于坚持"包容、共享、责任"理念,放低自己、成就他人,通过提升和完善自身的企业文化来促成被并购企业文化的"同化",从而形成统一的企业文化,实现"1+1>2"。依据相关经验,中国企业在并购整合上重点应处理好以下三个方面的问题:一是人才整合,目前我国企业普遍缺乏国际化经营人才,要慎重对待对方管理者,并购后设计合理的薪酬体系,加强国际化人才的引进和培养,有效降低人才缺乏带来的潜在并购风险。二是管理整合,管理整合并不是对两个企业管理经验的简单的兼收并蓄,要根据并购后变化了的企业内外环境,逐步对原有管理模式进行调整和创新,实现协同效应。三是文化整合,企业要制订详尽周密的计划,全面了解各自的民族文化企业历史和文化风格,找出两种文化冲突的主要方面和重叠方面,分析两者之间产生差异的缘由,保留各自文化的优秀成分,再根据新企业的战略和组织特点,对企业原有文化进行结构调整和系统融合,共同构建一种新的企业文化。

4. 一支高素质的、经验丰富的国际化团队是开展跨国并购工作的基础

中国企业跨国并购的瓶颈是缺乏具有国际管理经验的人才。中联重科并购CIFA过程中遇到同样问题,但是借助投资银行解决了这一人才缺乏的困难,因为投资银行拥有大量通晓并购技巧与专业知识的人才,以及熟悉各国法律政策和环境特点的员工,并聘请了拥有广泛人脉资源的各国知名人士作为并购顾问。但是借助投资银行等中介机构不是长久之计,成本也高。为此,中国企业要更好地实现跨国并购,必须高度重视人才培养工作。一方面是做好聘请高级人才的前期工作。通过提供优越的条件,吸引其他成功国际化大公司中的人才,吸引知名高校培养出来的懂外语、懂贸易、懂管理的复合型人才。另一方面是自己培养。中国企业必须立足自身培养出具有企业责任感和归属感的高级复合型国际化人才,要建立自己的人才培养体系,把语言、管理和技术结合起来。在企业自己培养人才的同时,宏观上需要国家国际化教育体系的改革,要加大国际化人才的培养力度,注重专业知识和实际实践的结合,避免空洞的教学,现代化的国际高级人才是经千锤百炼才能造就出来的。

参考文献

[1] 沈丹阳. 中国企业跨国并购总成功率约四成 [N]. 经济日报, 2012-4.

[2] 王昱. 我国企业跨国并购现状问题及对策研究 [J]. 国际经贸, 2010 (7).

[3] 赵林. 中国企业跨国并购的现状动因及策略分析 [J]. 商场现代化, 2012 (5).

[4] 中联重科. 中联重科股份有限公司 2011 年年度报告 [EB/OL]. http://q. stock. sohu-com/cn/99/115/369/11536989. shtml, 2012-03-16.

(作者单位:湖南省国际商贸联合会)

湖湘文化的精神灵魂与现实价值

许顺富　廖素英

摘　要：湖湘文化是长期蕴藏于湖湘大地、源远流长的优秀地域性文化，在历史的流变中，经过与外来文化的多方融合，本土文化的自我更新，在社会舞台的反复实践，积淀出博大精深、富有时代特性、魅力四射、催人奋进的精神灵魂。这些精神灵魂对我们现实社会的发展具有不可估量的现实价值。

关键词：湖湘文化；精神灵魂；现实价值

灵魂，是文化日积月累，长期积淀而出的精神特质，是文化的精、气、神，有了它，文化才光彩夺目，魅力无穷，经久不衰。湖湘文化作为源远流长的优秀地域文化，是在历史的长河中凝聚而成的精神灵魂，培育了千百万湖湘精英，形成了近现代历史上人才辈出的壮观场景。

一、湖湘文化的精神灵魂

作为区域文化概念的湖湘文化，源自以屈原为代表的荆楚文化，并与外来的中原文化和湖南本土的苗蛮文化相结合。湖湘文化，是历代湖南士人不畏艰险，勇于探索，不断进取、大胆创新的文化结晶。湖湘文化的起源最早可以追溯到战国时期的屈原。"屈原瑰丽神奇的浪漫诗篇，庄子奥妙宏伟的哲理散文，深深地激荡和哺育着湖湘文化"。宋代以胡安国、胡宏父子为代表的"湖湘学派"，将中原文化的主旨融入湖湘本土文化的元素，经过提炼、加工，创立了独具特色的湖湘文化。后经张栻、王夫之等历代学者的发扬光大，湖湘文化蔚为大观，奠定了近现代湖南人才辈出的奇特局面。

湖湘文化在历史的流变中，经过吐古纳新，与外来文化的多方融合，本土文化的自我更新，在社会舞台的反复实践，不断清除消极落后的文化观念，吸纳积极向上的文化意识，塑造心灵，凝聚共识，在历史文脉中，养精蓄锐，求同存异，寻求精神家园，沉淀出博大精深、富有时代特性、魅力四射、催人奋进的精神灵魂。

湖湘文化的精神灵魂主要体现在以下几个方面：

① "心忧天下"的爱国爱民情怀。湖湘文化的主要代表人物大多具有强烈的社会责任感和忧国忧民意识，他们不顾个人安危，为了国家民众的利益，敢于犯颜直谏，敢于不计生死。屈原是湖湘文化的精神源头。他在遭谗被贬时不忍楚国灭亡，百姓流离失所，投江而亡，奏出了湖湘大地古老而悲壮的爱国主义乐章。这种精神传诸湖湘大地，"流风所被，化及千年"，使湖湘文化"尽洗蛮风，登诸华琰"。湖湘文化的创立者胡安国、胡宏多次

上书南宋皇帝，进献抗敌之策、救民之方。而张栻30岁时，即辅佐其父进行以收复中原为目的的抗金斗争。一生为官10余年，在朝廷以犯颜直谏著称，在地方以民生疾苦为念。湖湘文化的集大成者王夫之，年轻时就深受湖湘文化忧国忧民意识的影响，在岳麓书院读书期间，他就与志同道合者成立"行社"，以示关心社会，切于实际；后又建立"匡社"，以示匡扶正义，修正谬误。成年后坚持抗清，不仕清朝，闭门著书，他书中的话"带着热，吐着火"，所流露的"对民族精爱具有感动后辈中国人，鼓励并召唤他们去行动的力量"。范仲淹是江苏无锡人，却为湖南洞庭湖畔的岳阳楼写下"先天下之忧而忧，后天下之乐而乐"的千古名句，高度概括了湖湘文化忧国忧民的崇高思想。近代的左宗棠抬棺抗俄；曾纪泽舌战群雄，"索虎口之食"；谭嗣同为维新变法，血洒菜市口；黄兴、宋教仁、蔡锷为民主革命披肝沥胆；毛泽东、刘少奇等湘籍无产阶级革命家，历经磨难，但救国救民的志向从未改变，终于赶走了帝国主义和国民党反动派，实现了国家独立，人民安居乐业。正是这种"心忧天下"的精神灵魂，使湖南人在民族危亡的关键时刻，往往不计生死，挺身而出，用自己的血肉之躯铸造历史的辉煌，成就不朽功业，从而留下了"楚虽三户，亡秦必楚""若道中华国果亡，除是湖南人尽死"的千古名句。

②"敢为人先"的创新勇气。湖湘文化具有"特别独立之根性"，除了受中原文化的影响之外，还与本地的荆楚文化、苗蛮文化有着深厚渊源。霸蛮是湖南人的一种基本人格特征，是古老湘楚大地延绵而成的特色行为方式，是一种敢于持续挑战自我极限的雄杰精神，是"敢为人先"的动力源泉。正是仰仗霸蛮基因的敢为人先，远古湖南创出了一条独特的农业文明发展之路。在湖南道县的玉蟾岩遗址，考古学家发掘出世界上最古老的陶片，最早的人工栽培稻谷。在澧县城头山古城遗址发现了世界上迄今为止最早的水稻田，从一个侧面反映了湖南人敢为人先的精神气魄。宋明理学的开山鼻祖周敦颐，首次为儒学创建了一个完整的宇宙论体系，原本上不着天下不靠地的儒家伦理的"人道"，被得以自然然地纳入一个宇宙体系的"天道"中去。他的《太极图说》以简约的精髓之笔，勾勒出一个由无极、太极的宇宙化生，到圣人"立人极"德性完善的天人之演，为儒家文化奠定了大本大源的思想基础，重新树立了人们对儒家之道的信仰。"六经责我开生面"的大哲宗师王夫之，精研易理，反刍儒经，熔铸老庄，吸纳佛道，出入程朱陆王而于更高层面复归张载，驰骋古今，自为经纬，别开生面，光大了湖湘文化。正如谭嗣同所言："五百年来，真通天人之故者，船山一人而已。"近代魏源在《海国图志》中首次提出了"师夷长技以制夷"的思想，成了"睁眼看世界的第一人"；曾国藩、左宗棠成了洋务运动的巨擘，我国现代化的先驱；郭嵩焘第一个提出了学习西方的政教制度，开启了政治现代化的阀门；谭嗣同、唐才常成了政治现代化的最早实践者，虽用生命及鲜血证明了改革的艰难，但敢为人先的气魄却成了湖湘大地强大的精神资源。毛泽东则将马克思主义与中国革命具体实践相结合，走出了一条"农村包围城市、武装夺取政权"的革命道路。他们的丰功伟绩都是湖湘文化"敢为人先"精神灵魂的完美体现。

③"实事求是"的务实本性。经世致用，不尚空谈是湖湘文化的突出特点。从胡宏、张栻创立"湖湘学派"起，湖湘人士就十分"留心经济之学"，不尚空谈，讲求实用，主张"儒者之政，一一务实"。王夫之更是"言必征实，义必切理"，使"即事穷理"的实学思潮盛行于湖南。岳麓书院的学生魏源、曾国藩、左宗棠、唐才常等都是实事求是的典范。毛泽东的老师杨昌济继承了魏源等人提出的"以实事程实功，以实功程实事"，注重

调查研究的实学思想，进一步提出了"博学、深思、力行三者不可偏废。博学、深思皆所以指导其力行，而力行尤要"的学习主张，他对湖湘文化"实事求是"思想的阐述和弘扬，直接影响了以毛泽东为首的湘籍无产阶级革命家群体，使他们成了践行"实事求是"精神的楷模。毛泽东在湖南一师求学期间，就特别重视"能见之于事实"的"有用之学"。五四运动时期，他就明确提出了要"踏着人生的社会实践说话"，要"引入实际去研究实事和真理"。参加革命后，他又不断开展社会调查，提出了"没有调查就没有发言权"的著名论断。1938年，他在六届六中全会上号召共产党人要做从实际出发、实事求是的模范。在延安整风运动时期，毛泽东作了《改造我们的学习》《整顿党的作风》、《反对党八股》等重要报告。这些著作中都贯彻着一条根本红线——实事求是。徐特立经常教育学生要"实事求是，不尚空谈"；何叔衡则要求学生"深入社会生活底层，了解工农疾苦"。向警予向来反对空谈，认为"盲谈瞽说，无当实际""有名无实，害人害己"。彭德怀、任弼时、陶铸等都是敢讲真话、求真务实的典型代表。1939年7月，刘少奇在《论共产党员的修养》一文中强调："我们共产党员，要有最伟大的理想，最伟大的奋斗目标，同时，又要有实事求是的精神和最切实的实际工作。"正是湘籍无产阶级革命家群体忠实地践行了"实事求是"的精神，使他们能够冷静地分析面临的各种复杂局势，做出有利于革命、有利于人民的正确决策，引导着中国革命从失败走向胜利。毛泽东思想就是在实事求是的氛围中走向成熟的，实事求是就是其活的灵魂。

④"自强不息"的奋斗精神。湖湘文化"气化日新"的变动观，是湖南人"自强不息"的精神源泉。湖湘学派的代表人物都强调事物的变动观，反对因循守旧。胡宏认为，世界上的一切事物都处在永恒的运动、变化、发展之中，所以，人也应该随之运动变化，勤奋向上，自强不息。他在思想的天空中提出了"气化日新"的变动观。王船山则光大了他的这一思想，创立了"造化日新而不用其故""新故相资而别致其新"的"日新"哲学与进化史观，得出了社会应不断变革的结论。以曾国藩、左宗棠、胡林翼为代表的湘军理学经世群体，以"不要钱，不怕死"相激劝，扎硬寨、打硬仗、屡败屡起，百折不挠，以打脱门牙和血吞的奋斗精神，打造了"无湘不成军"的神话。谭嗣同自小就有拯救天下的宏图大志，在民族存亡的关键时刻，毅然以自己的生命为变法殉难，留下了"各国变法，无不从流血而成，今中国未闻因有变法而流血者，此国所以不昌也。有之，请自嗣同始"的千古佳话。黄兴和蔡锷以不怕苦、不怕死、不求名、不逐利的高尚志节，为民主革命战斗到生命的最后一刻，"自强不息"的奋斗精神在他们身上是何等的强烈和可敬。以毛泽东、刘少奇为代表的湘籍无产阶级革命家群体，更是以百折不挠、自强不息的奋斗精神，缔造了中华人民共和国，在天安门城楼上庄严宣告"中国人民从此站起来了"。

湖湘文化的精神灵魂，在湖湘大地长期积淀而成，经过岁月的打磨而日渐光亮。它是湖湘文化中最为优秀的部分，是湖湘文化的精髓，凝聚着湖湘先民的无限智慧，奋斗足迹，生命奉献和无畏探索，是精神之本，力量之源，生命之歌，希望之星，对我们现实社会的发展仍有不可估量的价值。

二、湖湘文化的现实价值

文化是一个生生不息的运动过程，是社会得以进步、发展的智力资源。湖湘文化的精神灵魂历经千余年锤炼，化羽成仙，成为鼓舞湖湘人奋进不息的强大精神动力，使湖湘人在近现代政治舞台上光耀环宇，成为扭乾转坤的历史巨人。湖湘文化也因之焕发出无穷魅力。在社会主义现代化建设的今天，湖湘文化的精神灵魂仍是我们不可或缺的法宝。一个先进的文明国度，如果缺乏鲜活文化的支撑，必然会落后于人。一种鲜活的文化，如果不向自身的创新极限挑战，也必然会归于败落。湖湘文化的精神灵魂必须与现实接轨，成为经济社会发展的助推器，富民强省的智力库，以不断展现自我的现实价值。

①化忧国忧民之情为民生幸福的动力。忧国忧民之情是湖湘文化的精神特质，也是湘人追求进步，敢于牺牲，创造辉煌的精神动力。有忧国忧民之情的人，才会以天下为重，以苍生为念，不会计较个人得失，更不会以牺牲他人来成就自己，他所想的必定是"先人后己"，他所做的必定是"为国为民奋斗不息"，"公而忘私"是他的品性，舍小我为大我是他人生的追求。在社会主义建设时期，忧国忧民之情，仍是我们前行的动力，是我们不能丢掉的精神灵魂。我们要把忧国忧民之情化作国家富强民生幸福的动力。革命先辈用生命和鲜血为我们争得了民族独立，人民翻身解放，我们必须继承先辈遗志，把国强民富当做义不容辞的责任，这就要求我们必须进行文化转型，使湖湘文化由革命文化向建设文化转变，由"破"向"立"的方向挺进，在打碎旧世界的基础上创造一个新世界。社会主义现代化建设是任重道远的伟大事业，没有捷径可循，没有便道可走，它是全国人民的共同事业，必须凝聚共识，发挥每一个人的聪明才智，激发每一个人的创造热情，这就需要营造公平竞争的社会环境，把忧国忧民的感情融入有中国特色社会主义建设的伟大实践中，为民生幸福助力鼓劲，奉献自己的光和热。只追求个人幸福是一种短视行为，而追求人人幸福才能换来永久的安宁、天下的太平。社会和谐需要民生幸福为支撑，民安则邦安，民富则国强，民乐则国兴。要追求民生幸福，就必须让人民活得有尊严、有体面、有保障，这就需要我们想问题、做事情必须以国家和人民的利益为重，抛弃私心杂念，一切依靠人民，一切服务人民，让人民开心工作，幸福生活，和谐快乐地生活在社会主义的大家庭之中。

②以"敢为人先"的创新精神推进湖南现代化的全面发展。既然湖湘文化有"敢为人先"的精神灵魂并由此创造了革命史上的无数奇迹，那么在社会主义建设史上它也必将创造辉煌。湖南的现代化在"中部崛起"的大潮中，走上了全面发展的快车道。从"弯道超车""一化三基"到"四化两型""四个湖南"，湖南的现代化波涌浪起，不断向前推进，在全面现代化的发展潮流中，在差距中追求创新，以"敢为天下先"的精神再造现代化发展奇迹。湖湘制造经过30多年的拼搏打磨，技术更新，悄然崛起，今天的芙蓉王实业、白沙集团、远大空调、三一重工等制造企业，无不以"敢为人先"的精神，创出了品牌，赢得了市场，显示了湖湘文化熏陶下的湖南人不仅有拯救天下的革命本领，而且也有经营市场的经济潜能；湘人放下架子，走入市场，以敏锐的眼光捕捉商机，用"敢为人先"的精神在商界创造了奇迹。从革命到下海，湘人完成了历史转型，以新的方式挥洒勃发的生命热源。今日，华夏960多万平方公里的沃土上，湖湘商界雄杰已成劲旅；明日，地球村内四大洲的各个院落上空，湖湘文化与时俱进的鲜艳旗帜将猎猎作响。市场是一场没有硝烟的战场，遍及全球的湖湘商人已将湖湘文化中"战争会打仗"的历史传统，转型为"市场会经商"的当代传奇。作为"两型社会"实验区的湖南必将以"敢为人先"的创新精神，走出一条精细化发展、全面进步的现代化发展之路。

③以实事求是的务实本性稳步推进我省各项事业的进步。湖湘文化的务实本性，使湖南人脚踏实地，不投机、不取巧，以不服输的霸蛮精神，冷静地面对各种客观存在的问题，作出实事求是的判断，以达到成功为目标。湖湘文化的这种精神对于推进我省的各项事业发展仍有重大的现实意义。我们要大力倡导湖湘文化的经世务实之风，少说空话，多干实事，身体力行，反对虚浮之风。不管是政治、经济建设或文化、社会、生态建设，都要尊重客观规律，脚踏实地，科学决策，埋头苦干，切忌心浮气躁，好大喜功，千万不可口号喊得凶，干得很轻松，更不可不切实际地盲目蛮干。我们必须一切从实际出发，深入调查研究，科学制订我省各项事业的发展计划，以实事求是的态度冷静地分析我省各项事业发展面临的问题，找出解决这些问题的切入点，脚踏实地，全面推进我省各项事业的发展，使经济、政治、文化、社会、生态等各项事业的发展走上良性循环的轨道。

④以自强不息的奋斗精神加快湖南的崛起。湖南地处内陆，没有沿海各省得改革之先的区位优势，一直以来是农业大省，工业基础薄弱，矿藏资源也不丰富，但是湖南却有得天独厚的人文资源，这是取之不尽的精神财富。湖南人曾凭湖湘文化的独特资源在近现代政治舞台上创造了历史辉煌，那么在社会主义建设时期我们也能开发湖湘文化的优秀资源为湖南的崛起创造新的奇迹。我们必须以当年湖南人干革命的热情，营造一种聚精会神搞建设，一心一意谋发展的文化氛围：以湖南人当年干革命的"独立根性"，永葆开拓创新、敢为人先的锐气；以湖南人当年干革命的卓荦敢死精神，铸就一种永不服输，愈挫愈奋的创业精神；以当年湖南人"打脱门牙和血吞"的苦干实干作风，克服急于求成的浮躁心理，打造一种科学而务实的奋斗精神。优化第一产业，提质第二产业，大力发展第三产业，着力推进富民强省战略，不动摇，不懈怠，不折腾，埋头苦干，自强不息，加快湖南的中部崛起。

参考文献

[1] 彭大成. 湖湘文化与毛泽东 [M]. 长沙：湖南人民出版社，1993.

[2] 李肖聃. 湘学略 [M]. 长沙：岳麓书社出版社，1985.

[3] 王兴国. 杨昌济文集 [M]. 长沙：湖南教育出版社，1983.

[4] 中央文献编辑委员会. 刘少奇选集（上卷）[M]. 北京：人民出版社，1981.

（作者单位：中共湖南省委党校）

大力推进节能减排，促进绿色湖南建设

匡跃辉　曾献超

摘　要： 众所周知，湖南缺煤、无油、少气，是一个能源相对贫乏的中部内陆省份。受资源禀赋的约束，湖南能源生产主要以煤炭、电力为主，结构单一，层次较低。立足湖南基本现状，应关注洁净煤、利用核电力、使用太阳能、推广生物能，通过科技创新支撑节能减排；应整合提升新材料产业、壮大发展文化创意产业、改造激活传统基础产业，通过结构优化加快节能减排；应完善政绩考核评价机制、完善环境保护约束机制、完善资源性产品价格机制，通过机制创新推动节能减排，共促绿色湖南建设。

关键词： 节能减排；科技创新；结构优化；机制创新

　　湖南十二五规划要求：2015年非化石能源占一次能源消费比重达11.4%，单位地区生产总值能耗和二氧化碳排放量分别降低16%和17%，万元工业增加值用水量降低30%，二氧化硫、化学需氧量排放累计分别减少8%，氮氧化物、氨氮排放累计分别减少10%。《绿色湖南建设纲要》提出：到2015年，能源消费总量、单位地区生产总值能耗、二氧化碳、二氧化硫、化学需氧量、工业固体废弃物排放强度控制在国家下达的目标以内。湖南要完成节能减排目标，应利用科技创新、结构优化和机制创新等来促进节能减排，助力绿色湖南建设。

一、科技创新支撑节能减排

　　能源是人类生存、经济发展、社会进步和现代文明不可缺少的重要物质资源，是关系国家经济命脉的重要战略物资，在现代化建设中具有举足轻重的地位。针对湖南能源相对匮乏的现状，在节约优先、保护优先理念下，应通过科技创新提升常规能源的使用效率、提高利用新能源的比重，以达到降低能耗，控制排放，减少污染的目的，推进绿色湖南建设。

　　1. 关注洁净煤

　　《湖南省"十二五"能源发展规划》提出，到"十二五"期末，煤炭消费比重从2010年的72.7%降至68.1%，降幅4.6个百分点，相比2010年，煤炭消费量增加近5 000万吨，至1.62亿吨。由此可见煤炭在能源结构中的基础地位。湖南经济发展对煤炭高度依赖的现实在短期内已无法改变，但在开发和利用煤炭的过程中产生的粉尘、煤烟、二氧化碳、二氧化硫、氮氧化物等物质对环境造成极大的污染，已成不争事实。为了解决经济发展和环境保护之间的矛盾，应依靠科技创新实现煤炭的清洁、高效利用，最大限度降低其对环境的污染。首先，加强直接烧煤洁净技术的研发，增强煤炭燃烧前、燃烧中和燃烧后的净化处理能力，减少其在开发、利用过程中对环境的污染。其次，加强煤转化为洁净燃料技术的研发（煤的气化技术、液化技术、煤气化联合循环发电技术等），拓展煤的存在形态以便适应各种利用环境，以期达到有效控制二氧化碳排放的目的。再次，加强整体煤气化联合循环发电技术的研发，加大对现有发电厂的技术改造力度，使煤电更高效、清洁。

2. 利用核电力

从长远来看，人类将从"石油文明"走向"核能文明"。核能将以清洁、经济、高产的特性取代不可再生能源石油、煤和天然气的主导地位，成为未来经济社会发展的重要支撑性能源。湖南省传统资源的开发已趋饱和，但核能矿产资源相对丰富，储量在全国名列前茅，品位较高，并具有一定的开采、冶炼能力，这为湖南发展核电提供了有利条件。大量利用核电可以满足湖南省经济社会发展中不断增长的能源需求，是实现能源、经济和生态环境可持续发展的必然选择。因此，湖南应加大核电的开发和利用力度。首先，提高铀资源勘查、开发、冶炼技术，以满足核电建设对原材料的需求。其次，大力研发铀在燃烧中的燃料循环技术和废物最小化技术，提高铀资源的利用效率。再次，通过消化吸收引进技术、自主创新和大规模技术改造，增强核电设备国产化能力，逐步完善核电供应链。最后，进行核应急、核安全、辐射检测等相关技术的研究和创新，为核电建设和运营提供安全保障。

3. 使用太阳能

太阳每秒钟照射到地球上的能量相当于500万吨煤。太阳能正以经济、绿色、安全、取之不尽、用之不竭等种种优点成为近期内人类能源的新宠。湖南省太阳能资源条件虽不是很好，全年日照数为1 400～2 200 h，在每平方米土地面积上一年内接受的太阳辐射总量为4 190～5 016 MJ，相当于140～170 kg标准煤燃烧的热量。但为了减少对以煤为主的化石能源的依赖，应因地制宜，发展太阳能应用技术，把"有限的"太阳能利用起来。首先，研发太阳能的光电转换、光热转换、光电转化等技术，扩大太阳能的使用领域，拓宽太阳能使用的地域范围。其次，创新太阳能前期设备制作技术，降低太阳能的使用成本，加快太阳能的广泛应用。

4. 推广生物能

生物能一直是人类赖以生存的重要能源，它是仅次于煤炭、石油和天然气而居于世界能源消费总量第四位的能源，在整个能源系统中占有重要地位。生物能以可再生性、低污染性、广泛分布性等特点深受大家的喜爱，应用于国民经济的各个领域。湖南是一个农业大省，丰富的农作物秸秆、林业废弃物等生物能资源，为开发利用生物能源提供了优越条件。面对传统能源的市场竞争，应通过科技创新推广生物能的应用。首先，依靠科技进步，将生物能资源进行精细化工产品的深度利用，综合开发，使之增值。其次，利用现代转基因技术培育能源植物新品种，增加原料提供量，降低原料成本。再次，创新生物能的转化技术，提高生物能产品产量，降低生产成本。

二、优化结构，助推节能减排

产业结构是国民经济的重要组成部分，产业结构的合理与否，直接影响节能减排工作的成效。党的十一届三中全会以来,随着经济体制改革的深入运行和经济战略的转变,湖南产业结构严重失衡的局面虽得到扭转,但仍然存在许多结构性矛盾,湖南的经济尚未走出粗放型的发展模式。因此,应通过调整产业结构来实现节能减排,推进绿色湖南的建设。

1. 整合提升新材料产业

新材料是产业技术进步的基础,是发展战略性新兴产业的先导,是提升装备制造业水平、实现产业优化升级和转变经济发展方式的重中之重。与传统产业相比,新材料产业具有技术高度密集、研究与开发投入高、产品的附加值高、生产与市场的国际性强以及应用范围广、发展前景好等特点。在深入推进新型工业化的进程中,湖南省应充分发挥现有的资源、技术优势,抢抓当前国家支持新材料产业发展的政策机遇,努力发展新材料产业,切实解决全省工程机械、能源和交通等领域的新材料配套需求,培育新的经济增长点和新的支柱产业,促进全省经济又好又快发展。首先,完善创新平台,推动新材料创新集成和重大产品开发应用,提升新材料价值链。其次,建设重大项目,培育核心骨干企业,打造新材料产业链。再次,建设基地(园区)和整合资源,促进新材料企业集聚配套,完善新材料供应链。

2. 壮大发展文化创意产业

文化创意产业是以创意创新为核心,统摄生产、传播、流通、消费等产业发展全过程的复合概念,是向大众提供文化、艺术、精神、心理、娱乐产品的新兴产业集群。文化创意产业是文化产业在新阶段的产物,是一种高风险、高附加值,更是一种资源节约、环境友好的生态型产业。经过多年努力,湖南已形成了以广播电视、出版、报业、娱乐为重要支柱产业,以湖南出版集团、湖南广播影视集团、湖南日报报业集团、长沙晚报报业集团、潇湘电影集团和长沙广播影视集团6家大型文化创意产业集团为代表的享誉全国的"电视湘军""出版湘军""动漫湘军""报业湘军"的良好文化创意产业局面。进一步壮大发展文化创意产业无疑有利于节能减排任务的完成。首先,加大对自主创新文化创意的投入,着力突破制约经济文化社会发展的关键技术和关键创意。其次,深化文化体制改革,完善文化创新政策,营造出精品、出人才、出效益的有利环境。再次,加快文化创意园区、城区和社区建设,引导分散的资源和项目集中集聚,不断提升知名度和影响力,夯实发展载体。

3. 改造激活传统基础产业

截至2011年,全省工业千亿产业已达8个,分别是机械、食品(不含烟草制品)、石化、有色、轻工、建材、冶金和电子信息制造业。应该说在相当长一段时间内,传统产业仍将是湖南省经济的主导产业,在短时间内湖南还离不开它。而且,大部分战略性新兴产业,不管是作为单个企业还是单个产品来讲,都是从现有传统产业、传统企业中走出来的。可见,产业结构的关键不在于增量调整,而在于存量优化。因此,推进节能减排,不是排斥传统产业发展,而是要改造提升传统产业。首先,抓住装备更新、工艺创新和产品创新等关键环节,改变传统工业以中低档加工为主的现状,推进传统产业的信息化进程,提高传统产品的市场竞争能力。其次,深化体制改革,加快技术创新能源建设,加强产学研合作,增强企业的科技孵化能力,发挥企业的主体作用。再次,以市场为导向,以企业为主体,充分发挥市场机制的作用,从建立体制和机制、营造环境方面入手进行组织和协调，为传统工业的改造与升级创造良好的环境。

三、机制创新增效节能减排

对湖南来说，完成国家下达的减能节排任务是一项艰巨工程，单靠科技创新或产业结构优化是行不通的，还应构建合适的节能减排机制，以确保节能减排工作的顺利进行，促进绿色湖南建设。

1. 完善政绩考核评价机制

原来的"以 GDP 论英雄"的政绩考评机制，加剧了环境污染和生态破坏，同时催生了一大批"形象工程""面子工程"，造成了巨大的财政浪费。针对经济粗放增长方式所具有传统的惯性和利益驱动性，尤其是转型发展涉及 GDP 指标、地方财政收入、企业利润和官员政绩评价等现实问题，国家出台了绿色政绩考评机制，把环境保护与经济发展放在同等重要的位置，更好地协调了经济、社会、环境和资源之间的关系，使其和谐发展、持续发展。为了完成节能减排这个重大任务，应完善政绩考评机制。首先，合理安排考评体系中经济总量、增长速度和绿色经济指标的比例，提高资源节约和环境保护指标在考核指标体系中的权重，同时把节能减排作为经济发展的约束性指标，形成有利于转型发展、绿色发展、科学发展的用人导向。其次，以各地区已有生态环境条件的差异和各地区功能定位的异同为基础，在节能减排上实行公平但有区别的干部政绩考评机制，引导各主体功能定位推进发展。再次，建设一个涵盖各级单位的网上政绩考评平台，实时展现各级政府、大型企事业单位的单位 GDP 能耗考核指标及完成节能减排目标的情况，通过智能化、网络化和无纸化的考评管理，确保考评工作的客观性、公正性和严肃性。

2. 完善环境保护约束机制

完善环境保护约束机制，可实现生产方式从高能耗、高污染、低效益的传统线性经济向低能耗、低排放、高效益的循环经济转变。建立健全的环境保护约束机制，首先，制定严格规则。严格把守政策、环评、土地、节能、投资等关口，提高行业、企业、产品的节约、少污、高效准入门槛；严治不达标行业、企业、产品。其次，提供信贷服务。设立"节能减排"建设专项资金，发挥财政资金的杠杆作用，综合运用债券、担保等政策工具引导金融机构信贷资金流向节能减排的项目、企业和产品；加大对循环经济、环境保护及节能减排项目的信贷支持；各级财政适当向节能、节水、节材、资源综合利用项目、污染治理项目倾斜。再次，利用税率奖惩。实行税率与企业节约少污挂钩。对同一行业和生产同一类产品的低能耗、低排放企业实行低税率；对高能耗、高排放企业实行高税率。通过税收上的差异促使高能耗、高排放的企业进行改造升级，当其节能减排达到规定标准时自动适用低税率。

3. 完善资源性产品价格机制

在市场经济中，资源性产品不论作为生产要素以市场为基础进行配置，还是作为生活资料通过交换供人们消费，都有自己的价格形成和调节机制。目前，湖南省资源性产品价格机制不完善，一些资源性的产品没有完全形成全面反映生产成本和稀缺程度的价格形成机制，其调节机制也不健全。因此，应完善资源性产品价格机制。首先，全面核算成本。根据转变经济发展方式的内在要求，以煤、电、油重要资源的价格改革为重点，将开发和生产资源直接消耗的人力、财力、物力等内部成本和最终由社会承担的环境损害等外部成本纳入核算范围。其次，根据能源资源的长期稀缺程度进行价格调节。根据一些资源特别是不可再生资源的长期稀缺程度，征收不同水平的资源占用税，以引导消费，倡导和鼓励节约，同时将税收收入用于绿色湖南建设。再次，建立生态环境补偿机制。实施区域生态补偿，在全面评估生态区环境保护实效的基础上，开展相关重要生态功能区生态补偿标准核算研究，建立相关的重要生态功能区生态补偿标准体系，分别实施激励型、支持—补偿型或保障—补偿型的公共财政政策，以财政转移支付等形式向生态区提供生态补偿，提升受保护地区生态服务和生态安全保障功能；完善要素生态补偿，为了积极应对全球气候变化，应充分发挥森林、湿地的固碳、吸碳、储碳等间接减排作用；提高森林生态效益补偿标准，对国家重点公益林和省级公益林的补偿在现有标准上视财力逐步提高，对规划的市、县生态公益林由地方财政实施补偿；加快建立湿地生态效益补偿机制，明确重要湿地的保护面积，并将保护的权利和义务明确到相应的地区和部门，在对重点湿地进行生态效益补偿后，逐步扩大湿地补偿范围。

参考文献

[1] 黄来，焦庆丰，李明，等. 湖南省核电现状及常规岛汽轮机系统技术分析 [J]. 湖南电力，2009，29（2）.

[2] 黄来. 湖南省新能源发展现状和分析 [J]. 湖南电力，2009（6）.

[3] 李杜. 湖南八大产业规模过千亿元 [N]. 长沙晚报，2012-02-22（AA01）.

（作者单位：中共湖南省委党校）

将创先争优活动的要求落实到高校 机关党建的各个方面

刘稳丰

摘　要：在高校机关党组织和党员中开展创先争优活动，主要应倡导广大党员加强学习、改进作风、勤奋敬业，不断提高能力、尽心服务、做好工作，建设学习型、服务型、创新型的组织。

关键词：创先争优；高校；机关党建

在党的基层组织和党员中深入开展创先争优活动，是党的十七大和十七届四中全会提出的一项重要任务。高校机关党组织的创先争优，要以党员"讲党性、重品行、作表率、强化素质、改进作风、提升效能"作为基本前提，以"服务发展大局、服务师生员工"作为基本理念，以"争先进、创优秀"作为基本要求，让支部战斗堡垒作用熠熠闪光，让党员先锋模范作用处处生辉，进一步推进学习型、服务型、创新型党组织建设。

一、在加强学习中创先争优，做到提高素质学在前，努力推进学习型党组织建设

现在，机关党员、干部中奔学历学位的不少，但认真学习政治理论的热情不高，深入钻研管理工作的人数不多，个别同志碌碌无为不爱学，装点门面不真学，急功近利不深学，借口工作繁忙不愿学。事实上，加强学习是建设学习型党组织的需要，也是机关党员干部有效开展工作的需要。非学无以广才，非学无以明智。刀不磨要生锈，人不学要落后。学习能疗俗、治愚、冶情、养气。人必须像蓄电池那样，只有持续不断地充电，才能持续不断地发出能量。在机关学习型党组织建设中，一要营造爱读书、读好书、善读书的学习氛围。要把读书学习当做一种幸福和最健康、最高贵的消遣，当做工作和生活的主要组成部分。要强化政治理论、管理学和高等教育学的学习，要提倡读高层次的书（不为刺激或休闲读书，要为信息、知识、思想而读书），读经典名著（"学马列要精，要管用"），不断增加知识储备，完善知识结构，提高综合素质和能力，成为所在部门单位的业务骨干、岗位能手和行业标兵。二要健全长效机制。要开展"六个一"活动：每个月读一本好书，每季度进行一次学习体会交流，每半年听一次学术报告，每年写一篇工作体会或调研报告，党支部每年组织开展一次主题学习活动，机关党委每年评选一批学习型党员。要结合机关党员干部岗位实际成立学习小组，制订具体的学习计划，规定学习时间，明确学习内容，做到年初有计划，年终有总结，每次学习有方案有记录。通过建立集体研讨、专题

调研、学习情况通报和效果考核等制度，保证学习时间和质量，促使机关党员干部学习工作两不误、两促进。三要加强党员干部的培训教育。要分层培训，全面提高，提升"培"的层次；创新模式，整合资源，拓宽"训"的广度；按需培训，注重实效，增强"教"的活力；明确重点，狠抓落实，加大"育"的力度。通过卓有成效的工作，加强新理论、新知识、新技能的培训，使党员干部学以明责，学以立志，学以立德，学以致用，努力在本职工作岗位实现创先争优。

二、在改进作风中创先争优，做到树立形象走在前，着力推进服务型党组织建设

学校机关作风是党风、校风的重要组成部分和直接体现，加强机关作风建设是推进学校健康快速发展的客观要求、必要手段和重要前提。在作风建设中，要把握"六点"：提高服务质量是重点，解决实际问题是突破点，服务师生员工是落脚点，发挥机关党组织作用是着力点，狠抓服务意识的提高是切入点，健全长效机制是根本点。要始终坚持"育人为本，以学生为主体；人才为本，以教师为主体"的"两为"方针，强化服务意识，为师生员工提供优质、高效、热情的服务，做到"见面有一张笑脸，开口问一声好，进门让一个座，话前倒一杯茶，情况问一个明白，当场有一个答复，临走道一声再见"，为师生员工大办好事，多办实事，快办急事，妥办难事。要大力推行校务公开、党务公开，及时公布机关工作各项规章制度、办事程序和工作动态等信息，增强工作的透明度和便利程度。要引导机关工作人员正确对待手中的权力，加强廉政建设，防止把学校和教职工赋予的权力机关化、机关权力部门化、部门权力个人化、个人权力私有化。要引入公开承诺、双向述职、上评下议的动力机制和评价机制，通过民主测评、满意度调查、行风评议等多种评价手段和形式，及时听取师生员工意见，对机关作风进行评议，接受师生员工监督，回应师生员工要求，落实师生员工期盼，努力把创先争优活动办成师生员工的满意工程。同时，要将作风建设情况纳入目标责任考核内容进行考核，奖优罚劣，使先进的有光荣感，后进的有危机感，中间的有紧迫感，鞭策党支部和党员努力创先争优，以务实的作风将作风建设落到实处，以改进作风促进工作的开展，推进研究教学型高水平大学的建设进程。

三、在履职敬业上创先争优，做到尽职尽责干在前，大力推进创新型党组织建设

创先争优不是脱离单位和职工的创先争优，不能把创先争优搞成党内自我循环，而要紧紧围绕机关所属党员工作岗位特点和工作性质而开展。创先争优也不是离开单位的工作另搞一套，而是要求每个支部、每个党员把承担的任务、从事的工作做得更好，将创先争优和日常工作融为一体。邓小平同志曾说，世界上的事情都是搞出来的，不干，半点马克思主义都没有。只有真抓实干，务求实效，工作才能做到位、做到家。开展创先争优活动，重点也在于履职干事、推动工作。对于党员个体来说，创先争优就是要争做优秀共产党员，在本职岗位创造优秀业绩；对于党组织来说，创先争优就是要创建先进基层党组

织，要把所在单位变成一个先进单位。因此，机关党建要根据开展创先争优活动的要求，切实增强改革创新的意识和能力，要研究新情况，拿出新办法，解决新问题，创造党建工作新业绩。要确定"爱岗敬业作贡献，创先争优促发展"的争创主题，把党的先进性同广大党员的岗位职责结合起来，与推动学校机关工作结合起来，使活动目标看得见、工作好落实、党员好参与。一要创新党建工作思路。牢固树立"发展是第一要务"的思想，明确"围绕中心抓党建，抓好党建促发展"的工作思路，紧密结合业务工作的重点、难点和师生员工关心的热点、焦点问题找准突破口，以党组织"五个好"、共产党员"五带头"为标准，以强化服务意识为起点，以加强机关作风建设、提高管理和服务水平为重点，以发挥党员作用、加强基层组织、推动科学发展为目标，不断提高机关党建工作科学化水平，深入开展机关创先争优活动，推动学校的建设和发展。二要创新党建工作机制。如创建项目化运作机制、多维激励机制、效益考核机制、检查督促机制。特别要突出党员领导干部带好头、作表率，加强对机关各支部创先争优活动的指导，采取一级督查一级、上级督查下级的形式，不定期检查督促创先争优活动，确保活动突出特色、抓出实效。同时，要加强对履行承诺情况的考评，把考评结果作为年度评议党员的主要内容，作为党支部、党员评先评优的重要依据，使创先争优的过程成为干事业、抓落实、促发展的过程。三要创新党建工作活动载体。要根据机关党组织的特点和各个岗位党员的实际，确定具有自身特色的活动主题和活动方式，打造特色鲜明、为党员所喜闻乐见的活动载体。如鼓励党支部结合实际开展"特色党日"活动，使党的活动与工作实际和党员的要求贴得更紧更实，使一个支部成为一个堡垒，一名党员成为一面旗帜。开展"党员示范岗"的创建工作，让党员把身份亮出来，把承诺的事做起来，激发创先争优的内在动力。开展"三亮三创三评"活动（亮身份、亮承诺、亮形象，创岗位先锋、创师生满意单位、创优质服务品牌，党员自评、领导点评、群众测评），使党员和党支部作用充分发挥，为学校建设发展作出更大贡献。

（作者单位：湖南省高等学校党的建设研究会、湘潭大学）

论湖湘文化特征与转换

吴 云

摘 要： 湖南是一个经济上欠发达，地理上相对封闭的内陆省份，但千百年积淀的湖湘文化赋予了湖南人政治为先、经世致用、敢为人先的精神特质。而这些精神特质对当今湖南的发展有着重大影响。本文试着分析湖湘文化的特征，并在此基础上探讨湖湘文化的发展创新及其转换的必要性。

关键词： 湖湘文化；特征；转换

湖湘文化是一种地域性的文化。身在其中的湖南人，都无不深受她的影响，接受她的洗礼。对于许多湖南人来说，他们都因有这一底蕴深厚的文化而骄傲，而自豪。作为观念的湖湘文化是作为文本的湖湘文化经历千百年发展，被湖湘儿女认同、吸纳，从而渗透到血液骨髓、内化成行为导向的心理定势、思维定势和行为定势。对于当今的湖南来说，这种观念的湖湘文化是一只无形但却有力的手，无时无刻不在左右着湖南产业乃至整个湖南经济的思维模式、运行机制、决策方式、发展速度甚至前途命运。

纵观湖湘文化古今发展变化的脉络及其丰富内容，我们可以发现她大体上具有如下三大特征：

一、湖湘文化具有极为浓厚的政治意识

自宋代湖湘学派创立时起便已形成的经世致用的学风在湖南士人中代代相传，她强调理论联系实际，注重解决现实中的实际问题。故此也就形成了湖湘文化中政治意识极为强烈的现象。特别是到了近代，这种现象更加明显。可以说，近代湖湘文化各个阶层上的代表人物，无论是进步的还是守旧的，都说得上是相应阶段上的政治活动家。他们在理论上、实践上实行的都是"学与政兼"，甚至完全使学从属于政。戊戌时期，湖南时务学堂的学生都立志要做务实笃行、经国济世的政治干才。无数史实证明，近现代史上的湖湘有识之士，无不以参与政治甚至献身政治为荣，后辈有识之士也无不以前辈有识之士的政治事功和政治声望为豪。

二、湖湘文化的爱国主义传统

在湖湘大地最早奏响爱国主义乐章的是屈原，继为贾谊。此二人虽非湖湘本土人士，但他们忧国忧民、忠君爱国的事迹，深深地感动了历代湖湘人民。宋代以降，特别是南

宋，湖湘文化中的爱国主义突出表现在两个方面：一是一些湖湘学者运用儒家的"华夷之辨"理论，坚持抗金、抗元主张，反对妥协投降。二是许多湖湘士人还直接投身到抗金、抗元第一线。到明末清初，湖湘文化中的爱国主义精神集中体现在王夫之身上。王夫之早年举兵抗清，后兵败返乡，遁迹乡里，陋居山洞，誓不降清。进入近代，随着西方列强侵入中国，民族矛盾急剧上升，湖湘文化的爱国主义传统更加发扬光大。这主要表现在三个方面：首先，近代湖南士人几乎都将挽救国家和民族的危亡当做自己的神圣职责与使命。其次，近代湖南士人为了挽救国家和民族危亡，焕发出了百折不挠和勇于献身的奋斗精神。再次，近代湖南士人为了最终达到挽救国家民族危亡的目的，注重把抵制外国侵略与学习西方有机结合起来。湖南人不仅最早提出学习西方的科学技术，而且也最早提出学习西方的政教制度。

三、湖湘文化的开创精神和实干精神

杨昌济曾坦言："余本自宋学入门，而亦认汉学家考据之功；余本自程朱入门，而亦认陆王卓绝之识。"他甚至以子思的"万物并育而不相害，道并行而不相悖"为号召，希望"承学之士各抒心得，以破思想界之沉寂，期于万派争流，终归大海"。杨氏的认识和主张，充分表现了湖南文化的开放精神。到了近代，曾国藩首倡清政府派遣出洋留学生。戊戌期间谭嗣同等人摆脱传统束缚而大力提倡西学，甚至樊锥、易鼐等人提出全盘西化的主张，黄兴、宋教仁等人探索民主革命的救国道路，易白沙、杨昌济、毛泽东、蔡和森等人对于湖南新文化运动方向的探索，以及毛泽东等人后来进行新民主主义革命的尝试等等，都蕴含着博采众家、广为交融的开放精神和独立奋斗、敢为天下先的创新精神。

陈独秀曾经列举王船山、曾国藩、黄兴、蔡锷四人的经历用以证明湖南人具有奋斗精神。王船山避居山野，甘于清贫，在极其艰难的条件下，深受儒学的治学与做人之道影响，致力于历史文化的批判与继承，写出了激人奋发的鸿篇巨制。曾国藩与太平天国作战，常常是打硬仗，屡败屡起，百折不挠。黄兴戎马一生，身经百战，成为中华民国的一代元勋。蔡锷三十四载的生命却干了两件惊天动地的大事：一是领导辛亥云南光复，再是举起了护国讨袁的大旗。此四人的确表现了湖南注重实干，自强不息的奋斗精神。

湖湘文化在长期的历史发展中，形成这种独具特色的区域文化，根深蒂固地影响着湖南人。然而，当时代的车轮驶进新的驿站，湖湘文化该用什么姿态来面对，这对每个湖湘儿女都是一个严峻的考验和挑战。

1. 由政治文化向经济文化转换

湖湘文化作为一种独特的地域文化，由于其强烈的政治倾向性，曾经创造了辉煌的政治功业。但从市场经济对文化的要求这一角度来说，湖湘文化与现代市场经济之间，两者的排斥力要大于亲和力。正如有的学者指出的那样："湖湘文化中缺乏发展现代工商业和市场经济所需要的文化基因，缺乏江浙文化中那样一种深厚的工商传统和商品经济意识等发展市场经济所需要的文化资源。"

湖湘文化重政治轻经济的危害是显而易见的。杨度在 20 世纪初就已尖锐指出："湘军以百战之余，遍布全国，出湖南之境而适他者，几无一处官场、军队，不有湘人之足迹。盖至此时，而湖南人亦几于除农业以外，唯以做官与当兵二者为生活之途。为农则劳，为工商则不谙熟，而做官以剥民财，当兵以糜国饷，斯其事至易。儒以做官为出路，农以当兵为遁数，此种风气，深入人心，绝未见有谋于实业界立足者，且或以此为耻，而鄙夷不屑。其结果也，影响于湖南人之生计至大。"杨昌济也认识到了这一点，他说："以广东之人与湖南之人比较，广东人则从事于海外贸易，湖南人则多从事于政治、军事。今广东人之海外贸易方骎骎发达，而吾湘人军事上之势力扫地尽矣。此亦生利与分利之辨，吾湘人所宜深长思者也。又以湖南之人较江西之人，亦得有同一结论。湘人之谚曰：'无江西人不成口岸，无湖南人不成衙门。'若以此自矜者，其实窟穴于衙门固非最上之业，且非长久之计也。"

有学者曾经指出，"湖湘文化的最大特征，就是以政治作为人生第一要义"。的确，湖湘文化特别是近代湖湘文化的核心取向是政治本位。从 1840 年鸦片战争到 1949 年中华人民共和国成立的百余年历史里，中国历史上每一次大的政治运动，哪一次离开过湖南人的领导或参与？又有哪一次政治运动没有催生出一大批杰出的湖湘政治人物？无数史实证明，近现代史上的湖湘有识之士们，无不以参与政治甚至献身政治为荣，后辈有识之士亦无不以前辈有识之士的政治事功和政治声望为豪，因而无不以政治上的成就之大小作为衡量个人成功与否的主要标准。这样，一种以政治为荣、历久不衰的湖湘地域心理便逐渐形成并不断强化，慢慢渗透到湖湘历代儿女的血脉骨髓而至今不曾稍退。在阶级斗争异常激烈，民族矛盾异常尖锐的过去，崇尚政治无疑可取，献身政治诚然光荣。然而，当历史过渡到"以经济建设为中心"的年代，崇尚政治的文化观念就应该被崇尚经济的文化观念所取代，否则，我们的言行就会与经济建设的主流不相适应，甚至发生冲突。当然，提倡经济文化并非让我们漠视政治，更不是让我们藐视政治，关心政治仍然是我们义不容辞的责任，关键的是我们要认清当代政治的独特内涵。对此，邓小平曾经指出："发展经济是当前最大的政治。"因此，素以推动历史为己任、以政治业绩为荣光的湖南人，在今天，将文化心理从政治至上转换到以经济建设为中心的轨道上来，既符合历史的必然性，又符合理论的逻辑性，既符合转换的必要性，又符合转换的自然性。

天变，道亦变。作为一个三面围山，一面临湖的内陆省份，作为一个既不在东部沿海又不在西部开发之列的湖南，作为一个曾经被人称道"湖广熟，天下足"的传统农业大省，应该如何发展，的确是值得每个三湘儿女深思的问题。要打开发展的大门，首先就要打开思路的大门。政治和经济从来就不是可以彻底分家的，注重政治上经世致用的湖湘文化，更不应忽视经济上的经世致用。相对于今天而言，没有经济上的经世致用，就不可能有真正的政治上的经世致用。因此，湖南人思考问题时，就应多一些理性的眼光，多一点辩证的角度，多一些深思熟虑，在充分挖掘本土丰富历史文化资源的基础上，积极吸纳一切优秀文化精华，大力发扬敢为天下先的精神。我们深信，在中华民族新世纪腾飞的征程中，湖南一定可以重振雄风。

2. 由重农文化向重工文化转换

"湖广熟，天下足"，这是明清时期就十分流行的谚语，充分说明了湖南在天下农业中的地位。其实湖南可耕之田并不多，甚至可以说是很少，因此有"三山六水一分田"之说。但湖南人硬是凭着自己对田土的挚爱，更凭着自己的刚毅与顽强，将这一分有限的田土耕耘得那样彻底。历史上那些赫赫有名的湖湘大家们，没有一个不是农耕文化的顶礼膜拜者。大思想家王船山学富五车、主张激进，在许多方面走在同时代精英的前列，但唯独在"重本抑末"的问题上不能与时俱进，认为"农人力而耕之，贾人诡而夺之"，重农意识溢于言表。湘军统帅曾国藩出身农家，一生对农耕情有独钟，即便是后来官至督抚，权倾天下，完全"无需躬耕以足衣食"，然将"书、蔬、鱼、猪四端"定为祖传家法，让子子孙孙、世世代代遵守执行……然而，随着现代化浪潮的蓬勃兴起，工业化越来越成为经济发展的主流。尤其是在当代社会，又尤其是在工业化还仍然落后的湖南，我们必须实现由重农文化向重工文化的转换，这是传统农业向现代农业转换的需要，是农业大省转变为农业强省的需要，更是农业大省转变为工业大省、财政弱省转变为财政强省的需要，尤其应是一大批年轻有为的湖湘儿女从传统农业中解脱出来，奔向工业化征途的理性选择。

参考文献

[1] 王兴国编. 杨昌济文集 [M]. 长沙：湖南教育出版社，1983.

[2] 李有冉. 湘学略 [M]. 长沙：岳麓书社，1988.

[3] 刘晴波，等. 编. 杨度集 [M]. 长沙：湖南人民出版社，1986.

[4] 王兴国. 杨昌济文集 [M]. 长沙：湖南教育出版社，1983.

[5] 曾国藩. 曾国藩全集 [M]. 长沙：岳麓书社，1987.

（作者单位：湖南省企业文化促进会）

深化农村土地制度改革 切实维护农民合法权益

李小平

摘　要：深化农村土地制度改革，明晰农村土地产权，激活农村土地市场，把土地资源优势变为经济优势，是破解我国"三农"问题的关键。当前，国家围绕还权赋能与市场化推进这两条主线，对农村土地制度又进行了新的改革尝试，取得明显成效。但是伴随着城镇化快速推进，农村土地制度改革又面临新挑战新机遇。新的历史时期，加快深化农村土地产权制度，是发展现代农业、建设社会主义新农村的基础和前提，也是保障农民土地合法权益的根本要求。在此基础上探讨进一步建立健全土地产权、耕地保护、征地补偿、土地流转等相关制度，完善土地管理法、农村土地承包法等有关法律法规和政策至关重要。

关键词：土地制度改革；农民合法权益；土地产权；土地资本；耕地保护；土地流转；征地补偿

我国农业、农村和农民问题的核心是土地问题。改革开放以来，我国加大了农村土地制度改革力度，推行了以家庭承包经营为基础、统分结合的双层经营制度，在不变更农村土地公有制性质的基础上，通过所有权与经营权分离，将一度被人为割断的农民与土地之间的经济利益关系重新有效衔接起来，彻底打破了严重束缚农业生产力发展的传统集体经济模式，确定了农户家庭的农业经营主体地位，使我国农业与农村经济充满活力。进入新世纪之后，随着农村情况的不断变化以及改革开放的深入推进，我国围绕还权赋能与市场化推进这两条主线，对农村土地制度进行了新的改革尝试，取得了新的成果，呈现出比较鲜明的特点。

特点一是农村土地产权明晰化进程进一步推进。农村土地产权关系逐步由模糊走向清晰，通过第一次土地详查和第二次土地调查，特别是集体林权制度改革和农村集体土地确权登记发证，农民和集体经济组织作为利益主体的权利得以实现。目前我省农村土地承包经营户达 1 331.2 万户，占总数的 98.7%；完成集体林地确权面积 17 928 万亩，发证面积17 871 万亩，集体林地确权率、发证率分别达到 99.7% 和 99.4%。

特点二是农村土地适度集中和规模经营不断发展。目前，我省耕地流转面积达1 031.75万亩，占耕地总面积的 21.6%。耕地流转面积在 30 亩以上的种粮大户突破 10 万户。林地流转面积927.56 万亩，抵押森林面积达 191.19 万亩。农民专业合作社近 12 000家，农民林业合作组织 9 526 个，经营面积达 5 662 万亩，占集体林地总面积的 31%。

特点三是农村土地空间置换加快发展。为充分挖掘土地级差地租，一些地方通过非农建设用地和农用地空间置换，优化配置土地资源，缓解了工业化、城镇化的用地压力，同时也促进了土地适度规模经营和农民集中居住，提高了土地的整体效益。

特点四是农村土地资本化条件逐步形成。通过不断深化农村土地产权制度改革，把土地使用权、收益权完全交给农民，并建立规范的产权交易平台支持土地经营权流转，使得农村土地具备了实现资本化的基本条件。目前，全省已有68个县市区建立了土地流转市场，1 048个乡镇建立了土地流转服务中心，分别占总数的55.7%和48.5%。

在新的历史时期，随着我国城乡统筹发展的加快推进，城乡二元结构矛盾得到明显缓解，但农村土地制度改革仍然面临许多新的挑战。从我省的情况看，当前主要存在三个方面的突出矛盾：一是在大量农村劳动力外出务工和土地流转不畅的情况下，一方面农户经营规模过小的局限性日益凸显；另一方面，土地粗放经营甚至撂荒现象大量存在。同时，土地还不能成为农民的财产性收入来源。二是由于工业化和城镇化加快推进带来的土地供求矛盾日益突出，客观上要求深化农村土地制度改革。同时，农村集体建设用地的利用缺乏有效制度规范，不能以合法途径参与工业化和城镇化进程。三是征地补偿制度不完善，对被征地农民的补偿标准偏低。长期以来，农村土地以极低的成本转化为城镇建设用地，大量农民不能凭借土地权利分享工业化和城镇化的利益。这是一种效率低下的工业化和城镇化，不仅导致对农民土地利益的侵害，而且加剧了对土地资源的乱占滥用以及寻租腐败等。产生上述问题的原因在于：农村集体土地产权主体虚置、权属关系不清、土地流转制度不完善，农民的土地权利难以得到有效的制度保障。

土地制度是农村的基础制度，也是保障农民利益的根本制度。"十二五"期间，按照中央和省委的要求，加快农村土地制度改革，切实保障农民对土地的合法权益，我们应着重抓好以下方面：

第一，要深化思想认识。要深刻认识到，加快推进农村土地制度改革，是贯彻落实党的十七届三中全会精神，深化农村改革，加快城乡统筹发展的迫切要求，是依法保护农民土地权益、推动农村繁荣发展的重要途径，是落实以人为本、改善民生、促进社会和谐的根本要求。加快农村土地制度改革，有利于农业增效、农民增收，有利于农村经济可持续发展，有利于缓解当前"小农户"与"大市场"的突出矛盾，有利于农村大局稳定和长治久安。

第二，要科学制订规划。农村土地制度改革是一项很重要的工作，要科学制订覆盖农村区域的土地利用规划和城乡发展规划，要在保护基本农田的前提下，合理安排城乡建设用地、产业发展用地、农民宅基地、生态绿化用地等。首先要留足耕地。留足耕地是保证人类生存及子孙后代可持续发展的基本要求。其次是统筹利用非耕地。农村建设用地、林地、河滩等，尤其是农民宅基地、农村公共设施、集体经济发展用地等，应纳入城乡统筹发展规划。三是要根据农民的意愿，因地制宜推进"四个集中"，即农产品加工业向园区集中，农村富余劳动力向城镇集中，土地向规模经营集中，宅基地向小区集中。

第三，要不断完善制度。一是要进一步完善权属清晰的土地产权制度。明确界定拥有土地所有权的主体，并以土地所有权证书这一法律形式予以确认，解决产权人人有份、但谁也说不清自己到底占有多少的模糊问题。二是要切实落实最严格的耕地保护制度。我省农村土地总面积达21.18万平方千米，全省农用地、建设用地、未利用地分别为27 441万亩、2 243万亩和2 091万亩，分别占土地总面积的86.4%、7%和6.6%。基本农田保有量达4 895万亩。要通过健全责任体系、考核评价体系，加强和改进"占补平衡"工作，切实提高补充耕地质量，大力推进土地综合整治等措施，继续实行最严格的耕地保护制度。三是要稳定和完善农村基本经营制度。以家庭承包经营为基础、统分结合的双层经营体制，是适应社会主义市场经济体制、符合农业生产特点的农村基本经营制度，是党的农村政策的基石，必须按照中央的要求，毫不动摇地坚持。现有土地承包关系要保持稳定并长久不变。在完善这项制度中，家庭经营主要是增加技术、资本等生产要素投入，提高集约化水平；统一经营主要是加强联合与合作，形成多元化、多层次、多形式经营服务体系，着力提高组织化程度。四是要完善土地流转制度。要切实按照中央提出的依法、自愿、有偿的原则，加强土地流转。一方面，允许农民以转包、出租、互换、股份合作等形式，流转土地承包经营权，发展多种形式的适度规模经营，特别是大力支持发展专业大户、家庭农场、农民专业合作社等规模经营主体；另一方面，要依法规范土地流转行为，特别是要强调土地流转不得改变土地集体所有性质、不得改变土地用途、不得损害农民土地承包权益。土地流转要有利于稳定农村土地承包关系，有利于增加农民收入，有利于提升农业适度规模经营水平，有利于资源要素的优化配置。五是要完善征地补偿制度。要严格界定公益性和经营性建设用地，逐步缩小征地范围。要按照同地同价原则，及时足额给农村集体组织和农民合理补偿，解决好被征地农民就业、住房和社会保障问题。建设非公益性项目，要允许农民依法通过多种方式参与开发经营。要逐步建立城乡统一的建设用地市场，在符合规划的前提下，保证农村集体土地与国有土地享有平等权益。

第四，要完善有关法律法规和政策。当前，要消除在农村土地制度改革层面上的不少矛盾和问题，当务之急是对不符合社会主义市场经济体制的现行法律法规和有关政策抓紧进行清理和修改，比如要抓紧修订土地管理法、农村土地承包法、森林法、农业法等法律。同时，要完善有关征地补偿、拆迁和社会保障等方面的政策，切实维护农民合法权益。

（作者单位：湖南省农业法制研究会）

纯化司法各环节的主要职能
构建有利司法公正制约机制

李云峰

摘　要：公、检、法、司，是我国维护社会公平正义的最后一道屏障。遏制司法腐败，是维护社会公平正义不可缺少的一个主题。我国公、检、法、司设置的主线是正确的，但其权利配置上仍然存在不少问题，容易导致监督缺位和腐败。科学配置司法各环节的权利，使之形成相互配合、相互衔接、相互制约的有效权力链和运行机制，正是遏制司法腐败的一条重要途径。

关键词：司法；公正；机制

公、检、法、司，是我国维护社会公平正义的最后一道屏障。遏制司法腐败，是维护社会公平正义不可缺少的一个主题。我国公、检、法、司设置的主线是正确的，但其权利配置上仍然存在不少问题，容易导致监督缺位和腐败。科学配置司法各环节的权利，使之形成相互配合、相互衔接、相互制约的有效权力链和运行机制，正是遏制司法腐败的一条重要途径。本文试从纯化司法各环节职能入手，探讨构建有利司法公正，遏制司法腐败的执法工作机制与反腐败制约机制。

一、司法各环节的职能交叉与监督缺位

1. 公安机关同时享有侦查权和羁押权

公安机关在我国刑事诉讼活动中是以侦查机关的身份出现的，担任侦查环节的职能。主要任务就是通过侦查破案、抓获犯罪分子。侦查权是其主要司法权。在侦查破案这个司法环节中，社会反映最强烈的问题是刑讯逼供、超期羁押和冤假错案。山西岳兔元案，湖北佘祥林案，河南赵作海案，就是一些典型案例。赵作海无辜蒙冤 11 年，他的痛苦和愤恨是可想而知的。如何避免此类悲剧的重演？反思这一系列冤案形成的原因，侦查环节首当其冲，刑讯逼供是主要祸首。赵作海在被公安机关关押的一个多月里，天天挨打，被迫作了假供词。看守所是羁押犯罪嫌疑人的场所，为什么对犯罪嫌疑人遭到刑讯逼供却"视而不见"呢？主要原因之一就是侦查和羁押是"一家人"，预审和羁押是公安机关内部事情，监督乏力。这种体制极易导致侦查人员对犯罪嫌疑人的人身自由享有极大的支配权，酷刑发生的随意性很难改变。这为刑讯逼供、超期羁押、司法腐败等违法犯罪活动打开了方便之门。

2. 检察机关同时享有起诉权和侦查权

检察机关在刑事司法程序中属于第二道环节，核心职能是公诉与法律监督。作为国家公诉者，向上可对公安机关侦查活动进行检查和监督，行使起诉和不予起诉的权利；向下则对法院审判进行监督，拥有抗诉权。显而见之，检察官担负着制衡侦查和审判功能，不应该拥有侦查权。而我国把职务犯罪的侦查权交给了检察机关，形成了侦、诉合一模式，致使这一环节缺乏有效监督。我国检察机关设有反贪局和渎职侦察局，自侦自诉，立案、撤案，起诉、不予起诉，"一家之言"，致使检察机关在这方面成为腐败重灾区。

3. 法院同时享有审判权和执行权

法院是国家的审判机关。但目前，我国的法院还肩负着经济执行任务（罚金、债务化解执行）。据统计，2008年全国法院经济执行部门违法违纪人数占到法院系统违法违纪人数的77%（新华网2009.4.23《法治论坛》）。自审自执行，缺乏强有力的监督，必然导致腐败。

4. 执行权分散，不便于相互制衡

执行权分为刑罚执行权和民事执行权。我国的民事执行权由法院掌管，形成了审、执合一模式，是法院腐败问题发生的重灾区。刑罚执行权，则由法院、公安、监狱、司法所四个部门掌管，显得非常分散。法院主要掌管罚金、没收财产和死刑立即执行权，公安主要掌管嫌疑人羁押、拘役、余刑1年以下有期徒刑的执行权，监狱掌管死刑缓期执行、无期徒刑、余刑1年以上的有期徒刑的执行权，司法所掌管缓刑、管制、监外执行、剥夺政治权利、假释的执行权。由于执行权分散，有的甚至是侦羁不分、审执合一，因而不能在整个刑事诉讼四道工序中形成一个互相配合互相制约的独立环节，而成为整个司法运行体系中的一块"短板"，为司法腐败易发区。

二、纯化司法各环节职能，科学配置司法权

纯化司法各环节职能，科学配置司法权，是维护司法公正，遏制司法腐败的有效途径。其做法主要是实现"三个分离，一个强化"。

1. 羁侦分离

将公安机关的羁押权与侦查权分离，纯化公安机关在司法活动中的侦查职能，遏制侦查办案过程中的刑讯逼供和超期羁押问题。将公安掌管的羁押权划给监狱，由监狱统一掌管。目前，将已决犯和未决犯统一交监狱管理的国家有美国、英国、法国、西班牙等。在美国未决犯监狱称为看守所，英国称地方看守所，法国称"押候监狱"，西班牙称"审前拘留监狱"。在1983年机构改革之前，我国的监狱一直属于公安部门管理，1983年后，监狱劳改队从公安机关分离出来，移交给司法行政部门管理，但关押未决犯的看守所一直由公安部门管理。在国外对未决犯和已决犯以及犯罪嫌疑人的关押监禁都是统一划归类似中国司法行政的监狱部门管理，这是有其合理性的。随着我国法制建设的不断健全，公民维护自身合法权益意识的不断增强，司法行政部门机构的不断充实加强，在新的司法体制改革中，应借鉴国外的经验，实现看守所的中立化，将公安看守所划归司法行政部门管理。这不仅有利于加大部门之间的监督制约力度，减少刑讯逼供等问题的发生，推进公安侦查工作的法制化，还有利于监所管理一体化，提高全国监所管理专业化、法制化、科学化

水平。

2. 侦诉分离

将检察机关的自侦权与自诉权分离。纯化检察机关的监督职能，解决自侦自诉案件中侦诉一体化、内部监督制约乏力而导致的司法不公正和司法腐败问题。

目前世界各国专门从事反腐败案件侦查的机构主要分为警察型、检察型、非警非检型三种情况。新加坡与我国香港地区成为世界公认的廉洁地，它们设立专门反腐机构，治理腐败的做法得到国际社会的肯定。新加坡的反贪局和中国香港的廉政公署，就属于"非警非检"类型，其中香港的廉政公署被联合国誉为"组织最完美的反腐败机构"，其特点之一就是侦诉分离，廉政公署具有侦查权，但起诉权属于律政司。

我国从事反腐败及职务犯罪侦查工作的机构属于"检察型"，即由检察机关的反贪局和渎职侦查局负责。这种类型最大的弊端就是自侦自诉监督乏力，正因如此，国家立法机关对于检察机关的侦查权没有完全授权以此来予以制约，从另一方面也降低了检察机关侦查和揭发腐败的能力及效率。他山之石，可以攻玉。笔者主张仿照世界上最成功的范例——新加坡和我国香港，将检察机关的反贪局渎职侦查局与纪委监察部门的某些职能结构合并，成立类似廉政公署的独立机构。按照法治反腐的思路，让该机构有专门的法律授权和完整的司法手段。同时接受检察机关公诉环节的监督，实行侦查权与起诉权分离，既解决目前检察机关存在的自侦自诉监督乏力以及侦查手段不足的矛盾，还可以将另一个饱受非议的纪委双规涉及基本人权保护的党内审查方式转变为廉政公署依法办案的司法程序，把纪委反腐工作也纳入法制轨道，向更高层次的法制反腐推进。

3. 审执分离

强化司法行政部门的执行权。将法院的审判权与执行权分离，强化法院在司法活动中的审判职能，解决审判、执行两个环节一体化导致的监督乏力所产生的司法腐败问题。

法院作为审判机关专司审判职能，将执行这个职能分离出来，移交给司法行政部门，让司法行政部门统一行使刑事执行、民事执行权，对于司法权利的科学配置、司法资源的整合利用和刑事法律体系的完善都有重要作用。首先有利于司法行政部门作为执行机关的科学定位，形成大执行格局。解决执行环节对前后工序之间监督乏力、不利形成一个互相制约、闭合而没有缺口的权力运行系统的问题。二是有利于执行序列体制统一。目前，法院的法官队伍与执行法警属于两个序列，而司法行政部门的执行警察与法院的执行警察同属一个大的序列，警察管理体制顺畅。三是有利于整合基层司法资源，解决基层司法行政部门职能太弱的状况。目前基层司法人员已遍布乡村一级政权，执行职能移交后，将大大增加基层执行力量。同时司法行政管辖的法制宣传、公正律师、人民调解等都可形成执行合力，为刑事执行的社区矫正和民事执行中和解先行，减少强制执行、破解"执行难"的矛盾提供集团军的司法援助。四是有利于刑事法律体系的完善。我国已有刑法、刑事诉讼法，而缺统一的刑事执行法。其中，执行权分散，没有执行主体机关应是一条重要原因，强化司法行政部门的执行权后，将大大加快刑法——刑事诉讼法——刑事执行法三足鼎立的完整的刑事法律体系建设。

退耕还林，退田还湖，是为了遵循自然规律，保存生态环境。实行羁侦分离，侦诉分离，审执分离，强化执行实际也是从制度层面革除现有司法运作机制存在的一些弊端，使我们的刑事司法制度真正步入符合司法特性及其规律的正常轨道，为社会的公平正义、遏制司法腐败，创造一个科学法制秩序和环境，这也是我们法律工作者、改革设计者、理论研究者都应该重点反思的问题。

三、创造有利司法公正制约机制实现的条件

1. 用改革的思维设计司法公正制约机制

司法改革是近年来最具吸引力的话题之一。笔者提出纯化司法各环节职能，实现羁侦分离、侦诉分离、审执分离、强化执行，科学配置司法权，无疑属于司法改革的重要内容，只有改革，才能推动体制的更新。但这种改革在客观定位上必须把握以下两条原则，才能顺利推行。

一是改革的性质不是西方意义上三权分立性质的改革，改革是使公、检、法、司机关权力在体制上形成合理的分工与制约机制。正如恩格斯在破除人们对"三权分立"崇拜的同时表明：①分权的真正意义就是分工；②国家为处理事务而实行分工，这是完全必要的；③分工的目的就是为了简化和监督国家机关。

二是改革的目的为纯化四道司法环节职能，通过改革突出主业，凸显主体，减少前后环节的权力交叉，这是司法权力运行过程中的有效性改革，是中国特色的司法制度的自我完善，而不是对现行司法体制的全盘否定与重构。坚持了这两条，我们就可以理直气壮地大胆改革。

2. 用全局的观念推动司法公正

全局的观念首先是局部服从全局，国家利益至上的大局观。中国许多改革之所以步履艰难，部门利益作祟是其重要原因。有些改革实质成了部门利益的博弈。部门利益以其强大的惯性抵制消融正在进行的改革；以其狭隘的视野妨碍司法改革的宏观把握。因此，要构建有利司法公正的制约机制，必须摆脱部门利益的束缚，站在国家权益高度，审视把握推进司法体制改革。全局的观念其次是统筹兼顾的系统观。公、检、法、司任何一个部门和环节，不仅责权很重，而且都不是孤立的，往往牵一发而动全身。如果改革中你动他不动，势必改不动。因此，全局的系统观念就是在推进改革中坚持"全局一盘棋"。在横向上，司法各机关必须全方位同步参与；在纵向上，全过程分阶段同步推进。在全方位的参与中，注重统筹协调，在分阶段推进中注意前后衔接，从而提高司法权力科学配置后的整体效益。

3. 用高规格的机构领导司法公正建设

领导改革的组织机构的权威性非常重要。公、检、法、司是一个庞大的系统，司法权力的科学配置必须要有高规格的组织机构实行统一领导。笔者认为，由中央政法委统一组织领导，各部门共同参与比较合适。不仅如此，这个机构还必须有一批熟知中外司法制度、了解中国国情的政治精英来做设计工作，由他们站在整个政法大局高度，以有利司法公正作为制度设计的核心理念和目标，制订统一的改革方案，科学分权，合理设计完善约束机制，有效压缩执法不公的空间；以强有力的组织领导和科学的改革方案指导推进司法体制的改革。

4. 用法律授权保障司法公正

要纯化司法各环节职能，解决侦查权与羁押权交叉、公诉权与侦查权交叉、审判权与

执行权交叉的问题，实行羁侦分离、侦诉分离、审执分离，构建有利司法公正的制约机制，最终还是需要法律的授权保障。因为一切国家机关必须依照法律所规定的职权去开展自身活动，没有法律的依据，国家机关任意行使国家权力的行为都是违法的。要改革就要对现行的相关法律进行修改。我们期盼国家立法机关在司法体制改革的大潮流下，充分关注国家机关司法权的理性分工与制约机制建设，加强对司法体制改革理论研究成果的吸收，通过法律修改后的授权，为司法体制改革提供充分的法律保障。

（作者单位：湖南司法警官职业学院）

加快信息化建设　推进供销合作事业创新发展

摘　要： 文章从对供销合作社信息化建设的内涵和主要内容分析入手，就争取各级领导的重视和支持，发挥系统优势，加快供销合作社信息化建设步伐，完善供销合作社信息化建设体系，全力推进供销合作社科学发展展开讨论，通过对供销合作社信息化建设的调研考察，深入剖析供销合作社信息化建设存在的突出问题，有针对性从供销合作社信息化建设的意义、存在的问题及其对策进行思索和探讨。

关键词： 供销社；信息化建设；问题；对策

湖南省供销合作总社自 1950 年 10 月成立以来，长期担负着为"三农"服务的重任，在搞活农村市场流通，促进农业发展，繁荣农村市场，帮助农民增收，推动全省经济社会发展方面发挥了积极作用，正努力成为全省农业社会化服务的骨干力量、农村现代流通的主导力量和农民专业合作的带动力量，坚定不移地走中国特色的供销合作道路。在新的历史条件下，信息化建设既是供销社面临的机遇期，但也面临着许多亟待解决的问题。

一、认清当前形势，增强供销合作社信息化建设的责任感和紧迫感

1. 从世界经济发展的要求来认识信息化工作的重要性

信息化建设是当今世界科技、经济与社会发展的大趋势。信息化水平的高低已成为衡量一个国家、一个地区和一个单位综合实力、核心竞争力和现代化程度的重要标志。信息化先进，则经济社会发达；信息化落后，则经济社会落后，正因如此，许多国家和地区都纷纷调整发展战略，加快推进国民经济和社会信息化，致力在新的国际竞争格局中赢得先发优势，占据有利位置。信息化浪潮既使我们面临着更大的国际竞争压力，但同时也为我们高起点推进信息化建设提供了可能，为我们大量吸收世界最新科技成果创造了条件，是我们实现跨越式发展的一个重大历史机遇。我们讲抓住机遇，最重要的就是要抓住全球信息化迅猛发展这一机遇；我们讲跨越式发展，最主要的就是要走一条服务"三农"和信息化建设同步推进、以信息化拓展服务"三农"的发展新路。历史经验反复告诉我们，机不可失，失不再来。机遇具有时限性，它总是稍纵即逝。面临机遇关键是看我们能不能发现，会不会抓住，善不善于用好。可以这样说，信息化这个机遇，我们抓住了，就能实现历史性的跨越；失去了，就将犯下历史性的错误。因此，各级供销社、企事业单位必须具备政治敏锐性、责任感和紧迫感，认清当前形势，把握发展大势，做到趁势而上，顺势而为，有所突破，有所作为。以最大的决心，更快的行动，扎扎实实地抓好供销合作社信息

化建设工作。

2. 加快信息化建设是供销合作社的重要任务

党和国家高度重视农业农村信息化建设，党的十七届五中全会提出，应"在工业化、城镇化深入发展中同步推进农业现代化"。中央 1 号文件连续 6 年明确指出，要加快推进农村信息化建设工作。2009 年科技部、工信部、组织部联合启动了国家农业农村信息化示范省建设。2010 年 4 月，工信部、农业部、科技部、商务部、文化部五部委制定了《农业农村信息化行动计划（2010～2012 年）》。湖南是农业大省，农业现代化、农村城镇化、农村新型工业化迫切需要信息化支撑。《湖南国民经济和社会发展十二五规划纲要》明确提出，"十二五"期间湖南省要全面推进新型工业化、新型城镇化、农业现代化、信息化，着力建设资源节约型和环境友好型社会，要"坚持以信息化支撑和促进新型工业化、农业现代化和新型城镇化"。湖南省委省政府把信息化摆到了十分突出的位置。加快农业农村信息化建设是加快发展现代农业的必然选择，是加速农业科技成果向现实生产力转化的便捷通道，是推动农业、农村经济发展方式转变的重要推动力，是加快新农村建设的重要举措，是提高农民素质、培育新农民的重要手段，对全面推进国家"三化同步"战略和湖南省"四化两型"建设均具有重要的作用和意义。供销社作为农村经济发展的三大主导力量，加快信息化建设，提高为三农服务水平，是党和政府交给供销社的重要任务。

3. 信息化建设是供销合作社科学发展的必然要求

近年来，全省信息化基础设施建设取得明显进步，信息产业持续快速发展，电子政务建设初见成效，社会信息化应用逐步展开。供销社信息化建设不只是信息技术在政务领域的推广和应用，也不是简单地将省供销社现有职能和业务流程电子化或网络化，而是运用现代信息技术推进全省供销社改革和管理体制变革的创新。传统商务与信息技术的结合是信息化建设、电子商务发展的必然趋势，是构建供销社信息化网络多级体系结构的必然要求。为拓展供销社信息化应用范围，提升供销社信息化应用能力，充分发挥信息技术服务"三农"的作用，供销社只有适应时代潮流和市场竞争的要求，大力推进信息化建设，发展普及电子商务，才能更好地服务"三农"，提升供销社形象和地位，创造更好的社会效益和经济效益。

4. 信息化建设是供销合作社实现职能转变的重要手段

当前和今后一个时期，全省供销社系统信息化建设工作的指导思想应是：以打造"数字湖南"为目标，更好地服务"三农"。工作思路：以省供销电子商务公司为龙头，应用互联网技术和物联网技术，把遍布城乡的供销社商业网点、专业合作社、生产基地、各类市场联结起来，运用线上线下相结合，实体加网络相结合，手机加电脑相结合的全新电子商务模式，全面高效地整合供销社系统的信息流、物流和资金流，打造工业品下乡的直销市场和农产品进城的安全通道，减少流通环节，保障商品质量，按照"统筹规划、分步实施，整合资源、注重应用"的原则，立足实际，突出特色，加大投入，建设一个体系完整、结构合理、高速互通、先进实用的信息网络、电子政务系统，带动系统管理、保障和服务信息化。促进农业发展、繁荣农村市场、帮助农民增收，有效解决农民买难卖难的问题，使供销社的优势得以充分发挥，强强联手，开拓创新，在千变万化的市场竞争中勇立潮头。

二、正视当前供销社信息化建设存在的问题和困难

湖南省供销社于 2010 年全面推进系统信息化建设的工作。通过前期建设与推进，全省系统信息化建设取得了一定突破，80% 以上的市、县建立了网站，在全国供销合作社系统处于领先水平，虽然取得了明显进步，但还存在以下问题和困难：

1. 基层供销合作社信息化服务意识普遍淡薄

目前全省供销社系统信息化服务体系基本形成，建立了省、市、县三级网站和经营服务网络，但所担负的信息化普及推广任务依然十分艰巨。供销社是植根农村、服务"三农"的经济组织，在促进城乡经济交流，推动农村现代化、信息化的发展中，主动承担起向农民传播科技信息，引导农民掌握信息技能，开展农村生产生活中的信息化试点，并不断进行推广应用的责任。因此，供销社理应成为推进信息化工作的宣传者和实践者，但现实中一些基层供销社人员，对供销社信息化建设的紧迫性和必要性存在认识上的差距，信息化服务意识淡薄，推进工作缺乏热情，仍满足于传统方式的日常经营作业，未能承担起信息化应用和推广的职责。

2. 基层供销合作社网站信息匮乏，更新不及时

供销合作社信息化建设过程中，存在市、县重复建设，各自为战的现象，缺乏统筹规划和协调。由于管理职责不清，分工不明，为了单一的系统独建一套数据，信息资源呈"离散型"，突出表现为：有的市、县供销社虽然建立了以电子政务信息为基础的网站，但信息匮乏，更新不及时，没有发挥其作用；个别单位开展电子商务，上网发布、销售名优特产品，由于产品种类单一，缺少宣传，没有与全省平台——网上供销社整合对接，社会效益和经济效益不明显。

3. 信息工作人才队伍建设亟待加强

近年来，省供销社系统信息化建设虽然取得明显成效，但目前信息工作者队伍水平参差不齐，整体文化水平、技术程度距信息时代的要求还存在一定距离；信息工具运用能力程度不高，习惯于传统的信息建设、管理和信息交换的方式方法；在思想观念上还没有跟上信息时代的发展步伐，不能对数据进行深层次分析，无法为科学决策提供必要的依据。同时因供销社客观情况，无法给信息化专业人才提供良好的待遇与薪酬，无法承诺其职业发展的上升空间，因此难以吸引信息技术人才投身于农村基层工作，这种状况势必影响供销社信息化建设的进程。

三、加强信息化建设，推进供销合作事业创新发展

1. 加强队伍建设，建立和完善信息化建设领导机制

信息系统只是管理的辅助工具，其价值的大小，最终取决于人。没有一流的供销社信息管理队伍，就不会有一流的信息化水平。目前，供销社精通信息化技术的人才比较缺乏，有的只懂信息技术，不懂供销社工作；有的熟悉供销社工作，但没有掌握信息技术。因此，供销社要大力培养复合型的信息系统管理人才，不断加强供销社信息工作者信息技术培训，建立立体式、多层次、全方位的培训体系，综合运用集中培训、现场会、网络视

频会议、分片分区现场指导、电视电话会议等多种形式，做到供销社的工作与信息技术应用并重，增强培训的实效性，造就一支具有较高水平的信息技术应用能力和管理能力的人才队伍。

2. 抢抓数字湖南建设机遇，加大供销合作社信息化建设投入

俗话说，兵马未动，粮草先行。加快供销社信息化建设的进程，需要财力、物力的保证，其中经费的保证是很重要的因素。在目前供销社经费偏紧的情况下，要按照"费随事转"的原则，进一步加大对信息化建设工作的投入，建立健全投入保障机制，重点加大信息化基础设施提升改造、软件设施改善、专业技术人员引进及培养、网站建设与运营、维护、信息化操作技能培训、信息化功能宣传推广等的经费投入，要多渠道争取资金支持，要采取政府投入与供销社投入相结合、供销社投入与社会支持相结合的办法，积极筹措信息化建设资金，确保供销合作社信息化建设顺利实施。

3. 明确目标，统筹规划，分步实施，稳步推进

供销合作社信息化建设是一项长期的事业，是一项复杂的系统工程，一定要立足实际，循序渐进，注重实效。目标不能定得过高，不能追求一步到位，要有步骤、分层次进行，先打基础，再行应用。首先要做好信息收集、存储工作。因而在启动阶段必须全面收集有效信息，认真核实，确保信息的完整性和准确性。其次，要建立信息数据库，提高信息化工作效率。

4. 以供销合作社网站为基础，建设电子政务综合管理系统

以省供销合作社网站为龙头，打造供销社政务内网和政务外网系统，提高全省供销合作社电子政务管理和维护水平，使其真正成为"沟通外界的桥梁，联系群众的纽带，信息化建设的载体，网上办公的平台"，致力实现"三个一流"：一是完善一流网络。以省供销社政务网站、电子商务有限公司为主干，各市州、县市区供销社、省社直属各单位为分支形成统一网络体系，实现省供销社、市州直属中心、县市区社（基层供销社、专业合作社、协会基地）等三级网络互联。二是开发一流的系统。在抓好网络与硬件建设的同时，进一步加大软件开发力度，投入专项经费用于网上公文收发、传输、处理及协同办公等一系列应用系统的开发，并将这些系统整合到省社政务网站这个统一的应用平台上来，一站式登录，逐步实现全省系统办公自动化建设。三是建设一流的网站。继续加强政务门户网站建设，充分发挥其平台作用，电子商务公司发挥好管理协调和技术支撑的作用，省社直属各单位和各市州、县市区供销社认真做好信息的搜集、整理和上报工作，加大宣传力度，共同把政务门户网站办出生机、办出特色。

5. 以网上供销社为龙头，建设供销电子商务大平台

2009年5月，省供销社创办了全国供销系统第一家电子商务有限公司——湖南供销电子商务有限公司，致力打造中国最大的农村移动电子商务平台、"农村版阿里巴巴"。目前主营业务包括三大块：一是以"分散订单、集中采购"为手段的"工业品下乡"业务，二是以"线上推广，线下营销"为形式的"农产品进城"业务，三是以"供销通"为载体的农业农村信息化便民综合服务业务，将乡镇加盟店、村级服务网点打造成全方位服务"三农"的集商品贸易、信息服务、物流集散、业务代办于一体的"四个中心"。网上供销社要加速平台的建设，积极发挥信息化建设的平台作用，整合全省市县供销社资源，上网发布产品和价格信息，集中推介全省供销社的优势产品和项目，通过上网宣传，整体包

装、策划等多方式推介供销社企业，扩大供销系统实体的知名度，提高管理信息系统、资源规划管理系统，企业生产、管理的现代化水平，成为供销社开展电子商务业务经营的龙头。

6. 规范管理形成信息化建设长效管理机制

网站是信息化和电子政务的平台。把全省供销社政务网站和电子商务建设成"为公众服务的窗口"和"为政务服务的平台"。在信息化运行过程中，牢固树立服务观念，注重"三个优先"：一是注重服务优先。办好办事指南栏目，搭建高效、便捷的网上服务平台，逐步推行"网上受理、实时办理、限时办结、全程服务"的工作模式。二是注重时效优先。进一步畅通信息渠道、增强发布时效，建立健全和完善网站管理办法和网站绩效考核机制，落实网站信息更新和栏目的更新、维护，保证网站信息发布的及时性。三是注重安全优先，政务网站必须严格按照互联网应用中保密、安全和新闻发布等管理规定，制订严格的管理措施并实行责任制，注重网站发布流程，发布内容审核要层层把关，严格执行上网信息保密审查制度，严禁涉及国家秘密的信息上网。要采取必要的安全防范措施，严防黑客和病毒的攻击，确保信息化建设长效管理。

四、结束语

供销合作社系统信息化建设是供销社的基础性工作，对促进供销社科学发展、提高供销社服务水平具有重要意义。事实证明，供销社信息化平台能够为供销社管理者提供全面、准确、及时的信息，为科学决策和了解供销社服务"三农"的动态提供重要依据。因此，供销社借助现代信息技术有效地实施信息化管理，必将迎来供销社合作事业蓬勃发展的春天。

参考文献

[1] 成思危. 企业信息化与管理变革 [M]. 北京：人民出版社，2001.
[2] 梁滨. 企业信息化的基础理论与评价 [M]. 北京：科学出版社，2000.

（作者单位：湖南省供销合作经济学会、湖南省供销合作总社）

湖南省地市旅游业的空间经济效应及变化

陈刚强　李映辉

摘　要： 本文运用变异系数、基尼系数及多变量 Moran's I 等分析方法，从规模相对差异、空间分布集中度与空间关联性等方面分析了 2001～2010 年湖南省地市旅游业内部差异与外部关联性的空间经济效应。论证了在区域经济差异扩大时，湖南省旅游业规模相对差异的逐渐缩小只表明了其扩大区域经济规模相对差异的效应在不断减弱；而空间分布集中度的持续降低则表明了其由起初的扩大效应不断减弱逐渐转变为缩小效应的不断增强。总体上旅游业的外部空间关联性并未起到扩大区域经济差异的显著效应；但在局部上旅游业空间关联效应的增强却强化了已形成的经济差异格局，具有扩大区域经济局部差异的作用。

关键词： 旅游业；经济效应；区域差异；空间分析；湖南省

一、引言

旅游业发展由于具有较强的产业带动作用，以及经济创收与吸纳就业的能力等，从而成为促进地区社会经济发展的有效手段。尤其对生产要素相对落后、但旅游资源丰富的欠发达地区而言，旅游业发展更被看作为促进其社会经济发展的重要推动力，从而缩小区域发展差异。国内外学者对区域旅游业的经济效应问题已展开广泛研究，但对旅游业空间经济效应的分析才初步展开。国外有关旅游业空间经济效应的研究，主要关注旅游业发展在改善地区社会经济条件、降低地区贫困率以及调整区域差异等方面的空间作用。国内研究则主要对区域旅游业的空间差异进行了大量分析，并基于旅游业自身差异的研究对该问题作了延伸式探讨，且一般认为旅游业区域差异逐渐降低能起到缩小区域经济发展差异的作用。

但旅游业区域差异的不断缩小是否表明其必然具有缩小区域经济差异的作用，这需要在理论与实证上作进一步论证；而运用基尼系数、多变量 Moran's I 等空间分析方法，对区域旅游业内部差异及外部关联性的经济效应进行定量研究，也将深化与拓展对该问题的分析，这对丰富与完善旅游地理学的分析方法具有重要价值，也对科学规划区域旅游业发展、深化对旅游业发展作用的认识具有借鉴意义。

二、数据来源与处理

旅游业发展的经济效应体现在诸多方面，如促进地区经济发展、调整区域经济发展差异、增加就业机会、转变经济结构及提升旅游业生产效率等。本文将基于湖南省地市旅游业空间差异特征与变化的分析，主要从调整区域经济发展差异的作用方面，分析旅游业空间经济效应及差异特征。其中，旅游业规模相对差异及空间分布集中效应反映其内部差异的空间经济效应；空间关联效应反映邻近地区旅游业对某地区经济发展影响的外部效应。

本文以湖南省各地（州、市）为分析样本，利用2001～2010年各地区旅游业总收入与地区生产总值的数据，对湖南省地市旅游业调整区域经济发展差异的效应进行分析。其中，旅游业总收入为国际旅游外汇收入与国内旅游收入之和。为使两种旅游收入数据具有可加性，利用2001～2010年我国人民币对美元的汇率值对国际旅游外汇收入进行换算，以使两种旅游收入的计量单位相一致，据此计算出历年各地市的旅游总收入。分析数据主要来源于历年湖南省统计局发布的《湖南省各市州统计公报》（2001～2010年）。

三、内部差异的空间经济效应分析

1. 内部差异及其空间经济效应的评价方法

①规模相对差异与空间集中性的测度。对规模水平或计量单位不同的变量值，不能用标准差直接比较其规模差异程度，故在此用变异系数来测度规模相对差异。其计算公式为：

$$v = \frac{s}{\bar{x}} \tag{1}$$

式中，v 为变异系数，s 为标准差，$\bar{x}$ 为平均值。v 值越大，表明规模相对差异越大。

尽管变异系数的大小也在一定程度上反映了空间分布的集中程度，但其测度的主要是规模相对差异，故在此采用基尼系数来更准确地测量空间分布集中度。其含义如下：

$$G = \frac{均匀分布线和洛伦茨曲线之间的面积}{均匀分布线下的面积} \tag{2}$$

式中洛伦茨曲线图的纵轴上为相应变量值的累计百分数，横轴上为地区数的累计百分数；均匀分布线即为其中的对角线。G 值越大，表明空间集中度越高。

②内部差异空间经济效应的评价。已有研究认为，在动态上，旅游业区域差异的逐渐降低能起到缩小区域经济发展差异的作用。但这一结论忽略了静态上的考虑而值得进一步商榷。即在静态上，如果旅游业的区域差异大于经济发展的区域差异，例如某区域旅游业的基尼系数为0.8，总体经济的基尼系数为0.5，如果不考虑旅游业的区域差异来计算该年总体经济的基尼系数，则该区域经济的基尼系数将会小于0.5，因此旅游业的发展起到了扩大区域经济差异的效应。

基于此，在时间动态的比较上，旅游业区域差异的缩小，并不能表明旅游业发展必然具有缩小区域经济差异的效应。这需要结合静态分析的情况而定。在静态上，旅游业发展具有扩大区域经济差异的效应时，则动态上旅游业区域差异的降低，只表明了旅游业发展的这种空间扩大效应在不断减弱；反之，在静态上具有缩小效应时，则动态上旅游业区域差异的降低表明了其缩小效应在不断增强。

2. 内部差异的空间效应特征与变化

利用2001～2010年湖南省各地市的旅游业总收入与地区生产总值数据，分别根据式

（1）和式（2）计算出它们历年的变异系数和基尼系数（图1）。总体上，旅游业的规模相对差异与空间集中度都呈不断下降的总体趋势，分别由2001年的1.313和0.604逐渐降到了2010年的0.958和0.364；而地区生产总值都呈不断上升趋势，分别由2001年的0.585和0.312逐渐上升到了2010年的0.902和0.405。但即使在区域经济差异不断扩大时，旅游业区域差异不断缩小也并不能表明其具有缩小区域经济差异的作用。具体地表现为：

①历年旅游业总收入的变异系数都要大于经济总量的变异系数，即静态上地市旅游业具有更大的规模相对差异，这将产生扩大区域经济规模相对差异的持续效应；而动态上旅游业变异系数的不断降低，则表明其扩大区域经济规模相对差异的效应在不断减弱。

②2001～2008年湖南省地市旅游业的基尼系数都大于经济总量的基尼系数，且旅游业的基尼系数呈总体下降趋势。这表明旅游业空间集中性具有扩大区域经济集中性的效应，但其扩大效应呈逐渐减弱的趋势。而2009年后，地市旅游业空间集中的经济效应发生了根本性转变，即旅游业基尼系数已比经济总量的略小，从而具有缩小区域经济集中性的效应。2010年旅游业基尼系数的进一步下降，表明其缩小区域经济集中性的效应在不断增强。因此，旅游业空间集中度的不断降低表明其作用由起先的扩大效应不断减弱逐渐转变为缩小效应的不断增强。

③在旅游业迅速发展初期阶段，经济相对发达地区凭借其较强的城市影响力与经济基础等有利条件，旅游景区及相关旅游服务基础设施等也得以迅速开发和建设，以观光、商务、会议和会展等为主的城市旅游得以迅速发展，这进一步扩大了经济相对发达地区与不发达地区之间旅游业发展的差异，从而使得旅游业区域差异在初期阶段表现为具有更大的规模相对差异和空间集中度，因此旅游业的发展反而起到了扩大区域经济差异的效应。但近10年来，旅游业的产业带动作用也引起了经济相对落后地区的足够重视，相对落后地区的旅游资源优势逐渐凸现，乡村旅游、休闲度假等旅游形式的迅速兴起，快速推动了相对落后地区的旅游业发展，从而使得旅游业区域内部差异表现出持续下降的总体趋势，其缩小区域经济差异的空间效应逐渐显现，逐步实现了政府发展旅游业的初衷，即将旅游业发展作为缩小社会经济发展区域差异的有效手段。

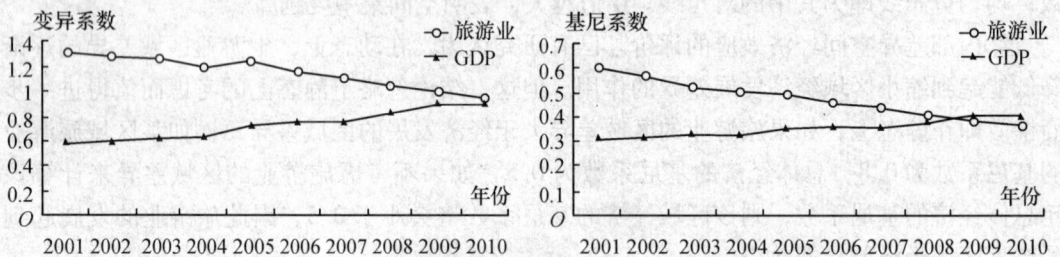

图1　2001～2010年湖南省旅游业与经济的内部差异与变化

四、外部关联性的空间经济效应分析

1. 外部关联性的空间经济效应测度

在调整区域经济差异的空间效应上，邻近地区的旅游业发展通过产业内与产业外的带动效应及地理溢出效应等，将产生一定调整区域经济差异的空间作用。为测度旅游业对经济的空间关联效应，在此将采用多变量 Moran's I 方法来进行分析。多变量全局 Moran's I 是对空间关联效应的总体测度，计算公式为：

$$I_{kl} = \frac{z'_k W z_l}{z'_k z_k} \tag{3}$$

在此，z_k 为经济总量标准化后所得的列向量，z_l 为旅游总收入标准化后所得的列向量，W 为行标准化的空间邻近权重矩阵（即地理上相邻的地区取值为 1，不相邻的取值为 0，标准化后 W 的行和为 1）。

多变量局部 Moran's I 是对旅游业关联效应区域内部差异的进一步刻画，其定义如下：

$$I^i_{kl} = z^i_k \sum_j w_{ij} z^j_l \tag{4}$$

其中，z^i_k 为地区 i 经济总量的标准化值，z^j_l 为地区 j 旅游总收入的标准化值；w_{ij} 为行标准化空间邻近权重矩阵 W 第 i 行第 j 列上的元素。根据多变量局部 Moran's I 的含义，可将局部空间关联性划分为 HH、LL、LH 和 HL 四种类型。在通过显著性检验下，其空间经济含义为：HH（LH）型表明发达地区（欠发达地区）邻近区域的旅游业具较强的空间关联效应，这将有利于促进该地区的经济发展；HL（LL）型表明发达地区（欠发达地区）邻近区域的旅游业具较弱的空间关联效应，对促进该地区经济发展的作用不强。

但在调整区域经济差异的作用上，显著的 HH 型与 LL 型将强化已形成的经济差异格局，即显著 HH 型表明周边地区旅游业的空间关联效应将对发达地区的经济发展产生较强的促进作用，而显著 LL 型表明其空间关联效应对欠发达地区的经济发展具较弱的促进作用，从而增强了区域经济局部上的不平衡发展程度；反之，显著的 HL 型与 LH 型则有利于打破或削弱已形成的经济差异格局，促进区域经济局部上趋向平衡发展。据此，多变量全局 Moran's I 的含义也变得清晰，即在一定的显著性水平下，其值大于期望值时，则旅游经济的正空间关联效应（即以 HH 型和 LL 型为主）将不利于缩小区域经济的发展差异；反之，则有利于促进区域经济整体上趋向平衡发展。

2. 外部关联性的空间经济效应特征与变化

根据式（3）可求得 2001～2010 年湖南省地市旅游业与经济的多变量全局 Moran's I，其值从 2001 年的 −0.071 3 逐渐增加到 2010 年的 0.082，都大于期望值 −0.076 9，但都未在 0.1 的显著性水平上通过检验，表明总体上旅游业对区域经济发展具有越来越强的正空间关联性质，但并不存在显著效应，即总体上对区域经济发展的整体推动作用不显著，也并未起到扩大区域经济差异的显著效应。这表明湖南省旅游产业内外的关联性在地市之间并未形成显著的空间关联效应，区域内部的旅游业联动发展与协作程度并不高。

再根据式（4）可分别求得 2001 年和 2010 年湖南省地市旅游业与经济的多变量局部 Moran's I 分析结果，并结合 ArcGIS 的专题制图功能可得多变量局部 Moran's I 的分析结果图（图 2 和图 3）。由之可知：

①在空间关联特征的区域差异与变化上，除永州市由 2001 年的 HH 型转变为 2010 年的 LL 型外，其他地市的空间关联性质都未发生改变；但在通过显著性检验的空间关联效应上，长沙市已由 2001 年的显著 HL 型变为 2010 年的不显著，邵阳市的 LL 型、岳阳市的 HH 型、衡阳市的 HL 型都由 2001 年的不显著变为了 2010 年的显著。即通过显著性检验的

地市所有增加，在局部上地市旅游业的空间关联效应具有逐渐增强的发展趋势。

②通过显著性检验地市的空间分布，也较好地反映了湖南省旅游业外部关联效应的空间结构，即在经济相对不发达的湘西、湘中至湘南地区，通过显著性检验的地市主要是 LL 型，其区域旅游业发展并未对欠发达地区的经济发展产生较强的促进作用；而在长株潭与环洞庭湖的经济相对发达地区，通过显著性检验的地市主要是 HH 型，区域旅游业的空间关联效应突出表现为将有利于发达地区经济发展水平的进一步提高。这将进一步强化已形成的经济差异格局，从而具有增强区域经济局部差异的效应。

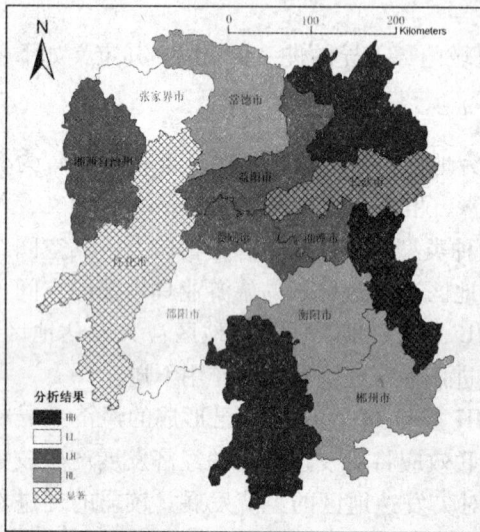

图 2 2001 年多变量局部 Moran's I 分析结果   图 3 2010 年多变量局部 Moran's I 分析结果

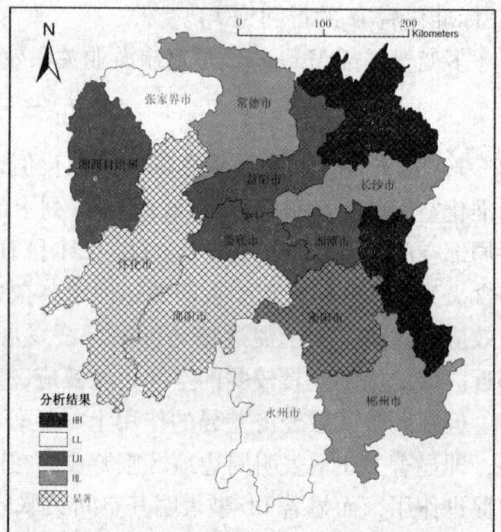

③实际上，这种空间经济效应也与产业空间集聚发展的效应特征相一致，即旅游业空间集聚的扩散作用也是一个渐进的、连续的过程，在集聚发展的初期阶段，以长沙为中心的经济相对发达地区也具有更为发达、集聚性更强的旅游业发展，而边缘地区的地市，如张家界、衡阳等尽管旅游业相对发达，但并未充分发挥对区域经济的推动作用；另一方面，通过回流作用，经济与旅游业生产要素，如资金、技术与人才等也由边缘区进一步向核心区流动，从而，旅游业的外部关联性对核心区的经济发展产生了更强的促进作用，而对边缘区的经济促进作用则显得相对乏力，并在局部上表现出具有增强区域经济差异的效应。

五、结论

静态上旅游业相对经济发展水平具有更高的区域差异程度时，动态上旅游业区域差异的不断缩小只是表明了旅游业扩大区域经济差异的作用在持续减弱，而不能表明其起到了缩小区域经济发展差异的作用。旅游业不同的区域内部差异对于调整区域经济差异的作用也存在不同的表现。即 2001～2010 年湖南省地市旅游业规模相对差异具有扩大区域经济规模相对差异的持续作用，而旅游业空间分布集中性则由扩大效应的不断减弱逐渐转变为缩小效应的不断增强。可见，近年来，在湖南省旅游业的转型发展过程中，随着旅游业促进相对落后地区经济增长与结构转变的作用日益凸现，其空间经济效应也体现出一定的转型特征。

湖南省区域旅游业发展的地理溢出效应并不强烈，这突出表现在旅游业的外部空间关联性在总体上并未起到调整区域经济差异的显著效应；但在局部上旅游业空间关联效应的增强却强化了已形成的经济差异格局，即在经济相对不发达的湘西南地区，旅游业的空间关联效应具有较低的经济推动作用，而经济相对发达的湘东北地区，旅游业的空间关联效应则具有较强的经济推动作用，从而使得旅游业的空间关联效应具有扩大区域经济局部差异的作用。

参考文献

[1] Mark S, Rosentraub, Mijin Joo. Tourism and economic development：Which investments produce gains for regions? [J]．Tourism Management，2009（30）．

[2] Durbarry R. Tourism and economic growth：The case ofMauritius [J]．Tourism Economics，2004，10（4）．

[3] Wanhill S. Peripheral area tourism：A European perspective [J]．Progress in Tourism Hospitality Research，1997（1）．

[4] 崔峰，包娟．浙江省旅游产业关联与产业波及效应分析 [J]．旅游学刊，2010，25（3）．

[5] 生延超，钟志平．旅游产业与区域经济的耦合协调度研究——以湖南省为例 [J]．旅游学刊，2009，24（8）．

[6] Urtasun A, Gutiérrez I. Tourism agglomeration and its impact on social welfare：An empirical approach to the Spanish case [J]．Tourism Management，2006（27）．

[7] Deller S. Rural poverty, tourism and spatial heterogeneity [J]．Annals of Tourism Research，2010，37（1）．

[8] Weaver D B. Peripheries of the periphery：Tourism in Tobago andBarbuda [J]．Annals of Tourism Research，1998，25（2）．

[9] 陈秀琼，黄福才．中国入境旅游的区域差异特征分析 [J]．地理学报，2006，61（12）．

[10] 汪德根，陈田．中国旅游经济区域差异的空间分析 [J]．地理科学，2011，31（5）．

[11] 陆林，余凤龙．中国旅游经济差异的空间特征分析 [J]．经济地理，2005（3）．

[12] Wartenberg D. Multivariate spatial correlation：A method for exploratory geographical analysis [J]．Geographical Analysis，1985（17）．

（作者单位：湖南省旅游学会、长沙学院）

制度约束、行为变迁与乡村人居环境演化研究

李伯华 刘沛林 窦银娣

摘 要：本文从制度约束和行为变迁的视角出发，构建一个乡村人居环境演变的理论框架，即从外部和内部两个维度来考察乡村人居环境演变。外部维度是指国家制度约束，乡村人居环境建设是在国家制度主导下发展的；而内部维度就是农户空间行为，即乡村人居环境建设的内生变量，包括农户的居住、就业、消费和交往等空间行为。乡村人居环境正是在国家制度主导和空间行为双重因素的作用下发展的。本文对中国改革开放以来的乡村人居环境演变进行了总结和反思，认为不同的制度安排背景下，农户空间行为特征、乡村人居环境演变动力及其效应存在较大差异；乡村人居环境建设过程的空间问题一直无法实现预期目标，需要我们对此进行反思和调整。

关键词：制度约束；行为变迁；乡村人居环境；演变

20 世纪 50 年代，道氏对长期以来的城市问题及解决措施失效的原因进行了深入分析，创立了一门以完整的人类聚居为对象，进行系统综合研究的学科，真正理解城市聚居和乡村聚居的客观规律的学科，即"人类聚居学"。世界上对人居环境的关注始于联合国的《21 世纪议程》，研究人居环境问题的主要机构是 1978 年成立的联合国"人居环境中心"，该机构自 1986 年以来每年 10 月发布世界人居日主题，对国际人居问题研究具有重要的导向作用。国际上人居环境研究始终以城市为主导，主张通过城市规划设计与高效管理等手段达到理想的人居状态，而相应的乡村人居环境研究则严重滞后。

国内将人居环境作为一个系统进行研究始于 20 世纪 90 年代，研究的主要学科是建筑学和城市规划学。1993 年吴良镛院士首先提出了建立"人居环境科学"，并最早规范了人居环境的研究框架。近年来中国地理学界开始意识到从地理学视角研究人居环境问题的重要意义和学术价值，从呼吁重视人居环境的地理学研究转向多元化的地理学研究，研究的中心主题是城市人居环境评价及相关人居建设问题。与西方人居环境发展路径不同，中国乡村人居环境的演变具有强烈的制度安排痕迹，人们的行为空间均受制于此。因此，在社会转型的特殊时期和全面建设小康社会的关键阶段，从制度约束和行为变迁的视角出发，探索乡村人居环境演变的作用机理，对促进中国乡村人居环境的可持续发展、社会稳定、经济发展和新农村建设有着重要现实意义。

一、制度约束与农户空间行为变迁

1. 确定预期，降低交易成本

在确定的制度框架内，农户的空间行为有较为确定的预期，如农户居住空间发生移动

时，《土地管理法》不仅规范了农户空间行为，同时也保障了农户空间行为的利益不受侵害，避免了因协商而产生的成本。

2. 鼓励共赢，创造合作条件

农户几乎每一次空间行为的完成都不是孤立进行的，需要与外界发生错综复杂的关系，但信息不完全、理性有限及道德批判分歧使人的行为往往难以确定，唯有在一定的制度框架下，人的行为才具有可预知性。由于制度的相对公平性和强制性，能够防止各种无意和有意的违规行为，鼓励人们建立信任关系，加强合作。即使受规则约束的行为并非百分百地确定，人们仍会觉得它比混乱更恰当，更合理，因此，农户能够在制度框架下确立合作形式。如农户居住空间发生移动时，旧宅地基就可以在确定的制度条件下完成交易，使双方达到效用最大化。

3. 提供信息，形成决策依据

首先，制度规定了人们的活动范围和内容，人们能够从制度中获取行动的信息；其次，制度的实施过程和实施效果影响人们的判断。如果制度的实施过程中具有刚性特征，那么人们会自觉遵守制度的规定。如果制度不能有效约束人们的行动，那么制度给人提供的信息就使人可以逾越制度的限制。在农户空间行为的过程中，就因为有许多制度不能有效实行，给农户的信息暗示作用较大。如农户居住迁移过程中经常出现占用基本农田或者破坏生态环境的行为，但行为主体并没有因为逾越制度底线而受到损失，其他农户在空间决策时就会模仿该种行为，造成乡村人居环境的进一步恶化。

4. 激励设计，引导行为偏好

制度不仅规定了人们不能做什么，还鼓励人们做什么，改变人的偏好，影响人的选择。如政府通过制度诱导鼓励农户退耕还林，农户会通过制度变迁前后利益的比较作出相应的行为，如果能从制度的激励中获取利益，人们自然会改变行为偏好。

5. 行动约束，抑制异化行为

新制度学家假设人是机会主义者，总是想投机取巧获取利益。制度规定了人的行为选择空间，在空间范围内，人们可以自由选择满足自身效用最大化的行动方案。农户的就业、消费、居住等空间选择都必须在法律规章制度下进行，不可能随心所欲地行动，更不能容忍损人利己的行为。

6. 明晰产权，减少行为外部性

所谓外部性，是指一个人的某种行为给他人带来某种影响。斯蒂格利茨指出，只要一个人或一家厂商实施了某种影响其他人的行为，而且对此既不用赔偿，也不用得到赔偿的时候，就出现了外部性。制度通过产权的界定约束人们的行为，如乡村塘堰的治理通过承包权的转让，使农户不能随便向塘堰排污，因为塘堰在规定期内有明确的主人，他们有权向排污者索取因污染造成的损失。

二、制度约束下的行为变迁与乡村人居环境演化

1. 农户居住空间行为变化对乡村人居环境的影响

①村落空间失衡，乡土景观流失。农户通过居住区位的移动和迁移极大改变了原有的村落空间形态，一方面，农户居住空间的外向移动，使得村落内部空间空心化严重，废弃

宅基地比率高。另一方面，农户居住空间的外围扩张，使得村落外部空间秩序混乱。村落空间失衡的过程也是乡土景观流失的过程，世代延续的乡土景观和乡土情结在城市文明的强势入侵下逐渐衰败，乡村田园气息、建筑群落和行为模式等均发生了变化。

②居住空间分异，社会关系网络断裂。乡村居住空间既是一种地理空间，也是一种社会空间。农户居住空间区位移动都建立在较强经济实力基础之上，经济实力较强的农户总是优先占据着区位条件较好的空间位置并有选择的余地，而经济实力较弱的农户则只能居住原地或者选择区位条件较差位置。这些物化了的居住空间行为塑造着新的社会空间，使得原本高度同质的农户开始在居住空间、生活方式和价值观念上出现分化，传统的社会关系网络开始断裂，隐藏其中的社会隔离开始出现。

③村落资源侵占，乡村环境恶化。在普遍缺乏乡村规划的背景下，农户居住空间移动的自由度非常大，村庄均呈现粗放发展趋势，一些农户占用了大量的集体公共资源，甚至占用了基本农田。农户居住空间行为扩张一方面造成了村落空心化，大量废弃宅基地不能有效利用，给村落生态环境造成较大安全隐患。另一方面，农户在新居地大兴土木，造成水土流失，村落生态环境持续恶化。

2. 农户消费空间行为变化对乡村人居环境的影响

①村镇空间结构调整。现实社会中，消费者对消费物品和消费形式的选择是有一定范围的，这种选择范围构成了消费需求空间的边界。快速城市化背景下，消费者空间行为发生了变化，原来的消费需求空间边界将被打破，体现在地域空间上就是集镇（集市）衰落和繁荣的更替。当消费空间行为的区位指向发生了变化，要素集聚和空间集聚效应随着发生变化，经济节点的更新演替就在所难免，区域村镇空间经济结构格局将发生显著变化。

②乡村消费文化转型。当今，农户不仅仅关注消费数量的增长，更注重消费质量的提高，其消费结构和消费意识开始发生显著变化。农户越来越享受生活，对当前消费利益的获取尤为关注，商品消费的城市化倾向越来越明显，甚至造成不必要的扭曲性消费，给农户造成很大的经济和心理负担。

3. 农户就业空间行为变化对乡村人居环境的影响

①生活方式的演进。农户就业空间行为的扩张使农户有机会频繁接触新的文化，积极的、乐观的、健康的外来文化可以很好地规范和引导农户行为，从而引起乡村人居环境系统的积极变化。如传统乡村生活陋习将有所改观，健康的居住环境理念有可能在农村复制。

②乡村文化的更新。农户就业空间的扩展也会对农村传统思想造成一定冲击。特别是第二代年轻的农户，他们的价值观念很容易受到城市生活经历的影响，他们把城市的拜金主义、享乐主义、个人主义带到农村，农村传统的价值观念受到冲击，加剧了城乡文化的冲突。

③空间需求的增加。大多数务工农户最终不能在城市立足，他们的生活预期依然存在太多的不确定性和不稳定性，家乡土地是他们最大的物质保障和精神寄托。很多农户将外出务工收入都投入乡村居住空间消费和建设之中，农村居住空间需求迅速增加，加剧了乡村人居空间系统的演化。

4. 农户交往空间行为变化对乡村人居环境的影响

随着农户就业、消费、居住空间的不断扩张，农户的社会交往空间也不断延伸和深化。扩张了的社会交往空间一方面使农户面临太多的陌生感，他们的心理承受能力、传统习惯和已有的知识结构等都面临着巨大挑战；另一方面扩张了的社会交往空间也给传统乡村带来了巨大影响。在陌生的城市，传统的社会关系网络被打破，新的社会交往网络需要重新构建，现实中许多不愉快的经历考验着农户的心理承受能力，农户不断挑战着自己的传统文化底线，并将新的生活价值观迅速传播到乡村，传统乡村文化进一步迷失。

三、中国乡村人居环境演变的过程总结与反思

1. 中国乡村人居环境演变的过程总结

计划经济时期的乡村人居环境变迁是基于国家政权建构的自上而下的乡村改造，政治权力延伸到乡村的每一个角落。此时的农户交往强调利他和协作意识，忽略等价交换规律；农户生产强调单一的价值观，忽视非农行业的发展；农户消费水平和消费空间由外生制度决定，忽视了农户多样化和个性化的需求，由此决定了农户行为空间的内向性和有限性特征。但在国家经济体制改革的大背景下，农户空间行为的制度性约束有松动的迹象，乡村聚落空间、生态环境和社会文化等人居环境要素处于一个缓慢演化阶段。

双轨体制时期的乡村人居环境演变主导动力是由外部的宏观战略调整引起的乡村改造，国家对农村控制力度弱化。在这种宏观政策的引导下，城乡关系开始改善，农户潜在的经济利益需求被调动起来，农户有了一定的空间移动选择权和动力。从农户空间行为的效应来看，乡村人居环境拉开了演化序幕，乡村聚落空间迅速拓展，乡村生态环境和居住生活环境恶化，农户社会关系网络重新调整。但总体而言，双轨体制下，国家对农业、农村和农户的控制还是较强，农户行为空间扩张有限。

市场经济时期的乡村人居环境演变是在内生和外生变量双轮驱动下引发的城乡关系改造，国家突出市场资源配置的基础性作用。在这种宏观政策的引导下，城乡社会经济关系步入了新的发展阶段。城乡文化交流越来越频繁，城市文化的强悍态势使乡村传统文化日益萎缩，农户的价值观念、生活方式、消费方式、风俗习惯等均发生了巨大变化。农户空间行为的扩张能力、扩张需求和扩张实效均发生了巨大变化，农户空间移动范围不再局限于目光所及的村落，而是向更为广阔的地域空间扩张。从农户空间行为的效应来看，乡村人居环境发生了前所未有的剧变，乡土景观、传统文化和聚落形态在内外两种因素的综合作用下逐渐迷失、衰败和失衡。

2. 中国乡村人居环境建设的反思与调整

①乡村空间发展的反思。乡村聚落空间是乡村人居环境系统的核心内容之一，也是乡村人居环境建设的重要突破口，其中农村居民点建设被认为是有效解决乡村空间问题的有效手段之一。客观上讲，这种撤村并点的建设模式有利于农村土地规模化生产，也有利于农村生态环境的治理及其社会关系网络的重构。但从实践来看，中心村建设面临诸多困境，发达地区的先期实践效果并不明显，而欠发达地区还停留在概念设计上，究其原因主要有：第一，中国区域社会经济发展不平衡，盲目推进中心村建设阻力大。特别是欠发达地区，城镇化水平低，农村人口比重大，无法在有限的空间内吸纳大量的农户，实施起来困难重重。第二，中心村建设错过了最佳时机。发达地区在 20 世纪 80 年代末已经完成了住宅更新，欠发达地区在 20 世纪 90 年代末也完成了居住改造，实施于本世纪初的中心村建设显然与农户建房高

峰期不吻合，错过了最佳时机。第三，中心村建设缺乏资金支持。中心村由于规模较大，相应地其公共设施需求量大，仅靠相关村落自己的力量是无法解决的。第四，中心村建设与城镇化目标相矛盾。中心村建设意味着将人口集中到农村居民点，而城镇化则要求农村人口向城镇转移，从某种意义上讲，中心村建设延缓了农村人口向城镇转移的速度和力度，这两种自相矛盾的建设活动势必会造成"两败俱伤"，均达不到各自的要求。

②乡村人居环境发展的趋向。就目前情况而言，农户居民点建设不宜大规模地迁村并点，需要通过控制和引导农户居住空间行为，为将来的中心村建设打好基础。一方面必须严格控制村落外围扩张，严格执行村庄规划，鼓励农户原地改建或者扩建，将确实需要在村落外围新建的房屋集中到某一区域，该区域必须有较好的区位条件和发展趋势。另一方面，由于中心村建设是一个漫长的过程，除了严格控制村落空间扩张外，还需要积极引导农户居住空间行为。具体措施包括：通过农村劳动力就业空间转移带动农户居住空间转移；通过完善农村土地流转制度分流农村人口；通过集中建设公共服务设施，吸引农户居住空间转移。从上面分析可以看出，农村居民点建设必须遵循如下逻辑思路："土地流转——→城镇化——→乡村人口减少——→中心村建设"。即通过土地流转制度，将一些"两栖农户"完全城镇化，分流后余下的农户基本上都是实行规模化生产的大农户，将他们集中起来建设中心村符合他们的现实利益。

参考文献

[1] 吴良镛. 人居环境科学导论 [M]. 北京：中国建筑工业出版，2001.

[2] 李雪铭，李建宏. 地理学开展人居环境学研究的现状及展望 [J]. 辽宁师范大学学报（自然科学版），2010，33（1）.

[3] 李雪铭，姜斌，杨波. 人居环境：地理学研究面临的一个新课题 [J]. 地理学与国土研究，2000，16（2）.

[4] 廖赤眉，彭丽芳. 人地关系研究的新领域——人居地理学 [J]. 广西师范学院学报，2004，21（1）.

[5] 宁越敏，查志强. 大都市人居环境评价和优化研究：以上海市为例 [J]. 城市规划，1999，23（6）.

[6] 李华生，徐瑞祥，高中贵，等. 城市尺度人居环境质量评价：以南京市为例 [J]. 人文地理，2005，20（1）.

[7] 斯蒂格利茨. 经济学 [M]. 北京：中国人民大学出版社，1997..

[8] 郭鸿勋. 落后地区城市化进程中的消费分析及政策含义 [J]. 财经研究，2004（5）.

[9] 李伯华，杨振，田亚平. 农户消费空间行为对村镇空间结构影响的实证分析——以湖北省红安县二程镇为例 [J]. 华中师范大学学报（自然科学版），2010，44（4）.

（作者单位：衡阳师范学院）

基于"两型社会"建设背景下
生态农业建设对策研究
——以长沙县为例

杨花英

摘　要：建设"两型社会"的基础是农村的全面协调可持续发展。农村可持续发展的关键在于生态农业建设。本文通过对长沙县农业发展情况进行深入调查，分析长沙县生态农业建设存在的问题，探讨长沙县生态农业建设的对策，以期为长沙县委县政府的政策制定提供建设性的建议。

关键词：两型社会；农业规模化；生态技术；生态农业

长沙县在发展上采取"分类指导、南工北农"的产业发展战略，分工格局明显。县域经济的整体实力得到了极大提升。2008 年被批准为国家"两型"社会建设综合配套改革试验区。纵观发展全局，县域北部农区发展与"两型"社会建设存在差距，距离生态农业标准较远，问题较多，若不加以克服，会影响长沙县的生态农业建设，最终可能严重影响长沙县挺进全国十强的进程，以及长沙县整个县域经济的持续发展。

一、长沙县生态农业概况

长沙县自 1993 年被国务院批准列入全国首批生态农业试点县以来，根据农业生态学原理，结合本地实际，从提高农民的生活质量、改变农民的生产条件、优化农民的生存环境入手，坚持以保护和恢复环境为前提，以增加农民收入为目标，以生态农业户建设为起点，以农田生态农业、农户生态农业建设为主要内容的生态农业建设。1999 年，长沙县被国务院列入第四批生态示范区创建单位，并于 2004 年 6 月顺利通过国家环保总局专家组的验收。近年来长沙县在生态农业建设方面不断创新思路。

1. 注重生态农业规模化

近年来，长沙县注重发展高效生态农业，优先发展了茶叶、花卉、蔬菜 3 个特色农业产业，规模不断扩大，逐步形成了 10 万亩百里茶廊产业带、10 万亩百里绿色蔬菜产业带（成为省会城市"菜篮子"供应的核心基地之一）、10 万亩百里花木走廊、1 万亩特色小水果示范精品园、34 万亩超级稻和优质稻产业集群，另外，该县还培育出食用菌产业集群和农业产业化龙头企业集群。在以黄兴、春华为核心的高科技农业示范区内，全县农产品加工企业已达 226 家，涌现了华中、绿晨、金禾等 15 家龙头企业，拉长了农业产业链，仅金井工业小区就有 6 家农业产业龙头企业生产绿色生态食品"金茶""金菜""金米"

等，实现总产值 3.2 亿元，增加农民收入 6 000 多万元。全县农业科技贡献率为 55% 以上，农业技术入户率达 90% 以上。

2. 注重能源开发的生态化

在国家生态示范区的创建过程中，长沙县开展了沼气、太阳能和液化气等新型清洁能源的开发，至 2007 年年底，该县累计推广沼气池近 12 万个，入户率达 65%，计划 2010 年全部实现农村沼气化。依托沼气池建设，推广"猪→沼→茶/果/菜"等三位一体的生态农业模式，加快产业建设，取得了结构调整和农民增收的双重效应。

3. 注重生态农业品牌化

长沙县在发展现代生态农业时，特别注重培育品牌，以抢占市场的制高点，扩大产品的影响力。目前，长沙县有省级农业龙头企业 11 家、市级农业龙头企业 29 家。"金井""好韵味"（此两家为中国驰名商标）"亚林"等 9 个品牌获得湖南省著名商标；喜瑞来速冻食品等 7 个农产品荣获省"名牌产品"称号；有"富甲"等 12 个品牌产品获得绿色食品标志。长沙县通过农业产业结构调整，形成了新型"农家乐"旅游区，打出了"休闲长沙县"的品牌，推出了精品旅游线路。目前，该县已有 536 家各具风情的"农家乐"，其中星级农家乐 45 家，年接待旅游人数 200 万人次，实现经济收入 1.5 亿元。同时，"农家乐"旅游业的发展还为花卉苗木产区、蔬菜产区、茶叶产区的产业调整升级提供了新的发展机会，带动了第三产业的快速发展。

二、长沙县生态农业建设存在的问题

1. 生态农业建设机制有待于进一步完善

全县生态农业建设的配套法规、标准、规章、规范还不能满足生态农业向纵深发展的要求。一是生态农业建设的投入机制不完善，多元化、社会化的投融资机制尚未形成，生态农业建设难以摆脱过分依赖财政投入的被动局面；二是政府的扶持力度不够，生态农业建设配套政策不全，保障措施还未到位，政策法规均不够完善，宣传教育不够广泛，部门、地区之间有待进一步协调。三是环境与发展的综合决策机制还不够健全。

2. 生态农业建设体系有待于进一步健全

生态农业建设需要农产品服务体系作为支撑。但目前长沙县农产品服务体系有待于健全、完善，具体体现在：一是生态农产品的产、供、销一条龙的服务体系不健全，生态农产品的商品集散仍然以小商小贩的小范围集镇自然交换为主，缺乏有组织的专业市场和远距离的商品集散渠道；二是生态农业建设的技术体系不够健全，资源与生态环境评价指标和技术标准尚不完善，监测网络和预警系统建设滞后。

3. 生态农业产业化、规模化经营程度低

从调查的村、户来看，多数农户仍以自给自足性经济为主，生态农产品以满足农户家庭生活需求为主，用于市场出售的量很少，仅为 15% ~20%。另外，虽然大众生态意识逐步增强，但生态产品的价值在市场上还没有得到充分体现。再者，从长沙主要生态模式来看，虽然生态农业经济效益可观，但是当面向千家万户时，农业生产基本上以农户为生产单位，经营分散，生产规模小，加工程度低，规模效益就得不到体现，农业生产效益比较低。

三、长沙县生态农业建设对策

1. 做大做强主导产业规模

（1）调整布局和结构

根据长沙县自然资源条件及生态农业产业发展基础，长沙县生态农业建设应依托省会城市强大的辐射带动功能，挖掘潜力，因地制宜地推进各类生态模式，全力打造特色和精品农业，建设高标准、规模化的生态农业生产基地，走"模式化推动产业化"的路子，做大做强高附加值的农业主导产业。结合长沙地理特性、产业基础以及生态环境，长沙县将规划形成"两大基地、四大精品园、十大产业优势区"的现代生态农业产业格局。将区域生态农业做强、做大，走出一条社会经济全面协调可持续发展的现代生态农业之路。

（2）构建贸工农一体化的农业产业发展新格局

推进农业经营的专业化、规模化、企业化和生产的标准化、清洁化、机械化；积极推进农业社会化分工协作，完善"家庭农场＋专业合作社＋龙头企业＋行业协会＋超市"的五位一体的农业产业化经营销售体系，形成贸工农一体化的农业产业发展新格局；积极扶持农村专业经济协会的发展，加强农产品市场建设，促进农产品的有效流通。引导农业实现环境友好型、资源节约型发展。

2. 建立机制、优化管理，大力推进土地适度规模经营

推进土地适度规模经营是发展集约经营、转变农业增长方式的重要手段，也是现代农业发展的必然选择。把发展土地适度规模经营作为推进现代农业建设的一项重要举措，鼓励农民以土地承包经营权、资金、技术等生产要素入股。完善相关政策措施，大力推行土地适度规模经营。主要有以下几个方面的做法：

（1）建立促进规模经营的激励机制

《长沙县现代农业建设实施意见》规定："新发展且每个规模经营单位经营面积粮食100亩以上、蔬菜30亩以上流转土地承包经营权的农户给予连续5年、每年每亩300元的财政奖励补贴。"进一步扩大了补贴范围，由本县农民种植果品面积15亩以上的流出承包经营权的农户享受同等奖励补贴，延长奖励补贴时间至2020年，同时，对承包经营权全部流转的村给予一次性奖励。

（2）切实提高规模经营管理水平

一是依法加强土地流转工作的管理。按照"依法、自愿、有偿"原则，建议建立镇村农村土地流转管理服务中心，健全土地档案管理制度，实行土地规模经营财政补贴"一折通"发放。同时，对规模经营户的文化水平、从业年限以及生产经营状况做出明确规定。经过充分调研，将单个种粮专业大户的规模经营面积控制在300亩左右，防止因面积过大或过小影响管理和效益。二是制定了《长沙县扶持土地规模经营示范户实施办法》，积极培育本市规模经营示范户。该办法规定，财政每年拿出300万元对示范户进行奖励，同时，市、镇农技部门实行"挂钩"制度，加强服务指导，每年安排5～10天免费培训，提高规模经营户生产管理水平。

3. 实施品牌工程

建议政府将无公害产品、绿色食品、有机食品一并列入农业奖补范围，加大奖励力

度，较好地激发了企业申报农产品品牌的积极性。

（1）开展形式多样的宣传推介

为提升农产品品牌形象，扩大农产品品牌的知名度，通过建立品牌农产品营销网络，举办各类农事节庆，利用报纸和网络等媒体全方面宣传，让农产品品牌家喻户晓。实施品牌建设工程，提高了农产品质量安全水平。

（2）全面实施生态农业建设体系工程

实施园区载体工程，推进生态农业规模化发展，实施接二连三工程，积极拓展了生态农业发展空间。走出了一条实现"生产技术生态化、生产过程清洁化、生产产品无害化、生活环境舒适化"的新路子。

参考文献

[1] Antle, J. M., MeGueking, T., Teehnologiealinnovation, agrieultural Produetivity, andenvron-mentalquality. In: Carlson, G. A., Zilberman, D., Miranowski, J. A. (Eds.), Agrieultur-alandEnvironmentalResoureeEeonomieS [M]. NewYork: OxfordUniversityPress, 1993.

[2] 吴新博，石油农业与生态农业 [J]. 发展研究，2004 (6).

[3] 王思明. 从历史传统看中美生态农业的实践 [J]. 生态农业，1999 (2).

[4] 阎成. 中国生态农业建设成就与发展 [J]. 农业环境保护，1997 (3).

[5] 刘渝，张俊飚. 国外生态农业现状及其对中国西北地区的启示 [J]. 世界农业，2005 (3).

（作者单位：中共吉首市委党校）

基于 CAMELS 修正模型的金融机构信用评级研究

李应清　王鹏　谢俊峰　余　梁　吴笑笑

摘　要：本文以信用评级理论为基本框架，在 CAMELS 模型的基础上，加入主权风险分析、银行系统结构分析以及其他定量指标，建立起适用于我国国情的银行评级体系模型。并选取农业银行为研究对象对各项指标作具体分析。最后针对维护我国的银行评级安全和评级机构资质认定提出了政策建议。

关键词：CAMELS 修正模型；金融机构；信用评级

一、金融机构信用评级的定义及基本原理

金融机构信用评级是对一家银行当前偿付其金融债务的总体金融能力的评价，它对于存款人和投资者评估风险报酬、优化投资结构、回避投资风险，对商业银行拓宽筹资渠道、稳定资金来源、降低筹资费用，对监管当局提高监管效率，削弱金融市场上的信息不对称，降低市场运行的波动性，都具有非常重要的意义。

二、国际金融机构评级的主要方式和评价

"骆驼"评级体系是目前美国金融管理当局对商业银行及其他金融机构的业务经营、信用状况等进行的一整套规范化、制度化和指标化的综合等级评定制度。包括 5 项考核指标：资本充足性、资产质量、管理水平、盈利水平和流动性，因其有效性，已被世界上大多数国家所采用。

CAMEL 综合评级表

各要素	代表性权重	影　响	
主要为数量要素		强壮要素	薄弱要素
资本	20	对负债率的有效缓冲，降低了风险感知和集资成本	若不良债务达到相对较低的临界值时，银行高度举债，存在破产倾向
资产质量	25	降低了信用成本，提高了收益，更易于取得资产流动性并获得资本	必须的计提准备和收入缩水使利润降低，而债务注销则消耗了债务损失准备金，银行易于破产

续表

各要素	代表性权重	影 响	
主要为数量要素		强壮要素	薄弱要素
收益	10	促进内部资产增加，增加流动性，有效克服问题	内部资金增长缺乏动力，很难吸收新资本，缺乏克服问题的能力
资产流动性	20	有足够的资金来应付流动负债，银行生存的关键，外部清偿能力可以在整体信誉上补偿资本的弱项	易于受到现金短缺的困扰，由于缺乏外部清偿能力，这会招致银行破产
管理及相关项目	25	可以增加收入，吸引资本投放，采用行之有效的风险管理方法来维持资产质量和充足的资本流动性	不能获取可持续收入，缺乏风险管理政策，或政策不到位，使银行易于遭受资本质量上的问题，进而造成资本或流动性亏损

资料来源：Jonathan Golin TheBank Credit Anlysis Handbook：A Guide for Analysts, Bankers and Investors ［M］. 北京：机械工业出版社，2004.

三、我国金融机构信用评级的现状及趋势

1. 我国金融机构信用评级的现状

我国 2004 年出台的《股份制商业银行风险评级体系（暂行）》（以下简称《评级体系》）借鉴了国际上成熟的评级体系，结合中国的一些具体情况做了一定的变通。

我国股份制商业银行风险评级体系

要素	权重	具体指标	
		定量指标	定性指标
资本充足状况	20	资本充足率；核心资本充足率	银行资本的构成和质量；整体财务状况及其对资本的影响；资产质量对资本的影响；融资能力；资本管理情况
资产安全状况	20	不良贷款率；贷款损失率；最大单一客户手心比率；集团客户授信率；拨备率	不良贷款变动趋势；贷款行业集中度；信贷风险管理的程序及有效性；贷款风险分类制度；保证贷款和抵（质）押贷款的管理现状
管理状况	25		公司治理；内部控制
盈利状况	20	资产利润率；资产利润率；利息回收率和资产费用率	成本费用；收入状况以及盈利水平和趋势；银行盈利的质量以及银行盈利对业务发展与资产损失准备提取的影响，财务决算体系；财务管理的健全性和有效性
流动性状况	15	流动性比率；人民币超额准备金率；外币备付金率；本外币合并存款比率；外币存贷款比率；净拆借资金比率	资金来源的结构及稳定程度；资产负债管理政策和资金的调配情况；银行对流动性的管理情况；以主动负债形式满足流动性需求的能力；管理层有效识别、检测和调控银行头寸的能力

资料来源：黄德飞、吕飞、杨晓光. 中美监管机构对商业银行风险评级的比较研究 ［J］. 金融论坛，2006，(1)．

2. 我国金融机构评级模型与 CAMEL 模型的比较

首先，我国金融机构信用评级中的指标均出自于 CAMEL 模型，但是定量分析的指标减少了很多，一方面是因为我国银行业没有在资本市场筹资的需要，可以省略一些不必要的指标；但是另一方面，许多应该计算的指标也没有列入其中，这就会使我国的监管机构对银行信用评级的分析过程不全面科学，出现与国际评级机构完全不同的评级等级。其次，从以上的对比中可以看出，许多本该定量分析的指标变成了定性分析，增加了主观判断的因素比例，不利于评级结果的公正和权威。

3. 在 CAMELS 模型基础上加入若干指标后的修正模型

在进行中美对比以及分析中美评级结果差距的原因之后，可以认为我国目前银行信用评级体系普遍存在的问题是：一方面，沿用美国 CAMELS 模型的过程中没有加入我国国情因素，这样分析出来的是财务和管理指标，并不能代表银行的综合实力和它在我国银行业与世界银行业中的相对地位；另一方面，我国现有的评级框架中，将很多定量的指标定性化，这样加大了分析员对其好坏判断的难度。通过以上分析，本文在我国金融机构信用评级的基本框架上提出修正模型的设想。

我国银行信用评级体系指标设想

	类别	权重	指标	说明	性质
主权风险	政治	10	1. 政治稳定性；法律规章等定性分析	政治风险	定量
	经济		1. GDP；2. 失业率；3. 储蓄率和投资率	相对于别国的经济增速，与往年相比的 GDP 变化率	
	财政政策		1. 经常账户；2. 公共部门负债占 GDP 比重	总债务占 GDP 的比率	
	货币政策		1. 利率；2. 银行贷款占 GDP 百分比；3. 通货膨胀率	主要把消费价格指数（CPI）和生产者价格指数与他国的水平和同期往年相比	
	外部状况		1. 出口额占 GDP 百分比；2. 外债清偿比例；3. 外汇储备占进口额的百分比	进出口贸易的参数是否符合经济规律	
银行系统结构		15	1. 行业开放程度；2. 金融监管环境；3. 银行相关政府政策；4. 政府监管模式等定性分析	行业背景、监管制度、信息披露准则	定性

续表

	类别	权重	指标	说明	性质
资本状况		20	1. 一级资本/风险加权资本；2. 资本充足率；3. 权益/资本；4. 股利支付比率；5. 内部资本增长率	资本结构，是否对负债损失有有效缓冲	定量
资产质量		20	1. 贷款增长率（与其他银行相比）；2. 不良贷款/贷款总额；3. 贷款损失准备/贷款总额；4. 贷款损失准备/不良贷款额；5. 不良贷款/（权益＋准备金）；6. 贷款核销/贷款总额；7. 贷款损失准备/计提损失准备前利润	坏账呆账比例	定量
资产流动性		15	1. 流动资产/总资产；2. 贷款总额/资产总额；3. 贷款总额/短期客户资产；4. 银行间存款净额/总负债；5. 中长期贷款比率	是否有足够的资金来对付流动负债	定量
盈利能力		10	1. 净利润；2. 平均资产收益率（ROA）；3. 平均净资产收益率（ROE）；4. 计提贷款损失准备/计提准备前利润；5. 计提风险准备前利润/年平均资产；6. 税前营业收入/年平均资产；7. 净利息收入/年平均资产；8. 非利息支出/年平均资产；9. 净利息；10. 收入成本率	吸收新资金，增加流动性的能力	定量
经营管理水平		10	1. 管理层水平；2. 解决问题能力等定性分析	是否有足够的资金来对付流动负债	定性

本论文模型的修正主要强调在我国的银行信用评级框架中加入主权风险分析和银行系统结构的分析，最重要的是把这些因素尽可能地量化，使结果更具说服力和更权威。

四、基于 CAMELS 修正模型的农行信用评级

以下将选取农业银行作为案例来验证本模型的可行性。农业银行作为我国国有银行中上市最晚的银行，对其研究最少，而且作为服务三农的主要金融机构，在我国的银行业中具有代表性。

1. 主权风险分析

（1）政治

我国的政治格局在改革开放以后显得越发稳定，从主权分析出发，我国的政治稳定性

相对来说处在上等水平。

（2）经济

在世界范围内来看，我国的经济实力是一直在稳步增长的，而且增长率也快于其他国家，说明我国的综合实力和信用程度可以适当地提高。从主权分析出发，相对而言，我国经济表现处于优秀层次。

（3）财政政策和货币政策

我国政府实施积极的财政政策和稳健的货币政策，坚持正确处理保持经济平稳较快发展、调整经济结构和管理通胀预期的关系，从主权分析出发，我国财政政策和货币政策表现优秀。

（4）外部状况

2011年我国出口和进口总额分别为18 986亿美元和17 435亿美元，同比分别增长20.3%和24.9%，增速分别比上年回落11.0和13.9个百分点。人民币汇率弹性增强，年末人民币对美元汇率中间价为6.300 9，升幅为5.11%。从主权风险分析来看，这是个适度把握的问题。

2. 银行系统结构

我国的银行业系统由中央银行、监管机构、自律行业和银行业金融机构组成。中国金融监管部门以监管有效性为核心，加强对地方政府融资平台贷款、民间借贷等重点领域的信用风险管控，完善资本监管制度框架。

截至2011年年末，中国银行业金融机构总资产为113.29万亿元，同比增长18.9%。中国商业银行实现了不良贷款余额和比率的持续双降，风险抵御能力不断增强。从主权风险分析来看，我国银行系统结构可认为是优秀的。

3. 个体分析

在对我国的主权风险和银行系统结构的分析之后，本文选取农业银行作为模型的验证对象进行个体的信用评级分析。

（1）公司治理分析

农业银行按照相关法规制定了《公司章程》《信息披露制度》。同时，公司按照现代企业制度的要求能够定期召开股东大会，并分别设立了董事会、监事会和独立董事制，其架构符合境内外监管部门的要求，也突出了各自的职责分工。

（2）资本充足率分析

我国《商业银行资本充足率计算指引》规定：核心资本充足率最低值为4%，资本充足率最低值为8%。2009年年底，中国银监会对大型银行提高了资本充足率的监管底线，提高至11.5%。

2011年主要上市银行资本充足率数据比较

	农行		建行		中行	
	2011年	2010年	2011年	2010年	2011年	2010年
核心资本充足率	9.5%	9.75%	10.97%	10.40%	10.07%	10.09%
资本充足率	11.94%	11.59%	13.68%	12.68%	12.97%	12.58%

由上表可见，农业银行的资本充足率和核心资本充足率都达到了并超过了监管要求，

但低于国内同类大型银行标准。

（3）资产质量分析

贷款是银行利润的主要来源，分析银行的资产质量特别是贷款主要是对贷款人类别、行业类别、贷款分类、不良贷款率、计提准备金等指标进行定性和定量分析。

2011 年主要上市银行贷款前五大行业占比情况比较

行业	农业银行	行业	建设银行
制造业	30.2%	制造业	16.92%
电力、燃气及水的生产和供应业	11.3%	交通运输、仓储和邮政业	11.6%
房地产业 1	12.5%	电力、燃气及水的生产和供应业	8.91%
交通运输、仓储和邮政业	11.5%	房地产业 1	6.66%
批发和零售业	9.7%	租赁和商务服务业	5.90%
总计	75.2%		49.99%

从比例分布上来看，农行在各行业的贷款不太均衡，前 5 个主要行业的贷款余额占农行公司类贷款总额的 75.2%，较上年末上升 1.1 个百分点。其行业集中度远高于建设银行，也高于同类银行平均水平。未来将受制于某些行业的经济波动影响，不利于银行的信贷风险的控制。

截至 2011 年年末，农行不良贷款余额 873.58 亿元，较上年末减少 130.47 亿元；不良贷款率 1.55%，下降 0.48 个百分点。关注类贷款余额 3 146.57 亿元，较上年末下降 20.14 亿元；关注类贷款占比 5.59%，下降 0.80 个百分点。说明资产的质量水平正在逐步提高。但与同类上市银行相比，其风险资产和不良贷款额都较高，需要进一步加强管理。

2011 年主要上市银行资产质量　　　　　　　　　　单位：百万元

	农行		建行		中行	
	数额	占比	数额	占比	数额	占比
正常	5 226 690	92.86	6 227 770	95.87	6 087 036	95.97
关注	314 657	5.59	197 726	3.04	192 504	3.03
次级	31 115	0.55	38 974	0.6	26 153	0.41
可疑	47 082	0.84	23 075	0.35	24 584	0.39
损失	9 161	0.16	8 866	0.14	12 537	0.2
不良贷款	87 358	1.55	70 915	1.09	63 274	1

（4）盈利能力分析

2011 年农行的营业收入为 3 777.31 亿元，同上年相比增 30.1%。利息净收入是其营业收入的最大组成部分，占比为 81.3%。2011 年，农行实现净利润 1 219.56 亿元，同比增长 28.5%，盈利能力进一步提高。

同类银行盈利能力指标比较

		农行	中行	建行
平均资产收益率（ROA）	2011 年	1.11	1.17	1.47
	2010 年	0.99	1.14	1.32
平均净资产收益率（ROE）	2011 年	20.46	18.27	22.51
	2010 年	22.49	18.87	22.61

从上表中可以看出，农业银行平均资产收益率低于中行和建行，平均净资产收益率则处于两者之间，可见农行盈利能力处于中等水平。

（5）信用等级结果与比较

总的来说，通过分析比较主权风险指标、银行系统风险指标和 CAMEL 指标，可以认为农行处于我国银行业的中上等水平，其中 CAMELS 财务指标属于 A 级：短期债务的支付能力和长期债务的偿还能力较强；企业经营处于良性循环状态，未来经营与发展易受企业内外部不确定因素的影响，盈利能力和偿债能力会产生波动。综合实力方面，由于我国的主权风险较低，国家发展预期良好，农业银行所处的银行业经营环境非常有利于它的发展，所以农业银行的综合实力应该为 AA 级，高于穆迪 A1 和惠誉 A/B + 的评级。

五、完善我国银行信用评级体系的建议

①规范行业监督，出台监管银行评级业的机构准入及资格认定细则。2005 年，中国人民银行关于发行企业短期融资券的管理办法对信用评级机构进行了重新的认可和确认，但是没有成文的标准可依据；中国证监会 2007 年 9 月 1 日实施的《证券市场资信评级业务管理暂行办法》对信用评级机构在证券市场从事信用评级业务实行许可制管理。但是到目前为止并没有针对从事银行信用评级业务的准入条件和资格认定规定。因此，出台相关细则解决银行信用评级业务没有监管的现状为当务之急。

②成立全国性的信用评级行业协会，并在此基础上充分发挥银行信用评级行业协会的作用。我国第一家地方性的信用评级协会在深圳成立，这是对建立全国性的信用评级业协会的进一步探索。行业协会的成立将有助于建立健全企业信用评级记录、建立健全的社会信用体系、促进良好的社会信用环境的形成。

③充分利用评级结果，逐步将银行评级作为金融监管的重要手段。从我国银行业的发展以及监管的角度来看，银行信用评级具有极其重要的意义。监管部门应积极推广资信评级结果的应用：在业务监管上，根据信用级别限制金融机构的经营范围，控制风险；在资金运用上，根据信用等级限制投资范围；在机构审批上，信用等级作为一个参考因素，确保新设分支机构的偿付能力；在财务监管上，监管部门可根据信用等级确定其所检测金融机构的资产质量和资本充足率，提高监管效率。

参考文献

[1] Barker, D. and D. Holdsworth. The Causes of Bank Failures in the 1980s [R]. Federal

Reserve Bank of New York Research Paper No. 9325，1993.

［2］Cole，R. A.，B. G. Cornyn and J. W. Gunther. FIMS：A New Monitoring System for Banking Institution［R］. Federal Reserve Bulletin. 1995，1.

［3］Cole，R. A. and J. W. Gunther. A CAMEL Rating's Shelf Life［R］. Federal Reserve Bank of Dallas Financial Industry Studies，1995，December：13-20.

［4］Jose A. Lopez. Using CAMELS Ratings to Monitor Bank Conditions［R］. FRBSF Economic Letter，1999.

［5］Beverly J. Hirtle and Jose A. Lopez. Supervisory Information and the Frequancy of Bank Examinations［J］. FRBNY Economic Policy Review，1999（2）.

［6］Giovanni Ferri，Li-Gang Liu，and Giovanni Majnoni. The Role of Rating Agency Assessments in Less Developed Countries［J］. Impact of the Proposed Basel Guidelines. 2000（4）.

［7］Lawrence J. White. The Credit Rating Industry［J］an Industrial Organization Analysis. 2001（3）.

［8］George E. Myers. OSBC State Bank Examination Annual Ratings［R］. Kansas Quarterly Interest，2004.

［9］Jonathan Golin，The Bank Credit Analysis Handbook-A Guide for Anlysts，Bankers and Investors［M］. 北京：机械工业出版社，2004.

［10］欧志伟，萧维等. 中国资信评级制度建设方略［M］. 上海：上海财经大学出版社，2005.

［11］孙文合，田岗，李华. 基于商业银行"三性"、杜邦模型和 CAMEL 体系的业绩评价——来自 2004 年我国商业银行财务数据的实证分析［J］. 审计与经济研究，2005，（4）.

［12］黄德飞，吕飞，杨晓光. 中美监管机构对商业银行风险评级的比较研究［J］. 金融论坛，2006（01）.

［13］袁敏. 美国评级业监管发展动向及评述［J］. 证券市场导报，2008（1）.

［14］蔡瑞琪，吴晓霞. 中美银行信用评级体系的对比分析——兼论对我国银行业监管的启示.［J］. 企业经济. 2006（05）.

［15］葛兆强. 国际评级机构的银行信用评级原理、方法及其局限［J］. 华南金融研究，2001，（01）.

［16］李信宏. 信用评级［M］. 北京：中国人民大学出版社，2006.

［17］大公国际《中国银行业 2010 年信用风险指引：金融危机下的信用风险分析 &2010 年展望》

［18］张亦春，胡晓. 金融危机后美国信用评级机构改革及启示［J］.2009（2）.

［19］付凤敏. 次贷危机下国际评级业存在的问题及对我国评级业的启示［J］.2009（2）.

［20］姜海臣，李敏. 运用骆驼评价指标体系，加强国有商业银行风险管理［J］. 山东经济.2003（1）.

［21］刘凤军，曲宜. 完善我国银行监管体系的思考［J］. 中国金融，2008（22）.

（作者单位：中国人民银行益阳市中心支行）

人口老龄化背景下痴呆老人的社区管理策略

何国平　邹　健　王　瑶　罗　艳　王　婧

摘　要： 目前我国针对痴呆老人的社区卫生服务甚少，绝大部分只针对疾病症状的处理和个体的护理指导，存在管理策略不明确、重视不足、资源缺乏等问题，痴呆老人的社区管理和干预策略还需要从健康促进和慢性疾病管理的角度进一步探讨。如何从改善痴呆照护服务与现有的医疗卫生系统相整合出发，完善相应的医疗卫生体系，制定出适合中国国情的痴呆老人照护模式和照护者支持体系，为老年痴呆患者及其家庭照护者提供全面、完善的支持和保障，从政策层面进行干预，从而改善人口老龄化背景下的老年痴呆特殊群体的生活质量和医疗服务质量。

关键词： 人口老龄化；痴呆；阿尔茨海默病；社区管理

目前，人口老龄化已成为全球范围内的重要问题，人口结构老龄化将继续发展。联合国经济和社会事务部的报告称，平均寿命的延长加上生育率的下降，将导致人口老龄化趋势愈加严重，到2100年，老龄化将继续推进，届时将有超过28%的人口超过65岁，也就是说，每4个人中就有1个是超过65岁的老人。自1999年中国步入老龄化社会以来，人口老龄化加速发展，老年人口基数大、增长快并日益呈现高龄化、空巢化趋势，需要照料的失能、半失能老人数量剧增，给社会和家庭带来巨大的负担。老年痴呆患者是老年人中的特殊群体，根据报告显示，全球老年痴呆患者数呈现逐年增长趋势。根据国际阿尔茨海默症协会统计，在非死亡疾病中，痴呆症导致的经济负担占第11位。老年痴呆是不可忽视的公共卫生和社会问题，如何从社区卫生的角度对痴呆老人进行管理和干预，是我们应该深入思考和研究的问题。本文通过对相关文献进行回顾和研究，分析国内的卫生政策，探讨未来痴呆老人的社区管理策略和干预措施，对如何改善及加强痴呆老人的社区卫生服务体系提出建议。

一、人口老龄化的现状和特点

根据2011年国家统计局数据显示：全国60岁及以上老年人口已达1.8499亿，占总人口比重的13.7%，与2010年第六次全国人口普查相比，上升了0.4个百分点。全国65岁及以上老年人口达1.2288亿，占总人口的比重达9.1%，与2010年第六次全国人口普查相比，上升了0.23个百分点。人口老龄化是一种人口年龄结构老化引发社会经济结构和功能变化的过程，是必然的人口发展趋势。我国目前是老龄人口最多的国家，同时老龄人口具有人口规模大、数目增长快、空巢化趋势明显、地区发展不平衡等特点。湖南省老龄人口数位居全国第五位，已进入老龄化社会，根据2011年湖南省老龄事业发展统计公报，截止 2011 年年底，全省 60 岁及以上老年人口 995.21 万人，占常住人口的 15.09%；其中 65 岁及以上老年人口 658.9 万人，占常住人口的 9.99%。

老龄问题已经成为一个关系国计民生和国家长治久安的重大社会问题。与发达国家相比，中国在人口老龄化进程中面临着实现经济社会可持续发展和保障亿万老年人福祉的双重压力，在养老服务、医疗保障、社会救助、老年人权益维护等方面都面临着新的挑战，需要从各个层面采取应对策略，建立完整、规范的社会养老服务体系。

二、老年痴呆患者的社区护理现状

1. 老年痴呆症的发病现状

老年痴呆是一组病因未明的、原发性退行性脑变性疾病，临床表现为认知和记忆功能不断减退，日常生活不能自理，常伴发神经精神症状和行为异常。2010 年，全球痴呆病人总人数约为 3 560 万，预计每 20 年增长 1 倍，到 2030 年将达到 6 570 万，到 2050 年将达到 1.154 亿。每年新增痴呆病人人数接近 770 万，即每 4 秒钟就会出现一位新的痴呆病人。我国目前有痴呆病人约 500 万，其中阿尔茨海默病（AD）病人约 300 万。随着人口的进一步老龄化，这一患病数字还将急剧上升，估计至 2025 年，我国痴呆病人将超过 1 000万，AD 病人将超过 600 万，到 2040 年老年期痴呆病人人数将达到 8 110 万，而我国的痴呆病人数将是所有发达国家痴呆病人的总和。年龄增长已被确认是阿尔茨海默病和其他痴呆疾病的主要危险因素，而随着老龄化程度的逐渐加深，老年痴呆必将成为导致老年人失能、半失能的重要因素。

2. 老年痴呆症的照顾现状

各种文献资料表明，老年痴呆家庭照顾者的照顾负担是十分沉重的，照顾者承受着巨大的生理、心理和经济方面的压力。在中国，照顾老人是一个家庭应尽的责任和义务，家庭成为痴呆老人唯一的支持来源。我国老年痴呆人数的不断增长以及老年痴呆病人的生活不能完全自理，同时伴有精神和行为障碍，长期照顾的负荷给照顾者的身心健康会带来影响，而照顾者的身心健康、生活状况直接影响着老年痴呆病人的生活质量和预后。其中影响老人痴呆病人照顾质量的因素主要有以下几个方面：照顾者因素包括照顾者性别、年龄、文化程度，与病人的关系，社会支持，经济压力等；病人因素包括病人的年龄与性别、痴呆的严重程度、精神和行为症状、生活自理能力、认知功能状况等。而目前针对老年痴呆家庭照顾者的卫生服务项目少之又少，由政府资助的照护服务也有待发展。许多照顾者不具备专业的照护知识和照顾技能，导致痴呆老人照护不足，这是照顾者有压力、有抑郁症状以及生活质量较低的主要原因。

3. 老年痴呆症的社区服务现状

目前，我国对痴呆老人的照护仍以家庭照护为主，社区干预政策和管理手段尚处于起步阶段。大多数涉及老年痴呆社区卫生服务的文献都是从个体服务的角度来阐述具体的服务过程，比如提出家庭护理的主要环节，包括起居护理、饮食护理、休息活动指导、监护管理和预防意外伤害、心理护理、病情观察等。大部分的社区支持服务仅针对一般的老年人，缺少针对痴呆症病人及其照顾者的教育课程。另外，为护理员及照顾者提供的培训也只针对养老机构，未接触居家病人及其照顾者。目前，国内养老服务体系还未能真正建立健全起来，但老年疾病会随着年龄的增长而逐年增加。按调查测算，我国社会养老机构现有的床位数尚不足机构养老床位潜在需求量的1/12。由于老年痴呆病人人数众多，住院式或居住式费用昂贵，加之养老机构资源有限，难以容纳众多病人，绝大多数病人的照护工作都需要在社区、家庭内部完成。社区作为目前我国居民生活的基本组织形式，在护理老年痴呆病人上所起到的作用不容忽视。老年痴呆病人应该接受以社区为基础的整体服务，这一点已经在世界各国达成共识。

三、社区管理策略

目前我国针对老年痴呆病人的社区卫生服务项目甚少，政策层面上的支持和资助更是亟待发展。社区卫生服务更多针对于疾病症状的处理和个体的护理指导，存在管理策略不明确、重视不足、资源缺乏等问题。要解决这些问题，提升社区卫生工作的管理效能，发挥其在卫生保健中的作用，需要从政府层面上进行干预。如政府出资建立居家痴呆老人的照护服务设施，制定和建立针对老年痴呆的相关卫生政策和专项扶助基金，对社区卫生工作人员和家庭照顾者进行培训，等等。可以适当借鉴美国、澳大利亚等发达国家的成功经验，同时结合中国国情，与现有的医疗卫生系统相整合，发展相应的医疗卫生保障体系，为痴呆老人及其照顾者提供全面、完善、个性化的服务。

目前，我国澳门地区的老年痴呆病人社区照顾采用持续服务体系，老年痴呆病人享有与一般老人相同的福利，按需要可申请残疾补助。澳门没有特定的痴呆症照顾服务机构，社工局和非政府组织提供综合性老人服务及老人日间护理服务。我国的香港和台湾地区也对痴呆症老年病人提供家庭经济援助金及医疗补助，但是香港大部分的社区支持服务仅针对一般老年人，缺少针对痴呆症病人及其照顾者的教育课程，尤其缺乏针对居家病人和家庭照顾者的教育课程。而我国大陆地区针对一般老人的卫生服务项目尚需增加，针对特殊群体——痴呆老人的相关卫生政策更是鲜见。随着人口老龄化的加剧，老年人的照顾问题已经成为重大的社会问题，这是挑战，也是机遇，亟须我们的社会、政府发展养老事业，出台相关政策，构建社区服务体系。

根据国务院2011年印发的《中国老龄事业发展十二五规划》，十二五期间，我国将重点发展居家养老服务，大力发展社区照料服务，统筹发展机构养老服务，建立以居家为基础、社区为依托、机构为支撑的养老服务体系，居家养老和社区养老服务网络基本健全，这为进一步发展养老事业和老年人卫生保健工作提出了新的目标和要求。从研究趋势看，机构照顾以及在社区服务支持下的家庭照顾将是老年痴呆症长期照顾的主流模式。老年人，特别是痴呆老人的照护问题，需要各级政府和卫生部门的高度重视和密切配合，需要政府、医护人员、照顾者及社会各界的共同参与，才能为痴呆老人创建一个更好的生活环境。

参考文献

[1] 全国老龄工作委员会办公室. 全球人口本世纪末破百亿，平均寿命超80岁 [EB/OL]. http：//www. cncaprc. gov. cn/tongji/11064. jhtml, 2011-5-5.

[2] World Health Organization. Reducing Risks, Promoting Healthy. Life. Geneva [R] . World

Health Report, 2002.

[3] 全国老龄工作委员会办公室. 2011 年度中国老龄事业发展统计公报 [R], 2012.

[4] 湖南省老龄工作委员会办公室. 2011 年度湖南省老龄事业发展统计公报 [R], 2012.

[5] 王维治. 神经病学 [M]. 北京：人民卫生出版社，2006.

[6] 中国阿尔茨海默病协会. 防治痴呆，你我同行（Dementia：Living Together）[EB/OL]. http：//www. adc. org. cn/html/news/qqzx_ 1449. shtml，2012-9-18.

[7] 张明园. 阿尔茨海默病和全科医师 [J]. 中华全科医师杂志，2006，5（6）.

[8] Ferri CP, Prince M, Brayne C, et al. Global prevalence of dementia：a Delphi consensus study [J]. Lancet, 2005, 366 (9503)

[9] 岳鹏，尚少梅，柳秋实，等. 居家痴呆病人照顾者负担影响因素的多元分析 [J]. 中国行为医学科学，2007，16（5）.

[10] 蒋芬，杨如美，孙玫，等. 老年期痴呆病人照顾者照顾感受研究进展 [J]. 中国老年学，2012，9（32）.

[11] 冯晓敏，王曙红，刘风兰，等. 痴呆照顾者负担的影响因素及其干预研究进展 [J]. 护理学杂志，2011，26（3）.

[12] 杨辉，Colette Browning, Shane Thomas. 老年痴呆——基于社区干预策略的政策探讨 [J]. 中国全科医学，2008，11（8A）.

[13] 王佩玲，王爱玲. 老年痴呆社区护理干预及家庭护理 [J]. 现代护理，2007，4（14）.

[14] 梁健菱，赖锦玉. 香港老年痴呆症病人照顾服务的资源分配及问题分析 [J]. 中华护理杂志，2010，45（12）.

[15] 国务院. 中国老龄事业发展十二五规划 [R], 2011.

[16] 澳门社会工作局. 社会工作局工作报告（2004～2007）[R], 澳门：社会工作局，2008.

[17] 梁健菱，岑慧莹，杨明理，等. 澳门地区老年痴呆症病人照护服务的资源分配及政策分析 [J]. 中华护理杂志，2010，45（1）.

[18] 钟雪冰，楼玮群. 老年痴呆症长期照顾模式的国际研究趋势 [J]. 中国老年学杂志，2011，31（10）.

（作者单位：中南大学护理学院）

"再制造" 发展模式:"九位一体"

吴金明　朱　锐　黄进良

摘　要: 再制造有其独特的发展模式,包括再制造的目标模式、动力模式、商业模式、组织与分布模式、制造与技术模式等九个分模式,任何产品或产业的再制造都是这9个分模式的有机组合体,即"九位一体"。其目标模式是要求达到批量恢复功能或产品恢复新度,以使产品寿命达到极限;其动力模式是追求产业链共生与协同创新;其组织模式有主机厂主导、零售商主导、第三方物流主导和合作组织四种;其分布模式主要有分散式、集聚式和既集聚又分散式三种;其商业模式包括运营模式、业务模式和盈利模式3个方面;其制造模式只有针对零部件及其功能的模块化制造和针对完整产品制造与功能服务的云制造两种;其技术模式主要有尺寸修复法、换件法和升级法3种。不同产品或行业对上述九个分模式的不同选择及其不同组合会导致不同的产业行为、结构与效率。

关键词: 再制造;模式;组合;共生;协同

一、文献回顾

自二战起,随着再制造产业的兴起,关于再制造的理论研究也逐渐引起各方关注。21世纪70年代末,美国麻省理工学院开始了对再制造的研究;之后,罗伯特(Robert,1984)对再制造工程领域的问题展开了研究,并从技术规范上对再制造的定义进行了严格界定。进入90年代后,科瑞克(Krikke,1999)通过案例研究,探讨了如何再设计适用于复印机的回收网络问题;蓝安(Laan,1996)研究了再制造背景下的库存模型及再制造活动对库存管理的影响;葛卫德(Guide,1997)研究了再制造企业中的生产车间控制问题,分析了如何在企业具体的运作环节减少再制造系统的复杂性与多变性;弗苟森(Ferguson,2006)分析了OEM与第三方再制造商之间的竞争回收策略问题,指出企业可以通过再制造获得更大的收益和市场占有率。进入21世纪后,英特弗斯·克(Inderfurth K,2001)分析了在具有多种回收方式的动态再制造系统中,原材料回收管理库存问题;缪斯(Mutha,2009)通过考察在新产品及再制造产品两种情况下,企业营运网络设计的问题。

自1999年徐滨士院士在我国倡导再制造理念以来,经过十多年的思考和探索,再制造技术在我国取得了很大进展。徐滨士等认为,随着科学技术的进步,制造与维修工程越来越趋于统一,再制造工程是先进制造技术的重要组成部分,也是先进制造技术的重要补充和发展;杨自栋(2006)等研究了高新表面技术在再制造中的重要作用;黄继(2008)从绿色再制造集成技术创新平台的要素、功能、目标等方面,探讨了推进绿色再制造实施的集成技术创新平台建设的必要性；薛顺利等（2007）从社会学的角度，阐述了发展绿色再制造对环保、节能、增加就业方面的重要意义；苏春等（2009）以汽车再制造为例，从供应链网络设计、生产计划与调度、库存管理、成本控制以及再制造工艺等方面，评述再制造中存在的工业工程问题，分析再制造系统优化和性能改善的可行途径；姚巨坤等（2003）从再制造工程的技术角度入手，阐述了再制造的循环发展与可持续发展、符合产品发展中量变到质变以及符合自然界层次结合度的递减原理等哲学内涵；张秋爽（2007）、冯雪（2009）等从供应链管理角度，对目前存在于再制造领域中的典型生产方式与组织模式进行了分析与比较，探索了再制造逆向物流结构整合优化问题；刘友金、胡黎明（2011）通过对目前的理论文献进行梳理发现，当前学术界关于再制造的研究主要集中在三个方面：一是从技术的视角探讨再制造工程；二是从管理的视角探讨再制造物流系统；三是从社会的视角探讨再制造的意义。而从经济学角度展开研究得不多，他们认为："再制造产业是一个经济学的命题，不应当停留在工程与管理研究阶段。"他们分析了再制造的产业特性，提出了再制造产品的供求市场、价格形成机制、再制造产业的市场主体、组织模式与福利经济五个需要研究的理论问题。

综合国内外文献可见，到目前为止，除了一些文献的部分段落有所涉及外，专门研究再制造发展模式的文献很少，相关领域的研究尚属空白，本文试图就此展开研究。

二、再制造的目标与动力模式

1. 目标模式：批量恢复功能、产品恢复新度、寿命达到极限

再制造是一个多目标的规划函数，其目标函数有四个：一是使产品的回用时间最长；二是使旧件的综合利用率最高；三是使全寿命周期内的综合全流程成本最低；四是使环境效益最大。与上述目标模式相对应，再制造的价值提供有四：一是延长产品和零部件的寿命；二是还原法计量的资源与能源的节省；三是附加价值（含新材料附加价值、高技术附加价值和再制造文化附加价值等）的提供；四是还原法计量的环境负效应即综合碳排放的减少。基于这一多目标函数与价值提供的多维要求，再制造的具体目标模式主要有两个方面：一方面，基于产品回用时间最长的要求，在技术与工程上尽可能使产品的使用寿命延长达到或超过新品的水平，使寿命达到可利用的极限值；另一方面，基于旧件综合利用率最高的要求，必须批量恢复旧件功能，同时使批量旧件功能恢复达到甚至超过新产品水平，即产品恢复新度。

2. 动力模式：产业链共生与协同创新

同任何产业发展的动力不外乎利益机制激励和追求创新激励一样，再制造的动力也来自于对利益的追求和以创新获取持续的利益回报。但与一般新品制造产业不同或有明显差异的地方在于，再制造的动力模式更追求产业链共生共享，更注重产业链所有环节不同主体的协同创新。

（1）产业链的共生共享

以汽车再制造为例予以说明。再制造产业价值链延长了汽车的使用寿命特别是其经济、技术寿命和市场寿命，并使汽车价值和使用价值量得到了显著提升。但是要达成这些目标，必须依赖于产业链内外所有环节的共生，包括以下几个方面的共生：①汽车再制造

厂商与废旧汽车拥有者通过市场交易关系形成的互利共生；②汽车再制造厂商与新材料、新技术、新装备提供厂商和人才培育机构之间的市场交易或股权连接的互利共生；③整车再制造厂商与第三方物流服务、技术检测服务商、零部件再制造商厂商之间的市场交易或股权连接的互利共生；④所有再制造厂商通过节能减排降耗与政府和自然生态环境之间的互利共生。而且，按照共生经济原理，这种产业链的共生，都不是偏利共生，即一方得利另一方失利的"0、1博弈"，而是互利共生或者是一体化共生，即都得利的"正和博弈"。

（2）协同创新

从产业需求入手，把准政、产、学、研、用的各自定位，整合资源与力量，合理分工、强化协作，通过整合基于"产业需求"导向的技术创新与升级、人才培育——用链接、体制机制创新与支持政策联动、管理升级与商业模式创新，大规模、高水平地促进制造产业升级与结构调整，大幅度地改善制造产业发展的稳定性，提升产业发展水平，增强产业可持续发展能力。就再制造而言，不仅需要上述宏观意义上的协同创新，特别是在推进再制造产业发展的起步阶段与试点；而且更需要产业组织层面上的协同创新，即再制造产业链上下游之间特别是产业链各环节之间的通力合作与协同创新，尤其是在再制造产业达到一定产业规模之时。再制造产业的协同创新模式由以下五个层次耦合而成：①政府（政）、产业（产或企）、教育（学）、科研院所（研）、消费者（用）五大创新主体之间及其内部的协同；②技术（含产品技术、工艺流程再造与装备水平）、管理（含商业模式）、体制（含机制）三大创新客体之间及其内部的协同；③产权（股权与治理结构）、要素（人、财、物、旧件、信息、时空）、产品（再制造产品）三大市场平台之间及其内部的协同；④产业链各环节之间微观主体——企业之间的协同；⑤企业内部按波特价值链各组成部分之间的协同。

三、再制造的组织与分布模式

1. 组织模式：主机厂主导、零售商主导与第三方物流主导

从再制造的组织模式看，主要有四种：

（1）制造商的再制造组织模式

它又可以分成三类：①具有核心关键功能的主机厂或关键核心装备生产商组织的模式，也称产业上游主导的再制造模式；②具有完整产品功能的整机或整车厂组织的模式，也称产业中游主导的再制造模式；③不具备完整功能，只具备部分功能（不含核心关键功能）的零部件生产商组织的模式。

（2）经销商（或代理商）的再制造组织模式

它也可以分为三类：①对于专用装备和专用产品和核心关键零部件来说，既获得国家或政府相关部门许可，又获得被经销或代理的厂商的特许或委托所组织的再制造；②对于一般消费性产品完整产品和核心关键零部件来说，获得国家或政府相关部门许可，或者获得被经销或代理的厂商的特许或委托的经销商（或代理商）所组织的再制造；③对于普通零部件来说，只要获得国家或政府相关部门许可的经销商（或代理商）所组织的再制造。

（3）由第三、第四方物流公司组织的再制造

当然，这需要获得国家或政府相关部门许可，同时获得制造厂商许可，特殊情况下还

需要获得经销商（或代理商）的认可。

（4）制造商与经销或代理商合作的再制造组织模式

从全球再制造实践看，美国再制造企业众多，但主要是配套的再制造回收企业数量庞大，体系完整，这与美国市场环境较为宽松有直接关系。与美国模式明显不同，德国再制造企业绝大多数为大型企业控制，回收则由企业自身承担，大企业控制的再制造体系整体效率和质量保证更加完善，虽然其发展受到企业意愿影响，但是有利于产业结构的优化组合。日本再制造企业集中，既有大企业控制的再制造模式，也有市场化运作的再制造企业。

2. 分布模式：集聚式与分散式

再制造产业的分布模式主要有分散式、集聚式和既集聚又分散式三种：

（1）分散式

分散式又有两种，一种是指分散在各制造企业之中而且把再制造作为其新品制造的补充方式以兼业的经营方式来推进再制造的方式，这是目前德国再制造的主要分布模式；另一种是分散在各制造企业之中而且把再制造作为专业经营的一种方式及其分布状态，这是目前美国再制造的主要分布模式，美国基本上是由配套再制造企业来组织再制造，具有明显的分散式分布特征。

（2）产业集聚式

集聚式是指再制造产业依托一定的产业基础和资源支撑，建设产业基地形成专业化回收、拆解、清洗、再制造、公共平台建设的产业链条或园区。按照生态经济学的理论，再制造产业基地拟采用互惠共生的生态组织形式，集聚产业关联度高、上下游结合紧密的企业及服务配套企业，使企业间同类资源共享和异类资源互补能够产生新能量，这种新能量就是新收益，新收益在企业之间的分配导致资源效率改进和可持续发展能力增强。由于地理上的接近，各企业将降低运输成本、交易成本，有利于隐性知识的传播，提高创新活动的发生频率，加速创新成果向生产力的转化，创造良好的发展环境，促进企业专业化发展和技术进步。例如日本的再制造产业，集聚现象十分明显，是典型的集中发展配套协作模式，基本采用园区化发展模式，是依托大型企业的产业园区形成具有很强集聚效应的再制造产业带。

（3）既集聚又分散式

既集聚又分散式是指基于产业可分性与模块化要求，在零部件上推进分散式再制造，在整机整车的回收、拆解、清洗和整机、整车的再制造总装上实行集聚式再制造。或者是在关键、核心装备上实行集聚式再制造，而在其他零部件上实现分散式再制造。

四、再制造的商业模式

商业模式 = 运营模式 + 业务模式 + 赢利模式。运营模式指企业整合其内外部资源以达到经营高效，成本节约，风险降低的手段、方式；业务模式指企业创造客户价值或满足客户需求的手段、方式；赢利模式则指企业利润获取的手段、方式。所谓商业模式创新，无非就是针对商业模式构成中的一种或几种模式的创新。运营模式连通成本整合，业务模式连通价值创造，赢利模式连通利润获取。而再制造则正是围绕成本、价值、利润三个维度推进着工业制造企业的整体商业模式创新，而成为其顶级的商业模式。

1. 运营模式：尽可能对旧件"吃干榨尽"，以提高资源配置的技术效率

再制造通过高技术手段对回收的废旧产品实施批量修复改造，显著降低成本，再制造的成本仅为一般制造的50%，节能达60%，节材70%。德国至少90%的零部件可以得到重新利用或合理处理，其再制造产业涉及汽车零部件、工程机械、机床、铁路机车、电子电器等多个领域。例如宝马公司已建立了一套完善的回收品经营连锁店的全国性网络。宝马公司的经验是，用过的发动机，经再制造后，仅是新发动机成本的50%~80%，其过程中，94%被修复，5.5%被熔化再生，只有0.5%被填埋处理。为了提高资源配置的技术效率，其具体运营模式又可分为专业再制造模式和兼业再制造模式。当然也不排除部分零部件做专业再制造经营，部分零部件做兼业再制造的混合经营。一般来说，兼业经营者相对要容易得到，专业经营者要复杂得多。而且，在再制造产业发展的起始阶段与发展初期，采用兼业经营模式的多；而在再制造产业发展到一定阶段之后，采用专业经营模式的则显著增多。当然，具体的经营模式还需要结合再制造产品的种类及其再制造的特性做更细致的选择，不能一概而论。

2. 业务模式：尽可能延长产品有效寿命，为客户提供超值效用

再制造作为一个新兴产业，通过突破先进自修复和再制造的关键技术群等，不仅能提升传统产业的竞争力，而且将不断为社会提供新的产业空间，提供大量的就业机会，带来巨大的产业与社会价值。美军是再制造的最大受益者。通过再制造，既节约了制造费用，又延长了装备寿命。B-52轰炸机是美国于1961~1962年定型生产的，1980、1996年两次进行再制造工程技术改造，改造后的性能得到大幅度提升，预计服役年限可到2030年。从1977~2007年，德国大众公司生产了748万台再制造发动机，节约的钢材可以建造49座埃菲尔铁塔。我国设备资产和耐用消费品达几十万亿元，若其中10%能利用再制造技术进行修复和强化，便能迅速形成新的经济增长点，创造巨大的经济价值。

3. 盈利模式：尽可能改善资源配置的市场效率，以提高公司竞争优势

面临日益激烈的全球竞争，提高产业竞争力的关键在于降低产品成本，降低入市价格，而在这一"双降"背景下还能提高制造企业产业利润空间，建立良好盈利模式的最有效途径却只有再制造。例如，2008年美国工程师协会统计数字显示，美国再制造市场规模达到860亿美元以上，汽车零部件相关产品再制造市场规模达到350亿美元，是主要的再制造创收产业。德国再制造市场规模达到425亿美元，汽车零部件再制造占到280亿美元，仅次于美国。日本再制造市场规模为320亿美元，汽车零部件相关产业占到175亿美元。从实现的经济效益来看，各国均在18%左右，再制造产业利润水平比传统制造业要高出50%。而且，再制造能充分利用与提取报废产品的附加值，是实现资源循环利用，提高企业核心竞争力的关键途径。

五、再制造的制造模式与技术模式

1. 制造模式：模块化制造与云制造

同现代先进制造业的制造模式一样，再制造的制造模式也有多种，但从发展趋势和适应于再制造产业特性的角度看，再制造的主流制造模式将主要是两个，一是针对零部件及其功能的模块化制造，二是针对完整产品制造与功能服务的云制造。

从针对于零部件再制造的模块化制造看，1997 年，鲍德温（Baldwin）和克拉克（Clark）在《模块化时代的经营》和《设计规则：模块化的力量》两本书中，提出并系统阐述了产业的模块化理论。事实上，作为分工演进的结果，模块化组织是再制造产业流程重构的重要内容，再制造产业链本身就是一个分工条件下的模块化组织组成的联结体，尽管内部各模块组织的生产过程不同，但内部的信息、技术等共享性生产要素，却可以在不存在或很少的交易成本前提下实现共享。当然，组织的多样性可以视为组织中具有模块化的、相对独立地位经营主体的异质性，也就是说某一模块化组织与其他模块化组织在资源、要素和能力方面是有区别的。由于产业被分化为一个个模块化的组织，所以，不同产业及同一产业的不同环节其能力模块化的组织不同，模块化组织之间的异质化与组织的多样性也由此而生，这些模块化了的新组织会构建自己的价值体系，企业可分性的边界也由此得以界定或区分。就再制造而言，尽管有专门针对一个个具体零件的再制造模式，但更多的却是基于部件或总成的模块化再制造。例如汽车一般可分为发动机、底盘、车身、电器和电子五大模块，新能源汽车业可分为电机、电池、电控、车身等模块，一个有效或高效的再制造的制造模式，应该是基于这些不同的模块来实现的。因为模块化制造有利于降低组织成本，提升规模经济与范围经济水平，达到适度规模经营和适宜的范围经济。例如，推进拥有 11000 多个零部件的小轿车的再制造，尽管理论上可以组建 11000 多家企业来分别提供其不同的再制造零部件，但肯定很不经济，也必然会被市场竞争和产业组织所改变。模块化再制造的推进行为有许多，主要有旧件回收模块、分离（拆卸、清洗、检测）模块、设计（定损、修复设计、用更新的模块设计来替代旧的模块设计）模块、制造（再制造模拟、仿真、表面工程、材料制备与成形、修复热处理）模块、去除旧模块、增加新模块、模块用途的改变等等。

从针对完整产品与完整功能服务的"云制造"而言，"云制造"是一种基于网络面向服务的智慧化制造新模式。它源于云计算理念，融合与发展了现有信息化制造技术及云计算、物联网、服务计算、智能科学、高效能计算等新兴信息技术，将各类制造资源和制造能力虚拟化、服务化，构成制造资源和制造能力的服务云池，并进行协调的优化管理和经营，从而使用户只要通过云端就能随时随地按需获取制造资源与能力服务，进而智慧地完成其制造全生命周期的各类活动，并把制造资源和制造能力最大限度地进行整合，实现基于网络的自由流通，从而对制造业的商业模式及业态产生深远影响。就整机、整车这样的完整产品的再制造而言，其制造模式必然是这种云制造模式，这是由完整功能产品的再制造特性决定的。在再制造特别是完整功能产品再制造中，普遍存在信息不全面、不对称、不真实的情形，因而导致了许多不确定性，例如回收旧件质量的不确定、回收旧件数量的不确定、原件性能及其参考数据的不确定、改造与修复旧件的材料与技术要求的不确定、再加上受再制造的条件与批量的变化影响，加上运输性、拆解性、可测试性和其他再制造性的影响，使完整产品再制造的复杂程度远超新品制造，要处理这些复杂的变量，要回收处理几千万甚至几十亿的用户旧件，要分析海量的零部件损耗及其程度数据，要寻求最优的无数材料、技术配方与修复方案，还要把基于模块化再制造的各类零部件进行高效整合，这些都必须借助现代新兴信息技术以推进"云制造"。

2. 技术模式：换件法、尺寸修复法与升级法

从技术模式的角度看，再制造主要有尺寸修复法、换件法和升级法三种。尺寸修复法是

指基于原型产品或零部件的回用件，采用修复尺寸以恢复产品功能的方法；换件法是指基于原型零部件旧件，以新零部件替换旧件以达到恢复产品完整功能的方法；升级法是指基于原型产品或零部件的回用件，通过新材料、新技术的应用，使产品或零部件功能超过原型产品或零部件功能的再制造方法。基于上述三种不同的技术方法，再制造可以分为以下四种类型：①恢复型再制造，基于回用件，采用尺寸修复法恢复产品功能的再制造，其技术经济性要与原型产品的技术、功能和价格作比较。②更新型再制造，基于原型零部件旧件，采用换件法替换以恢复原型产品功能的再制造，其技术经济性也是与原型产品的技术、功能和价格作比较。③升级型再制造，基于回用件，通过新材料、新技术、新工艺、新装备的加工处理，使产品或零部件达到同类更先进的产品或零部件功能的再制造，其技术经济性则是与同类现代化的新品的技术、功能与价格作比较。④应急型再制造，是一种综合性再制造，在某种特殊情况下需要紧急恢复产品功能或新度的再制造，它完全视情况变化可采用恢复型再制造、更新型再制造和升级型再制造中的任何一种或多种，只要能满足急需就行。

六、结论："九位一体"的再制造组合模式

从理论视角看，再制造有其独特的发展模式，包括再制造的目标模式、动力模式、组织与分布模式、商业模式（含运营模式、业务模式与盈利模式）、制造与技术模式等9个分模式，任何产品或产业的再制造都是这9个分模式的有机组合体，即"九位一体"。其具体内涵包括以下方面：①再制造的目标模式要求批量恢复功能或产品恢复新度，以使产品寿命达到极限；②尽管动力模式不外乎利益刺激与创新激励，但再制造的动力模式更追求产业链共生共享，更注重产业链所有环节不同主体的协同创新；③再制造的组织模式有主机厂主导、零售商主导、第三方物流主导和合作组织四种，但具体组织模式受制于不同产品或行业特性以及产业的既有结构，亦即不同产品或行业特性以及产业在再制造之前的既有结构状态必然要求有再制造内部分模式的不同组合与之相适应，并对再制造产业组织产生致命影响；④再制造的分布模式主要有分散式、集聚式和既集聚又分散式三种，但具体分布模式主要受制于不同产品提供商、经销代理商在再制造之前的既有结构状态；⑤不管是哪种组织模式，就再制造企业而言，其商业模式包括运营模式、业务模式和盈利模式三个方面，其中，运营模式又可分为专业再制造运营模式和兼业再制造运营模式两种；⑥尽管再制造的制造模式有多种，但主流制造模式只有针对零部件及其功能的模块化制造和针对完整产品制造与功能服务的云制造两种；⑦从技术模式的角度看，再制造主要有尺寸修复法、换件法和升级法三种，具体选择要视产品的寿命周期、产品的特性与功能、回用成本而定。⑧不同产品或行业对上述九个分模式的不同选择及其不同组合会导致不同的产业行为、结构与效率；⑨政府制定与推行再制造产业政策的出发点与落脚点都在于为九个分模式及其有效组合构筑良好的激励与规制体系，以提高再制造产业组织效率，并促进以再制造为高端的"两型产业体系"的构建；⑩任何微观企业若想在再制造领域有所作为，针对于其特定的产品再制造选择好上述九个分模式并构建好其组合模式，是企业不可回避且必须解决好的问题，从某种意义上说，这就是再制造企业的一个良好的战略发展规划。⑪由于我国人多资源少，经济社会发展受制于许多资源瓶颈，因此，建设"两型社会"，构建以再制造为高端的"两型产业体系"尤为重要。自2000年以来，我国有关再制造的

研究与试点已有十年，我国对再制造产业发展的目标、动力、组织、分布、商业、制造和技术等模式都不同程度地进行了积极探索，取得了不少成果。目前，我国再制造产业的发展事实上已处于规模性探索与支持政策创新发展的新阶段，需要在再制造的发展模式上寻求新的突破，因此，围绕上述九个分模式的研究与实践，对我国再制造产业发展意义重大，影响深远。

参考文献

［1］ Robert Lund T. Remanufacturing：The Experience of the USA and Implications for the Developing Countries ［J］. World bank technical papers, 1984 (31) .

［2］ Erwin vander Laan, Rornmert Dekker, Marc Salomon, Ad Ridder. An (s, Q) inventory m odel with remanu facturing and disposal ［J］. international Journal of Production Economies, 1996, 46 - 47 (1) .

［3］ Guide. Jr, V. D. R, R. Srivastava, and M. Kraus. Scheduling policies for rernanu factu ring ［J］. International Journal of Product ion Economies, 1997, 48 (2) .

［4］ Ferguson. M, and L. B. Toktay, The Effect of Competition on Recovery Strategies ［J］. Product ion and Operations Management, 2006, 15 (3) .

［5］ Akshay Mutha, Shaligram Pokharel Strategic network design for reverse logisties and rem anu facturing using new and old product modules ［J］. Computers& Industrial Engineering, 2009, 56 (1) .

［6］ 徐滨士. 再制造工程基础及其应用 ［M］. 哈尔滨：哈尔滨工业大学出版社, 2005.

［7］ 杨自栋, 张道林. 基于高新表面技术的再制造产业发展初探 ［J］. 生态经济, 2006 (10) .

［8］ 黄继. 绿色再制造集成技术创新平台研究 ［J］. 管理科学研究, 2008 (6) .

［9］ 薛顺利, 徐渝, 何正文. 绿色再制造，建设节约型社会的源头性举措 ［J］. 经济管理, 2007 (3) .

［10］ 苏春, 程虎彪. 再制造发展动态以及其中工业工程问题的研究 ［J］. 成组技术与生产现代化, 2009 (6) .

［11］ 姚巨坤, 向永华, 朱胜. 再制造工程的内涵及哲学意义 ［J］. 中国资源综合利用, 2003 (8) .

［12］ 张秋爽, 王能民, 冯耕中. 引入缺货的再制造问题模型 ［J］. 统计与决策, 2007 (22) .

［13］ 刘友金, 胡黎明. 再制造产业：研究现状、基本内涵及若干理论问题 ［J］. 求索, 2011 (3) .

［14］ 徐滨士. 再制造工程的现状与前沿 ［J］. 材料热处理学报, 2010 (1) .

［15］ 芮明杰, 张琰. 模块化组织理论研究综述 ［J］. 当代财经, 2008 (3) .

［16］ 李伯虎, 张霖, 柴旭东. 云制造概论 ［J］. 中兴通讯技术, 2010, 16 (4) .

（作者单位：湖南省生产力学会）

论陌生人社会的治理：中国经验的表达

何绍辉

摘　要： 陌生人社会是现代社会发展的必然趋势。从熟人社会向陌生人社会的结构转型，给社会管理和社会建设带来了道德真空填补、社会信任重构以及基层治理变革等难题。建立中国特色社会主义社会管理体系，就要形成与经济社会发展相适应的社会管理模式，以契约规则规范陌生人社会中的行为、以现代信任文化融洽陌生人社会中的关系及以责任意识，唤起陌生人社会中的道德良知。

关键词： 陌生人社会；治理；中国经验；社会建设

近年来，摔倒的老人不敢扶、美味的食品不敢吃、搭讪的路人不敢信，日渐成为我国社会发展中的"常态"。广东佛山"小悦悦事件"的发生，更是引发了社会学家们的广泛关注，普遍认为"小悦悦事件"等道德焦虑的发生，标志着中国已进入"陌生人社会"。陌生人社会作为一种新的社会结构形态的出现，给当下中国社会管理与社会建设带来了哪些难题，我们应如何开展陌生人社会时代的社会管理与建设？

一、陌生人社会是现代社会发展的必然趋势

陌生人及陌生人社会是社会学家探讨的主题。费孝通指出："乡土社会在地方性的限制下成了生于斯、死于斯的社会；这是一个'熟悉'的社会，没有陌生人的社会"。费孝通对传统中国社会性质与结构形态——熟人社会的高度概况与精度提炼，是我们理解传统中国社会结构、解读中华儿女社会行动与阐释华夏子孙伦理道德的关键词。然而，随着社会流动增加，科学技术发展，传统中国社会形态发生了深刻变化，现代社会出现。"现代社会是一个由相互陌生的人所构成的陌生人社会，陌生人才是造成或者增加现代社会的疏离与冷漠、复杂性与不确定性的真正根源"。陌生人社会的形成，是商品经济、城市化运动以及现代科学技术共同催生的产物，是现代社会发展的必然趋势。

首先，商品经济的高速发展，使得整个社会生产生活方式发生了深刻变化。在农耕社会，食品从生产到消费相当于从田野直接到餐桌，中间环节尤其是流通、加工等要素很少，人们可以清楚地知晓该产品是否合格、是否安全以及是否绿色。在这种简单社会中，即使没有第三方监督，食品安全也有保障。然而，随着社会分工细化，商品流通加快，任何个体都无法直接从自己所生产产品中得到自给，田间生产产品也不是直接进入到餐桌，而是经过了生产、流通与加工诸多环节，每个人都只是其中的参与者，任何个体都不知晓也无法知道其所消费的食品是如何从田间到最终被摆上餐桌的。正是商品流通的增加、社会分工的细化以及社会复杂性的增加，人人都需要接触不熟悉的人即陌生人的服务，陌生

人成为我们生活中所不可或缺的一部分。

其次，现代化对城市规模的要求和城市化运动的演进，直接催生了陌生人社会的出现。大规模城市化运动，使得农村人口大量拥入城市，城市规模越来越大，乡城流动人口越来越多。2012 年度的《中国流动人口发展报告》显示，2011 年中国流动人口总量已接近 2.3 亿，占全国总人口的 17%。可以说，流动是当下中国社会普遍存在的社会事实，当下社会从某种程度上来说就是一个流动社会。农村青壮年劳动力的缺失、空心化村庄的出现以及留守儿童、留守妇女与留守老人"三留守群体"的存在，则是社会流动频繁的具体表现，也是其客观产物。来自五湖四海的农村流动人口，汇集在城市社区，使得城市人口规模急剧增加。众所周知，流动人口同质性弱、异质性强，他们来自四面八方，彼此不熟悉，这不仅加大了城市社区的陌生感，更使得城市社区日渐去熟悉化；加上"单位社会"时代的终结，使得城市陌生人社会形成成为必然。

其三，科学技术的发展，虚拟社会产生、地球村形成，同样使得陌生人社会的出现得以可能。现代信息技术的运用和扩散，使得原有的社会交往规则与圈子发生了深刻变化，人们不仅可以突破物理性空间限制与各国进行沟通与交往；还可以在互联网、BBS 以及社区论坛等虚拟性空间进行互动，与素不相识的其他人进行交流。现代信息技术，尤其是交通与通信技术的发达，不仅使得城乡流动成为常态，亦使得全球流动成为可能。无论是在虚拟社区，还是在地球村内，人们打交道最多的是陌生人，且很多是未曾谋面与不曾相识的人，他们彼此服务、互动往来，共存于日常社会生活之中。

总之，陌生人社会作为与熟人社会相对应的社会结构形态，是现代社会发展到一定程度的产物，是城市化、工业化与现代化的表征，是商品经济、市场逻辑与理性主义的所指。陌生人社会形成后，熟人社会中的人情、面子以及礼俗不再能够发挥主导性作用，社会管理和社会建设实践中也浮现出许多新的问题和难题。

二、陌生人社会中的治理难题

一是道德真空填补难题。熟人社会是一个以情感关系为基础建构起来的社会，熟人社会中的人有着较强的长远预期，有着一套内化的行为规范与准则。在熟人社会中，失德、败德成本非常高，一个人如果道德败坏、不被所在社区认可，很容易被排挤出去。与熟人社会中的道德自律、情感关系不同，陌生人社会的契约性决定了人与人之间是一种理性的利益关系，这是一种普遍主义而非特殊主义的关系。成熟的陌生人社会，应当是法律健全、制度完善，人与人之间按照既定的规则、制度办事，虽说在利益的追逐下，彼此之间比较容易表现出过度的理性化，甚至是算计，但人与人之间还是有着基本的道德底线，整个社会仍然有着温情脉脉的一面。然而，在传统的熟人社会向现代的陌生人社会转变的急剧转型期，社会转型、体制转轨、利益转换、阶层转化、结构转变等均在一瞬间发生，这引发了人们思想观念的裂变，社会焦虑感普遍生发、社会紧张感蔓延、道德真空衍生。如何填补熟人社会向陌生人社会转变过程中的道德真空，构建起具有主导性和笼罩性的社会核心价值体系，让人们自觉地遵从和信仰道德，这是当下中国社会建设的一大难题。

二是社会信任重构难题。伴随着社会进步与发展，社会分化加剧，社会风险滋生，社会不确定性增加，社会复杂性增长。而"随着社会复杂性的增加，社会规范越来越抽象，对行为的规定越来越模糊，不确定性也就越来越强，相反，在简单的小范围社会中，只同某些确切的对象形成联系，集体意识具有确定的、确切的特征"。在"简单"熟人社会中，社会运行成本低，社会成员之间因彼此之间"熟悉"而信任度高，正如费孝通所言"我们大家是熟人，打个招呼就是了，还用得着多说么？"然而，随着现代化发展的深入与现代性的增加，传统、习惯和风俗等原有社会规范渐渐离我们远去，社会流动性和陌生化增加，人们所生存的环境发生了深刻变化。在现代化转型过程中，个人、团体及组织信任因环境的变化出现了"社会信任危机"。假酒、假烟、毒奶粉、地沟油等在日常生活中随处可见。在熟人社会中的特殊主义信任不再有效，而陌生人社会中的普遍主义信任或者说制度性信任尚未形成的当下，如何重构社会信任，此乃当代中国社会信任建设所不得不面临的"霍布斯难题"。

三是基层治理变革难题。城乡社区不仅是人民群众的生活共同体，更是现代社会建设的基础。城乡基层社区治理，是整个社会建设的核心和落脚点所在。正如有学者认为，"社会建设是社会主义现代化建设事业总体布局中的一大建设，关系到各个方面，是一项大工程；推进社会建设一定要做好顶层设计，同时也要做好基层治理，从基层做起"。在熟人社会中，基层社会管理依赖的是彼此之间的熟悉程度，社会管理和运行成本低。陌生人社会形成后，社会流动增加，社会规模扩大，原有的城乡基层社会管理模式不再适应社会需求，且与现代化的治理结构不再相符。大量农村人口流入城市后，农村空心化越来越严重，其在给农村社会管理带来无人管理困境的同时，也给城市社区管理带来了难于管理的困局。计划经济退出、市场经济确立后，户籍制度不再起着基础性的社会管理作用，如何建构一套新的、去身份化的社会管理模式，应当是当前基层社会管理所需解决的首要难题，也是户籍制度改革的终极目标。

三、陌生人社会建设的着力点

从社会结构形态转变角度而言，加强和创新社会管理，其核心是加强和创新陌生人社会建设与管理。陌生人社会建设，重点应从如下三方面着手：

一是要以契约、规则规范陌生人社会中的行为。在原始社会中，由于剩余产品几乎为零，人们基本上过的是自给自足的生活，社会交换绝少产生。伴随社会的进一步发展，尤其是商品经济的繁荣，交换成为人类社会生活中的必需，而契约更是成为使交换得以顺利进行的保障性机制。熟人社会作为"一个'熟悉'的社会，一个没有陌生人的社会"，熟人社会中的社会交往和互动往往因"熟悉"而显得井然有序。然而，即使在熟人社会中，正常的交换和交往同样离不开对契约规则的遵守；只是从某种程度上而言，熟人社会中的契约之所以能产生效用，与熟人社会中特殊主义的情感关系不无关联。陌生人社会生成后，人与人之间的交往和互动规则发生了巨大变化，它所遵循的不再是特殊主义的情感性关系，而是普遍主义的契约型关系。确保这种普遍性的契约关系具有约束力，并能够行之有效，必须有相应的法律和制度做保障，需要所有的行动主体都遵守以公平、自愿和平等为核心的契约精神。契约精神作为当今社会的主题，是陌生人社会法制建设的落脚点。培育陌生人社会中的契约精神，政府应当在其中发挥基础性作用，既要为契约精神的生成营造社会氛围，制定相关的法律法规；也要维护好社会个体的合法权益，以契约规则规范人们的行为，并确保个体自由与平等的实现。此外，陌生人社会中的契约精神培育，除了要注重个体意识之外，还要注意团体和组织的契约精神锻造，任何组织都应该在契约精神基本原则下开展政治、社会与经济活动，遵守相关规则。

二是要以现代信任文化融洽陌生人社会中的关系。涂尔干曾经认为，"在契约里，并不是所有一切都是契约的……凡是契约存在的地方，都必须服从一种支配力量，这种力量只属于社会，绝不属于个人"；而且"仅仅有契约是不够的，还必须有来源于社会的契约规定"。涂尔干的"来自社会的契约规定"，其实质是社会的价值观念与意义系统，是社会信任的文化价值体系。熟人社会相对简单，社会信任主要表现为人际信任。熟人社会中的信任，往往是一种带有浓厚家庭本位色彩的信任，它遵循的是"熟悉"原则，其对陌生人采取的往往是敌视态度与不信任感。陌生人社会形成后，社会复杂性增加，社会不确定性增多，社会信任也开始日渐从人际信任慢慢转向陌生人社会中的系统信任。传统社会中的基于特殊伦理本位的个体信任机制，已然没有了坚定的社会基础，并日渐转向陌生人化的普遍主义道德信任。在中国社会信任危机普遍发生的今天，加强诚信建设、提高社会信任水平、融洽社会关系，要"发挥政府在诚信社会建设中的核心作用，培育崭新的信任文化"；要丰富现代信任文化的内容，构建诚信信息平台，增强信任约束力；要营造以普遍性道德为基础的契约型信任的社会基础，逐渐使个体信任和群体信任实现从特殊伦理中走出来，走向具有普遍性的道德共识。

三是要以责任意识唤醒陌生人社会中的道德良知。熟人社会瓦解、陌生人社会生成后，支撑社会管理的原有道德文化基础发生了深刻变化，社会道德失范现象时有发生，这很大程度上是陌生人社会管理不足，尤其是陌生人社会道德建设滞后的结果。加强和创新陌生人社会管理，就要加强陌生人社会道德建设，弘扬和倡导社会主义核心价值观。既要发挥道德榜样的作用，开展以雷锋精神为核心的社会主义核心价值观教育，以"应对陌生人社会中的高流动性挑战、填补陌生人社会中的道德真空以及缓解陌生人社会中的社会紧张、告别社会冷漠与增强社会整合"；也要在传统社会道德"强制力"下降、道德惩罚机制缺位的情况下，构建一套对民众具有控制力和影响力的社会道德奖惩机制；要在陌生人社会中树立"我为人人、人人为我"的行为理念，增强历史使命感和社会责任感，以责任意识来唤醒陌生人社会中的道德良知，根治陌生人之间的社会冷漠。

参考文献

[1] 费孝通. 乡土中国 [M]. 北京：人民出版社，2008.

[2] 龚长宇，郑杭生. 陌生人社会秩序的价值基础 [J]. 科学社会主义，2011 (1).

[3] 涂尔干. 社会分工论 [M]. 北京：三联书店，2000.

[4] 陆学艺. 新时期的战略任务是推进社会建设 [N]. 东方早报，2012-10-23.

[5] 朱虹. 重塑社会信任 [J]. 新华文摘，2012 (19).

[6] 周小毛，何绍辉. 陌生人社会更需要雷锋精神 [N]. 光明日报，2012-10-2.

（作者单位：湖南省社会科学院）

区域图书馆资源共享模式构建研究
——以长沙地区为例

杨思洛　王自洋

摘　要：本文以长沙地区为例，基于长沙市图书馆的角度，研究区域图书馆资源共享模式的构建。提出长沙区域图书馆共享三大模式：总分馆、区域图书馆联盟、区域联合协作服务；详细分析三大模式的组织、管理与服务三大方面。在对比三大模式的基础上，提出了长沙区域图书馆资源共享集成模式。

关键词：信息资源共建共享；公共图书馆；资源共享模式

信息资源共享是一个人们关注和研究已久的问题，也是目前信息化社会中的一个焦点。在信息资源共享中，区域图书馆资源共享的实践和研究引人注目。国外许多著名的资源共享系统都是地区性的，或者从地区图书馆共享系统发展成为全国乃至全球性的共享系统。区域图书馆资源共享是当今世界各国图书馆发展的通行做法和必然趋势。长沙区域信息资源的共享，将充分利用和发挥信息资源的优势，最大限度满足用户的信息需求，为长沙地区经济、科技发展提供保障，以促进湖南省"四化两型"社会和"数字湖南"的发展。

一、长沙区域总分馆模式

1. 长沙区域总分馆具体模式分析

总分馆模式一般是在一个城市或一个地区，设立一个中心馆或总馆，其下设有若干分馆；总馆对分馆实行人、财、物的统一管理，分馆是总馆的一个分支机构，专门负责读者服务工作；总分馆具有高度统一的管理和完整的组织体系，以进行统筹规划。具体特色包括图书馆服务布局网络化、图书馆业务管理集群化、图书馆行政管理集中化。长沙区域图书馆总分馆模式的主体对象包括各区（县）图书馆、共享工程基层服务点、乡镇文化站、农家书屋、社区图书室、公共电子阅览室、党员远程教育站、妇女之家等。在总分馆模式运作中，长沙图书馆为总馆，分馆可分为三大不同类型：共建分馆、直属分馆、城市街区自助图书馆。

长沙区域总分馆的组织模式是层级的，由于已有图书馆的组织机制限制，许多图书馆也存在不同级别、不同的模型与服务对象，所以目前长沙区域总分馆的组织模式是层级的，层级式的总分馆组织体制可分为多层。第一个层级长沙市图书馆为中心总馆，馆成员是各县（市）图书馆；第二个层级总馆是长沙市图书馆和各县（市）、区图书馆，分馆是上述总馆

长沙市图书馆

共建分馆　　　直属分馆　　　街区自助馆

共建分馆：芙蓉区图书馆　岳麓区图书馆　开福区图书馆　雨花区图书馆　望城区图书馆　长沙县图书馆　浏阳市图书馆　宁乡县图书馆

直属分馆：杜鹃分馆　八方社区分馆　拓维企业分馆　颐而康企业分馆　师友分馆

街区自助馆：24小时自助图书馆

各乡镇图书馆（室）　各街道图书馆（室）

各村级图书室　各村农家书屋　各社区图书室

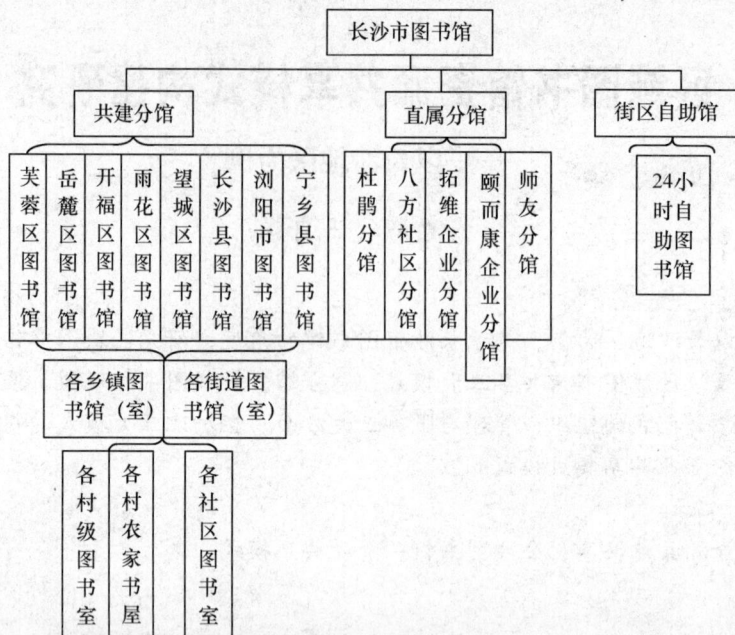

图1　长沙区域图书馆总分馆的组织模式

辖区内的乡镇图书馆。服务模式是网络的，在文献信息服务中，所有图书馆都相互联系，共同组成图书馆服务网，覆盖整个社会。管理模式是星形的，只有一个总馆，其他都是分馆，分馆都是同一级别的，都直接与总馆相联系，包括各方面的管理工作。通过这三种模式的统一，实现总分馆体系的三个"统一"：经费来源统一、管理统一、服务统一。

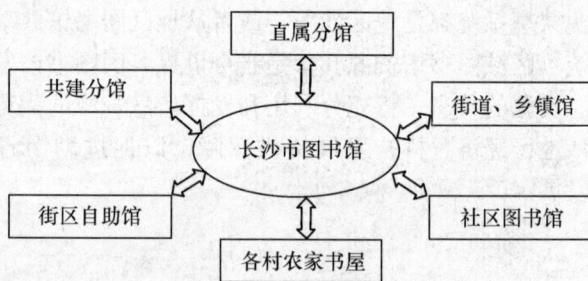

直属分馆　　共建分馆　　长沙市图书馆　　街道、乡镇馆　　街区自助馆　　各村农家书屋　　社区图书馆

图2　长沙区域图书馆总分馆的管理模式

2. 长沙区域图书馆总分馆模式的适应性分析

总分馆制是世界通行且较为科学的图书馆共享模式，长沙市公共图书馆在其辖区范围内适宜采取总分馆模式管理。总分馆建设涉及对原有体制的改革，需要由政府统一主导才能推行，目前长沙地区各级政府充分重视对各级图书馆的建设。总分馆模式需要有一定的区域经济基础，长沙是湖南省省会，经济和政治中心，所管辖的区县也较强，例如长沙县、浏阳市、望城区、宁乡县经济实力在全省名列前茅。总分馆

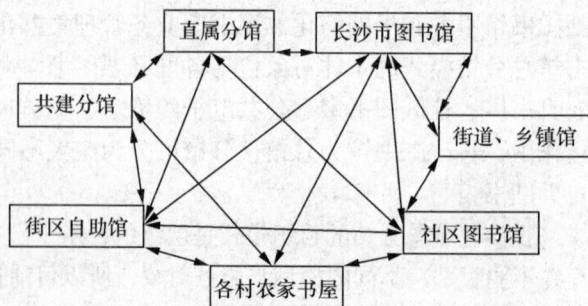

直属分馆　　长沙市图书馆　　共建分馆　　街道、乡镇馆　　街区自助馆　　社区图书馆　　各村农家书屋

图3　长沙区域图书馆总分馆的服务模式

对区域地理位置也比较讲究，长沙区域内各公共图书馆位置靠近；而且区域内的交通便利，各项网络信息通信设施也较为完善。长沙市图书馆目前管理水平较高，积极利用新兴信息技术建设新馆，开展各类型形式多样的服务。

二、长沙区域图书馆联盟模式

图书馆联盟是各图书馆为了实现资源共享、利益互惠的目的而组织起来的，受共同认可的协议和合同制约的图书馆联合体。

1. 长沙区域图书馆联盟模式成员组成

长沙区域内图书馆联盟有很多，不同层次的图书馆都可构建。长沙区域图书馆联盟成员分为两大类：①同质性图书馆是指结成联盟的图书馆是同类型的，性质相同、功能相近、服务模式基本一致，性质和服务功能相近的图书馆结成的联盟比较稳定，容易实现资源共建共享，管理控制的难度小。具体包括市属所有公共图书馆。②异质性图书馆。异质性图书馆与同质性图书馆相比，各馆性质不同，资源特色不同，服务对象需求不同，更具特色性、异质性和差异性，能在更大程度上实现资源互补共享，联盟一旦发挥效益，对区域内经济社会文化发展所产生的多方位的效益是同质性图书馆无法实现的。

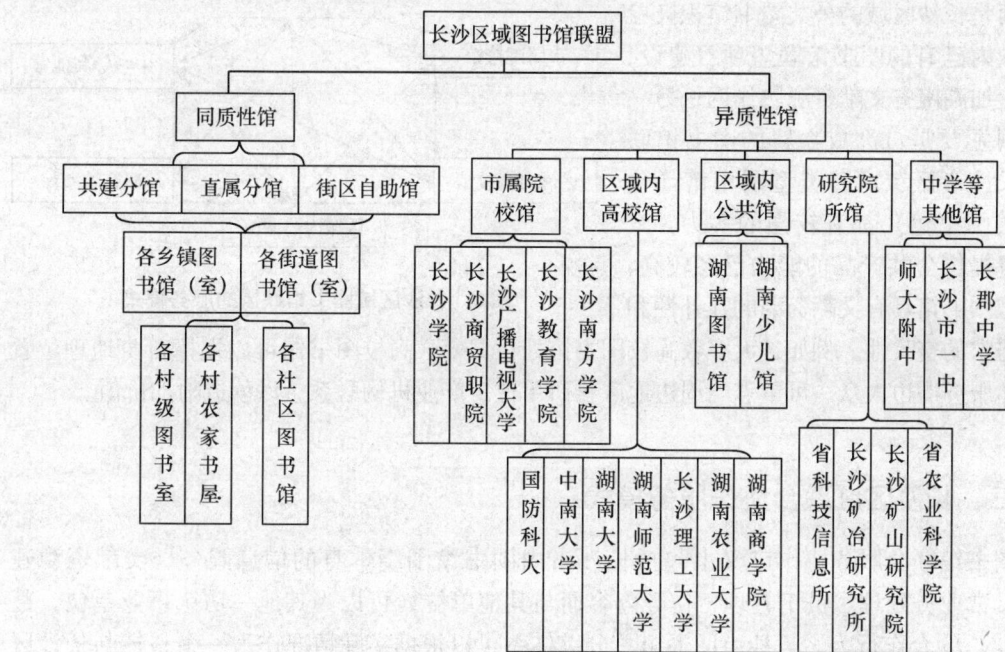

图4 长沙区域图书馆联盟的组织模式

异质性图书馆联盟成员如图4所示，但没有列出所有，只是有代表性地展示了几大联盟成员；而且在具体运作时也要根据各馆意愿，以自愿为原则来决定联盟成员情况。联盟成员总体上包括市属院校图书馆，区域内高校图书馆，区域内其他公共图书馆，研究院所图书馆，中学、企业等其他机构图书馆（室）。

2. 长沙区域图书馆联盟模式的具体分析

长沙区域图书馆联盟的组织模式如图4所示，仍为层级型的，因为不同类型图书馆运作时存在较大差异，所以一般是分类进行组织。图5为长沙区域图书馆联盟的管理模式，其中区域内公共馆包括长沙市区域内的所有级别公共图书馆。在图书馆联盟中

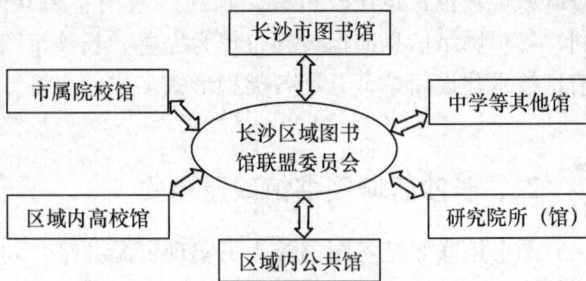

图5　长沙区域图书馆联盟的管理模式

各成员的地位是平等的，一般由联盟成员推举和政府负责部门指导产生区域图书馆联盟委员会和会长等各领导人员，统一组织区域图书馆联盟，下设联机编目中心、技术中心、研究开发部、系统运行部、业务发展部、公共关系部、规划部、办公室等部门。图6为长沙区域图书馆联盟的服务模式，同样也是网状结构，形成了由长沙区域内所有图书馆组成的图书馆服务网络。

3. 长沙区域图书馆联盟模式的适应性分析

长沙区域图书馆联盟包括两方面：一方面是长沙区域的公共图书馆积极参与区域内已有的图书馆联盟项目建设，例如参加湖南省文献资源协作网；另一方面则主要是自己成立新的图书馆联盟。长沙市区域内各类型图书馆（包括区县图书馆）都有较强的实力，政府本身提供公共产品的能力已经较高，各类型图书馆具有文献资源的互补性和

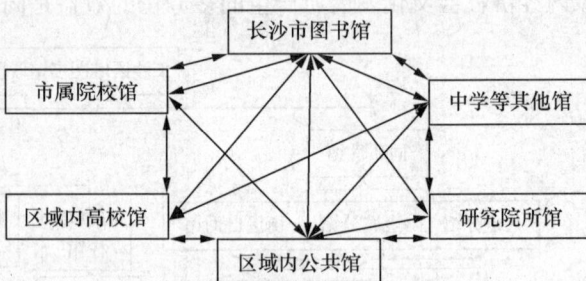

图6　长沙区域图书馆联盟的服务模式

读者需求的交叉性。例如，大多数高校图书馆处在城郊，高校图书馆可以发挥自身地理位置优势，服务周边大众，可重点与周边地区科研单位、产业机构联系，以创造附加价值。

三、长沙区域联合协作服务模式

图书馆联合服务协作广义上包括长沙市内图书馆围绕本身的信息服务、文献资源建设、日常业务处理、员工管理工作等内容而与其他单位（可以为其他一切企事业单位，甚至个人）的合作行为。长沙市图书馆总分馆体系可以根据实际情况作为一个整体与长沙区域范围内其他信息机构，分别独立开展资源联合采购、馆际互借、参考咨询服务、联合编目、文献传递和人员培训等方面的协作；另外长沙市区域图书馆也可以图书馆个体为单位视具体情况而与其他单位进行合作共享。

1. 长沙图书馆区域联合服务成员

开放、平等、自由的服务理念是开展联合服务的前提，不论联合协作的成员大小、类型如何，只要双方有合作意愿，具有双赢的可能，就可以形成区域联合服务联盟。长沙图书馆区域联合服务模式具体可从狭义和广义两方面来理解。狭义的长沙图书馆区域联合服

务包括区域内所有各类型的图书情报单位，其共享内容主要是资源共享、人力物力协作、服务协同等方面，可以是单一的联合服务，例如形成数字参考咨询联合服务。广义的长沙图书馆区域联合服务包括长沙市图书馆为达到图书馆运作目标，而与区域内所有单位的合作。具体可分为政府机关、新闻媒体、文化单位、各类企业、数据库商。

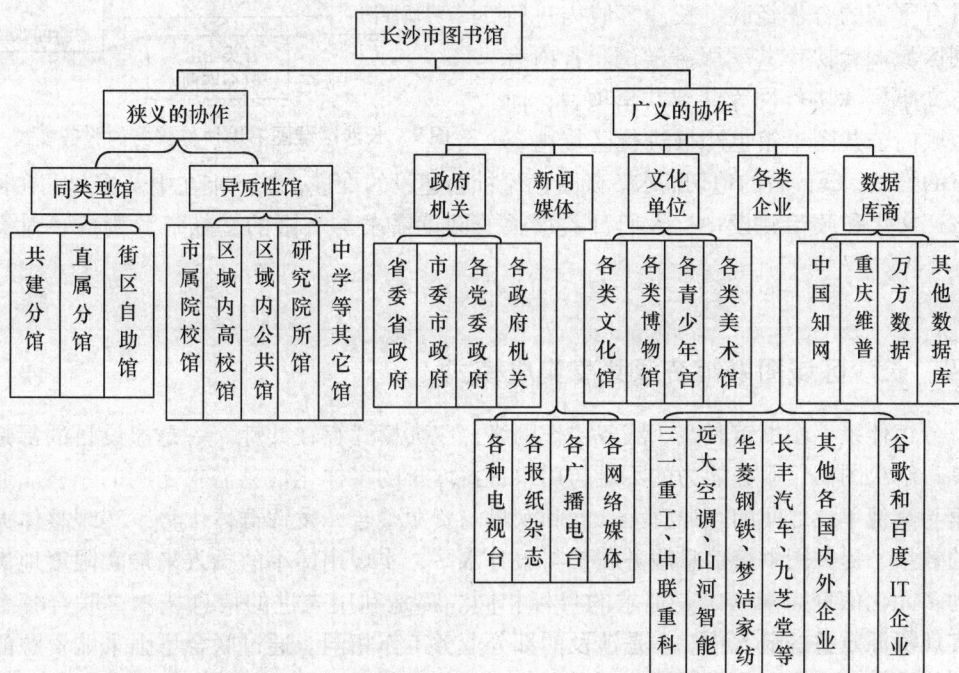

图7　长沙区域图书馆协作服务的组织模式

2. 长沙图书馆区域联合协作服务模式具体分析

长沙区域图书馆协作服务的组织模式如图7所示，按一般分类规则分类展示，可体现图书馆联合一切可以合作的力量来实现图书馆联盟的目标。同样，图7只是示意图，并没有穷尽所有合作成员，而在具体运作中也是根据需要和自愿原则来选择是否联合；例如作为最基层单位，村图书馆（室）可与村农家书屋或其他有关联的单位合作。图8是长沙区域图书馆

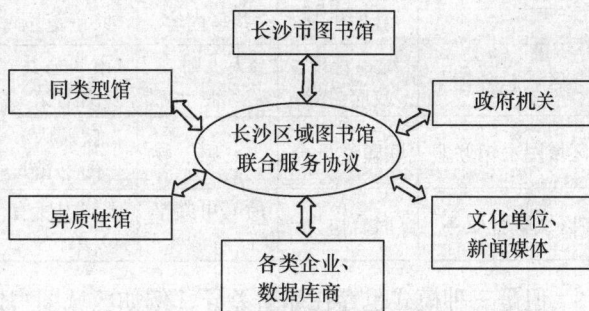

图8　长沙区域图书馆协作服务的管理模式

协作服务的管理模式，虽然也可与图书馆联盟一样成立专门的管理机构，但是实践中大多数是通过合作成员一起签订协议或合同，由协议来约束和规范联合服务的运作。图9为长沙区域图书馆协作服务的服务模式，同样是网络模式，联合服务的各单位共同协作，在建设和服务中各单位相互联系，组成服务网络。

3. 长沙图书馆区域联合服务模式的适应性分析

①"内联—外合"的图书馆联合服务运作形式可以充分发挥区域图书馆资源的优势，联

合一切可合作的力量。②具有良好的合作基础。长沙区域图书馆地理位置相对集中，而且发展水平较高、规模较大，各图书馆的软硬件建设较好，现代网络信息基础设施较完善，具有丰富的合作经验。长沙区域内进行了系列区域联合协作共享服务尝试。省内有湖南省文献资源协作网等共建共享项目；而长沙区域内公共图书馆也积极进行区域内资源共享的尝试。

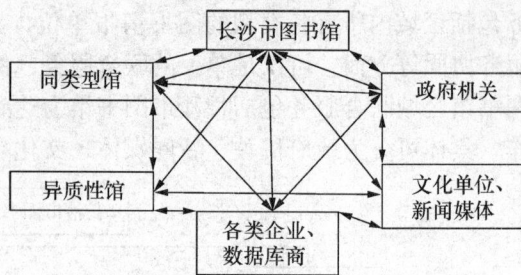

图9 长沙区域图书馆协作服务的服务模式

③读者的迫切需求。随着两型社会建设的推进，长沙市在中部崛起，在长沙市经济、文化和政治建设中，人们日益增长的阅读需求与有限的文献资源构成一对突出矛盾。

四、长沙区域图书馆资源共享集成模式

总分馆体系、图书馆联盟、服务协作网络，三大模式存在共性。一是建设目的都是资源共享，解决图书馆服务能力的不足与用户日益增长的多样化信息需求之间的矛盾。通过图书馆与其他单位之间的互通有无、互利互惠与资源整合，发挥群体优势，实现整体大于局部的效果，提升图书馆信息服务质量与服务水平，实现用最小的投入来最大限度地满足用户的多元化信息需求。二是追求的目标相同。都是利用先进的信息技术，联合各个单位，实现资源效益的最大化。三是涉及的部分业务工作相同。通过联合增强采购资源的议价谈判能力和购买力，尤其是在数字资源方面经过费用分摊，共同拥有数字资源的使用权；联合编目与资源目录共享；联合开展数字参考咨询服务。

表1 长沙区域图书馆资源共享三种模式的比较

	管理机制	共享内容	共享范围	组织形式	共享方式	共享原则
区域总分馆	统一管理、政府主导	人、财、物	市属公共图书馆	组织紧密	公益性共享	统一共享原则
区域图书馆联盟	联盟委员会	人、财、物	区域内图书馆	组织较宽松	合作型共享	协商契约原则
区域联合服务	联合协议	所有可共享资源	区域内所有单位	组织自由、灵活	资源交易型共享	互惠互利原则

但是三种模式也存在显著差异，例如区域图书馆联盟自身具有系列特色与优势，与总分馆模式相比，范围更大，协商形成管理主体，组织形式自由，但对成员馆要求较高，资源整合力度较低。如表1所示，我们应该根据长沙市区域实际情况，结合三种模式的优缺点，实现多种模式的集成，把以总分馆为核心的公共图书馆服务体系、跨系统的区域图书馆联盟体系、区域所有单位组成的联合协作服务体系整合，建立一个纵横交错的立交式的区域共享网络体系，综合开展各项合作共建共享事务。长沙区域图书馆资源共享，具体来说应该以长沙市图书馆为主，以长沙区域图书馆总分馆模式为基础和起点，完善总分馆模式的共享内容与基础性与全局性工作，服务范围限于市属公共图书馆，构建区域公共图书馆服务体系的主体。以长沙区域图书馆联盟模式为核心，联合区域内所有图书馆，构建较

为广泛的区域图书馆服务体系。以长沙区域图书馆联合服务模式为补充来开展相关工作，则是根据区域图书馆事业发展目标的需要，联合一切力量来加强图书馆服务体系建设。例如从公共图书馆总分馆体系到图书馆联盟体系，延续了"政府主导"建设思路，这一思路保证了公共图书馆服务体系进一步延伸，也使图书馆服务联盟能够克服松散联盟导致的资金问题，并可提升统一服务平台的服务能力。

在具体实施长沙区域图书馆资源共享集成模式时，应该以长沙区域图书馆总分馆模式为基础和起点，先期尝试总分馆模式，然后向纵向延伸，形成以长沙市图书馆为总馆，县（市或区）图书馆、乡镇图书馆、村或社区图书馆为分馆的服务体系；另外以各县（市）图书馆为总馆，所辖乡镇图书馆为分馆，建立村级图书室或村级流动服务点的总分馆体系。横向上的发展，由总分馆模式转移发展区域图书馆联盟，再向区域图书馆联合协作服务，实现区域内全社会信息资源共享，构建一个覆盖全

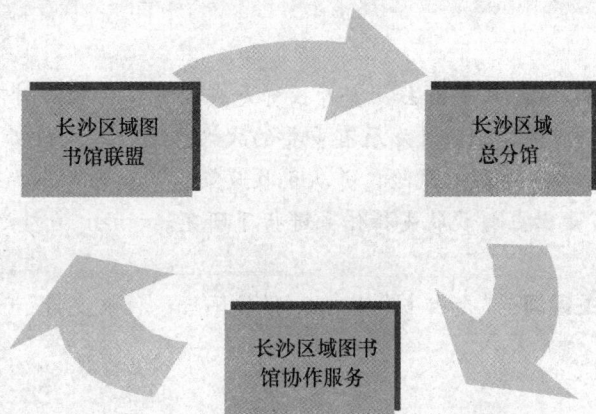

图 10   长沙区域图书馆资源共享集成模式

市、城乡一体、功能完善、优势互补、资源共享的区域图书馆信息服务体系。

参考文献

[1] 许军林，蒋玲. 异质性区域图书馆联盟探索——基于以高校为主体的地方图书馆联盟模式 [J]. 情报理论与实践，2010（8）.

[2] 许军林. 异质性区域图书馆联盟资源建设与整合研究 [J]. 情报理论与实践，2011（2）.

[3] 唐嫦燕，袁琳. 广州大学城图书馆联合服务模式的构建研究 [J]. 图书馆学研究，2008（2）.

[4] 杨方铭，邹鑫. 区域信息资源整体发展的新趋向 [J]. 兰台世界，2011（21）.

（第一作者单位：湘潭大学公共管理学院；第二作者单位：长沙市图书馆）

完善企业"走出去"的税收支持体系研究

李晓梅

摘　要："走出去"海外投资是我国支持企业海外布局，发展国际市场的客观需要，对促进我国企业海外发展有重要的战略意义。本文分析了当前我国企业在"走出去"过程中面临的主要税收风险，并从税收政策、纳税服务、加强维权和机构建设等方面对进一步构建"走出去"税收支持体系进行了研究。

关键词："走出去"战略；税收风险；税收支持

"走出去"境外投资是我国支持企业海外布局，发展国际市场的客观需要，是追求国家和企业利益的重要选择。2010 年 6 月，国家税务总局制定下发《关于进一步做好"走出去"企业税收服务与管理工作的意见》，为企业"走出去"降低投资风险，优化效益提供了必要支持。基于国际环境的复杂变化，"走出去"企业当前仍面临诸多税收风险，进一步加强税收支持是税收工作的重要任务。

一、"走出去"企业面临的主要税收风险

境外投资意味着企业进入全新的环境，不仅对自身经营提出各种挑战，还要面对诸多国外税收方面的困难。从"走出去"战略实施后我国企业经营情况看，"走出去"后企业主要遇到以下税收问题：

1. 缺乏及时、全面获取国外税收资讯的渠道

国外一些发展中国家存在政府信息公开程度不高，税收法律、政策不透明等情况，国内企业独立获得这些税收资讯的能力有限，很难对所投资国家的税收环境做出正确的判断。与此同时，一些国家税收法律的执行状况不佳，不同层级、不同地域的税务机关执法标准不一致，国内企业在投资时很难准确把握这些被投资国税收法律与政策要求，使投资决策存在潜在风险。如东南亚一些国家在税收立法上滞后，立法程序不规范，一些税收法律法规不能及时公布。而在税收监管时又经常采取行政手段，使用非公开的文件和批文等，使外来投资者难以全面和准确地了解税收信息。

2. 税收协定执行难到位，反避税调查尺度苛刻

"走出去"企业在一些国家无法真正享受到双边税收协定规定的各项权益。尽管我国与不少国家签订有税收双边协定，但一些发展中国家没有明确国际税收协定优于国内税收法律等制度，使得税收协定在部分国家没有发挥应有效果，无视税收协定的现象时有发生。而且，一些国家的司法实践主要依据禁止滥用税法、实质优于形式等一般法律原则，

对涉及跨国纳税人不当利用税收协定避税的情况，往往否认纳税人优先适用权利，实际上使执行税收协定条款存在走样、变形等情况，直接导致了国际税收协定功能的降低和国家税收利益冲突的加剧。这一情况也使得"走出去"的内资企业承担了不合理的税收负担。此外，虽然一些东道国存在税收非歧视待遇的专门条款，但在东道国税收管辖权的影响下，"走出去"内资企业很难真正享受到东道国的税收非歧视待遇。

3. 整体上缺乏维护"走出去"企业正当税收权益的有效手段

在一些国家税收管理不规范相对突出，税务人员执法的随意性大，税收执法有较多"灰色"地带的情况下，我国税务机关为"走出去"企业维护正当权益的手段相对缺乏。一些国家税务机关为企业开具的完税凭证只要税务局长本人的签字，缺乏必要的税务监制章、征税人员印鉴等内容。一些国家对中国企业税收关联交易的反避税调查严苛，补税动辄数千万计。由于对争端协商程序的宣传辅导不足，加之国内税务机关基本缺乏专门机构和专职团队提供境外税收维权服务，"走出去"企业在遇到经营纠纷和不公正税收待遇时，往往不会主动去找政府或税务机关寻求相应的帮助。此外，我国目前的外事管理体制还不适应这种"走出去"的发展要求，驻外机构和派驻海外人员缺乏为央企提供税收服务的能力，海外使领馆服务机构中还缺乏税收服务的机构，国际税收合作的层次和水平仍有待提高。

4. 缺乏全面支持"走出去"企业的税收体系

在税收政策上，税收政策还没有形成支持"走出去"企业发展的合力。例如，在新的企业所得税关于境外所得确认上，有关规定过于复杂：由于境内外对于所得的概念差异，企业在外开支的成本费用按照国内税法进行调整的可操作性不强，分国不分项抵免方法容易提高征纳双方的成本开支。间接抵免缺乏具体操作方法，增加了内资企业履行纳税义务的不确定性，且容易造成重复征税。而在货物与劳务征税方面，"走出去"企业在海外购买产品服务时面临重复征税的问题，这直接增加了企业的税收负担。目前出口退税不包含对营业税的退税，在"走出去"企业采用国际补偿贸易、海外融资租赁等特殊投资方式时退税缺乏明确规定，不利于企业拓展这些业务。

在税收服务上，税务部门还没有建立起完善的海外税收信息搜集和指引机制，缺乏与有关国家税收机关、国际组织的深度合作，商务、财税、海关、金融等部门没有能建立起有效的信息交换体系，难以为"走出去"的企业提供有针对性、时效性和综合性强的信息服务。省级及省以下税务机关缺乏和境外税务机关打交道的经验，缺少收集企业境外投资信息的渠道，缺乏有效指导"走出去"企业办理境外涉税事务的能力，为"走出去"企业提供境外涉税服务。

二、进一步完善税收支持体系的思考

随着我国参与经济全球化程度的不断加深，"走出去"在海外投资已成为我国内资企业发展的必然趋势。因此，我们需要积极借鉴国际经验，强化政策激励措施，加快推动财税制度建设，将过去侧重于"引进来"转化为"引进来"与"走出去"并重。借鉴欧美发达国家和新加坡、韩国等经济新兴体的支持性财税政策经验，我国可以为内资企业"走出去"营造良好的国内税收环境，并争取必要的权益保护。在实施"走出去"战略的初级阶段，国家给予内资企业相应的税收优惠支持，有利于引导企业投资于国家急需的区域和行业，提高企业的经济效益，推动"走出去"战略的顺利实施。结合有关研究，本文提出以下政策建议：

1. 建立健全"走出去"的税收支持政策

加快税收协定的谈签和修订步伐，为企业境外投资争取更多的税收利益。对签订时间较早的双边税收协定，尽快补充税收饶让与税种无误差的规定，完善非歧视待遇和关联企业条款的内容，完善转让定价条款。可以参考发达国家的通行做法，建立全面的境外税收抵免制度，消除国际重复征税对"走出去"企业的影响。加强和完善防范国际反避税的制度建设，消除东道国反避税的负面影响，最大限度地维护母国的税收利益。积极加强与各国税务机关的深度联系和全面合作。按照企业海外投资发展规划，签订和完善双边和多边国际税收协定，维护企业在海外的合法权益。在所得税上，要进一步简化企业境外所得的确认标准，完善纳税期限差异的处理，建立综合限额抵免制度，明确间接抵免等规定，使所得税更具有操作性；要积极建立海外投资风险准备金制度，增加税收优惠政策规定，为"走出去"企业提供必要的支持。同时，要完善出口退税制度，解决"走出去"内资企业面临的营业税重复征税问题。

2. 优化服务，加强"走出去"企业税收管理

税务机关要积极关注境外各国的税收变动趋势，根据中央"走出去"战略的统一部署，加强对"走出去"企业的管理与服务。要有针对性地加强服务需求的分析，明确税收管理和服务的标准和重点，细化落实各项制度。政策制定部门要尽快出台全面的内资企业境外所得管理办法，有针对性地制定并推广使用符合"走出去"企业实际的境外所得申报表制度。强化专业税收管理与服务，利用先进的技术和管理手段满足"走出去"企业的个性化服务需求，推动企业提高自愿遵从的意识。借鉴发达国家分类管理的办法，及时发布境外经营涉税分析报告，为企业提供相应的境外投资方案，在重点涉税领域提供培训指导，在国外税款抵扣方面采取务实灵活做法，有效减轻"走出去"企业的办税负担。努力降低企业境外经营风险，帮助"走出去"企业掌握及时、全面的国外税收资讯，有效增强"走出去"企业防范税收风险的意识和能力。

3. 增强维权意识，加强税收协调和机构建设

提高反应速度，建立健全境外税收争端的专业援助体系。充分利用各种交流平台，加强国际税收合作，加强与东道国的税收情报交换，尽量避免双重征税。加强与东道国联系，积极展开境外税收维权等行动，积极有效维护我国企业的海外合法权益，提高境外税收维权的专业水平。要积极引导和鼓励企业增强维权意识，及时向税务机关反馈东道国税收管理中存在的不规范、不透明、不执行税收协定和不合理、不合法的税收检查等侵害企业正当税收权益等问题，以便更及时、更高效地通过国际税收协商维护国家税收权益和企业税收利益。在外事体制方面，参照美国、日本等国的做法，在本国企业海外投资较为集中的国家和地区派驻税务参赞，加强与东道国税务部门的联系合作，为"走出去"企业提供全面、及时的跟踪服务。对使领馆的商务参赞等人员进行国际税收业务的专门培训，提高我国驻外机构协助"走出去"企业协调解决海外税收问题的能力。建立服务"走出去"企业的工作协调机制，形成跨部门服务的协作体系。税收服务要融入"整体政府"的建设中，密切与其他部门的联系和沟通。要促进相关政府部门的信息资源共享，形成政府信息

资源开发利用的新机制，提高税收服务工作能力和水平。

参考文献

[1] 王加春. 国际金融危机下我国企业"走出去"的政策支持研究 [J]. 国际商务财务，2011（6）.

[2] 韩霖，高阳. 中国企业"走出去"的税收管理策略 [J]. 涉外税务，2008（12）.

[3] 陈青文，黄健光. 福建比较优势企业"走出去"的路径与对策研究 [J]. 福建论坛，2010（12）.

[4] 陈峰燕. 完善我国企业"走出去"的支持与服务体系 [J]. 中共南宁市委党校学报，2007（2）.

[5] 黄冠豪. "后危机"时代我国对外投资的税收政策选择 [J]. 郑州轻工业学院学报，2010（10）.

[6] 闫晓光. 企业"走出去"须警惕全球化财税风险 [J]. 中国对外贸易，2011（11）.

（作者单位：湖南省税务学会）

浅析外贸企业基于经营决策的套期保值
会计处理改进探讨

——以××集团股份有限公司为例

李晓颖

摘　要： 越来越多的外贸企业利用期货进行套期保值和管理风险，然而许多参与套期保值的外贸企业在进行会计处理时却遇到了很多问题。由于我国现行企业会计准则对套期保值会计的核算规定较为原则，影响了外贸企业对套期保值业务的会计核算、风险控制以及利用商品期货从事套保业务的积极性和规范性。本文通过对上海期货交易所的会员有色外贸企业中非常有代表性的××集团关于基于经营决策的套期保值会计处理的分析探讨，提出应运用个别计价法锁定被套期项目数量与金额、简化套期保值高度有效的认定及评价、明确套期保值分类，提高外贸企业套期保值业务抗风险、保收益的能力，对推动我国套保会计准则和国际财务报告套期会计准则修改具有积极意义。

关键词： 套期保值；会计准则；期货套期保值；××集团

　　套期保值作为期货市场的主要功能之一，很多外贸企业利用期货进行套期保值和管理风险，套期保值理念已在行业各阶层深入人心。然而，许多参与套期保值的外贸企业在进行会计处理时却遇到了很多问题。由于我国现行企业会计准则（已实现与国际会计准则趋同）对套期保值会计的核算规定较为原则，在被套期项目的确认、套期保值高度有效的认定及评价、套期保值的分类等问题上存在缺陷，影响了外贸企业对套期保值业务的会计核算、风险控制以及利用商品期货从事套保业务的积极性和规范性，制约了套期保值功能的发挥。商品期货套期保值业务，属于金融衍生工具范畴。2006 年《企业会计准则》颁布之前，商品期货套期保值的会计处理主要依据 1997 年财政部颁发的《企业商品期货业务会计处理暂行规定》及其 2000 年的补充规定。2006 年《企业会计准则》颁布之后，商品期货套期保值的会计处理则主要依据企业会计准则《第 24 号——套期保值》《第 22 号——金融工具确认和计量》以及《第 23 号——金融资产转移》，其在财务报表上的列报主要依据《第 37 号——金融工具列报》。

　　外贸企业进行期货套期保值交易能有效规避现货交易的价格风险，保证企业生产经营的稳定性。××集团是我国最大的铅锌生产和出口基地之一，主要生产铅、锌系列产品，其生产的"火炬牌"锌是我国首个在伦敦金属交易所注册的商标，"火炬"牌铅锭和锌锭是全国最早在伦敦金属交易所（LME）注册的品牌，"火炬"银锭是国内最早在伦敦金银协会（LBMA）注册的品牌。从竞争格局看，××集团在品牌营销战略和冶炼技术方面都具有一定优势，形成××集团的国际市场竞争力。但与同类型企业相比，××集团的竞争劣势主要体现在资源方面，缺少自己的原料基地，属于两头在外的能源企业。近年来，国际有色金属价格大幅波动，国内冶炼生产企业面临着巨大的市场价格风险。××集团及时通过期货套期保值交易来规避现货交易的价格风险，而期货的价格发现功能更是有利于企业签订长期合同，实现资源的合理配置，确保企业生产经营的稳定性。可见，期货套期保值业务在××集团的经营决策中起着十分重要的作用，是企业控制成本、分散风险以及实现国有资产保值增值的有效途径。而现行期货套期保值会计准则中关于有效性认定等方面的要求与企业的实际经营决策情况存在巨大差异，导致套期保值收入被视为投资收益处理，束缚了企业的套期保值业务的发展。现行会计准则下，如何改进期货套期保值业务会计处理，使其更为真实客观地反映企业期货套期保值及生产经营情况，是值得探讨和亟待解决的问题。

一、现行期货套期保值会计准则分析

现行企业会计准则将我国套期保值业务分为 3 类：公允价值套期、现金流量套期和境外经营净投资套期。对于商品期货而言，主要涉及公允价值套期和现金流量套期。公允价值套期是指对已经确认资产或负债、尚未确认的确定承诺或该资产或负债、尚未确认的确定承诺中可辨认部分的公允价值变动风险进行的套期。现金流量套期是指对现金流量变动风险进行的套期，该类现金流量变动源于与已确认资产或负债、很可能发生的预期交易有关的某类特定风险，且将影响企业的损益。在上海期货交易所进行交易的铜、铝、锌、铅四种有色金属商品期货，适用于公允价值套期。涉及的账户主要为两类：一是资产负债类，如"期货保值金""套期工具""被套期项目"等，二是损益类，包括"投资收益""套期损益"和"公允价值变动损益"。企业会计准则《第 24 号——套期保值》规定，上市公司在"公允价值变动损益"科目中记录套期工具公允价值的增减，将套期浮动盈亏记入当期损益。但其他企业尚未对被套期工具（现货标的物）按照公允价值计量现货损益。事实上，上市公司也并未严格按照会计准则的要求双边待冲，其原因在于会计准则双边待冲法要求在相同会计期间将套期工具和被套期项目公允价值变动的抵消结果计入当期损益，虽然该方法可以比较全面地反映套期保值原理，但在实际操作中非常复杂繁琐。现实中对被套保项目（现货）在同一天内可能多次滚动操作，若每次操作都进行相应的会计处理，核算成本将非常之高。而且，同日开平仓一个期货账户可能针对两单（或以上）不同的被套保项目（现货），在会计账簿上区分明细账的必要性不大。按照会计重要性原则，上市公司未计入被套期工具（现货标的）的公允价值计入现货损益。

二、××集团期货套期保值经营决策及会计处理现状

××集团期货套期保值业务主要分为两大类，包括针对采购国、内外锌精矿、铅精矿等原料期货套期保值以及针对销售锌、铅产品期货套期保值。通过建立与现货数量相等但交易方向相反的期货合约，以期在未来某一时间通过平仓或实物交割来抵偿现货市场价格变动带来的风险，锁定成本或利润，降低经营风险，提高核心竞争力。2011 年，××集团期货套期保值量达 10.3 万吨，保值盈利 4 422 万元，近几年××集团通过期货手段规避现

货风险亿元以上，有效地对冲了现货市场的价格风险。在期货套期保值决策委员会的领导下，××集团成立套期保值方案制订小组和方案决策小组，制定规范的套保流程，在设立组织机构、对外授权、完善决策制度、规范期货交易业务流程、定期风险评估以及建立监督报告体系六大方面，建立了一套系统化的期货业务风险管理体系。

××集团是上海期货交易所的自营会员，境外则通过经纪公司进行交易。目前，××集团期货套期保值业务主要采用现金流量套期方式。会计科目设置上，××集团在"长期股权投资"科目中设置"期货会员资格投资"明细科目，专门核算其向期货交易所缴纳的会员资格费。设"其他应收款—期货保证金—境内（外）"科目，核算对境内（外）期货交易所或经纪商支付的期货保证金、交易亏损款及调回的盈利款等。设"套期工具"科目，核算境内（外）期货套期保值交易合约公允价值变动情况。设"销售费用—手续费"科目，核算境内（外）期货套期保值交易发生的手续费（佣金）。

××集团按照程序根据支付保证金指令将资金划出，支付时借记"其他应收款—期货保证金—境内（外）"，贷记"银行存款"科目。资产负债表日，套期保值期货合约公允价值发生变动，应根据交易结算资料确认公允价值变动损益。期货合约发生浮动盈利时，借记"套期工具——××（明细项目）"科目，贷记"公允价值变动损益"科目；期货合约发生浮动亏损时，借记"公允价值变动损益"科目，贷记"套期工具——××（明细项目）"科目。实际操作过程中，期货与现货双边待冲事项未对被套期工具的损益产生影响时，现货标按公允价值计现货损益。

未到期合约平仓产生盈利时，按实际平仓盈利金额，借记"公允价值变动损益"科目，贷记"主营业务收入——××（明细项目）"科目；同时借记"套期工具——××（明细项目）"科目，贷记"公允价值变动损益"科目。发生平仓亏损则作相反的记录。合约到期实物交割按交割结算价先对冲平仓，确认销售收入或冲减销售成本，按应收收入款项，借记"其他应收款—期货保证金"科目，贷记"主营业务收入——××产品"科目；或按应计成本款项列入"主营业务成本——××产品"。

三、××集团期货套期保值业务会计处理存在的问题

尽管××集团严格按照国家相关法律和企业会计准则的规定对期货套期保值业务进行操作和会计处理，但近年来会计师事务所进行审计时，对期货套期保值有效性的评价仍被认定为无效套保，将套期保值损益调整列入"投资收益"科目。期货交易损益作为投资损益单独体现在企业财务报告中，一方面往往造成企业损益的大幅波动，给企业带来较大舆论压力；另一方面，因期货套期保值损益在会计报表中以投资损益出现，部分企业易滋生过度套保的投机心态，将套保业务变成投资工具。这不仅影响了企业对套期保值业务的会计核算和风险控制，也影响了企业利用商品期货从事套保业务的积极性和规范性，制约了期货市场套期保值功能的发挥，使财务报告使用者产生一定的误解。导致这一现状的原因可能来自于以下几个方面：

1. 被套期项目的确认问题

套期保值会计准则规定，套期保值开始时，企业对套期关系（即套期工具和被套期项目之间的关系）要进行正式指定，并制定关于套期关系、风险管理目标和套期策略的正式

书面文件，该文件至少载明套期工具、被套期项目、被套期风险的性质以及套期有效性评价方法等。

××集团属于大型有色金属冶炼企业，行业性质决定了其与其他生产企业、贸易企业之间有着很大区别，××集团从全球采购原料后根据生产需要放料投入到冶炼生产线，在形成产成品前的生产过程中其物料的存在形式不断发生变化，冶炼过程中物料的特殊属性导致在指定被套期项目时存在对实物难以确定的状况。例如，××集团对库存物料的锌原料进行保值，此时的锌原料包括厂内锌精矿、厂外已作价锌精矿以及粗级锌原料等具有类似风险的原料共××金属吨，均价××元，但建立套期关系时可能仅将原料中的一部分进行套保（即可能仅对库存锌精矿的百分比进行套保）。于是在被套保项目上，集团公司难以找到与套保数量相对应的具体某一批实物，同时实物在流转过程中也很难确定其具体金额。

2. 套期保值高度有效的认定及评价问题

套期保值会计准则规定，只有在套期开始及以后期间，该套期关系预期会高度有效抵消（抵消结果在 80% ~ 125% 之间），套期指定期间被套期风险引起的公允价值或现金流量变动才被认定为高度有效。企业还应持续对套期有效性进行评价，并确保该套期在套期关系指定的会计期间内高度有效。

尽管套期保值会计准则规定了有效性的条件，明确提出实际抵消结果为 80% ~ 125% 的数量标准，但仍然缺乏科学的评价体系和动态跟踪评价制度。实务中对未来现金流量的预测需要进行人为估计和较为复杂的计算，折现系数的确定也依赖于职业判断，客观性较差。由于公司无法确定被套期保值项目的具体金额，进行有效套期计量的客观性较差，从而影响当期损益。企业难以持续对有效性进行评价并确保某项套期在套期关系指定的会计期间内高度有效，比如××集团 2010 年的期货交易总金额（开平仓双边交易）约为 22 亿元，销售收入位于 100 亿元以上，要从原料的堆场和产品的各处仓库中找到对应的被套期项目实物并对每一笔套期保值交易进行有效性分析，实际操作中可能因过于繁琐，不符合成本效益原则而无法操作。

3. 套期保值分类问题

根据现行套期保值会计准则，套期保值业务分为公允价值套期和现金流量套期，若归属前者，则套期浮动盈亏记入当期损益，影响当期利润；若归为后者，则套期浮动盈亏记入资本公积，影响所有者权益。二者因会计准则对其分类界定不清晰而存在交集。因此，企业可完全根据自身的风险管理战略进行分类，存在大量主观判断和认为操作的空间，给企业盈余管理带来机会。

四、改进期货套期保值会计准则的建议

正当套期会计因过高的操作门槛而广为诟病之时，国际会计准则理事会在对套期会计进行了广泛深入的调研后，于 2010 年 12 月 9 日颁布了套期会计的征求意见稿，以期建立一套目标导向型的套期会计方法，使得套期会计同风险管理更加紧密联系在一起，以解决现行套期会计模型中的不足。财政部也专门设立了"商品期货交易套期保值会计核算问题及案例分析"课题组，作为财政部重点科研课题"金融工具会计研究"的子课题，并委

托中国证监会会计部和上海期货交易所协助完成，对相关问题进行系统研究。选择了几家有代表性的有色金属（××集团）等企业就其参与套期保值的情况和相关财务核算方法进行了充分调研，并对我国套保会计准则和国际财务报告套期会计准则及其征求意见稿进行深入分析。根据有色外贸企业面临的实际情况对套期保值会计准则进行适当的改进，以确保类似于××集团的有色外贸企业在接受会计师事务所审计时，其严格按照规定进行的期货套期保值业务操作和会计处理能被认定为有效套保，使其相关的损益列入"主营业务成本"或"主营业务收入"，而不需再被调整至"投资收益"科目。具体改进建议体现在如下几个方面。

1. 运用个别计价法锁定被套期项目数量与金额

单笔进行有效性认定。现行会计准则规定，套期保值开始时，企业对套期关系要有正式指定。但大型企业尤其是冶炼企业的生产经营是一个不断动态变化的过程，存在被套期保值项目在实物上难以具体对应的问题。企业生产过程中的实物形态在冶炼生产流转线不断变动，因此应在套期时点上将被套期项目从企业存货的账面上进行锁定，这部分被套期项目的数量和金额单独列示进行个别计价，不参与其他存货的期末结转，待该笔套期保值合约平仓或了结头寸后再释放。

2. 简化套期保值高度有效的认定及评价

套期保值会计准则规定只有在套期开始及以后期间，该套期预期会高度有效的抵消（抵消结果在 80% ~ 125% 之间），套期指定期间被套期风险引起的公允价值或现金流量变动才认定为高度有效，且其有效性分析的方法都需要运用数理模型，实践操作上较为繁琐和困难。建议对套期保值高度有效的认定及评价方法予以简化，同时考虑企业只在年末资产负债表日对全年情况集中进行评价，对有现货背景的生产型企业期货套期保值业务可采用单个套期保值方案有效性认定方法。

2008 年 6 月，美国财务会计准则委员会（FASB）对第 133 号准则准备进行修订，建议稿拟降低套期会计的应用门槛，从高度有效降到合理有效，将要求企业必须进行套期有效评估改为只有当环境表明套期关系可能不再合理有效时才需进行有效性评估。根据我国的实际情况，笔者认为可以借鉴美国的做法，针对不易操作的条款，制定更明确和细化的执行指南，建立一系列"标准"，使准则更具操作性。同时，还要研究新情况，解决新问题，不断更新准则指南。

3. 明确套期保值分类及提高套期保值披露质量

应在现行会计准则对套期保值业务分类的基础上，严格划分其分类标准，明确公允价值套期和现金流量套期之间的区别和联系，为企业确定其套期保值类别提供一个明晰具体的标准，减少企业的套期风险，并有效预防企业盈余管理行为。

加深对企业披露要求的理解、提高对财务信息披露的质量非常重要，建议在每年对上市公司年报分析的过程中，关注从事商品期货套保业务企业的相关披露。对比较规范或完整的披露案例进行整理，以披露案例的形式供市场或监管机构内部交流，从而对市场披露的监管形成一致口径，促使企业持续地提高披露质量。

近年来，外贸企业在当前有色金属商品价格宽幅波动的背景下，通过期货套期保值交易来规避现货交易的价格风险，保证企业生产经营的稳定性，提高企业的获利能力和抗风险能力，不断扩展其发展空间，如即使面临百年一遇的金融危机，也能较为平稳地渡过，充分体现了期货市场对促进企业快速平稳发展所发挥的重要作用。因此,应不断完善期货套期保值会计准则的会计处理,推动我国套保会计准则和国际财务报告套期会计准则修改,解决套期保值有效性认定的问题,让期货套期保值业务能真正发挥其抗风险、保收益的功能,更好地为外贸企业发展服务。

参考文献

[1] 财政部会计司编写组.企业会计准则(2008)[M].北京:人民出版社,2008.

[2] 续芳.套期保值会计准则下商品期货会计处理思考[J].财会通讯综合,2009(4).

[3] Michael & Mathew. Hedging Foreign currency, Freight and Commodity Futures Portfolios: A Note [J]. Journal of Futures Markets, 2002 (22).

[4] 高天成.有色冶炼企业经营风险控制[J].有色矿冶,2007(23).

[5] 刘明.新的会计准则下有色金属商品期货套期保值会计处理[J].南方有色,2010(11).

(作者单位:湖南省对外经济贸易会计学会、株洲冶炼集团股份有限公司)

面对新困惑　探索新出路

——对加强和改善湖南人口计划生育工作的几点思考与建议

余　雄

摘　要：湖南是人口大省，全世界人口过70亿，每一百个人中有一个湖南人。湖南是两型社会建设试验区，湖南人口与资源环境协调发展的压力很大。湖南近些年大中城市的发展特别是长株潭中心城市群的发展使湖南城市化率迅速提高，经济也得到了快速发展。但同时人口均衡型社会的矛盾越来越突出。湖南是流动人口大省，流动人口剧增不仅给社会管理带来新问题新难题，同时也给人口计生工作带来巨大的压力，同时湖南人口性别比多年来居高不下。面对这些困惑需要探索人口计生工作新的对策与出路。

关键词：人口 经济社会；协调；均衡发展

湖南是人口大省，2010年"六普"时，湖南常住人口6 568万人，户籍人口7 078万人。户籍人口占全国人口总量（13.7亿）的5.17%，在全国各省区市中位列第7。目前世界人口总量为70.07亿，每100人中就有一个湖南人。湖南又是一个人均拥有资源相对较少的省份，2009年湖南省人均GDP低于全国平均水平5 147元，人均财政收入不到全国水平的一半，城乡居民收入分别低于全国平均水平2 091元和244元。人均占有土地和耕地面积仅分别相当于全国平均水平的42.5%、65%。人口与经济、社会、资源、环境协调发展的问题在相当长的时期始终是湖南统筹协调发展的重大问题，也正因为如此，湖南成为我国"两型"社会建设的首批试点省份之一。"两型"建设既以人口为基础，又以人口为目的，人口的"均衡型"与"两型"是对立统一的，因此湖南在推进"两型"社会建设中要始终不忘人口"均衡型"。

经过40年的艰苦努力，湖南省人口发展取得了巨大成就——累计共少生3 700万人，减少孩子抚养费支出1.2万亿元，为促进科学发展、推进富民强省、构建和谐湖南作出了突出贡献。尽管如此，湖南"十一五"期间年平均出生人口仍在80万以上，相当于每年增加一个人口大县。2011年，全省出生人口94.38万人。近期乃至未来数年，湖南都将处于第四次生育高峰期，人口反弹的压力不小。同时，当前湖南省人口计划生育（以下简称"计生"）工作形势依然严峻：人口压力和形势判断反差很大，现行生育政策和群众生育愿望反差很大，工作任务繁重和工作手段缺失反差很大。特别是近几年来，社会上对我国的生育率水平、生育政策和基本国策存留等质疑声不断，社会各界和广大人民群众甚至计划生育工作者对此也存在不少疑虑和困惑，这些问题都值得深思研究，以积极探索新的出路。

一、困惑

1. 经济快速发展与人口均衡发展的矛盾越来越突出

①湖南近年来大中城市的发展特别是长株潭中心城市群的发展使湖南城市化率迅速提高，经济也得到了快速发展，但同时人口均衡型社会的矛盾越来越突出。表现为农村青壮年劳力和知识技能型人才向大中城市集中，城市交通堵塞越来越严重，农村小孩进城入学越来越难，城市基本配套服务跟不上，农民工及其子女的社会均等化服务严重滞后。相反，农村社会人口结构却发生了巨变，孤寡老人、留守儿童和空巢家庭是农村普遍存在的现象。农村不仅劳动力缺乏，还出现了基础设施建设用工难、公共服务救助难、人才技术服务难现象，同时农村小孩越来越少，农村小孩读书越来越难（因生源减少而形成的学校减少，不得不调整中小学校布局，因集中办学而导致部分学生读书离家较远；而城市条件环境优于农村而使农村优秀教师不安心偏僻农村，纷纷进城而导致农村教学质量下降）等等，从而形成城市的相对繁荣与农村的相对萧条，城乡差距进一步拉大。这说明大中城市经济快速发展的同时，也带来城乡人口分布的巨变，对人口均衡和可持续发展提出了新的课题。

②流动人口剧增不仅给社会管理带来了新问题、新难题，同时也给人口计生工作带来巨大压力。首先表现为城市交通压力。随着生活水平的提高，家庭汽车拥有量猛增，如果每个家庭拥有一台小汽车，今后还将翻两番，增加几倍的汽车，道路如何行得通？减少流动人口，稳定人口并实现在当地就业是中国人口众多国情下必须作出的选择。其次是社会管理方面，包括社会治安和管理服务等诸多问题。从人口计生工作来看，以违法生育为例，意外怀孕、生育大量存在，流动人口的违法生育比例占70%以上。城市化推进与人口管理服务不兼容。大量农村人口拥入城市，全省每年要增加110多万非农业人口，这些人完成从农民到市民的转变有个漫长的过程，他们人虽然进入了城市，但生育观念、行为方式、价值取向等在相当长一段时间还仍然停留在农村阶段。而且相关的配套服务设施没有跟上，部分人群无法享受到均等化服务，给人口计生部门的管理服务带来一系列难题，产生了新的不稳定因素。

③人口性别比仍然居高不下。经过七年的"两非"（非医学需要胎儿性别鉴定、非医学需要人工终止妊娠）集中整治，湖南的出生人口性别比虽然已从2005年的121.21降至2011年的115.46，但仍高于103～107的正常值。"阴阳"的不和谐，给社会的和谐稳定埋下了隐患。

2. 创新社会管理需要建立实有人口数据库，而人口计生部门却未能赋予首位的职责职权

社会管理说到底就是人的管理。人口数据是科学发展的总依据，是决策的总基础。人口数据是每天都在变动的具有结构性特征的数据，科学发展的人口依据不仅仅是总量，更要体现在结构上。目前，湖南的人口信息资源分散于计生、公安、统计、民政、卫生、人社、教育、住建、税务等部门。湖南从20世纪90年代开始探索人口计生信息化道路，目的是通过信息化来全面加强职能，并最终为人口计生工作和高层决策服务。经过多年努力，我省的省、市、县、乡四级人口计生系统实现了信息网络化，被国家人口计生委确定为"湖南模式"向全国推广。但是，湖南目前的实有人口数据库牵头单位并没有放在人口

计生系统，而是放在政法系统的公安部门，而公安部门的主要职责和精力侧重于在维护社会秩序、打击犯罪等方面，对人口管理仅局限于被动的户口登记。另外，湖南现有的人口信息在数据质量、资源共享、功能开发应用，尤其是服务高层决策上，与部分先进省市相比，还有一定的差距。

3. 社会舆论的计划生育"放开论"与湖南客观人口发展的现实矛盾

目前，湖南总人口已突破 7 000 万大关，"十二五"期间年均出生将在 95 万人左右，远高于"十五"（约 75 万人）和"十一五"期间（82 万人）年均出生水平，即使按现行生育政策严控，全省也要到 2035 年左右才达到人口峰值，实现人口零增长。有关调查研究表明，湖南宜居人口为 4 300 万左右，临界承载人口为 8 000 万左右。但是一些人口专家、公众人物和新闻媒体依据某些严重脱离实际的数据推论，并以偏概全地把计划生育政策简单等同于独生子女政策，大肆鼓吹计划生育"放开""放宽""放松"，误导不明真相的干部群众，造成了思想混乱。

除了人口总量的压力外，湖南还面临着出生人口素质不够高、人口结构不够合理、人口分布不够均衡等压力。从人口素质看，每年出生 4 万名以上的残疾婴儿，给全省经济社会发展和众多家庭带来了忧患和压力。从性别结构看，湖南出生人口性别比仍在 115 以上，高于 103～107 的正常值。从分布看，全省流动人口突破 1 000 万，服务监管难到位，70% 以上的违法生育发生在流动人口中。今后 20 多年，湖南在推进"四化两型"科学发展的征程中将始终面临着人口存量大与增量快的双重挤压。

4. 当前湖南人口计生工作考核机制与政务公开、"阳光计生"要求的不协调性

近年来，湖南省人口计生委不断征求基层的意见和建议，借鉴其他省市先进工作经验并多次召开专题会议进行讨论研究，对考核评估机制做了一些改革和创新。在考核方阵的划分、指标体系的设置、考评方法改变及抽样调查工作的具体组织实施方式等方面均做了一系列探索并取得了一定的成效。但在考核评估中，基层普遍反映存在着抽查时间与次数较长较多、过程不够公开、数据不够透明、评估审查过于神秘封闭等情况，这与当前执政理念要求的政务公开和"阳光计生"的精神有所相悖。另外，随着城市化的推进和城市居住人口增多，城市人居信息相对封闭的特点导致短时间内的抽样调查很难反映真实情况。

二、对策

1. 进一步加强人口与经济社会的统筹协调发展

第一，建立人口均衡型社会与"两型社会"的统筹协调发展机制。建议由省委、省政府牵头，成立相关协调机构，明确相应职责，研究提出问题，形成落实机制。统筹"两型"社会与人口均衡型社会建设，从而贯彻落实科学发展观。

第二，赋予人口计生部门相应职责职权。人口计生部门既要当参谋，也要有职权。政府应赋予人口计生部门人口分布的调控职能，服务中心才能融入中心，人口计生工作要服务于"四化两型"建设，人口计生部门要主动融入全省经济发展大局，要积极发挥参谋、协调作用。真正做到人口工作为经济建设、为社会发展服务，践行"大人口"理念。

第三，促进人口合理分布。一是减少流动人口，要结合社会主义新农村建设，积极发展农村中小城镇，适度引导并稳定青壮年劳力在当地就业。二是推动区域平衡协调发展，

在推进长株潭"两型"社会建设的同时，加大武陵山集中连片贫困地区、湘南承接转移基地开发建设力度。三是合理布局产业，在重大的产业布局前，要充分考虑人口分布、劳动力结构等情况，真正做到产业布局和资源配置与人口分布相协调。四是严格城市（城镇）人口规划布局审批，城市（城镇）人口发展的规模不是越大越好，其规划应送人口计生部门科学审核，由政府审批后再执行。

第四，由各级政府牵头建立打击"两非"长效机制，明确人口计生、公安、卫生等各部门职责，特别要切实明确卫生部门的主导责任，强化人口计生的督促督查等职责。

2. 建议省委省政府加大统筹力度，整合人口信息资源

第一，明确由人口计生部门牵头构建实有人口数据库。与公安部门的公民信息库相比，人口计生部门的全员库具有覆盖面广、主动采集、动态即时更新、项目较全等优点（表1）。

表1 人口信息资源

	信息采集方式	信息内容	作用	优（缺）点
全员人口库	基层采集、部门通报、跨省协作	人口全生命周期管理服务信息	开展人口基础管理，包括常住、户籍、流动等不同口径人口信息	主动采集、动态采集、实时更新、项目全，人口血缘、居住和管理关系比较清晰
公民信息库	户籍登记（被动采集）	户籍人口信息	户籍管理、公民身份管理	身份信息权威，新生与死亡人口信息更新不及时
其他部门业务库	办理业务时采集	专项信息（如婚姻、社保、住房、健康等）	业务办理	单项信息较准，信息项目少、不能全覆盖、个案无关联
实有人口库	共享建立	辖区实有人口综合信息	加强和创新社会管理	整合资源

第二，积极推进部门信息共享机制建设。2006～2009年，我省计生部门的育龄妇女信息系统与公安部门的公民信息系统曾经实现过信息共享。虽然后来公安部门以保密为由，不再向计生部门开放公民信息系统，但计生系统的全员库一直向包括公安、统计在内的相关部门开放，并为第六次全国人口普查提供了许多不可替代的相关人口信息与数据。2009～2011年，全省在计生与卫生部门间逐步推广了由湘潭市首创的妊娠信息"实时通报"系统。该系统能及时掌控育龄妇女的孕情信息，是破解流动人口违法生育控制难、"两非"线索发现难、优质服务到位难、社会抚养费征收难等人口计生工作难点的有效途径。为此，建议省政府出台相关文件，整合各部门人口信息资源，建立部门信息共享机制。

第三，积极服务高层决策。建议省政府以全员人口信息库为基础，充分挖掘全员人口信息资源，实现对未来生育水平、劳动力资源、公共事务管理、社会稳定、城镇化、利益导向、区域发展、产业布局、教育适龄人口变化、老龄化发展趋势等一系列分析预测功能，并结合我省的人口安全预警评估系统的应用，形成有湖南特色的省级人口宏观管理与决策支持系统平台，及时提供有价值的决策信息和咨询报告，供各级党委政府和有关部门

决策参考。

3. 建议省委、省政府发出强有力的信号，明确"十二五"至 2035 年湖南人口零增长前全省人口战略的主要任务仍是稳定低生育水平

第一，强化组织领导。继续坚持党政"一把手"亲自抓负总责不动摇。把人口计生工作纳入全省经济社会发展整体规划。各级党委、政府要实行经济社会与人口综合决策，统筹发展，完善综合治理机制，严格执行目标管理责任制，兑现"一票否决"。

第二，千方百计稳定低生育水平。始终坚持计划生育基本国策不动摇，保持政策的稳定性和连续性，坚持宣传教育、避孕节育和经常性工作"三为主"，严格依法管理。

第三，切实提高人口素质。坚持优生优育，着力改善出生人口素质，为全面提高人口素质打下坚实基础。继续推进计划生育优质服务提质增速，加大科技创新力度，提升技术服务能力，加强婚育咨询和指导、提高生殖健康水平。开展婚前、孕前、孕产期、产后全程服务，特别是要精心组织实施优生促进工程，大力宣传和普及优生优育科学知识，做好免费孕前优生健康检查试点工作，努力降低出生人口缺陷发生率，筑牢人口质量第一道防线。

第四，努力优化人口结构。进一步加大对出生人口性别比偏高问题的综合治理力度，一方面，要加强孕产期全程服务和专项治理，严厉打击"两非"行为，建立健全出生实名登记制度，加强对重点地区的考核管理；另一方面，要强化利益导向，深化"关爱女孩行动""婚育新风进万家"等活动，倡导文明婚育观念，保障妇女合法权益。

第五，切实引导人口有序迁移和合理分布。围绕区域发展战略，研究制定人口分布导向政策，统筹协调好人口分布和经济布局、国土利用的关系；不断完善流动人口管理服务"一盘棋"机制，推进区域协作，加强双向考核；针对城乡结合部、城市新建社区等薄弱环节，狠抓流入、流出地双向管理责任的落实，切实做好基础工作。

第六，积极创新人口管理机制。更加注重依法行政和服务关怀，更加注重利益导向和宣传倡导，更加注重强化基层和夯实基础，不断提高人口管理科学化水平。着力抓好人口计生基层基础工作，加强计划生育民主管理和民主监督，通过实施"阳光计生"行动和开展"全省人口计生基层群众自治千村（居）示范"创建活动等举措，进一步强化基层群众自治。

4. 进一步完善考核评估机制

第一，建立各级人口计生部门的上报、季度公布制度，以此推动各级人口计生部门开展政务公开和"阳光计生"工作。

第二，建立常年人口统计调查专门机构的复核审查机制。为了确保人口计生部门上报数据的真实性，必须建立复核审查机制。省本级可建立高规格的人口统计信息中心，按照"常流水、不断线"的原则，不定期对各级上报的数据进行复查，对存在有严重虚报、漏报的行为，严格按照相关规定进行处理。

第三，建立分级考核评价机制。省考市州，市州考县（区），县（区）考乡镇。因上级与基层职责要求和工作重点不同，在分级考核中的指标体系中可设置从上至下、由粗到细的指标体系。

面对新形势、新问题、新困惑，今后乃至较长一段时期，要想做好湖南人口计生工作，必须坚持基本国策不动摇，坚持从湖南实际出发，继续坚持以稳定低生育水平为重

心，着力构建人口均衡型社会。为此，应继续坚持党政一把手亲自抓负总责不动摇，坚持稳定和完善现行生育政策不动摇，坚持稳定基层工作机构和队伍不动摇，加快建立健全统筹解决人口问题的宏观调控体系，积极改革人口计生工作机制和方法，不断深化人口计生综合改革，推进统筹解决人口问题的工作思路和方法的转型，切实解决影响和制约人口计生工作发展的突出问题。

（作者单位：湖南省人口学会）

在民俗与俗民之间

——论 21 世纪初湖南小说创作的民间建构

李　琳

摘　要：21 世纪初的湖南小说创作，着力书写湖湘民间社会生活，关注普通人的现实人生，通过对湖湘民俗风情和下层人民情绪世界的展示，表现了对人民生存状态和人类命运的深层关怀。其民俗的叙事方式、平民化的叙事立场、通俗化的叙述话语，真实地表现了人民群众对生活的殷切期待，真切地反映了普通百姓丰富的情感世界。

关键词：21 世纪；湖南小说；民间建构

文学的真正含义，是深入到现实的社会生活中，根植大众，考虑广大民众的思想以及对文学的接受程度。民间作为一种自足、自在性的文化空间，拥有自己独立的价值立场，因而成为历代作家创作的不竭源泉。诺贝尔文学奖获得者莫言曾这样解释自己一直进行的"民间写作"："所谓的民间写作，就要求你丢掉你的知识分子的立场，你要用老百姓的思维来思维。"湖湘民俗文化是湖湘民间社会生活最本真的现实，得到了湖湘最广大群体的俗民（普通乡民和市民）的信仰和传承。21 世纪的湖南小说创作，着力书写湖湘民间社会生活，关注普通人的现实人生，通过对湖湘民俗风情和下层人民情绪世界的展示，表现了对人生存状态和人类命运的深层关怀。

一、民俗的叙事方式

民俗文化承载着一个民族的文化积淀，体现着一个民族历史深层上的性格遗传，非主流的湘楚文化为湖南作家提供了取之不竭、用之不尽的艺术宝藏；对湖湘民俗文化的选择与书写，也成为中国现当代文学史上一批湖南作家创作时一种自觉的审美追求。20 世纪初，叶紫、黎锦明、彭家煌、沈从文就曾以写湖湘风土人情大放异彩，50 年代周立波又以湖湘民俗文化为背景创作了多部短篇小说和长篇巨著《山乡巨变》，当代湖南作家古华、韩少功、何立伟、蔡测海、孙健忠因在创作中形成了湖湘文学的显著特色而被誉为文学"湘军"。在文学逐渐边缘化的 21 世纪，所有的文学都纷纷向民间文化寻求资源，21 世纪的湖南小说创作更是如此。在这里，民俗不再仅仅只是故事展开的环境或背景，也不仅仅只是使小说曲折新奇的润滑剂，民俗书写已成为阐发湖湘民众精神特征的一种叙事方式。

被誉为 20 世纪 80 年代寻根文学代表人物的韩少功，是中国当代文坛少数有思想深度的作家之一。21 世纪韩少功的小说创作在文体探索与叙事革新上做出了种种努力，但其创作题材始终没有离开湖南的乡土世界。李庆西在《他在寻找什么》中写道："出现在韩少功笔下的，一直就是湖南的一小块地方，大约是潇、湘、沅、藏（搞不清是哪条河流）流经的那些田野和村落。"湖湘的陈风旧俗、乡村民间的凡人小事，依旧是韩少功 21 世纪小说的主体构架，民间文化的神奇魅力，在韩少功的文本创作中得以体现。在《暗示》《白麂子》《赶马的老三》等小说中，韩少功借助民间习俗的书写，怪异传说的渲染，艺术地展现了湖湘地区特有的民风民俗、民间气息，从审美的角度肯定了民间文化形态的精神价值。在长篇小说《暗示》中，韩少功如数家珍般地罗列了太平墟村民的野言俗语、乡村仪规和禁忌习俗，歌颂了民间文化在粗鄙的外表下所蕴藏着的质朴情感；《赶马的老三》说明了礼俗道德在日常生活中的社会规约与治理功能；《白麂子》则表现了礼俗系统在维护伦常方面的关键作用，小说中李长子的一番话可以让我们一窥民间习俗在民间社会中的影响："这科学好是好，就是不分忠奸善恶，这一条不好。以前有雷公当家，儿女们一听打雷，就还知道要给爹娘老子砍点肉吃。现在可好，戳了根什么避雷针，好多老家伙连肉都吃不上了。"

如果说韩少功笔下流淌的是湖南乡村的民风民俗，那么在何顿笔下描绘的则是长沙市的市井风俗。何顿是 20 世纪 90 年代以描写长沙市市民生活而在全国影响较大的湖南作家，作为土生土长的长沙人，何顿对长沙市的每一条大街小巷、每一种习俗、每一句方言俗语都了如指掌。21 世纪初何顿的《抵抗者》《荒芜之旅》《浑噩的天堂》《我们像野兽》《黑道》以及《湖南骡子》等作品继续反映长沙独具特色的地域风貌、民俗民情，不仅描述了长沙小市民的人生经历，展现出长沙市民的生活场景，而且勾画出长沙市民间社会的风俗画卷，反映了长沙独特的风物特产、饮食、娱乐文化。如："刘丽云很乐意地去了，不一会她拿了包常德烟厂生产的芙蓉烟来了。""钟铁龙对一个穿一身红衣服的村姑打了个响指，说：'点菜。'村姑就向他推荐：'酸菜蒸肉、剁辣椒蒸鲫鱼、蚂蚁上树……'""母亲和大嫂做了一桌子菜，全是大鱼大肉。吃年饭前放了挂五千响的浏阳鞭炮。吃完年饭，刘松木来了，穿着一身灰色西装，打着拱手走进来，'拜年拜年拜年。'"（《黑道》）"邻居中一个比他年轻的老头来找他打一种叫'跑夫子'的纸牌。"（《抵抗者》）这里的"跑夫子"是流行于湖南中西部的一种民间娱乐游戏，逢年过节，聚会必备，很有地方特色。

丹纳在《艺术哲学》中说："所有的艺术作品，都是由心境和四周习俗所造成的一般条件所决定的。"以《那山那人那狗》而享誉文坛的本土作家彭见明，从小在山里长大，湘楚大地的民俗风情、世态变迁始终是他所关注的对象。他在 2008 年的小说《天眼》以测字看相作为故事的核心，写何了凡、何半音父子的看相测字，通过江湖术士这一独特视角，展现了当前商业社会中的人情世态。由于自幼耳濡目染相面、风水、测字等这些民间广泛流传的楚巫文化，写作起这类题材来自然是得心应手。在现实生活中，神秘是看相算命的一个特点，它与科学无关，却又与迷信不同，这不科学的相术，却让几亿中国人对它充满好奇与兴趣，所以相术文化承载与辐射的，是更为深层的中国传统文化。《天眼》中体现的这种湖湘地域特色和文化特色，表现了作者对社会底层的生存体验和对文化传统的深刻理解。他的另一篇小说《凤来兮》，则描绘了温厚美好的民俗和伦理之情，男女主人公婚外情所包含的道德难题，在小说中得到了符合特定情理、周密而又不无浪漫的解决，讴歌了传统的世道人情和人间至爱真情。

二、平民化的叙事立场

日常生活虽然平庸烦琐，但却是实实在在的，谁也无法逃离生活而存在，特别是普通平民只能在这种平庸的生活里艰难而卑微地过着日子，只有安于自己的那份生活，安分守己，尊重命运的安排，才能找到属于自己的幸福。21世纪的湖南小说创作聚焦于乡村和城市底层普通大众的生存本相，以平民的叙事立场反映了普通老百姓的日常生活和七情六欲，给读者展示了一群底层人物原生态的生活画面。

邓宏顺是湖南的实力派作家，在散文、小说等领域都成果颇丰，但目前最突出的文学成就还是他的中篇小说创作，其小说《饭事》曾获得过毛泽东文学奖，《食堂》登上2004年中国当代最新作品排行榜。由于邓宏顺对社会底层与中国乡村一往情深，他的作品一直在书写底层人民的苦难与悲欢。他来自乡村，童年很苦，他是从农民群体中走出的一员。因此，他的心灵、他的目光永远都关注着中国社会那最广大而又最底层的一群，"那一群"的悲欢离合、生死患难、坚韧生存，无一不牵动着他的衷肠。乡村、农民，他的每一个神经细胞都渗透和浸染其中，甚至已经成为他的精神基因，他的作品是底层艰难生存状态的写照。《食堂》里的羊祜子，是一个乡政府的食堂炊事员，一年到头，兢兢业业地为把食堂办好而努力，自己贴进去资金，精心做的饭菜没人吃，只好倒了喂猪，最后弄得个破产破家的下场。作品不仅反映了小人物生存的艰难，也揭示了社会底层卑微的生存状态。《金秋是个梦》写一个老实巴交的农民，勤劳苦做，咬紧牙关，负债累累，只为田中日渐苦壮成长的烟叶这个金色的梦，后来烟叶丰收，他的梦却因为烟叶价钱狂跌而破灭了；《红魂灵》描写了沅水河边的湄湾山乡三家三代人之间的恩怨情仇的故事；《活法》中写失去土地的农民困惑的生存状态。邓宏顺以敏锐的眼光捕捉到了城市化过程中农民的精神痛苦与心灵不安，以细腻而又灵巧的笔触深入到他们的心灵和情感世界，以历史的画笔向生活在灯红酒绿之中的读者展示了一种别样而又触目惊心的底层农民的生存状态。

曾经待过业、当过知青、做过矿工、在窑山中学教过书的本土作家姜贻斌，生活一直贴近劳动人民阶层，他在2012年的新作《火鲤鱼》书写了近半个世纪以来渔鼓庙这个穷乡僻壤中的乡民的琐事。《火鲤鱼》以二十四节气名分别作为各章的小标题，在每章之前，均引入乡土味十足的民谣，各个人物的故事由生活的片断组合而成，它们各自独立而又相互牵连，共同构成了这半个世纪以来农民的精神史。姜贻斌通过这部长篇巨著歌颂了这些生活于乡村的人们，他们虽然没有读过多少书，受过多少教养，但他们坚韧顽强而乐观地面对生活、处理生活难题，他们积极的生活态度以及化解苦难的方式，对我们有着深刻的启发意义。第四届鲁迅文学奖获得者田耳的获奖作品《一个人张灯结彩》以温情的人文关怀，淡定的叙事策略，深刻地反映了一群底层人物在社会转型时期的命运挣扎，底层人物的痛苦挣扎与无奈在作者冷静的叙述中让人为之动容。蔡测海在新世纪创作的长篇小说《非常良民陈次包》，则在手法上采用现代主义和后现代主义塑造了主要人物陈次包土改后回乡的捡粪生活。蔡测海有意模糊三川半的地理位置，但从作品中众多顺口溜、一些民间习俗的文化蕴涵来看，这部小说深受湖湘文化的影响。

三、世俗化的叙述话语

文学"质感"的产生，毋庸置疑，跟文学最基本、最重要的元素——语言密切相关。文学要真实表现民间生活，最佳的表达方式无疑就是用民间的语言说话，而最真实和生动的文学语言往往也来自市井民间。著名文学评论家葛红兵在《莫言获奖是文化大国崛起的标志》中对小说家的语言提出了这样的希望："小说家必须意识到自己的天职，他们有义务去发现那些隐藏在民间深处，至今尚未被文人语汇污染的词语。"21世纪的湖南作家们在群众语言的提炼上努力探索，他们描写湖南村野俗民的乡言土语，朴素、浑厚、实在，描写市井平民的凡言俗语鲜活、泼辣、野性，民间鲜活口语的运用为21世纪湖南作家描绘世俗生活提供了最佳表意载体。

向本贵是20世纪90年代在我国文坛，特别是在乡土小说创作上取得较高成就的作家。著名文学评论家曾镇南先生曾这样说过："我想冒昧地作这样一个估量：就描绘当代中国农村生活、农民命运，刻画基层乡、镇、村干部形象而言，中国文坛上擅长的两位作家，可以说北有何申，南有向本贵。"新世纪以来，向本贵继续关注乡村农民生活，长篇小说《凤凰台》就是其具有时代特色的作品。小说中大量使用了湘西地区西南官话中的方言土语，使其笔下的人物形象生动丰满且乡土味十足。如"一个月不见，刘宝山那铁打的汉子也像脱了一层皮，头发蓬乱，脸面刮瘦。""刮瘦"在此处最能表现刘宝山瘦的程度，进一步补充了前文对宝山肖像的描写，精练而出神。在普通话中很难找到一个词能够替代它。《凤凰台》中还大量使用粗俗语，小说中的粗俗语具有丰富的文化意蕴，对其塑造人物形象具有十分独特的作用。因为脏话使用能反映一个人的文化修养和道德素质。在男性人群中，文化水平越低，用语越不文明，即脏话越多。小说中的贾大合、孙少辉之类就是文化修养和道德素质很差的人物形象。当这类人突然之间从最底层走上领导者的位置时，这类一无文化二无品性的流氓无产者就会利用自己的权利把所有不良道德都暴露出来，把权利变为自己获取满足的一种工具和渠道，为所欲为，因此脏话、粗话连篇。作者对贾大合、孙少辉这类人物是持批判态度的，因此，在他们的语言中就设计大量的脏话、痞话，暗示他们低劣的文化水平和道德水平。

20世纪以诗化语言在诗歌、散文、小说各领域收获颇丰的"湘军名将"何立伟，进入新世纪以来，在语言风格上进行了新的尝试。他一反过去那种用语含蓄，追求感性的特点，而渐渐转向理性通俗、直白明了、富有生活气息的语言。何立伟深知，诗化语言很难写出社会的重大题材，现代社会的发展需要小说家紧跟时代，探索一种新的语言风格来吸引读者。作为一位有着"文学语言自觉"的长沙作家，何立伟在进行创作时，巧妙地把规范的汉语，一个字一个字嵌到极口语的长沙话里，严丝密缝，原汁原味。长沙土话在他的书写中活了起来，成为规范传神的书面语言。如他在新世纪创作的长篇小说《像那八九点钟的太阳》，被韩少功称为"一部市井版的、野俗版的、'文革'荒诞版的《红楼梦》"，在这部直接面对恶俗现实、以"文革"期间一个肉联厂为故事背景的长篇巨著中，小说在语言运用上通过平常语义开创小说思辨抽象的韵味，刻意减少了一点唐诗宋词的优雅徐缓，多了几分短刃般的锋利，干脆而迅疾，仿佛夹带着风的声响。如"李小二扭头一望，就见从竖着高高冷凝塔的冷冻车间林荫道上飘出来了一条人影，后头又紧跟着追来一条人影，相隔不到十米，二人速度相等，于是距离始终相等。"（《像那八九点钟的太阳》）动词"飙"在普通话中是"暴风"或"迅速"的意思，这里，何立伟用"飙"这个方言动词来形容人的动作迅速，生动传神，使人如见其人。又如形容打架不敢发力，就说："像是曹孟德脑壳疼，他讨好般地捶了一捶。"写车间大批判发言："老子捅你妈妈的资产阶级的娘！帝修反，你妈妈的有本事就伸出手腕子来跟老子掰手劲，莫伸出什么什么思想来，老子看又看不见，摸又摸不到！"屠宰师傅的粗豪拙朴气息喷涌而来。另外，"么子""郎家""堂客""细伢子""困觉""脑壳"等长沙方言被何立伟反复使用，还加入了诸如"业务麻将""亚克西"等更加生活化的鲜活语汇，通俗晓畅，自然亲和，更加收放自如，更直接，也更贴切。

综观 21 世纪初的湖南小说创作，美学范畴的现代民间理念已被正式确立，并在实践中尝试建构更接近本源的民间形态。湖南省作协主席唐浩明在 2011 年湖南省作家协会第七次代表大会上指出："增强底层意识，关注底层生活，真实地表现人民群众的生活期待，真切地表现普通百姓的情感，这是社会主义文学的根本属性的体现。"但同时我们又必须认识到，民间是复杂的，大量粗痞话语和其他粗俗、迷信成分的存在，使得有些民间题材的作品格调低下，即使能够激发起读者一时的阅读快感，但却难以产生震撼人心、供读者反复挖掘、弥久常新的艺术力量。其实民间意识的觉醒，是一种文化的觉醒，作为一个有良知的作家，还应承担起传承优秀民间文化、提升大众读者审美趣味的使命，只有这样，我们才能建构出我们的文化自信。

参考文献

[1] 莫言. 文学创作的民间资源. 当代作家评论 [J]，2002（1）.
[2] 李庆西. 他在寻找什么——关于韩少功的论文提纲. 小说评论 [J]，1987（1）.
[3] 丹纳. 艺术哲学 [M]. 合肥：安徽文艺出版社，1998.
[4] 葛红兵. 莫言获奖是文化大国崛起的标志 [EB/OL]. http：//blog. sina. com. cn/s/blog_ 473d280c0102e51w. html，2012-10-11.
[5] 曾镇南. 向本贵中篇小说漫评 [J]. 芙蓉，1998（5）.
[6] 唐浩明. 在湖南省作家协会第七次代表大会上的工作报告 [EB/OL]. http：//www. frguo. com/newscenters. asp？id = 2941.

（作者单位：湖南写作学会）

调解案件同级监督的探索

李 锐

摘 要: 调解作为一种解决纠纷模式越来越受到社会重视,为避免在调解中产生不公正的结果和不符合法律程序的情况,检察机关开展调解案件同级监督是相当必要的。调解案件监督的法理和法律依据是开展调解案件监督的理论保障,值得探讨和深思。以何种形式开展调解案件的监督,是要亟待解决的制度设计问题。当前形势下,应该以检察建议为主,开展调解案件同级监督探索,赋予检察机关调解案件的抗诉权。检察机关对于调解案件监督的事由,则可以着眼于诉讼调解的构成要件探索,形成种类化与体系化的具体事由,从而得以构建完善的调解案件同级检察监督的制度体系。

关键词: 调解;同级;检察机关;监督

一、调解案件同级监督的必要性

1. 调解案件的不断增加需要检察机关完善监督措施

近年来,调解制度日趋,调解热也持续升温,人民法院在审理案件的过程中更加注重以调解的方式结案。根据 2011 年全国人民代表大会上最高人民法院王胜俊院长的工作报告,全国各级法院一审民商事案件调解撤诉率达 65.29%,比上一年度上升了 3.31 个百分点。

诉讼调解制度在民事案件审理过程中发挥着不可替代的重要作用,但存在的隐患也开始显现,比如利用调解侵害国家、社会和第三人权益;在调解案件中严重违反民事诉讼程序;在调解案件中隐瞒事实、伪造证据等。现行的民事诉讼法规定,调解案件是不能提起上诉的,这导致了受到不公正待遇的当事人、案外人为了维护自己的合法权益不断上访、闹访。因此,如何使诉讼调解更为公平公正,化解、调和当事人之间的矛盾,维护社会公平正义,真正做到案结事了,是摆在司法机关面前的一个重要课题。

2. 贯彻宪法所赋予的法律监督职能

检察权是国家重要的公权力,法律监督权是检察权中一项重要的权能。针对当前调解案件中出现的各种违法现象,检察机关应当充分运用法律监督职能,开展调解案件同级监督。

调解案件同级监督既可以防止在调解中产生不公正的结果和不符合法律规定的程序,又可以使国家利益、社会公共利益和公民合法权益得到更为公正、有效的保护。

二、调解监督的概念与意义

1. 调解监督的概念

所谓调解监督，是指检察机关依据《中华人民共和国宪法》《中华人民共和国检察院组织法》《中华人民共和国民事诉讼法》的规定，对人民法院受理的调解案件予以法律监督的司法过程。

其他类型的调解，检察机关不能行使法律监督职责。首先，目前法律已经取消了人民检察院"普遍监督"的职能，其次，对于其他类型的调解，诸如人民调解、行政调解等，由于没有国家审判权的介入，检察权或者法律监督权没有与之相制衡的必要。

2. 调解监督的意义

首先，有利于完善法律救济途径，保护国家、社会、当事人及第三方的合法权益。我国法律对于调解案件没有设置相应的上告程序，一旦发生确有错误的情况，则没有救济的途径。而检察机关通过对于调解案件的监督，可以有效弥补这一不足。其次，保证法律正确实施。诉讼调解仍旧应当遵循"自愿、合法"原则。如果诉讼调解程序违法或者诉讼调解的结果违法，则有必要予以纠正。第三，可贯彻落实"以事实为依据，以法律为准绳"的精神。

三、调解监督的制度设计与社会管理创新

1. 调解案件检察监督的模式

调解案件检察监督的模式包括两方面的内容，即监督的方法模式和监督的级别模式。

（1）调解案件监督的方法选择

所谓调解案件监督的方法模式，指的是对于法院生效的调解书，应该通过何种手段予以法律监督。检察机关对于法院的监督手段包括四种：抗诉、检察建议、纠正违法通知书和检察意见书等。采取何种手段对调解案件进行监督，既能保护公民合法权益，又能尊重法院作出的生效调解书的既判力，同时还能符合法律的规定之目的呢？

现阶段，检察机关对于调解案件监督的手段主要采取民事再审检察建议。所谓民事再审检察建议，是指检察机关在对民事审判的法律监督过程中，对审判机关在民事诉讼活动中发生的不合法行为或对具体案件处理错误，以书面形式依法向人民法院提出监督意见，以利于人民法院自行纠正的一种方式。

人民检察院以民事再审检察建议之方式对调解案件进行监督是最为有效的。首先，再审检察建议是基层人民检察院实现对同级人民法院的法律监督，贯彻宪法和法律赋予职责的一种有力武器。虽然大量诉讼调解案件均发生在基层，但是，现行民事诉讼法没有赋予基层检察院抗诉的权力。对于调解案件，检察机关是否具有抗诉的权力，理论界与实务界均处于探讨与争论之中，再审检察建议就成为基层人民检察院履行自己宪法法律所赋予神圣职责的有力手段。第二，再审检察建议是检察机关对法院调解的"婉转"监督，既能够体现法、检之间的互相配合，又体现了二者的互相制约作用。第三，再审检察建议有利于节约司法资源。再审检察建议是同级检察院向同级法院发出的监督意见，与抗诉等手段相

比，它省去了经上级人民检察院向同级人民法院抗诉的步骤，更利于实现效率与公正间的平衡。

再审检察建议也存在一定的弊端。其核心问题是检察建议的法律依据不足和监督的力度过小。由于现行法律没有明文规定检察建议是民事检察监督的手段，所以人民检察院向人民法院发出再审检察建议时，法院往往以无明确法律依据或无法进入再审程序为由拒绝接受，或者以其他方式搪塞应付。另外，检察建议适用的范围以及对于检察建议发出后，人民法院通过何种途径或依据怎样的程序来修正法院调解中存在的错误，现行的民诉法和其他相关法律、司法解释均没有明确的规定。再者，现行民事诉讼法规定了调解案件的再审只能依当事人申请或者法院依职权再审两种途径，没有规定检查机关提起再审检察建议可以纳入调解案件再审的范围，也使得对于调解案件的再审检察建议需经由接受法院院长提交本院审委会，方可由法院自行提起再审程序，使得调解案件检察监督大打折扣。

综上所述，目前对于法院生效调解书的监督手段应以再审检察建议为主，辅之以纠正违法通知书、检察意见等。在立法上和司法解释中明确再审检察建议的效力问题，立法上应该明确赋予检察机关在一定程度上对生效调解书的抗诉权，从而加大对调解监督的力度，提高监督效果。

（2）调解案件监督的级别

所谓调解案件监督的级别模式，指的是对法院的生效调解书，应由何级别的检察院提出监督意见或建议，并在检察院提出监督意见或建议后，应由何级别的法院进行受理并审查的制度。

监督的级别模式无非可以划分为四种：①上级检察院监督，上级法院审查模式；②上级检察院监督，下级法院审查模式；③下级检察院监督，上级法院审查模式；④下级检察院监督，下级法院审查，此模式的更为准确表述应为"同级监督，同级审查"模式。

上述四种模式中，第二种模式与第三种模式因其不符合人民法院与人民检察院之间"一一对应"的监督与被监督关系而予以摒弃。符合法院与检察院之间监督关系的是第一种和第四种模式。第一种模式的优势主要是体现出对调解案件检察监督和受理审查的审慎性，有利于维护司法权威，其监督的结果也更能使当事人信服。不足之处是增加了上层法院检察院办案的司法成本和降低了司法效率，与法院调解以减少诉讼成本提高司法效率的初衷相违背，特别是大量调解案件发生在基层法院的实际情况下，基层人民检察院基本上失去了对调解案件的法律监督权。通过综合比较和权衡利弊，第四种模式相对符合司法现状和制度设计要求。

因此，调解案件的监督级别为同级监督是最好的选择。首先，调解案件大量集中在基层法院，运用与之相对应的基层检察机关进行监督，提高了监督效率、降低了司法成本，同时便利了当事人。其次，由于法院调解没有设置上告程序，运用检察监督能够弥补这一不足，发现并解决确有错误的法院调解书，实现对公平正义的追求，维护社会司法秩序。

2. 近年来调解案件中出现的问题

作者通过对检察建议和法院调解书等相关材料研究发现，调解案件中出现的问题主要集中在以下几个方面。

（1）法院未在查明事实及分清是非的基础上就进行调解

《民事诉讼法》第85条规定："人民法院审理民事案件，根据当事人自愿的原则，在事实清楚的基础上，分清是非，进行调解。"如果法院没有在查明事实、分清是非的基础上，特别是在一方当事人为多人时就进行调解，则可能导致调解的结果出现错误，加重了其中一名或多名当事人的责任，而使真正负有责任的当事人逃避或者减轻责任，从而会破坏国家法律秩序，损害国家、社会和公民的利益。

（2）调解书侵害案外人合法权益

大部分民事案件通过调解或者判决得以公正解决，但仍有部分当事人利用调解和诉讼固有的原则和特性妄图达到不法目的。具体而言，由于三面关系的结构存在，导致两造当事人恶意串通，法院在调解过程中有可能不能发现案件涉及第三方利益；在辩论原则下，双方当事人均隐瞒部分事实，或者自认部分事实，使法官对案件事实产生错误认识；在处分原则下，一旦出现一方当事人无权处分，或者虽有处分权，但是处分后会侵害案外人合法权益的情况，由于法院及法官无法了解案件事实，从而导致调解书或者判决书侵害案外人合法权益。

（3）伪造证据，恶意调解

恶意诉讼是指当事人故意提起一个在事实上和法律上无根据之诉，从而为自己谋取不正当利益的诉讼行为。[①] 正常情况下，公民运用民事诉讼法维护自己的合法权益，但也有可能出现当事人通过诉讼手段实现其非法目的。

在大陆法系国家，立法及理论通过诉讼上的诚实信用和诉讼利益来防止和控制恶意诉讼的产生。比如德国民事诉讼法通过1933年的附律规定了当事人承担事实陈述的真实义务，确立了当事人有义务本着诚实信用之精神进行诉讼。

我国在民事诉讼理论与实务中也蕴含并适用当事人的真实义务与诉讼利益。调解中一方当事人如果伪造证据，即违反了真实义务，同时利用伪造的证据如借条等，将根本不存在实体法律关系的另一方当事人起诉并且调解，则属于没有诉讼的利益，那么这样的调解即为违反真实义务和不存在诉讼利益的恶意调解，它以达到一方当事人的不正当目的为目的，谋求不合法利益。

（4）调解书与调解协议不一致

调解协议系案件各当事人自行判断各方利益后，在审判人员的主持下达成的协议，并将其提交给法院，法院据调解协议制作民事调解书。调解协议是当事人真实意思的反映，法院在制作调解书时应充分尊重当事人，只要不存在《最高人民法院关于人民法院民事调解工作若干问题的规定》第12条中规定的四种情形，法院应该依照调解协议的约定内容制作民事调解书。

法院在制作调解书时发现，调解协议的部分内容约定不明确，可能造成无法执行等情况时，应当与双方当事人联系，重新达成新的合意，再制作调解书，而不能一味追求效率，直接修改相关调解协议的内容并写入调解书。

（5）调解书内容不明确

调解书的内容涉及当事人有权处分自己的相关权利时，最终指向本案的诉讼标的，在给付之诉中，诉讼标的所指向的对象，即行为的给付或者财产的给付必须明确、具体、合

---

① 《德国民事诉讼法》第138条第一款规定："不允许当事人一方为加重对方负担而主张自己明知不真实或不确信的事实；不允许他辩驳对反当事人的主张，如果他知道或确信其是正确的。"

法、可能，不然将会造成无法执行的情况，不利于保护当事人合法权益。

（6）代理人无权代理或者超越代理权限达成调解

代理人在诉讼中，如果承认对方诉讼请求，变更、放弃己方诉讼请求，则必须由当事人授权，否则就属于无权代理或者越权代理。因此，法院在调解中必须查清代理权限，否则会产生错误。

（7）调解书遗漏必要共同诉讼人

必要共同诉讼是指一方当事人为两人以上，其诉讼标的是共同的，是诉的主管合并，是当事人的合并。包括了共同诉讼人对于诉讼标的具有共同权利或者共同义务之情形，以及共同诉讼人基于同一事实或者法律上的原因而具有共同权利或者共同义务。必要共同诉讼是不可分的共同诉讼，共同诉讼人必须全部参加，否则视为当事人不合格。

（8）当事人拒绝签收调解书但调解书依旧生效

根据《民事诉讼法》第89条的规定"调解书经双方当事人签收后，即具有法律效力。"① 若一方当事人拒绝签收调解书，则说明一方当事人对调解的内容反悔，从而不具有调解的意向，则调解书不能生效。

（9）审理不尽和突袭审判

审理不尽和判决突袭在各国立法中均为民事上告的理由。在我国，诉讼调解某种程度上就是审判的特殊表现，如果调解中出现了审理不尽和判决突袭，显然无法实现诉讼调解解决争议法律关系之目的，不能维护社会司法秩序。

3. 检察监督事由的具体化——从调解构成要件入手

要更好地开展调解案件同级监督，就应该将法院调解中出现的问题具体化，以便于检察机关把握。

诉讼调解分为两大类，即实体法要件与诉讼法要件，实体法要件就是当事人对于争议法律关系具有实体权利义务，诉讼法要件包括了四个方面：第一，法院要件，即法院必须受理案件，形成诉讼系属；第二，当事人要件，即当事人有接受法院调解的意愿、当事人具有诉讼能力或者代理人具有代理权、在必要的共同诉讼中不能遗漏必要共同诉讼人；第三，诉讼标的要件，即当事人之间对实体法律关系发生的争议，要求法院裁判解决；第四，合意要件，即当事人需向法院表明内心的合意、对于标的具有处分权、合意需确定可能且不侵害他人合法权益、确定合意而制作的调解书需经当事人签收。

就目前而言，相关案件类型可以分为三类：第一，违反了当事人要件；第二，违反了诉讼标的要件；第三，违反合意要件。

第一，"无权代理、越权代理"和"遗漏必要共同诉讼人"的情况属于违反了当事人要件。

第二，违反诉讼标的要件的有三种情况："未查明事实，分清是非""伪造证据，恶意调解"和"审理不尽和突袭审判"。"未查明事实，分清是非"，则不能正确认识本案诉

---

① 《民事诉讼法》第八十九条规定：调解达成协议，人民法院应当制作调解书。调解书应当写明诉讼请求、案件的事实和调解结果。

调解书由审判人员、书记员署名，加盖人民法院印章，送达双方当事人。

调解书经双方当事人签收后，即具有法律效力。

讼标的，诉讼调解就不能保护当事人合法权益，还原被扰乱的司法秩序。"伪造证据，恶意调解"的问题也是当事人利用伪造的证据制造了并不存在的争议法律关系，以达到非法目的。同样，调解中"审理不尽和突袭审判"是受诉法院没有围绕本案诉讼标的展开调解。

第三，违反合意要件有四种情形，"调解书侵害案外人合法权益""调解书与调解协议不一致""调解书内容不明确"以及"当事人拒绝签收调解书但调解书仍然生效"。调解合意不能侵害案外人权益，调解合意必须明确、具体、可能，调解合意须经当事人确认。"调解书与调解协议不一致"则说明调解书上所记录的所谓合意内容并非当事人间达成的合意，而是与合意要件相悖。

在调解案件监督中，检察机关可以从诉讼调解构成要件分析入手，将这些要件作为调解监督的事由，对调解案件开展法律监督工作。

4. 以调解案件同级监督为落脚点，探索社会管理创新

调解案件同级监督，是人民检察院顺应人民群众切实需求，与时俱进，探索社会管理创新的新举措。

（1）加强职能宣传

民事行政检察部门应当加强与律师事务所、法律服务所、乡镇司法所等单位的联系与沟通，宣传调解案件的检察监督作用。充分发挥报纸、新闻媒体、网站和微博等多种手段在相关职能进行全方位宣传。

（2）畅通受理渠道

民行检察部门加强与控申部门沟通，畅通申诉案源，做到"有诉必理"，及时答复。

（3）参与社区检察室建设

参与社区检察室的建设，利用社区检察室这一窗口，开展现场咨询、接待工作。

五、结语

当前司法环境下，检察机关对调解案件的监督已成为必然趋势。调解案件监督的法理和法律依据是开展调解案件监督的理论保障，值得探讨和深思。以何种形式开展调解案件的监督，是亟待解决的制度设计问题。

参考文献

[1] 陈光中，李浩主编. 诉讼法理论与实践·2002 年民事、行政诉讼法学卷 [M]. 北京：中国政法大学出版社，2003.

[2] 【德】奥特马·尧厄尼希著. 周翠译. 德国民事诉讼法第 27 版 [M]. 北京：法律出版社，2003.

（作者单位：湘潭大学法学院）

开掘整合红色文化资源对湖南城市文化建设的意义

张群喜

摘　要：随着我国城市化进程的加速，"城市文化病"凸显。如何医治这些"文化病"，丰富城市文化的精神内涵，塑造城市精神，成为人们关注的焦点。湖南是红色文化资源丰富的省份，在湖南"两型社会"建设和长株潭城市群建设中，开掘整合红色文化资源对于提升城市文化精神和城市的竞争力意义重大。

关键词：湖南；红色文化；城市文化；城市精神；"城市文化病"

随着中国物质形态城市化进程的加速推进，城市文化精神建设显得日益重要和紧迫。作为城市灵魂的城市精神，受到越来越多城市管理者和公众的关注，"打造城市精神"一时间成为众多城市管理者的工作重心。但是由于"打造城市精神"的方式过分强调主体的主观意志，脱离了城市具体的历史文化发展实际，否认城市精神的形成与发展具有不以任何人的意志为转移的客观规律，因而这种"打造"方式弊端丛生。如何联系城市的发展实际，尤其是如何联系城市文化发展的历史实际塑造城市精神成为问题的关键。在以往城市文化研究和城市建设实践中，人们往往比较侧重对西方文化和中国传统文化的保护，主要体现在城市建筑、遗迹遗址等实物形态的保护方面，而对在中国现代历史上发挥了重要影响，甚至是塑造了几代中国人灵魂的红色文化却没有给予足够的重视。即使有少数城市注意到了这个问题，也仅限于利用和开发红色文化资源，发展红色旅游，很少从提升城市文化精神的高度进行探讨。为此，本文结合湖南的实际谈一谈开掘整合红色文化资源对湖南城市文化建设的价值和意义。

一、开掘整合红色文化资源是现代湖南城市文化建设的精神诉求

湖南是近现代中国革命的策源地和发祥地，在湖南长沙、湘潭、韶山、浏阳、茶陵等地有非常丰富的红色文化遗迹、遗址，革命家、将军辈出，其足迹遍布三湘四水。湖南蕴藏着非常丰富的红色文化资源。在湖南现代城市文化建设中应当开掘整合这些宝贵资源，建设特色湖南。

何谓红色文化？笔者以为，红色文化主要是指中国共产党领导中国人民经过长期的革命和建设实践积淀形成的革命文化。它承载了我们党波澜壮阔的革命史、艰苦卓绝的斗争史、可歌可泣的英雄史，体现了中华民族最可宝贵的精神品质与我们党的优良传统和作风，是我们建设和发展中国特色社会主义的强大精神支柱。红色文化具有与时俱进的优秀品质，它既是优秀的、传统的、民族的、大众的文化，也是随着时代发展而发展的先进文

化；红色文化包含共产主义理想信念、密切联系群众的优良作风、艰苦奋斗的革命精神、爱国主义的高尚情操等精髓内容。以红色文化塑造城市精神，城市发展就有了明确的价值导向，城市形象塑造就有了归依。

1. 开掘整合红色文化是塑造湖南城市精神的需要

城市文化建设和城市精神塑造的目的就是为了提升城市的竞争力。当下，在我国城市建设的实践中，一部分城市过分放大物质符号的作用，以兴建一座建筑、干一件文化大事作为城市文化建设和城市形象的表征，以为这样就能提升城市的竞争力，而忽视了市民精神和城市人文精神的培育。

在"城市精神"的讨论中，人们比较认同的是：要塑造城市精神，就要抓住城市历史文化的精髓，寻找历史文化的足迹，分析历史文化的文脉，从繁杂的历史文化信息中归纳城市文化精神的主要特征，再将这些特征融入城市建设和发展中。但在当下城市文化建设中往往遗忘和忽略了中国现当代历史中的文化信息。当代中国是历史中国的发展，中国城市的发展也有一脉相承的历史延续轨迹。我们既要重视对中国传统文化的保护，也要对近代以来中国革命文化尤其是对中国共产党成立以来形成的红色文化进行保护和开掘，这样才能体现民族文化文脉的延续性。更为重要的是，红色文化与时俱进的品质是城市文化发展的不竭动力和源泉。通过对红色资源的整合能有效提升湖南城市的文化软实力，使现代城市成为社会资源最优配置、凝聚各种优秀文化资源的前沿阵地，充实城市文化的精神内涵，提升城市文化品位，进而提升湖南城市的竞争力。

2. 宣传推介城市的根本在于提升城市的竞争力

由世界杰出华商协会组织推出的一年一度"中国魅力城市"排行榜，其关注的重点是城市经济发展指数、人居环境、未来发展潜力、特色资源优势、社会和谐程度、政府公共服务能力六个方面。笔者认为，这六个方面中最刚性的要素是该城市的特色资源优势。它是彰显城市吸引力和竞争力的软实力。考察一个城市，不仅要考察它对各种社会物质资源的聚合功能，考察它的 GDP 总量、经济实力、城市规模和基础设施以及它提供公共产品的能力，还要考察它的制度设施、凝聚力、社会整合力，更要考察它的文化对超越性精神的追求。套用中国当代哲学家冯友兰先生的"人生境界"说，人生由低到高有四种境界，即自然境界、功利境界、道德境界、天地境界。城市作为生命体，也应该具有这四种境界。但是，在当下湖南城市建设中，一些人比较注重自然境界、功利境界，而忽视了道德境界、天地境界。如果一个城市人文精神尽失，那么，城市的外壳即使看起来再漂亮，也不可能有竞争力。而红色文化有着广泛的群众基础、深厚的文化渊源以及无限创造力，它与我们党倡导的社会主义核心价值体系是一脉相承的，它占据着文化软实力的核心位置，因而它是提升湖南城市竞争力的重要选择。

3. 提升湖南城市竞争力必须将红色文化与现代都市文化有机结合

我们在强调整合红色文化构建湖南城市文化精神时并不是要借口提炼有特色的城市文化精神而离开人类文明发展的大道。在城市文化建设中的所谓人类文明大道，就是指的现代都市文化。现代都市文化是现代工业文化、商业文化的集合，离开了都市文化，城市就将离开人类文明发展的大道而步入歧途。中国城市文化建设离不开红色文化，是因为红色文化是中国革命和建设的历史过程中留给我们的宝贵财富，其主体是在历史发展中形成的不可再生的文化。将红色文化与现代都市文化有机结合就是要正确处理历史与现代、后现代，红色文化与现代工业文化、商业文化的关系。

二、开掘整合红色文化资源是彰显湖南城市个性的需要

一个城市的吸引力和魅力取决于它的独特个性。城市个性是一种经过深思熟虑而形成的思想，它准确反映了一个城市的文化基因及价值取向，因此，考察一个城市首先看它是否具有个性，是否显示为一种生命的存在。在现实生活中，我们往往只看重城市的使用功能，忽略了城市的生命价值。作为一个生命体，一个城市的不可替代性，恰恰在于它的历史延续性。一个城市一旦失掉了其历史延续性，就会失却精神载体和心灵寄托，在迷茫中走向雷同。

1. 红色文化是历史的、具体的，开掘整合红色文化资源有利于杜绝千城一面的城市景观

北京师范大学副校长、价值与文化研究中心主任韩震说："作为人集中聚集生活的地方，城市肯定有许多共同的地方。因此，在不同的城市之间，必定有许许多多共同的精神特质……所有的城市都追求繁荣、宜居、和谐，大都力求崇尚道德、尊重法治、向往文明秩序。作为有不同历史境遇的聚集地，不同的城市肯定又有自己的特点。因此，在不同的城市之间，必定有不同的精神特质。"在城市建设中我们既要重视城市的共性，更要重视城市的精神特质。而要体现城市的精神特质，我们在强调从城市的现实出发的同时必须强调挖掘、利用和体现具有本地特色的文化，彰显城市个性。湖南的红色文化就是能使湖南城市显示独特性的文化。它既与广州、上海、南昌、重庆等地红色文化有千丝万缕的联系，又有着自己的独特性，提炼出湖南红色文化的独特性，将它与传统的湖湘文化熔铸在一起，就能塑造独特的湖南城市，彰显城市魅力。

2. 红色文化是创新的文化，创新是彰显城市个性的关键因素

创新是一个国家、民族的灵魂和发展的不竭动力，其本质是一种精神上的超凡脱俗、敢为人先、不计名利的追求。从中国革命的历程看，红色文化最基本的品质就是大胆开拓、勇于创新，湖南的红色文化尤其如此。一代伟人毛泽东在领导秋收起义部队攻打长沙失败后立即率部挺进井冈山，为中国革命开辟了一条独特的道路。在这条道路的指引下，中国革命取得了伟大胜利，在人类发展史上书写了惊天地、泣鬼神的壮丽史诗。当然，开拓创新也意味着风险，意味着牺牲。正是因为有一大批优秀的中国共产党人前赴后继的英勇斗争，中国革命才能克服千难万险，战胜各种急流险滩，从失败、挫折走向胜利。因此，开掘整合丰富多彩的红色文化，有利于中国在社会快速转型、风险高发期，克服各种阻力，战胜各种困难，为城市和社会的进一步发展奠定良好的基础。发扬红色文化中的创新精神，推进城市建设，就是要用创新的视野进行城市规划，力避步他人后尘；在每一具体项目的实施中，都要有创新意识，以创新体现市民的精神气质。

3. 红色文化的特定价值观和它的政治向度是形成城市文化品牌的制高点

城市文化品牌不仅是城市的名片，也是城市竞争力的体现。形成城市品牌靠的是个性和独特价值，是具有垄断性和唯一性的文化资源。湖南红色文化就是一种具有地域垄断性和唯一性的区位文化。以此凝聚城市的核心价值，可使城市摆脱平庸。城市的核心价值是城市环境、文化、历史、经济、建筑等自然资源和人文资源的集中凝练与抽象。当一种资源通过一定手段得到展示并被普通民众接受和认可时，这种资源就构成了这个城市的核心

价值。红色文化的独特价值就在于它是我国许多城市的核心价值和文化支点,是提炼城市文化精神的关键元素,因为它至今仍拥有人类历史上最科学的世界观和价值观,它秉持彻底地为人民服务的政治向度。以红色文化建构城市文化精神,能够彰显城市的品格特征,占据城市文化品牌的制高点,成为一个城市主体共同的价值判断和选择,引导城市的未来走向。

三、开掘整合红色文化资源是消解湖南"城市文化病"的有效途径

中国"城市文化病"的概念,是上海交通大学刘士林教授在《2011 中国都市化进程报告》中首先提出来的,后经《人民日报》记者进行提炼归纳,称之为影响和制约中国都市化进程的三大问题,即"文化病"。湖南在城市化快速发展过程中,也在某种程度上存在上述三大"城市文化病"。至于中国城市为什么会患上这三种"文化病",大家见仁见智。笔者认为,人的主观上的原因是最主要的和最根本的,尤其是城市管理者忽视以人为本、科学发展的结果。

首先,关于城市规划"过度化"的问题,其病根无论是形式主义,还是急于求成,都是城市管理者缺乏正确政绩观所致。《"形象工程"何以多达两成》一文尖锐指出:"在现实中,'城市化'常常只是一场自上而下的经济性的造城运动,政府官员的政绩冲动和商人的利润追求结合在一起,成为城市化的最主要推动力……"这段话精辟分析了城市规划过度化的原因。某些城市管理者为了追求任期政绩,在城市规划和建设上"用心良苦""东施效颦",过度追求城市外观外貌,注重感官刺激,一味搞"高、大、炫",忽视城市功能的配套和城市特色,对城市文化资源的开发利用缺乏科学性。有些城市管理者甚至与开发商进行利益合谋:拆了建、建了拆;拆真的,建假的。此外,城市的过度规划还使城市空间形态同质化,城市经济功能批量复制。因此,要医治"过度化"的毛病,首先必须端正城市管理者的政绩观;其次,就是要改变形式主义的工作作风,城市建设不能一味攀比。

其次,关于城市品牌宣传的"低俗化"和精神生态严重污染的问题,主要是源于城市管理者文化素养的严重缺位和对文化产品的认知错误。某些城市管理者文化素养严重缺位,弄不清自己所推销的城市文化是否为具有意识形态属性的文化;其实城市文化不仅具有商品属性,而且还是"非商化"性质的精神产物。在当下,存在的种种恶俗、低俗的城市文化现象以及道德滑坡、知识失衡、管弦嘶哑等城市精神文明的失落,都与城市管理者弱化甚至忽视文化的意识形态属性,有意消解、颠覆主流价值观有关。

再次,关于城市主体的"离心化"问题,主要根源于城市发展缺乏人文关怀,物质主义泛滥。在世界城市发展史上,古代罗马城以其反面形象告诉我们:物质建设上的最高成就有可能与社会人文中的最坏状况并存。自 20 世纪 90 年代末以来,湖南城市实现了快速扩张,空间急剧扩大、经济规模成倍增长,尤其是长株潭城市群的发展获得了一个庞大的物质外壳,某种意义上实现了物质建设上的最高成就,但是在人文、社会等方面陷入了较为严重的道德滑坡和生态危机,在这个过程中城市的文化资源遭到严重透支,都市人的精神生态被恶性损耗,"城市由此在身份认同、文化认同和心理认同上日益陷入焦虑与危机中"。中国社会科学院城市研究学者金经元指出:"对于大多数人来说,倘若城市的环境体

现着对人的关怀，人们怎能不满腔热情地去关心集体，关心社会？倘若城市的物质环境只是为了炫耀少数人的权势和奢侈，对大多数人漠不关心，又怎能不引起群众的反感？倘若城市的物质环境充满着赌博、色情和暴力，又怎能培养出人的高尚情操？"

由此可见，"城市文化病"的本质在于对人的漠视，根源在于城市管理者观念、素质和价值取向存在的偏差。因此，城市管理者应该不断提升自己的素质，更新管理观念，多些健康理性的文化积淀，少些东施效颦的急功近利，让城市文化真正体现人性化，切实做到以人为本。为此，我们必须弘扬红色文化精神，唱响主旋律，从根本上提升城市管理者素质和市民素质，进而提升城市的文化精神内涵，为城市现代化健康发展提供动力和保障。

参考文献

[1] 俞吾金. 上海城市精神探讨之我见 [J]. 探索与争鸣，2003（4）.

[2] 韩震. 城市精神要反映文化精髓 [EB/OL]. http：//www. qstheory. cn/wz/jiangt/ 201109/t20110926_ 112839. htm，2011-09-26.

[3] 刘士林. 中国城市发展的深层问题与文化自觉 [N]. 文汇报，2011-08-08.

[4] 姜泓冰. 中国城市患上三种文化病：规划过度化 营销低俗化 市民离心化 [N]. 人民日报，2011-08-05.

[5] 一江绕城. 城市文化病是对城市居民的忽视 [EB/OL]. http：// 71bbs. people. com. cn/viewthread. php？tid＝444629，2011-08-09.

[6] 鲁众. "形象工程"何以多达两成 [EB/OL]. http：//news. sina. com. cn/c/2004-09- 28/12093789788s. shtml，2004-09-28.

[7] 饶会林，主编. 城市文化与文明研究 [M]. 北京：高等教育出版社，2005.

[8] 马西恒，矫海霞. 上海城市精神培育之我见 [J]. 党政论坛，2004（1）.

（作者单位：湖南省城市文化研究会、湖南文理学院学报编辑部）

金融支持湖南文化产业发展策略研究

欧阳文辉　吴盛光

摘　要：文化产业已成为湖南国民经济的战略性新兴产业，但与发达国家和沿海地区相比，发展层次不高、产业链不完整。究其原因，既有文化产业的内在属性不足，又有金融机构外部支持不够。深化发展需要各级政府、金融机构和文化企业的协同推进。

关键词：文化产业；金融；策略

西方文化大国发展实践证明，金融与文化相结合，对实现可持续发展至关重要。但文化产业所特有的无形资产比重大、回报周期长、担保能力差、中小企业居多等行业特点，使其一直面临"融资难"的困境。尽管湖南作为文化产业增加值占 GDP 比重超过 5% 的 6 个省份之一，但湖南文化产业金融支持情况也不例外。

一、湖南文化产业发展的现状与特点

以 2006 年提出建设文化强省发展目标为发端，2009 年制定《湖南省文化强省战略实施纲要》为标志，湖南文化产业进入了快速发展轨道，产业结构渐趋优化，竞争力明显提高，初步形成了具有湖湘文化特色的文化产业体系，但与发达国家和国内先进省份相比，湖南文化产业发展还处在初级阶段。

1. 文化产业发展势头明显，但占比仍然较低

2006～2011 年，湖南文化产业年均增长 20%，2009 年文化产业成为湖南省第 6 大千亿元产业，2011 年全省文化和创意产业总产出由 2006 年的 667.48 亿元增加为 2 352 亿元，增加值由 2006 年的 337.59 亿元提升为 1 012 亿元，占 GDP 比重由 2006 年的 4.5% 提升至5.2%，对经济增长的贡献率由 2006 年的 6.1% 提升为 8%。

但与发达国家和国内先进省份相比，湖南文化产业还处于发展初期。美国文化产业所创造的社会产值占社会总产值的比重已超过 30%，日本文化产业产值占其国内生产总值比重超过 20%，韩国文化产业增加值占 GDP 比重达到 18%。我国国内发达省份的文化产业增加值比重已达到 10%。截止 2011 年年末，广东文化产业增加值 2 529 亿元，是湖南的 2 倍；上海文化创意产业实现增加值 1 923 亿元，占生产总值的比重达 9.8%，经济贡献率到 14%；北京市文化创意产业实现增加值 1 692.2 亿元，占 GDP 比重达 12.3%。

2. 文化产业品牌逐步确立，但缺乏核心品牌

2006～2010 年，《中国文化品牌报告》发布的 222 个文化品牌中，"湘字号"文化品牌达到 31 个，占总数的 14%，文化品牌数量居全国第 5；全省经营收入过亿元的文化企

业达 110 家,利润超过千万元的企业达 235 个,上市文化企业 4 家,电广传媒、出版集团、中南传媒、拓维信息进入全国文化企业 30 强,初步形成了"广电湘军""出版湘军""动漫湘军""演艺湘军""网络湘军"等文化产业品牌。

但湖南文化产业还没有形成产业集群,缺乏领军企业和核心品牌,产业链不完整,缺乏衍生市场品牌。以动漫产业为例,2011 年,原创动漫产量由全国的第 4 位下滑至第 11 位,原创动画片制作生产企业三辰、宏梦由 2006 年的第 1、2 位跌出前十,2011 年优秀动画片仅占全国产量的 2%,比 2007 年下降了 16 个百分点;产业衍生开发环节薄弱,以衍生品开发较早也最好的"蓝猫"为例,2011 年衍生品产值只有 5 000 万,只有广东奥飞的 1/12。

3. 文化产业结构不断优化,但传统产业过大

2011 年,湖南文化产业核心层(新闻服务、出版发行版权服务、广播电视电影服务、文化艺术服务)实现增加值 280 亿元,外围层(网络文化服务、文化休闲娱乐服务、其他文化服务)实现增加值 384.3 亿元,相关层(文化用品、设备及相关文化产品的生产、销售)实现增加值 349 亿元,层次结构比值为 27.6∶37.9∶34.4,与 2010 年 27.2∶38.6∶34.1 相比,传统产业(核心层)比重提升了 0.4 个百分点,以新兴文化为主的"外围层"下降了 0.7 个百分点,比上海低 10 个百分点。这说明我省文化产业结构还处于不合理、不均衡状态,新兴文化产业仍处于弱势发展阶段,传统产业比重过大,产业竞争力较弱,处于产业链下游。

4. 地区发展不平衡有所改善,但仍集中于长沙

全省 14 个市州文化产业发展不平衡。2011 年,长沙 GDP 占全省的比重为 28.6%,而长沙文化产业增加值占全省的比重高达 54.3%;在 716 家限额以上文化服务业企业中,长沙市有 311 家,占全省的 43.4%,营业收入占全省的 66.9%,利润占全省的 80.2%;一点(长沙市)一线(京广线)经济带的六城市文化产业增加值占全省的比重超过 70%,其他 8 个市州不到 30%,张家界、湘西、怀化等具有旅游、文化优势的地区的文化产业占全省的比重不到 5%。

二、金融支持湖南文化产业的现状与不足

1. 金融支持文化产业的现状

一是信贷总量不断增加。湖南文化产业的快速发展,与金融的积极介入和大力支持密不可分,信贷支持总量由 2010 年的 32.9 亿元增加到 2011 年的 42.2 亿元,增幅达 28.3%。

二是融资渠道不断多元。除银行贷款外,风险投资、信托投资、股票债券融资、上市融资等也成为湖南文化企业的融资渠道。截止 2011 年,广电传媒、中南传媒、拓维信息、天舟文化 4 家上市文化企业在资本市场募集资金 70.62 亿元。

三是产品创新不断涌现。建设银行尝试数字电视收费权、企业法人股等质押贷款方式;工商银行采取"固定资产支持融资 + 收入账户封闭管理"、实际控制人连带保证等模式为文化企业融资;北京银行创新出文化金融特色产品包"创意贷",涵盖 9 大类 10 项子产品;中国银行充分利用海内外一体化平台为文化企业整合海内外资源提供服务。

四是配套服务不断完善。为充分发挥政府财政资金的杠杆作用，省财政每年安排了1亿元文化产业引导资金和1亿元文化事业引导资金，成立了湖南文化旅游产业基金、富坤文化传媒投资基金和中国炎帝发展基金等10大文化基金；改组湖南文化产业交易所，建立起文化企业股权、版权、文化创意等九大文化产权交易平台；部分中介担保公司、资产评估公司为企业提供相应的担保和评估服务；文化产业保险也开始试点。

2. 金融支持文化产业的不足

一是贷款规模相对较小。文化产业贷款余额占全省贷款余额的比重低于文化产业增加值占地区生产总值的比重，同比增速低于全省各项贷款余额增速。截止2011年年末，全省文化、体育和娱乐业贷款余额42.2亿元，仅占全部贷款余额的0.31%，比2007年下降了0.55个百分点。贷款近5年平均增长不到15%，低于增加值增速的5个百分点，也低于全省贷款平均增长水平的约1个百分点。

二是垒大户现象较突出。调查数据显示，有82%的信贷资金流向了大中型文化企业和上市公司。科技型、成长型、创新型、农村文化中小企业贷款满足率只有45%左右，即使满足文化条件的文化企业，也面临贷款审批手续繁杂、时间较长、成本较高等问题。据统计，2011年经文化部推荐落实的61个项目，平均贷款利率高出基准利率的15.3%。

三是融资渠道仍以信贷为主。调查显示，银行贷款占企业融资的48%，风险投资、信托投资、股票债券融资不到20%，融资金额占比远远低于上市企业数占比。

四是金融产品创新深度不够。对文化产业的金融服务大多仍以传统的贷款业务为主，银行承兑汇票、信用证、保函等业务量较小，针对文化产业的金融创新产品少，已有的产品普及性和推广性也不高。

五是中介配套服务比较缺乏。主要表现为著作权或版权等权利的评估、登记、交易流转和处置保护机制不健全，资产评估机构对版权、商标权等无形资产的评估缺乏科学统一的评估标准和参数，评估成本较高，60%的文化企业反映中介评估、担保费用太高，40%的文化企业反映难以寻找到合适的担保机构。

三、金融支持湖南文化产业不足的原因分析

文化产业金融支持力度的偏低既有文化产业的特殊行业性质原因，也有金融机构信贷营销重点过于偏重传统产业和金融服务创新不足的因素影响，还有政府公共产品的缺乏影响。

1. 文化企业自身的不足

一是作为以轻资产运行的创新型企业，大多数文化企业以智力投资为主，资产主要表现为商誉、声望、知名度、知识产权和品牌价值等无形资产和轻质资产，而缺少土地、房产等能作抵押的不动资产。

二是文化企业收入具有不稳定性。文化企业特殊的产业属性，决定了其相关的经营活动不能产生稳定的现金回报，这也就给根据财务报表判断资金回报的传统银行借贷方式带来了难题。

三是部分中小文化企业由于财务制度不健全、信用状况不透明、盈利模式不清晰等问题，很难获得金融机构的认同和青睐。同时，受产业规模小、盈利状况不稳定、固定资产

有限等因素限制，绝大部分文化企业难以迈过股票和债券市场融资这道门槛。

　　2. 金融服务创新的不足

　　由于一直以来文化属于公益性的事业部门，与金融机构缺乏直接的业务关联，导致金融机构对文化产业支持观念淡薄，相关金融产品创新不足，缺少针对性的信贷产品安排和多层次的金融服务体系，尤其是对固定资产抵押要求较少、申请手续灵活的小额信贷产品和以知识产权为核心的"软资产"质押产品创新不足。

　　3. 政府配套机制的不足

　　政府最基本的功能是提供公共服务和产品，对于文化产业而言，既需要政府的直接资助、税收优惠和创新财政资金运用方式，更需要政府搭建和培育文化企业无形资产抵押物变现的中介服务机构与平台，包括专业性的文化保险机构与融资担保机构、权威性的无形资产评估机构与无形资产流转交易平台等。

四、国外金融支持文化产业的经验与启示

　　美国发达的文化产业一向为世界所瞩目，由国际知识产权联盟发布的《美国经济中的版权业：2011 年报告》表明，2011 年美国覆盖电影、电视等文化产业主体部分的核心版权产业创造增加值 9 300 亿美元，占 GDP 的 6.4%，在过去的 10 年中保持了平均 5.68%的增速，提供就业机会 510 万个，占美国整体就业率的 5%，劳动报酬比其他产业的平均值高出近 27%。日本的文化产业是国民经济最核心的支柱产业之一。1995 年，日本文化产业中仅娱乐业生产经营收入就高达 35 兆日元，超过当年汽车产业产值；2004 年，仅通过媒体进行的商品销售及媒体商品的广告制作费就达 12.8 兆日元，经济效益超过农林水产业产值的总和。2010 年，日本文化产业的规模约为 110～120 兆日元，约占 GDP 总量的20%。回顾美、日等文化产业大国的成功之路，其成功经验最大共同之处就在于构建了文化产业发展和金融支持积极互动、良性循环的机制，打破了产业发展的投融资瓶颈。

　　1. 投资主体多元化

　　以美国和日本为代表的文化产业大国基本取消了国内大部分投资主体的市场准入限制，实现了公平竞争、有序开发，进而从根本上解决了文化产业发展中的金融支持不足问题。除了业界企业和公共资金外，这些国家还广泛开发了文化产业的外部投资主体，使文化产业外部的各类金融机构和其他各类具有投资能力的社会团体、个人都成为文化产业的投资者。例如，美国营利性文化走的是多元化投融资模式，其投资主体不仅包括政府配套引导的公共资金，也包括国内各类社会团体和大企业财团，甚至还吸引了大量海外投资者。

　　2. 融资渠道多元化

　　虽然美、日等国的金融体系存在较大差别，但这些国家的文化企业基本都通过多样化的融资渠道满足了自身的资金需求。除了传统的商业银行贷款，各国还开发出了一系列创新性的融资渠道，包括风险投资和私募股权投融资、资产证券化融资、产业基金融资等。

　　3. 资金效率最大化

　　以美国电影为例，其往往通过大量资金实现影片的大制作和高回报。例如，1998 年风靡全球的好莱坞大片《泰坦尼克号》总投资近 2 亿美元，全球票房达到 18 亿美元，前期

产出（即未含下游产品收入）为投入的900%。另一方面，要实现投资风险最小化。美国就曾通过金融创新，将投资组合的理论运用于电影投资，一个投资组合中通常包括20～25部风格不同的电影，由此极大地降低了投资人的风险，从而吸引了大量保险资金和退休资金的进入。

4. 政府支持多样化

一是财政支出。作为公益性文化基础设施和文化遗产，西方发达国家在年度财政预算中都会安排一定比例的资金，给予大力支持。例如纽约是一个文化艺术氛围较为浓厚的城市，拥有丰富的博物馆、图书馆、艺术剧院等文化资源，对于这些盈利能力较低的机构设施，纽约政府投入了大量的文化建设资金。

二是税收优惠。截止2011年，美国50个州中除爱荷华州外，其余49个州全部不同程度对经营性的影视行业及有关广告、游戏等实行税收减免。

三是文化基金。美国早在1965年就通过了《国家艺术及人文事业基金法》，并通过国家艺术基金会、国家人文基金会、博物馆学会以及联邦政府的一些部门对文化产业给予资助，同时州和地方政府以杠杆方式，对此也给予了大量的配套资金投入。

五、金融支持湖南文化产业发展的策略创新

加快推进金融支持文化产业进程，发挥金融资本的作用，将文化软实力成功转变为经济利益，推动文化产业成为未来支柱产业，是一项长期性的系统工程，需要金融机构、文化企业和政府部门协同推进。

1. 金融机构要加快服务创新

一是建立文化金融的专营机构。对于符合条件的文化企业服务专营金融机构，应予以发放营业牌照，实施差异化的监管和核销机制，提高文化金融业务的风险容忍度，降低业务开发成本。

二是加大文化企业的信贷投入。量身定做适应文化产业特点的信贷政策，将文化产业作为朝阳产业列入支持类；对于具有稳定物流和现金流的企业，可发放应收账款质押、仓单质押贷款。积极试办知识产权、专利权、商标权、电影制作权、著作权、版权等无形资产抵押贷款、企业联保互保贷款等，并合理确定贷款期限，为文化企业尤其是中小文化企业融资扩大抵（质）押范围。

三是拓宽文化企业的融资渠道。对符合条件的重点文化企业，应做好进入主板、创业板上市融资的培训、辅导和推介工作，推动更多优质企业上市融资；积极支持文化企业通过债券、短期融资券、中期票据和中小企业集合债等方式融资；鼓励风险投资基金、私募股权基金等风险偏好型投资者积极进入处于初创阶段、市场前景广阔的文化企业。

四是提供综合性金融服务。加强与产权交易等相关机构合作，为文化创意企业提供资金结算、机构理财、供应链融资、并购贷款、国际业务等综合性金融服务。保险业也需要根据文化企业的特点，积极开发适合文化企业需要的保险产品，为文化企业制订一揽子保险计划。

2. 文化企业要加快改革步伐

一是培育合格市场主体。文化主管部门需进一步解放思想，放宽文化产业市场准入条

件，引导文化企业向"专、新、特、精"等标准化方向发展，创造自己的特色文化品牌。

二是加快改造现有存量。加快经营性文化单位转企改制，推动已转制文化企业建立现代企业制度和进行股份制改造，培育大批富有活力的文化市场主体。

三是积极吸引外部增量。集聚国际知名和有潜力的文化企业，引导社会资本进入文化领域，为社会资本进入文化领域提供公平机会，积极集聚民营文化企业和中小文化企业。

3. 政府部门要加快配套建设

一是成立文化产业专项资金。通过贷款贴息、项目补贴、补充资本金、设立文化产业引导基金等方式，对符合产业发展规划、具有龙头带动作用的文化企业或项目，从政府设立的文化产业发展专项资金中给予银行贷款贴息支持，对新增文化产业贷款或担保代偿形成的损失给予补偿，鼓励金融机构放大对文化产业的贷款份额，充分发挥财政资金的杠杆撬动作用，成立文化产业专项担保基金或担保机构。

二是搭建文化产业服务平台。组建文化产业知识产权等无形资产权威评估机构，为交易双方提供科学合理的评估服务；建立文化产业成果转化服务中心，促进文化成果转化和产业化。

三是积极推动扩大利用外资。鼓励外商在更广阔的领域投资兴办文化企业，积极探索利用国际资本的新方式，争取世界银行、亚洲开发银行等国际金融机构的支持。

四是完善相关法律规章制度。抓紧制订、完善并规范专利权、版权等文化无形资产评估、质押、登记、流转和托管的管理办法，修订有关质押登记规定，培育流转市场，突破文化产业融资难的基础性制度障碍。

参考文献

[1] 刘玉珠. 金融支持文化产业发展的现状与展望 [J]. 中国金融, 2011 (22).
[2] 周晓强. 金融支持湖南文化产业发展的实践与思考 [N]. 金融时报, 2009-8-3.
[3] 任兆璋. 我国文化业金融创新方式分析. 上海金融 [J], 2011 (6).
[4] 魏鹏举. 我国文化产业的融资环境与模式分析 [J]. 同济大学学报, 2010 (5).
[5] 龙怒. 美国文化产业投融资模式分析 [J]. 学术探索, 2011 (10).

（作者单位：湖南省金融学会）

鼓励和引导农民工回乡创业的战略思考与对策研究

罗玉林

摘 要： 党的十八大明确提出"推动城乡发展一体化"的目标，强调"城乡发展一体化是解决'三农'问题的根本途径。要加大统筹城乡发展力度，增强农村发展活力，逐步缩小城乡差距，促进城乡共同繁荣。加大强农、惠农、富农政策力度。让广大农民平等参与现代化进程，共同分享现代化成果"。同时，在加强社会建设中，也提出了"推动实现更高质量的就业"要求。明确提出"就业是民生之本，引导劳动者转变观念，做好以高校毕业生为重点的青年就业工作和农村转移劳动力、城镇困难人员、退役军人就业工作"。学习贯彻十八大精神，统筹城乡一体化发展，缩小城乡收入落差，实现农民收入倍增，达到富民强国的目标，其中一个最引人注目的现实状况就是要注重鼓励和引导农民工回乡创业带动就业，以实现富农强省、富农强县、富农强民的宏伟愿景。

关键词： 鼓励引导；农民工；创业；思考对策

随着我国工业化、城镇化、农业产业化进程的不断加快，农民工逐渐成为一支重要的产业大军。在全国2亿多进城务工农民工中，不少农民工已经将自己在外学到的技术和知识、积累的资金和经验、掌握的信息、交往的工商界朋友，纷纷带回家乡创业，为整个社会经济发展特别是农村经济的发展作出了重要贡献。湖南省是一个农业大省、人口大省，也是一个劳务输出大省。据省就业服务局调查统计，到2011年年底，全省农村外出务工人员为1 315.5万人。其中跨省转移918万人，占总务工人数的69.8%。2011年全省务工农民年人均劳务收入1.16万元，全省创劳务总收入1 530亿元，相当于全省财政总收入的73.3%，农民务工收入约占农民纯收入的1/3。劳务经济已成为全省农民增收的主要渠道和富民强省的重要举措。

我们在充分看到1 000多万进城务工农民为全省经济发展与社会进步、为农民自身的勤劳致富作出极大贡献的同时，也应清醒地看到：农民外出务工毕竟是个"短期行为"，打工只是一个过程，终究不是农民的最后归宿。而且从现实看，农民进城务工一方面挣回了票子、盖了房子、娶了妻子、生了儿子；另一方面却荒废了责任田和菜园子。同时，自身富了，虽然扩大了社会消费，却没有直接为地方政府贡献税收，被某些基层干部称为"富民不强省"。因此，要从根本上解决"三农"问题，鼓励和引导进城务工农民回乡创业，办工厂，开店子，发展第二、第三产业，特别是社会服务业，并进行集约化经营，当是一个有远见的战略选择，使大批有能力、有智慧、有创新意识，有实干技能的农民工，将挣到的票子、学到的技术与经营管理知识、掌握的市场信息、交往的工商界朋友，统统作为"财富"带回家乡，作为发家致富的资本，进行科学化运作，这必将带来三大好处：

第一，加快和促进地方经济的发展。第二，就近就地转移农村富余劳动力就业，大大减少了农民进城务工的成本。第三，开厂办公司、办实体，为国家和地方政府扩大税收来源。"既富民又强省"，必将获得"一举多赢"的经济效益。

根据党的十八大精神，省委提出学习实践科学发展观，推进湖南"四化两型"建设项目的发展战略。围绕这个战略，我们在推进新型工业化建设中，要充分看到湖南一千多万进城务工农民工回乡创业的巨大潜力和发展前景，坚持把鼓励和引导农民工回乡创业作为培养新的经济增长点的重要社会资源，作为创业带动就业的新的突破口。其中的首要问题是要进一步解放思想，打破许多束缚和制约生产力发展的精神枷锁与体制机制上的障碍，使我省"富民强省"的发展战略更加符合科学发展规律，更加适应省情的客观需要，更加满足广大农民工对回乡创业的客观要求。

如何鼓励和引导农民工回乡创业，各级政府和部门要加强调查研究，广泛听取农民群众的意见，按照省委提出的走新型工业化道路的要求，采取一切可行的办法与措施，让农民工通过回乡创业，由"农民"转化为"市民"。世界发达国家的基本经验告诉我们，只有减少农民，才能富裕农民，鼓励和引导农民工回乡创业的过程，就是实现农村劳动力转移就业的过程，也是推进新型工业化建设的过程，更是发展县域经济，从根本上解决"三农"问题的根本出路。因此，各级地方政府，特别是县级人民政府，要在充分调查研究的基础上，尊重民意，凝聚民智，关爱民生，制定符合本地客观实际的政策与措施，推进县域经济快速发展。鼓励和引导农民工回乡创业，必将对全省经济社会发展和构建和谐社会、建设湖南新农村，产生积极的现实意义和深远的历史意义。

现根据国务院《关于解决农民工问题的若干意见》，联系湖南农民工务工致富的实际情况，在贯彻落实科学发展观，全面推进小康社会建设过程中，为统筹城乡发展，保障农民工权益，改善农民工回乡创业的环境，鼓励和引导更多的农民工回乡创业，加快我省县域经济的快速发展，提出如下对策：

一、统一思想，努力提高鼓励、引导农民工回乡创业的理论认识

鼓励、引导农民工回乡创业的理论认识要重点做好以下两方面工作：

①进一步明确指导思想。以邓小平理论和"三个代表"重要思想为指导，按照科学发展观构建和谐社会和建设新农村的要求，坚持解放思想，实事求是，与时俱进；坚持从全省各地的实情出发，统筹城乡经济社会发展；坚持以人为本，认真践行"以人为本、与时俱进"的发展理念；拓宽农村劳动力转移就业渠道、鼓励扶植农民工回乡创业，为发展县域经济、富民强省注入新的活力，促进我省城乡经济按照省委"四化两型"的要求不断繁荣和健康发展，切实推动我省社会主义新农村建设进程。

②坚持推进农民工发展的基本原则。公平对待，一视同仁。尊重和维护农民工回乡创业的合法权益，消除对农民工进城务工和回乡创业的歧视性规定和体制性障碍，使他们和城市的职工享有同等的权利和义务；强化服务，完善管理，转变政府职能，加强和改善农民工回乡创业的公共服务和社会管理，为农民工回乡创业创造良好的环境和更加快捷、便利的条件；因地制宜，分类指导，对农民工回乡创业面临的困难和问题，要列入各级政府议事日程，千方百计帮助他们合理解决，从根本上建立和健全农民工回乡创业的体制和

制度。

二、放开搞活，努力营造农民工回乡创业的良好环境

要营造农民工回乡创业的良好环境，应着重在以下八个方面采取有效对策：

①放开经营范围的限制。除国家法律、法规明令禁止的行业和品种外，全面放开，允许并引导、鼓励农民工回乡创业，特别是在经济发展空间，实施多层次、宽领域投资，重点推进农民合作、信用的"村镇银行"建设。

②放宽注册登记条件的限制。农民工回乡创业申请创办个体私营经济的，只需持本人身份证和计划生育证，均可直接到工商行政管理机关办理登记手续。除法律、法规规定实行专项审批或必须办理照前许可的外，其他行政性规定和许可，均可不作为登记发照的前置条件。

③放宽从业条件和劳动用工限制。农民工回乡创业兴办的企业可自主确定用工计划，依法自主招聘或辞退职工，报县级以上劳动保障行政部门备案。使用持有再就业优惠证和失业登记证人员的，经劳动保障部门认定，县级以上主管税务机关审批确认后，按实际招用人数，依法予以定额扣减营业税、城市维护建设税、教育费附加和企业所得税。通过调节税收的杠杆作用，给农民工返乡创业，并带动就近就地转移就业注入新的活力。

④放开融资条件限制。各地要按国家和地方政府规定的小额担保贷款的优惠政策，积极支持和扶持农民工回乡开厂、办店和办其他经济实体。金融部门扶持农民工回乡创业创办实体应给予一定的贷款规模，并简化担保条件。城市、农村信用社的资金投入，也应重点扶持农民工回乡创业。农民工回乡创业领办、参股、承包乡镇企业的，可依法享受国家对乡镇企业的各项优惠政策。

⑤鼓励农民工回乡创业。以资金、技术、劳务等生产要素入股，组建股份制企业；鼓励回乡创业人员按照国家有关规定租赁、兼并、承包或购买国有、集体企业。

⑥对农民过剩的承包土地，采取流转承包、成片开发、集约化经营等多种方式，盘活土地资源，减少土地资源荒废。

⑦对农民工回乡创业兴办的经济实体，经劳动保障部门认定，县级以上主管税务机关审批同意后，3 年内免征企业所得税。

⑧对农民工回乡创业，在城市规划内的用地、用水、用电等方面，在办理项目审批时给予优先保障。

⑨对地痞流氓向回乡创业农民工敲诈勒索等不法行为，各级公安部门要从重从快予以打击。

三、依法执政，严格执法，切实加强农民工回乡创业的权益保障

回乡创业的权益保障对策重点应在以下八个方面下工夫：

①根据农民工回乡创业最紧迫的社会保障需求和国家相关政策法规，按照分类指导、稳步推进的原则，优先解决回乡创业农民参加工伤保险、大病医疗保险和基本养老保险问题。原已在外地缴纳了各项社会保险金的，劳动保障部门应依据政策规定积极为其办理社

会保险关系转移和接续等手续。

②切实加大农民工回乡创业就业服务和技能培训工作力度。实行城乡平等的就业制度，加快建设好城乡统一、平等竞争的劳动力市场，为城乡劳动者提供平等的就业机会和服务；认真落实国家农民工培训规划，大力倡导和宣传"要富口袋，先富脑袋"的科学发展理念，全面开展农民工职业技能培训和引导性培训，扩张创业培训的倍增效应，为农民工回乡创业提供更多的技能型人才。

③依法规范农民工回乡创业劳动管理，建立权责明确的劳动关系，劳动保障部门要加强劳动合同的指导、鉴证和监督，任何单位都不得违反劳动合同约定而损害农民工权益。

④全省各市、县（市、区）政府应将对农民工回乡创办企业的计划生育管理和服务工作列入地方财政预算，提供由国家规定的计划生育、疾病防治、健康保护等免费服务的项目和用具，并做好宣传、教育和技术服务工作。

⑤做好农民工回乡创业职业安全卫生工作。强化职业安全卫生的责任主体，对从事高危行业和特种行业的农民工，应从"阳光工程"专项培训经费中安排经费实行免费培训。

⑥多渠道改善农民工回乡创业的居住条件。要把长期在城市就业与生活的农民工居住问题，纳入市、县（市、区）城镇住宅建设发展规划，努力多为回乡创业的农民提供更多、更实在的适用性廉租房和经济适用房。

⑦放宽农民工回乡创业后在城镇的落户条件，对农民工中的劳动模范、先进工作者和技师、高级技工以及其他有突出贡献者，予以优先落户。

⑧做好农民工回乡创业的法律服务和法律援助工作。对回乡创业人员申请法律援助的，要遵从程序，快速办理。全省各市、县（市、区）政府要根据实际情况安排一定的法律援助资金，为回乡创业人员获得法律援助提供必要的经费支持。

四、明确责任，切实加强农民工回乡创业的组织领导

要加强农民工回乡创业的组织领导，应从两个方面加大工作力度：

①全省各级人民政府，要切实把鼓励、引导和扶持农民工回乡创业工作，提到各级领导的议事日程，要制订明确的工作目标、任务和措施，并认真落实。充分发挥各级农民工工作领导机构组织协调的作用，各级劳动保障、财政、国税、地税、人民银行、地方金融证券办、农办、农业、工商、民政、电业、国土、教育、总工会、妇联、共青团等部门要各司其职，分工负责，共同做好农民工回乡创业的引导和管理服务工作。

②充分发挥各级政府农民工工作联席会议或领导小组办公室的组织协调作用。担负农民工工作领导小组办公室具体工作的各级劳动保障部门，要切实负起责任，履行好办公室工作职能，做好相关组织协调工作，全省各市、县（市、区）政府都要充分发挥好农民工管理、服务机构的作用，安排必要的人员和经费及相关办公设施，配合省农民工办共同做好农民工工作，重点抓好农民工回乡创业的各项具体工作，切实保障每项工作一步一个脚印地落到实处。

（作者单位：湖南省人力资源和社会保障协会）

校企合作机制创新及模式发展的思考与实践

周劲松　张晓湘

摘　要： 校企合作是高素质高级技能型专门人才的最有效培养模式和高职院校特色化办学的基本载体，校企合作的有效模式是"合作办学、合作育人、合作就业、合作发展"，本文介绍了湖南工业职业技术学院在发展校企互动双赢合作模式和机制创新中的经验。

关键词： 校企合作；模式；机制创新

校企合作建立在校企双方相互信任、紧密合作的基础上，通过资源共享和校企互动寻求共同发展、谋求共同利益的一种组织形式。它既能发挥学校和企业的各自优势，又能共同培养社会与市场需要的人才，是实现高职院校、企业、学生互惠多赢的重要举措。加强学校与企业的合作，教学与生产的结合，校企双方互相支持、互相渗透、双向介入、优势互补、资源互用、利益共享，是实现高校教育及企业管理现代化、促进生产力发展、加快企业自有人才的培训，使教育与生产可持续发展的重要途径。校企合作源于共同的使命与追求，职业院校与企业的合作始于"双赢"，其目标在于促进教育质量和经济效益的同步发展。高职院校作为校企合作的主体之一，其校企合作机制创新的目标应定位于构建促进和维系校企双方合作共赢、能动性全面激发的制度环境。

当前，校企合作已成为高职院校特色化办学的基本载体，是高职学院内涵发展的必由之路。湖南工业职业技术学院自立项国家示范性高职院校项目建设院校以来，紧密依托机械装备制造业，以合作办学、合作育人、合作就业、合作发展为主线，以机制创新为动力，通过校企互相渗透、双向介入、优势互补、资源互用、利益共享，实现了校企合作共同发展。

一、形成紧密型合作办学机制，增强办学活力

高等职业院校的属性和人才培养的目标决定了其与企业合作办学的必然性，而要调动行业企业合作办学的积极性，必须建立有助于加强校企之间价值链、利益链有效连接的机制，唯有如此，才能实现产业与教学的相互支撑、企业与学校的互动双赢。为此，我院（指湖南工业职业技术学院，后同）一是主动融入产业链增强专业的服务能力，响应湖南机械装备制造中工程机械、汽车与零部件、电工电气等优势产业的发展需求，开设了工程机械运用与维护、汽车运用技术、模具设计与制造、电气自动化技术等专业，形成了在先进制造技术、现代成形技术、制造业自动化技术和制造业信息化技术等领域具有足够竞争能力的主体专业格局，并建立专业与产业发展随动机制，适时调整专业方向和培养目标，

使学院与机械装备制造企业合作办学有了坚实的基础。二是牵头组建了"湖南机械装备制造业职业教育集团",以此为纽带,成立了工程机械类、汽车及零部件类、电工电器类等3个专业合作建设委员会,以专业共建、人才订单培养、联合开展科研活动、联合建设实训基地、联合开展人力资源认证与培训等合作项目为载体,促进了合作办学。三是建立合作办学保障机制。成立了校企合作工作办公室,出台《校企合作办法》,确认教师下企业实践期间接受企业委托完成科研成果的知识产权合作企业有优先获得转让的权利或免费使用的权利,与企业建立起一种积极的、双向作用的伙伴关系。

在合作办学过程中,将企业的生产设备、生产项目和技术力量等资源引入学校。一是利用行业办学的优势,通过校办工厂——长沙第三机床厂与湖南装备制造企业的战略合作,引进生产企业参与学院实训场地共建,学院目前拥有包括博世实训室、远大实训室、思科实训室、柯玛实训室、富士康 SMT 车间在内的完全由企业捐建的实训室 5 个,其中富士康科技集团在学院建立的 SMT 生产线价值超过 600 万元。二是免费提供场地,吸引企业把实习、实验和研发中心建在学校,使资源得到充分利用。先后有长沙双吉阀业有限公司、长沙欧亚电脑公司、长江压铸有限公司、健鸥环保技术开发有限公司、湘怡实业有限公司等 13 家企业在学院设立了企业工程中心或研发中心,既提高了校企科技研究的深度,同时丰富了实训教学的内容。三是将合作企业的生产项目引入课程,中联重科工程机械的典型液压系统、博世集团的电器产品等生产项目都成为学院教学的重要载体,SMT 班的教学更是选用了富士康科技集团的生产线说明书作为培训教材。四是通过校企合作引进兼职教师,来自合作企业的兼职教师占学院兼职教师总数的 85% 以上。

二、建立合作育人机制,提高人才培养质量

高职教育必须融入企业要素,将企业生产的关键技术、生产程序、生产环境及氛围、生产设备和企业文化等纳入教学之中,才能提高高职院校人才培养的针对性和有效性。通过校企双方资源的优化组合,使高职教育资源的势能转化为推动经济增长、实现办学整体效益服务,这是合作育人机制的出发点。我院一是成立了由院领导和企业负责人及有关专家组成的校企合作委员会,调动校企双方合作培养高技能人才的积极性,巩固和发展校企合作的成果。二是分专业与相关企业合作办实体,实行专业实体化,使行业企业的需求在人才培养过程中得到全面体现,使行业企业的资源有效融入人才培养的各个环节。学院校办工厂——长沙第三机床厂是中联重科、三一重工、江麓机械等知名工程机械制造企业的重要配套企业,先后开发了 YOX650 型液力耦合器、YBJ315 型液力变矩器等系列定型产品,在全国市场占有率高达 35%,2010 年实现产值 3 500 万元。与企业联合开办的湘怡模具制造中心在模具设计与制造方面的优势逐步显露,2010 年承接了 75 套复杂模具的开发任务,实现产值 780 万元。校企合作开办的经济实体已成为校内生产性实训和顶岗实习的主要场所,可以同时容纳 600 名学生进行生产性实训,可以提供 358 个顶岗实习岗位。三是建立企业参与人才培养机制。增加专业建设指导委员会中机械装备制造业企业人员的比例,使之直接参与学院专业建设、课程设置、能力标准、人才培养模式、培养计划的研讨和制订,促进专业链深度融入产业链。四是建立以企业参与为前提的质量监控与评价机制。建立社会综合评价系统,及时吸纳学生及家长、用人单位、行业专家、政府部门及新

闻媒体等的反馈信息，共同监控学生校外顶岗实习的教学质量。五是建立和完善行业企业业务骨干担任兼职教师的长效机制。制定《兼职教师课时费补贴办法》，在系部经费分块包干的管理模式下，对聘请的兼职教师由学院另行补助课时津贴，每个专业至少有 1/3 以上来自行业企业的专业人才和能工巧匠担任兼职教师。

三、建立合作就业机制，实现充分稳定就业

在激烈的市场竞争中，劳动密集型的低端产品必然退出市场，企业需要考虑如何生产出高质量的产品。因此企业更多关注的是在校企合作过程中得到更多的有职业素养的未来员工。当前，随着产业结构调整和升级换代的加快，企业对技能型人才提出了新的更高的要求，人才市场出现了"有人无岗，有岗无人"的现象。人才是企业发展的根基，合作就业就成了校企合作的逻辑起点和校企合作的最终目标之一。应建立合作就业机制，确保企业找到所需要的人才，如此，高职学校高技能人才培养的再生产才能形成良性循环。我院一是建立了"对接企业标准"的人才培养执行机制。在"订单式"人才培养合作过程中严格按照企业人才标准实施教学过程，并严格按照行业企业的技术标准开设专业课程。根据教育规律对专业性要求和社会需求具体多变性特征的双重特点，提出并实施了"针对岗位，适应行业"的人才培养定位，并对相关专业实行"一年微调，两年小调，三年大调"的专业建设探索，"中联班""远大班""博世班""富士康班"等企业冠名班的专业人才培养方案都由学院与企业共同制订，而且基本上采用了企业教材。在实际教学过程中，我院根据企业的生产需要和学生的学习状况实时调整教学方案，实现了人才培养目标与企业需求无缝对接。通过"订单班"形式的定向培养，共同实施企业高技能人才培养，既有力地支持企业的发展，同时为学生顺利就业搭建了重要平台。在非"订单班"中，推行了"专业课程＋企业定向"制度，有合作选拔人才意向的企业，可以在毕业学年中预先选拔一部分学生，并在学生完成原专业学习的同时，利用课余时间开设特定企业岗位的针对性专业课程。二是实施"顶岗实习预就业"制度，优先安排学生到合作企业进行顶岗实习和生产型适应性实习，顶岗实习期间学院派驻专业教师跟踪辅导和管理，促进了学生对企业的认同和对岗位的了解，提高企业新进员工的岗位稳定性。

四、建立合作发展机制，促进共生共荣

校企双赢的格局建立在合作发展机制之上，校企合作的动力来源于共同发展。为此，我院一方面急企业所急，想企业所想，开展项目研发，主动服务行业企业。以教学、培训、技术创新合作项目为依托，建立校企"共生发展"的利益分享机制，强化与现代服务业龙头企业的紧密型战略合作伙伴关系，使企业得到高技能人才、得到员工培训的服务、得到合作技术开发的支持，并在获得学校服务的同时参与学校人才培养和课程建设、基地建设及师资队伍建设。一是建立项目研发为载体的联合攻关机制，联合开展应用技术研究，为中小型装备制造企业技术升级提供智力支持，促进了企业的品牌升级。组建了"复杂零件数控加工""模具设计与制造""机电一体化系统开发""制造业信息化系统开发"等技术服务与创新团队，为相关企业提供数控机床安装调试、复杂零件工艺设计与数控加

工、复杂模具设计与制造、自动化生产线设计与施工、企业信息化系统开发等技术服务项目。近3年承接"铝型材热挤模新材料的开发""新型六面顶金刚石压机液压系统""无铅波峰焊机""航空弹弹型精密铸造模具"等企业技术服务项目105项，产生"D296低尘堆焊焊条"等应用技术研究成果12项，科技服务与应用技术研究项目年均到款额达到350万元。企业积极参与校企合作及学校教师、学生、家长和媒体的大力宣传，对于扩大企业的知名度也产生了重要影响，为企业的品牌升级作出了巨大贡献。如我院实习工厂研制的YOTCG650调速型液力偶合器结构合理，性能先进，可靠性好，能满足冶金、建材、发电等行业长期连续运转工况要求，特别能在风机、水泵启动运行中广泛应用，并以其显著的节能效果，达到了国际同类产品的先进水平，进一步提高了企业的工作效率和经济效益。二是建立以企业员工综合素质提升为主体的培训工作机制。发挥学院的资源和智力优势，面向湖南机械装备制造业开展专业技术培训。近3年为省内大中型企业和民营企业培训钳工、电工，数控车、数控铣、数控加工中心、PLC和绘图等人员2 300人次，完成职业技能考证培训6 625人次。通过技术项目与企业紧密合作，取得了良好的社会效益，也提升了学院的自我发展能力。学院以"他方为中心"的理念与做法使我们培养出来的学生大大提升了企业认可度，理所当然地受到用人单位的欢迎，出现了"供不应求"的局面，真正实现了高职人才的"卖方市场"效应。富士康科技集团和索尼电子在学院设立了"助学金""奖教金"，并为订单班学生提供了相关的学费和生活费补助，还捐赠了一条价值800万元的SMT生产线用于教学，博世集团无偿为学院建设了具有先进水平的液压系统组装与元件检测实训室。

竞争是市场经济永恒的规律，而竞争的战略和手段多种多样，校企合作作为高校和企业间相互关联的组织，实现了信息资源、知识资源、智力资源和财富资源的优势互补，这样的合作博弈产生的协同效应远远大于高校和企业各自单独为社会创造的价值之和，合作发展放大了社会价值。通过全面推进校企合作模式发展，学生已成为其中最大的受益者。近年来，我校学生的就业率和就业质量均显著提高，学生的一次就业率达到92.1%，毕业生的平均起薪达到1 800元，无论从就业速度，还是就业环境，以及就业薪酬，都创了新高，基本实现了高质量就业。从2009年起我院开始单独招生，单招报名人数是计划招生人数的6倍，高考第一志愿填报人数成倍增加，录取新生中高考成绩超过三本分数线的人数平均高达1 600多人。

事实证明，企业与高校进行校企合作并回报社会，这是一项具有重要意义的公益事业，是贯彻科教兴国和人才强国战略，促进和谐社会建设的有益实践和重要举措。我们希望以产学研合作关系为纽带，进一步加强与企业的合作，在产学研结合上取得突破并实现学校与用人单位及社会发展的"多赢"。

参考文献

[1] 李忠华，姚和芳. 构建校企合作人才培养模式的实践与探索 [J]. 中国职业技术教育，2006（35）.

[2] 高耀彬，陕荣善. 产学一体：实践教学的有效载体 [N]. 中国教育报，2007-3-12.

[3] 丁金昌. 校内生产性实训基地建设的探索 [J]. 中国高教研究，2008（2）.

[4] 谭辉平. 做实高职顶岗实习 有效推进工学结合 [J]. 中国高教研究, 2008 (1).

[5] 孔凡成. 国外校企合作中职业教育改革模式及启示 [J]. 职教论坛, 2006 (22).

[6] 孙卫平, 等. 基于校企合作型的高等职业教育集团办学模式初探 [J]. 重庆工业职业技术学院学报, 2008 (5).

[7] 张恩祥. 高校人才培养模式改革的探讨 [J]. 中国成人教育, 2008 (14).

[8] 王金选. 高职校企合作模式的研究与实践 [J]. 乌鲁木齐职业大学学报, 2011 (2).

（作者单位：湖南工业职业技术学院）

关于文化危机与文化重建的探讨

孟 桢

摘 要：文化的生存发展与人们的社会实践紧密相连。人们实践活动的历史性与变动性决定了文化的流变性，在文化的历史发展过程中，因文化超前或滞后于所伴生的社会生产与交换方式时，通常会发生文化危机。文化危机在对传统文化及其价值观和人们的文化心理造成巨大冲击的同时，也为新的文化重建提供了思想资源和经验借鉴。当前，我国正处在推动文化大发展大繁荣的关键时期，一定要始终坚持马克思主义的指导地位，抓住机遇，以文化自觉，推动文化重建。

关键词：文化危机；文化自觉；文化重建

在历史长河里，文化通常被当做一定社会政治和经济的反映；同时，也被当做一定社会形态中的人直接或间接、自觉或自发地为适应和改造自己生存的环境而进行的精神生产的产物。在文化成长的过程中，文化发展并非一帆风顺，有高峰，也有低谷，其间也伴随着文化自身的危机。当文化处于危机状态时，我们应理性分析产生文化危机的原因，廓清文化危机给文化发展带来的危害；并有效整饬危机中的有益因子，合理、审慎地应对文化危机，在文化自觉的基础上，为新一轮的文化重建寻求出路，使文化薪火相传，血脉赓续，泽被久远。

一、文化危机

我们通常理解的"文化"是广义上的文化，即人化，它"映现的是历史发展过程中人类的物质和精神力量所达到的程度和方式"。而狭义的文化"特指以社会意识形态为主要内容的观念体系，是政治思想、道德、艺术、宗教、哲学等意识形态所构成的领域"。本文主要是从狭义来理解"文化"——即人类在改造客观世界过程中创造的精神成果的总和。后工业化使"危机"成为一个与现代社会紧密相连又难以割舍的语汇；这些"危机"名目各异，与风险丛生的后现代社会有着不解之缘。文化危机便是诸多"危机"中的一种。在历史唯物主义看来，物质生产方式制约着精神生产。因此，认清"文化危机"的本质含义就必须将其放在大的社会生产的宏阔视域下予以考量。在社会发展和文化实践中，一般认为"文化危机的实质是社会原有的文化系统与文化价值观念不适应人们社会实践的发展与生活变化的要求，人们的文化认同与社会实践的变化之间发生严重的冲突与对立，从而使得在社会中生活的人们精神上陷入困惑与迷茫，对传统文化产生怀疑与丧失信心，传统文化的生存与延续受到威胁与挑战的一种表现"。但是，要透视文化危机的本质，还应跳出文化言说文化的藩篱，从社会生产方式、政治建制、生态发展等社会有机体的大视野下，来审度文化危机的相关问题。

就文化危机而言，即指文化在发展中其自身所处的一种主体价值弱化、濒临消解边缘、遭遇难以克服的挑战和经受不可扭转之逆境的状态。综览人类文化史，任何一种文化的嬗变、跃迁、颓败、衰亡都是与当时的社会生产方式和政治制度有着很深的缠结。正如恩格斯所言："每一历史时期的观念和思想也可以极其简单地由这一时期的经济的生活条件以及由这些条件决定的社会关系和政治关系来说明。"回望中国文化史，每一历史时期的文化危机，皆发端于当时的社会危机——当时社会中占主导地位的生产方式与交换方式发生了裂变。如春秋末期，在奴隶社会内部，随着生产力的进步，铁制农具的使用和牛耕技术的推广，大大提高了劳动生产率。诸侯力量增强，周王室式微，倚靠周天子权威建立的井田制也颓然退出历史舞台。春秋末期，诸侯不朝且云合雾集，竞相争霸，以致"礼崩乐坏"，使"制礼作乐"和"尊礼文化"的周朝宗法文化危机重重，几近走到历史的尽头。与此同时，产生文化危机的原因也是多重的。在人类社会活动中，一定时空场域中人们的实践方式经由历史的沉淀形成一些较为固定的习惯和行为模式，当这些习惯或行为模式一度升格为一定历史时空中的行为范式时，映射在文化层面，就促成了主导性文化模式的形成。在主导性文化模式形成之初，该文化模式一度在社会生产实践、社会组织架构及社会风尚的引领上彰显其正向价值。但随着时间推移，居于主导地位的文化模式在一步步的保守、凝固、僵化、疲软和乏力中失去自身的优势，并成为文化本身"自净"和发展的桎梏——往往成为新的文化危机之始因。在中国，至战国以来的"自然主义和经验主义的文化模式是中国封建社会的主导性文化模式，长期占据统治地位"。但到了封建社会末期（尤其是晚清以来），这种文化模式蕴含着深深的危机：文化自身的除旧能力弱化和布新功能锐减，已与当时以新科技革命为经济基石的自由主义和个人主义文化的世界大势渐行渐远，在统治者继续闭关锁国并沉醉于"天朝上国"的迷梦中，伴随着近代以来以民族危机为主导的社会危机，民族文化也陷入深重的危机之中而不能有效自拔。

在人类社会实践中，发生任何危机都会对社会造成一定的冲击、震动，引发混乱乃至颠覆社会，经济危机、政治危机、社会危机等概莫能外。作为人类精神生产之大成的文化，属于社会思想上层建筑的重要组成部分。而文化危机一旦发生，首先是对一定时期的社会文化心理结构和文化生活以及由大众认知、社会习俗及道德风尚所形成的主流价值观产生一种撕割、断裂、注销感；其次则是对社会主流意识形态造成巨大冲击，瓦解主流意识形态存在的社会文化心理基座，进一步放大文化危机的社会扩张效应，致使社会信仰坍塌、规则失序、公众焦虑重重、恐惧感倍增。

在全球化、网络化、信息化、后现代的当下，文化危机产生的"蝴蝶效应"已超越国界。特别是当工具理性大行其道，人们在追逐日益丰盛的物质生活时，声色各异的消费动机使人们满足于角力日常生活的感受体验与感官期待，并使"这种期待已经转化为普遍的'应享意识'"。生活在现代社会的我们，在"想要得到的和能够得到的东西之间、在我们实际的地位和我们理想的地位之间造成了永远无法填补的鸿沟"。同时，因"人的无限的强烈的愿望在人的有限的可能性面前成为泡影"，导致文化发展繁荣的实践者的主体认知感和主体意识长期处于缺场的境地——人们的躯体游走于日益丰腴的物质文明的大道上，而灵魂却独行在精神文化的荒漠中寻找心灵的皈依之所。特别是在全球化场景中，文化软实力往往在以经济和军事为主的硬实力的支撑下成为西方某些大国推行其意识形态和输出其主流价值观的便道。近年来，国内外关于"普世（适）价值"的争论，就是西方大国将区域性的一己文化模式和价值规范强行扩展为在世界上通行和遵从的思想文化圭臬，成为新的极权主义和文化霸权主义的施行者与推动者。

当然，用辩证的眼光看，在任何危机的意蕴中，"既蕴含着危的意蕴，也包容着机的希望，危与机相辅相成、对立统一，没有危，也就没有机，危应该说是机的基础与前提。对于文化危机来说，它虽然给传统文化的生存与延续造成了威胁，但通常会给文化的转型与创新提供契机"。

二、文化重建

所谓文化重建，简单地理解就是文化自身吐故纳新、薪火相传、血脉相续的一个历史过程，它是在文化出现危机后，文化在社会发展中基于社会变革对于原有文化自身的重组、超越和凝铸而形成新的、并对现有的社会发展起到思想引领、价值范导、规则建构的文化生存过程。当前，我国正处于中国特色社会主义建设的关键期，推动文化大发展大繁荣的一个核心任务就是在对文化危机的清醒自觉中，通过文化重建，实现文化强国的重要使命。当然，由于任何文化的重建都不可能一蹴而就，文化重建的过程既是对原有文化在批判性反思基础上的甄别、择拣、融会的更替过程；也是发现他者，学习他者，对外来文化的萃取、借鉴、吸收的过程；更是在文化自觉的基础上，达致文化自身推陈出新、实现质变的过程。

在文化重建中，我们应该坚持三点原则：一是立足多元，打破同质化。在现代社会里，文化激荡、思想激越，传播路径多样，一个国家或民族的文化极易走出国门，参与全球文化，融入世界。文化既是民族的，也是世界的。同时，现代性本身就蕴含着追求异质性，解蔽同质化的思想构境。因为"全球化并不就是文化的同质化"。至此，我们清醒地认识到全球文化多元化的事实，在文化重建中应破除某一个或某几个西方大国以输出意识形态的方式而确立自己文化模式为世界其他国家所遵守的金科玉律的错误习惯，力求多元化的文化重建。二是加强对话，增强认同感。在全球文化重建中，在保护各民族优秀文化遗产的同时，我们应秉持各民族文化平等的原则，旗帜鲜明地反对文化霸权主义所推行的文化歧视做法。三是襄助和谐，保护生态。在全球文化重建中，我们应着力形成不同文化体系相互交流、互通、引鉴、学习的良性样态，使人类文化整体和谐共进，互助提高。

建设中国特色社会主义文化强国战略，就是要从建构各民族深度认同、多元并存、文化平等、和谐包容、保护生态、和睦互助的新型生态文化着手，为全球文化之重建作出应有的贡献。

首先，凸显责任担当意识，提升文化自觉。党的十七届六中全会作出了《中共中央关于深化文化体制改革、推动社会主义文化大发展大繁荣若干重大问题的决定》（以下简称《决定》），从新的时代高度高瞻远瞩地部署了深化文化体制改革和推进社会主义文化大发展、大繁荣的战略决策。在新时期，我们需要不断深化对文化发展阶段性、文化构成多样性、文化建设长期性的认识。科学合理地推进我国文化建设，坚持弘扬主旋律与提倡多样化相统一，高扬自己的文化理想，高举自己的文化旗帜，树立自己的文化形象，不断巩固和壮大社会主义主流文化，努力在多元中立主导、在多样中谋共识。在更高层面的文化自觉中切实担负起推动文化繁荣发展的历史责任。这种责任担当"应该是一种用先进文化引领社会进步的责任担当，是一种永续传承中华民族优秀文化的责任担当，是一种让全体人民共享文化发展成果的责任担当，是一种在各种思想文化相互激荡条件下提高国家文化软实力、维护国家文化安全的责任担当"。在文化自觉和责任担当中，加快形成自身的文化优势，形成强大的文化软实力。

其次，坚持马克思主义指导地位，增强文化自信。历史和现实经验告诉我们，坚持以马克思主义思想为指导是我们文化发展、繁荣的根本保证。五千年的中华文明以其卓尔不群的民族文化自信心和自豪感在漫长的历史长河中砥砺前行并保持自己特色、吸纳外来文化，形成了独具特色、灿烂辉煌的中华文化，彰显了中华民族素有的文化自信气度。我们也要看到，在对待本土文化的态度上，"伴随着民族兴衰、国运沉浮，不时出现'自卑自弃'和'自大自傲'两种倾向，或多或少、或大或小地对文化发展产生这样那样的影响"。在马克思主义的指导下，中国共产党领导中国人民推翻了三座大山，扫除了半封建半殖民文化对人民的束缚和奴化，涤荡了腐朽文化对群众灵魂的毒害，确立了以五四运动为代表的新文化方向。在当下，科技的飞速发展，资讯的便捷，使不同文化间的互动、交流、交融、交锋史无前例。鉴于此，在马克思主义理论指导下，我们应以更加审慎、科学的态度进行文化的反思、甄别、展望，理性看待本土文化和正确对待外来文化，全面认识中国文化的独特优势和发展前景，以坚定的文化信念和执著的文化追求，兼收并蓄，承继传统；海纳百川，吸收外来文化；放眼未来，赓续辉煌，全方位增强我们的文化自信。

第三，塑造社会主义核心价值观，实现文化自强。社会主义核心价值观是文化建设发展之魂，是实现文化繁荣必须遵循之"纲"。在国际形势风云际会的今天，要汇聚亿万中华儿女的才智和凝聚其思想共识，就必须铸就能够有效发挥统摄、引领和整合功能的社会主义核心价值观。要总结、萃取、提炼华夏儿女在长期生产、生活实践中形成的优秀精神内核并使之面向世界，关注人类文明进步趋向，塑造引领时代潮流的社会主义核心价值观。使之体现时代感、凸显大众化、富有独创性且在表述形式上要尽可能地凝练、简洁、鲜明，让广大民众易懂、易记、入脑、入心、进身。将社会主义核心价值观的要求渗透、融会、嵌入在文化发展及精神文明建设的全过程。有理由相信，在文化体制改革的政策指引下，人民大众的广泛参与、文化工作者的热情创造下，中国人民一定能在新时期的文化创新中创造出无愧于时代、无愧于人民、无愧于世界的优秀文化。中华民族将以新的文化自强之风貌屹立于世界东方！不可否认，人口占世界总数19%的中国的文化大发展大繁荣，绝不仅仅是为中国人寻找到一条文化重建的坦途，它同时也必然为人类社会迈向文化重建和新的文明时代提供借鉴和启示，具有世界意义。十七届六中全会的《决定》对推进新时期社会主义文化大发展大繁荣具有里程碑意义。我们应该以社会主义文化大发展大繁荣为契机，坚定走中国特色社会主义道路，加速推进政治体制改革的步伐和实现社会管理创新方式的全面跃升，全方位推进中华民族的伟大复兴。

参考文献

[1] 肖前主编. 马克思主义哲学原理（合订本） [M] . 北京：中国人民大学出版

社，2004.

[2] 林剑，文化危机与文化进步 [J]．江汉论坛，2011（10）.

[3] 衣俊卿，文化哲学十五讲 [M]．北京：北京大学出版社，2004.

[4] 张岱年，方克立．主编．中国文化概论（修订版）[M]．北京：北京师范大学出版
社，2004.

[5] 朱谦之．中国哲学对欧洲的影响 [M]．上海：上海世纪出版集团，2006.

[6] 费孝通．文化与文化自觉 [M]．北京：群言出版社，2010.

[7] 启瑄．提升文化自觉　增强文化自信　实现文化自强 [J]．红旗文稿，2012（5）.

[8] 云杉．文化自觉　文化自信　文化自强——对繁荣发展中国特色社会主义文化的思考
[J]．红旗文稿，2010（16）.

（作者单位：湖南省社会科学界联合会）

两型社会视域下消费的伦理审视

周　旋

摘　要： 两型社会建设是结合我国现阶段国情提出的，是探索并解决全球的能源紧缺和缓解生存危机，贯彻和落实科学发展观的重要体现。人类的消费是导致能源枯竭和生态环境恶化的直接原因，道德是目前约束消费者的消费行为有力的工具，要通过道德来约束和评判消费行为，通过消费者的自律达到节约能源、保护人类生态环境的目的。我们亟需在两型社会的视域下培养资源节约与环境友好的正确消费观，规范消费行为。

关键词： 两型社会；消费伦理；科学消费

一、两型社会与消费的概述

（一）两型社会与消费概述

人类在社会发展过程中，创造了令人瞩目的成就，但同时也产生了负面效应，资源短缺、环境污染、生态失衡等问题现在已成为全世界关注的问题。为了解决人与自然之间的矛盾，改变人类生存环境，节省不可再生资源，探索新型发展模式已迫在眉睫。我国党和政府提出了建设资源节约型和环境友好型社会的目标和要求，为两型社会的建设提供了政治上的保障。

消费是人类社会活动中最基本的活动，随着人类社会的进步和发展，消费的观念也在不断发展。

两型社会的消费，"指的是在两型社会建设中人们为了生产和生活的需要，而对符合资源节约与环境友好要求和标准的各种资源及其产品与劳务的使用过程、消耗过程。"两型社会消费在一般意义消费的基础上，增加两型社会对消费的节约资源、保护环境的具体要求或限定条件。"这种两型社会消费是既有重大的现实意义又有深远历史意义的新型消费，它妥善解决了以往各种消费的缺陷性及负外部性，提升了消费正外部性的积极作用，从而产生了现代消费的最高境界。"

（二）两型视域下消费与道德之间的关系

两型社会的建设，渗透着人类道德建设提升的过程，消费者的道德观念直接影响两型社会的建设，同时消费观念受物质发展水平和道德观念的制约。人的道德观念影响着人的消费观念形成及消费行为的发展，是两型社会建设的思想基础，同时消费也承担着道德责任，二者相辅相成。道德是消费观的思想基础，而消费是道德的责任担当者。

两型社会的消费要时时考虑节约与环保，以资源节约和环境保护来约束自己，使其成为一种责任，一种担当。

二、当前消费问题及其归因

（一）当前消费面临的问题

消费带有强烈的物质的价值取向，而消费观具有强烈的外在的感染性，被模仿性。

现代人的大部分消费行为可概括为：过分地追求利益，忽视生态资源、生存环境的保护，过度地开发自然资源破坏了生态平衡，给人类的生存带来了生态困境。为此人类必须要面对现代消费行为所造成的生态困境，再寻找良策以走出这种困境。本文以两型社会建设试点实验区长株潭城市群为例，来举证人类的消费行为及所带来的生态困境。

1. 节约意识淡薄，资源浪费严重

由于一些人的节约意识淡薄，社会责任感差，导致出现各种浪费现象，资源浪费的程度让人触目惊心。以用水为例，据 2009 年数据统计"长沙市平均每天浪费的自来水达 10 万吨之多，长沙市 39 家重点企业用水总量 6 619.9 万立方米，其中工业用水重复率仅 48%，总的来讲，湖南水资源利用率仅为 22%，在全国处于中下水平，是日本的 1/25，美国的 1/8"；据 2011 年数据统计，"长沙市城市居民用水达每日 474.6 升，是全国各城市居民平均用水量的 2 倍，接近湖南省《用水定额》规定的居民用水（160 升/天）标准的 3 倍，节水空间较大。而根据市水利部门调查显示，五成以上市民不知道长沙存在水资源危机，52% 的家庭没有节水设施，仅有 28% 的人认为节水与个人有直接或密切关联。"

2. 环保意识薄弱，环境污染严重

由于传统的生产模式，造成了长株潭城市群严重的环境污染。首先以水污染为例，"2010 年，全省废水总排放量 26.8 亿吨，比上年增长了 0.8 亿吨。其中工业废水排放量 9.6 亿吨，与上年持平，占废水排放总量的 35.8%，生活废水排放量 9.6 亿吨，比上年增长了 4.9%，占废水排放总量的 64.2%。废水主要的污染物化学需氧量、氨氮排放量分别是 79.8 万吨、7.5 万吨，分别比上年少 5.9%、10.7%，其中工业废水中化学需氧量、氨氮排放量分别是 18.8 万吨、1.7 万吨，分别比上年少 13.0%、29.2%；其中生活废水中化学需氧量、氨氮排放量分别是 61.0 万吨、5.8 万吨，分别比上年少 3.6%、3.3%。""由于工业'三废'的排放，城市生活废水的污染，湘江的株洲、湘潭、长沙河段已遭到不同程度的污染。从湘江流域 36 个环境监测断面来看，一类水质断面占 8.33%，二类水质断面占 2.78%，三类水质断面占 22.22%，四类水质断面占 55.56%，五类水质断面占 0.11%"。工业废水的排放是构成水体污染的主要原因，但同时"据王力新分析，长沙的水污染主要来自农村大量使用化肥，致使农田、河流、水库塘坝水体中氨氮严重超标，河流、水库严重富营养；另一方面由于畜牧业发展，牲口粪便没有处理，直接排放到农田、河道，造成农村污染严重，带来了河道、水库等水体污染。"由于长沙处于湘江下游，长株潭城市群又成品字形布局，且长沙城与湘潭、株洲城区距离短、河道短、净化能力有限，导致水体的调节功能基本丧失、生态失衡。

其次，大气污染也很严重。据 2005 年公报记载"我省大气环境污染仍以扬尘和煤烟型为主，主要污染物为可吸入颗粒物（PM10。）和二氧化硫（SO_2）。空气质量达标城市有所增加，个别城市二氧化硫污染仍然较重。酸雨污染仍然严重，具体表现为酸雨分布范围广，降水 PH 值低，酸雨频率高。"到 2010 年，"全省 14 个省辖城市的环境空气质量均达到国家二级标准，影响全省城空气质量主要污染物为可吸入颗粒物（PM10。）和二氧化硫（SO_2），全城酸雨污染依然较为严重，分布范围广，降水 PH 值低，酸雨频率高等特征。"与 2005 年比较，城市环境空气质量有所改善，但依然还存在严重的污染问题。污水和大气污染不仅威胁到工业和农业生产，也威胁到长株潭广大人民群众的生活。

3. 忧患意识淡漠，资源匮乏严重

作为两型社会建设的实验区，这对长株潭的经济发展和所面临的资源现状及承载能力都提出了挑战，资源的需求量上看，湖南省全省现有的资源储量都难以满足长株潭试验区的经济的快速发展。"从资源现状看，我省人均耕地只有 0.85 亩，仅为全国平均水平的 61.5%，排全国第 25 位，有 9 个市州、56 个县市区人均耕地低于联合国粮食组织确定的最低警戒线。矿产资源先天不足，对国民经济发展具有重要意义的石油、煤炭、天然气、钾盐等多种大宗支柱性矿产大多短缺；铁矿石储量居全国第 13 位，但贫矿占 99.24%；有色金属等优势矿产保有储量严重不足，作为我省支柱产业的钢铁、有色产业已面临巨大的资源压力，一些国有大型有色金属矿山企业因资源枯竭而关闭。"

由于生产和消费都存在浪费资源的现象，人与自然之间的矛盾越来越明显，呈激化状态。"伴随着经济的快速增长，长株潭城市群面临严重的自然资源约束……一是人地矛盾突出。2006 年，长株潭城市化率达到 51%，城区面积达到 367 平方千米，较 2000 年增长 30.83%；各开发区每年平均按照 2~3 平方公里的速度扩张，上地需求大大超出规划面积和年度用地指标；二是能源自给不足与能耗过高双重矛盾并存，能源先天不足，煤炭人均可采储量只有全国平均水平的 28.8%，人均保有量不足全国平均水平的 1/6。2006 年，株洲、湘潭两市万元 GDP 能源消耗分别为 1.576 和 2.061 吨标准煤，比全省平均水平高出 16.6% 和 52.4%。"长株潭的两型社会建设将面临着严峻的资源紧缺危机。

（二）当前消费问题的归因剖析

现代人的一些消费行为造成了自然资源的极度浪费，已经严重影响了生态的平衡。正确分析影响消费观的原因，有助于纠正不正确的消费行为，有助于推进资源节约型和环境友好型社会建设。

1. 经济优先发展与消费伦理的滞后不协调

随着科技生产力的发展，人类生产能力有了极大的提高，生产与消费相互促动，快速发展，加速了物质财富的积累。

为了更快发展经济，抢占市场，刺激消费的手段也是各有不同，甚至有些人以牺牲道德底线为代价，假商品、假广告充斥着人类的生活，威胁着人类的生命安全。

有些商家的道德底线在利益的诱惑下被彻底摧毁，采用各种宣传手法刺激消费者的购买欲望。生活问题的产品，甚至某种令人幸福和圆满的存在物的办法兜售出了消费主义思想本身。因此，登广告的人通过把它们的商品和人类精神对于存在的无限渴望拴在一起从而培养了需求，整个工业已经为他们自己制造了需求。"

2. 现代消费主义文化的伦理偏差

消费主义作为消费文化的一部分，具有一定的文化价值，但这种文化在某种程序上扭曲了人类的道德，改变了人的消费观念。在消费主义观念下，消费品已完全失去原有的、实用的价值,而是作为一种能转载社会的某种潜规则和社会意义的符号存在着,已经潜意识地成为划分人的身份和地位的象征。在消费主义的影响下,部分人认为只有过度、奢侈的消费,才是身份、财富和地位的象征,才能得到虚荣心的满足。这种符号消费改变了人们的消费观念,摧毁了人类消费的道德底线,随之也改变了人们的消费行为和方式。

在消费主义的冲击下,人类在追求奢侈消费时,却忽略了自然生态系统与环境平衡中的"度"的概念,过度的消费造成能源枯竭、环境污染、生态失衡,已威胁到人类生存的根基,正如舒马赫所言:"西方的现代化和短视的增长欲,隐藏着自我毁灭的危险,就像电脑病毒一样,也许正在游戏快要结束时才会出现,结果却将毁灭全部的内存。"

三、两型社会视域下科学消费的伦理路径

随着社会的发展,资源供需矛盾和自然环境承载压力对社会经济的发展的制约越来越明显,并呈加剧趋势,脆弱的生态系统再也不能继续支撑人类对它的掠夺式占有。在科学发展观的指导下,应转变发展理念和经济增长模式,协调消费与人口、环境、资源的关系,任何对有限资源的疯狂掠夺的行为都要终止,保护生态系统、与自然和谐相处迫在眉睫。

(一)树立持续消费的道德观念

1. 树立持续消费的价值理念

"可持续消费"一词的正式提出始于1994年奥斯陆专题研讨会会议,《可持续消费的政策因素》报告首次将其定义为"提供服务以及相关的产品以满足人类的基本需求,提高生活质量,同时使自然资源和有毒材料的使用量最少,使服务或产品的生命周期中所产生的废物和污染物最少,从而不危及后代的需求"。可持续消费的内涵就是能够实现消费"发展性"与"可持续性"的双丰收,可持续的消费模式是两型社会建设的必然选择。

2. 加强道德的约束力,提高持续消费的道德意识

道德是通过社会舆论、传统习俗和人的内心信念来维系的,是维系和调节人与人关系的一种手段。推行可持续性消费,要通过道德的力量来约束消费者把节约资源、保护能源、保护环境、爱护家园的整个社会需求转化成为内心的自觉行为,把持续消费的价值观念普及到生活的每一个角落。提高消费者的道德修养,作为消费者都要充分认识到节约型社会、环境友好型社会的建设任务是光荣的、是职责所在、是不可推卸的义务。道德的力量是强大的,在消费的过程中用道德来约束自己的行为,尽量节约,为他人、为后代人的利益着想,提高持续消费的道德意识。

持续消费强调的是确保生活质量的前提下,以资源使用最小化,以无公害、无污染为基本要求。提高持续消费的道德意识走出炫耀型消费、愚昧型消费、攀比型消费误区,反对物质享受主义和奢侈消费主义,主张的是合理、合法与适度的长久消费,近期消费与长远消费相互兼顾。

3. 适当运用法律与规章制度来规范消费行为

持续消费模式的建设是一项系统、长期的工程,需要法律制度、道德约束与经济手段三者的综合运用,需要国家、企业和消费者共同担当相应的责任与义务。法律是国家和人民意志的集中体现,带有一定的强制性,实行持续消费,必须出台持续消费的相关法律、

法规。从法律的层面强制规范企业的生产行为，对浪费资源并造成环境污染的必须予以严惩，规范每位消费者的消费行为，为持续消费奠定基础。制度是可持续消费得以实施并推行的有效保障，建立健全相关的配套制度，有效保证可持续消费顺利实施并得到长期推广。如建立绿色产品生产认证制度，绿色产品市场准入制度，绿色采购制度，可持续消费的监管制度等。

要积极发挥经济杠杆的调节功能，使可持续消费沿着节约资源、保护环境、提高人民群众生活质量的预定轨道健康运行。政府还可通过财政补贴、减免税收等政策，鼓励企业采用绿色技术，生产绿色产品，再可通过提高资源税和排污费，鼓励企业节约资源，保护环境。

4. 建立循环消费体系，减少不可再生资源的利用

循环消费所倡导的是对废物再利用的模式，它遵循了减量化、资源化、再利用、无害化、最大化的五大原则。循环消费利用人类经济活动规律，如循环经济。循环经济的活动组成"资源—生产—消费—再生资源"相互联系的再循环过程。"循环经济的基本特征是低开采、高利用、低排放。所有物质和能源要在这个不断进行的经济循环中得到合理、持久的利用，从而使经济活动对自然环境的影响降低到最低限度，实现经济活动的生态化和绿色化。"把人类的活动对自然环境所造成的负面影响降低到最低限度。

打造环境友好型社会，就是要求无论是生产环境还是消费环境都要是美好的，无浸染的。要积极发展环境友好型产业，建立循环经济，减少生产资料的使用，并提高其利用效率，循环利用生产生活废物。例如发展白色农业、回流产业等。建立协调发展的循环消费体系，政府要在政策上的硬件性规定，协调与扶持大中小企业发展循环经济，形成生态化、节约型企业典范。循环经济体系的建立，要靠每一位消费者的自觉意识，做到垃圾分类，配合回收再生产，减轻资源和环境的压力。

（二）培养绿色消费的道德意识

建设资源节约型、环境友好型社会，是我国经济与社会发展的一项长期的战略任务，绿色消费是两型社会建设的有效途径，是一种实现可持续发展为目标的、健康的、适应的消费模式。绿色消费不仅是解决资源短缺，也是保护环境的有效手段。

1. 树立绿色消费的价值取向

"绿色消费是指一种以适度节制消费，避免或减少对环境的破坏，崇尚自然和保护生态等为特征的新型消费行为和过程。"绿色消费有三层含义："一是倡导消费时选择未被污染或有助于公众健康的绿色产品。二是指消费者转变消费观念，崇尚自然、追求健康，在追求生活舒适的同时，注重环保，节约资源和能源，实现可持续消费。三是在消费过程中注重对垃圾的处置，不造成环境污染。符合'三E'和'三R'标准，即经济实惠（Economic），生态效益（Ecological），符合平等、人道（Equitable）原则，减少非必要的消费（Reduce），重复使用（Reuse）和再生利用（Recycle）"。许多国家在生产与生活的各领域普及绿色消费，掀起了绿色消费的热浪，绿色消费对于我国两型社会的建设也有着重要的意义。

2. 加强绿色消费文化知识的宣传、教育，营造绿色消费环境

只有让更多的消费者了解绿色消费知识，才能顺利在全社会推行绿色消费，营造绿色的消费环境。首先，通过环境恶劣、资源短缺等实例宣传，唤起公众的节约能源和环保意

识，提升每个消费者绿色消费的责任和信心。其次，企事业单位要定期开展各种形式的绿色消费知识的宣传教育，倡导绿色生产、绿色消费、环保选购、废物环保处理、关爱物种、保护自然的观念，提高公众消费的素质，培养健康、文明消费意识。最后，发挥政府的示范调节作用，杜绝享乐性的公款消费，充分肯定节约型消费理念和反对奢侈攀比消费，关注低收入人群的焦虑、自卑心理带来的负面影响，充分体现人文关怀。

3. 建立节约、文明、健康的绿色消费体系

"建立节约、文明、绿色消费体系，要充分发挥政府、企业、消费者三大消费主体的作用，最终形成政府引导绿色消费、企业主导绿色消费、消费者崇尚绿色消费的局面。"政府要在绿色消费立法以及绿色消费的制度建设上发挥积极的作用，指导和调节企业的绿色生产，譬如"政府通过绿色采购，可以引导市场对环境友好产品的认可，刺激生产环境友好型产品，加快淘汰不利于环境保护的产品，从而在全社会普及绿色消费的理念"。企业要严把产品质量关，清洁生产、环保流通；消费者要保证建立适合的、适度的绿色消费结构，形成文明健康的绿色消费方式。

4. 传导低碳意识，倡导居民低碳生活

生活环境的友好、美好是每个人都向往的，人们应该清楚地认识到，生活环境也是衡量我们生活质量的标准之一，生活环境恶化，人的生活质量也会随之下降。最近全球变暖，与二氧化碳的排放有直接关系。将低碳意识渗透到生活的各个方面，提高"节能减排"意识，在日常的生活中，对自己的生活方式或消费习惯进行适当的改变，用人类的实际行动，减少空气中碳的排放量，为减缓生态恶化做出努力。"低碳生活"代表着更健康、更自然的生活方式，既节能又环保，有利于减缓全球气候变暖和自然环境恶化的速度；是两型社会所倡导的节约型生活方式，是每位公民应尽的责任，也是每个公民不可推卸的义务。"

（三）倡导生态消费的道德要求

1. 加强生态消费道德观念的培养

生态消费也是要靠人类道德来维系和拓展的，国家没有明确的法律条文规定人类的消费行为。道德潜藏在生活的每一个角落，有着具大的潜力和力量，是维持正常生活秩序的无形的规则。培养生态消费道德观，提高人类消费的道德要求，是两型社会建设的必然要求，也是实现可持续发展战略的特别重要的生活基础。通过对人的道德的提升过程，把生态消费观念和意识普及到人的日常生活中，作为衡量人素质高低的一个标准。爱护环境与人类的日常生活息息相关，只有靠每个人的自觉意识，与任何浪费资源、破坏环境的行为斗争到底，才能实现人类的可持续发展。

2. 以生态伦理学来指导生态文化教育体系

生态伦理学是应对生态危机而开设的一门新兴学科，它的诞生充分表达了人类缓和与消除自身与大自然的矛盾冲突的善良愿望。生态伦理学认为，作为道德主体的人，不但人类之间需要彼此的道德关心，而且大自然也需要人的道德去关爱，自然中的动物、植物也与人一样需要道德。要维持人类在自然界中的持续存在与发展，就必须关爱大自然，采取各种措施来保护自然，保护我们的生存环境。只依靠政策与法律的措施还不够，还要诉诸人类的伦理道德。按照生态伦理学的道德标准、基本原则和规范来指导和约束人类的实践行为，建立生态文化教育体系。通过生态化教育改造人类的消费模式，让人认识到适度的

消费是道德的,而大吃大喝、大手大脚、暴殄天物的奢侈消费是不道德的。在生态伦理学的指导下,完善生态文化教育体系,普及生态道德教育,以此提高人的生态道德修养,以正确消费观来保卫我们的家园。通过学校教育、社会教育、专题教育,以及通过网络、媒体等渠道实施虚拟教育,宣传生态危机带给我们的负面影响,共同构建完整的生态文化教育体系。

3. 建立正确的生态消费模式

在生活中,居民的消费受到外界各种因素的影响,但却很少有人体会到会受环境资源状况的影响。为了把人类的消费观纳入到生态化消费的轨道上来,摒弃高消费、奢侈消费的陋习,就必须建立起一套以低消耗换取高生活质量的生态消费模式,以此来约束人类的消费行为,并使之成为人类美好生活的最理想的消费模式。

参考文献

一、著作类:

[1] 罗国杰. 伦理学 [M]. 北京:人民出版社,1989.

[2] 唐凯麟. 伦理大思路 [M]. 长沙:湖南人民出版社,2000.

[3] 甘绍平. 应用伦理学前沿问题研究 [M]. 南昌:江西人民出版社,2002.

[4] 唐凯麟. 伦理学 [M]. 长沙:湖南人民出版社,1996.

[5] 罗尔斯. 正义论 [M]. 何怀宏等译. 北京:中国社会科学出版社,1988.

[6] 耿莉萍. 生存与消费:消费、增长与可持续发展问题研究 [M]. 北京:经济管理出版社,2004.

[7] [美] 艾伦·杜宁:多少算够 [M]. 毕聿译. 长春:吉林人民出版社,1997.

[8] [美] 埃里希·弗洛姆:占有还是生存 [M]. 关山译. 沧州:三联书店,1998.

[9] [美] 蕾切尔·卡逊. 寂静的春天 [M]. 吕瑞兰、李长生译. 长春:吉林人民出版社,1997.

[10] [美] 米斯都等. 增长的极限 [M]. 李宝恒译. 长春:吉林人民出版社,1997.

[11] [英] 弗兰克·莫特. 消费文化 [M]. 南京:南京大学出版社,2001.

[12] [英] 大卫·休谟. 道德原理研究 [M]. 王淑芹译. 北京:中国社会科学出版社,1999.

[13] 季羡林. 我的人生感悟 [M]. 北京:中国青年出版社,2006.

[14] 李建华. 道德情感论 [M]. 长沙:湖南人民出版社,2001.

[15] 徐新. 现代社会的消费伦理 [M]. 北京:人民出版社,2009.

[16] 万俊人. 寻求普世伦理 [M]. 北京:商务印书馆,2001.

[17] 王宁. 消费社会学 [M]. 北京:社会科学文献出版社,2001.

[18] 郑红娥. 社会转型与消费革命 [M]. 北京:北京大学出版社,2006.

[19] 庄贵阳. 低碳经济:气候变化背景下中国的发展之路 [M]. 北京:气象出版社,2007.

[20] 傅崇兰. 建设节约型社会战略研究 [M]. 北京:社会科学文献出版社,2007.

[21] 中国环境报社编译. 迈向21世纪—联合国环境与发展大会文献汇编 [M]. 北京:

中国环境科学出版社，1992.

[22] 中关村国际环保产业促进中心编著．循环经济国际趋势与中国实践［M］．北京：
人民出版社，2005.

[23] 何小清．消费伦理研究［M］．上海：上海三联书店，2007.

[24] 朱有志．节约型社会研究［M］．长沙：湖南人民出版社，2008.

[25] 徐新．现代社会的消费伦理［M］．北京：人民出版社，2009.

[26] 刘解龙．长株潭建设节约型社会政策研究长株潭城市群发展报告［C］．长株潭城市
群发展报告［A］．北京：社会科学文献出版社，2008.

[27] 长株潭城市群研究会综合报告课题组．长株潭城市群经济一体化发展政策研究综合
报告［C］．长株潭城市群发展报告［A］．北京：社会科学文献出版社，2008.

[28] 倪瑞华．可持续发展的伦理精神［M］．北京：中国社会科学出版社，2004.

[29] 罗尔斯顿．环境伦理学：大自然的价值以及人对大自然的义务［M］．杨通进译．
北京：中国社会科学出版社，2000.

[30] 徐玖平．循环经济系统规划理论与方法及实践［M］．北京：科学出版社，2008.

[31] 马克思恩格斯选集［M］．北京：人民出版社，1972.

[32] 唐纳德·沃斯特．自然的经济体系—生态思想史［M］．青岛：青岛出版社，1999.

[33] 舒马赫．小的是美好的［M］．北京：商务印书馆，1989.

二、论文期刊类：

[1] 王毅．建设资源节约型、环境友好型社会实现社会经济可持续发展［J］．中国科学
院院刊，2008（22）.

[2] 中共武汉市委党校"两型社会"建设课题组．中部地区"两型社会"建设研究——
长株潭城市群和武汉周边八市考察［J］．长江论坛，2008（4）.

[3] 简新华．论中国"两型社会"建设［J］．学术月刊，2009（3）.

[4] 陈叔红．一场宏大的改革试验前所未有的发展机遇——省发改委主任陈叔红就长株潭
"两型社会"建设答记者问［N］．湖南日报，2007-12-17.

[5] 王明安．论长株潭"两型"社会建设视野下生态道德意识的培养［J］．陕西行政学
学报，2009（11）.

[6] 温家宝总理在2005年6月30日全国建设节约型社会电视电话会议上的讲话．

[7] 杨小华．墨子的消费伦理观及其现代价值［J］．中南民族大学学报，2004（3）.

[8] 简新华、叶林．论中国的"两型社会"建设［J］．学术月刊，2009（3）.

[9] 王吉亚．关于建设资源节约型、环境友好型社会的若干思考［J］．环境经济，2007
（3）.

[10] 梁媛、杨勇、袁诚．"两型"社会建设中政府、企业、公众的角色定位分析——以
长株潭"两型"社会建设为例［J］．福建论坛·人文社会科学版，2009（2）.

[11] 吴颖惠．节约教育：可持续发展教育的时代主题［J］．北京教育，2008（6）.

[12] 韩振峰．节约教育：国外学校的做法及启示［J］．世界教育信息，2005（37）.

[13] 王克群．论构建资源节约型社会［J］．实事求是，2004（3）.

[14] 张亚斌．艾洪山．两型社会建设与新型产业体系的构建［J］．湖南大学学报（社会
科学版），2009（9）.

[15] 湖南05年环境状况公报 ［EB/OL］. httP//：www. sina. com, 2006-6-5.

[16] 谢自强. 长株潭"两型社会"建设中产业结构调整的方向与对策 ［J］. 湖湘论坛, 2009（5）.

[17] 李海燕. 低碳经济："两型"社会建设的突破口 ［J］. 中国国情国力, 2009（7）.

[18] 蔡景庆. 经济危机下的长株潭"两型产业"构建探析 ［J］. 甘肃联合大学学报, 2009（2）.

[19] 尹世杰. 关于生态消费的几个问题 ［J］. 求索, 2000（5）.

[20] 吴忠民. 关于社会公正的几个问题 ［J］. 湖南社会科学, 2004（2）.

[21] 宋文新. 消费合理性与消费伦理 ［J］. 学习与探索, 2011（4）.

[22] 刘洪波、董海军. 以绿色消费促进长株潭"两型社会"的建设 ［J］. 理论月刊, 2009（6）.

[23] 彭金龙. 消费伦理的现实困境 ［J］. 理论月刊, 2011（8）.

三、外文类

[1] Esty D. C, Srebotnjak T, Kim C H, et al, Pilot2006Environment Performance Index, New Haven: Yale Center for Environ-ment Law & Policy. 2006.

[2] Wced. Our common future: The World Commission on Environment and Development ［R］. 1987.

[3] UNEP. Element for Policies for Sustainable Consumption ［R］. Oslo, Norway, 1994.

（作者单位：太平人寿保险有限公司衡阳中心支公司）

环境成本内在化研究

——以火力发电厂为例

罗喜英

摘 要： 首先对环境成本进行界定与分类，尤其增加了内部资源损失和外部环境损害成本的相关内容。并对环境成本内在化程序进行了相关介绍。然后以一火力发电厂的环境成本核算为例，主要利用物质流成本会计（MFCA）进行环境成本核算。结果表明，考虑全部环境成本的产品成本是未考虑环境成本的2.74倍，论证了排污企业以消耗环境容量为代价来获取最大利润，而环境的负外部性却由社会来承担的现实。最后提出了有利环境成本内在化的政策建议。

关键词： 环境成本内在化；物质流成本会计；火力发电厂

一、引言

我国首份煤炭外部成本综合性研究报告《煤炭的真实成本》指出，目前我国的煤炭价格仅是其全部真实成本的四成。美国能源基金会首席代表杨富强等专家测算，若将煤炭的外部成本内在化，我国煤价将上升23.1%。Robert Gale（2006）通过加拿大一家纸浆和造纸工厂的研究发现，从传统会计报表上看环境成本是2 196 838美元，而计算得到的环境成本则为4 844 411美元，实际成本是已内化环境成本的2.2倍。环境成本内在化正是适应社会经济可持续发展及企业作为微观经济主体由单纯追求经济效益向经济效益和社会效益兼顾而提出来的。

在会计核算中，作为我国污染大户的发电厂的发电成本核算一般只包括建厂成本、燃料成本及运行维护费用等，忽视了人们日益关注的环境成本的核算，这不仅扭曲了电价的基本构成，而且使得污染比较严重的电源（特别是燃煤发电）过度发展，加重了发电行业对环境的污染程度。本文以一火电企业的传统成本核算为基础，在考虑环境成本的基础上，着重利用物质流成本会计（material flow cost accounting，MFCA）和LIME（life-cycle impact assessment model based on endpoint modeling）方法，计算并分配相关环境成本，并将火力发电厂的环境成本内在化，纳入电力成本核算体系中，在电价中得到体现，反映其真实的生产成本。并使之与传统成本核算结果相比较，使企业的管理者做出正确的决策，积极改进技术，提高环境管理水平，以减少环境污染，实现企业的可持续发展。

二、环境成本内在化理论研究

1. 环境成本的界定及分类

目前，广为大家接受的企业环境成本的界定是联合国国际会计和报告标准政府间专家工作组（ISAR）召开的第 15 次会议上讨论并通过的《环境会计和报告的立场公告》中的定义，公告指出："环境成本是指，本着对环境负责的原则，为管理企业活动对环境造成的影响而被要求采取的措施成本，以及因企业执行环境目标和要求所付出的其他成本。"

联合国在"为提高政府在促进环境管理会计应用中作用"专家工作组报告中提出，公司的环境成本为环境保护成本（溢出处理和污染防治过程中的成本）、废弃原材料的成本和废弃资本和劳动力成本三者之和。国际会计师联合会（IFAC）将环境成本共分为六类：产品产出的材料采购成本、非产品产出的材料采购成本、废弃物和排放物控制成本、预防性环境管理成本、研发成本和不确定性成本。Robert Gale（2006）认为，环境成本由四个部分组成：废气废水的处置成本、环境保护和管理成本、非生产输出原料的购买成本，以及非生产输出的占用成本。张杰（2005）基于环境质量角度把环境成本分为四类：环境保护成本、环境检测成本、环境内部失败成本和环境外部失败成本。

由环境成本的定义及分类可以看出，环境成本关注的核心是污染物，表现形式为预防或减少污染物的产生，或者减少污染物对环境造成的影响等所发生的成本。本文的环境成本是指企业本着对环境负责的态度，因预防、管理、治理环境污染实际发生的各种支出，以及污染物成本及其造成的环境损失之和（由于预防、管理和治理环境成本的区分并不是非常明显，也可以把这些成本合并为环境保护成本）。这个定义超出了传统环境成本"实际发生"的范围，试图用一定方法把环境污染造成的环境损害成本也包含进去。

根据 MFCA 理论，把非产品输出的废弃物称为负产品（在环境成本里，将其视为资源损失）。而资源损失按是否内在化，又可以分为（内部）资源损失成本和（外部）环境损害成本。内部资源损失成本是负产品成本，包括废弃物的购买价值及其包含的制造成本。外部环境损害成本是根据内部资源损失数，再考虑环境影响计算出来的货币影响数。从总体上来讲，企业环境损害成本的确认和计量是困难的，但对于具体的企业来说，其造成的环境损害成本的范围和性质是固定的，企业在进行环境损害成本的估计时，可组织一支包括会计人员、管理者、环境工程师、化学家等在内的知识结构齐全的队伍，在环保机构的帮助下，找到适合本企业的环境损害成本估计方法。这部分的研究值得进一步深入探讨。

据此，环境成本分类及内容如表 1 所示。

表 1　环境成本分类及其主要内容

环境成本类别		包括的项目
内部环境成本	环境预防、管理和治理成本	环境资产折旧；维修费、经营用材料及公共设施；相关的人工成本；环境费用与税费；环境罚金与罚款；环境责任保险；环境预防成本；为减少污染发生的运行成本；污染源例行监测成本；环保科研开发成本、培训成本；事件披露的后续行为成本等。
	内部资源损失成本	指废弃物及排泄物（统称资源损失）成本，包括非产品输出的废弃物的材料、劳动工时和加工材料等成本。

环境成本类别		包括的项目
外部环境成本	或有环境成本	由于历史原因造成的污染导致的未来支付可能性，反映由于过去环境污染造成的未来人身伤害和财产破坏补救与赔偿，为适应未来法律规章修订而支付的成本及可能会增加的罚金、非法排放处罚、过度排放处罚、环境索赔费用、因环保工作的意外疏忽所招致的罚款、赔偿和处理费用。
	外部环境损害成本	由于目前污染造成的未来环境支付义务。反映由于现在排放导致的环境污染造成的未来人身伤害和财产破坏补救与赔偿支出

如表 1 所示，环境成本分为内部环境成本和外部环境成本，内部环境成本中的"环境预防成本、环境管理成本和环境治理成本"如果能够单独区分，会更好，如果不能单独区分，可合并为"环境保护成本"。当然环境成本的"内部"与"外部"之分，并不是绝对的。其边界确定取决于社会成本内在化程度，由规制驱动和责任驱动决定。

内部环境成本里增加了（内部）资源损失成本，资源损失成本的计算，由物质流成本会计完成（这部分内容在相关研究里已经研究过）；外部环境成本分或有环境成本和外部环境损害成本。这种分类以企业目前可以计算外部环境损害成本为前提，因而，对于过去事项引起的未来支出属于或由环境负债；而由于企业目前排放的废弃物引起的未来环境损害就属于外部环境损害成本，应归入预提准备金中。

环境成本进行内在化，要完成两个任务，一是内部环境成本与传统成本分开核算，使得内部环境成本明晰化；二是要使外部环境成本内化于企业核算系统中。

2. 环境成本内在化核算程序

环境成本内在化核算，分两个阶段：一是资本化与费用化的划分；二是费用中的生产用环境成本和非生产用环境成本的区分。具体来说，其核算程序是：

（1）环境事项进入会计系统

环境事项进入会计系统，就是环境事项资本化或费用化的划分。对于资本化环境成本，业务不多的话，可与企业其他资产合并确认。资本化环境成本，通过摊销或折旧费用化来实现。对于费用化的环境成本，可设置"环境成本"账户按环境成本的类别分别按明细核算。比如或有环境成本核算，在进行会计处理时，借记"环境成本—或有环境成本—营业外支出"，贷记"预计负债"。

（2）环境成本进入产品核算系统

进入会计系统的费用化环境成本，需要对其进行明细分析，分析的目的是区分这些费用是否与产品生产相关，与产品生产无关的，可通过"本年利润"直接结转；与产品生产相关的，要区分是直接相关还是间接相关：直接相关的，直接计入产品成本；间接相关的，通过三级明细科目"制造费用"进行结转。比如针对产品生产过程中的废弃物排放计算的外部环境损害成本，在进行会计处理时，应借记为"环境成本—外部环境损害—制造费用"，贷记为"环保准备金"。最后就是制造费用的分配。分配时可采用 ABC 方法进行比较准确的分配。

三、DT 火力发电厂环境成本核算现状

火力发电企业是一种利用燃料取热、以热换电实现能量转化和传递的企业。DT 火力发电厂环境成本处理方式如下：①对于生产性固定资产折旧，不分是否是与环保相关，一律统一记入"制造费用"，按电力企业的特点，根据现行会计制度，制造费用也属于直接费用，不需归集分配就可以直接计入生产成本；②对于排污费，计入"管理费用"；③由于企业生产经营导致环境恶化而发生的罚款赔付，支付时计入"营业外支出"。

DT 火力发电厂环境成本处理存在的问题如下：①没有单独设置"环境成本"科目，环境成本和普通成本合并计量。对与环境相关的支出仅仅是按传统会计的确认标准进行笼统的确认，在财务报表中所有环境成本都计入"生产成本""营业外支出""管理费用"中。这样不能直观地反映出该企业因环境事项而发生的环保支出，不利于企业环境成本的管理；②没有核算资源损失成本。资源损失作为环境成本的一部分，是体现企业资源利用效率的一个指标，应当单独确认。但企业合并包含在产品成本中。③对于废弃物产生的外部环境损害，按《排污费征收标准管理办法》规定交纳排污费。实际产生的外部损失，不进行计量。④废弃物清理成本不包含在产品成本里。⑤排污费计入"管理费用"。按现有会计核算来说，这样处理并没错。但由于排污费是与产品生产息息相关的，应计入"制造费用"后通过分配在产品成本中得以体现，这样既有利于准确确定产品的实际成本，同时也有利于不同企业的信息比较。

四、DT 火力发电厂的环境成本核算

以 DT 火力发电厂基本财务资料为基础，并收集其生产过程中排放的各种废气、废水等资料，计量其环境成本，对其电力成本做出一些调整（收集资料的当月，该厂的单位发电成本为 208 元/千千瓦）。根据排污费征收管理办法的原则，只要排污就要收取排污费，超额排出部分收取罚款。本文把正常的排污费作为"制造费用"计入电力成本。在不影响数据真实性的前提下，本文把资料中的一些数据进行取整处理。

TD 火电企业拥有发电机组两台，总装机容量为 240 万 KW。有烟气脱硫设施、布袋除尘器、污水治理设施、灰渣处理系统等环保设施。本月发电 500 000 千千瓦，其中 1#机组发电 300 000 千千瓦。2#机组发电 200 000 千千瓦，本月成本分类汇总表如表 2 所示：

表 2　2010 年 12 月成本分类汇总表

成本类别	材料类别	发电物量中心
材料成本	燃料费	6 440 万元
	材料费	360 万元
	小计	6 800 万元
能源成本	水费	270 万
	小计	270 万

成本类别	材料类别	发电物量中心
系统成本	职工薪酬	1 400 万
	折旧费	1 330 万
	修理费	180 万
	其他费用	420 万
	小计	3 330 万
合计		10 400 万
单位发电成本（元/千千瓦）		208

由表 2 可见，当月企业自己归集的单位发电成本为 208 元/千千瓦。依据企业自身资料，我们按环境成本内在化核算步骤来进行调整。

首先，设置"环境成本"，（资本化环境成本已经通过折旧方式进入相应的费用部分），逐一对该月明细科目进行仔细计算。

（1）"环境预防、管理和治理成本"（或"环境保护成本"）

DT 企业投资了烟气脱硫设施、布袋除尘器、污水治理设施、灰渣处理系统，其当月折旧累计为 113 万元。购买脱硫设备时由于是贷款购买的，贷款利息按机器使用年限，20 年摊销，本月负担 20 万元。另外为降低噪音，加装了消音器、隔间罩等设备产生的费用，为保证用煤质量而采取的科学管理措施发生的费用，为从事污染的人员投入的劳动保护性质的补偿费（如特殊项目的体检）等，为 10 万元。本项环境预防成本小计 143 万元。

此外，环境研发成本月均 10 万元。环保设备当月检测、维修支出为 180 万元。本项环境管理成本小计 190 万元。

另外，排污费 130 万。进行除尘作业、废水处理作业、脱硫作业、厂区绿化作业时支出 514 万（514.403 万取整）。本项环境治理成本小计 644 万。

环境预防成本、环境管理成本和环境治理成本可统称为环境保护成本，环境保护成本合计 977 万。

由于发电企业产品的特殊性，期初和期末均无在产品和不合格品，因此，资源流成本无需在完工产品和未完工产品之间进行分配；同时由于收集资料时该单位没有按物质流成本会计进行核算，无法提供每个程序中正产品和负产品的具体数。所以，依据 MFCA 原理，可以将其生产过程划为四个物量中心，即燃料供应中心、锅炉中心、汽机中心和废弃物处置中心。如图 1 所示：

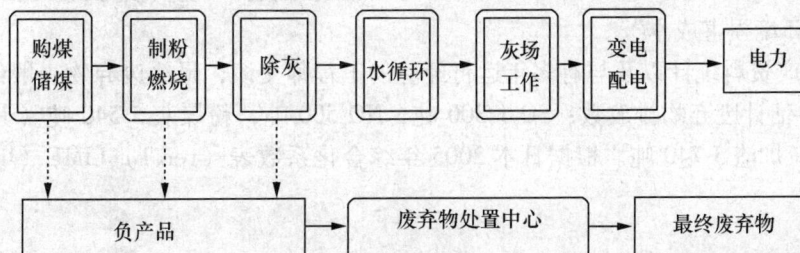

图 1　TD 火电发电厂 MFCA 运用流程图

如图 1 所示，负产品包括废水、SO_2、NO_x、CO_2、粉煤灰和炉渣等。具体来说，本月燃煤 78 000 吨，废水处理量 15 750 吨，SO_2 排放量 42 000 吨，NO_x 排放量 500 吨，CO_2 排放量 8 000 吨，粉煤灰 18 470 吨，炉渣 3 740 吨。

对以上负产品进行处理时，发生费用 514 万。处理活动有除尘、脱硫、废水处理和厂区绿化四类。然后，将相关废弃物处理成本归集到相应的作业中去，形成作业成本库，并确定成本动因。此处涉及作业成本法的应用，略。

经过废弃物处理后，污水可循环使用；二氧化碳按标准排放。

（2）"内部资源损失成本"

按照 MFCA 的方法和要求，内部资源损失成本可通过输入输出表示，如表 3。

表3　输入输出成本表　　　　　　　　　　单位：万元

物量中心		燃料中心	锅炉中心	汽机中心	废弃物处置	合计
输入	材料成本　燃料	6 440			＊	6 440
	材料	61	108	191	＊	360
	能源成本　水费	46	81	143	＊	270
	系统成本　薪酬费用	238	420	742	＊	1 400
	折旧费用	226	399	705	＊	1 330
	维保费用	30	54	96	＊	180
	其他费用	72	126	222	＊	420
	合计	7 113	1 188	2 099	＊	10 400
输出正制品	煤粉	6 400	－ －	－ －	＊	
	蒸汽	－ －	944	－ －	＊	
	电力	－ －	－ －	2 059	＊	
	合计	6 400	944	2 059	＊	9 403
输出负制品	灰、渣	713	205	40	＊156	
	废水		17		＊87	
	废气		22		＊81	
	合计	713	244	40	＊514	997

由表 3 可见，输入成本 10 400 万元，输出正产品 9 403 万元，负产品也即资源损失成本 997 万元。这部分成本，在现行会计核算中，已包含在电力成本中，但没有体现企业资源的使用效率。这也是单独设置一个环境会计明细科目的目的。

（3）"或有环境负债"

由于对 NO_x 没有投入治污措施，其历年污染造成的或有环境负债为 60 万。

（4）"环境损害成本"

通过生产资料统计以及与有多年运行经验的工程师交谈，最终废弃物一般约为标准煤量的 30%，估计废弃物排放数：SO_2 1 300 吨，NO_x 500 吨，粉煤灰 5 540 吨（其余 70% 被综合利用），炉渣 3 740 吨。根据日本 2005 年综合化系数表（ver. 1）LIME（life-cycle impact assessment model based on endpoint modeling)① 数值，以2010年12月31日汇率为准，100日元＝8.13人民币，来计算该企业环境损害成本，如表4所示：

表4　环境损害成本的计算

废弃物（数量）	单位	LIME值（日元/Kg）	汇率	LIME值（元/Kg）	环境损害值
SO_2（1.3×10^6）	Kg	1 010	8.13	82.11	10 674.3万
NO_x（5×10^5）	Kg	1 410	8.13	11.46	573万
粉煤灰（5.54×10^6）	Kg	1.18	8.13	0.096	53.18万
炉渣（3.74×10^6）	Kg	0.612	8.13	0.05	18.7万
合计					11 319.18万

由表4可见，本项合计11 319.18万元，计算时取整数11 319万。

其次，对环境成本明细进行分析。

由以上计算可得全部环境成本合计数＝143＋190＋644＋997＋60＋11 319＝13 353（万元）；

在这些成本中，与生产相关的环境成本＝13 353－10－60＝13 283万元。

与生产无关的环境成本＝70万元（注：研发成本10万和或有环境负债60万）。

已计入产品中的环境成本＝143＋180＋997＝1 320万元（注：环境预防成本143万元；环保设备检修、维护费用180万；资源损失成本997万）。

未记入产品中的环境成本＝13 283－1 320＝11 963（万元）。

为表述更清楚，把环境预防成本、环境管理成本和环境治理成本分开表示。所有环境成本具体如表5所示：

表5　环境成本明细构成及比例　　　　　　　　　　　　　　　　　　单位：万元

环境成本	环境成本	比例（%）	可计入产品成本部分	已计入产品成本部分
环境预防成本	143	1.07	143	143
环境管理成本	190	1.42	180	180
环境治理成本	644	4.82	644	0
资源损失成本	997	7.47	997	997
或有环境负债	60	0.45	0	0
环境损害成本	11 319	84.77	11 319	0
合计	13 353	100	13 283	1 320

由表5清晰可见：

①环境成本各项内容组成比例中，资源损失成本和环境损害成本占92.24%（7.47%＋84.77%），这是在核算环境成本时，要重点关注这两方面内容的原因之一。其中，外部环境损害成本占84.77%，这是要着重关注的会计事项，一直以来，排污企业对环境容量

---

① 运用LIME的计算程序如下：（1）计算各物量中心或成本中心产生的废弃物数量；（2）将废弃物数量单位予以标准化（如重量为kg，烟气为m^3，电力kwh）；（3）计算每单位废弃物的LIME系数值。原LIME表是以日元表示的系数，查得系数表后，假定外部成本的折现率为5%，然后采用年末汇率作为外币换算汇率，将该系数值折算成人民币。（4）将标准化后的废弃物数量与换算的LIME系数值相乘，即可得到该废弃物的外部损害成本；（5）根据废弃物外部损害成本计算表，进行加总。

无偿使用，获得了利益，但其排污造成的严重后果却由社会承担，这部分环境成本长期外部化，不利于整个社会和企业的可持续发展。

②环境成本可计入产品成本部分，是 13 283 万元，占整个环境成本的 99.48%（13 283/13 353）。因而可以得出这样的结论，对该企业来说，与环境相关的成本，几乎是全部计入产品成本。因而，产品成本可近似如下表示："产品成本 = 正产品成本 + 内部环境成本 + 外部环境成本"。

③已计入产品成本的环境成本为 1 320 万元，占可计入产品成本的环境成本的 9.94%（1 320/13 283），说明企业在现有会计核算体系下，主动计入产品的环境成本很少。

④已计入产品成本的环境成本 1 320 万元中，资源损失是 997 万元，占已计入比例 75.53%（997/1 320）。但这部分内容并不是企业主动计算进入产品成本的，在现有会计核算系统中，这部分环境成本是通过倒挤方式全部隐藏，隐藏在产品成本中的。这种核算方式非常不利于资源使用效率的评价。本文通过 MFCA 使资源损失成本单独体现出来，可体现企业资源使用效率。

总之，在所有环境成本中，与生产无关的环境成本支出很少。在生产性环境成本中，已计入产品成本的环境成本占总环境成本的比例不到 10%，未计入产品成本的环境成本比例高达 90%。考虑这些环境成本后，电力的单位成本 =（10 400 + 11 963）/50 = 447.26 元/千千瓦，和原企业计算的 208 元/千千瓦比起来，是原来的 2.15 倍。

是否考虑与生产相关的环境成本的电力成本有三种情况，如表 6 所示：

表 6　三种情况下电力成本及单价

各种情况	环境成本（万元）	总成本（万元）	单价（元/千千瓦）
未考虑环境成本的情况	0	9 080	163.3
现有考虑环境成本的情况	1 320	10 400	208
考虑所有环境成本的情况	13 353	22 433	447.26

（注 10 400 − 1 320 = 9 080，9 080 + 13 353 = 22 433）

由表 6 可见，生产性环境成本占整个成本的比重为 59.52%（13 353/22 433）。完全未考虑环境成本和考虑目前能关注的所有环境成本，结果相差 2.74 倍（163.3/447.26），这个结果也呼应了《煤炭的真实成本》中指出的煤炭价格仅是其全部真实成本的四成。这些数据表明，环境成本的核算对企业目前成本定价的影响非常大。

五、环境成本内在化案例总结

本章以 DT 火电发电厂 2010 年 12 月的会计核算资料为例，进行环境成本内在化的核算，核算过程具有可操作性。在当前可持续发展背景下，具有重大的应用价值。通过核算得出以下结论：

①环境成本内在化的核算程序。首先是环境成本进入会计核算系统。对于资本化部分的环境成本，通过折旧方式费用化，费用化后的环境成本，按"环境成本"明细科目进行归集，分为"环境保护成本"（也可具体分为环境预防成本、环境管理成本和环境治理成本）"资源损失成本""或有环境负债"和"环境损害成本"四类。然后对这些成本进行分析，区分生产用环境成本和非生产用环境成本。对于生产用环境成本，进入产品成本核

算系统，进行成本分配。

②电力产品的成本构成，由正产品成本加上环境成本构成。由于电力企业核算的特殊性，其与环境保护相关的成本几乎全进入企业产品成本核算，因而其成本构成可近似表示为"产品成本＝正产品成本＋内部环境成本＋外部环境成本"。

③计入产品成本的环境成本中，内部资源损失成本和外部环境损害占据绝大部分比重（90％以上）。在进行环境成本研究时，资源损失成本和环境损害成本是会计核算时要重点理解和把握的会计事项。

④要重视资源损失成本的核算。资源损失成本的核算可体现资源使用效率，在目前循环经济、低碳经济等可持续经济发展的热潮下，首先就要重视资源损失成本的核算。尽管在目前会计核算条件下，已包含了资源损失成本，但是这部分隐含在产品成本中，并没有明晰化。笔者认为，降低资源损失是可持续经济发展的第一步，可利用 MFCA 方法，明确资源损失，找到环境改善点，提高资源使用效率，降低资源损失，减少资源耗费。

⑤要重视外部环境损害成本的核算。外部环境损害未纳入产品成本核算，长期外部化。这是在透支未来经济的发展，在透支未来后代的资源。本文采用 LIME 方法计算外部环境损害具有一定局限性，但足以把问题说清楚。如果无限制地任由企业排放污染物，污染物会无限制地突破环境容量，这种毁灭性的后果是无法估量的。只有把污染造成的外部环境损害纳入会计系统，企业才会真正考虑其对企业损益的影响，才会真正促使其用心投入环保。目前正在试点推广的排污权交易，正是外部环境损害内在化的一种表现。

⑥环境成本内在化后，会促使使产品成本大幅度上升。但从长期发展来讲，环境成本内在化趋势是必然的。我们一定要避开美国作家兼自然环境保护学家爱德华·艾比所说的"为增长而增长乃癌细胞生存之道"的现象。环境成本内在化是预防环境污染这个毒瘤的有效手段。

当然，该文仍然存在缺陷，由于计量手段原因，对于二氧化碳的计量没有考虑，这并不是因为碳排放完全达标，目前燃煤发电企业是二氧化碳排放的重大污染排放单位。一旦二氧化碳净排放可以计算出来，也可以用以上程序使环境成本内在化。

参考文献

[1] 陈毓圭. 环境会计和报告的第一份国际指南——联合国国际会计和报告标准政府间专家工作组第 15 次会议 [J]. 会计研究，1998（5）.

[2] United Nations. Environmental Management Accounting Procedures and Principles [R]. 2001：11-16

[3] IFAC. Guidance Document on EMA_ Final [R] .2005（8）.

[4] Robert Gale. Environmental costs at a Canadian paper mill：a case study of Environmental Management Accounting（EMA）[J] . Journal of Cleaner Production，2006（14）.

[5] 张杰. 环境质量成本模型的企业环境成本管理研究 [J] . 软科学，2005，19（6）.

[6] 罗喜英，肖序. 基于 MFCA 的企业低碳经济发展路径选择 [J] . 中南大学学报（社会科学版），2012，18（1）.

[7] 罗喜英，肖序. 物质流成本会计国际标准介绍与应用述评 [J] . 湖南科技大学学报

（社会科学版），2012，15（3）．

[8] 罗喜英，肖序．物质流成本会计理论及其应用研究［J］．华东经济管理，2011，25（7）．

[9] 罗喜英，肖序．基于低碳经济发展的企业资源损失定量分析及其应用［J］．中国人口资源与环境，2011，21（2）．

[10] 徐瑜青，王燕祥，李超．环境成本计算方法研究——以火力发电厂为例［J］．会计研究，2002（3）．

（作者单位：湖南科技大学商学院）

长沙市经济增长动力机制分析与转型创新发展研究

赵先超　周跃云

摘　要： 作为长株潭城市群的核心增长极，近年来长沙市在"两型社会"建设进程中取得了较为显著的成绩，但同样也面临着能源供给不足、资源消耗过快、产业结构亟待升级、碳排放增速过猛等诸多现实问题。本文在分析长沙市经济发展现状的基础上，基于柯布-道格拉斯生产函数对长沙市经济增长动力进行了实证分析。在实证分析的基础上有针对性地提出了长沙市转型创新发展的政策建议，对于纵深推进长沙市"两型社会"建设具有重要参考意义。

关键词： 经济增长；动力机制；转型创新；长沙市

作为长株潭城市群的核心增长极，从一定程度上讲，长沙市"两型社会"的纵深推进建设，对于整个长株潭城市群的"两型社会"建设具有至关重要的作用。而纵深推进阶段进程中的长沙市"两型社会"建设，其经济发展是基础，转型创新是关键。基于此，如何在客观分析长沙市经济、社会发展现状的基础上，运用恰当的模型及手段来科学探究长沙市的经济增长动力，继而寻求转型创新的政策建议，既是一个重要的理论性问题，也是一个摆在长沙市"两型社会"建设进程中亟须解决的重大现实问题。

一、长沙市经济发展现状

2011 年，长沙市三次产业结构调整为 4.3：56.1：39.6，全年实现地区生产总值（GDP）5 619.33 亿元，比上年增长 14.5%，其 GDP 总量在全省的占比达 28.6%，在长株潭三市中的占比高达 67.5%。其中，分产业看，第一产业实现增加值 243.38 亿元，增长 4.0%；第二产业实现增加值 3 151.68 亿元，增长 18.3%，其中工业实现增加值 2 662.47 亿元，增长 20.4%；第三产业实现增加值 2 224.27 亿元，增长 10.7%。按常住人口计算，人均 GDP 达 79 530 元，比上年增长 10.9%，为全省的 2.7 倍。

二、长沙市经济增长动力分析

现代经济增长理论中的新古典增长理论、"新"增长理论、结构主义发展理论和制度变迁理论均从不同侧面对经济增长的动力源泉及内在机制进行了深入研究。上述理论均指出，资本、劳动、技术进步、资源配置、制度创新等因素是国民经济增长的重要源泉。为定量分析各因素对长沙市经济增长的贡献作用，本节以现代经济增长理论为基础，综合长沙市经济增长的各种特征，利用长沙市 2000~2010 年相关数据，采用经典的柯布-道格拉斯生产函数测算出资本、劳动力和全要素生产率对经济增长的贡献。

1. 模型的建立

本文主要采用柯布-道格拉斯生产函数建立估计方程。柯布-道格拉斯生产函数的一般形式为：

$$Y = AK^{\alpha}L^{\beta} \tag{1}$$

公式（1）中的 α 和 β 未知，为了计算 α 和 β，先对公式两边求自然对数，得到：

$$\ln Q = \ln A + \alpha\ln K + \beta\ln L \tag{2}$$

假定 $\alpha + \beta = 1$，得到：

$$\ln Q/L = \ln A + \beta\ln K/L \tag{3}$$

公式（3）已经线性化，可以使用线性回归方法计算参数 α 和 β。

2. 指标解释及相关数据的选取

国内生产总值 Y。国内生产总值 Y 的数值可通过直接查阅《湖南省统计年鉴（2001~2011）》得到。

资本投入 K。资本投入是保持区域经济增长的重要基础，主要包括基础设施建设投资、更新改造投资、房地产投资等。考虑到固定资产投资效果的相对滞后性，另外为简化计算步骤，本文把累计全年度社会固定资本投资总额作为资本投入 K 的解释变量。

劳动投入 L。从理论上讲，经济增长不仅取决于劳动力要素的投入量，还取决于劳动力要素的利用效率、质量等。就劳动力投入指标而言，是指生产过程中实际投入的劳动量。为简化计算，本文劳动力投入 L 选用年末从业人员总数。

技术进步及其他全要素 A。技术进步是当前经济增长的核心要素，是区域经济赖以发展的重要推动力。技术进步及其他全要素主要包括技术创新、制度创新、产业结构等。

3. 实证分析

（1）回归分析

根据《湖南省统计年鉴（2001~2011）》得到长沙市 2000~2010 年国内生产总值、全年度社会固定资本投资总额以及全年年末从业人员总数数据（表1）。

表1　2000~2010 年长沙市 GDP、资本投入 K、劳动投入 L

	GDP/亿元	全社会固定资本投资总额/亿元	从业人员总数/万人
2000	656.41	92.79	353.17
2001	728.08	137.80	347.23
2002	812.90	175.20	345.45
2003	929.49	201.13	356.35
2004	1 133.88	239.87	356.03
2005	1 519.90	778.48	358.92

	GDP/亿元	全社会固定资本投资总额/亿元	从业人员总数/万人
2006	1 798.96	963.19	365.18
2007	2 190.25	1 310.00	383.97
2008	3 000.98	1 888.47	396.53
2009	3 744.76	2 403.26	408.41
2010	4 547.06	3 066.73	424.07

将表（1）中的数据经过转换后，代入公式（3），并借助 SPSS17.0 软件进行回归分析，回归分析结果见表2。

表2　回归分析结果

	Coefficient	Std. Error	t-Statistic	Prob.
C	1.230	0.035	34.830	0.0000
β	0.502	0.029	17.229	0.0000
R-squared	0.985	Adjusted R-squared		0.967
F-statistic	296.828	Durbin-Watson stat		1.274

结合上表中的回归分析结果，则回归方程（3）可相应变换为：

$$\ln Q/L = 1.230 + 0.502\ln K/L \tag{4}$$

公式（4）是否适用，首先要经过经济学检验。由于回归方程（4）很好地通过了拟合优度检验、显著水平等于 0.05 的 t 检验和 F 检验，说明了该方程可信度较强。

则 $\alpha = 1 - \beta = 0.498$，可以进一步将长沙市经济增长的柯布-道格拉斯生产函数写成：

$$Q = AK^{0.498}L^{0.502} \tag{5}$$

（2）经济增长因子的时间序列分析

根据公式 $A = \dfrac{A}{K^{0.498}L^{0.502}}$ 来计算长沙市各年度的技术因子。当年产出、技术系数、资金和劳动力相对于上一年的变化率分别采用 $\Delta Q = \lg(Q_n/Q_{n-1})$、$\Delta A = \lg(A_n/A_{n-1})$、$\Delta K = \lg(K_n/K_{n-1})$ 以及 $\Delta L = \lg(L_n/L_{n-1})$ 公式计算。而当年技术系数、资金和劳动力对长沙市增长的贡献率则分别采用公式 $P_A = \Delta A/\Delta Q$、$P_K = (1 - P_A)\Delta K/(\Delta K + \Delta L)$ 以及 $P_L = 1 - P_A - P_K$ 计算。技术进步贡献率、资金增加贡献率以及劳动力贡献率计算结果见表3。

表3　技术进步贡献率、资金增加值贡献率和劳动力贡献率

	技术进步贡献率	资金增加贡献率	劳动力贡献率
2001	-0.985 5	0.341 0	0.164 4
2002	-0.155 2	0.120 5	0.102 1
2003	0.337 3	0.039 7	0.073 4
2004	0.523 5	0.036 4	0.076 1

续表

	技术进步贡献率	资金增加贡献率	劳动力贡献率
2005	−1. 182 4	1. 115 8	0. 514 8
"十五"平均	−0. 292 5	0. 330 7	0. 186 2
2006	0. 270 8	0. 067 4	0. 100 0
2007	0. 038 9	0. 128 4	0. 155 3
2008	0. 325 8	0. 107 1	0. 172 8
2009	0. 350 8	0. 068 0	0. 117 5
2010	0. 232 7	0. 081 2	0. 122 2
"十一五"平均	0. 243 8	0. 090 4	0. 133 6

根据 2001～2010 年长沙市各要素对经济增长的贡献率绘制折线图，以便于进一步分析长沙市技术进步、资金投入及劳动力投入对经济增长贡献率的时间变化趋势。

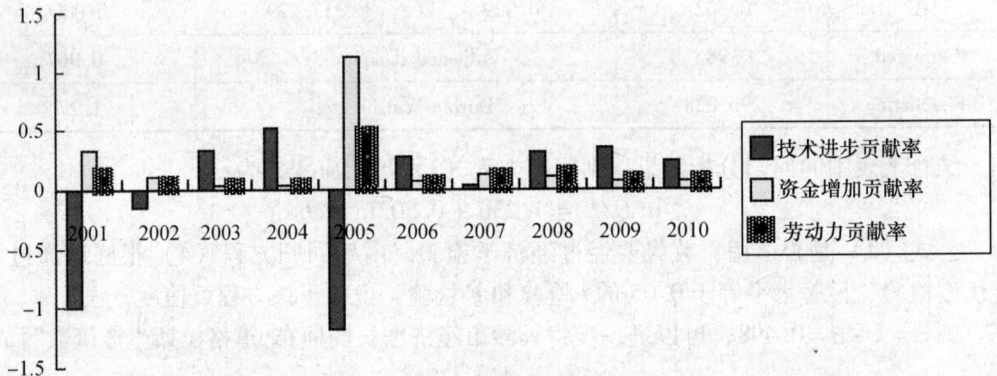

图1　技术进步贡献率、资金增加值贡献率及劳动力贡献率变化图

①资本投入贡献率。十年间长沙市资本投入对经济增长的贡献率大体经历了两个由高至低的阶段。第一个由高至低的时期为 2001～2004 年，第二个由高至低的时期为 2005～2010 年。2005 年，长沙市资金投入贡献率为 1. 115 8，远高于同期劳动力贡献率（0. 514 8）。从总体上看，资金投入在长沙市经济增长中占据着重要地位。

从时间进程来看，"十五"期间湖南省接近 50% 的投资和超过 50% 的信贷投放量都集中投入长株潭三市，其中长沙市又占近一半，由此也带来了较高的资金增加贡献率，年平均贡献率达 33.07%。2005 年，长沙市资金增加贡献率更是达到了 111.58%，为"十五"和"十一五"期间的最高值。"十一五"时期，长沙市加快调整了产业结构，特别是 2007 年长株潭城市群两型社会综合配套改革试验区的获批及后续建设，长沙市资本投入贡献率较"十五"时期有明显下降且趋于稳定。从数据上来看，"十一五"时期长沙市平均资金投入贡献率为 9.04%，远小于"十五"时期的 33.07%，这说明这一时期资金投入虽然仍是区域经济增长的主要贡献因素，但长沙市的经济发展模式开始转型。

②劳动力贡献率。一方面，相较于技术进步贡献率和资金增加值贡献率，长沙市劳动力对经济增长的贡献率变化较小；另一方面，除个别年份外，劳动力投入对长沙市经济增

长的贡献率在多个年份小于同期技术投入贡献率。这从总体上说明，劳动力对长沙市经济增长的贡献不是特别明显，其对经济增长的推动作用比较弱。这主要是由于随着经济发展步入一个新的台阶，长沙市总体上步入工业化后期，传统的劳动密集型产业逐步向资本密集型和知识密集型产业转型发展，加之劳动力成本的显著升高，从总体上导致了劳动力对长沙市经济增长的贡献不是特别明显。

从时间过程来看，"十五"期间，长沙市劳动力对经济增长的贡献率虽然具有一定的波动性，但均表现出对经济增长的促进作用，其年平均贡献率为18.62%；"十一五"期间，长沙市劳动力对经济增长的贡献率基本处于10%以上，年平均贡献率达到13.36%。

③技术进步贡献率。技术进步对长沙市经济增长的贡献率日益凸显，特别是在"十一五"时期，除个别年份外，技术进步对长沙市经济增长的贡献率（非绝对值）均明显高于劳动力对经济增长的贡献率，这从总体上说明了长沙市正逐步走向依靠技术创新发展经济的良好模式。

从时间过程来看，"十五"期间，长沙市技术进步对经济增长的贡献率具有一定的波动性，2001~2004年，技术进步对经济增长的贡献率持续升高，但2005年降至十年间的最低值（-118.24%），这主要是由同期资本投入对经济增长的高贡献率所致；"十一五"期间，技术进步对长沙市经济增长的贡献率始终为正值，这主要是由于"十一五"时期长沙市开始从传统的"高投入、高消耗、高污染、低效益"经济发展模式向低碳经济发展模式转型。在这一时期，长沙经开区、浏阳生物医药园等获批成为全国七大综合性高新技术产业基地，长沙市的先进装备制造、新能源、新材料、生物医药、节能环保等一批战略性新兴产业快速成长。但是另一方面，技术进步对长沙市经济增长的贡献率并没有呈直线上升状态，这说明长沙市经济发展转型也面临着重重困难。

三、长沙市转型创新的政策建议

实证分析结果表明，劳动力、资本和技术都对长沙市经济增长具有一定的贡献作用，但资本投入对长沙市经济增长的贡献率比较大，劳动力投入对经济增长的推动作用比较弱，技术进步对经济增长的贡献也才开始凸显。这从一定程度上说明长沙市的经济增长仍然是粗放型的。从这个意义上讲，科技创新、制度创新、提高劳动力素质是促进长沙市经济长期增长的必然选择。当前，在长沙市"两型社会"建设已经进入纵深推进阶段背景下，为进一步推动长沙市健康、快速发展，更要依靠制度创新、技术创新、产业创新等多个领域的转型创新来实现目标。其中，制度创新的主体为政府，要求政府实现由管理型政府向服务型政府的转型；科技创新的主体为企业，要求科技由低端科技向高端应用科技转型；产业创新主要指在经济领域实现传统经济向低碳经济的转型。

1. 政府：实现由管理型政府向服务型政府转型

政府是制度创新的主体。长沙市转型创新的重要环节是强化政府转型，成功实现传统"管理型"政府向现代"服务型"政府的转型。政府由"管理型"向"服务型"转型，不仅仅指管理理念由"管理"向"服务"转型以及发展理念由传统注重GDP向注重绿色GDP、可持续发展转型，还包括体制机制的创新、政策法规的创新等。

2. 科技：实现由低端科技向高端应用科技转型

可以预计，随着知识经济时代的到来，技术人才要素对长沙市经济增长的推动作用将日益增强。为此，长沙市应依托区域科教文卫优势，进一步完善技术创新体系，加快自主创新步伐，加大技术创新合作，支持科技人才培养。

3. 产业：实现由传统经济发展向低碳经济转型

从短期来看，资本投入仍将是长沙市经济增长的重要驱动因子。为此，首先要继续加大资金投入，提高资金利用率，继而提高经济效率，实现产业结构的优化升级；其次，从长远来看，由于长沙市资本投入仍以政府为重要主体，鉴于政府资本投入本身就是一个资源优化配置的经济问题，且资金投入与区域产业结构、经济发展模式有较强的关联性，为此长沙市必须在保持政府投入的前提下，进一步加大招商引资力度，积极引导社会和民间资本投入第二、第三产业，加快实现产业结构调整以及经济发展模式转型，逐步实现由传统经济向低碳经济转型。

参考文献

[1] 湖南省人民政府网站：http://www.hunan.gov.cn/zwgk/tjsj/sjfxjd/201104/t20110401_329823.html.

[2] 石贤光. 基于柯布-道格拉斯生产函数的河南省经济增长影响要素分析 [J]. 科技和产业，2011（4）.

[3] 邱晓华，等. 中国经济增长动力及前景分析 [J]. 经济研究，2006（5）.

[4] 刘随华，等. 杨凌示范区经济增长动力因素分析 [J]. 陕西农业科学，2007（6）.

[5] 顾海. 经济增长中技术创新动力因素分析 [J]. 学海，2000（4）.

[6] 赵先超，等. 长沙市碳排放与影响因素的拟合变动分析 [J]. 湖南工业大学学报（社会科学版），2012（1）.

[7] 张萍，等. 长株潭城市群发展报告（2011）[M]. 北京：社会科学文献出版社，2010.

[8] 赵先超. 城市低碳发展与提升对策研究——基于长沙市的实证分析 [D]. 湖南师范大学，2010.

（作者单位：湖南工业大学）

透过某些官员的傲慢言行看增强领导干部民主素质的重要性

侯苏勤

摘　要：近几年，由于网络媒体的快速发展，官员的傲慢言行被频频曝光，某些官员的"雷人"言行受到了广大网民的谴责和抨击，有些甚至因"雷人"言行导致东窗事发。官员的傲慢言行屡见不鲜，究其原因，在于有不少领导干部精神内核中有较多的封建王权和"文革"斗争基因，即官本位思想、霸王意识和整人意识。民主是人类至今最好的政治制度，它可以制约权力，遏制独裁和专断，防止权力的滥用和寻租。当今领导干部要真正去掉骄横、傲慢之气，就要正确对待权力，明确权力是由人民所赋予，要对人民有尽忠之心和敬畏之心。领导干部要真正刷新权力观念，提高民主素质，转变领导方式，就必须增强民本意识、平等意识、受监督意识、程序意识、法纪意识等。要增强领导干部民主素质，应注重以下五个方面的工作：加强宣传教育力度，提升重要性；破除政务神秘化，增强透明性；发挥监督作用，增强约束性；严格操作规程，增强程序性；坚持权为民所赋，增强主体性。

关键词：官员；傲慢言行；领导干部；民主素质；重要性

近几年，由于网络媒体的快速发展，官员的傲慢言行被频频曝光，某些官员的"雷人"言行受到了广大网民的谴责和抨击，有的甚至因"雷人"言行导致东窗事发，丢了乌纱帽，这种现象值得我们认真反思和研究。

一、某些官员傲慢言行示例及分析

案例一：郑州一块经济适用房用地被开发成别墅和楼中楼，面对记者采访，郑州市规划局副局长逯军这样质问记者："你是替党说话，还是替老百姓说话？"

案例二：吉林辽原市环保局局长郭东波在全局大会上说："领导就得骑马坐轿，老百姓想要公平？臭不要脸！"

案例三：2011年8月19日安徽卫视一栏目来芜湖市国能电力第5分公司调查违规收"份子钱"一事时，该公司专职安全员（系中共党员）刘来发问："你是不是党员？我问你。"

记者："采访和是不是共产党员有什么关系？"

刘来发："我跟你讲，你反对党，你反对我。"

记者："反对你就是反对党是吧？"

刘来发："哎，就是！你对共产党员就是这种态度！"

案例四：据 2004 年 11 月 16 日《法制晚报》报道，在北京市职工大学任教的孟老师，因在学校全体大会上要求校领导公开经济收入，并称"如果不敢做就说明领导有贪污嫌疑"。为此，学校党委认为孟老师此举是"对他人的人身攻击和侮辱诽谤，是公然对抗组织，无视党的纪律，无视事实依据，无视学校大局"。给予孟老师党内通报处分，并要他停职检查。

他山之石链接 1："龙永图的两次经历"

一次是出差（在国内），突然听到候机室里热闹非凡，遂生好奇，决心一探究竟，只见数十号人围着一男子点头哈腰，百般殷勤，私下打听，才知是某县委书记出国考察。

另一次则是在意大利参加国际会议，地点是在一个小镇的小酒窖里，灯光十分昏暗，与会者都是国际经济界有头有脸的人物，没有领导席，没有嘉宾席，只有先来后到之分。龙永图坐下不久，有一个老太太独自进来坐在他身边，与他寒暄良久。会后龙永图问组织者："那位老太太是谁？"对方惊讶地说："您不认识她？她就是荷兰女王呀！"

他山之石链接 2：骆家辉赴任

美国新任驻华大使骆家辉于 2011 年 8 月 1 日就任，8 月 12 日他携妻子儿女坐着飞机经济舱拎着大包小包来到北京，那模样活像一个普通北京市民旅游归来，没有半点超级强国大使的气派。

改革开放到现在已有 30 多年了，经济有了很大的发展，思想观念有了很大的转变，但由于政治体制改革的滞后，执政的特权化和权力的霸王化仍很严重，官员的傲慢言行屡见不鲜，甚至像重庆的"彭水诗案"和进京捉拿记者的事都见怪不怪了。究其原因，在于有不少领导干部精神内核中有较多的封建王权和"文革"斗争基因。

一是官本位思想。口里喊以民为本，执政为民，骨子里是以官为本，执政为我。把前呼后拥、警车开道看做是当官人应有的待遇和威严，把"三公消费"看做应有的行政成本；把升官晋级、优先安排自己的亲友就业当官看做是组织上应有的奖励，等等。像案例二中郭东波在全局大会上说"领导就得骑马坐轿，老百姓想要公平？臭不要脸！"这样的话，真的刺伤了老百姓的心！

二是霸王意识。奉行我是党员就是党的王权思想，如案例三仅仅是一个普通党员，也可以大言不惭地说，反对他就是反对党，足以说明特权思想遗毒之深。

三是整人意识。如案例一，逯军就是喜欢上纲上线的高手，他把党和老百姓对立起来，其行为及做法令人匪夷所思。再如案例四，北京职工大学对敢于提意见的孟老师扣上无视党的纪律、学校大局、公然对抗组织的帽子，并对孟老师给予党内通报批评、停职检查，完全是"文革"中的那一套。

综上所述，统而论之，部分官员为什么有如此傲慢言行？其根本原因就是他们认为官贵民贱，当官做老爷，人民就是臣民，说到底就是缺乏起码的民主素质。

现在经济发展在转型，从速度型转为质量型；社会管理要转型，从管理型转为服务型。要实现这两个转型，领导方式的转型要先行，领导方式的转型是经济发展转型、社会管理转型的前提和基础。领导方式转型的核心问题是民主素质的提升。

二、民主素质的内涵要求

民主是人类至今最好的政治制度。它可以制约权力，遏制独裁和专断，防止权力的滥用和寻租。领导干部要真正去掉骄横、傲慢之气，就要正确对待权力，权力是由人民所赋予的，领导干部是人民权力的受托者，是公仆，而绝不是老爷，官员应该要对人民有尽忠之心，敬畏之心。要真正刷新权力观念，提高民主素质，转变领导方式，就必须增强民本意识、平等意识、受监督意识、程序意识、法纪意识等。

1. 增强民本意识

春秋战国时的孟子就指出："民为贵，社稷次之，君为轻。"我们已处在21世纪了，作为共产党执政的社会主义国家，各种报告文件都强调全心全意为人民服务，我们的领导干部不管职务多高，都是人民的勤务员……但对不少官员而言，这些话只不过是在报告里、文件中说说而已，他们的骨子深处还是认为官就是官，民就是民，官就是高人一等。美国总统奥巴马都是自己撑伞，我们有的乡镇党委书记就要别人替他打伞拿袋子。

2. 增强平等意识

按照民主人权的理论，人人生而平等，他们都从"造物主"那里获赠了某些不可让渡的权利，其中包括生命自由和追求幸福的权利。为了保障这些权利，才在人们中间成立政府。而政府的正当权利须得自民众的同意。如果任何一种形式的政府变成损害这些权利的政府，人民就有权利来改变或废除之，以建立新的政府。我们有的官员习惯于高高在上，热衷于被人拥着捧着宠着，官气十足，官威凌厉。现在不少人戏称单位"一把手"是"一霸手"，就是因为不少"一把手"奉行我的地盘我做主，大事小事我说了算，连起码的民主意识、平等意识都没有。

3. 增强受监督的意识

绝对的权力产生绝对的腐败。权力必须在监督制约之下，才能正常运行。有些官员深受封建专制特权思想的影响，习惯于我说你做、我讲你听、我主你从的模式。别人说真话他就不自在，别人提意见他就觉得是找茬子，别人说要监督，他就觉得是大逆不道，这与民主背道而驰，连起码的民主意识都没有，满脑子的专制专横意识。

4. 增强程序意识

程序是次序和规则。程序体现公平，如分粥理论，分粥的人必须最后一个端粥，这样就能促进公平公正。在我们的政治生活中有些人往往忽视"程序"，导致有的单位出现怪象，如父子科、兄弟局、父亲研究儿子的提拔、兄长负责弟弟的招考，即使有人举报，上级部门也认为是一般性违规，不深究严查。

5. 增强法纪意识

法律和纪律是治国之根本，也是推行民主的基础和保证。法纪面前人人平等，此是民主治国之大义。现在我们的法律和法规堪称最繁多最完备，但执行起来较差。一是有的严有的松，周久耕"天价烟"被网民曝光后，中央有关权威部门下发一个禁止公款消费香烟的文件，实际上这个规定在官场中连一点涟漪的作用也没有，令人啼笑皆非。二是领导干部带头示范作用有限，有的领导和组织把自己摆在法律法规之上，认为法律法纪只是对老百姓而言，对他没用，刑不上大夫，这是典型的特权意识，专制意识。

三、增强领导干部民主素质之我见

关于领导干部的素质建设诸如政治素质、道德素质、能力素质等等，文章报告中论述颇多，几乎每次培训都有，每会必讲，倒是对"民主素质"很少详讲详述，最多是一两句话带过，诸如民主集中制，虽然带了个民主，其实只是个陪衬，领导强调的只是集中。在中国领导干部中最欠缺的是民主素质。五四时期进步青年高举科学、民主旗帜，到现在了，还有不少领导或者对民主知之甚少，或者视民主如畏途。尼泊尔王室都放弃封建世袭制度，推行民主政治，而我们作为社会主义国家，还在争论民主是个好东西还是坏东西，这确实令人啼笑皆非。

要增强领导干部民主素质，应注重以下几个方面的工作。

1. 加大宣传教育力度，提升重要性

认知民主内涵，熟悉民主方式，强化民主意识，是新时期领导干部必备的软实力，也是加快领导方式转变，创新社会管理，推进科学发展观落实的重要环节。民主，是当今世界滚滚潮流，顺之者昌，逆之者亡。没有真正的民主，就不是真正意义上的社会主义。马克思在《共产党宣言》中就指出：消灭剥削制度，实现共产主义，就是为了实现"一切人自由的全面的发展"。没有真正的民主，就没有真正的现代化，民主是当今的时代特征。经济社会的不断发展，人们的政治诉求和政治参与热情越来越高涨，领导干部的民主素质直接关系到社会和谐与稳定。2008 年 6 月 28 日贵州瓮安事件因一件一般死人案酿成冲击县委县政府大楼，烧毁 20 多辆车子的大案，原因很多，其中一个主要原因是该县领导高高在上，冷漠迟钝，面对群众的请愿，不对话，不解释，不出面，导致事态扩大。2008 年 11 月 3 日重庆发生出租车司机全部罢运事件，当时重庆市交委就草拟了一份关于此次重庆市出租汽车全面停运的报告，并将主要内容向新闻界公布，接着，重庆市委领导召开了有 67 名市民包括出租汽车司机、加气站和出租车公司代表等参加的座谈会，经过深入调查，拿出了让出租车司机满意的方案，最后使此次罢运风波得以平息，其中充分显现了民主对话、民主作风的功力。

2. 破除政务神秘化，增强透明性

孔子说："民可使由之，不可使知之。"宣扬的就是政务神秘观、垄断观。按照现代民主的观点，政者公众之事，公众有参与权、知情权、质询权。权力只有放在阳光之下，才能减少神秘性、垄断性、腐败性。如最近几年，有些地方试点重要干部选拔任用实行由全委会票决，有的实行党代表、人大代表或公民代表列席党委常委会议和政府常务会议，这是可喜的探索。尤其是今年国务院要求中央各部委向社会公布"三公消费"和预算，虽然不少部委行动迟缓或含糊其辞，但终究是破冰之举，对于消除政务神秘性、垄断性、腐败性，增强政务的公开性、公平性是一个很好的开端。

3. 发挥监督的作用，增强约束性

世界上没有最完美的人，任何人都具有理性的人和动物性人的两面性。掌握公权的人没有监督和制约，就一定会走向滥用权力，走向腐败，所有贪污腐败的案例都集中说明了这一点。我们现在法律法规条款最多，监督机构也算最多，如人大监督、政协监督、民主党派监督、纪委监督、司法监督、行政监督、审计监督、舆论监督等等。尽管这样，但最终给人的感觉是疲软乏力。要改变目前监督疲软乏力的现状，一是改同体监督为多体监督。目前的监督主要以纪委、检察等部门为主，都属领导体制内部的监督，容易受感情关系的干扰，产生疲劳症、松懈症。如果发挥异体监督的作用，就会收到一些奇效。如人民监督具有广覆盖的作用，群众的眼睛是雪亮的，这样就可以改变看得见的管不着，管得着的看不见这一现状。一个单位的"三公消费"，纪委审计部门只能就数字审数字，无法摸清实底，如果让本单位职工代表参与监督，实情实脉一目了然。其次像舆论监督也很管用，现在的媒体监督尤其是网络媒体，越来越发挥出积极作用，社会公众对其评价越来越高。二是要解决谁来监督监督者，像纪委、检察、审计等监督部门自由裁量权很大，可以立案，可以不立案；可以认真查，可以轻轻带过；可以大事化小，可以小事做大，郴州市原纪委书记曾锦春就是生动一案。为什么会出现这种状况，原因一是监督部门的人也有七情六欲，也有挡不住的诱惑；原因二是对他们缺乏严格的监督和约束。现在最多就是系统内部的所谓监督，父与子、兄与弟之间难得较真。应该要让社会来监督，让人民来监督，让舆论来监督；办案要阳光透明，不要搞暗箱操作，可以向人大代表党代表和公民代表通报案情，接受查询和质询。

他山之石链接3："中德官员对话录"

中国有一个县，希望与德国一个市结为"兄弟城市"，进而吸引外资，投资建厂。德国人对这个项目充满期待，双方通过国际电视电话会议的方式，进行了意味深长的对话。

电视电话会之后，双方有些迷惑不解。德方对中国的报告深感不解，中方的报告很空洞，75%的内容是在讲国家的政策多优惠，改革开放的春风满地吹，只有25%的内容是实用的。而中方对德方的与会人员感到很奇怪。名单上除了该市官员、企业代表和相关专家之外，还有一个烤面包的厨师、一个水管工和一家庭妇女。中方的县委书记忍不住好奇地问："我详细看了贵方的名单，怎么有些无关人员参加呢？"

"无关人员？"德国市长好奇地问。"是啊，厨师、水管工和家庭妇女。""哦，他们是市政监督员，没有他们的监督和市议会的支持，我无权作任何决定。"德方市长说，"他们是纳税人的代表，这个项目的决定权，也有他们一份儿，他们还负责监督本次会议是否有舞弊行为，以考察我的办事效率。"

"哦，是这样……"中方官员一头雾水。

4. 严格操作规程，增强程序性

罗尔斯的《正义论》就是以程序倾向为特色的。他认为，公正的法治秩序是正义的基本要求，而法治取决于一定形式的正当过程，正当过程又主要通过程序来体现。

湖南省人民政府于2008年4月17日制定发表了《湖南省行政程序规定》。从它的制定实施来看，至少体现了这么一些特点：

(1) 破除权力垄断性，公众参与效果好

如涉及民生的行政行为，首先要举行"听证会"，并对听证会的人数、人员的选定等都有严格的规定和程序，有序地扩大公民的政治参与权，防止官僚作风。

(2) 破除权力神秘性，阳光透明拒腐败

周强强调：政府工作要以公开为原则，不公开为例外。阳光是最好的防腐剂。政府行政只有置于群众的监督之下，把程序和结果都公开，才能最大限度地防止以权谋私、以权代法等不良行政行为，才能有效遏制某些官员的傲气和霸气。

（3）破除权力的随意性，行政违法要问责

过去，不少官员决策时拍脑袋（个人说了算），承诺时拍胸脯，出了事拍屁股（一走了之）。《湖南省行政程序规定》强化了对行政行为的层级监督，创新了机制和方式。主要建立了绩效评估制度，违法行为登记公布制度，投诉举报制度等等，这样就可以减少主观主义，官僚主义作风，遏制渎职乱职行为。

5. 坚持权为民所赋，强化主体性

我们共产党一直强调我们的权力是人民所赋予，我们是人民的公仆，权为民所用，情为民所系，利为民所谋。可是在实际中，有些官员把主仆关系颠倒过来，当官做老爷，高高在上，把老百姓当奴仆，傲气霸气十足。因为他们内心知道，他们的权力是上级领导给予的，只认上级领导的账，见到领导是只羊，见到群众是匹狼。群众虽说是主人，但对他没任何制约权。其实他们应该明白一个道理，那些民选官员要靠老百姓一票一票地选上来，必须善待选民，尊重选民，不断做好工作，不断改进工作，才能取得选民的认可。

1945年7月4日，毛泽东与黄炎培谈心过程中，当黄炎培谈到"其兴也勃焉，其亡也忽焉"的周期率时，毛泽东高兴地答道：我们已经找到了新路，我们能跳出这个周期率。这条新路就是民主。只有让人民来监督政府，政府才不敢松懈；只有人人负责，才不会人亡政息。延安时期，外有日本侵略，内有与国民党的摩擦，但抗日战争时的延安，民主政治风生水起，延安是青年人和知识分子心中的圣地。主要原因是那时的民主政治搞得如火如荼。《新华日报》发表社论，要学习华盛顿，学习美国的民主政治。1941年陕甘宁边区政府专门发出了《为改选及选举各级参议会的指示信》，强调"民主政治选举第一""选举自由不得妨碍""如果有人轻视选举，或者说不要选举，那就是等于不要民主。不要民主就等于不要革命"。据统计，在1941年的第二次选举中全边区参加选举的选民超过了选民的80%，个别县如平山、阜平等甚至达到了98%，有的文盲多的地方采取碗里放豆的投票方式。傅作义在北平和平解放以后对毛泽东说，他之所以下定决心起义，不仅仅是因为怕北京这个文化古城被战火摧毁而成为千古罪人，根本的原因是共产党搞民主政治让他心服口服。他同时给毛泽东留下这样的话：如果50年后共产党搞民主政治搞得还能像今天这么好，他就真的折服了。50年后的今天，我们领导干部的民主观念、民主素质退化了，但傲气和霸气却增强了，让黄炎培、傅作义两位民主人士见笑了。

当今之世，什么皇权、专制、威权都已成为历史的垃圾，只有民主法治才是治国理政的基石，公平正义的保证，长治久安的根本。民主政治就是要充分尊重人民的主体性，让人民自己做主，不要为民做主，更不要替民做主，要让人民有充分的参与权、知情权、监督权、选举权。而要保证这些权力的实施，关键问题要保证人民选举权，变权为官所赋为权为民所赋。像现在农村村民自治正规的地方，被选举人是不会高高在上，霸气十足的，因为他们对选民有效忠之心，敬畏之心。现在的问题是要把面扩大，层次升高，让所有的官员接受人民的挑选，接受人民的监督，真正做到权为民所赋，情为民所系，利为民所谋，那么我们的领导意识、领导作风、领导方式就会有质的转变，和谐社会可以加快构建，社会的长治久安得以保证，民族的伟大复兴有望实现。

参考文献

［1］陈丽. 龙永图的两次经历 ［J］. 读者，2008（4）.

[2] 万丽华，蓝旭．孟子 [M]．北京：中华书局，2006.

[3] 中央编译局．共产党宣言 [M]．北京：人民出版社，1997.

[4] 王伟德．中德官员对话录 [J]．领导文萃，2007 (3)．

[5] 李华．论民主 [J]．党课，2008 (9)．

（作者单位：中共茶陵县委党校）

建设"和谐社会"应正确认识"恶"的历史作用

赵炎秋

摘　要： 如何处理道德"恶"，这在和谐社会的建设中是一个重大的理论问题。道德意义上的"恶"只有与生产力联系在一起，实际地推动了生产力与社会的发展，才可能在历史领域起到积极的作用。对于道德上的恶，我们一方面要认识到它可能具有的历史积极作用，另一方面，我们更应认识到，这种历史作用是有条件的，而且，在道德领域本身，"恶"是没有正面价值的。因此，即使在历史领域起着积极作用的恶，在道德领域也不总是值得提倡的。在它还起着积极作用的时候，对它的范围、影响应该加以控制，而当它的历史作用结束的时候，就应该及时对其进行控制与反对。

关键词： 道德；历史；善；恶

　　自党的十六大以来，和谐社会就一直是我国社会主义建设的重要目标之一。胡锦涛总书记在十七大报告中，34 次提到"和谐"，12 次提到"社会和谐"，7 次提到"和谐社会"。十八大之后，以习近平同志为总书记的党中央也多次强调和谐社会的建设。

　　那么，怎样才能建设和谐社会？2006 年 10 月，《中共中央关于构建社会主义和谐社会若干重大问题的决定》指出，构建社会主义和谐社会的目标和主要任务之一是"全民族的思想道德素质、科学文化素质和健康素质明显提高，良好道德风尚、和谐人际关系进一步形成"。在此之前，胡锦涛总书记提出八荣八耻，提倡在全社会树立新的社会主义的荣辱观。这说明，建设社会主义和谐社会的要求之一，是建立良好的道德风尚，在全社会提倡一种趋善的伦理价值观。

　　然而，善与恶总是相对立而存在的。在提倡道德上的善的时候，如何对待道德上的恶，就不能不成为构建和谐社会需要解决的一个重要理论问题。

　　国内学术界在讨论道德恶的时候，往往喜欢引用恩格斯的一段著名论述："在善恶对立的研究上，他（指费尔巴哈）同黑格尔比起来也是很肤浅的。黑格尔指出：'人们以为，当他们说人本性是善的这句话时，他们就说出了一种很伟大的思想；但是他们忘记了，当人们说人本性是恶的这句话时，是说出了一种更伟大得多的思想。'在黑格尔那里，恶是历史发展的动力借以表现出来的形式。这里有双重的意思，一方面，每一种新的进步都必然表现为对某一神圣事物的亵渎，表现为对陈旧的、日渐衰亡的、但为习惯所崇奉的秩序的叛逆，另一方面，自从阶级对立产生以来，正是人的恶劣的情欲——贪欲和权势欲成了历史发展的杠杆，关于这方面，例如封建制度的和资产阶级的历史就是一个独一无二的持续不断的证明。但是，费尔巴哈就没有想到要研究道德上的恶所起的历史作用。"

　　在这段论述中，恩格斯说明了善恶之间的复杂关系，肯定了道德上的恶在历史领域的积极作用。然而，部分学者在看到恩格斯对恶的历史作用的肯定的同时，却忽略了他实际上是在批判费尔巴哈道德观的过程中，借对黑格尔道德观的阐释，来说明自己对于"恶"的看法。由于是批判过程中的阐释，恩格斯就不可能对自己有关"恶"的观点进行全面论述。换句话说，这段论述并不是恩格斯对于恶，更不是他对于道德的全部看法。

由于这种忽略，在阐释道德或者善恶与历史的关系时，就容易出现两个误区：一个误区是认为能够成为历史发展动力的只有恶，善虽然有利于调节人们之间的行为，使人们和谐地生活，但却不能推动历史的发展，有时甚至对历史的发展起着阻碍作用。另一个误区则是认为从道德角度看是"恶"的东西，从历史的角度看，却起着积极作用。

很明显，对于恶的这样一种看法，是不利于提倡良好的道德风尚，构建和谐社会的。有必要从理论上加以澄清。

我们认为，恩格斯引述黑格尔的话，意味着他在一定程度上赞同与肯定黑格尔的观点。但恩格斯的赞同与肯定只是部分的。费尔巴哈没有看到道德上的恶在历史上的积极作用，黑格尔看到并肯定了恶的这种历史作用，恩格斯赞同与肯定的正是黑格尔的这一思想，黑格尔也正是在这一意义上说："当人们说人本性是恶的这句话时，是说出了一种更伟大得多的思想。"黑格尔的意思是说，看到恶在历史上的积极作用，比看到善在历史上的积极作用更需要敏锐的观察和深邃的思想，而不是说恶在历史上的积极作用比善在历史上的积极作用更大。

其实，道德领域与历史领域的评价标准是不一致的。历史领域最重要的因素是生产力，如果从善恶的角度划分，那么，凡是能够推动生产力发展并进而推动社会进步的因素与行为就是善的，反之，则是恶的。而道德处理的则是人与人之间的关系，一般来说，它总是把有利于他人的生存与利益的思想与行为看做是善的，把通过损害他人的利益与生存来满足自己的生存与利益的思想与行为看做是恶的，把虽然有利于自己的生存与利益但不损害他人的生存与利益的思想与行为看做是可以接受的，因而在某种意义上说也是善的。由于两者的评价标准不同，历史领域的恶与道德领域的恶往往很难统一。也正是因为两者之间的区别太大，因此，在善恶主要作为一种道德概念的时候，人们不大倾向于用善恶来评价历史行为与历史事件，而倾向于用进步、落后、革命、反动等概念来加区分。

道德上的恶可以分为三种类型：一种是不为现存道德所认可的新的道德的萌芽，如相对于"父母之命，媒妁之言"的男女自由恋爱；一种是恩格斯所说的"恶劣的情欲"，如贪婪、懒惰、暴力、争权夺利等等；一种是对维持人与人之间基本的关系准则的违反，如偷盗、强奸、乱伦、遗弃子女、虐待父母等。很明显，第三种类型的"恶"无论从哪个角度看，都不具有积极的历史作用。第二种类型的恶则具有两重性。一方面，它们有推动历史发展的一面，另一方面，它们又有阻碍、破坏历史发展的一面。比如作为"人的恶劣的情欲"之一的贪欲。无可讳言，贪欲在资本的原始积累、推动资本主义的发展方面起了重要的历史作用。但是另一方面，贪欲也往往造成社会财富、公有财产的极大损失和浪费，阻碍社会的发展。第一种类型的"恶"则更复杂一点。如果相对于这种"恶"的现存道德是腐朽的、不合理的，那么这种"恶"实际上不是一种恶，而是一种新生的善。但是，由于道德的共通性与继承性，现存的道德不一定就是不合理的，不被现存道德所认可的道德观念与行为也就不一定是积极的。自然，这种恶在历史领域同样可能具有两重性。如被恩格斯称为"辩证法的杰作"的狄德罗的《拉摩的侄儿》中的主人公所持有的极端自私的个人本位的道德观。这种道德观在冲击封建道德，促进资本主义生产的发展方面曾起过一定的积极作用，但是它对社会有着极大的破坏性，因此，在资本主义秩序建立之后，也不可能取得主流地位。

问题的关键在于，道德意义上的"恶"只有与生产力联系在一起，实际地推动了生产力与社会的发展，才可能在历史领域起到积极的作用。比如懒惰，从道德角度看，无疑是"恶"的一种。但是这种恶在一定条件下可以成为历史中的积极因素。"偷懒"的欲望的确促使人们进行了一系列发明，从而推动了生产力与历史的向前发展。但是另一方面，人们如果只是偷懒，而不在发展生产力的层面上使这种偷懒成为可能，那么懒惰也就不可能具有积极的历史作用。再如暴力，从道德的角度看，这也是一种恶。然而暴力所造成的社会和生产关系的变化，有可能解放生产力，推动人类历史向前发展。但是另一方面，如果暴力不能导致社会和生产关系的变化，不能促进生产力的发展，而是沦为一小撮人争权夺利的工具与手段，那么，这种暴力也就很难在历史上起到进步的作用。

再深入一步，即使在历史领域有着进步作用的道德上的恶，其积极作用也不应过分地夸大。恩格斯指出："要是我们不尊重他人追求幸福的同样的欲望，那么他们就会反抗，妨碍我们自己追求幸福的欲望。"如果人人都以自己为中心，为了满足自己的欲望不惜采取任何手段以达到目的，那么人与人之间必然处于严重的对立，最终的结果是谁也无法满足自己的欲望。因此，一个大多数成员都奉行"恶"，以道德上的"恶"作为核心价值观的集团、时代与社会肯定是一个无序的集团、时代与社会，一个最终必然走向毁灭的集团、时代与社会。因此，理智的社会即使在利用恶的积极作用的时候，也注意限制它的范围和影响。运用暴力反对其他阶级与集团的阶级与集团，在自己内部也是不提倡暴力的。

由此可见，对于道德上的恶，我们一方面要认识到它可能具有的历史积极作用，另一方面，我们更应认识到，这种历史作用是有条件的，而且，在道德领域本身，"恶"是没有正面价值的。因此，即使在历史领域起着积极作用的恶，在道德领域也不总是值得提倡的。在它还起着积极作用的时候，对它的范围、影响应该加以控制；而当它的历史作用结束的时候，就应该及时对其进行控制与反对。

只有这样，我们才能理直气壮地宣传向善的道德，促进和谐社会的发展，实现十八大提出的"五位一体"的总体布局，全面建成小康社会宏伟目标。

（作者单位：湖南省文艺理论学会）

当前我国社会信用缺失严重的根源与根治

夏大平　张振亮　金连杰

摘　要：社会失信已成为当下影响中国经济社会健康发展的一个问题，其根源缘于转型时期社会信用意识和信用道德规范普遍缺乏、信用法规制度建设不到位、诚实守信的信用文化淡薄。因此，要提升社会信用水平，需建立健全信用法规制度体系，进一步完善社会信用服务体系和惩戒体系，积极构建良好的社会信用建设氛围。

关键词：社会信用；失信行为；失信根源

当下，我国正处于社会转型发展时期，信用缺失现象较为突出，已成为制约我国经济社会持续健康发展的瓶颈。温家宝总理在 2011 年 2 月同海内外网友进行在线交流时说："现在影响我们整个社会进步的，我以为最大的是两个方面：一是社会的诚信，一是政府的公信力。这两个方面解决好了，我们社会就会大大向前一步。"近年来，食品质量失信事件更是频繁曝出，毒奶粉、地沟油、瘦肉精、染色馒头、牛肉膏、"有毒蜜饯""工业盐酱油""白酒塑化剂超标"……一个个食品安全事件不断冲击着人们的心理底线，还有学历造假、"达芬奇"天价家具等，各类失信行为层出不穷。我国社会失信问题日益严峻。党的十八大报告强调，应深入开展道德领域突出问题专项教育和整治，加强政务诚信、商务诚信、社会诚信和司法公信建设。基于此，分析我国当前失信行为发生的根源，探讨重塑社会诚信的路径，具有重要的现实意义。

一、失信行为的根源

1. 信用法规制度建设滞后

（1）征信法律法规是空白

目前，我国尚未出台国家层面的征信法律法规，呼声很高的征信管理条例也还在修订之中。因此，在实际征信活动中，征信缺乏针对信用主体信用信息采集、披露、发布和使用的适用法律和规范性操作流程，缺乏对征信行业统一、具体的标准和服务规范。由于缺乏立法支持，政府各职能部门出于各自利益的考虑，也不配合征信工作。这样，征信工作无法满足社会信用建设的现实需要。

（2）信用立法不完善

建立完善的法规体系，是堵塞失信行为漏洞，提高失信成本的有效举措。目前，我国尚无国家层面的信用建设专门法，有关征信活动、征信机构、征信行业监管、政府部门信用信息公开、信用信息资源共享、保护被征信对象权益、征信业的标准化建设等专用法规制度也均未出台，涉及社会信用体系建设的立法散见于《刑法》《民法通则》《合同法》《证券法》《保险法》和《消费者权益保护法》等，虽然这些法律法规从不同的角度对信用行为进行了规定，但由于较为零散，且深度和广度不够，面对具体的问题时均很难形成明确的法律制度和约束机制，从而导致在信用信息采集与评价、信用信息使用、信用市场监管以及信息主体权益保护等方面存在诸多不足，严重制约了社会信用体系建设的总体步伐和进程。

2. 信用信息不对称、信用信息共享机制不健全

全社会所有组织和个人的信用信息尚未向征信机构和信用服务中介机构开放，征信机构和信用服务中介机构掌握的信用信息也各自为政，信用信息多处于条块分割和封闭状态，没有进行有效整合征集，更谈不上适时共享；信用服务中介行业尚处于萌芽阶段，征信产品单一，各评级机构在各自的领域进行信用评级，没有形成综合性的信用报告，服务水平不高。这已经成为导致道德风险增加与逆向选择的主要原因，也为失信行为的产生提供了土壤。

3. 守信激励、失信惩戒机制尚未形成

守信激励、失信惩戒是推动社会信用建设的切实措施，目前，我国这一机制尚未形成，主要表现如下：政府综合管理部门未制订严重失信典型案件的披露工作原则，未建立"黑名单"和"不良记录"等披露制度；尚未形成政府倡导的，由具备监管职能的政府部门、各类授信机构、公用事业单位、雇主等组成的"一处失信、处处受阻"的信用防火墙，从而使失信组织和个人不能取得任何信用方面的优惠和便利；行政机关在日常监督管理、行政许可、资质等级评定、定期检验、表彰评优以及政府采购、招标投标、订立合同、信用交易、人员招聘等方面，查询使用信用信息的力度不够，没有形成"事事查询信用记录"的常态化工作机制，守信激励、失信惩戒往往流于形式。

4. 社会道德滑坡和信用意识淡薄

诚实守信是市场经济的基本原则，以诚信为主题的道德教育和诚信品质的培育是社会信用建设的一项基础性工程，也是推进社会信用建设、树立牢固信用意识的可行路径。由于我国处于社会转型时期，多种经济形态互动，多种模式共生，价值多元化并存，受利益驱使，在失信成本过低，失信者不仅得不到应有惩罚，且有机可乘、有利可图，而守信者则往往吃亏，守信的价值无法从市场交易中体现出来的情况下，便产生了劣币驱逐良币效益。人们心里失衡，传统的诚信为上的美德逐渐消解，整个社会缺乏守信的思想和意识，造成严重的道德滑坡从而产生了大量的失信现象，如制假贩假、坑蒙拐骗、逃废债务、见利忘义等。另外，农耕社会的熟人经济日益消减，市场更为开放，人变成了社会人，活动性更强，在市场交易过程中，许多人就做一锤子买卖，使传统道德和文化价值在此之下显得软弱无力，这也导致诚信逐渐式微。同时，信用文化宣传立体格局尚未形成，信用文化建设尚处于自发状态，全社会未广泛形成守信光荣、失信可耻的氛围，因此，在缺乏强有力的现代信用道德规范的支撑和信用文化滋养时，信用缺失便成为影响社会发展的毒瘤。

二、建设良好社会信用的对策

1. 建立健全信用法规制度

信用立法是推进社会信用体系建设的一项核心任务，社会信用体系建立、运营的全过

程都需要法律、法规的支撑。因此，要结合我国信用建设的实际，从事前的失信防范和事后的失信惩戒入手，建立健全与社会主义市场经济相适应的信用法律法规体系，确保守信者的合法权益，惩戒失信者，从而促使市场主体坚守诚信，做诚信的标兵。基于此，应加强信用交易和信用秩序、信用信息征集与应用、信用行业管理等方面的立法，鼓励诚实守信，确保征信合法、公开、公正。只有建立健全的法治保障，才能为我国社会信用体系的建设和发展创造良好的制度环境，确保我国社会信用体系建设在法制化轨道有序运行。

2. 完善社会信用服务体系

完善社会信用服务体系，是解决当前我国社会信用缺失、提高我国信用水平的重要举措。要完善社会信用服务体系，首先是要建立全国统一开放的信用信息数据库，按照科学的信用采集标准，把不同的信用主体的信用信息归集起来，为社会管理层提供信用基础数据；其次，要积极培育信用产品和服务市场，按照政府推动、市场运作的原则，建立信用服务中介市场和机构，鼓励信用服务机构不断提高技术创新、产品创新与市场创新能力，提供高质量的信用工具和信用产品，形成完善的信用市场供给渠道；同时，加强信用产品的应用，促进信用产品市场的良性发展；最后，要不断完善信用服务监管体系，按照统一领导、综合检测的原则，根据具体业务范围及各部门的职责分工，分别指定有关部门具体监管，落实监管责任。加强信用评级市场的监管，提高评级机构的权威性和公信力。

3. 加强信用惩戒机制建设

社会信用惩戒机制建设是推进社会信用体系建设的重要内容，只有充分发挥失信惩戒机制的作用，才能有效约束信用主体的失信行为，防范失信行为的发生，从而促进社会信用体系建设环境的优化。因此，建立"一处失信，处处受阻"的联防机制，要从资质审查、信贷支持、评优招考、提职晋升、招标投标等具体业务办理中，查询使用信用记录，对失信者实行一票否决制，对违反法律法规的，要坚决予以追究，并要求对方承担相应的法律责任。

4. 加强诚信宣传教育，培育信用文化

①加强信用宣传教育，营造良好的信用建设氛围。开展形式多样、内容丰富、群众参与性强的信用宣教活动，如像湖南举办的"信用改变生活"大型系列宣教活动，让广大群众参与到社会信用建设中来，不断激发群众的积极性和创造性，广泛宣传诚信典型和模范，逐步形成"守信光荣、失信可耻"的社会氛围。

②加强信用管理人才的培养，为社会信用建设储备人才。社会信用体系建设离不开信用管理人才，要通过高校及培训机构，积极培养信用管理专业人才，为社会信用建设提供智力保证。

社会信用体系建设是一个复杂的系统工程，需要全社会各种力量的参与和支持，政府要发挥主导作用，企业要发挥诚信经营的主体作用，个人做诚实守信的表率，通过法规制度建设、征信建设、惩戒机制的应用，在全社会广泛形成齐建社会信用、共铸诚信的格局，共同抵制失信行为，建设诚信美丽的社会。

参考文献

[1] 崔光胜. 社会信用体系的缺失及对策 [J]. 物流工程与管理, 2008 (9).

［2］孙亚，唐友伟．征信体系建设问题及对策［J］．青海金融，2009（2）．

［3］李日新．对构建我国信用服务体系的思考［J］．武汉金融，2006（1）．

［4］张合林．积极稳妥地推进我国社会信用体系建设——基于国外模式和国内试点经验的思考［J］．金融理论与实践，2008（10）．

［5］彭志源．中国信用体系建设与评级及监督管理实务全书［M］．北京：中国知识出版社，2004．

［6］徐宪平．社会信用体系知识读本［M］．长沙：湖南人民出版社，2005．

（作者单位：湖南省信用建设促进会）

加强政府社会管理创新的战略任务

——以长沙市社会管理创新为例

郭 丹

摘 要：推进政府社会管理创新，以适应外部环境和内部条件的发展变化，是新时期世界各国政府的永恒主题。政府只有把保障和改善民生作为现实的利益问题入手，真心真意为群众谋福利，社会管理才能真正得以加强和创新。长沙市以提高人民满意度和提升人民幸福度作为社会管理创新最重要的标准，坚持把创新社会管理与增进民生福祉相结合、与改善社会服务相结合、与健全机制体制相结合、与发展社会组织相结合、与维护公共安全相结合，大力实施社会管理创新战略。

关键词：政府社会管理创新；民生福祉；社会服务；机制体制；社会组织；公共安全

社会管理创新是一个系统工程，对长沙市政府来讲，创新社会管理能不能达到理想的目标，有没有实质性效果，最重要的衡量标准就是看人民满意度高不高、幸福感强不强。长沙市要加强和创新社会管理，必须着眼于提高人民的满意度、提升人民的幸福感，大力实施社会管理创新战略。

一、把创新社会管理与增进民生福祉相结合

创新社会管理，关键是要与增进民生福祉相结合，要重视民生、保障民生、改善民生，让老百姓安居乐业。为实现这一战略任务，要按照全市社会管理创新综合试点工作的统一部署，结合长沙实际，大力实施以下民生工程。

1. 富民工程

以落实更加积极的就业政策为重点，持续推进创业富民工程。强化就业公共服务，实施"创业扶持计划"。实施积极主动的就业政策，加快实施创业就业重点工程，完善和落实有利于创新创业的扶持政策，积极培育创业主体，健全创业培训网络，完善相应的财政、金融、产业等扶持政策，建设极具特色的创业孵化基地，营造良好创业环境，降低创业运营成本，激发全社会创业热情。

2. 放心工程

食品安全问题是当前广大人民群众关注的一个焦点。要围绕老百姓生活息息相关的"米袋子、菜篮子、油罐子"等必需品为重点，以"零容忍"的态度依法加强食品安全监管。在创新食品安全管理过程中，真正实现"三个转变"，即推进食品安全保障理念由惩治为主向惩防并举转变，保障模式由粗放管理向精细管理转变，保障区域由城市为主向城

乡并重转变。强化综合治理和专项整顿，推进综合协调机制化、监督管理精细化、专项治理常态化、源头治本长效化，全面提升长沙市食品安全监管能力，加快食品安全城市建设步伐。真正让老百姓吃得放心、吃得安全、吃得健康。

3. 畅通工程

实施畅通工程，当前要着力解决好交通疏堵问题。交通疏堵要坚持两手抓：一手抓设施建设解决微循环，一手抓行为引导解决大交通。要做好四个结合：一是人与车的结合，加强交通意识培养，加大交通设施配套；二是疏与导的结合，既要疏通交通堵点，又要加强对行车、停车行为的引导，提倡公交优先，鼓励绕道错峰，减少道路开口，减少无序停靠，减少施工影响，减少行人干扰；三是动与静的结合，开辟更多的停车场，鼓励沿线单位打开围墙适时停车；四是内与外的结合，中心城区与二环、三环以外的交通管理要结合起来。

4. 安居工程

长沙市把保障性安居工程建设作为党和政府的一件大事、改善民生的一件实事、促进和谐的一件要事来抓，真正做到了惠及于众、造福于民。2010 年全市已建设和筹集公共租赁住房 2284 套。目前，长沙正抓紧制定出台政策措施，按照"规划布局上实行集中与分散相结合、资金投入上实行政府与社会相结合、房屋来源上实行新建与盘活相结合、租赁补贴上实行财政与企业相结合"的"四个结合"原则，力争到 2012 年底实现先期保障公共租赁住房对象 15 万人的目标，力争"十二五"期间实现公共租赁住房保障 30 万人，从而使长沙住房保障体系构筑成一道无缝网络，使"人人享有住房保障、家家拥有一套房"的目标逐步成为现实。

5. 保障工程

按照"城乡一体"和"保基本、广覆盖"的原则，不断完善社会保障制度，努力扩大社会保障范围，逐步提高社会保障水平，切实改进社会保障服务，加快形成覆盖城乡居民的社会保障体系。以"五大社会保险（养老、医疗、失业、工伤、生育）"为主要内容，扩大社会保险范围，推进新型农村养老保险，扎实做好被征地农民社会保障工作，积极探索社会保险管理服务社会化。以"五大社会救助（最低生活保障、农村'五保'供养、大病医疗救助、教育扶贫助学、公租廉租住房）"为主要内容，增强社会救助能力，全面完善城乡社会救助体系，让五保户、特困户、贫困家庭学生得到及时救助，城乡居民最低生活保障实现应保尽保。完善廉租政策，高度重视保障性住房建设，积极推进棚户区改造。以"五大社会福利（优抚、扶老、助残、救孤、济困）"为主要内容，提升社会福利水平，改善福利院、敬老院、流浪乞讨救助管理等社会福利基础设施，大力发展社会慈善事业，鼓励民间资本兴办社会福利事业，加快推进福利服务社会化进程。

二、把创新社会管理与改善社会服务相结合

社会管理，实质是对人的管理和服务，涉及广大人民群众的切身利益。社会管理不是目的，社会服务才是根本，只有树立以人为本、服务为先的理念，树立多方参与、共同治理的理念，社会管理才能进一步与开放、动态、信息化社会环境相适应。长沙市要实现创新社会管理与改善社会服务相结合，必须坚持以社会服务为导向，努力强化服务意识、提

高服务水平、做好公共服务，转变社会管理的理念和方式，打造服务型政府。具体说来，改善社会服务必须加强对以下五方面社会服务的治理。

1. 公共服务治差

公共服务治差主要加强对教育、卫生、文化等公共服务的治理。加快发展教育事业，全面实施素质教育，积极发展学前教育，均衡发展基础教育，大力发展职业教育，努力把长沙建设成为全国重要的技能型人才培养教育基地。积极稳妥推进医药卫生体制改革，建设覆盖城乡居民的公共卫生服务体系、医疗服务体系和医疗保障体系，基本实现城乡居民人人享有公共卫生和基本医疗服务。积极发展文化事业，加快推进国际文化名城建设，大力发展企业文化、校园文化和社区文化。

2. 窗口服务治劣

窗口服务治劣应围绕医疗卫生、金融证券、邮政电信、公安、交通、工商税务、水电油气等窗口行业完善硬件设施，做到环境整洁、标识明显、设施配套。大力推行亮证上岗、公开承诺、程序公开等规范管理，畅通投诉渠道，自觉接受社会监督。深入开展职业道德、职业技能、职业礼仪培训，确保窗口工作人员语言文明、仪表端庄、行为规范，建设办事快捷、服务高效、便民利民的文明窗口。

社区服务治弱应设立社区社会工作站，培育专业社工服务机构，按照选聘结合的原则，全面推行社区党组织、社区居委会、社区服务中心"三位一体"的社区管理模式。完善社区服务功能，建设覆盖全体社区居民的社会服务网络，构建"15分钟服务圈"。通过提升转换、招聘引进和政府购买等途径，在社区设置社会工作岗位，提供各类社会服务。建立社工人才队伍激励机制，大力培养社会工作人才，引导各类社会组织、志愿者有序参与社区管理服务、康复指导服务、群众诉求反馈服务、就业服务、困难群众帮扶服务、卫生医疗服务、党员服务、婚姻家庭服务等"十大服务平台"，形成"一站式"、"一条龙"的服务机制，实现社会管理社区化、社区管理社会化。

3. 中介服务治乱

中介服务治乱的重点，在于解决中介组织与政府"脱钩"后的"脱节"行为，加强对各类中介组织的管理，促进中介服务行业健康发展。坚持管理与服务并重原则，积极支持发展有助于化解社会矛盾、促进社会和谐的中介组织；积极支持发展符合长沙产业发展方向、适应市场化进程的行业中介组织；创新非公有制经济组织党建工作模式，社会组织服务经济社会发展的能力不断增强。加强社工队伍职业化、专业化建设，开展社工事务所建设试点和购买社工岗位试点工作，通过购买服务方式，探索向社区、社会组织、新经济组织和医院、学校、养老院等服务机构选聘专业社工。

4. 帮扶服务治难

帮扶服务治难的重点主要应加强对流动人口、特殊人群和重点人员的服务管理。实行分类管理、全过程帮扶，创新特殊群体的服务方式，全面加强对社会闲散青少年、流浪乞讨未成年人、服刑在教人员未成年子女的重点帮教管理。切实改善困难群体基本生活，建立留守儿童、孤寡老人、流浪儿童等困难群体救助制度。加强社会福利事业建设，鼓励民间资本兴办"扶老"、"助残"、"救孤"、"济困"等社会福利事业，加大孤残儿童的养育、教育、医疗、康复等工作力度，推动社会福利机构的建设发展。增强社会慈善意识，积极培育慈善组织，支持社会慈善、社会捐赠、群众互助等社会扶助活动。

三、把创新社会管理与健全体制机制结合起来

随着经济的快速发展，社会管理与经济发展不相适应的矛盾和问题日益显现。长沙市社会管理体制与市场经济的要求还有一定差距，加强和创新社会管理，必须健全现有的社会管理体制机制，努力畅通利益表达渠道，构建起能及时反映和协调处理各方面、各地区、各阶层的各种利益诉求和社会矛盾的社会管理体制机制。

1. 构建有利于转型发展的体制机制

创新城市管理模式，坚持"科学、严格、精细、长效"方针，推进投资体制改革，深化科技体制改革，深化财税体制改革，健全完善城市目标管理责任制和城市管理的社会参与机制、市场化运作机制、监督机制等"大城管"工作制度和机制。

2. 构建有利于多种所有制经济共同发展的体制机制

健全各类国有资产管理和监督体制，推进国有企业完善法人治理结构。深化垄断行业改革，打破行政性垄断，分离经济垄断中的自然垄断业务与竞争性业务，促进竞争性业务市场化。进一步放宽非公经济市场准入，加强对非公有制经济的支持和引导，优化非公制经济发展环境，全面提升非公有制经济发展的速度、规模和效益。加快建设社会诚信体系，积极探索构建公民和企业等各类社会主体履行、承担社会责任体系和制度机制。

3. 构建有利于促进社会公平正义的体制机制

健全以市场调节为基础、政府有效调控的初次分配机制。加快收入分配制度改革，努力提高居民收入在国民收入分配中的比重，提高劳动报酬在初次分配中的比重，采取有力措施使城乡居民收入增长不低于经济增长。完善公共财政支出，为公共服务提供必要的资金支持，推动基本公共服务供给重点向农村、不发达地区和困难群体倾斜。创新公共服务供给模式，提升公共服务均等化水平。

4. 构建与现代市场经济相适应的行政管理体制

加快政府职能转变，深入贯彻实施《湖南省行政程序规定》，强化公共服务和社会管理职能。调整优化政府组织结构，继续推进大部门制。加快事业单位分类改革，树立科学的政绩观，加快建立政府绩效考核体系和行政问责机制。加快建立政府的调控机制和社会的协调机制互联、政府的行政功能和社会的自治功能互补、政府的管理力量和社会公众力量互动的工作机制。

5. 构建规范有力的行政执法体制

长沙市社会管理创新工作领导小组办公室设在市委政法委（市综治办），发挥组织、协调、检查、指导职能。建立相对完备的法规政策体系，规范社会管理。通过规范和引导，实现政府对社会管理创新活动和行为的有意识引导、调控和激励，最大限度地激发社会活力，全面推行依法行政，建立健全行政执法责任制、行政损害赔偿制、行政过错追究制，规范行政许可行为，加快建立权责明确、行为规范、监督有效、保障有力的行政执法体制。

四、把创新社会管理与发展社会组织结合起来

完善社会管理是社会建设的重要内容，而发展社会组织是完善社会管理不可或缺的一

部分。社会组织能有效地承接政府转移的部分社会管理职能和公共服务职能，使政府逐步摆脱具体事务回归到社会发展的组织者、协调者、监督者角色，从而保障政府对社会公共服务和管理的主导作用。长沙市政府要创新社会组织管理体系，发展"专业型"、"支持型"、"枢纽型"和"孵化型"社会组织，优化社会组织发展环境，引导和扶持各类社会组织规范健康发展。

五、把创新社会管理与维护公共安全结合起来

维护社会公共安全是社会管理创新具有基础性和保障性的重要任务，是实现社会管理创新的重要保证。城市公共安全状况的好坏，不仅是社会问题，也是个重大的政治问题，是城市经济、社会发展的基础。为此，作为公共权力代表的长沙市政府，必须提升城市公共安全管理能力，建立健全公共安全管理制度，防止可能发生的危机，保护公民的人身财产安全，维护社会稳定和城市安全，推动和谐社会事业向前发展。

1. 完善社会治安防控体系

社会治安防控体系建设是构建社会主义和谐社会、促进经济社会协调发展的保障工程，是提高党的执政能力、巩固党的执政地位的基础工程，也是经济社会发展的迫切需要。要按照科学规划、分类建设，政府投入与社会投资并重，信息资源共享和综合利用相结合及"实用、可靠、先进、安全、经济"的原则，以社会化、网络化、信息化为重点，推进"天网工程"建设，构建城市立体治安动态监控网络。突出加强流动人口综合管理、服务和维权工作，加强刑满释放人员及解除劳动教养人员的安置帮教、社区矫正和轻微违法犯罪人员的教育挽救工作，降低流动人口犯罪率和归正人员重新犯罪率，全面推进"平安长沙"建设。

2. 强化城市公共安全管理

强化城市公共安全管理，要整合现有应急工作信息系统，建立统一规范、科学高效的政府应急处置指挥体系，建立资源共享、坚强有力的应急处置保障体系，建立分工明确、责任到位的应急处置责任体系，努力使全市突发公共事件处置做到领导一元化、指挥智能化、决策科学化、保障统筹化、防范系统化。要发挥政府主导作用，健全自然灾害、环境污染、公共卫生等突发事件应急机制，提高政府和社会应对突发事件和风险的能力。

3. 健全矛盾纠纷调处机制

各级各部门要认真贯彻《关于建立全市社会联动调解工作体系的意见》，推动村（居）民委会开展矛盾排查和人民调解工作，充分发挥人民调解在协调利益关系、维护社会稳定中的作用。要进一步健全完善工作网络，形成民间调解、行政调解和司法调解协调发展的大调解格局，提升人民内部矛盾自我化解能力。要建立健全预防处置群体性事件的预测预警、排查化解、应急处置、责任追究、组织保障等机制，全面提升防激化能力和依法处置水平。要认真分析矛盾纠纷发生、形成、转化的条件和原因，增强对社会矛盾、民间纠纷的预测能力，因势利导从源头上化解矛盾，避免重大群体性事件的发生。

参考文献

[1] 魏礼群：大力建设服务型政府 [J]．求是，2006（21）．

[2] 张立荣，汪志强．当代中国政府社会管理创新——以麦肯锡 7—S 系统思维模型为分析框架 [J]．江汉论坛，2006（10）．

[3] 潘小娟，白少飞．中国地方政府社会管理创新的理论思考 [J]．政治学研究，2009（02）．

[4] 陈天荣．地方政府加强社会管理创新体系建设的思考 [J]．社会科学战线，2009（04）．

[5] 丁元竹．我国社会管理创新的重点和方向 [N]．开放导报，2010（08）．

[6] 应松年．社会管理创新引论 [J]．法学论坛，2010（11）．

[7] 马凯．努力加强和创新社会管理 [J]．求是，2010（20）．

[8] 周光辉．如何实现社会管理创新 [J]．理论视野，2011（03）．

（作者单位：湖南省社科院社会学法学所）

道家人格在对抗死亡焦虑中的作用

涂阳军

摘　要：相关理论分析表明，道家思想蕴含着有关生死的丰富的智慧，能够在一定程度上有效缓解因死亡所带来的恐惧和焦虑。但此假设并未得到来自实证研究方面的任何证据的支持。本文通过3个具有逻辑层递关系的实证研究对此结果进行了考察。研究一发现道家人格多个维度与死亡焦虑多个维度显著相关。研究二不但复现了上述结果，还发现以下现象：与启动死亡焦虑条件相比，在未启动死亡焦虑的条件下，道家人格与死亡焦虑间相关系数的显著个数更多，绝对值更大。研究三发现：词汇性质与启动的交互作用显著。在启动死亡焦虑的条件下，道家与儒家词汇的反应时显著长于中性词汇。研究初步表明，道家人格具有对抗死亡焦虑的作用，但在应对特质与状态性质的死亡焦虑中，道家人格表现出了独特的时间特异性。

关键词：道家；道家人格；死亡焦虑

一般认为，死亡焦虑是指当死亡必然性被提醒时，个体的内心深处受到死亡威胁而产生的一种带有惧怕或恐惧的情绪状态。道家思想蕴含着有关生死的丰富思想，这些思想与论述能够在一定程度上有效缓解人对因死后无知而带来的恐惧和焦虑。道家具有对抗死亡焦虑的功效也在相关研究中得到了初步论证。本文拟通过3个具有逻辑层递关系的实证研究来考查道家人格在对抗死亡焦虑中的作用。

一、道家人格与死亡焦虑的关系

研究假设：道家人格各维度与死亡焦虑显著相关。

被试：136名大学生，年龄为（20.32±1.04）岁。男52名，女84名。

工具：①大学生死亡焦虑量表。采用5级评定法计分，共有5个维度，包括不确定焦虑、自控丧失焦虑、情感冲击焦虑、自我实现焦虑、人际负担焦虑，共34道题，其中包括3对测谎题。②道家人格量表。该量表编制的理论基础：基于文化影响人格的视角和对道家人性论的阐释所建构的道家人格结构理论模型及对道家人格的操作性界定。量表总计57道题，包括自然本真（自然、本真）、情绪情感（静、躁）、意志品质（柔韧）、因应处世（谦退、超脱、寡欲）、认知思维（矛盾、联系和变化）五大领域十一维度。二阶因素分析表明：道家人格之静、联系、变化、柔韧、自然、谦退、本真和寡欲等8个维度属于道家所推崇的"真"的内容，而躁、矛盾和超脱等3个因子属于道家所反对的"伪"的内容。

道家人格量表各维度与大学生死亡焦虑的关系见表1。

表1 道家人格与死亡焦虑的关系

	躁	静	联系	矛盾	变化	柔韧	自然	超脱	谦退	寡欲	本真
DD1	0.109	-0.159	-0.232**	0.210*	0.175*	-0.286**	-0.222*	0.154	-0.142	-0.093	-0.083
DD2	0.108	-0.026	-0.061	0.214*	0.140	-0.234**	-0.105	0.169	-0.086	-0.059	-0.064
DD3	0.172	-0.012	-0.245**	0.309**	0.072	-0.116	-0.140	0.028	0.064	0.025	0.054
DD4	0.001	-0.016	-0.193*	0.112	0.138	-0.085	0.025	0.062	-0.011	-0.058	0.061
DD5	0.087	-0.134	-0.028	0.257**	0.080	-0.155	-0.078	0.195*	-0.066	-0.113	0.006

注：DD1：不确定焦虑；DD2：自控丧失焦虑；DD3：情感冲击焦虑；DD4：自我实现焦虑；DD5：人际负担焦虑。
*和**分别代表在0.01和0.05水平上显著。下同。

分析与讨论：

对死后无知的焦虑与道家人格的思维、意志品质及人性论的自然维的相关显著。死亡焦虑越高者，其思维的阻滞程度越高，在思维上执著于生死问题而得不到解脱。同时也很难用联系的观点来看待和思考生死。正因为执著于生死，所以内心有关生死的冲突不断，难以平复由死亡问题引起的思维波动。意识到死亡或对死亡的恐惧，也意味着人之行事意志的消解。道家人格的自然维与不确定性焦虑显著负相关，表明它具有应对或消解人的死亡焦虑的作用。另外，从情绪情感的静躁维来看，尽管两个维度与死亡焦虑各维度间的相关均不显著，但死亡焦虑似乎伴随着内心的搅扰不安，反之，内心宁静与安适就能将死亡问题淡化，死亡焦虑得分也更低些。

死亡焦虑与道家人格中反映人性论、意志品质与认知思维的维度显著相关，这本身就反映了由死亡焦虑所引起的人性心理层面整体协调的特征。对死亡的焦虑可能首先反映在道家人性论层面，表现为无法做到顺应人的有生有死的自然变化之理，无法承认自己必有一死的事实。其次反映在知、情、意各个层面，尤其是认知思维层面，表现为无法用联系的观点看待生死的自然变化过程，表现在思维上即纠结于生死问题。在因应处世方面比较消极，容易加重对生死的焦虑。

道家人格各维度与死亡焦虑各维度间相关系数的绝对值比较小，而且相关系数显著的个数也不多（仅占到总相关系数个数的21.82%）。两者间的相关之所以呈现如此情形，原因可能在于本研究所用的死亡焦虑与道家人格均是从特质论的角度出发，测得的是一种稳定的、具有跨时间和跨情境一致性的人格特质。尽管人的生死具有纵贯一生的意义，但人的一生不可能无时无刻都在思考生死问题，只有当面临死亡问题或被处于死亡提醒状态时，个体才会深感到来自死亡后无知的焦虑与恐惧，并采取防御策略。当面对来自死亡的直接威胁时（如癌症），个体才会在人性论、人生观、价值观、情绪、意志及其他心理行为特征上显现出对抗死亡焦虑的典型心理行为特征。就道家思想本身而论，它的有关生死或死亡问题的论述，大多是针对具体的、现实的、活生生的生死情境，并非就特质意义而言。如庄子"鼓盆而歌"，所面临的是其妻的身死，而有关"在上为乌鸢食，在下为蝼蚁食。夺彼与此，何其偏也"的阐释，也是庄子将死时的论述，其余有关生死的论述，也多是由纷乱社会中无故的杀戮所引发。由此看来，个体只有在面临一些死亡提醒的情境并激起对有关生死的态度、意义及人之生存价值的论述时，两者的关系才可能具有高度相关。

因此，有理由认为，当启动当事人的死亡焦虑时，道家人格量表各维度与特质死亡焦虑及状态死亡焦虑两者间的关系将有所变化，表现为道家人格各维度与状态死亡焦虑的相关系数值不但更高，且有更多相关系数显著。为此作者进行了第二项研究，以考查在启动与未启动条件下，道家人格与死亡焦虑间的关系情形。

二、启动与未启动条件下道家人格与死亡焦虑的关系

研究假设：与未启动条件相比，启动条件下，道家人格与死亡焦虑显著相关的维度更多，而且它的相关系数的绝对值更大。

被试：启动条件：某大学金融专业 54 名大一学生，其中男 20 名，女 34 名，年龄为（19.13 ± 0.848）周岁。未启动条件：某大学金融专业 54 名大一学生，其中男 14 名，女 40 名，年龄为（19.02 ± 1.016）周岁。启动与不启动条件下的两个班，同院，同专业，同年级，人数也相等。独立样本 T 检验结果表明，年龄无显著差异，$t(106) = 0.102$，$P = 0.919$。Crosstab 检验结果中，性别与年级的 χ^2 值为 0.120，$P = 0.214$。表明两个班具有同质性。

启动与未启动条件下，道家人格与死亡焦虑间的关系见表 2。

表 2 道家人格与死亡焦虑的相关

		躁	静	联系	矛盾	变化	柔韧	自然	超脱	谦退	寡欲	本真
启动条件	DD1	0.262	-0.007	-0.358**	0.436**	0.112	-0.382**	-0.267	0.211	-0.176	-0.160	0.051
	DD2	-0.016	0.197	0.029	0.132	-0.215	-0.112	0.092	0.042	0.150	-0.014	0.172
	DD3	0.224	-0.014	-0.009	0.068	0.190	-0.045	-0.224	-0.086	-0.032	-0.099	0.121
	DD4	0.044	0.011	-0.144	0.464**	-0.106	-0.195	-0.076	0.042	-0.098	-0.176	-0.099
	DD5	-0.038	-0.017	-0.155	0.186	0.121	-0.253	-0.076	0.204	-0.049	0.144	-0.063
未启动条件	DD1	0.372**	-0.466**	-0.023	0.246	-0.063	-0.302*	-0.351**	-0.116	-0.176	-0.313*	-0.198
	DD2	0.168	-0.203	0.111	0.266*	-0.035	0.044	-0.138	0.184	-0.165	-0.289*	0.051
	DD3	0.248	-0.246	0.213	0.435**	-0.135	-0.095	-0.106	-0.103	-0.093	-0.301*	-0.027
	DD4	0.218	-0.116	0.039	0.055	0.096	0.024	0.008	0.095	-0.080	-0.196	-0.112
	DD5	0.216	-0.306*	0.271*	0.136	-0.043	0.034	-0.057	-0.101	0.046	-0.242	-0.231

从上表可知，启动条件下，道家人格各维度与死亡焦虑相关显著的系数更少，启动条件下为 4 个，而在未启动条件下为 11 个。与未启动条件相比，在启动条件下，死亡焦虑与道家人格静、躁、自然及寡欲维间的相关，由显著变为了不显著，死亡焦虑与联系维的相关由不显著变为了显著，死亡焦虑与矛盾维的相关则发生了维度的变化。未启动条件下，自控丧失和情感冲击焦虑与思维矛盾维间相关显著，但在启动条件下，则是不确定性焦虑、自我实现焦虑与思维矛盾维相关显著。

本研究对道家人格各维度在两个配对样本中的差异进行了检验，结果发现：除本真维的均值差非常显著外，道家人格其余各维度及道家正性和道家负性两个高阶维度的均值差均无显著差异。这一结果表明：在启动条件下，道家人格作为一种特质具有极强的稳定性。

另外，这一结果也可能与启动死亡焦虑的时间特性有关。死亡唤醒研究发现，在死亡唤醒的瞬间，被试对死亡的思考被抵制了，大约5分钟后，死亡唤醒效应才会出现。本研究在给予被试启动刺激后，被试马上需要填答道家人格问卷，需时为8分钟左右。而且在集体集中填答中，每个被试回答启动问题时的完成时间也不一样。这就可能会使被试在正式接触到死亡焦虑问卷时，已经大大超过了离死亡焦虑启动效应所需的5分钟，而在超过死亡唤醒效应的时效期间内，死亡唤醒效应到底会出现怎样的变化却无从得知。可能的情形是：在启动死亡焦虑的条件下，被试在对道家人格各维度进行评定的时间内，就已经使其死亡焦虑水平有所降低，或者在启动死亡焦虑条件下，在对道家人格各维度的评定中，被试就已经在知、情、意、行的各个层面对所产生的死亡焦虑进行了应对或对抗，从而产生了缓冲作用。而这种缓冲作用对尾随道家人格量表之后的死亡焦虑量表的评定产生了滞后缓冲效应，导致死亡焦虑各维度的得分降低。由对死亡焦虑各维度的对比来看，除情感冲击焦虑外，未启动条件下被试的死亡焦虑水平均显著高于启动条件。但启动组被试的情感冲击焦虑显著高于未启动组，这表明由死亡焦虑所带来的情感冲击或情感上因死亡所产生的震撼作用，在被试完成道家人格量表的评定后仍然在起作用。据此本研究认为，在应对或对抗死亡焦虑的各个领域，情绪情感领域的应对可能具有时间变化的特异性，这一特异性表现为：当其他各个维度在对抗死亡焦虑中已经开始起作用并有效缓解死亡焦虑时，由死亡焦虑所引起的情感冲击可能仍然非常强烈，仍需要很长的时间才能得到缓冲。研究表明，历经病人死亡过程的青年护士，其SCL—90中的抑郁和焦虑等负性情绪显著高于常模，并且是所有显著维度中 T 值最大的维度，这表明个体面临死亡事件时，将有最强烈的情绪情感反应。另外本研究还发现，在面对亲属急性死亡的家属中，女性家属的应激性情绪反应最激烈，而且其心理健康水平较差。本研究中，绝大多数被试（近85%）均为女性，女性样本占优势可能也部分解释了其余几个死亡焦虑维度得分低的情况下，情感冲击仍非常高的原因。

无论是单独考查道家人格与死亡焦虑的关系，还是从启动与未启动死亡焦虑的相互对比研究，其研究结果均表明道家人格具有对抗死亡焦虑的功能。但相关或准实验的研究方法并不能得到任何有关因果的结论。因此，本研究需进一步采取经严格控制变量的实验方法研究，以考查道家人格词汇、儒家人格词汇分别与中性词汇成对出现时，在启动或不启动死亡焦虑的条件下，点探索速度的易化程度。

三、启动与否和不同性质词汇的点探测任务实验

研究目的与假设：

采取点探测的实验范式，以考查在启动或不启动死亡焦虑的条件下，道家人格词汇、儒家人格词汇及中性词汇的反应时差异。

在点探测任务中，词汇性质及启动的主效应显著。无论词汇性质如何，启动条件下的词汇反应时均短于未启动条件下的反应时。无论道家人格得分如何，在启动死亡焦虑条件下，被试对道家人格词汇的反应时更长。词汇性质与启动的交互作用显著。在启动条件下，道家人格词汇的反应时显著高于中性词汇的反应时，但儒家词汇与道家词汇和中性词汇的反应时差异不明确。在未启动条件下，不同词汇间的反应时差异不显著。

在词汇自由回忆任务中，启动的主效应显著。启动条件下词汇回忆的数量显著低于未启动条件下词汇回忆的数量。词汇性质的主效应显著。无论启动与否，对道家和儒家词汇的回忆数量都会显著高于中性词汇。启动与词汇性质的交互作用显著。启动条件下，对道家人格词汇的回忆数量显著高于对中性词汇的回忆数量。儒家词汇、道家词汇与中性词汇间回忆数量的差异不明确。在不启动条件下，不同性质词汇间的回忆数量无显著差异。

被试与实验设计：

在某大学招募28名大学生，男生6名，女生22名，一年级9名，二年级11名，三年级8名。年龄为 20.13 ± 0.87 周岁。专业为经贸、管理、法学。

采用2（启动与未启动）×3（道家人格词汇、儒家人格词汇及中性词汇）混合实验设计，启动为组间变量，不同性质词汇为组内变量。因变量为不同性质词汇的反应时。

实验材料：

儒家、道家及中性词汇各30个。儒家词汇来自杨波的研究中有关古代传统人格部分，选择其中评定一致性最高的30个词汇。道家词汇来自道家人格量表词汇形式部分，根据探索性因素分析的结果选取其中因素负荷最高的30个。中性词汇来自陈少华的研究，选取了其中30个与人格或性格无关的词汇。然后将三组词汇随机配对，形成三个词汇组（儒—道，道—中和儒—中）。因不同组词汇包含的字数不同，所以在配对中让字数相等的词语随机成组。在《现代汉语常用词词频词典》中查阅每个词语的词频，对每类词对的词语频度做独立样本 t 检验，无显著差异（$P > 0.40$）。

实验程序：

分两个阶段进行。阶段一：要求被试填答道家人格问卷并留下联系方式，并告之被试在距填答时第四周的时候另有一项研究需要他们的参与，并反馈给他们测验的结果及赠送小礼物一份。阶段二：采用点探测视觉搜索任务。具体流程如下：将被试随机分配到启动或未启动死亡焦虑组。就启动条件组，首先在电脑屏幕上呈现启动条件：包括6道与死亡有关的问答题；而就未启动条件组，呈现2道与感觉或体验有关的中性题。紧接着在屏幕上呈现"提醒您注意，现在开始进入正式实验"的提醒语句。然后屏幕上呈现实验的指导语，接着是实验练习，一共5个Trials，只要出现错误，就再练习一次，一般被试经1~3次练习后就进入正式实验。每一个Trial的顺序是：电脑屏幕首先呈现一个红色的"+"号注视点，字体为一号宋体，时间为500毫秒，空屏500毫秒，再随机呈现按上下格式排列的词对（由二字、三字或四字组成的配对词构成，字体大小为宋体四号，词组中每个字的宽高为60×85），呈现时间为1 000毫秒，紧接着在上述词对的某个位置（或者上或者下）随机出现一个屏蔽该词的小黑圆点，高度与所呈现的词汇相同，要求被试按"F"或"J"键作出反应或者被试在1 500毫秒内无反应时，随即进入下一次实验。在点探测任务结束后，要求被试"请尽可能多地回忆在刚才实验中见到过的刺激词语，并将所回忆起来的刺激词语记录到一张空白纸上，时间为5分钟"。整个实验耗时约22分钟。

研究结果：

以年级和性别为自变量，分别以儒家、道家和中性词汇的反应时为因变量，进行一元方差分析，结果表明，性别的主效应显著，但年级的主效应不显著，两者的交互作用不显著。因男生人数太少，遂在后续正式分析中只以22名女性大学生为分析对象。启动与不同词汇性质水平下RT的平均数及标准差见表3。

表3　启动与不同性质词汇条件下的 RT（M±SD）

启动与否	词汇性质	M（毫秒）	SD（毫秒）
启动	儒	460.09	120.878
	中性	440.95	106.705
	道	469.07	110.800
不启动	儒	487.38	112.182
	中性	478.55	101.274
	道	473.35	107.775

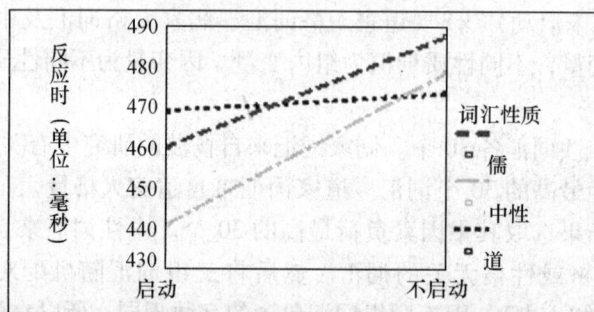

图1　启动与词汇性质的交互作用

对数据进行重复测量的方差分析，Leven 方差齐性检验不显著，$F(5, 1678) = 1.583$，$P = 0.162$。启动的主效应显著：$F(1, 5) = 18.108$，$P < 0.001$，表现为启动条件下的反应时显著短于不启动条件下的反应时。词汇性质的主效应接近显著：$F(2, 5) = 2.621$，$P = 0.073$。以 Bonferroni 法矫正，进行平均数的比较，道家与儒家词汇的差异不显著，但道家与中性（均值差 = 11.12，$P = 0.073$），儒家和中性（均值差 = 12.20，$P = 0.074$）接近显著。启动与词汇性质的交互作用显著，$F(2, 5) = 3.733$，$P = 0.024$。在未启动条件下，词汇性质的简单效应不显著：$F(2, 1679) = 0.35$，$P = 0.702$。在启动条件下，词汇性质的简单效应显著。$F(2, 1679) = 5.42$，$P = 0.005$。进一步进行平均数的比较发现：在启动条件下，道家词汇的 RT 显著高于中性词汇 $F(1, 1678) = 10.08$，$P = 0.002$，Cohen's d = 5.81，effect-size r = 0.95。儒家词汇也显著高于中性词汇 $F(1, 1678) = 5.36$，$P = 0.021$，Cohen's d = 1.88，effect-size r = 0.68。但道家词汇与儒家词汇的差异不显著 $F(1, 1678) = 0.48$，$P = 0.489$。在分别依次加入道家人格各维度的得分及二阶道家正性与道家负性因子后，按上述方法重新进行 2×3 的协方差分析，在对各协变量回归系数的检验中，F 值均显著，表明协方差分析有效。对协方差结果进行分析后发现，在控制协变量躁、静、联系、矛盾、变化、柔韧、自然、超脱、谦退、寡欲和本真后，启动与词汇性质间的交互作用变得不显著，但启动的主效应在加入协变量自然、躁后仍然显著，其值分别为：$F(1, 5) = 7.214$，$P = 0.044$；$F(1, 5) = 8.456$，$P = 0.033$。

在自由回忆任务中，重复测量方差分析发现球形假设不成立（Mauchly's W = 0.709，$P = 0.038$）。从 Greenhous-Geisser、Huynh-Feldt、Lower-bound 三个指标的校正值来看，词汇性质的主效应显著，$F = 4.539$，P 值分别为 0.026，0.022，0.046。Levene 方差齐性检验中，儒家词汇数量 $[F(1, 20) = 3.904$，$P = 0.062]$ 与道家词汇数量 $[F(1, 20)$

=0.024，P =0.877〕均未违背方差齐性假设。不论启动与否，道家词汇的回忆数量都显著高于中性词汇数量，均值差为.1.991，P =0.046，道家词汇数量与儒家词汇数量、儒家词汇数量与中性词汇数量间的均值差都不显著。启动的主效应显著。F（1，20）=5.536，P =0.029，表现为启动条件下自由回忆的词汇数量显著低于未启动条件，均值差为0.939。词汇性质与启动的交互作用不显著。

分析与讨论：

在启动死亡焦虑的条件下，词汇反应时显著缩短。其原因在于：在启动死亡焦虑的条件下，被试会产生对死亡未知，丧失与世界的连接的惧怕感，而这种感觉将弥散到个体心理的认知、思维和情绪情感的各个层面，并最终激起有关文化认同、自我超越和宗教及本源性的分离情感。在心理层面被激活的情形下，个体的注意等认知资源将更为集中，并高度组织起来用于对外界刺激作出反应，而对外界刺激的高度激活状态，自然也就导致被试在启动条件下对词汇的反应时显著缩短。

词汇性质的主效应接近显著。平均数比较中，道家和儒家人格词汇的反应时长于中性词汇。这一结果可能与启动死亡焦虑本身的时间特性及启动后被试的心理状态有关。在启动死亡焦虑的条件下，被试心理将出现非常复杂的过程。一方面，死亡焦虑引起被试内心的不安和认知思维方面的思考，甚至人生意义和存在价值的考量，另一方面，被试又会极力通过认知思维、情绪情感方面的应对来缓解因意识到死亡而带来的害怕或恐惧。这一矛盾和复杂的心理过程，在许多针对濒死者或护理濒死者的质性研究或临床心理咨询中，甚至对有关死亡过程详加描述的小说中，已经得到了非常细腻的描述。在缓冲因启动死亡焦虑引起的焦虑情绪中，儒家和道家人格词汇一样，均起到了一定的缓冲作用。被试在启动死亡焦虑的条件下，儒家或道家词汇的反应时明显变长，表明道家和儒家词汇在点探测任务中起到了惰化作用，它阻止了被试对后续探测点的易化。根据点探测任务的逻辑，如果被试在儒家与中性或道家与中性配对词的呈现中，给予儒家或道家词汇更多的注意①，则会在其后的点探测中出现易化结果。本研究并未发现探测易化的结果，由此研究推测认为，被试在配对词中似乎有意或无意忽略了对道家和儒家人格词汇的注意，其原因就在于这些人格词汇所负载或激活的人格特征，在启动死亡焦虑的条件下，起到了应对或缓冲死亡焦虑的功能。启动与词汇性质的交互作用显著则是对这一假设的进一步验证。在未启动相关激活因子的条件下，不同性质词汇的反应时无显著差异。但在启动条件下，儒家和道家人格词汇的反应时却显著长于中性词汇的反应时，但儒家和道家人格词汇的反应时无显著差异。这一结果表明，在对抗死亡焦虑中，由道家人格和儒家人格词汇负载或激活的人格特征，具有相似的对抗功能。

在词汇回忆任务中，启动死亡焦虑条件下的被试，因意识到死亡问题以及由死亡问题引起的情感不安，进而影响到了他们对词汇的回忆量，从而对记忆产生了干扰作用。但在未启动死亡焦虑的条件下，因具有描述人性格特征的词汇与自我的密切相关性，所以回忆量更多些。但启动与词汇性质的交互作用不显著，其原因可能在于：道家人格量表中词汇评定部分与实验研究中的道家人格词汇点探测部分的重复影响了实验结果。

---

① 本研究中，因呈现时间为1000毫秒，因此，被试所作出的反应，理论上认为是在意识层面。

四、总讨论

　　研究一和研究二均发现道家人格多个维度与死亡焦虑多个维度间相关显著。研究一的结果为应对死亡焦虑提供了有益的启发：就道家人性论来看，人的生死是一个自然运行的过程，是物质性的、自然的，诚如"道"之生万物，万物灭而"道"存一样。这一思想与老庄对"道"的体认与解释在内涵上一致。在知、情、意层面上，应对死亡焦虑首先应该认识到：人们面对死亡这一残酷的事实时，都伴随着内心思想的冲突与情绪情感上的不安，这可能意味着在各个方面都失去了奋斗的激情，导致意志消沉，这些都是人们应对自身和亲人死亡的自然之举，是正常反应。反言之，在面对死亡时，人们在力所能及的范围内"积极有为"，从思想上对生死持联系变化的观点，内心中保持对死亡的平静与淡然，这将有效缓解由死亡带来的思维上的冲突及内心的不安。从处世层面看，不囿于自己的所得所失，适当超脱并寄情于自然山水之间，也将起到缓冲死亡焦虑的作用。而与他人保持适度的竞争，哪怕是有限的争吵或争执，对生活有或多或少的兴趣，也将起到缓冲并瓦解死亡焦虑的作用。这一积极而有益的应对死亡的态度，从本质上看是一种有意义的"死亡接受"。另外，以坦然的态度对待生与死，心情平静地接受死亡，并在可能活着的日子里"有坚定的信念，追求自己事业的成功，努力实现自己的人生目标"，也不失为一种"乐观开朗型"的死亡态度。

　　从研究二两个样本相关系数的对比来看，在启动死亡焦虑条件下，所激起的被试状态性的死亡焦虑，首先将反映在认知思维和意志方面，表现为思维的联系性受阻，矛盾性被激发，坚韧的意志力被消解。而在未启动死亡焦虑的条件下，被试特质性的对死亡的焦虑，则在知、情、意、行的各个方面均有体现，表现为内心的躁而不静、思维的矛盾性，意志的消解，物欲的降低。两相对比就会发现，当面临眼前现实发生的死亡提醒线索，当事人刚开始意识到死亡带来的威胁而感到不安时，就可能首先从思维和意志上加以应对。思维上尽量用联系的态度来看待死亡，并缓解由意识到死亡问题带来的有关生死或人生意义的思维冲突，然后进一步在意志上暂时或长久地放松对身边人、事、物的固执追求或"我执"，以此消解因意识到死亡带来的威胁和不安。但从人格特质的稳定性所暗含的时间长远性来看，除思维和意志方面的应对外，个体内心平静而不躁动，能够顺应生死的变化之道，并减低对物欲的追求，也能够有效地缓冲由死亡带来的长期性的焦虑，此外，通过对不同样本中道家人格与死亡焦虑间相关系数的对比，从道家思想、道家人格各维度与死亡焦虑的关系中分析道家人格在对抗死亡焦虑中的作用，并从启动与未启动死亡焦虑的条件出发，对道家对抗死亡焦虑可能的时间变化历程进行了初步阐释。

　　尽管研究一和研究二均发现道家人格与死亡焦虑的多个维度间相关显著，这为道家人格具有对抗死亡焦虑的作用提供了初步支持。但研究一与研究二从方法学上来讲，均是相关性质的研究，无法为本研究的研究假设提供因果解释和说明，其结论也就只能为本研究提供初步的支持。弥补此不足的研究三，遵循严格的心理学实验范式，其结果为道家人格具有对抗死亡焦虑的作用提供进一步的因果性质的解释。不但如此，本研究还初步发现儒家人格也具有对抗死亡焦虑的作用。

　　在儒家看来，人固有一死，死对于个人无甚大意义，只有有益于理想的实现、有益于国家、人民和历史使命时，生死才会有意义。正所谓"世俗以形骸为生死，圣贤以道德为生死。赫赫与日月争光，生固生也，死亦生也。碌碌与草同腐，死固死也，生亦死也。"（《摄生》）由此可见，儒家之处理死亡问题，就在于实现人生的理想和抱负，就在于创造人生的价值，就在于好好地活着，做出有意义的事来，其通过实现"立德，立功，立言"的理想而在肉体的死亡中，最终达成"青史留名"、"身虽死，但精神长生"的愿望。另外，儒家也建构了一套有关族类不朽、种族永恒延续的观念，以对抗死亡意识的巨大威胁，并借由"孝"的观念实现个体生命向族类生命的转化，从而超越了死亡而求得了个体生命的永生。

尽管儒家和道家人格均有对抗死亡焦虑的功能，但方式是不同的。道家秉持一种自然"齐生死"的"天道"论，它对死亡焦虑的对抗作用侧重于领悟和思维领域，儒家则通过个体理想的实现及种族的延续来求得由死向生的转化。就现实的观察来看，当面临死亡问题时，有些人似乎变得更加汲汲于自己的事业而不得拔，显现出明显的儒家刚进进取、积极有为的色调和典型的儒家人格特征，并力图以"青史留名"来缓解对死亡的焦虑，但有些人慢慢松懈了下来，不再执著于己、物、人和事，而是顺应生死的自然变化之道，从而表现出明显的道家"自然无为"的色彩和道家人格的典型特征。

在纳入道家人格各维度及其高阶因素后，协方差分析的结果发现，除启动在道家人格个别维度上仍显著外，人格词汇的性质及其与启动的交互作用在道家人格各个维度上都不再显著。这表明道家人格是对不同性质词汇的反应时产生影响的重要变量。尽管研究三中每组仅 11 名被试，但从效应值来看①，本研究得到的在启动条件下，道家词汇反应和儒家词汇反应时显著长于中性词汇反应时的结果是可靠的。但因统计的需要，本研究只选取了女大学生，因此在外部效度上具有一定的局限性。未来研究可以采用先测道家人格或儒家人格，再抽取道家人格或儒家人格得分高低者，选择不同组的被试，将被试在性别上平衡后，再考查道家人格、儒家人格、启动与否及不同性质词汇在对抗死亡焦虑中的可能作用。而有关儒道人格在对抗死亡焦虑中的具体作用机制及其相互关系，则需要借助若干质性研究来证明。

参考文献

［1］张向葵，郭娟，田录梅. 自尊能缓冲死亡焦虑吗［J］. 心理科学，2005，28（3）.
［2］赵树雕，陈燕. 国外死亡焦虑研究概况［J］. 医学与哲学（人文社会医学版），2008，29（4）.
［3］陈鼓应. 道家在先秦哲学史上的主干地位（上篇）［J］. 中国文化研究，1995（8）.
［4］白奚. 孔老异路与儒道互补［J］. 南京大学学报（哲学·人文科学·社会科学），2000（5）.
［5］詹福瑞. 生命意识的觉醒与儒、道生命观［J］. 中国文化研究（秋之卷），2003（3）.

---

① Cohen 等提出的效应量标准：等于或大于 0.08 为高的效应，界于 0.05～0.08 之间为中等效应，小于或等于 0.02 为小的效应。

[6] 郑晓江. 论死亡焦虑及其消解方式 [J]. 南昌大学学报 (人社版). 2001 (2).

[7] 周敏娟, 姚立旗, 徐继海. 道家思想对老人心理及主观幸福度的影响 [J]. 中国心理卫生杂志, 2002, 16 (3).

[8] 刘娇, 郑涌. 大学生死亡焦虑及其与自我价值的相关研究 [D]. 西南大学, 2005.

[9] 张阳阳, 佐斌. 自尊的恐惧管理理论研究述评 [J]. 心理科学进展, 2006, 14 (2).

[10] 晋向东. 癌症病人的心理状况及心理护理现状研究 [J]. 法制与社会, 2008 (5).

[11] 孙义元. 编制适合我国国情的死亡与濒死焦虑量表的研究 [D]. 天津医科大学, 1999.

[12] 黄希庭. 人格心理学 [M]. 杭州: 浙江教育出版社, 2002.

[13] 杨子云, 郭永玉. 人格分析的单元: 特质、动机及其整合 [J]. 华中师范大学学报 (人文社科版), 2004 (6).

[14] 叶丽花, 韩蔚. 团体咨询在低年资护士应对患者死亡情境中的应用 [J]. 中华护理杂志, 2009 (10).

[15] 陈冬冬, 刘旭峰. 急诊科急症死亡病人家属心理健康状况调查 [J]. 第四军医大学学报, 2009 (14).

[16] 杨波. 古代中国人人格结构的因素探析 [J]. 心理科学, 2005, 28 (3).

[17] 陈少华. 人格与认知 [M]. 北京: 社会科学文献出版社, 2005.

[18] 约翰逊, 麦吉. 死亡与濒死的心理层面 [J]. 国外社会科学, 2005 (3).

[19] 王益明. 透视焦虑——焦虑本质的哲学心理学探析 [J]. 山东大学学报: 哲学社会科学版, 2003 (6).

[20] 张积家, 贾春娟. 感觉词素加速多词素汉语人格特质词的识别 [J]. 应用心理学, 2008 (1).

[21] 江维. 新女性小说中的死亡体验——以林白、陈然的小说创作为例 [J]. 法制与社会, 2008 (22).

[22] 戴琴, 冯正直. 抑郁病人的注意偏向 [J]. 心理科学进展, 2008 (2).

[23] 陈四光, 金艳, 郭斯萍. 西方死亡碱度研究综述 [J]. 国外社会科学, 2006 (1).

[24] 周德新. 死亡态度论 [J]. 湖南文理学院学报 (社会科学版), 2008, 33 (2).

[25] 高钰琳, 傅义强, 陈佩云. 生死教育对高年级医学生死亡焦虑的影响 [J]. 护理研究 (中旬版), 2010 (2).

[26] 唐明燕. 论先秦儒家协调人际关系的总体原则及影响 [J]. 理论月刊. 2010 (4).

[27] 李文倩. "孝" 文化背后的重生祈望 [J]. 华南农业大学学报 (社会科学版), 2007 (4).

(作者单位: 湖南大学 教育科学研究院)

全媒体时代图书馆在引导社会阅读方面的作用

徐 志

摘 要：全媒体时代，社会阅读的选择和取向日趋多元，图书馆应顺应社会发展潮流，充分发挥专业优势，加强文献信息资源尤其是数字化资源的建设，优化阅读环境和资源配置，积极引导社会阅读，更好履行图书馆的社会教育职能，提升图书馆服务文化民生的能力，促进公共图书馆事业的发展。

关键词：全媒体；图书馆服务；社会阅读；图书馆形象

社会阅读，是指有阅读能力的社会成员在工作之外的一种阅读行为。每一个有阅读能力的社会成员，均可成为社会阅读的主体，社会阅读的行为和社会成员的本职工作相得益彰，使读书和生活成为一个整体，以提高全民的综合素质。社会阅读是一种阅读理念的创新，其最终目的在于增强国民阅读的意识，养成阅读的习惯，提高阅读能力，营造一种全民阅读的氛围，达到推动社会文明进步的目的。

21 世纪以来，随着现代信息技术的迅猛发展，各种新兴媒介悉数亮相。全媒体构建了一个立体的信息辐射框架，并深深影响着人们的信息获取方式、信息取舍方式和阅读趣味。这些新兴媒介深刻改变着我们的生活，越来越多的人开始依赖互联网、3G 移动网络和各种便携式移动终端获取信息，传统的阅读方式已经不能适应信息社会的发展潮流，社会阅读习惯全面进入"手指时代"。全媒体时代，公共图书馆在引导社会阅读方面应发挥更大的作用。

一、图书馆资源建设与社会阅读

资源建设，是图书馆的核心工作内容，也是一个图书馆可持续发展的基础和体现服务能力与水平的显性指标。图书馆的资源建设是一个积累的过程，分为实体资源建设和虚拟资源建设两种，图书馆资源"藏"与"用"的问题一直是图书馆服务的矛盾统一体。目前，国内大多数公共图书馆都面临经费紧张的问题。在购书经费不宽裕的条件下，图书馆的实体资源建设一方面要考虑到社会阅读的需求，所谓"好钢要用在刀刃上"，资源的采购要契合社会阅读的需求，充分体现资源投入的效益，使财政所花的每一分钱都能体现出文化服务的价值；另一方面，一个图书馆的资源建设惯例和重点，大多延续了若干年，此资源的累积过程形成的规模基础和特色，需要持续的经费投入，资源建设规划一经确定，不能朝令夕改。因此，合理分配图书馆的资源建设经费，也要考虑本馆资源建设的原则和方针，延续以往的资源建设重心和倾向，才能扩大规模和体现特色优势。

目前，在实体资源建设之外，国内图书馆都非常重视虚拟文献资源的建设，古旧文献数字化、地方文献数字化、特色资源数据库的建设也成为图书馆资源建设新的增长点。虚拟数字文献资源与互联网技术和可移动终端的并轨，是图书馆引导和服务社会阅读的重要方式和手段。在全媒体时代潮流下，东部发达地区的图书馆和国家图书馆，在国内率先实现了图书馆文献服务的 Web 模式，有线电视推送模式和短信平台推送模式，并在短期内迅速在图书馆界得以推广。以湖南图书馆为例，为更好满足全媒体时代社会的阅读需求，湖南图书馆在数字化资源建设、网络虚拟图书馆建设、自动化保障、特色资源数据库建设等方面，投入了大量人力、物力和财力，从资源建设、平台建设、技术保障等方面，最大限度满足社会阅读的需求。如针对青少年群体的社会阅读需求，湖南图书馆在坚持采购优质纸质文献的同时，也加大了数字化图书、期刊和音像资源的采购力度，在阵地服务的基础上，积极开展延伸服务。除了依托本馆人力自主开展的数字化资源建设外，还依托共享工程网络和图书馆联盟的合作，有效整合馆际资源为己所用。Web 3.0 时代，互联网为信息资源的共建共享提供了便利，面对海量的信息资源，一个图书馆的建设能力终究有限。因此，全媒体时代图书馆的虚拟资源建设，必须积极利用外部力量，采取共建共享、互惠互利的方式，充分保障社会阅读对象的资源需求，提升图书馆信息保障能力。

二、图书馆环境优化与社会阅读

社会阅读是社会成员为满足自身的文化需求而产生的一种自觉行为，从需求的角度看，社会阅读的行为即是一种文化消费行为，这种消费分有偿消费和无偿消费两种。公共图书馆作为公益文化单位，主要是为社会大众提供无偿的文化消费服务。好的阅读环境能使读者产生美好的感觉，增强社会阅读主体的舒适度和愉悦性。在市场经济条件下，企业都非常重视企业形象和组织文化的建设，非常重视消费环境的优化和氛围营造，这也是现代企业品牌营销的一个着力点。面对这种形势，图书馆也应积极转变观念，重视环境优化和氛围营造，为社会阅读对象提供雅致、轻松、愉悦的阅读环境，使每一位走进图书馆的人在满足信息需求的同时，也能受到美的熏陶，使这些享受公益文化服务的读者，不仅能感受到在商业消费场所能享受到的尊重与热情，舒适与便捷，还能感受到图书馆这个文化场所独有的文化氛围和内涵，使社会阅读超越文化消费的范畴，达到文化享受和熏陶的境界。

1. 图书馆的建筑环境与社会阅读

一座优秀的建筑物，首先要有美的外部造型，即具有一定的艺术性、可观赏性，同时还要有较好的内部使用功能：即设计结构的合理性和实用性。图书馆建筑也不例外，它不仅在外部造型设计上要充分地表现图书馆的个性，具有自己的独特风格，而且在内部使用方面其设计也要适应读者需求的多变性和多样性，在功能上具有灵活性和多功能性。

（1）便捷程度与社会阅读效益呈正相关

近年来，各省市图书馆纷纷建立新馆，建筑规模和馆舍面积大幅扩大，但多数新馆馆址都远离人口密集区，对已经形成规模的稳定社会阅读主体造成了一定的不便。图书馆的稳定阅读群体培育起来相当不易，一旦流失，短期内很难再恢复。目前很多老馆虽然设施老旧，但因处于闹市区，交通便利，周围人口密度大，读者服务效益仍然不逊新馆。就同一图书馆而言，各服务窗口的人流量数据和借阅数据表明，楼层较低出入方便的窗口，借阅情况要优于门槛较高规则较繁或楼层较高的窗口；书刊题材越贴近普通大众生活，贴近社会关注焦点、借阅时间越长的窗口，读者借阅就越火爆。可见，图书馆建筑和服务的便捷性，直接关系到一个图书馆服务社会阅读的效益。以湖南图书馆24小时自助图书馆为例，该馆启动几个月以来，每天都是人口攒动，24小时的自助服务化解了上班一族作息时间与图书馆开放时间相抵触的矛盾，临街的地理位置，也为这种自助服务赢得了更多社会阅读者的青睐。目前湖南图书馆的24小时自助图书馆一天的借阅量就超过了一个县级馆全年的借阅量，旺盛的社会阅读需求与图书馆可提供的服务能力之间还存在较大差距。

因此，图书馆选址应充分考虑读者需求和城市人口分布情况，分馆布局应考虑图书馆服务的辐射范围，尽量缩短相对稳定读者群的交通时间，减少阅读成本，使图书馆真正成为读者"家门口"的图书馆。新建馆址较偏的图书馆，可加强流通服务点的建设，加大自助借阅服务力度，尽量方便读者。在图书馆的业务模块划分上，应科学考量服务对象的年龄、需求特点，大众化的、普通借阅的模块应尽量布局在一个宽敞且便于进出的空间。服务少儿阅读、老年阅读的窗口，应尽量布局到楼层较低距离厕所较近的地方，同时服务少儿阅读的窗口应远离自习室和其他对环境安静要求较高的业务模块。

（2）空间布局宜兼顾雅致和实用原则

图书馆是推行社会教育的前沿阵地，也是读者享受文化服务，接受美学、德育熏陶的公共场所，简约大方的空间布局，雅致的色彩搭配和氛围营造，会对读者的行为起到一定的暗示作用，使读者在趋同和从众心理的引导下，自觉维护这种美好的阅读氛围，并形成稳定的图书馆文化格调。图书馆在空间布局和色彩搭配上，应兼顾雅致和实用相结合的原则，既要在有限的空间内丰富完善社会阅读的各种功能，还要使每一个走进图书馆的人都能迅速平和心态，融入书香氛围。不管是在阅读的闲暇，还是在休息的间隙，每个读者都能在有限的空间里找到一个可以阅读或休息的地方，使社会阅读成为一种自觉的享受。

（3）图书馆应致力于构建人文与自然的和谐环境

每一个走进图书馆享受社会阅读的读者，都是图书馆的一道人文风景，其中有高雅克制的，也会有低俗放任的。图书馆应尽量便利读者，并不意味着图书馆要包容读者的不当不雅行为。图书馆的社会教育功能，也要求其在满足社会阅读的同时，以其人文之美感染它的受众，提倡文明的行为和习惯。图书馆的环境营造，应体现明确的美恶和是非观念，比如图书馆是公共场所，应该是禁烟的，那么无论是工作人员还是读者，在图书馆内看到吸烟的现象，都可以制止，久而久之就会形成一种好习惯；比如在安静的阅览室，接听电话都应该移步室外，这种规则应该是工作人员和读者都必须遵从的。这种种行为约束规则，应强制推行，从而使图书馆个性鲜明。

图书馆是一个书香之地，服务社会阅读是图书馆工作的基本内容之一，图书馆应致力于构建人文与自然的和谐环境。馆内馆外应注重空气流通，隔离噪音污染，在灯光控制、温度控制、通道、后勤服务方面，应以人为本，注重温馨的细节服务。室内室外应合理布局苗木和花卉，按照大空间统一，小空间独立的原则，合理兼顾各种需求，使各类读者共享资源又互不干扰，构建人文与自然、书香与花香、工作人员与读者、读者与读者之间的和谐。

2. 图书馆的服务环境与社会阅读

全媒体时代，社会的阅读需求和选择多种多样，培养扩大稳定读者群，是图书馆文化服务效益的直观体现。一个图书馆的服务环境是与图书馆从业人员的职业道德和服务态度紧密联系在一起的。对于走进图书馆的每一个人，无论是稳定读者还是临时过客，图书馆工作人员都应该让他们感受到图书馆的温情和热情。图书馆服务环境的改善，需要图书馆的每一位成员用心服务，细致服务，以"爱心""耐心"和"热心"对待本职工作，对待读者，应坚持"己所不欲，勿施于人"的原则，学会换位思考，变被动服务为主动营销，以赢得读者之心为荣耀。图书馆服务环境的改善，是图书馆团队力量的体现，也是图书馆组织文化建设的关键内容，要从服务礼仪、服务流程、服务评价等方面量化考核。服务环境的优化和改善，能感染每一位进馆的读者，在倡导全民阅读的今天，这是图书馆扩大社会影响，赢得尊重和口碑的又一着力点。

3. 图书馆的行业形象与社会阅读

社会阅读是一种自发自觉的社会个体行为，这些个体行为的践履程度，体现了一个国家和民族的文化自觉和品位。图书馆的职能和使命与社会阅读密不可分，社会的发展，迫使图书馆改变以往被动服务的习惯和思维，主动采取市场经济条件下的营销策略亮化自己，宣传推广自身的服务和理念。当前一些不了解图书馆的人片面认为"图书馆是借书还书之地"，其实图书馆作为公益事业单位，长期戴着文化的光环，却普遍处于社会关注的死角。全媒体时代，图书馆要改变公众对图书馆作用和功能的片面理解，就要积极塑造行业形象，既要在文化服务的阵地上体现公益事业的眼界和胸怀，也要在提升全民素质的时代要求下体现图书馆服务的专业价值和社会效益。

提升图书馆的行业形象，对图书馆引导和服务社会阅读具有重要意义。首先，文化是一个民族发展的基础和动力，图书馆的发展和社会文化的发展息息相关。国家的文化大繁荣大发展战略和公共文化服务体系的构建，是各级公共图书馆事业发展的春天。在政策的利好形势下，图书馆应把握发展的契机，不断提升文化服务的能力和水平，为社会大众谋文化民生福利，为图书馆从业人员赢得社会关注和掌声，使各级政府和社会充分认识到图书馆这一基础文化事业的价值和未来前景，从而优化文化事业的发展环境，争取财政增加投入，实现图书馆事业的可持续发展。其次，图书馆的美好行业形象能提升社会民众阅读的精气神。知识是人类进步的阶梯，阅读则是通往这个梯子的梯子。图书馆在倡导全民阅读的过程中，可以充分体现服务阅读的专业优势，增进社会对图书馆事业的了解，唤醒社会的阅读需求和求知欲望。第三，全媒体时代，社会阅读呈现多元的需求和取向，图书馆应充分发挥传统阅读的导向作用，把握社会阅读的方向，引导社会阅读走向健康良性的发展轨道。

三、图书馆要加强社会阅读的专业引导

据国家新闻出版总署统计，2011 年全国共出版图书 36.9 万余种，总印数 77.05 亿册（张），与 2010 年相比，图书品种增长 12.53%，总印数增长 7.46%，总印张增长 4.65%。出版业的繁荣，在给社会阅读提供文献基础的同时，也带来了阅读的困惑。在多种媒介支撑的海量文献资源面前，许多读者感到无所适从。在有限的空余时间进行社会阅读，如何

取舍资源，如何进行有针对性的高效阅读，显得尤为重要。图书馆应从专业角度加强对社会阅读的引导，提高社会阅读的兴趣和水平，从以下方面着手，倡导全民多读书，读好书。

一是可以采取好书新书推介的方式引导社会阅读主体合理取舍，高效阅读。当今社会，各种新知识层出不穷，文献的出版数量庞大，在海量文献中鱼龙混杂，想在有限的时间内读到有价值的书并取得好的效果，专业的阅读指导，如书目推荐就显得尤为必要。图书馆每年都会采购大量的文献，无论是从文献资源的品种还是数量上看，都有得天独厚的优势。图书馆工作人员长期工作在阅读服务一线，熟悉社会阅读动态和出版行情，对经典文献的把握和了解较为深刻，这些都是图书馆引导社会阅读的专业优势。好书新书推介，可以对社会阅读群体，特别是其中的青少年起到积极的引导作用，目前很多图书馆都采用了这种方式。

二是可以联合政府主管部门和社会机构开展社会阅读活动。近年来，政府越来越重视推广和引导全民阅读，多地政府都采取读书宣传月、宣传周的形式，以官方立场倡议和引导社会阅读。如湖南省委宣传部联合湖南省新闻出版局等单位成立了"三湘读书月"领导小组，确定每年的 11 月为"三湘读书月"，活动期间各级图书馆开展精彩纷呈的读书活动，产生了广泛的社会影响。每年的"图书馆宣传周""4·23 世界读书日"期间，湖南图书馆都会举办丰富多彩的活动引导社会阅读，这类活动社会参与度高，影响范围大，对培养全民阅读习惯具有积极意义。

三是依托网站、论坛、微博、QQ 群组等平台引导社会阅读。全媒体时代，社会阅读的方式趋向多元，依托网络和手机等自助终端的阅读行为开始成为时尚。目前中国的手机上网用户已突破 4 亿，随着智能手机的迅速普及，社会阅读的方式发生了明显转变。上网行为（包括电脑与手机上网）从整体上促进了阅读指数水平的提升，使得人们的阅读不再受时间和空间的限制。

根据湖南省统计局发布的"2012 年湖南省 14 个市州城市阅读指数"调查数据显示：2011 年湖南省城市居民平均每天的纸质阅读时间有所减少，而电子阅读时间大大增加。湖南省城市居民平均每天阅读纸媒体（含图书、报纸、杂志）的时长为 37.26 分钟，低于2011 年的 42.42 分钟；而进行数字深阅读，即平均每天阅读电子图书和电子期刊的时间达到了 27.68 分钟，高于 2011 年的 25.31 分钟。与此同时，2012 年的电子图书/杂志阅读量明显上升，达到人均 14.3 本（2011 年人均 10.4 本），完全超过纸质图书量。

随着电子阅读的迅速发展，图书馆如何指导读者利用碎片化时间，如何为读者提供更加适合的高质量数字阅读内容，从而推动社会阅读，是一项亟待加强和完善的工作。一方面图书馆可依托网站、论坛、微博、QQ 群组等平台进行读者读书交流互动，传递阅读讯息，引导社会阅读。另一方面，图书馆应充分考虑社会的数字化阅读需求，丰富馆藏数字资源，提供可供手机下载和阅读的版本。

四、图书馆延伸服务与社会阅读

全媒体时代的社会阅读，需要图书馆更多的角色参与。目前，我国公共图书馆的布局还不是很合理，社区、乡镇图书馆（室）相关发展较为薄弱，大众利用图书馆还不充分，社会的文化阅读需求和图书馆的服务能力和资源承载能力之间还有很大差距。公共图书馆的服务受众来自社会各阶层，文化层次各异，身份背景各异，要让有限的资源服务到更多的读者，要让有限的图书馆辐射到更大范围，推进全面阅读，图书馆在搞好阵地服务的同时，还要不断延伸服务、提高服务能力和水平。近年来，湖南图书馆联合社会力量大力援建乡村图书室和爱心书屋，积极推行文化阅读进社区、进机关、进工厂、进家庭、进学校、进军营、进高墙、进工地、进医院活动，长期为盲人读者免费上门送书，尽力满足各阶层的阅读需求，保障社会弱势群体和社会底层民众的阅读需求，同时对他们进行阅读指导。这一系列延伸服务增进了社会与图书馆之间的了解和感情，是图书馆主动承担服务社会阅读责任的举措，受到了社会和媒体的好评。

综上所述，全媒体时代，图书馆应在服务和引导社会阅读方面凸显专业优势，发挥更大作用。当前中国正处于社会转型的关键时期，国家和各级政府都将文化的发展繁荣列入中长期发展规划。社会阅读关乎一个国家的长远发展，探讨公共图书馆在推进社会阅读中的作用，研究新形势下公共图书馆服务和引导社会阅读的着力点，目的也在于更好地发挥公共图书馆的社会教育职能，使更多的社会成员走进图书馆，走进阅读的美好世界，从而进一步推动湖南的"四化两型"和"书香湖南"建设。

参考文献

[1] 龙晓蓉. 公共图书馆推动社会阅读的发展对策 [J]. 四川图书馆学报，2012（4）.

[2] http：//www. sinobook. com. cn/guide/newsdetail. cfm？iCntno = 9926.

[3] http：//epaper. xxcb. cn/XXCBA/html/2012-11/01/content_ 2659163. htm.

（作者单位：湖南图书馆）

张孝骞医学教育思想初探

徐克前 曾俊萍

摘 要：张孝骞是我国现代医学的先驱，卓越的医学科学家、教育家。他在一生的从医从教过程中，提出了许多重要的医学教育思想和理念，包括"公医制"思想、全心全意为病人服务的思想、医学是人文社会科学的思想，以及医学精英教育的思想等等。他的这些思想对于我们今天的医学教育发展与改革仍有重要意义。

关键词：张孝骞；医学教育；教育思想

张孝骞是我国现代医学的先驱，卓越的医学科学家、教育家。张孝骞1897年12月出生于湖南长沙，17岁考入湘雅医学院，24岁从湘雅医学院毕业并获博士学位。从那时起至1987年8月辞世的60余年医学生涯中，他把毕生的心血献给了祖国的医学事业，用一生实践了他"科学救国"的誓言，为我国现代医学的创立和发展作出了不可磨灭的贡献，是我国医学界一座不朽的丰碑。陈云同志曾题词称颂他"风范长存"，新中国发行的首套科学家纪念邮票4枚，其中之一就有张孝骞。在他逝世时北京协和医院的挽联为"'协和'泰斗，'湘雅'轩辕。鞠躬尽瘁，作丝为茧。待患似母，兢兢解疑难。'戒慎恐惧'座右铭，严谨诚爱为奉献。功德堪无量，丰碑驻人间。战乱西迁，浩劫逢乱。含辛茹苦，吐哺犹鹃。视学如子，谆谆无厌倦。惨淡实践出真知，血汗经验胜宏篇。桃李满天下，千秋有风范。"这是对他一生最好的概括。张孝骞在他一生的从医从教实践中，留下了大量非常珍贵的医学教育思想，这些思想即使是在21世纪的今天，仍然有着极重要的意义。

一、"公医制"思想

张孝骞教授一生中大部分时间是在湖南的湘雅医学院和北京的协和医院度过的。年轻的张孝骞曾怀揣"实业救国"的梦想。他的祖父告诉他，中国不单要摆脱贫穷，也要治疗疾病之祸。贫病交加，生灵涂炭，才真是百姓的绝境。治穷治病，都同样可以为社会造福，二者决无厚薄之分。祖父的教导影响了他的一生。面对旧中国人民生活水平低下和"东亚病夫"的状况，他听从祖父的建议"弃工从医"，一生献给祖国的医学事业。他立下誓言："生命的泉，即使伴和着血和泪，也要在自己的国土上流淌。"

中国现代医学最初是由西方的传教士带进来的，他们为中国现代医学的发展奠定了基础，直到20世纪初依然在中国占有重要的位置。但是，这些教会医学院和医院都是私立的。张孝骞等有识之士意识到中国现代医学的发展仅仅依靠外国是不行的，必须走独立自主的道路。当时，颜福庆、张孝骞等一批有识之士认为，要解决中国人的健康问题，必须采用"公医制"，即不计功利，为社会、为群众服务。张孝骞在 70 年前就此进行了深入思考和一系列实践，并将这一理念用于医学人才的培养。他在 1940 年担任湘雅医学院院长期间，曾为国立湘雅医学院择定院训："公、勇、勤、慎，诚、爱、谦、廉。"排在第一的就是"公"。他认为"公"就是坚持公医制度的优越性和为公众服务的精神。他反复告诫他的学生，在医学院毕业后要在公立医院工作，而不要做开业医生只图赚钱。医院要以治病救人为目的，而不是以盈利为目的。医疗方法和制度要求正规、合理，以病人为本。在医疗实践的同时，进行教学和科研，使诊治的原则和方法既符合经典规范，又能不断更新，追赶时代的步伐。在张孝骞院长的坚持和努力下，湘雅医学院于 1940 年由私立改为公立。他在一生的医疗实践中，始终坚持为公众服务的原则。张孝骞的一生，大部分时间是在北京协和医院与病人打交道中度过的。行医 60 余年，担任北京协和医院内科主任 35 年，直至 85 岁高龄，还坚持一周 2 次门诊、4 次查房的惯例。据林钧材教授回忆，张老一生没有离开过病人，他唯一的爱好就是诊视病人。即使是在被打成头号"反动学术权威""美国大特务"分子，剥夺了行医权利，进行劳动改造期间，他仍在厕所中给慕名而来的病人悄悄进行诊治。

二、全心全意为病人服务的思想

医者，仁术也。他不但医疗技术精湛，而且医德高尚。特别是他撰写的一系列医德方面的著作，对医务工作者的执业规范等进行了非常深刻的阐述。1965 年，张孝骞教授在《在临床工作中学习和应用实践论和矛盾论的体会》一文中指出："不言而喻，医疗态度和医疗作风是更首先的问题。全心全意为伤病员服务，实行革命的人道主义是对医务工作者最基本的要求。"1982 年 11 月，在《医务工作者的职业道德》一文中，他再次强调："医务工作者除了要有过硬的业务技术外，更要有一颗全心全意为人民服务的心，这是基本的、必备的要求。"他特别注意保护病人的利益。他主张："临床工作中，最高原则是把病员利益放在第一位。医务人员必须设身处地，策及万全，不能以任何借口危及病员的安全，或引致病员的痛苦，必要时还需征求病员的同意。某些新检查、新治疗，最好先在自身试用，然后援用到病员。"他认为，全心全意为病人服务是对医务工作者的基本要求和医务工作者的必备条件。作为医务工作者，在任何情况和任何条件下，都应该全心全意为病人服务。

医务工作者如何实现全心全意为病人服务呢？张孝骞教授认为，良好的医患关系是做好医疗工作的前提。要处理好医患关系，医务工作者必须对病人极端热忱。"热情亲切的服务态度来自对病人深切的同情心"。医务工作者要以"假如我是一个病人"来检查自己的工作，理解病人的心情，"能急病人之所急，痛病人之所痛"。他特别强调医患之间的相互信任。他指出："医师和病人之间的关系是很重要的前提。要取得病人的信任，首先取决于对病人的态度。采集病历乍看起来似乎简单，实际确实是一件非常重要而艰巨的工作。病人对医师的观感和信任，每每形成于最初问病人的俄顷，这里就存在着医师的态度问题。"他强调："只有通过医师、病人间亲密无间的战友般关系，病人才将一切病情包括思想和社会情况原原本本地和盘托出。"张孝骞教授对病人有一种特殊的感情，他从不以地位高低、衣着华朴、关系亲疏来决定医疗态度，而是一视同仁地给予诊治。他甚至认为，在医患关系中，医师发挥着主要作用，医师要主动向病人学习，做病人的朋友。他说："病人和医师是战友，是同志，要善于向病人学。""病人作为医务工作者工作的对象，具有独立的人格，广大医务工作者只有珍重病人，才能融洽医患关系。"

此外，张孝骞教授还强调，要处理好医患关系，除了对病人有感情和得到病人的支持外，还要有对病人负责的精神。"古人讲，行医'如履薄冰，如临深渊'，这是什么意思？就是要有对病人负责的精神。"他在几十年的医疗实践中，总是用"戒、慎、恐、惧"四个字要求自己。"病人把生命都交给我们，我们怎能不感到恐惧呢？怎么能不用戒骄戒躁、谦虚谨慎的态度对待呢？"他还说，对病人负责除了态度外，还要体现在具体行动上，即要与病人接触。疾病在发展中总是表现为一定的阶段性，发生各种各样的并发症，时而向好的方面转化，时而向坏的方面转化。"一个临床医师，他的眼睛必须始终盯住病人，不能有任何松懈。一些同志发生医疗差错，原因往往就是放松了对病人的观察。现在有些临床医师只喜欢听课、看书，不愿意进病房，出门诊，舍不得花时间接触病人，这是很不好的。"

医务工作者的工作，关系到人的生命和健康，精湛的医术是医疗服务的保障。要做好这项工作，广大医务工作者必须掌握先进的科学技术，对技术精益求精。他主持制定的湘雅医学院院歌中就强调"求真求确，必邃必专"，目前已经成为中南大学湘雅医学院的院风。"求真求确"，表明对科学、真理追求的态度；邃示其深，专示其窄，也就是说要以科学之精神，为窄而深之研究。这正是一切科学研究成功的基础。临床实践也是一样，对待每一个病人，他都持有科学严谨的态度。他说，"从某种意义上说，当医师的时间越长，信心反而越小。我是始终把'戒、慎、恐、惧'四个字当成座右铭的。对待每一个病人，都有一种惶恐不安的恐惧感，要谨小慎微地反复考察，力戒马虎从事。行医 60 年的经验，这是第一条。"

他认为医德和医术应该完美统一才是一名好医师，才能真正为人民服务，服好务。他指出，"从医疗效果看，医德和医术是完全统一的，因为一切都是为了病人，医患之间，医务人员之间，医院行政和业务人员之间，就能精诚团结，通力合作，结成高效率的医疗集体，全心全意为广大病人服务。"他甚至认为："医德既是崇高的道德准绳，又涉及广泛的人与人的关系，是社会主义卫生事业的一个重要支柱。"

三、医学也是人文社会科学的思想

张孝骞是国内外享有盛誉的内科临床专家，他对临床疑难杂症的诊断准确率很高，很少漏诊或误诊，主要原因是张教授对医学有正确的认识。他认为医学既是自然科学，又是人文社会科学。医学需要与人打交道，需要人文关怀，服务于人类健康。对于人文社会科学他多次强调："医学虽属于自然科学的范畴，由于它的工作对象是人，人具有社会属性，医学又包含有相当大的社会科学成分。每人的家庭、职业、工作条件、生活习惯、文化程度、思想感情都与健康和疾病有密切的关系，许多功能性疾病可能和其中某些因素直接相关，即使器质性疾病也可能或多或少受到其影响。临床工作不能限于澄清疾病的器质性异常，还必须了解病员的社会背景和思想情况，并作出针对性的处理。为此临床医师应当有一定的社会科学知识。"他通过自己亲身的经历，指出："如果医学生在校即能对人文学科，特别是心理学和社会学有初步的涉猎，就可以不致走这一迂回的道路。"

张孝骞教授提出，"临床工作者很有必要学点哲学"。在长期的临床医疗实践中，他掌握了一套唯物辩证的思想方法和工作方法。他运用哲学思维，对临床实践有着许多真知灼见。他总是倡导实事求是，勤于实践。他说："实事求是，讲起来似乎简单，但做起来并不是那么容易的。我看了一辈子的病，我总觉得，一个医师不管他的本领多么的高，他对病人病情的了解是无限度的，是无止境的。"张教授总是告诫他的学生，必须到临床第一线去，到病人中去，才能认识疾病发生和发展的规律。他特别强调理论学习和临床实践的统一。"临床学习要通过实践，这不等于说学习可以偏废理论。临床理论知识是集体的经验总结，是疾病的一般规律，起着指导实践的作用，具有与医疗基本功相同的重要性。"张孝骞教授重视学习新的知识，把很多业余时间都花在图书馆查看书刊，跟踪医学发展的前沿。但他更重视临床实践，认为每一个病人都是一个研究课题。张教授在《临床医生要讲究思想方法的修养》一文中指出："现在有些临床医师只喜欢听课，看书，不愿进病房，出门诊，舍不得花时间接触病人，这是很不好的。这不仅是一个思想方法问题，也是一个工作作风的问题。"他特别注重不同的个体及疾病发展的特殊性。他说："因为病人的情况不同，同一种病在不同人身上的表现却千差万别，临床医师要把自己的基点放在认识每一个具体不同的病人身上。""一个医师不管他的本领有多高，他对病情的了解是无止境的。"他提倡要"反复验证""反复的过程非常重要，对疑难病更是如此。""对病员的随访是预防的需要，也是临床观察和研究的需要，因为每一病例无论如何深入，只是对该病某一阶段的认识，不一定是对该病整体的认识。"他甚至告诫："临床医师应该有兼收并蓄的胸怀，有随时纠正错误的勇气。"对于先进的检查技术，他也提出了自己的真知灼见，至今还有着其现实意义。他说："仪器、设备的增多，只不过意味着我们增加了对病人观察的手段。现代化的设备，只有与医师对病人的直接观察相结合，才能发挥作用。检查手段的选择，必须建立在医师对病人直接了解的基础上。没有这种了解，我们对设备的使用，就是盲目的。""做各种技术检查，必须有的放矢。无关的、过于复杂的测定，反而容易把人的思想搞乱，且增加病人的负担和痛苦。"

医院的管理水平对医疗质量的提高至关重要。张孝骞教授不光注重自己的医疗水平，还特别关心医院的管理与建设，以及整体医疗水平的提高。他在《目前医院工作中的几个问题》一文中精辟地指出："医院的组织机构相当复杂，比之工厂、铁路甚至更复杂，而医院各部门之间、各工作程序之间必须密切联系，不容得有丝毫脱节，又同工厂、铁路很相似。""医院管理，同工厂、铁路管理一样，是一项专门学科，在我国还没有被重视。许多医院的组织、管理不够严密；规章、制度不够完善，实行不够彻底。这就减低了工作效率，使得医疗技术人员不容易发挥他们的潜在力量。"

四、医学教育是精英教育的思想

张孝骞不仅是杰出的临床医学家，也是高瞻远瞩的医学教育家。他曾于日本侵略中国的 1937～1948 年 10 余年间担任湘雅医学院院长，领导湘雅西迁贵阳，再徙重庆，在烽火连天中培养了一大批医学人才，被称为"湘雅轩辕"；他曾担任全国政协常委、北京协和医科大学副校长，为我国医学教育事业的发展出谋献策；他任协和内科主任几十载，为我国培养了一大批技术骨干；他八十高龄时还亲自为学生授课；他关心医学教育事业，大公无私，发表了许多铮铮之言。

首先，他提出要正确处理综合性大学和医学院的关系，重视和加强医学教育。早在1959年，张孝骞教授就曾指出："在20世纪50年代初，把医学院从综合性大学分出来，而使基础科学与医学之间相互分离的做法，虽有利于卫生行政部门统筹管理医学人才的培养和使用，但也致使基础科学和医学之间的相互分离，不利于及时吸收有关学科的新成就、新进展，不利于医学生今后的成长。""医学院应办在综合性大学中，成为综合性大学的一个医学院，由教育部和卫生部双重领导。这样可以充分利用综合性大学的自然科学和社会科学的设备和师资，使医学生在基础科学方面的知识面得到相应的扩大，为将来的发展打下良好的基础。"他强调医学的整体性，反对将基础医学和临床医学分离。他说："希望不要把临床医学和基础医学割裂开来。对疾病的新认识、新发展，都是临床医学和基础医学共同努力的结果，二者一齐推动了医学科学的前进。"

其次，重视医学拔尖人才的培养。医学教育有其特殊性，医学教育培养的医学人才面对生命与健康，责任重大。新中国成立初期，为尽快解决医务人员短缺的问题，高等医学教育得到了空前发展。但与此同时，出现了短学制、大数量、质量问题被忽略的弊端。针对这一情况，张教授在1957年上书中央领导部门，建议国家恢复协和长学制的医学教育，认为"我们这样一个大国，医学教育应该有层次性，既要照顾现实多数的需要，又要考虑未来长远的发展。"在长达3000字的建议信中，首先提出了在国内建立高质量医学教育中心的设想，并建议以协和和其他已经具备条件的类似机构作为"开路先锋"，摸索经验，为符合中国实际的医学教育模式踏出一条路子来。协和8年制长学制医学教育后来得到批准，这为目前我国实行的医学长学制、医学拔尖创新人才及卓越医师的培养提供了很好的经验。

张教授非常重视医学人才全面素质的培养和提高。他在《假如我现在是医学生》一文中指出："医学是一门应用科学，主要以自然科学为基础。医预的必修课包括生物学、数学、物理学、化学、外文等。这些课程必须学好，以后才能深入学习基础医学。"他特别重视医学生毕业后的继续教育，认为"医学生在校学习，限于医学基本知识和技能，毕业后还不能独立进行医疗工作，需要在医院上级医师的督促、检查、帮助下，任住院医师至少二至三年。"认为只有这样，"培养出来的人员多能崭露头角，有较好的发展前途，有的成为专家、教授、医学科学家。"他极不赞成青年医师过早地专科化："专科必须建立在较全面的医学基础上，'渊'与'博'是分不开的，过早分科不利于专业的发展。"另外，他还对医学生临床思维的培养、医学教育应重视实践能力的培养以及减少医学生的学业负担进行了精辟阐述。

如今，我们处在全面建设小康社会的关键阶段，近年来，医疗卫生事业取得了飞速发展，"小康不小康，关键看健康"已成为人们的共识。当前和今后一个时期，坚持公共医疗卫生的公益性质，是坚持我国卫生事业正确发展方向的要求。但是，目前我们的改革面临一系列问题和挑战：公立医院的改革正处在攻坚阶段，如何保证公共医疗卫生的公益性质，公立医院在其中发挥怎样的作用；医德医风问题，医患关系紧张问题；在采用新技术时，怎样为病人提供更多的人文关怀和控制医疗费用；看病难，优秀医师缺乏问题；如何培养高水平医师问题，等等。其实，这些问题大多与医学教育有关，医学教育发展和改革的滞后导致了医疗中很多矛盾的产生。如医学教育中重技术培养，忽视医学生医德的养成；医学教育中重自然科学的学习，忽视对医学生人文知识、人文关怀的教育；在新的历史条件下，综合性大学对办好医学院和医学教育的困惑，等等。今天重温张孝骞教授有关医学的一系列论述和思想，对我们今后医学教育的改革和发展仍有重要的借鉴作用。

参考文献

[1] 北京协和医院，湘雅医学院．张孝骞画传［M］．北京：中国协和医科大学出版社，2007.

[2] 林钧才．风范长存的张孝骞教授［J］．中国医院，2003，7（6）．

[3] 张孝骞．在临床工作中学习和应用实践论和矛盾论的体会［J］．中华医学杂志，1965，5（2）．

[4] 张孝骞．医务工作者的职业道德［N］．健康报，1982-11-24.

[5] 蔡孝恒，程欣．张孝骞医德思想及其启示［J］．中国医学伦理学，2001，76（2）．

[6] 张孝骞．高尚医德是社会主义卫生事业的重要支柱．医学伦理学［M］，武汉：湖北科学技术出版社，1983.

[7] 张孝骞．临床医师要讲究思想方法的修养［J］．医学与哲学，1982，3（1）．

[8] 张孝骞．漫谈临床思维［J］．医学与哲学，1984，5（2）．

[9] 张孝骞．目前医院工作中的几个问题［N］．人民日报，1957-3-22.

[10] 北京协和医院编著．张孝骞［M］．北京：中国协和医科大学出版社，2007.

[11] 张孝骞．基础、临床、社会实践［J］．医学与哲学，1982，3（9）．

[12] 张孝骞．假如我现在是医学生［J］．中国医学生，1983（8）．

[13] 张孝骞．医学教育中要解决的几个问题［N］．健康报，1957-5-14.

[14] 张孝骞．改进医学教育，加速人才培养［N］．人民日报，1981-8-20.

（作者单位：湖南省医学教育科技学会、中南大学湘雅医学院医学检验系）

苏北与粤东西北地区开发成功经验对新一轮湘西地区开发的启示及对策

高志敏

摘　要：江苏、广东在开发苏北与粤东西北部地区积累了许多成功经验，有力地改变了这些地区的落后局面。而湖南的湘西地区在经历第一轮开发之后，虽然经济社会发展步伐有所加快，但总体落后局面仍未改变，与全省平均水平、长株潭城市群、湘南地区以及周边武陵山地区相比，都处在落后位置。因此，在新一轮湘西地区开发过程中，需借鉴发达地区开发经验，加快产业转移，由"输血"的外源开发向"造血"的内源开发转化，并且要进一步加大政策扶持力度。

关键词：苏北；粤东西北；湘西地区；开发

区域差距扩大是我国经济发展过程中面临的一大难题，近年来，江苏、广东等发达省份在促进区域经济协调发展方面探索出了许多成功经验，通过异地共建产业园区、加大对欠发达地区的项目投资力度与财政、金融支持，有效改变了苏北、粤东西两翼及粤北山区的落后面目。通过第一轮开发，湘西地区经济实力明显增强，基础设施和生态环境明显改善，城乡面貌发生可喜变化。但是，由于多方面原因，湘西地区目前经济社会发展水平仍然较低。借鉴发达地区经验，坚定不移地继续推进湘西地区开发，对于促进全省三大区域整体协调发展，实现"两个加快"和"两个率先"目标具有重要的理论与实践意义。

一、苏北与粤东西北地区开发的成功经验

江苏和广东是我国经济总量、发展程度排名靠前的省份，但是同样存在较为严重的内部发展不平衡问题。近年来，两省重视区域经济协调发展，倡导通过发达地区和欠发达地区对口挂钩支援，在欠发达地区合作共建产业园区等做法，积极促进产业转移，使落后地区快速发展，走出了一条区域协调发展的成功路子。

1. 异地合作共建产业园区

江苏省跨区域共建开发区最早开始于 2003 年江苏设立的江阴—靖江工业园区，并于 2006 年进一步出台《关于支持南北挂钩共建苏北开发区政策措施的通知》，全面加快苏南、苏北共建开发区建设，带动了大量产业向苏北转移，苏北地区经济得到了飞速发展，苏南、苏北地区经济发展水平差距不断缩小。2008 年，国务院出台《关于进一步推进长江三角洲地区改革开放和经济社会发展指导意见》，明确提出"积极探索互利共赢的财政政策，有序推动异地联合兴办开发区"，苏南、苏北异地合作共建产业园区经验逐步向全

国推介。目前，江苏园区共建模式主要有以下几种：

（1）苏南苏北模式（江阴—靖江合作模式）

这种模式要求苏北地区在省级以上开发区中，划出一定面积的土地作为南、北共同开发区，并且主要由苏南开发区负责规划、投资开发、招商引资和经营管理。南、北共建园区建设模式多样，园内所有的新增增值税、所得税的地方留成部分全部补贴给园区，用于园区的滚动发展。省级财政通过贷款贴息等手段鼓励园内的基础设施建设。苏北地区也出台相应鼓励政策，对共建区内符合国家产业政策、能源节约和环境保护规划要求的企业生产用电，自投产之日起给予连续 3 年的补贴。

（2）盐城上海模式

这种模式与苏南苏北模式具有相似之处，不同之处在于跨省级合作，即在盐城现有开发区中设立区中园，由上海的公司负责园区开发。盐城上海开发模式中，一般规定共建区中园内新增增值税、所得税地方留成部分，5 年之内归盐城方所有，5 年后，另行确定分配方案。并且，由上海负责推荐和引进的项目，投产后新增增值税、所得税地方留成部分，盐城方和上海方按 6：4 的比例分成。

（3）外高桥启东模式

由上海外高桥保税区联合发展有限公司和启东滨海工业园开发有限公司共同成立合资股份公司，上海、启东各占 60% 和 40% 的股份，税收分配按照股权比例即 6：4 分成。产业园以高端机械、电子产业为主导产业，重点引进世界 500 强企业及国内知名大企业。共建区利用上海外高桥保税区这一平台，分别在日本名古屋市、大阪市召开共建区招商引资说明会，引进了日本的住友化学、三菱东京 UFJ 银行等多家世界 500 强企业，招商产业档次显著提升。

国际金融危机以来，广东省通过珠三角"腾笼换鸟"和欠发达地区"筑巢引凤"计划，加快推动异地合作共建产业园区步伐，将珠三角地区最发达的六个市（广州、深圳、东莞、佛山、中山、珠海）作为产业转出地，粤东西北地区作为产业转移承接地，相互结对，共建产业转移园区。譬如，在清远英德市与佛山顺德区合作共建的产业园区中，基础设施建设与园区管理由顺德方主导，而园区的受益实行五五分成，在合作期 25 年满后园区的管理权和收益权全部移交给英德。同时，广东省政府还从财政上积极推动异地合作共建产业园区计划，要求产业转出地的地级市在 2009～2013 年期间每年至少要安排 1 亿元支持合作园区建设，产业转出地政府还要派出领导干部或企业管理人员到合作园区任职或挂职，与所在地政府共同抓好合作园区建设。

2. 强化欠发达地区投资和重大项目的带动作用

近年来，江苏省十分注重苏北地区重大项目建设，每年重大项目报批数年均增长保持在 18% 以上，新开工 500 万元以上产业转移项目两千多个，总投资两千多亿元。世界工程机械行业巨头卡特彼勒徐州生产基地、连云港总投资 138 亿元的珠江钢管项目、中国移动淮安移动呼叫中心等重大项目相继建成。通过重大项目的带动，苏北地区快速发展的步伐已经迈开：百强县东台、大丰熠熠生辉，新阜宁的滨海经济开发区、沿海港口化工园区建设红红火火，连云港在经历了多年的近乎"耻辱"的徘徊之后，如今开始昂首前行。

"十一五"期间，广东省也在东西两翼和粤北山区规划了大量的重点建设项目，用于这些地区的基础设施建设，主要投向农村电网、农村公路、高速公路、城镇和农村供水、饮水等方面以及大批能源、交通、通信、城市基础设施项目。许多项目相继竣工并发挥效益,如韶关建成韶钢500万吨钢生产平台、韶关卷烟厂30万大箱生产线等一批重点项目;随着惠河高速、粤赣高速、龙梅高速的建设,河源到广州的车程缩短了近一半的时间,使其融入了珠三角"两小时"经济圈,加上铁路建设,河源已逐渐成为重要的交通枢纽。

3. 注重财政、金融等政策支持

江苏省非常注重对苏北地区的政策支持,发布了《江苏省出台进一步支持苏北地区加快发展的政策意见》、《省政府关于支持南北挂钩共建苏北开发区政策措施的通知》等文件。近年来,江苏省对苏北的资金扶持力度不断加大,"十一五"期间,共向苏北地区累计投入各类扶持资金1917亿元,其中省财政转移支付和专项补助总额733亿元。提高对县、乡基本公共服务支出水平,对标准支出缺口地区由省补助80%,村级组织经费保障标准由每年8万元提高到10万元以上。对符合产业政策、环境保护要求的苏北省级以上开发区,每年给予1 000万元/市、500万元/县(县级市、县成建制改成的区)平台提升专项奖励。这些举措的实施,使苏北基层财政保障和经济社会全面发展能力得到增强。

广东省注重提高对欠发达地区的财政、金融政策支持力度。2003年设立民营科技园发展专项资金,省财政对东西两翼和粤北山区14市每市安排3 000万元,支持民营经济发展;2005年设立促进产业转移专项转移支付资金,省财政对东西两翼和粤北山区14市每市安排4 000万元,促进珠江三角洲地区产业向东西两翼和粤北山区转移;2007~2008年,省财政安排东西两翼和粤北山区14个市及江门市每市2亿元,帮助解决欠发达地区经济建设资金不足问题。广东还注重创新财政资金扶持方式,通过设立竞争性扶持资金、公开竞标的方式评选省示范性产业转移工业园区,激发各地推动"双转移"的积极性。同时,广东省对于产业转移工业园区在贷款、企业上市等金融政策给予各种优惠。

二、湘西地区经济社会发展现状

从2004年开始,湘西地区启动了第一轮大开发,目前,湘西地区经济实力明显增强,基础设施和生态环境明显改善,城乡面貌发生可喜变化,但由于基础薄弱,湘西地区与全省平均水平、与长株潭城市群和湘南地区相比仍有较大差距,与省外周边同类型区域相比也不具备发展优势。

1. 与全省及长株潭城市群、湘南地区相比,差距呈扩大趋势

(1) 总量差距扩大

从经济总量看,2011年,湘西地区生产总值2 499亿元,仅相当于长株潭城市群地区生产总值(8 270亿元)的30.2%和湘南地区(3 045亿元)的82.1%;占全省地区生产总值的比重为12.7%,比2004年下降1.7个百分点。从其他主要经济指标看,2011年,湘西地区地方财政收入、固定资产投资、社会消费品零售总额、进出口总额占全省的比重为9.2%、12.5%、12.9%和3.6%,分别较2004年下降1个、1.7个、1.5个和0.6个百分点。从产业结构看,2011年,湘西地区第一产业增加值比重比全省平均水平高5个百分点,比长株潭和湘南地区分别高12.9个和1.4个百分点;第二产业比重比全省平均水平低7.9个百分点,比长株潭和湘南地区分别低17.7个和9个百分点。2011年,湘西地区各市州城镇化率明显低于全省45.1%的平均水平,如邵阳市、湘西自治州的城镇化率分别

为 34.13% 和 36.07%，位居全省倒数一、二位。

（2）发展速度偏慢

十一五时期，湘西地区生产总值年均增速（12.8%）比全省平均水平（13.6%）低 0.8 个百分点，分别比长株潭城市群和湘南地区低 1.9 个和 0.2 个百分点。此外，固定资产投资、财政一般预算收入、社会消费品零售总额、进出口总额等主要经济指标年均增速均慢于全省平均水平以及长株潭城市群和湘南地区。

（3）人均水平较低

2011 年，湘西地区人均地区生产总值仅为全省平均水平的 50.8%，只有长株潭和湘南地区的 24.9% 和 63.3%；城镇居民人均可支配收入为 13 794 元和 4 143 元，城乡居民人均消费支出分别为 9 728 元和 3 451 元，均少于长株潭和湘南其他地区。

2. 与周边武陵山地区相比，也不具备明显的发展优势

湘西地区、重庆渝东南翼（黔江区、酉阳县、秀山县、彭水县、武隆县、石柱县）和湖北武陵山少数民族经济发展实验区（湖北恩施州的 8 个县市和宜昌市的长阳、五峰 2 个自治县）都属于武陵山片区，是典型的"老、少、边、穷"地区，也是重要的经济协作区。湘西地区与其相比，除总量规模较大外，人均水平有待提高，产业结构有待进一步优化。

（1）与重庆渝东南武陵山地区相比，湘西地区呈现落后态势

2006～2011 年，湘西地区生产总值年均增长 12.9%，比同期重庆渝东南翼年均增速（14.7%）少 1.8 个百分点；湘西地区生产总值占全省比重呈逐年下降趋势，而渝东南翼生产总值占重庆的比重基本保持上升趋势，由 2006 年的 5.3% 提高到 2011 年的 5.4%。2006～2011 年，湘西地区第二产业增加值占地区生产总值的比重提高 7 个百分点（由 32.6% 提高到 39.6%），大大低于同期渝东南翼的 15 个百分点（由 35.6% 提高到 50.6%），工业化速度远远落后于重庆渝东南地区。

（2）与湖北、贵州武陵山区比较，并无明显优势

以 2011 年为例，湘西地区的人均地区生产总值、人均社会消费品零售总额、农民人均纯收入三个均量指标高于湖北、贵州武陵山区。而人均财政一般预算收入和人均固定资产投资这两个代表经济发展后劲的均量指标则低于湖北武陵山区。

3. 湘西地区发展后劲明显不足

（1）投资需求不足

湘西地区产业、交通通信设施、电力建设、矿产资源开发缺少资金投入，尤其是工业投资严重不足，经济发展动力明显不足。2011 年，湘西地区基础设施建设投资 481.89 亿元，占全省的比重仅为 14.9%，比长株潭和湘南地区分别低 20.8 个和 2.5 个百分点；房地产投资 183.82 亿元，占全省的比重仅为 9.7%，比长株潭和湘南地区分别低 50.6 个和 4.1 个百分点；工业投资 567.56 亿元，占全省比重仅为 11.8%，比长株潭和湘南地区分别低 25.4 个和 10.6 个百分点。工业投资增速比全省平均水平低 15.7 个百分点，比长株潭和湘南地区分别低 18.3 个和 12.7 个百分点。

（2）工业发展滞后

近年来，湘西地区新型工业化建设取得了一定成绩，但差距还是比较明显。一方面，工业发展相对滞后。2011 年，湘西地区全部工业增加值为 857.40 亿元，仅占全省的

10.6%；规模工业增加值增长 20.6%，比长株潭地区低 0.1 个百分点，比湘南地区低 0.3 个百分点；规模工业企业主营业务收入、利税仅占全省的 9.4% 和 6.4%；第二产业占 GDP 比重为 39.6%，比长株潭地区低 17.7 个百分点。另一方面，工业对经济增长的贡献率低。2011 年，湘西地区工业对经济增长的贡献率为 41.4%，比全省平均水平（56.1%）低 15 个百分点。

（3）科技基础薄弱

2011 年，湘西地区高新技术产业增加值 174.59 亿元，占 GDP 比重 7%，低于全省水平（14.7%）7.7 个百分点，比长株潭和湘南地区分别低 13.1 个和 2.7 个百分点。高新技术产品销售收入 555.91 亿元，占全省的 5.9%，比长株潭和湘南地区分别低 51.1 个和 8.8 个百分点；高新技术产品利税总额 58.42 亿元，占全省的 6.2%，比长株潭和湘南地区分别低 54.6 个和 6 个百分点，这表明湘西地区高新技术产业基础薄弱，自主创新能力有待提高。

三、推进新一轮湘西地区开发的政策建议

进一步推进湘西地区开发，要立足于第一轮湘西地区开发形成的条件、积累的经验和奠定的基础，同时要把握国家深入实施新十年西部大开发战略、武陵山经济协作区、国家扶贫开发集中连片扶持等重要战略机遇，借鉴江苏、广东等发达地区在区域协调发展方面的成功经验，进一步解放思想、开拓创新，加大投入、强化支持，将湘西地区开发推向一个新的高度，促进湘西地区又好又快发展。

1. 继续解放思想，加快由"输血"的外源开发向"造血"的内源开发转化

湘西地区干部群众要破除等、靠、要思想，加强对发达地区的经验学习，主动接受新思维和新事物，提高干群综合素质，确立自力更生、奋发图强的新理念。破除地域区划思想，建立全区域共同发展理念，湘西地区要根据各自的资源禀赋优势，统筹规划一批中心城市、市场、产业园等，集中优势资源统筹开发，共谋发展之路。要加强基础设施建设，夯实发展基础，切实加强水、电、路、气等基础设施建设。加快推进高速公路、长昆铁路客运专线、等级公路、通乡公路、通村公路、旅游公路建设，有序推进张家界荷花机场、怀化芷江机场、铜仁凤凰机场工程建设，形成综合交通网络。加快城镇化建设，拓展提升怀化、张家界、邵阳、吉首等区域中心城市，增强其人口吸纳与产业集聚等综合承载能力和辐射带动功能。

2. 东西对口，实施异地共建产业园策略

异地共建产业园区，是苏北地区经济突飞猛进、粤东西两翼与粤北经济快速发展的关键所在。新一轮湘西地区开发，须借鉴江苏、广东等地做法，尽快启动共建产业园区工作。要在区位条件较好的怀化、张家界、吉首、邵阳等地划定区域（或将这些地区已有的工业园区），参照苏北、粤东西北共建产业园区的做法，与广东、上海、武汉、长株潭等地区共建产业园区，在园区招商引资上按照"优势互补、共同发展、市场运作、各得其所"的原则，建立湘西地区与发达地区的合作机制。湘西地区一定要树立"不求所有，但求所在"理念，积极与东部地区、长株潭地区的园区进行洽谈，牢固确立引入园区共建方就是"引入先进的园区管理经验、宝贵的重大项目资源、充裕的园区建设资金"的观念，

与共建方形成产业对接、错位竞争、优势互补的全区格局，推动湘西地区园区建设取得突破式进展，进而推动湘西地区工业化、城镇化进程。

3. 突出区域特色，推动特色产业、优势产业大发展

湘西地区经济总量规模小，工业化与城市化程度较低，要加快发展，必须依托湘西地区资源优势，集中力量发展特色优势产业。一是扩大旅游集聚效应。张家界、湘西凤凰已是湖南乃至全国的一张旅游名片。要借力已有的品牌知名度，全方位拓展旅游产业链，打造旅游规模效应，营建集青山绿水、原始生态、民族风情于一体的黄金旅游区。二是发挥生态优势。应重点支持、培育、发展以信息化、低碳化为技术支撑基础的产业，如在乡村大力发展绿色农业（做大做强"湘西老爹"等）、特色农业、中药材种植加工业、园艺花卉业，因地制宜发展原生态博物园、田园生活馆等休闲服务业；在城市积极发展文体竞技、休闲保健、远程商务等当代新型服务业。三是打好文化牌。根据独特的少数民族风情，深度开发民俗文化，重点保护并传承非物质文化遗产（如桑植民歌等）、民族民间工艺，兴建高品位、规模化的民俗文化博物馆等永久性文化工程设施，打造湘西苗族、土家族民俗文化的重要研究基地。

4. 进一步加大财政金融等政策扶持力度，聚集发展势能

加大财政对湘西地区均衡性转移支付力度，促进地区间基本公共服务均等化。对中央和省级财政下达的有关专项转移支付要重点向湘西地区倾斜。提高国家和省各类专项建设资金投入湘西地区比重，提高铁路、机场、水利等建设项目投资补助标准和资金注入比例。出台促进湘西地区经济发展的财税扶持政策，促进财政增收和企业增效。鼓励金融机构在湘西地区增设机构和网点，培育村镇银行、小额贷款公司，支持和深化农村信用社改革。加大信贷支持力度，优先保证省规划产业项目的贷款，县域内金融机构新吸收存款主要用于发放当地贷款。完善建设用地审批制度，保障湘西地区重点工程建设和符合条件的产业项目用地。

参考文献

[1] 韩文秀等. 创新推广飞地经济，促进区域协调发展 [N]. 中国经济时报，2011-07-11.

[2] 徐光辉. 高层次推进南北共建苏北开发区 [N]. 新华日报，2006-08-06.

[3] 刘正让. 广东区域协调发展模式和区域政策研究 [J]. 广东社会科学，2008 (04).

[4] 唐婷. 坚定不移推进湘西地区开发 [N]. 湖南日报，2010-10-30.

[5] 张昭红. 湘西地区开发成效的基本估价及政策取向 [J]. 湖南省统计局决策咨询报告，2012 (46).

（作者单位：中共张家界市委党校）

推进纳税信用体系建设的实践与思考

陶佼如　肖　智　欧耀清

摘　要： 税收信用是社会信用体系的重要组成部分。税收信用主要包括征税信用、用税信用在内的政府税收信用和纳税人的纳税信用。本文结合近年来长沙市纳税信用体系建设实践，对推进我国纳税信用体系建设进行分析思考，并提出相应的完善对策建议。

关键词： 税收；信用；纳税信用体系建设

税收信用是指建立在税收法律关系之上的，由规范、诚信、合作的征纳行为组成的，用于衡量税收征纳相关主体相互信任程度的一种特定的道德规范和行为约束。税收信用包括政府的征税信用和用税信用、企业和居民作为纳税人的纳税信用、税务代理机构的中介信用。纳税信用就是作为纳税人应有的税收信用。

纳税信用作为税收信用的重要表现形式，尽管中央早就将"完善纳税信用记录，加快建设社会信用体系"写入"十一五"规划纲要；税务总局也一直将"诚信"作为全国税收宣传月主题，但目前整体纳税信用现状不容乐观，纳税信用体系还不能完全适应市场经济发展要求。最近十七届六中全会又适时提出："把诚信建设摆在突出位置，大力加强政务诚信、社会诚信和司法公信建设，抓紧建立健全覆盖全社会的征信系统"，并确立"文化强国"发展战略。诚信文化作为思想道德建设的重要方面，也是"文化强国"的重要内容。新时期新条件下，如何加强纳税信用管理，已成为影响社会主义市场经济发展的重要问题。本文旨在结合长沙纳税信用体系建设状况，提出推进纳税信用体系建设的对策建议。

一、社会纳税信用整体评测分析

以长沙市为例，近年来，长沙经济实现了跨越式发展，社会财富急速增长，2010年全市各项税收共722亿元，是2006年的2.81倍。但繁华背后却隐藏着纳税信用缺失问题：不办税务登记、不申报纳税，疯狂伪造、变造、隐匿、销毁账簿和记账凭证，利用虚假发票和虚假票据等方式骗取国家出口退税，利用权力、人情偷逃税者大有人在。2006~2010年这5年间，长沙税务稽查部门查补税收31.7亿元，且查补数额连年增长。管中窥豹，可见我国纳税信用整体情况不容乐观，究其根源，主要有以下方面：

一是诚信纳税意识不强。"依法纳税光荣"是纳税人应有意识，但受几千年封建思想影响，一些人误将社会主义税收与封建"苛捐杂税"画上等号，没有意识到依法诚信纳税的重要性，而将偷逃税款作为一种能力炫耀。加之人的"趋利"本性，驱使更多人千方百计占国家便宜，肥个人腰包。一些纳税人看到别人得到可观好处而纷纷跟风效仿。纳税诚信的缺失正如病毒传播一样，一传十、十传百，不少纳税人纷纷加入到了这个行列中。

二是纳税信用制度不全。如果纳税人不诚信行为受到法律惩罚而使失信成本过高，那么就不可能有更多人趋之若鹜。由于我国尚无完善的纳税信用立法约束，更多的只是一种道德自律行为。虽然税务总局 2003 年印发了《纳税信用等级评定管理试行办法》，但该办法已不能适应新时期新情况，评定结果也不尽科学。纳税信用立法层面上的缺失，考核评价、激励惩戒、监督管理等制度的不全，致使对守信者保护不够、对失信者惩处不力。

三是税收执法质量不高。一方面缺乏完备的税收监控体系，部门信息难以共享，税收征管难以到位，征管体系急待优化。另一方面税务执法能力并未与社会经济发展同步，面对不断改头换面的涉税违法犯罪手段，税收执法没有及时跟进。加之个别人员护法不严、执法不公、违法不究，甚至以税谋私，加剧了纳税信用环境的恶化，同等条件下纳税数额不同，造成了纳税人心理失衡，导致了多缴税的想尽办法向少缴税的"靠拢"。

四是纳税服务管理不优。纳税服务理念亟须转变，纳税服务规范有待完善，纳税服务程序急需简化，纳税服务考评体系尚未建立。加之税务代理业发展相对缓慢，纳税服务环境不容乐观。作者从近年长沙税务部门查处的涉税案件中随机抽取 200 名纳税人调查发现，40% 的纳税人选择不诚信的原因是对纳税程序的繁琐产生了逆反心理。事实上，税务机关的纳税申报、行政审批、税务检查等环节程序确实有简化、归整的空间。

二、长沙纳税信用体系建设实践

针对社会纳税信用建设不力问题，近年来，长沙市由政府牵头，税务主抓，部门配合，上下联动，群策群力，在纳税信用体系建设上进行了积极的实践探索。其主要做法：

1. 在制度层面上，健全信用管理机制

一是建立全市信用征信网络。2005 年以来，长沙市政府先后颁布了《长沙市信用征信管理办法》、《长沙市社会信用征信体系建设试点工作方案》等文件，建成了全市信用征信信息系统，归集了 1 650 万条信用数据信息，共为 650 万人和 5 万家企业建立了信用档案，还建立了长沙信用网，可随时上网查询信用信息，实现了相关部门信息共享，具备了推进诚信体系建设的征信网络基础。二是完善信用等级评定制度。根据总局《纳税信用等级评定管理试行办法》，细化、完善纳税信用等级评定内容、操作程序和管理办法。自2004 年来已评定了 4 届，2010 年评定 2008～2009 年 A 级纳税户 219 户、B 级纳税户 27 593 户、C 级纳税户 1 754 户、D 级纳税户 3 户，评定对象涵盖全市 80% 以上税源，树立了一批依法诚信纳税典型。三是创新纳税信用奖惩机制。将纳税人纳税信用状况与企业融资、税务检查、政府奖励、纳税服务等结合起来，健全奖惩机制。如联合交通银行推出"税融通"业务，将中小企业纳税信誉与其融资发展挂钩，以税收信用标尺衡量企业信用状况，实现以信养信、以税融资。自 2011 年 6 月启动至 12 月底，已有 128 户通过批准获得 4.45 亿元授信额度的银行贷款。

2. 在意识层面上，加大宣传教育力度

近年来，长沙税务部门围绕"税收·发展·民生"主题，利用长沙电子税务、12366热线、办税服务厅、"税信通"平台、报刊媒体，持续加大税收普法宣传力度，在全国率先创办"纳税人学校"，目前已办班 412 期培训 14.2 万人次；组织开展纳税 50 强表彰、长沙最受尊敬纳税人评选、"税收宣传卡通人物形象"征集、假发票集中销毁、分送税收政策园地、制作税收动漫短片、"税映民心"和"税润民生"等系列税收宣传活动，有效提高了纳税人依法诚信纳税意识。

3. 在执法层面上，营造公正高效环境

一方面，加强教育培训。定期举办执法培训，编辑《税收执法风险手册》，重点加强 5 大类 348 个已查风险点的监管，并依托科技手段，开展税源清理和征管质量常态化检查，努力使税管员执法意识与风险意识、执法水平与执法要求相匹配。另一方面，加强行风整治。严查执法不公、作风不端、行风不正行为；邀请各界人士担任执法监督员，深入开展明察暗访，拍摄问题巡回播放，做到警钟长鸣。自 2008 年来还深入开展"网络评廉"活动，将税务人员搬上互联网"晒太阳"，大胆接受纳税人监督评判，并制定严厉的追究机制，规范执法行为，"人情税"、"关系税"等现象得到遏制。

4. 在服务层面上，打造便捷办税平台

在纳税申报、办税审批、税收检查等方面，进一步精简流程，简化手续。同时大范围推广税控机、网络申报、银行卡刷卡缴税、财税库银联网等信息化办税方式，让纳税人越来越多地尝到了信息化便捷办税的甜头。出台《办税服务指南》，完善"一窗式"、"一站式"服务机制，较大程度地方便纳税人。目前长沙税务部门的办税服务厅全部创星评级，吸引省内外 120 多批次同行前来观摩学习。

三、完善纳税信用体系建设对策

长沙的实践探索为完善纳税信用体系建设提供了积极思路，全市纳税信用状况也有所好转，税收违法犯罪涉税金额同比增长幅度呈下降趋势。和长沙一样，全国其他地区也都作了许多有益探索。但不可否认，目前各地探索仍处于一个较低层次，纳税宣传还未真正深入人心，信用等级评定尚缺乏信用制度体系支撑，税务人员执法服务水平与纳税人期望还有差距。构建一整套完善的纳税信用体系任重道远，需要在以下五个方面着力：

1. 确立全新纳税信用理念

一是要以提高纳税公信力为立足点。坚持依法治税、诚信纳税，做到"让信用做主"。如企业纳税人凭纳税信用证明可争取更多客户；个人纳税信用记录可以作为国外学校判定申请者的经济负担情况的依据等。二是要以提升纳税遵从度为落脚点。加强诚信纳税信用教育，强化纳税信用等级评定，加大对诚信纳税人的奖励和对不诚信纳税人的惩罚力度，引导广大纳税人树立诚信纳税意识。三是要以方便守信纳税人为着力点。"信用好，待遇就好"。纳税人坚持依法诚信纳税，就可以享受到更加优质的服务，就会降低纳税成本。对不同等级的纳税人，实施分类服务管理，信用好的可以得到更多尊重。

2. 健全社会信用制度体系

社会信用体系不能单纯地建立在诚实守信的道德规范上，更重要的是要建立在对市场主体之间的信用关系管理的整套法律、法规、准则制定上。在立法层面上，可以借鉴美国经验（美国作为纳税信用体系最发达的国家之一，目前有《联邦公平信用报告法》、《联邦公平信用机会法》、《联邦公平信用结账法》等 15 部信用管理法之多），结合自身基本国情，分步构建社会信用制度体系。首先，尽快制定一部中华人民共和国社会诚信法作为信用制度体系的基本法；其次，在基本法的基础上制定包括税收信用在内的各行业信用法规，依次颁布；最后，融合各社会信用法律制度，构建一个包容万象、紧密衔接、充分利用的社会信用部门法体系，并以此为依据将分散在税务、工商、海关、公安、银行、房产、财政等部门的企业、个人信用数据集合起来，形成一个全方位的信用监管网络。可借鉴长沙税务机关"税融通"经验，开发与相关部门合作的纳税信用应用项目，扩大纳税信用的辐射范围，让人切身感受到"守信有益、失信有害"的利与弊。

3. 营造依法诚信纳税氛围

要加大宣传力度，营造诚信环境，将依法纳税提升到道德和诚信层面，形成"纳税光荣、偷税可耻"的良好风尚。一是加强诚信纳税宣传。在宣传媒介和方式上力求多样化、通俗化，可以通过广播、电视、报纸、杂志、互联网和纳税人学校等媒介，借助宣传材料、戏剧、小品、相声、座谈等喜闻乐见的形式宣传，让纳税人从心底受到感染。二是公开税款使用信息。从税款使用效益角度进行宣传，使纳税人明白税收对社会发展带来的各种效益。强化政府诚信用税的制约机制，提高税款的使用效益，确保所有税款用到关系纳税人切身利益的公共物品或服务上。增强用税透明度，提高公共产品质量，让纳税人真正感觉到"物有所值"。三是放大典型带路效应。加大表彰奖励力度，营造诚信舆论氛围，打造更佳品牌效应。可借鉴美国经验（每年给纳税人寄一份表格，将纳税人的个税信用值累计起来，如果纳税人的个税信用值超过40，那么59岁后纳税人可每月从国家领1 000多美元的补助金），为纳税人设计类似表格，并根据其对税收贡献度和信用额，给予依法守信纳税人物质奖励，使其尝到诚信纳税甜头，带动更多人诚信纳税。

4. 完善纳税信用奖罚机制

要加大失信成本，接受社会监督，促进诚实守信。一要完善纳税信用管理制度。充分利用国税"金税工程"、地税"数据大集中"系统推广契机，在征管信息系统内开发出应用纳税信用等级评定管理软件，稳步推进税源专业化、风险化管理体系建设，通过计算机采集数据、汇总信息、考核评分，提高信息管税水平，掌握纳税信用状况，让评定结果更客观公正。二要完善纳税信用监督制度。良好的税收信用机制离不开社会的广泛监督。要积极推进社会综合治税，发挥社会协税作用，尤其要加强与工商、公安、房产、银行等部门的协调配合，尽快实现部门之间涉税信息的高度共享、相互补充。三要完善纳税信用公告制度。定期公告纳税信用，建好纳税信用档案，建立统一的信用动态数据库，使个人和企业的信用情况记录成为可供公众依法定途径、通过专门机构可查询的信息。同时配套建立纳税信用跟踪系统，实现信用评定的即时更新，一旦信用度较高的纳税人发生涉税违法犯罪行为，就要在第一时间调低其信用等级。四要完善纳税信用奖罚制度。对信用等级较高的纳税人要尽可能地给予政策性照顾，并在发票领购、纳税申报、减少税收检查次数、涉税事项审批等方面设置优先性服务；对信用等级较低的纳税人，则要设置重重约束，将其作为重点监管对象，加大稽查监督力度，并通过相关平台曝光，还可对其在劳动就业、社会保障、银行贷款、社会福利、行政许可等方面设置更多限制，让失信纳税人因不守信用而付出巨大代价。

5. 提升税务执法服务水平

要健全权责明确、行为规范、监督有效、保障有力的税收执法服务体系，确保纳税服务水平明显提高、纳税信用制度执行到位。一要注重教育引导。强化"始于纳税人需求、基于纳税人满意、终于纳税人遵从"的现代税收服务理念，培养法治意识，整治不良作风，推行阳光办税，并尽可能地让纳税人参与到税务机关的执法服务中来。二要加强执法培训。要针对经济发展中出现的新问题、新情况，采取专家讲座、专题辅导、以会代训、业务比武、分类培训等形式，不断提升税务人员调查研究能力、业务动手能力和执法服务能力，让花样百出的税收违法犯罪无所遁形。三要严格执法监督。进一步明确税收征收、管理、稽查等环节职责，严格推行过错责任追究机制，及时追究税务机关、税务人员、税务中介机构及其人员的失信行为，减少执法中的自由裁量权的不适当应用和执法随意性。四要提升服务水平。进一步简化办税程序、缩短办税时间，同时大力推广 12366 热线服务、网络申报、刷卡缴税、财税库银横向联网等信息化办税项目。可借鉴中国移动"满意100"活动经验，健全服务反馈机制，并把办税服务与绩效考核直接挂钩，力求以优质税收服务，降低纳税成本，构建和谐征纳关系，促进依法诚信纳税。

参考文献

[1] 贺舒红，李建华. 构筑我国税收信用体系的设想 [J]，文史博览·理论，2007 (06) .

[2] 康延东. 关于我国税收信用体系建设的思考 [J]，经济纵横，2008 (04) .

[3] 曹树彬，郑德军，殷波. 关于建设税收信用体系的思考与建议 [J]，山东社会科学，2009 (02) .

[4] 陈必福. 税收信用体系之构建 [J]. 财政金融，2009 (06) .

[5] 刘鹏祥. 中国税收信用缺失原因及建议 [J]，山东经济管理干部学院学报，2010 (06) .

[6] 段丁强. 税收法治背景下税收信用规范机制的建设 [J]，财税纵横，2008 (02) .

[7] 陈必福. 税收信用体系之构建 [J]. 财政金融，2009 (06) .

（作者单位：湖南省国际税收研究会、长沙市地方税务局）

关于民族地区农村文化建设的调查与思考

黄禹康

摘　要： 促进社会主义先进文化发展，既是落实科学发展观的重要举措，更是加强社会主义精神文明建设、充分实现最广大人民群众文化权益的重要保证。民族地区农村文化建设任务艰巨，各级要把民族地区农村文化建设纳入党委和政府的重要议事日程，纳入经济和社会发展规划，纳入财政预算，纳入扶贫攻坚计划，建立健全民族地区农村文化建设目标责任制和评价机制，以推动民族地区农村文化建设的协调发展。

关键词： 民族地区；农村文化；文化建设

胡锦涛总书记在党的十七届六中全会报告中指出："当今时代，文化越来越成为民族凝聚力和创造力的重要源泉，越来越成为综合国力竞争的重要因素，丰富精神文化生活越来越成为我国人民的热切愿望。"为全面了解新中国成立60多年来我国民族地区农村文化现状，从理论与实践两个层面探索加强民族地区农村文化建设的目标和方式，笔者最近与有关部门对湖南西部地区十多个少数民族县（市）及50多个乡镇进行问卷调查和实地调研。通过问卷调查和实地调研，我们对民族地区农村文化现状及今后的发展思路有了一个初步认识。

一、新中国成立60多年来，民族地区农村文化建设的现状及存在的问题

从体制、结构和变迁的角度分析民族地区农村文化的现状，我们从中可以发现民族地区农村文化发展的基本态势及存在的问题。

1. 民族地区农村文化建设投入总量不足，重投入轻管理，以个人（家庭）投入为主

调查显示，民族地区农村文化公共投入在配置上不尽合理，国家对民族地区农村文化的有限投入主要集中于农村基础文化设施建设，且大多数是一次性基建投入。有的地方几乎没有对文化人才的投入，也几乎没有保证文化设施正常运行的经费，绝大多数地方是只管"建设"，不管"运转"，存在明显的"重投轻管"倾向。这主要是上级主管部门只问"建设"数据，不问"运转"效果所致。另一方面与公共文化设施严重老化衰败相对照的是电视、影碟机等现代文化设备的快速普及，从投入主体上来看，随着科技的发展、大众文化时代的到来，民族地区农村文化设施的投入开始进入一个以个人（家庭）为主的时期。

2. 民族地区农村文化组织管理分割，重复建设，有限资源浪费严重

民族地区农村文化建设责任分属多个行政主体（部门）。在县一级，县广电局负责电

视广播，县文化局负责群众文化，县体育局负责群众体育活动，县委宣传部负责群众文化宣传工作。在乡镇一级，党委有党委组织的文化活动，教育办（所）有教育办（所）组织的文化活动。这些活动的内容一般重复率高，形式简单，政出多门，领导网络不健全，分类不明确，边界不清，这些部门都在组织管理农村文化，但却都不负全责，都没有同其他部门协同起来做统一的规划与投入，这样做的结果是使原本有限的农村文化资源无法发挥应有的效益。

3. 民族地区农村文化建设重形式轻效果，缺乏后期管理与评估

绩效评价对于民族地区农村文化建设是一项不可或缺的工作，它对农村文化建设起着监督管理和激励约束的作用。但调查表明，民族地区农村文化建设评估工作机制不全，评价标准存在着"形式主义倾向"，评价的标准就是多少平方米的建筑面积、多少本藏书、多少盘光碟、多少台电视、有无正式的规章制度，等等，很少涉及诸如文化设施能在多大程度上满足人民群众的需要，文化设施的使用率等指标。此外，当前的评估一般都是一次性评估，缺乏一个事后的反馈监控机制，一些已建成的农村文化设施很难得到有效使用。

4. 民族地区农村文化在供求结构上的部分不对称

据调查，政府供给的文化活动与农民的文化活动需求之间基本一致，但也存在一定程度的脱节。在民族地区农村文化设施建设方面，政府提供的文化设施排在前5位的是有线电视或电视差转台、文化活动室或图书室、农民技术学校、有线广播、老年活动室；而农民对政府提供文化设施的需求排在前5位的是文化活动站或服务中心、图书馆（室）、农民技术学校或培训班、体育场地和体育器材、青少年活动中心（馆）。有必要说明的是，由于政府供给的有线电视或电视差转台普及率已经比较高，农民对这一设施的需求也相应降低，从而导致农民文化需求中有线电视或电视差转台等设施没有排进前5位，但这并不等于农民不需要"电视"。在其他的调查中也显示了同样情况，造成这一错位的原因，不能仅仅理解为民族地区农村文化资源贫乏，而是现有的民族地区农村公共文化供给制度存在缺陷，一些文化产品供给过剩而另一些供给不足这一结构性矛盾造成的结果。

5. 民族地区农村文化在城乡结构上的边缘性和滞后性

经作者调查发现，与城市文化相比，民族地区农村文化处于边缘化的境地。与城市公共文化设施相比，民族地区农村的公共文化设施却日益衰败，特别是一些健康、文明的公共文化形式更是少之又少。从农民对文化活动的选择偏好中不难发现，民族地区农民对文化活动以及文化设施的偏好具有明显的模仿现代都市文化的痕迹。民族地区农民使用频率最高的是电视、广播、书、报纸、杂志等现代媒体，普及率较高的也是各种现代文化传播工具，但在文化内容的供给方面，仍然大大滞后于城市。

6. 民族地区农村文化在地缘结构上的相对封闭性

民族地区农村文化具有地域文化的丰富多样性，所谓"百里不同风，十里不同俗"。据作者对湖南湘西土家族苗族自治州50多个乡镇的实地考察，民族地区农村文化体现在地缘结构上仍然具有一定的封闭性，即不同地域的农村文化差异很大，地域文化特色往往与当地的方言、风俗习惯、宗教信仰等紧密结合在一起而成为一种文化的系统结构，这种地域文化的差异在一定范围内造成了农村文化在地缘结构上的相对封闭性。

7. 民族地区农村空心化趋势与农村文化精英的出现

随着民族地区农村青壮劳力的大量输出，外出打工人员一般要占全村总人口的35%～

40%，个别地区可能达到50%。农村公共文化服务的对象主要是儿童、妇女和老人，而对于具有主导作用的中青年人却处在农村公共文化服务的范围之外。一方面农村中坚层流向城市削减了农村文化发展的后劲，造成了农村文化传统的断裂；另一方面，公共文化服务因为缺乏农村中坚力量的参与，客观上使其日益边缘化。另一方面，我们在一些农村基层考察时看到，一批文化程度较高、思想敏锐、富于改革和进取精神的中青年农民已经成为农村文化事业的主体。他们以农村文化市场为导向，组建各类农村民间职业剧团、农民业余文艺队或民间演出队等文化组织，采取适宜的文化活动形式，积极满足本地及邻近地区农民的文化需求，成为农村文化专业户和农村文化精英。

8. 民间非物质文化的萎缩与现代都市文化的渗透

在调查中发现，民族地区农村原有的文化价值体系和社区记忆正在逐步消失，特别是一些优秀的传统文化和民间艺术在现代化的车轮挤压下，生存空间日益萎缩，一些民间艺人也因生活的压力等相继转换岗位，一些经典文艺活动和文艺人在人们的生活中渐行渐远。与此同时，原有社区公共文化空间的瓦解熄灭了农民文化参与的热情，原已发展起来的唢呐、秧歌、皮影、戏剧、舞龙、舞狮等农村班社随着集体经济生活方式的瓦解也逐渐解散，民间艺术也很难吸引年轻人参与。

9. 民族地区公益文化活动的萎缩与农村文化产业的起步

20世纪80年代以后，随着国家逐步降低对农村基层的介入程度，乡镇和村一级的经济实力弱化，民族地区绝大部分乡镇和村都不再有文化设施上的资金投入，乡镇文化站、村一级的老年活动室、文化大院、村组文化室大都处于"瘫痪半瘫痪"状态。县乡文化机构组织的"文化下乡"、"电影进村"活动，难以有效激发农民群众心中的文化热情，也没有点燃民族地区农村的文化火种，多年的建设和努力依然没有培养出农村文化的造血功能。与这种公共文化活动逐步萎缩相对照，农村文化建设的产业化开始起步，一些有文化功底的青年农民自发集资改建文化阵地、资助政府办电视差转台、成立个体电影放映队、兴办舞厅、游戏厅与网吧等，这些个体的文化产业成为满足民族地区农民群众文化生活的新生力量。

10. 民族地区政府文化阵地的衰退与民间文化组织的成长

农村集体化时期，民族地区农村公共文化产品几乎都是由政府提供的，政府建立了县、乡、村和生产队系统的公共文化服务网络。改革开放以后，随着政府对农村管理方式的转型，公共文化服务网络已不再存在，没有了公共文化网络，县乡政府很难开展大规模的公共文化服务活动。与此同时，民间文化活动开始兴起，农村自办文化发展迅速，民间组织的管理水平显著提高，社会对文化的投入不断增加，一些地方戏剧和曲艺团体活跃，民族民间文化精英开始出现。

二、新时期民族地区农村文化建设的基本内容

从调查情况来看，当前民族地区农村文化建设的重点应当放在以下几个方面：

1. 注重建设农村公共文化设施支持体系，健全农村公共文化服务网络

一要结合社会主义新农村的总体规划，推动县、乡、村公共文化设施和阵地的配套建设，构建县以下面向农村基层的公共文化设施支撑体系。坚持以政府为主导，以乡镇为依

托，以村为重点，以农户为对象，建设县、乡、村公共文化设施和文化活动场所，构建农村公共文化基础设施网络。通过政府和社会的紧密结合，逐步形成以政府为主导，社会广泛参与，结构合理、发展均衡、网络健全、服务优质、覆盖农村社会的比较完备的公共文化设施体系。二是民族地区农村公共文化服务网络建设要以文化工程项目为基点，加快推进农村"三大"文化工程，健全农村广播电视、文化信息和电影服务网络，满足农村居民基本公共文化需求。不仅要确保中央业已确定的三大农村文化项目的建设与完成，还要建立保证这些项目长期正常运行的长效机制。

2. 积极引导社会资金参与民族地区农村文化建设，满足广大农民的公共文化产品需求

一要积极引导地方和社会资金支持民族地区农村非物质文化遗产保护项目，发展农村特色文化；二要继续支持"送戏下乡"（流动舞台车）项目，满足民族地区农村中老年群体的文化需求，实现传统地方戏曲"活态"保护目标与农村文化建设目标的二合一；三要积极支持民族地区农村体育设施建设，引导建设兼有体育健身与文化活动功能的村寨公共活动场所；四是要进一步强调"送书下乡"工程的针对性、有效性和基层性，引导社会公益组织和个人投入。

3. 大力扶持民族地区农村具有公益色彩的民间文化的成长，实现"送文化"与"种文化"相结合

一要积极支持民族地区农村文化精英人才的培养，引导地方培养基层文化队伍，奖励和补贴民族地区农村基层文化带头人培训项目；二要积极支持和鼓励民族地区农村民间文化组织开展农村公益和准公益文化活动，奖励地方为保护优秀民间文化而进行的文化保护、开发和研究项目；三要积极支持和鼓励民族地区农村民间自办文化，奖励"农村文化大院（中心户）"、"农村电影队"、"业余剧团"、"农家书屋"等，为当地农村社区提供特色文化产品；四要积极支持民族地区农村民间文化资源的产业化发展。

三、建立健全民族地区农村文化建设的保障体系

第一，要深化民族地区文化体制改革，推动民族地区农村文化建设水平的整体提升。

民族地区农村文化建设，要重心下移。长期以来，政府对农村基层文化建设中的"基层"存在认识上的误区，一般认为乡镇所在地就是农村基层，但乡镇所在地并不是农村文化的最基层。因此，民族地区农村文化建设必须重心下移，将村级公共文化服务场所建设纳入整体规划之中，并建立相应的村级公共文化服务体系。

整合资源，建设民族地区农村公共文化服务平台。首先要整合各部门的资源。乡镇文化资源主要分布和集中在文化、广电、新闻出版、教台、科技等系统，将分散在各部门的农村文化建设资源集中使用，在县或乡一级"打包"整体下拨至村一级。其次是充分利用民族地区农村文化资源存量。目前民族地区农村文化经过长期建设，已有一些存量，如"村村通"等相关的硬件设施，合并后废置的村小学校舍，农村党员远程教育网络等，在资源投入仍有缺口的条件下建设农村公共服务体系可以采取以下措施：综合利用，充分整合农村现有文化资源存量，使民族地区农村公共文化的有限资源实现效益最大化。

统筹协调都市文化和农村文化，推进城乡文化一体化发展。推进城乡文化一体化发展，是胡锦涛同志在党的十七届六中全会报告中提出的要求。农村文化的边缘化是"晚发

外生型"国家现代化过程中的陷阱。国家的现代化一般始于城市,为了配合城市的物质增长、经济发展,城市必然发展出一套与之相应的行为方式、制度等文化价值体系。在城市高速发展和集聚、吸纳农村资源的过程中,城市始终处于主导和中心地位,农村的文化体系不断被边缘化,这种状况对于我国的可持续发展不利。因此,我们必须充分认识并统筹城乡文化发展的重要性和紧迫性,把统筹城乡文化发展的理念贯穿于国家文化设施布局、文化经费投入、文化生活安排、文化产品生产等各个方面,在政策和投入等方面向农村倾斜。

第二,加强财政支持力度,以机制创新为平台,确立公共财政支持农村文化建设的多种实现模式。

新时期要扭转民族地区农村文化建设持续下滑的趋势和改变农村文化落后的面貌,必须要有国家力量的介入,国家公共财政介入是改变民族地区农村文化落后状况的主要途径之一。公共投入机制创新的核心在于激发政府和社会两方面积极性,要在民族地区农村文化建设中引入"民办公助"和"公办民营"等多种实现模式。"公办民营"即通过政府搭建基础平台,吸收社会力量参与,政府与社会两种力量通过整合,形成合力,有利于加快改变当前民族地区农村文化发展滞后的状况。"民办公助"以民间力量为主体,公共财政予以补贴奖励,引导民间力量服务于农村公益文化事业,同样可以达到公共财政投入最大化的目标。在当前农村文化建设中,"公办民营"或"民办公助"可以在一定程度上解决公共文化投入责任主体不明、效率不高的问题。一些具有现场存在、即时消费特点的文化活动和文化服务,均可借助政府购买的渠道将其逐步纳入"公办民营"、"民办公助"等公共经费支持范围,通过扶持民间文化市场主体,形成国家主导下的农村公共文化服务和文化市场服务相结合的综合型服务体系,满足民族地区农村多层次的文化需求。

第三,为新时期民族地区农村文化建设提供制度和组织保证。

党的十七届六中全会明确提出:"要坚持社会主义先进文化前进方向,掀起社会主义文化建设新高潮,激发全民族文化创造活力。"促进社会主义先进文化发展,既是落实科学发展观的重要举措,更是加强社会主义精神文明建设、充分实现最广大人民群众文化权益的重要保证。构建和谐社会,要充分认识和发挥文化所具有的培育时代精神、体现人文关怀、实现文化权益、促进文化提高、实现人的全面发展方面的独特功能,把文化建设纳入与政治建设、经济建设、社会建设协调共进的整体进程。因此,各级党委和政府对加强民族地区农村文化建设负有重要责任,要把民族地区农村文化建设纳入各级党委和政府的重要议事日程,纳入经济和社会发展规划,纳入财政预算,纳入扶贫攻坚计划,纳入干部晋升考核指标,确保民族地区新农村文化建设各项目标任务的实现。要建立健全民族地区农村文化建设目标责任制和基层文化单位的评价机制,推动民族地区农村文化建设的法制化、规范化和制度化。

(作者单位:湖南省档案局)

2011～2020年湖南省学前师资供需预测

彭世华　　伍春辉

摘　要：未来10年，湖南将迎来学前教育发展的黄金期，相较于湖南学前师资已有基础与现行培养、培训体系，学前教育大发展与学前师资整体滞后的矛盾将越来越突出。本预测采取定量测算和定性分析相结合的办法，从数量规模、结构、质量等方面，对2011—2020年湖南省学前教育阶段师资供求进行预测和分析，以期为有关部门制定相关政策提供依据和参考。

关键词：学前师资；湖南省；2011～2020年；预测

师资供需预测是根据特定区域教育事业发展规划，综合区域内社会经济发展内外条件，对教师资源需求与供给的数量、质量和结构进行预测。本文从湖南省已有学前师资队伍现状入手，综合未来十年学前教育、学前师范教育发展变化情况，对2011～2020年湖南省学前教育阶段师资供求进行预测和分析，以期为有关部门制定相关政策提供依据和参考。

一、2011～2020年湖南省学前师资需求预测

1. 预测方法

师资需求预测既包括数量规模预测，又包括结构、质量预测，因此本预测采取定量测算和定性分析相结合的办法。在数量规模方面，本文对2011～2020年湖南省学前师资需求预测主要采取量的分析法，即遵循"人口出生率—新增适龄儿童—入园率—入园人数—师资需求"的直线推测逻辑：从湖南省官方公布的年预期人口自然增长率、预期人口出生率测算年出生人口，从湖南省中长期学前教育发展规划预期三年、两年入园率测算在园人数，同时综合考虑未来10年湖南社会经济发展水平和政策导向下，影响学前师资需求规模的其他变量，主要包括生师比、自然流出率、幼儿园办园性质、平均规模及幼儿园普遍教学细分程度等，在此基础上综合测算学前师资需求规模。需要说明的是，本文所定义的"师资"仅包括学前教育专职教师，不含保育员和其他与学前教育相关的管理、工勤人员。结构、质量预测方面，本文主要依据《湖南省学前教育发展纲要》设定的分年度不同层级示范性幼儿园建设规划，同时参照兄弟省市在不同社会经济发展水平下对于不同层级幼儿园在性别、学历方面的不同要求作出预测。

2. 2011～2020年湖南省学前师资需求预测

①运用时间序列法预测2011～2020年湖南省出生人口数量。出生人口受计划生育政

策、经济和社会等多重因素影响，近年来，我国官方公布的全国年人口出生率在12‰左右，2008年12.14‰，2009年12.13‰。从过去五年的情况来看，湖南略低于全国统计数据，但也在呈整体弱势上升之势。综合考虑湖南女性人口比例、育龄区间分布特点以及未来生育政策有望适度放宽等因素，本文采取趋势外推法预测未来湖南人口出生率并在此基础上计算出生人口；人口总量方面，根据湖南省政府人口发展规划，相关省份经验及未来人口增长趋势，拟设定2010～2020年湖南人口自然增长率为6.8‰，即到2020年，湖南省人口总规模达到7 425.14万人：

表1 2006～2017年湖南出生人口统计与预测（万人）

年度	总人口	人口自然增长率（‰）	生育率（‰）	出生人口
2006	6 768.1	6.8	11.92	80.675 8
2007	6 805.7	6.8	11.96	81.396 2
2008	6 841.43	6.8	12.00	82.063 0
2009	6 877.62	6.8	12.03	82.737 8
2010	6 914.35	6.8	12.07	83.421 6
2011	6 985.79	6.8	12.11	84.597 9
2012	7 033.30	6.8	12.15	84.610 6
2013	7 081.12	6.8	12.19	85.185 9
2014	7 129.28	6.8	12.23	87.191 1
2015	7 177.75	6.8	12.27	88.071 0
2016	7 226.56	6.8	12.31	88.959 0
2017	7 275.70	6.8	12.35	89.854 9

②综合《湖南省建设教育强省规划》、《湖南省学前教育发展纲要》所设定的到2020年，全省学前教育三年入园率达到80%，基本普及学龄前两年教育的目标（99%），分年度预测2011～2020年预期入园率，在此基础上预测幼儿园在园人数：

$$P = R3 \times (A3 + A4 + A5) + (R2 - R3) \times (A4 + A5)$$

（P 为当年度在园人数，$R3$ 为学龄前3年入园率，$R2$ 为学龄前两年入园率，$A3$、$A4$、$A5$ 为当年三岁、四岁、五岁儿童）

表2 2011～2020年湖南学龄前儿童数与在园儿童数　　　　单位：万人

| 年度 | 学龄前儿童数 | 预期入园率（%） | | 预期在园人数 |
		学龄前三年	学龄前两年	
2011	244.169 1	55.14	68.35	156.232 3
2012	246.231 1	58.47	73.00	167.921 8
2013	248.291 1	62.00	78.00	180.531 5
2014	250.791 9	63.49	83.77	193.309 1
2015	253.508 7	65.00	90.00	207.293 8
2016	256.371 4	67.80	91.73	214.925 2
2017	258.964 5	70.72	93.50	222.665 3
2018	261.580 9	73.76	95.30	230.693 6
2019	264.220 1	76.93	97.13	239.025 3
2020	266.884 8	80.00	99.00	247.482 5

③根据预期在园人数、师生比预测学前师资规模需求。在园人数一定的情况下，生师比成为影响师资规模需求的关键性变量。2001 年中央编办、教育部、财政部共同发布了《关于制定中小学教职工编制标准的意见》，湖南省也制定了《湖南省中小学教职工编制标准试行办法》（2002）。目前全国高中、初中、小学段生师比为 17.62∶20.50∕∶24.15。在学前教育领域，1987 年，原国家教委、劳动人事部颁布了《全日制、寄宿制幼儿园编制标准》（试行），规定教职工与幼儿的比例为全日制幼儿园 1∶6～1∶7，寄宿制幼儿园 1∶4～1∶5，但此标准为教职工标准（含保育员及管理、工勤人员）而非专任教师标准，自颁布起从未施行。本文认为，对于生师比标准的设定与预测，只能从省情出发，从已有基础出发。对此，2010 年 11 月《国务院关于当前发展学前教育的若干意见》中，也强调"各地根据国家要求，结合本地实际，合理确定生师比"。目前全国学前教育领域平均生师比为 24 左右，不少农村地区达到 40（2009 年数据）；从湖南的情况来看，不同办园性质、类型、层级的幼儿园采取不同的师生比标准，少数天价贵族幼儿园 20 人左右的班级也配备了 2 名教师，各类示范性幼儿园 40 人左右的班级配备两教一保，多数幼儿园为一班一教一保，一些农村幼儿园一村一班一师。据 2009 年统计数据，当年全省在园幼儿数为120.79 万人，学前专任教师总数为 4.47 万人，生师比约为 27 左右，分城市、农村、县镇为 25∶29∶27。

生师比标准的降低，需要一个渐进的累积过程。影响生师比的因素，包括政策导向、不同性质与层级幼儿园比例、幼儿园整体教学细分程度等。办园性质是指公办、普惠性幼儿园与天价贵族幼儿园、面向社会最底层的非正规园（黑园）所占比例。2010 年，湖南全省公办幼儿园只有 848 所，仅占幼儿园总数的 10%。根据《湖南省人民政府关于加快学前教育发展的意见》、《湖南省发展学前教育三年行动计划（2011～2013 年）》，湖南公办园和普惠性民办园占比例将在 2013 年提高到 40%、2015 年 50%、2020 年 70%。可以预期，随着公办、普惠性幼儿园比例的逐步提高，对办园规模、班额、生师比及其他软硬件有着较高要求的规范化幼儿园比例也将同步提高；与此同时，规范化幼儿园教育内容一般划分为健康、语言、社会、科学、艺术五大领域，部分幼儿园甚至还有进一步细分的趋势，由于每个教师所能提供的工作量是一定的，幼儿园教学细分程度与学前师资需求量正相关；此外，考虑到农村城镇化建设需要，农村幼儿园分布相对分散性和低规模及幼儿园教育教学水平的逐步提高，未来十年里，学前教育生师比将有较大幅度的下降。

参照目前学前师资已有基础和学前教育发展趋势，本文假定：未来十年间，公办园与普惠性幼儿园比例每提高 10 个百分点，学前教育生师比降低 2 个单位，到 2020 年分城市、农村和县镇为 1∶19∶17。假定城市、农村、县镇在园人数数所占比例与目前三者人口数所占比例相当，通过加权平均计算年度综合生师比即：

$$\eta = \alpha\alpha' + \beta\beta' + \gamma\gamma' \quad (\alpha + \beta + \gamma = 1)$$

（α：城市人口占总人口的比重；β：县镇人口占总人口的比重；γ：农村人口占总人口的比重；α'：城市生师比；β'：县镇生师比；γ'：农村生师比。）目前湖南城市化率达到 44.4%，城市、县镇、农村人口比例为：26.6/17.8/55.6，仍处于城市化的成长期，以年均提高 1 个百分点的速度推进。在此基础上计算年度学前师资规模需求数量：

$$N = P \div \eta$$

（N：年学前师资规模需求量；P：年在园人数；η：年度综合生师比）

表3 湖南学前师资2011～2020年需求规模预测

年度	在园人数（万人）	公办园、普惠性幼儿园比例（%）	城市化率（%）	生师比				学前师资毛需求规模（万人）
				城市	县镇	农村	综合生师比	
2011	156.232 3	10.80	45.40	23.76	25.78	27.80	26.33	5.933 4
2012	167.921 8	20.79	46.40	22.57	24.61	26.65	25.14	6.680 5
2013	180.531 5	40.00	47.40	21.45	23.50	25.55	23.99	7.524 5
2014	193.309 1	44.70	48.40	20.38	22.44	24.49	22.90	8.442 1
2015	207.293 8	50.00	49.40	19.36	21.43	23.47	21.85	9.486 6
2016	214.925 2	53.48	50.40	18.40	20.46	22.50	20.85	10.308 4
2017	222.665 3	57.20	51.40	17.48	19.53	21.57	19.89	11.094 2
2018	230.693 6	61.18	52.40	16.61	18.65	20.68	18.97	12.158 0
2019	239.025 3	65.44	53.40	15.79	17.81	19.82	18.12	13.207 2
2020	247.482 5	70.00	54.40	15.00	17.00	19.00	17.26	14.338 6

④结构、质量需求预测。迄今为止，国家尚未出台对于学前师资素质（主要是学历）的刚性要求。从目前社会经济发展水平、民众对于学前教育预期与要求，特别是高等教育大众化可提供的资源等多个因素考虑，未来10年内，实现学前教师准入门槛专科化，既是必要的，也是可能的。本文预测，到2020年，湖南全省学前师资专科以上学历达到90%，其中本科学历达到30%。

表4 湖南学前师资2011～2020年需求结构预测（万人）

年 度	中师层次		专科层次以上			
					其中本科层次	
	数量（万人）	比例%	数量（万人）	比例%	数量（万人）	比例%
2011	2.205 8	37.18	3.727 6	62.82	0.570 1	9.61
2012	2.312 6	34.62	4.367 9	65.38	0.728 4	10.90
2013	2.404 2	31.95	5.120 2	68.05	0.931 1	12.37
2014	2.463 3	29.18	5.978 8	70.82	1.185 6	14.04
2015	2.494 4	26.29	6.992 3	73.71	1.512 0	15.94
2016	2.400 8	23.29	7.907 6	76.71	1.864 6	18.09
2017	2.257 1	20.16	8.937 0	79.84	2.297 9	20.53
2018	2.056 0	16.91	10.102 0	83.09	2.832 4	23.30
2019	1.786 2	13.52	11.421 0	86.48	3.491 8	26.44
2020	1.434 0	10.00	12.904 6	90.00	4.302 2	30.00

二、2011~2020 年湖南省学前师资供给预测

师资供给预测是指通过现有师范培养体系和其他可能的渠道，对未来某个时期从其内部和外部可以获得的师资的数量和质量进行预测。

虽然教育部直属北师大、华中师大等师范院校学前教育专业每年在湘都有一定数量的招生，但相对于湖南学前教育发展规模，构不成影响湖南学前师资供需的主要因素。对湖南而言，学前师资供给只能立足于区域内而非区域外。因而本文的预测主要基于目前湖南省学前师范培养布局和规模。2010 年，湖南省开办学前教育专业的学校共 38 所，其中：本科院校 13 所（其中开办本科学前教育专业的 5 所），专科院校 3 所，中职学校（含中师及部分县区教师进修学校）19 所，成人高校 3 所。

表5　2007~2010 年湖南省不同层次学前师范专业招生情况

	2007 年	2008 年	2009 年	2010 年
合计：	8 346	9 525	10 466	17 184
高等师范专业：				
其中：本科：	95	105	141	237
普通专科：	195	424	459	640
成人高校	682	758	834	918
五年制专科	230	300	300	415
中师、中职：	7 144	7 938	8 732	14 974

培养规模之外，省域内学前师资供给既与学前教育行业热度、学前教师受重视程度等因素有关，也受地区差别下学前师范毕业生跨省就业因素的影响。近年来湖南一直是沿海地区学前师资的主要流出地，因此在计算湖南学前师资有效供给时，必须剔除输出性供给，即跨省就业人数：

表6　某师范专科学校近 4 年来学前师范类毕业生赴外省就业情况统计①

年度	毕业生人数	赴外省就业人数	所占比例
2008	1 086	352	32.4
2009	1 000	218	21.8
2010	1 240	361	29.1
2011	991	260	26.2

注：本表中学前师范类毕业生包括学前教育及该校同样定位于学前教育的英语教育、音乐教育、美术教育专业毕业生

相对专科层次，中师、中职学前教育师范毕业生跨省就业的比重更高。保守测算，这一层次毕业生跨省就业比率达到 50% 左右。可以预期，随着湖南省内对于学前教育重视程

---

① 资料来源于长沙师范学院招生就业处。

度的提高，学前教师地位、待遇、保障逐步改善，以及外省自行培养学前师资力度的加大，学前师范毕业生跨省就业比例将逐步降低。本文假定，专科层次由 25% 降至 15%，中师中职层次由 50% 降至 30%，本科层次总量偏低，不考虑跨省就业因素；假定中师中职类现有招生规模维持在 1.5 万左右，专科以上层次按年 10% 的比例递增，预测 2011~2020 年湖南省学前师资有效供给：

表 7　2011~2020 年湖南省学前师资供给预测

年度	中师层次			专科层次			本科层次		总计
	毕业生规模	跨省就业比例%	有效供给	毕业生规模	跨省就业比例%	有效供给	毕业生规模	有效供给	
2011	7 938	47.58	4 167	624	23.76	476	95	95	4 737
2012	8 732	45.14	4 790	689	22.57	533	105	105	5 429
2013	14 794	42.90	8 551	940	21.45	738	141	141	9 430
2014	14 794	40.76	8 868	1 004	20.38	799	237	237	9 905
2015	14 794	38.73	9 172	1 189	19.36	959	261	261	10 392
2016	14 794	36.80	9 480	1 308	18.40	1 067	287	287	10 834
2017	14 794	34.97	9 755	1 439	17.48	1 187	315	315	11 257
2018	14 794	33.23	10 016	1 583	16.61	1 320	347	347	11 683
2019	14 794	31.57	10 264	1 741	15.79	1 466	382	382	12 112
2020	14 794	30.00	10 500	1 916	15.00	1 629	420	420	12 459

　　注：成人高校主要面向在职学前教师，其招生规模不影响全省学前师资供给总量，故成人高校招生与培养规模不计入供给预测之列

　　以学前师资现状为基础，本文从需求、供给两方面对 2011~2020 年湖南学前师资年补充形势进行预测；由于身份、待遇、保障等问题的存在，当前湖南学前教师队伍稳定性较差，职业流动性大。有研究者对湖南 6 市州 126 家幼儿园的抽样统计，每年行业外流出率达到 12.2%（徐燕，2010.8），另加上 3% 左右的自然减员，目前湖南学前师资队伍自然流出率达到 15% 以上。本文假定，未来十年内，随着幼儿教师社会地位、福利待遇逐步提高，行业流出率（包括自然减员）逐渐由目前的 15% 降低至年 5% 左右，即以 95% 的留任率计算教师队伍稳定程度：

表 8　2011~2020 湖南学前师资供需对比分析预测

年度	流出率	中师（中职）				专科				本科			
		存量	需求	当年有效供给	累积缺口/剩余	存量	需求	当年有效供给	累积缺口	存量	需求	当年有效供给	累积缺口
2011	15.00	17 072	22 058	4 167	819	20 578	31 575	476	10 521	2 875	5 701	95	2 731
2012	13.28	18 053	23 126	4 790	283	17 896	36 395	533	17 966	2 525	7 284	105	4 655
2013	11.75	19 810	24 042	8 551	-4 319	15 982	41 891	738	25 171	2 280	9 311	141	6 890
2014	10.40	21 217	24 639	8 868	-9 765	14 755	47 932	799	32 378	2 137	11 856	237	9 482
2015	9.20	22 077	24 944	9 172	-16 070	13 936	54 803	959	39 908	2 127	15 120	261	12 732
2016	8.14	22 649	24 008	9 480	-24 191	13 525	60 430	1 067	45 838	2 168	18 646	287	16 191
2017	7.21	22 054	22 572	9 755	-33 428	13 404	66 391	1 187	51 800	2 255	22 979	315	20 409
2018	6.38	20 945	20 560	10 061	-43 489	13 539	72 696	1 320	57 837	2 385	28 324	347	25 592
2019	5.64	19 248	17 862	10 264	-53 753	13 911	79 292	1 460	63 921	2 558	34 918	382	31 978
2020	5.00	16 855	14 340	10 500	-64 253	14 504	86 204	1 629	70 071	2 774	43 022	420	39 828

三、结论

未来 10 年，湖南将迎来学前教育发展的黄金期，相较于湖南学前师资已有基础与现行培养、培训体系，学前教育大发展与学前师资整体滞后的矛盾将越来越突出。这种矛盾，既体现在量的波动性，又体现在结构的不平衡性方面。

①2010～2020 年，湖南学前教育将迎来快速发展阶段，适龄儿童入园人数将由 2010 年的 140 万增加到 2020 年的 247 万，学前师资需求总规模也由 2010 年的 4.9 万人，增加到 2020 年的 14 万人。

②需要特别引起重视的是，由于身份、待遇、保障等问题的存在，在相当长一段时期内，湖南学前师资队伍流出率将保持较高比率。从表 8 对比分析可知，相对于较低的教师稳定性，在中师中职层次占主导的情况下，从 2011 年到 2018 年，专科以上层次的教师增量低于流出量，存量呈不升反降之势。

③从不同层次师资需求增长曲线来看，未来十年里，湖南学前师资并不呈平滑曲线增长之势，其中又以 2011～2015 年需求上升最快，每年需新增 1.5 万人左右；2015 年以后，对于学前师资井喷式的补偿性需求将逐步转化为补充自然减员的常规性需求，虽仍需逐年有一定的新增教师需求量，但增长势头呈逐年下降之势，年需补充新教师量将在 1 万人以下。

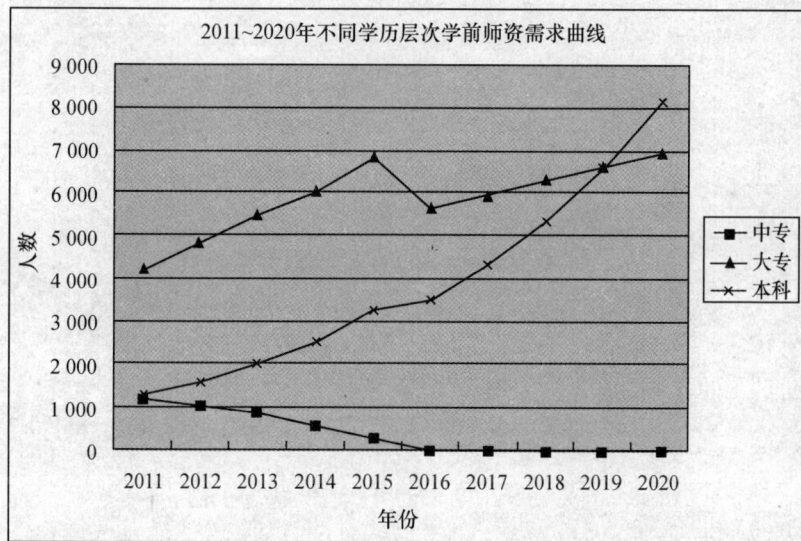

图 1：2011～2020 年不同学历层次学前师资需求曲线

④从供需总量对比分析来看，假定中师层次培养规模不变，专科以上层次按年均 10% 的常规发展比率增长，十年间，中师中职层次师资将累积剩余 6.4 万人，专科以上师资累积缺口 10 万人左右，其中本科以上 3.9 万人。假定中师中职层次师资累积剩余的 6.4 万人中，40% 从事保育员岗位，60% 左右通过自考、函授等成人教育方式获得大专以上学历而补充进入学前师资队伍，部分已有专科学历的学前师资通过继续教育获得本科学历，则 2010～2020 年湖南高专以上学前师资培养总规模应定位在 7 万人左右，其中专科层次（含

五年制专科）逐渐达到年招生规模 5 000 人，本科层次每年 2 000 人。

⑤根据《湖南省十二五学前教育师资队伍建设规划》，到 2020 年，湖南全省学前师资专科以上学历达到 90％，其中本科学历达到 30％，从逐年变动的供需结构分析，未来十年里，中师层次的师资需求将逐渐萎缩；专科为主的师资结构要求下，由于受跨省就业等因素的影响，短时期内湖南专科类学前师资供给还将出现一定程度的短缺；本科类师资需求的逐步上升，也提升了设立专门学前师范本科院校的紧迫性。这些都要求教育行政部门未雨绸缪，尽快调整湖南现有学前师资培养培训体系，科学规划、调控培养层次、结构、布局及规模。

（作者单位：长沙师范学院）

关于劳务派遣用工问题的调查与思考

彭东贵

摘　要： 随着经济社会的发展，企业的用工方式日益多元化，劳务派遣用工方式越来越被更多企业所采用，但劳务派遣用工中产生的问题不容忽视。本文在分析劳务派遣用工乱象原因的基础上，提出了健全完善法律法规、加大劳动监察执法力度、加强工会作用、注重行业自律等对策建议。

关键词： 劳务派遣；问题；对策建议

劳务派遣是一种新的劳务用工形式，它对于缓解社会就业压力、满足企业灵活用工的需求、降低人工成本发挥了一定作用。但是，由于劳务派遣工的滥用，给社会管理带来了一系列新的问题，特别是劳务派遣工的合法权益难以得到维护。要构建和谐劳动关系，促进职工队伍稳定，必须切实加强对劳务派遣用工的规范和管理。

一、当前劳务派遣用工中存在的主要问题

自 2008 年新的《劳动合同法》实施以来，劳务派遣市场呈现出了一种"非正常繁荣"的现象。以湘潭市为例，全市共有劳务派遣工约 4.1 万人，占全市企业职工总人数的 10% 以上，其发展速度之快、规模之大，给社会管理带来的新问题，值得我们认真加以思考。我个人认为，劳务派遣用工存在的问题主要体现在以下几个方面：

1. 劳务派遣用工方式越来越"滥"

《劳动合同法》明确规定，劳务派遣一般在临时性、辅助性或者替代性工作岗位上实施。但在劳务派遣市场上往往被"滥用"，超出"三性"范围使用劳务派遣工的现象十分突出。如有的企业在主营业务上广泛使用劳务派遣工，劳务派遣工人数超过了企业本身的合同制职工人数。而在西方主要国家，劳务派遣的用工比例一般不会超过 3%；有的企业长期使用劳务派遣工，劳务派遣工的"临时性"也被长期固定性"替代"，劳务派遣工的工作年限一般都远远超过 2 年，很多劳务派遣工的工作年限甚至超过 10 年。

2. 对劳务派遣工的侵权行为越来越"多"

一是同工不同酬。据调查，劳务派遣工的工资收入多数为 930 ~ 2 000 元。相同或相似的工作岗位劳务派遣工与正式工收入差距较大，少则 30%，多则上倍。在被调查的劳务派遣工中，认为自己目前收入水平在当地属于中等偏下和低收入水平的近 70%。二是社会保障水平较低。按照国家规定，企业必须为职工办理社会保险（即五险）和住房公积金。但是，一些劳务派遣公司为了节省开支，往往只为劳务派遣工办理 5 个社会保险险种中的几

个险种。即便是全面参加五险，也不是全基数全额参保，其缴费基数要低得多，尤其是为劳务派遣工支付住房公积金的极少。三是民主权利实现状况较差。由于被认为不是用工单位的正式职工，众多被派遣劳动者本应享有的选举权与被选举权、参加工会组织及会员大会或职工（代表）大会等民主权利都难以实现。在入党、评先评优和晋升等诸多方面，劳务派遣工基本上处于弱势地位，严重影响了其对企业的归属感。四是劳动保护与职业安全条件较差。劳务派遣工往往在企业从事脏、重、累的工作，与正式工的劳动条件和工作环境存在较大差距。同时，某些用工单位没有执行特殊工时制和带薪休假制度，劳务派遣工未能与正式工享受相同的休息休假，其休假权益受到侵犯。

3. 劳务派遣引发的社会矛盾越来越"大"

一是加剧劳务派遣工的危机感。一些劳务派遣公司没有与被派遣的劳动者签订劳动合同，或者签订了劳动合同但大多是一年一签或两年一签，工作中时时承受失业压力。用工单位（企业）使用劳务派遣工往往只是想利用派遣工比较年轻、容易创造劳动价值的这段时间，而没有长期使用的计划。众多劳务派遣工很难得到应有的培训，转为正式工的要求高、比例小，晋升空间狭窄，缺乏职业稳定感。二是容易滋生劳资纠纷。劳务派遣工劳动关系和工作岗位分别属于劳务派遣公司和用工单位，实质上是一种"雇佣"与"使用"相分离的劳动力经营模式。劳务派遣工在劳动过程中发生的事故与纠纷往往没有明确的法律加以规范，用工单位与派遣单位也约定不清或者没有约定，一旦发生纠纷，用工单位与派遣单位往往相互推卸责任，无法保障劳务派遣工的合法权益。三是形成劳动用工新"二元结构"。当国家层面正在不断弥合农民工与城市职工"用工二元制"的时候，随着劳务派遣用工的泛滥，将出现新的正式工与劳务派遣工的"用工二元制"，劳务派遣工与用工单位的正式员工之间，由于待遇不同，身份不同，很容易造成职工队伍的分化和对立，这不仅与劳动力市场化改革的方向不符，而且在社会上造成了新的不公，极易引发矛盾冲突。四是影响企业的长远发展。由于劳务派遣工在与正式工的对比中觉得自己是企业里的"二等公民"，这种心态将导致他们与企业"貌合神离"，影响对企业的忠诚度。企业大量使用劳务派遣工，虽然短时间内可能节约了人工成本和管理成本，但由于劳务派遣工的"临时性"，流动性强，也让企业失去了长远发展所需的骨干人才队伍，不利于企业的转型升级。

二、存在问题的原因

劳务派遣的种种乱象，在很大程度上使其失去了本来的面目。究其原因，根源在于利益的驱动，劳务派遣成为不少企业、单位降低用工成本、逃避法律责任的一种手段。

1. 政策法规不健全，为劳务派遣用工滥用提供了可乘之机

劳务派遣作为一种新的用工形式，据目前现行的一些政策，劳务派遣工缴纳社会保险金的基数及缴存比例是允许低于用工单位正式职工的，这就使得用工单位更愿意使用劳务派遣工。加之《劳动合同法》对合同工的权益保护非常严格，而对有关劳务派遣的规定较为原则，如对于临时性、辅助性、可替代性这"三性"的问题，现行法律没有合适的定义和规范，用工单位"投机"使用劳务派遣工还可以减少或规避应承担的一些社会责任，规避劳动合同风险，转嫁工伤等劳动用工风险等等，要根治这些问题，尚需法律作出相应规

定，从源头予以规范。

2. 社会监管不到位，助长了劳务派遣行业的无序发展

一段时期以来，劳务派遣公司在符合公司法的前提下，满足《劳动合同法》关于注册资金不少于50万元的要求即可到工商部门登记设立，无须经过其他审批程序。由于监管机制的缺位，有的劳务派遣公司买两张桌子，装一台电话，就开工招人，这样的公司规模小，专业化程度低，应对风险的能力很弱。一旦经营不善，容易出现劳务派遣公司管理人员卷款潜逃或发生工伤事故无法支付赔偿等情形，被派遣劳动者的合法权益势必受到侵害，影响社会稳定。而在美国，劳务派遣公司的市场准入监管相当严格，包括对公司的所有者和控制人都有监管要求。

3. 劳务派遣工的劳动报酬不在工资总额中支付，给国有企业大量招收劳务派遣工提供了条件

据了解，国有企业特别是国有大型企业在用工人数和工资总额控制上还普遍沿用计划经济时期层层控制、分配指标，集团控制、相关部门审批的模式，国有企业增加劳动力会摊薄或突破工资总额。而国有企业使用派遣工的薪酬，通常可以从营销、运行维护成本中支付，甚至从工程费用（整体外包）中支出，在财务上可以不占用企业工资总额。这样，为了满足生产发展的用工需要，降低人均生产成本，提高利润率，同时也改善正式员工能进不能出的人力资源管理体制僵化等问题，不少国有企业就不断调整和加大了劳务派遣工在职工队伍中的比重。

三、规范劳务派遣用工的对策建议

目前，我国劳务派遣还处于发展阶段，其在市场经济中也起着一定的积极作用。在今后一段时期内，劳务派遣仍将作为一种就业形式，继续发挥其特殊作用。要及时采取法律、经济、行政等多种手段，从加强法制建设、严格准入审核、强化监察执法、发挥工会作用等方面入手，加强劳务派遣规范运作，促进劳务派遣行业健康有序发展。

1. 健全完善法律法规，加大源头规范力度

尽快完善《劳动合同法》中劳务派遣相关内容，对劳务派遣的一些特殊法律问题做出明确规定。地方政府及有关部门应研究制订与《劳动合同法》中劳务派遣条款相配套的实施细则和具体政策措施。如针对"三性"规定，确定具体的细化标准，既明确使用劳务派遣工的范围和种类，又明确禁止使用劳务派遣工的范围和种类。制定适合劳务派遣的劳动合同文本。对劳务派遣工的工作岗位、劳动条件、劳动报酬、福利待遇等作出更加详细可行的规定，以解决对劳务派遣工的不公平待遇等问题。同时，清晰划分劳务派遣单位和用工单位在保障劳务派遣工各项权益中的各自职责，以及制定发生劳动争议后的处理程序。同时，建议出台一些具体政策措施：一是禁止用工企业将原有职工转为劳务派遣工；二是规定用工企业连续使用劳务派遣工达到一定年限后，要按一定比例将其转为正式职工；三是明确规定用工单位的劳务派遣工不能超过职工总数的上限比例，控制劳务派遣的用工规模。

2. 依法审批和管理劳务派遣单位，遏制无序发展状况

进一步规范劳务派遣企业的市场准入条件，对劳务派遣单位从业人员的资格、人数、

办公条件作出规定，提高注册资本额度，并实行经营许可审批制度。对新成立的劳务派遣企业，由劳动行政管理部门进行前置审批后才能注册。建议建立劳动风险保障金制度，以保证劳务派遣企业能够独立承担法律责任，履行法律义务。建立和完善劳务派遣备案制度，要求派遣机构将其签订劳动合同、工资发放和社会保险缴费等情况，定期填写报表报告劳动行政管理部门。建议把是否组建工会组织作为劳务派遣企业年度审核的一项审核标准。没有建立工会组织的一律不予办理年审。劳动行政管理部门要按照市场准入条件，对现有的劳务派遣企业进行全面清理审查，建立相应的诚信等级评价体系，实行分类监管，做到"三个一批"，即扶持一批、整改一批和淘汰一批。发现不符合要求的，责令限期整改；对整改不力、违法经营的，联合相关部门依法取缔。同时，鼓励发展一批依法规范经营的劳务派遣企业，有的放矢地扶持一批公益性劳务派遣组织，适当延续税收或社会保险等方面优惠政策，更好地促进就业困难群体实现就业。

3. 探索劳务派遣工加入工会有效途径，维护其合法权益

应深化对劳务派遣及派遣工参加工会等问题的研究，探索建立双向管理的劳务派遣工加入工会管理模式，明确规定劳务派遣单位与派遣工签订劳动合同时，派遣单位的工会要及时将派遣工吸收入会，并与用工单位工会签订工会会员代管协议，将会员交用工单位工会代管，参加用工单位工会活动。如果劳务派遣企业没有成立工会，则由用工单位负责吸收派遣工加入本单位工会。通过选择不同形式让劳务派遣工加入工会组织，促使工会组建与企业多种用工的状况相适应，最大限度地把派遣工组织起来。同时明确劳务派遣单位和用工企业双方工会的职责，共同维护派遣工的合法权益。

4. 加强劳务派遣行业自律，引导劳务派遣企业健康发展

推进劳务派遣行业协会建设，逐步在行业准则、服务标准、经营规范、监督管理以及市场退出等方面形成市场调节机制，促使劳务派遣行业自觉提升自律程度。建立行业从业人员培训考核制度，进一步提升派遣机构专职管理人员在人力资源管理和劳动关系处理方面的专业化水平；扶持诚信的劳务派遣单位做大做强，打造劳务派遣品牌；规范运作，营造良好市场环境，提高行业整体竞争力和服务水平。

参考文献

[1] 宋晓波. 滥用劳务派遣之反思与规制 [J]. 北京市工会干部学院学报，2012（04）.

[2] 上海市总工会课题组. 关于规范企业劳务派遣用工的调研报告 [J]. 工运研究，2012（12）.

[3] 曹佳丽. 江苏省劳务派遣用工情况调查报告 [J]. 工运研究，2012（04）.

[4] 范丽娜. 关于我国劳务派遣行业存在的问题及建议探讨 [J]. 北京市工会干部学院学报，2011（03）.

（作者单位：湘潭市总工会）

信息化教学能力探析

——以小学语文教学为例

温俐丹

摘　要： 小学语文教师信息化是新时期语文教师发展能力的重要尺度，当前一些教师对教师信息化教学能力的认识不够充分，主要原因在于缺乏对该概念基本内涵的把握。为了更好地促进语文教师信息化教学，本文从小学语文教师信息化教学能力的发展战略与能力建设两方面进行分析，从而促进小学语文教学与教育事业的发展。

关键词： 教师信息化；发展战略；能力建设；语文教学

我们都知道教育对国家、民族发展的重要性，其中教师的素质又是关键一环。当社会进入到信息化时代，必然要求教师也要与时俱进，以促进教师专业化、信息化以及信息化教学能力的发展。本文深入分析小学语文教师信息化教学能力发展方面存在的问题，以期促进教师相关职能的提升。

一、小学语文教师信息化教学能力发展中存在的问题

经济全球化、办公电子化不断促进教育现代化和教师信息化发展。新时期下，我国各小学的教学硬件设施虽然有了很大改善，城镇各学校也都配置了办公电脑、多媒体教室并开设了信息技术课。但还是存在很多语文教师对信息教学能力的认识不够，还停留在播放幻灯片、影视、声音、电子备课等简单的操作层面的情况。主要问题有：

1. 认为信息技术在教学中无足轻重

主观上持这种观点主要是一些年纪偏大的老师，对电脑等新生事物的接受能力慢，应用不熟练的教师。他们认为信息技术是花架子，好看不中用，会分散学生的学习注意力，导致本末倒置。客观上，因为学生的升学和就业压力，原有的社会认知习惯等，促使学校、社会和家长遵循应试教育的老方向，这也使得相当一部分教师乐意去维持原来以分数为主的路径，因而在教学中将信息技术应用看成是可有可无、无足轻重的东西。

2. 认为信息技术只是教学的辅助工具

这是一种广泛流行的观点，在以教学为中心的条件下有其一定的合理性。这种观点认为，不管是应试教育还是素质教育，都以"教"为中心，信息工具仅限于辅助性、从属性的应用。通过信息技术的手段能使学生们更好理解相关概念、公式、原理等，从而将抽象的事物具体化、多维的空间平面化、文字的表述视觉化。

3. 认为信息技术与学科专业互不相干

一般小学教师会把信息技术等同于信息技术课，即讲解计算机知识的课程。信息技术与语文、数学和英语等学科在知识深度与广度上没有密切关联。同时又因为信息课程没有进入小学升初中、初中升高中的入学考试，以不受老师、学生、学校、家长的重视。所有这些情况导致了信息技术与所谓的主干课程间的脱离。

二、小学语文教师信息化能力发展基本内涵

一些小学教师存在的认识误区主要是由于对教师信息化、信息化教学能力等基本内涵不清楚而导致的。一般来说，教师信息化的基本内涵就是指教师教育信息化、信息化教学能力。在其表现形态上，学者对此进行了不同侧面的理解和描述。如顾小清（2004）认为，信息化教学能力包括基本信息能力、信息化教学设计能力、信息化理念/职业道德/伦理及信息化教学实施能力。彭立（2007）认为，信息化教学中的教师只有具有教学能力、信息素养、科研能力和终身学习能力这四个方面的能力素质才能适应现代教育和信息化教学。教师信息化教学包括四个从低到高的发展层次：信息化教学情境、信息化教学知能、信息化教学实践、信息化教学智慧，信息化教学智慧是教师信息化能力创造和发展的最高境界。同时教师的信息化能力发展与其教学成熟度也是紧密相关的。

综合上述学者的认识，本文认为教师信息化能力发展基本内涵应是，在教学理念上将信息化与学科知识有机融合的教学指导思想，在教学上将信息化看成学科教学的重要组织部分而不仅是辅助工具。具体到语文教师信息化能力的发展，就是要将信息化与语文学科的特征有机结合起来，促进语文、教师、学生三方的共同发展。

三、小学语文教师信息化教学能力的发展战略

信息化教学能力战略是实现小学语文教师信息化教学能力发展的路径导向。主要有以下战略：

1. 以人为本战略

无论何种学科研究或是社会活动都离不开人的作用，教育或教师信息化过程也同样离不开人的作用。因此，我们必须树立以人为本战略。在信息化中时刻以教师和学生发展为中心。通过信息技术促进学生在学习、生活、心理等方面成长。教师信息化教育不能只是为了使课堂生动、形象而教学，更应该根据学生成长和心理发展的不同时期选择不同的手段。

2. 信息理念战略

教师信息化必须牢固树立信息理念，教师的教学和学生的学习过程就是一个信息传递的过程。在信息化社会中教师信息化应将信息理念深深植入学科教学中，应从学习方式、生活方式、行为方式和价值观念等去强化、培养和提升学生的基本素质。使学生能从浩如烟海的各种资源中学会选择、利用、创新自己的知识结构、社会认知等。

3. 学科融合战略

学科融合是指在承认学科差异的基础上不断打破学科边界，促进学科间相互渗透、交

叉的活动。学科融合既是学科发展的趋势，也是产生创新性成果的重要途径。经济社会的发展，使人们不断认识到学科过于细化存在的弊端，因而提出学科大融合，知识大系统观念。在小学教学中应主动将语文、数学、自然课与信息技术课结合起来。在这方面语文特级教师宋运来是一个优秀榜样，他用教语文的方法来教数学，探索学科整合研究并促进学生大学习观念。

四、小学语文教师信息化的教学能力建设

信息化教学能力建设是实现小学教师信息化专业发展的操作性路径依赖。主要有以下内容：

1. 教育信息整合能力建设

教师信息化要求教师有很强的教育资源搜寻、整理、再利用能力，大力推广电子资源、多媒体素材等在小学课堂上的应用，特别要求教师能在学科教学中对接电子信息技术。教师的教学信息整合主要特征有：无限性、共享性、实效性和开发性。就语文课堂教学来说，比如《再见了，亲人》一课，单是在百度搜索就有 59 300 个相关资源。作为教师不可能把所有的相关资源都了解后再来备课、准备 PPT，更何况有些资源是无用的、重复的。因此要求教师能搜寻和精选网络资源，将这些资源进行合理整合。

2. 教育信息创新能力建设

教师信息化要求教师在教育信息过程中不断进行创新，俗话说："不怕不识货，就怕货比货。"信息化时代使教师具备教学资源优劣比较的条件，教师可以在此基础上不断优化和创新。强化教育信息素材、信息课堂、信息技术创新等。这要求教师要掌握各种先进的电脑软件应用技术，如 Office 办公软件、Flash 制作、网页制作等。以安博教育集团的发展为例，安博的学生在网络教育平台上学习的过程就像游戏闯关，系统会对学生在"闯关"过程中的表现进行个性化评测与诊断，然后整理出学生个人的记忆曲线、遗忘曲线、学习效果图等，再向他们"配送"个性化的学习内容和资源，并对其进行个性化的反馈跟踪与个性化的互动指导，从而提高学生的学习兴趣和学习成绩。

3. 教育信息交流能力建设

信息时代人们的阅读正面临着新的挑战，即"无限的书籍对有限的阅读时间的挑战；成几何级数膨胀的信息对读者原有接受能力的挑战；大量新知识对读者理解能力的挑战"。它向人们展示了一个崭新的、广阔的学习世界，并为任何愿意获取知识的人提供了学习的机会。当前我国小学的教学资源基本上是处于各自为政的分散动作模式。稍为多些的信息交流方式主要是教育主管部门组织的教学比武，却多是 PPT 课件制作、应用的一个展示。我们应该有更进一步的、高层次的教师信息化交流形式，探索怎样将信息技术与学科建设结合，如何建设资源共享平台等问题。比如在学习《巴东三峡》一课时，首先让学生点击主题网站，使三峡的奇山异水呈现在学生面前，图片、视频、文字介绍等给学生以初步感受，这是让学生与网络进行信息交流；然后给定时间让学生之间进行自由交流，从而达到"作者胸有境，入境始与亲"的境界，让学生领略到三峡的神奇美丽。然后教师再来教学上课就容易多了。这就是在课堂上充分利用信息交流的成果。

参考文献

［1］顾小清，祝智庭，庞艳霞. 教师的信息化专业发展：现状与问题［J］. 电化教育研究，2004（01）.

［2］彭立. 有效教学——信息化教学中的问题与对策［M］. 长春：东北师范大学出版社，2007.

［3］王卫军. 教师信息化教学能力发展研究［D］. 博士论文. 西北师范大学，2009（05）.

［4］佚名. 学科整合［EB/OL］. http：//baike. baidu. com.

［5］佚名. 安博教育：用信息技术创新教育模式［EB/OL］. http：//edu. sina. com. cn.

［6］刘利. 浅谈信息技术在语文阅读教学中的运用［EB/OL］. http：//www. 5156edu. com.

（作者单位：长沙市麓谷中心小学）

推进政府机关依法行政的探索和实践

葛洪元

摘　要：近年来，湖南省以制度建设为龙头推进依法行政，初步形成了以"一规划两规定六办法"为主要内容的依法行政制度体系。各级监察机关积极发挥行政监察职能作用，把规范行政行为作为促进政府机关依法行政的突破口，大力加强行政程序建设，规范行政裁量权，再造工作流程，有效促进了政府机关依法行政能力和水平的提高；把制约行政行为作为促进政府机关依法行政的着力点，大力推进各级政府服务中心、行政效能投诉中心、电子监察系统建设，建立健全对政府机关行政行为的制约和监督机制，努力创新监督平台，提高行政监察能力，促进政府机关依法行政的有效性；把问效行政行为作为促进政府机关依法行政的推进器，通过开展绩效评估、作风评议、效能测评，调动和激励政府机关及其工作人员的积极性、创造性和主动性；把加强行政问责作为促进政府机关依法行政的保障，发挥行政问责的监察职能作用，严肃查办行政违纪违法案件，推动法治政府建设。

关键词：依法行政；行政监察；保障机制

近年来，湖南省以制度建设为龙头推进依法行政，先后出台了《湖南省法治政府建设十二五规划》和《法治湖南建设纲要》，出台施行了《湖南省行政程序规定》《湖南省政府服务规定》《湖南省规范行政裁量权办法》等一系列规章，在地方依法行政制度建设方面，率先在全国取得了重大突破，初步形成了以"一规划两规定六办法"为主要内容的依法行政制度体系，被誉为法治政府建设的"湖南样本"。在湖南法治政府建设过程中，各级监察机关积极发挥行政监察职能作用，大力促进政府机关依法行政，有力地推动法治政府建设。

一、推进制度建设，把规范行政行为作为促进政府机关依法行政的突破口

制度建设是依法行政的基础。政府机关不作为、缓作为、乱作为等不依法行政行为，归根到底是由制度不健全、行政执行不规范造成的。因此，全面推进政府机关依法行政、建设法治政府，必须把规范行政行为作为首要任务，大力加强制度建设，确保行政权力在规范阳光的轨道上运行。近年来，我们以规范行政行为为突破口，大力加强行政程序建设，规范行政裁量权，再造工作流程，有效促进了政府机关依法行政能力和水平的提高。

一是规范行政程序。加强行政程序制度建设，在于规范行政权力的运行过程，减少和防止行政权力使用的主观随意性和不确定性。我们以规范行政执法程序为重点，对行政执法主体、程序启动、调查和证据、决定、期限、执法责任等方面进行了明确规定，着力引

导各级行政执法机关及其行政执法人员克服重实体轻程序的倾向，要求凡是法律、法规、规章规定的权力行使程序，特别是保障相对人权利和权益的程序都要严格遵守，一个环节、一个步骤都不能缺；凡是法定程序规定时效的，要严格在法定期限内作出行政行为，并尽可能地减少相对人办事环节，提高行政效率，缩短办理时间；严格执行告知、听证等程序，认真听取行政管理相对人和利害关系人的陈述和申辩，克服执法中的主观性和随意性。对违反行政程序损害群众利益或者造成严重后果的行为，加大查处力度，依纪依法追究有关责任人员的责任。

二是规范行政基准。行政裁量权随意性大、因人执法、执法不公等问题是政府机关依法行政中群众反映最强烈的问题。为解决行政执法部门和人员滥用自由裁量权的问题，在总结分析实践经验、借鉴国际通行做法的基础上，我们出台了《湖南省规范行政裁量权办法》，在全省普遍推行"综合控制模式"，重点对行政审批、行政确认、行政处罚等 8 类行政行为的裁量权进行全面、系统的规范。在全省统一开展了规范性文件专项清理，废止文件 1.1 万件，宣布失效文件 2.5 万件，对已经设定但不合理的文件进行了坚决清理。制定了规范性文件登记制度、有效期制度、网上检索制度和申请审查制度，实现对行政权力的源头控制。要求各级行政机关对行政事务中有裁量权的内容进行细化和量化，并进行公布。县级以上人民政府组织发布了 11 000 多个典型案例，各级行政机关和部门在处理同类案件时，比照典型案例，有效地保证了裁量标准的统一性和前后一贯性。

三是规范行政流程。以实现权力配置科学化、行权裁量标准化、行权程序规范化、行权过程便捷化、行权操作公开化、权力运行网络化为工作目标，以"职权法定、程序法定、合理适当、直观便捷、权责统一"为标准，对各级各部门法定行使行政审批权和社会经济管理权等，进行逐项梳理分类登记，摸清职权底数和来源依据，解决"谁来办"的问题；编制职权目录，制定标准的办事程序，绘制权力运行流程图，并对权力运行过程进行优化再造，减少行权环节，压缩行权时间，解决"怎么办"的问题；在编制权力运行流程的同时，寻找分析权力行使的重要部位、薄弱环节和风险程度，以及权力运行中的机制缺陷和管理漏洞，确定风险等级，制定相应的防控和监督措施，解决"乱办事"的问题。目前，省直 69 个单位 3 704 项权项编制了流程图，确定廉政风险点 10 000 多个，并制定了防控措施。

二、创新监督平台，把制约行政行为作为促进政府机关依法行政的着力点

制约和监督是依法行政的重要要素。近年来，我们以政府职能转变为契机，大力推进各级政府服务中心、行政效能投诉中心、电子监察系统建设，建立健全对政府机关行政行为的制约和监督机制，努力创新监督平台，提高行政监察能力，促进政府机关依法行政的有效性。

一是以政务服务中心为平台，强化实位监督。推动各级政府建立政务服务中心，做到行政审批向政务服务中心集中，进驻政务服务中心的审批事项到位、审批权限到位，改变了行政审批职能和岗位分散、监察机关难以监督到位的局面。监察机关加大对政务服务中心的监督力度，就更加突出了对政府部门重点岗位、重点人员、重点环节的监督，大大提高了监督的针对性和实效性。目前，全省共建立各级政务服务中心 3 000 多个，在县以上

的政务服务中心设立监察派驻机构，督促政务中心规范办事程序，构建公正、透明的权力运行机制，依法依纪对政务服务中心及其工作人员履行职责情况进行监督，收到了良好效果。

二是以行政效能投诉中心为平台，强化实事监督。从近年来查处的政府机关不依法行政的人和事来看，大多数都是人民群众投诉举报的。因此，畅通群众举报渠道，健全投诉举报受理机制，对增强监督的时效性和实效性，督促政府机关及时纠正行政中违法违规行为具有重要意义。为畅通投诉渠道，我省经过几年努力，省、市、县三级都建立了行政效能投诉中心，统一投诉电话为"12342"，形成了三级联动机制，成为群众投诉政府机关行政行为问题的主要渠道、监察机关开展监督的重要平台。去年全省各级行政效能投诉中心受理政府机关行政行为方面问题的投诉 20 000 多起，纠正不依法行政行为 11 000 多起。在畅通电话投诉、来信、来访、网上投诉和上级批办 5 个受理投诉渠道的同时，与人大、政协相关部门建立投诉转交、约谈等工作机制，与相关部门建立了工作协作和信息交流机制，召开联席会议对疑难问题进行分析，共同处理解决。

三是以电子监察系统为平台，强化实时监督。实施电子监察有利于行政监察由静态监察向动态监察、由结果监察向过程监察转变，强化实时监督，增强监察刚性。我省从 2009 年开始进行电子监察试点工作，去年 11 月，全省电子监察系统正式全面开通。电子监察系统开通后，凡纳入系统的政务服务事项，不论是通过虚拟大厅提交还是通过实体大厅提交的，都必须做到网上流转、办理和公开，严禁"体外循环"和"二次录入"。注重发挥电子监察系统实时监控、警示纠错、信息管理、效能分析等功能，通过视频监察、数据监察、回访监察和群众监察，实现了全过程监督。

三、构建"三评"体系，把问效行政行为作为促进政府机关依法行政的推进器

绩效评价是促进依法行政的有效手段。近年来，我们通过开展绩效评估、作风评议、效能测评，让群众来评价政府机关依法行政情况，调动和激励政府机关及其工作人员的积极性、创造性和主动性，促进了政府机关依法行政。

一是建立绩效评估体系。我们以绩效评估为载体，设置 5 个大项、38 个子项、210 个细项，作为法治政府建设的考评指标，对各级政府及其部门的依法行政水平作出客观评价，测量出地方或部门推进依法行政的努力程度及取得的成效，并以此为基础引导行政机关和公务员向某一方向或目标努力，使依法行政工作成为实实在在、看得见摸得着的具体要求，为推进依法行政创新约束机制和动力机制服务。

二是建立政风评议体系。政风是政府机关依法行政的具体体现。实践证明，政风评议能够有力促进政府机关提高依法行政水平。如去年开展的万人民主评议省直机关作风活动，发放书面评议表 10 087 份，全省万余名各界代表参与对省直单位的作风评议，共收到评议意见近 5 000 条，并原汁原味地向 55 个被评议单位"一把手"交办评议意见。针对群众反映比较集中的"部门之间推诿扯皮、办事不讲效率"的问题开展专项治理，对问题突出的 5 个单位下发了整改通知书，促进了一些老大难问题的解决。

三是建立效能测评体系。我们以优化经济发展环境为载体，开展机关效能测评点工

作，建立了省、市、县三级机关效能和经济发展环境监督信息反馈网络体系。通过设立企业监测点、聘请监督员，采取填写评价表、定期召开座谈会等方式，对行政机关涉企检查情况和办事效率进行评价，促进了政府服务提速，全省各项审批事项审批时限压缩 2/3 以上。

四、严肃纠风治乱，把加强行政问责作为促进政府机关依法行政的保障

行政问责机制是依法行政的保障。近年来，我们发挥行政问责的监察职能作用，严肃查办行政违纪违法案件，推动法治政府建设。

一是依法使用行政监察手段。《行政监察法》赋予了行政监察机关促进依法行政的手段。实践中，我们行使法律赋予的检查权、监督权、调查权、建议权和行政处分权，通过责令停止违法和不当行为、要求就监察事项涉及的问题作出解释和说明并进行查询、要求暂停公务活动或职务、责令改正、通报批评、作出行政处分决定、发出监察建议书等方式，严肃查处和纠正政府机关及其工作人员违法违规的行政行为，促进政府依法行政。从 2009 年至今，全省各级监察机关发出监察建议书 2 100 多份，及时有效地纠正了一些部门和单位不依法行政的行为，确保了中央和省委、省政府扩大内需促进经济增长政策措施的落实。去年，在加快转变经济发展方式监督检查中，针对保障性安居工程建设进度滞缓的情况，责令 1 市、5 县作出解释和说明，并进行通报。

二是落实行政问责办法。行政问责的意义在于，要求行政机关及其工作人员在接受公权赋予的同时做出相应责任担保和抵押。落实行政问责，关键是要做到失职必究，渎职必问。例如，在治理公路"三乱"中，省政府作出了"撤销岳阳市临湘临时动物检疫站"的决定，但临湘市政府从维护自身利益出发，采取阳奉阴违的手法，以种种理由拖延撤站达 2 年之久。为此，我们启动问责程序，对拒不执行省政府决定负有直接责任的临湘市政府副市长刘某进行了严肃问责，给予行政记大过处分，并在全省通报。2011 年 3 月，我省颁发了《湖南省影响机关效能和损害经济发展环境行为处理办法》，对政府机关不依法行政、影响机关效能和损害经济发展环境的 73 种情形进行了明确说明，对处理程序进行了规定。

三是用好案件查处措施。查办案件是行政监察机关的重要职责，是促进依法行政的有力措施。一方面，我们始终保持查办案件的高压态势，对违纪违法行政的人和事，做到发现一起，坚决查处一起，发挥查处案件的震慑作用；另一方面，注重深挖不依法行政事件背后的腐败问题，使违纪违法行政人员受到严厉惩处。2010 年 5 月 29 日，我省郴州市汝城县曙光煤矿发生了一起重大事故。我们在对这起事故的调查中，发现有 28 名党员干部存在失职、渎职行为。经深入调查，又发现其中 9 人存在受贿行为，涉嫌犯罪，被移送司法机关。近年来，我们在调查处理湘西部分企业非法集资问题、湘潭市湘潭县立胜煤矿特大火灾事故等重特大事故、群体性事件中，注重深挖失职渎职背后的腐败问题，79 名党员干部受到党纪政纪处分，57 人移送司法机关。

（作者单位：湖南省监察学会、湖南省监察厅）

湖南外贸出口品牌建设与发展研究

谭凤山　谭　偲

摘　要：湖南作为中部省份，其外贸出口额与广东、上海、天津和江苏、浙江及山东等发达省市相比，虽然历来增速较慢和增量较小，但随着全省开放崛起与品牌建设战略的实施，自2000年至今逐年走向全国新高。

关键词：湖南外贸；出口品牌；建设发展

受益于产业结构调整等宏观政策和"走出去"品牌战略的实施，湖南的品牌意识普遍增强，名牌建设水平全面大幅提高，既逐步巩固提升了如张家界旅游、君山茶、龙牌酱油、益鑫泰服饰及国光瓷器等传统老名牌，又不断催生打造出如三一重工、远大空调、映武黄花、舜武鸭业、白沙溪黑茶及圣得西服饰等新品牌，以致全省的外贸出口额逐年飙升。尤其是素来弱势的重型建筑机械一枝独秀、表现突出，其出口增速和总额年年攀升、一直飘红，位列我国及亚洲各国前列。那么，如何更深一步地布局和发展外向型产业，研究对外贸易出口品牌的培育建设与发展战略，对于湖南外贸出口品牌的扶植建设及措施政策的制定与完善，更好更快地服务与推动全省的经济建设与社会发展，不仅十分必要，而且非常迫切。

面对经济的高速发展、市场的竞争多变和产业的调整多元，企业与产品的品牌已经成为其开拓和占领市场的根本要素与有力武器。湖南虽处中部，但紧邻全国改革首试区域广东，自1976年改革开放始就受深、珠、澳发达市区的影响接受改革的意识熏陶早、决心大和行动快，不但社会层面的改革力度深度大，而且由此带来和激励着企业自醒化改革的热潮不断涌现。随着经济的发展和人们生活水平的提高，品牌在全球化经济社会中具有不可取代的灵魂特质；而且无论是企业竞争还是产品竞争，最终都将演变为品牌的竞争。

有鉴于此，本文仅对企业品牌及产品品牌予以阐释，并侧重于湖南外贸出口品牌建设的研究，以期与专家学者交流与学习。

一、品牌的内涵及其特质概论

1. 品牌的内涵丰富

何为品牌，它有哪些内涵呢？其实，品牌即品质，它的内涵就是内容，不仅非常丰富，而且其外延也十分广泛。品牌的标底物既可是一种抽象的概念，如中国、湖南、火宫殿、邵东人、湖南三一重工股份公司、长沙普众文化传播公司等；也可是一个具象的物体，如中联牌重型机械、湘江牌油漆、兴湘牌木板、酒鬼牌白酒、加加牌酱油、梦洁牌床垫和新华楼熟制削面等。前者,注重文化精神层面上的积累,其内涵丰富和外延广泛;后者注重品质的打造,诉求的多为实质效益。古代人认为"工欲善其事,必先利其器",这里的"器",指的就是产品(工具)的质量,也是对品牌内容及其重要性的诠释。而现代企业理论认为,就企业而言,品牌是企业的一种精神,包括企业精神、员工精神和产品精神,品牌可分为企业品牌和产品品牌两个方面。

2. 品牌的特质明显

那么,品牌的特质又是什么呢?品牌除了内涵非常丰富外,它最为核心的价值是其内在的品质和外在的影响力。就企业品牌而言,品牌的文化意义一般高于和大于实际作用;而从产品品牌来看,人们追求的产品质量意义又往往重于和多于其文化意义。简言之,内涵即内容,品牌即质量,外延就是影响力。而对于概念类的非产品品牌而言,人们对其文化内涵与作用的认同往往大于实质效益的认同,但某些奢侈品似乎不在此列。因为奢侈品本身的品牌效益往往包含在企业品牌甚至其所在国家品牌之中,消费者感兴趣和侧重的是产品的生产企业乃至国家,如人们对奔驰牌、宝马牌汽车的认同与追求,首先是出于对德国汽车工业的整体认同,然后才是对这辆车本身品质的认同。

当然,品牌的文化效益和实际效益难以明确分割,两者既自成体系而又相互融合。同时,品牌的效益会随着时间的更替而产生质的变化,有时还会产生或形成负面效益。如湘潭莲藕,过去给人的印象是低附加值的传统农副产品,而通过加工技术的提高及品牌的培育,现已提升为一个地区的优势产业品牌,此时品牌的效益发生了质的跃升。又如邵东五金产品,其因过去的生产科技手段低、品象粗俗,虽然价廉物美、市场广阔,但内涵品质不高而导致产品附加值低,至今仍然存在着一定的负面影响和不良的市场辐射作用。

二、湖南外贸出口品牌战略现状及其问题

1. 地区发展不平衡,行业分布不协调

湖南外贸出口比例稳步上升,初步涌现出一批在国际市场上具有一定影响力的自主品牌。现阶段试图通过建立品牌培育基地来改变全省的出口品牌建设地区间、行业间发展不平衡现状,通过以点带面、点面结合的方式集中力量对品牌进行重点培育。就地区来看,全省的外贸出口品牌主要集中在长株潭等工业水平高和经济发达地区,这些地方的知名品牌约占全省总量的1/3。而工业化程度低和欠发达地区则相对较少,衡阳、邵阳、岳阳和郴州等省内二线工业较发达城市次之,其他如吉首、怀化和永州则最少。从行业水平和影响力及附加效益来分析,土建、桥梁等重型建筑建设机械最为坚挺,居于第二的则是高铁设备和重型汽车等交通行业。此外,依次当是节能、纺织、服饰、陶瓷、化工、食品、农业、服务业。传统农业虽然发展速度慢,但它对产业的引导作用大,如安化黑茶、映武黄花和廉桥药材等,可以说一个行业带动一方产业。而服务业作为新兴产业虽最为弱势,但市场表现力较强,如友阿、步步高等品牌早已走向全国和冲出亚洲。

2. 品牌的附加值低,市场竞争力弱

湖南出口产品品牌的最大短缺是附加值低、竞争力弱,虽然已有三一、中联重科、长丰、远大和梦洁等品牌开始成长,但与世界品牌相比仍有很大差距,难以在国际市场上占有一席之地。由于湖南品牌的自主性内涵相对不够,尽管不少产品的质量、性能、加工技

术等已接近甚至达到或超过国际先进水平，但品牌劣势依然存在，有时甚至被逐渐拉大。这是因为，外国企业利用我国廉价劳动力的优势使得国内加工企业在生产中仅获得少量的附加值，导致湖南及至全国的外贸趋向单纯的数量扩张，出口额增幅大大低于出口量的增幅，出口效益欠佳。

80～90年代的10余年间，是国内品牌被迫觉醒和坚强成长的初级阶段，而国际著名品牌尤其是大中型跨国企业品牌大量纷纷跟进，并不断蚕食和分割国内市场，有时甚至控制着国内市场。据不完全统计，10年间外国品牌进入中国与我国品牌出口国外的比例约为5：1。可以说，无论全国还是湖南，国内即使是名牌产品，相对于国外品牌而言也显得势单力薄、难以抗衡，而湖南品牌的表现则更为乏力。

综观90年代至今的湖南外贸出口状况，主要表现为省内的一些产品在国际市场的竞争力明显不足，已成为我省对外贸易中的一个突出问题和主要障碍。具体来说，品牌的质量虽然可与国内或国际同类产品相比，但因品牌影响力不够而价格难以上升，如我省的圣得西服饰同沿海品牌波斯顿服装相比，两者在外贸市场上的价格比约为1：3。其他品牌的情况也大抵如此，同样不容乐观。因此，湖南要实现全面建设小康之目标，就必须抓住外贸出口这一个经济增长极，着手培育、巩固与发展企业品牌，尤其要致力培育和长久打造可以引领经济发展的国内著名、国际知名的企业品牌和产品品牌。

3. 自我培育意识不强，政府扶持力度不够

目前，湖南的品牌建设虽然得益于企业的自我意识早和行动快，但普遍缺乏科学性和持续性，表现为盲然性过多和目的性过强；而政府的表现则大多为力度不够和缺乏战略性。无论是企业的自我个性行为，还是政府的强制规划行为，只要企业注重自觉性和讲求科学性，而政府坚持长期性和讲究战略性，一定可培育打造和巩固发展出一大批名企和名品。分析世界名牌企业的经验，除了企业在追求名牌上所做出的不懈努力外，还有来自于政府的大力支持。创出松下、日立及索尼等世界名牌的企业，其成功的重要原因是政府的强力扶植与金融集团的大力支持。而目前，我省从宏观政策到微观措施上对名牌企业和名牌产品的"倾斜"都还不够，扶持力度也还不强，因而影响着品牌的发展进程。

从企业自身来看，市场也不容乐观。因为民族企业总体品牌战略缺失，相当多的企业其出口商品附加值低，缺乏自主知识产权和核心技术，企业国际市场开拓意识淡薄、品牌战略缺乏，具体表现为出口品牌意识不强，出口品牌中缺乏自主品牌，出口品牌竞争力不强，品牌的自我保护意识淡薄，脱离品牌实质、忽视产品质量。在经济全球化时代，品牌已经成为国力的象征，它不仅是商品的标识，也是质量、效益和竞争力的体现；更是国家综合国力和经济实力的象征之一。

三、国外企业品牌建设与现状观宏

目前，全世界大约有25万个国际知、著名品牌，其中的90%及以上集中在发达国家和地区，这中间又多集中在美、英、法、德、意大利和加拿大等工商业高度发达国。据联合国工业调查署一项调查表明，名牌在所有产品品牌中的比重不超过3%，但其所占的市场份额竟达40%及以上，销售额多占50%及以上。一个国家经济实力与竞争力的强弱，从一定意义上来说取决于其拥有名牌数量的多少。正如一位学者所认为的那样，世界名牌

产品完全可与诺贝尔获奖成果媲美，世界名牌产品完全可以对一个国家的经济甚至世界的某一个产业产生重大影响。

四、湖南实施外贸出口品牌战略的对策

1. 树立品牌意识，强化建设力度

如果说产品质量是硬件，那么企业品牌则是软件，而后者的价值往往高于前者，这就是品牌的价值与魅力。其实，品牌需经长期呵护与不断培养。如我省浏阳花炮，从诞生至今已有近400年历史，过去一直难以整合升值，但经过近年的增加投入、整合资源和打包上市等培育与运作，2011年5月14日经中南大学、《光明日报》和红网联合组织的《2011中国文化品牌报告》评估，其品牌价值为102 817亿元，文化品牌价值位居全国第七。正如我国年轻企业家苗鸿冰认为的："品牌的故事是需要升华、需要美化、需要包装的。"企业对于自身品牌的培育塑造与巩固发展应加以高度重视，只有这样，才能成功塑造，而且这也是其品牌培育的首要条件和基础因素。只有充分认识到实施品牌战略的重要性，企业才会对品牌的塑造发展进行长期的、大量的人力和财力投入，进而逐步实现从"贴牌生产"到自主品牌的转变，企业才会树立主动打造自有国际品牌的长远目标，时刻注意国际市场的发展动向，努力在经营中积极寻找并把握国际市场提供的机会而进行自身品牌的塑造。

2. 寻求多种合作，实行品牌渗透

作为企业应寻求多种合作方式，使我省的自主品牌能够深入国际市场，提升品牌的知名度和价值附加度。一方面要根据自身不同的发展阶段，以减少摩擦、降低成本为目的，以不超过企业自身实力为准则，选择行之有效的国际市场进入策略。另一方面应建立多种联盟，加入国际产业分工和协作网络。企业通过加入某一国际联盟，采用信息互用，实现优势互补、风险共担与利益共享，从而使自己的品牌深入国际市场。上述有关案例已多有典范，如三一、远大、中联和山河智能等品牌当属经典中之经典。

3. 推行国际标准，完善管理体系

一些国家为保护本国利益，通过关税壁垒和非关税壁垒等手段对本国品牌进行保护，排斥他人产品。好在WTO各国之间已逐渐排除关税壁垒而只设置非关税壁垒，而非关税壁垒主要是技术壁垒，它主要是对产品质量认证和ISO9000标准体系认证的一种壁垒。此外，随着关税的降低以及非关税壁垒的取消，一些发达国家乘着国际社会对环境保护的关注和人们环保意识增强的形势运用WTO环境议题之漏洞，开始推行"绿色贸易壁垒"贸易保护主义新形式。所以，获得认证是消除贸易壁垒的主要途径。然而，我省出口产品同国外同类产品相比，在安全、健康、环境等方面的薄弱环节较多，常因不符合国际标准而多被进口国拒之门外。

因此，推广和使用国际标准是减少国际贸易摩擦，突破技术性贸易壁垒与扩大商品出口的根本途径，我们应从两大方面建立符合国际通行规则的标准化体系：一是按照国际标准建立标准体系使企业获得质量保障体系标准认可；二是实施ISO14000环境管理标准，突破国际贸易绿色壁垒。近年来，我国许多出口企业已遇到绿色壁垒的挑战，欧美等一些发达国家常常利用环境法规和标准来限制我国产品的出口，而ISO14000系列标准的实施

将为我省出口企业突破绿色壁垒提供有效的"绿色通行证"。如果出口企业获得 ISO14000 认证，将会向市场证实该企业拥有良好的环境行为，进而赢得进口国的信赖，也因此将提高企业在立法者、消费者和公众心目中的形象。

4. 通过技术创新，推动品牌发展

技术是第一生产力，一个企业竞争力的强弱体现在品牌的创新能力上，这是现代市场发展的一种趋势。只有通过技术创新，企业源源不断地向顾客提供满足他们需要的产品，才能保持较强的市场生命力，才能使品牌具备超凡的竞争力。技术创新必然带来产品创新，而为适应市场竞争，企业必须依靠技术创新以保持自身持续发展，因为技术本身具有"新"的属性，只有通过技术创新赋予品牌新的科技生命力，品牌的内涵才会不断丰富，影响力也将日益扩大。只有通过技术创新，使产品具有高度的"差异化"，才能使品牌具有持久的竞争力。

5. 强化商标保护，实现品牌国际化

创名牌和保名牌是品牌战略的主要内容，两者密不可分。只注重创名牌而忽视保护名牌，名牌的寿命就会很短。因此，创名牌的出口企业要充分利用法律手段来捍卫和保护名牌商标：一是对商标要及时注册，同时要实行防御商标、联合商标和立体商标战略，尽可能地扩大商标权的保护范围；二是要不断围绕知名度较高的商标研制开发新产品，为企业的商标信誉与内涵增添新的活力和内容；三是要加强商标管理，如在国际或国内市场上发现假冒侵权行为，要及时通过法律途径加以制止，以维护品牌的权益。

五、结语

市场经济的发展促进品牌战略实施的成熟，而品牌战略的推广又激励着市场经济的更进一步发展。毫无疑问，未来经济的发展将属于品牌战略的实施与发展。品牌，是市场竞争的有利载体和产品营销的锐利武器，同时也是其企业和经济发展的代表。今后，品牌不仅是一个国家经济发展的指标之一，也是经济增长的一种重要资源。只有坚持品牌战略，才能推进我省自立品牌的建设与发展。

（作者单位：湖南省国际商贸联合会）

遏制司法腐败路径研究

谭国华

摘　要：司法腐败，让人们深恶痛绝。然而，何为"司法"？何为"司法腐败"？如何整治司法腐败？众说纷纭。研究整治司法腐败路径的人员和成果很多，教育、制度、自律和他律，等等，理论形式日臻完善。但实践中落到实处的并不多，理论与实践的结合任重道远。本文从"司法腐败"概念分析入手，沿着"司法单位""司法基建工程""司法人事工作"和"司法行为"四条路线，探寻整治司法腐败路径研究中的相关问题，以期正本清源。

关键词：整治；司法腐败；路径

我党将反对腐败作为永葆青春的生命线，尤其注重培育和维护司法"净土"。然而，"司法系统"一些大案要案频发，严重损害了司法公信力。整治司法腐败是整治腐败的重中之重。如何整治司法腐败？除加强教育、完善制度、健全机制、强化监督等之外，在目前，还应该抓好如下几项工作：廓清"司法腐败"概念、规范司法单位建设、理清司法部门事务、改革司法人事制度。

一、廓清"司法腐败"之概念

综观我国政务界、学术界和实务界，目前对"司法腐败"概念的解释，代表性的说法有如下几个方面：

第一，从对主体资格的界定来看，有"广义、中义、狭义"三说。广义的司法腐败，是指一切执法部门及其工作人员的腐败，既包括公、检、法、司执法部门及其工作人员，也包括税务、工商、质监等行政执法部门及其工作人员。中义的司法腐败，是指公、检、法、司部门及其工作人员的腐败。狭义的司法腐败，仅指审判机关法院及其工作人员的腐败问题。

第二，从对腐败的行为内涵界定来看，有"徇私枉法"之说和"一切故意司法不公皆腐败"之说。主张"徇私枉法"说者认为为了私利而滥用司法权，才为司法腐败。如若不是为了私利，司法权即使滥用，也不为腐败。比如，刑讯逼供如果不是为了私利，那仅是执法犯法，而不是腐败的表现。主张"一切故意司法不公皆腐败"说者认为，一切故意司法不公的行为，包括司法过程中让司法对象遭受不公正待遇的行为，比如刑讯逼供，不管是否为了私利，均应为司法腐败。

第三，从司法腐败的表现形式来看，有"四类"说：一是办"金钱案"，即贪赃枉法，索贿受贿，包括暗中收取好处费保护非法经营活动等。二是办"人情案""关系案"，徇情舞弊。三是滥用司法权进行创收活动，包括乱收费、乱罚款、乱拉赞助，搞有偿服务和变相收费等。四是司法中的地方保护主义，为了保护本地利益而不惜枉法裁判、公然偏袒本地当事人或有意刁难甚至阻挠外地司法机关执行判决等。

司法权是用来侦破、审判、惩罚违法犯罪行为而设立的一项权利，是作为"最后防线"维护社会公平正义。司法权在国际上通常与立法、行政权并列，形成三足鼎立，既相辅相成，又相互制约。我国承担侦破、审判、惩罚违法犯罪行为责任的机关是公、检、法、司四大部门。因此，从主体上来看，我国司法腐败的主体是公、检、法、司部门及其工作人员。其他行政执法部门不行使侦破、审判和惩罚违法犯罪的权利，不具有真正意义上的司法权，不能成为司法腐败的主体。其执法犯法、徇私枉法的腐败行为不能列入司法腐败。

综上所述，我们可以将我国的"司法腐败"定义为："司法腐败"即公、检、法、司四大部门一切滥用司法权或玩忽职守的行为。其突出表现为滥用司法权和玩忽职守。

二、厘清四大司法部门之权限

公、检、法、司，是我国四大司法部门。公安主管侦查权，法院掌管审判权，司法主管执行权，检察主管监督权。从理论上讲，四大部门的权限框架基本清晰，并且形成了相互制约的闭合链。但在实际工作中，它们之间仍然存在相互交叉、没有制约、容易滋生腐败的权力空间。

为减少或杜绝对待嫌疑人不公正的司法行为，应该在公安的审讯与羁押之间设置一道看得见的"监督"关卡。建议借鉴国外的一些做法，将对嫌疑人的羁押权划归监狱部门，实行"审""羁"分离，公安机关的提审接受监狱部门的直接监督。

据民众测算，由于检察机关"侦查""监督"权一体化，致使我国涉腐人员出现了三个"三分之一"现象。即三分之一的腐败人员未进入起诉程序就在检察院"交钱了难"；另有三分之一虽进入了起诉程序，但因"交了钱"而"罪轻"被予以缓刑"释放"；剩下的三分之一进入了监狱。民众对此有极大的不满。上述统计数据是否准确，不在本文讨论之列。从上述例子所反映的情况来看，检察机关所掌控的侦查权应该划归公安机关，形成监督权对侦查权的完全监督链。

2008年全国法院审判执行部门违纪违法人数占到违纪违法总人数的77%。1995年开始，一些法院为解决"执行难"的问题在内部设立了执行机构，2008年相继改称执行局。执行局仍设在法院内，接受法院的领导，不能从根本上对执行部门形成有效的监督机制。为了加强监督，有必要像"裁""执"分离一样，将"执行局"从法院划出去，归主管执行的司法部门管理。

公、检、法、司各自主管的权限厘清之后，两者不再有交集，形成了相互监督的客观链，为减少司法行为腐败奠定了客观基础。

三、规范司法单位建设　改革司法人事制度

对司法单位一些官员腐败行为进行细分不难发现，大部分腐败行为不是发生在"司法行为"上，而是发生在"基建""人事"等非"司法行为"上。比如，安徽女贪官——阜阳市中级人民法院院长尚军，在其41起受贿犯罪案件中，只有4起是干预司法的案件，其余37起与"司法行为"无关。在其受贿总金额90余万元中，41.5万元与"基建工程"有关，近20万元与"人事工作"有关。四川省监狱管理局原局长李文华、浙江省监狱管理局局长田丰的受贿金额的构成与尚军相类似，70%以上与"基建工程"和"人事工作"有关。

虽然司法单位的"基建腐败案""人事腐败案"等不是"司法腐败"，但是，整治司法腐败不能忽视这些非"司法行为"的腐败。"上梁不正下梁歪""大气候影响小环境"，"基建"和"人事工作"上的腐败有时是"司法腐败"的"引燃物"或"助推器"。李文华案就曾牵出同系统官员48人。有人用"成本说"将买官者刻画为"先用钱买权，然后用权赚更多的钱"。买官者绝不会做亏本生意。由尚军"帮忙"提拔为阜南县法院院长的刘玉，就曾在7年任上成为一名"司法腐败"分子。他给尚军行贿1万元，买得职位后，7年间在工程发包、案件审理、人事安排等方面受贿58万余元。

众所周知，基建工程和装饰工程是一个无底洞，有多少钱可以用多少钱。减少司法单位基建腐败，不少人曾提出采用加强预算管理和审计监督等办法。但是，上有政策，下有对策，腐败分子总是能找到追加预算和对付审计的路径，把预算和审计作为最好的遮羞布。比如，天津海事法院的办公大楼投资1个多亿，顺利通过了审计。殊不知，会计程伟从中就狠捞了1 000多万元。若不是程伟挪用执行款东窗事发，谁也不会知道程伟染指了大楼。我国与腐败有关的楼堂馆所一般都有四个特征：超预算、超标准（实际上没有统一的标准）、豪华、气派。尚军修建的中院办公楼也是如此，她从中就获得腐败金额达34.5万元。笔者认为，司法单位办公楼应有司法单位的特色：庄严、简朴。在全国应该统一形象设计、统一建筑标准。统一形象设计，代表司法单位统一的文化，让老百姓无论走到哪儿，从外观上一眼就能认出公、检、法、司的办公场所。统一建筑标准，即按工作人员人平核算办公建筑面积和绿化面积，按工作人员人平核算建筑费用，实行面积和费用双控标准制，既不能在建筑面积上偷工减料和超标，也不能在建筑费用上超标。同样的钱，办同样的事，谁办得经济，谁办得漂亮，谁的能力强，比一比就知道。这不仅有利于减少基建上的腐败，还有利于衡量和考察管理人员的能力，一举多得。

目前，理论界也为减少人事腐败研究了许多办法，比如科学的人事考核办法、竞争上岗等科学的用人制度、公示等阳光监督制。这都是些好办法，但不知为何就是用不到实践中去。比如尚军从一个普通女工到警界一枝花，再到阜阳市中级人民法院的院长，可谓一路飙升。特别是从副科级到副厅级用了不到6年的时间。其官运亨通，与安徽省原副省长王昭耀和王怀忠的一路"照料"和"提携"有直接关联。如何遏制司法系统人事工作之中的权钱、权色和人情交易，从尚军案来看，并非司法系统独家所能完成。必须与整治中国整体人事腐败同时进行，并且要先整治大气候，然后才能让小环境安宁。最高人民法院原副院长黄松有，是新中国成立以来司法系统因腐败而倒下的最高级别的官员，其曾在广

东省湛江市中级人民法院任院长时，就伙同他人骗得公款308万元，个人分得120万元。像黄松有这样的贪官平步青云的为数不少，我国的各级组织部门和纪检监察部门都应反思。有关人事工作的一些好的研究成果难以推广应用，其实应该实行从上到下的追究责任制。

司法部门推行人事制度改革，除建立科学的考核制度和正确的用人导向机制外，还应建立专家司法制。公、检、法、司专业性很强，并不是尚军之流所能打理的。建立专家司法制，一方面可杜绝外行"空降"，减少人事腐败对司法系统的影响。另一方面，可营造学习、敬业、奉献、向上的司法行业氛围，减少司法腐败。

参考文献

［1］ 法院会计犯中国司法腐败第一案［EB/OL］. http：//www. stnn. cc/global/global_ feature/t20060426_ 200634. html.
［2］ 安徽女贪官尚军腐败之路［EB/OL］. http：//www. cnhan. com/gb/content/2006 - 10/17/content_ 681357. htm

（作者单位：湖南司法警官职业学院）

加快长株潭城市群金融改革研究

蔡建河

摘　要： 经济发展史表明，市场经济条件下，国家和区域金融兴者经济兴，金融弱者经济弱。当前，我国区域金融改革逐步深入。推动金融改革、加快金融发展对长株潭意义重大。长株潭要根据城市群定位与自身特色，立足于增强金融配置资源的核心功能，进一步完善区域金融体系，构建区域性特色金融中心，为"两型社会"建设提供强大动力。

关键词： 加快；长株潭；金融改革；研究

一、加快长株潭金融改革的重大意义

1. 加快"两型社会"建设的需要

金融改革是"两型社会"建设的重要引擎。金融业本身是典型的"两型"产业，其发展有利于提升长株潭"两型"产业比重，推动产业结构"两型化"。同时，"两型社会"建设需要"两型"金融引领。长株潭要在金融改革发展方面先行先试，大力发展服务"两型"的金融体系，将资源配置到"两型"领域，促进"两型"产业、"两型"投资、"两型"消费等加速发展，全面助推"两型社会"建设。

2. 把握发展主动权的需要

湖南与长株潭发展曾长期受金融发展水平不高的影响，当前金融"短腿"局面仍未根本改变。例如，长株潭科技教育实力较强，但由于金融支持不够，创新成果转化水平一直不高。长沙动漫一度占据全国产量的80%，但现已落后于一些沿海发达省市，重要原因就是缺少堪比沿海的财政金融支持。展望未来，只有改变金融"短腿"，才能源源不断地吸纳足够的资金投入建设，取得区域发展的战略主动权。

3. 把握发展新机遇的需要

"十二五"期间我国金融改革进一步深入。国家将通过金融改革，加快与实体经济发展密切相关的金融服务业发展，尽快纠正经济中各种结构扭曲和微观治理机制的不合理。这对区域金融产业发展是重大机遇。长株潭要在服从国家大局的前提下，根据金融发展客观规律和自身发展要求，探索符合区域实际的发展道路，力争在部分领域率先突破，培育新的经济增长点。

4. 应对区域竞争的需要

在我国未来区域经济的竞争中，金融的重要性将日益凸显。区域金融体系功能愈强，愈能够吸引更多资金投入地方建设，带动更多技术、人才和其他资源进入，在竞争中取得优势。当前，各省市更加重视金融发展，重要的一线城市都在加快金融中心建设。如上海建设"国际金融中心"，温州、珠三角试点推动金融综合改革，包括中西部的一些大城市都提出要建设成为"金融中心"或"区域性金融中心"。面对新的形势，长株潭要及早谋划金融中长期改革发展战略，努力打造长株潭金融的优势和特色，为"四化两型"建设提供有力支撑。

二、长株潭金融改革发展现状分析

近年来长株潭金融业发展加快，在全省地位上升。2010 年末金融机构人民币存款余额 8 280.51亿元，占全省的 50%；贷款余额 7 270.18 亿元，占全省的 64.3%；城乡居民本外币储蓄存款 3 325.35 亿元，占全省的 36.9%；A 股上市公司 49 家，占全省的 65.3%。

长株潭成为全国"两型社会"建设综合配套改革试验区后，稳步推进金融运行体制机制创新，在搭建融资平台、创新金融产品、改善金融环境、推进中小企业和农村金融改革等方面进行了一系列探索。一是加快推进金融体系改革创新。省两型办会同金融办、银监局等部门制定大量优惠政策，吸引各类境内外银行机构在长株潭城市群设立分支机构，争取金融机构聚集到长株潭城市群。"金融同城"步伐加快。人民银行长沙中心支行完善了财税库银横向联网，工、农、中、建、邮政储蓄等大型银行推进三市业务同城化。积极加强"绿色信贷"通道建设，引导金融机构加强信贷政策与环保政策、产业政策的对接，加大对绿色项目的信贷支持。二是推进中小企业和农村金融改革。对中小企业的金融服务力度加大，小额贷款公司试点启动，自 2009 年首家小额贷款公司开业至 2011 年初，批准筹建的小额贷款公司 43 家。对三农的金融支持加强，开展了湖南省农村金融服务产品和服务方式创新试点工作，长株潭地区的长沙、浏阳、醴陵、攸县、湘乡、韶山 6 县市纳入试点县市。新型农村金融机构得到发展，一批村镇银行设立。三是努力搭建投融资平台。试验区制订了融资规划，分别搭建了省级和地市的投融资平台。国家开发银行和湖南省签订《长株潭城市群两型社会建设合作协议》《长株潭系统性融资规划》，大力支持湖南省"两基一支"，逐步健全地方投融资及管理体系。长株潭试验区组建了注册资本 100 亿、银行授信 3 000 亿的湖南发展投资集团，作为主要投融资平台，带动长株潭地区市县和专业融资平台建设。长沙市整合政府产业发展资金，组建了两个 100 亿元（先导投和城建投）、一个 50 亿元（轨道集团）资本金的政府投融资平台。四是积极创新投融资手段。大力推动优质企业进入资本市场，多渠道扩大直接融资比例，以新能源、新材料、生物医药、电子信息等新型产业为重点，一批传统产业中的优势企业在中小板上市。湖南省证监局着力推动长沙高新区申请新三板试点，争取证监会对长沙高新区申请新三板试点的支持。

综合分析，近年来长株潭金融改革发展成效显著；但总体来看，金融改革仍处于探索和试点的阶段，未对金融系统进行系统的改革创新，金融发展缺乏大的突破。从服务能力看，仍远远不能满足经济社会发展需要。例如，中小企业、"三农"、创业等金融支持依然乏力，融资难问题突出；文化创意产业、科技创新型产业等"两型产业"领域金融服务仍然不足，致使产业成长与发展速度不快；污染治理、生态建设、生态保护等投入不足，制约"两型社会"建设步伐等。从金融体系看，金融各领域发展不平衡。地方性金融市场发展不足，地方中小金融机构发展明显滞后；直接融资比重依然偏低，资本市场配置资源、引导结构调整的能力不强；金融在支持"两型社会"建设、支持发展方式转变方面缺乏相应的制度保障等。

三、长株潭金融改革总体思路研究

1. 目标分析

长株潭要根据城市群发展定位，立足于增强金融配置资源的核心功能，立足于提升长株潭核心增长极地位，推动金融改革与发展。一是加快推进现代金融体系建设。建立公平竞争的金融市场，全面提高金融服务功能，提升金融配置资源的效率与质量。促进金融协调发展，做到服务大企业与中小企业兼顾，服务城市与农村兼顾，服务当前与长远兼顾。推动实体经济与虚拟经济统筹发展，有效防范金融风险。二是促进区域性特色金融中心建设。积极探索城市群金融科学发展模式，走出一条区域金融发展赶超路子。努力打造区域性"两型"金融中心，建设中小企业上市孵化基地，完善"三农"金融服务体系，打造保险外包承接基地等。加大发展力度，使金融成为长株潭新的支柱产业。

2. 基本原则

循序渐进原则。要在长远战略规划引领下循序渐进推进长株潭金融改革。第一步打好基础。建设良好的金融生态环境，积极试点和探索，建立健全与转变发展方式要求相适应的金融基本架构；第二步促进金融快速成长。进一步推动开放式金融体系建设，加快地方金融市场、民间金融发展，壮大产业规模，全面提升服务能力；第三步发展成熟的金融产业。形成完善的金融监管制度与金融体系，全面提升金融产业竞争力，满足全球化条件下区域开放发展的金融需求，金融业达到中西部领先水平。

统筹协调推进原则。融入全国金融市场与发展地方金融市场相统一，促进二者有机分工、优势互补。间接融资与直接融资方式协调发展，形成多元化、多层次、结构优化的金融市场体系。推动多种所有制金融主体共同发展。"扶强"与"助弱"和谐兼顾，打造多渠道、多层次的服务网络体系，为农业、中小企业等提供金融服务。

金融与实体经济联动原则。立足金融基本功能，以服务实体经济为本，围绕"四化两型"建设需要，构建发达的金融服务体系与网络，高效率地配置资源，推动金融与实体经济协调发展。

注重风险防范原则。建立科学有效的金融监管体系，使金融机构和金融活动依法开展。坚持稳健发展原则，防止急躁冒进。金融机构要保证资产质量和安全，严格控制经营风险。提高宏观调控能力，抑制资本市场过度投机和房地产泡沫经济。

3. 战略重点

（1）进一步完善区域竞争性金融体系，深度对接并融入全国金融市场，稳步发展地方金融市场。

顺应我国金融发展大势，有机对接并充分运用全国金融市场，广泛吸引国内外银行、证券公司、基金公司、期货公司、保险公司等各种类型金融机构来长株潭发展，完善服务网络体系，提高服务区域发展的能力。积极稳妥地发展地方金融市场，弥补长株潭金融发展"短板"。发展壮大根植地方、服务本土的地方性金融机构。进一步建立健全地方性资本市场。不断完善股权交易所服务体系，加快场外交易的发展。建设地方性债券市场，为中小企业提供支持。建立全省统一的产权交易平台，设立股权登记管理中心。鼓励发展各类产业基金，探索设立企业信用及股权投资担保基金。加快发展中介服务机构，为地方性资本市场发展创造条件。规范创建发展地方性融资平台，建立地方金融控股集团，整合地方金融资源，提升整体服务能力和质量。

（2）打造功能强大的区域性特色金融中心：围绕特色领域改革创新，形成服务本土、辐射全省与周边的服务体系

围绕"两型社会"建设创新金融服务模式，着力打造中部"两型"金融中心。探索建立绿色信贷模式与资本市场绿色准入机制。对区域企业建立两套档案，即信用信息档案与环保信息档案。以两套档案为基础建立绿色信贷模式。形成资本市场绿色准入机制，对环保不达标企业禁止上市和发行债券。大力推动长株潭碳交易市场建设，将建设碳交易市场作为开展"两型试验"的核心目标之一。借鉴国际经验，汇集相关人才，形成碳交易市场建设、管理、技术与金融创新团队，尽早建立碳交易市场框架，在全国率先建立人才队伍较强、制度比较完备、运作比较规范的碳交易市场体系，推动湖南成为面向全国市场、辐射能力强劲的碳资源配置中心和碳金融服务中心。

健全中小企业金融服务体系，打造充满活力的区域性中小企业上市孵化基地。利用长株潭科技、文化、教育等整体实力较强，创业、创新、创意产业发展相对活跃且潜力较大的优势，打造相应的金融服务中心和上市孵化基地。一是创新中小企业信贷服务体系。推动大型商业银行加强中小企业信贷服务，加快发展以中小企业为主要服务对象的地方性中小金融机构。形成包括城市商业银行、社区银行、村镇银行、农村信用社、农村合作银行、小额贷款公司等在内的服务体系。二是提升资本市场服务中小企业功能。有效吸引和激励风险投资、社会资金投向发展前景良好的企业，培育和推动更多优质成长型、创新型企业上市融资，发展和活跃柜台交易市场，稳步发展地方债券市场。三是推进长株潭中小企业上市孵化基地建设。大力促进创业投资、股权投资、私募基金等发展，将本土培育与省外引进相结合，聚集发展相关金融机构与中介服务机构，形成配套发展、功能完备的金融服务体系，不断提升基地孵化功能和辐射能力，逐步使长株潭在高科技产业、文化创意产业企业的孵化方面达到中部领先水平，成为以服务中小企业上市孵化为特色的区域性金融中心。

推动农村金融服务体系改革发展。建立健全长株潭农村信贷服务体系。进一步推动商业银行加大支农力度，发展提升面向农业的地方性中小型金融机构。深化农村信用社改革，提高服务能力。稳步发展村镇银行和小额贷款公司，有序发展农村民间金融。与农业专业合作组织发展相结合，引导农户开展资金互助，探索组建资金互助社等合作形式。制定政策法规，规范地方性金融机构服务农业的权利和义务，确保向农村输血而非使农村失血。加大保险和期货市场服务现代农业的力度。

发展壮大保险业，积极发展服务外包产业。促进保险资金、人才、信息及技术等要素聚集，推动设立长株潭注册的保险公司，大力引进国内外优质保险机构来长株潭设立分支机构和区域性总部，鼓励大型企业投资组建专业保险服务机构，促进保险机构不断向专业化、技术化、市场化、国际化方向发展。充分发挥长株潭城市群运营商成本较低、人力资源较丰富的比较优势，建设全省保险机构的"后援"服务中心。依托中心的基础设施、人力资源与专业化特色，大力承接保险业服务外包，把长株潭打造成为我国重要的保险服务外包产业基地。

四、当前推动长株潭金融改革发展的几点建议

1. 推进金融改革的顶层设计

从战略高度规划长株潭金融发展，精心做好中长期金融改革"顶层设计"，把握根本方向，明晰各阶段目标，保持改革发展战略的延续性，长期坚持不懈地发展。要切实提高规划的科学性与可行性，使长株潭金融业走上良性快速健康发展轨道。

2. 加强金融生态环境建设

将整治和重塑金融生态环境作为推动改革的基础工程。一是加强金融立法，完善地方性金融法规和政府规章体系。二是加强信用体系建设。完善省市"信用信息系统"，逐步形成信息完整、依法共享、信用评级科学的发展格局，增强全社会信用意识。三是营造宽松发展环境。根据经济发展需要，降低民间资本进入金融行业的准入门槛，扶持面向中小企业与农业的地方中小型金融机构，对民间自发性金融活动或组织应疏而不堵、积极监管、正确引导、逐步规范，使地下金融活动公开化。创造公平竞争市场环境，防范垄断行为。四是积极防范金融风险。增强风险意识，强化风险管控。加强企业和地方债务管理，依法重拳打击抽逃债务行为。

3. 建立健全区域金融政策支持体系

努力构建目标明晰、注重实效、措施有力、系统科学的区域金融政策体系，积极争取中央的支持，形成促进区域金融改革的长效机制。一是支持竞争性金融市场的形成。制定政策引导和扶持地方性中小金融机构发展，使各类金融机构公平竞争，促进金融机构提高服务能力和质量。二是突出"扶弱"。突出面向中小企业、"三农"、创业等领域的金融服务体系建设。三是创新政策支持方式，使支持政策落实在关键领域、关键环节、关键部门，力图以"四两拨千斤"之力提高政策预期效果。四是注重政策的公开公平公正，形成清晰规范的政策内容与执行程序。

4. 加强与国内外大型金融机构战略合作

推动大型金融机构进驻长株潭，加强长株潭服务网络建设，吸引更多机构将地区性总部设在长株潭城市群，提升长株潭在各大机构经营战略中的地位，使长株潭及湖南在"四化两型"领域成为大型金融机构的优先支持对象，加大对重大工程、优势企业、企业"走出去"等方面的支持力度。通过城市群与金融机构的战略对话，探讨合作的有效途径，进一步丰富合作形式，在投融资、人才培训交流、招商引资、金融创新等方面不断深化合作关系。

5. 实施人才兴业战略

要广纳贤才，形成合理人才梯队。一是充实金融领导人才。引进培养有理论功底、实践经验丰富、开拓精神强的区域金融领导人才，充实政府部门金融管理人才队伍。二是积极引进培养金融高端人才。完善相关制度，鼓励金融机构引进具有一线投行、金融和管理经验的高端人才，充分发挥其领军作用。三是加强人才培养。办好长株潭金融相关院校、专业，实行开门办学，建设高水平的金融保险人才培训基地。加大金融机构对外交流合作的力度，提高国际化水平，将海外中资银行作为长株潭现代高端金融人才培训合作伙伴。

参考文献

[1] 湖南省长株潭两型办. 湖南"两型社会"建设的改革与创新［M］. 长沙：湖南人民出版社，2011.

[2] 湖南省长株潭两型办. 湖南"两型社会"建设的认识与实践［M］. 长沙：湖南人民出版社，2011.

[3] 湖南省长株潭两型办. 湖南"两型社会"建设的政策法规［M］. 长沙：湖南人民出版社，2011.

[4] 张萍. 长株潭城市群发展报告（2012）［M］. 北京：社会科学文献出版社，2012.

[5] 刘煜辉，陈晓升. 中国地区金融生态环境评价［M］. 社会科学文献出版社，2011.

[6] 梁志峰，唐宇文. 2011 年湖南经济展望［M］. 北京：社会科学文献出版社，201.

（作者单位：湖南省政府经济研究信息中心）

循环经济背景下流程制造企业碳排放成本核算研究

熊　菲

摘　要：碳排放作为重要的成本要素已经纳入企业核算体系，成为影响企业经营决策的一个重要因素。本文以流程制造企业中的钢铁企业为例，依据流程制造过程的物质流与价值流互动变化影响原理，组合运用会计、统计、环境及技术工艺等数据，追踪企业内部能源消耗与碳流状态，揭示企业碳排放节点以及外部环境损害价值，构筑一种可普遍应用于企业流程节能减排诊断、改善决策、过程成本控制及效益评价碳排放成本核算方法，以满足流程制造企业碳排放成本核算和管理、碳风险识别和防范、相关利害方决策分析之需求。

关键词：钢铁企业；碳排放；成本；核算

　　发展低碳经济已经成为我国两型社会建设的必然选择。钢铁行业的碳排放在工业碳排放中占有很大比重，且又是流程制造行业中消耗资源能源和产生污染排放的重点行业，减少碳排放是其应对气候变化的必由之路。本文选取流程制造行业的典型代表——钢铁企业为研究对象，通过对钢铁企业碳素流动的追踪分析，界定了其碳排放成本的和范围，构建基于碳素流的碳排放成本核算模型，并对企业碳排放成本进行数据核算和分析，改善现行的企业环境管理模式，为钢铁企业管理者开展碳排放成本管理提供了数据，以推动企业实现低碳经济转型及持续发展。

一、碳排放成本基本理论

1. 文献述评

　　作为全球气候变暖的首要因子，自 20 世纪 90 年代起，环境及生态工程领域的学者已经开始对碳存量和流量进行了核算，并采用物质流方法定量测度碳实物量。发展到今天，碳排放问题已越来越受到各国政府和相关机构的关注。随着国际会计界对企业碳排放有关的会计处理问题的越发关注，碳会计将传统财务会计框架逐渐扩展到了广义会计学的相关领域。Anita Angels 等普遍认为，在当今地球生态危机背景下，碳管理会计是一种面向管理者提供信息，以供其在碳排放问题上制定决策的可持续发展会计观。碳管理会计的核心为碳排放成本的核算、管理和控制。然而，由于碳排放的无形性，给碳排放成本的核算带来了不小的难度，致使学者们不得不从各个角度对于碳排放和交易相关的隐形成本显性化问题开展多方面的研究。Janek Ratnatunga 等认为，可以从"环境成本会计"和"基于生命周期的碳成本核算"两个角度进行碳排放成本核算；Larry Lohmann 考虑了从成本效益的角度进行碳核算，并构建了碳交易机制下的碳会计框架；Saurav Dutta 等认为，在企业的管理决策中，必须引入基于价值链分析的碳足迹；近年来，我国对碳排放成本问题的研究也取得了一些进展。肖序等认为，应该从资源价值流的角度对碳排放成本进行解析，将外部碳因子引入碳排放成本管理和企业经营决策上来；张白玲等综合国际碳足迹测算标准与碳足迹测算步骤，构建了以企业碳物质流测算为基础的碳会计核算体系；杨蓓等通过构建长短期碳排放成本决策模型，确定了碳排放量和碳排放成本的最优结合点以及长期碳排放成本随碳排放量下降而相应减少的趋势。

国际、国内会计界对于碳排放成本进行了大量的研究和探索，但从现有文献来看，其研究多偏重于理论分析，缺乏可操作性的案例研究，其次，现有研究还较多注重于碳排放事后补偿研究，而忽视了企业全流程的碳排放成本，再次，公开文献比较注重宏观、中观层面上的碳排放研究，较少涉及微观企业层面的碳排放成本分析。而这正是本文研究的重点。

2. 碳排放成本内涵

为深入探讨碳排放成本，本文将碳素流抽象为碳排放成本的本质并以其为核心，深入其流程过程中各工艺环节，归集与其相关的能源、原料等含碳物质的运动中，解释其物质流与价值流"合二为一"的科学规律，来构建其概念定义。对此，本文将碳排放成本定义为：为满足气候变化下低碳经济和可持续发展的要求，依据物质流与价值流互动变化影响规律，以碳素流过程为核心跟踪、描绘与其相关的能源、原料等物质在企业工艺流程中的不同时间和空间所发生的耗费，并将其货币化而形成的一种成本费用。

二、基于碳素流的企业碳排放成本核算模型构建

1. 碳素流动与价值流动的基本逻辑关系

在流程制造企业中，物质常以某种元素作为典型（如本文采用的钢铁企业碳元素）进行分析，追求物质流路线的不断变化。为研究流程中不同元素的流动规律，以及该规律对元素资源价值变化的影响作用，一般情况下，可选取流程中某一代表性元素 C，探讨其流动规律及对应的价值变动率。现假设元素 C 是产品中的一个主要组成成分，可针对元素 C 绘制生产过程的元素流图，其中，R 代表资源投入量，P_i（$i=1, 2, 3\cdots\cdots n$）为第 i 阶段生产产品产量，Q_i（$i=1, 2, 3\cdots\cdots n$）为第 i 阶段废弃物的排放。如图1。

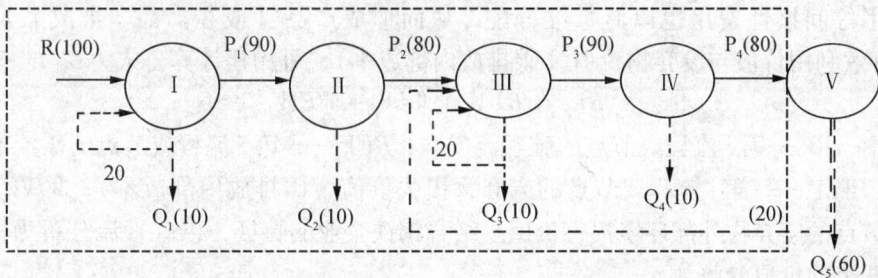

图1　产品生产流程元素 C 流图

第 I 阶段——材料生产阶段；第 II、III 阶段——半成品生产阶段；第 IV 阶段——产品生产阶段；第 V 阶段——产品使用阶段。（单位：吨）

根据上图的元素 C 流图看到，在企业生产流程的各个阶段，元素 C 将依次发生一系列物理和化学变化，每一阶段的输出端由两部分组成，即有效利用价值（合格品价值）与废弃价值（废弃物价值）。流程制造企业在每一生产阶段都会增加新的价值（成本）投入，从而推动了元素 C 价位的不断提高；产品开始投入使用后，经过不断磨损，元素 C 物质价值逐渐降低，随之其价位也相应地降低。因此，根据此思路，绘制元素 C 价位的变化，如下图 2、图 3 所示。

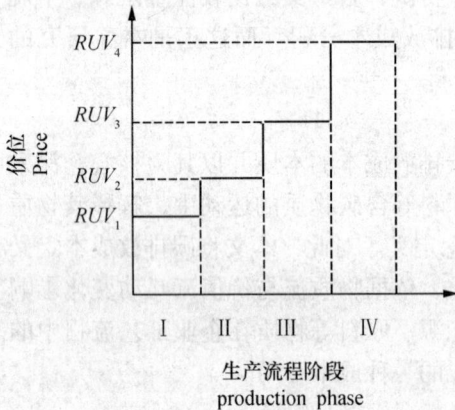

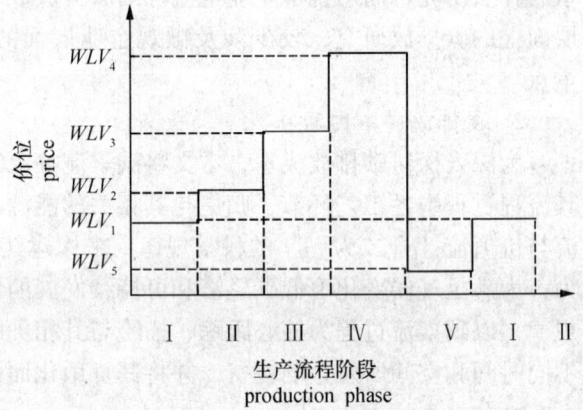

图 2　元素 C 生产流程合格品成本价位变化　　图 3　元素 C 生产流程废弃物损失价位变化

在生产流程的不同阶段，元素 C 都被分解为流向下一阶段的有效利用与废弃排放两种物质成本，因此导致了其价位的不断变化。由图 2 中可以看到，元素 C 的有效利用成本呈累计上升趋势，而在图 3 中，各阶段的废弃物价位在前阶段呈现累计上升趋势，但在使用废弃阶段则价位急剧下降，这种依据元素 C 的物质流动所带来的阶段价位变化，是流程制造业碳排放成本核算的基础之一。

钢铁企业的碳素流与其排放成本是密不可分的。其主要核算与分析模型见图 4：

2. 构建碳排放成本核算模型

流程制造企业碳排放成本在企业连续生产流程或节点流转，按各工序碳素的流向含量划分，主要是原材料与能源成本、中间投入的人工成本，同时，资产设备的折旧以及相关制造费用等间接性费用也以此标准分配，从而形成产品（或在产品、半成品）的能源（碳）有效利用价值与废弃物价值（碳排放内部成本），可构建计算公式为：

$$RV_i = RUV_i + WLV_i + WEIV_i \tag{1}$$

其中，RV_i——第 i 流程或节点的碳素流成本；RUV_i——第 i 流程或节点的碳流的有效利用价值；WLV_i——第 i 流程或节点的废弃物损失价值（碳排放内部成本）；$WEIV_i$——第 i 流程或节点的废弃物外部环境损害价值。结合钢铁企业的特征，以碳素流分析为标准，又可将后两类的价值分解为：

$$RUV_i = \frac{Cmi + Cei + Cli + Cpi}{Qpi + Qwi} \times Qpi \tag{2}$$

碳素流价值(成本)计算方法

人工及制造费用

能源输入 → 焦化→烧结→炼铁→炼钢→连铸轧钢 → 能源及碳素流的有效利用价值

能源（碳流）损失及碳排放

环境影响

能源损失及价值　　　碳排放价值(成本)

能源损失量　废弃物处理　　能源消耗损失　碳排放量

外部损害价值评价方法

能源短缺　能源枯竭　　废弃物及碳排放环境损害

废弃物及碳排放的环境影响经济评价

碳排放成本内部损失——外部

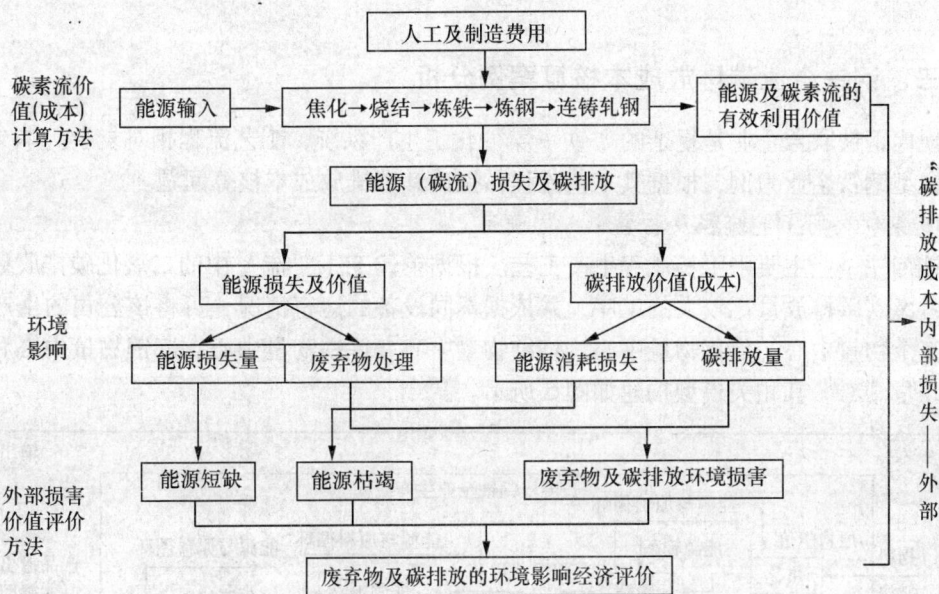

图4　基于碳素流的钢铁企业碳排放成本双维度核算与分析

$$WLV_i = \frac{Cmi + Cei + Cli + Cpi}{Qpi + Qwi} \times Qwi \tag{3}$$

上式中，Cmi——第 i 流程或节点的原材料输入成本；Cei——第 i 流程或节点的能源输入成本；Cli——第 i 流程或节点的人工成本；Cpi——第 i 流程或节点的制造费用；Qpi——第 i 流程或节点的合格品碳元素含量；Qwi——第 i 流程或节点的废弃物碳元素含量。

流程企业碳外排所造成的环境污染与损害价值核算，可反映企业碳排放带来的社会成本，揭示企业对低碳经济和节能减排的社会责任履行情况。目前来说，在国外已经建立起了比较成熟稳定的数据库进行分析，且在各种环境管理的业绩评价中取得了较好的效果。考虑到国内尚未构建适合流程企业的碳排放外部损害成本的计算标准，在综合分析了以上几种方法的优劣基础上，本文引入了 LIME 方法。其碳排放外部损害成本的计算公式如下：

$$WEIV_i = \sum_{i=1, j=1}^{m,n} WEIi_j \times UEIV_{ij} \tag{4}$$

其中，$WEIij$——第 i 流程或节点的 j 种环境影响废弃物排放量；$UEIV_{ij}$——第 i 流程或节点的 j 种废弃物的单位环境损害价值。

根据 LIME 数据库资料进行计算后，可得出各物量中心的碳排放成本，并将成本连接起来可形成与其碳素流路线相匹配的资源价值流图。从该图中，可确定碳素流在各物量中心成本与废弃物损失价值、环境损害价值等数据资料，为低碳经济的现场诊断、分析与决策、成本损失控制，甚至在整个资源价值流路线中进行优化调整，都能够提供有用的信息数据。

三、钢铁企业碳排放成本核算案例分析

现代钢铁联合企业是复杂的"铁—煤"化工生产系统，工艺流程相对复杂。本文以国内某大型钢铁企业为例，根据其工艺流程，探讨其碳排放成本核算问题。

1. 钢铁公司工艺流程及物量中心的确定

该钢铁企业主要采用长流程生产工艺。根据单位工序"流"中的二氧化碳排放量的特点，考虑到碳排放量比较大的工序，并依据不同设备的运行情况，可将该公司的生产线划分为五个物量中心：焦化物量中心、烧结物量中心、炼铁物量中心、炼钢物量中心和连铸轧钢物量中心。其相关模型构建如图5所示。

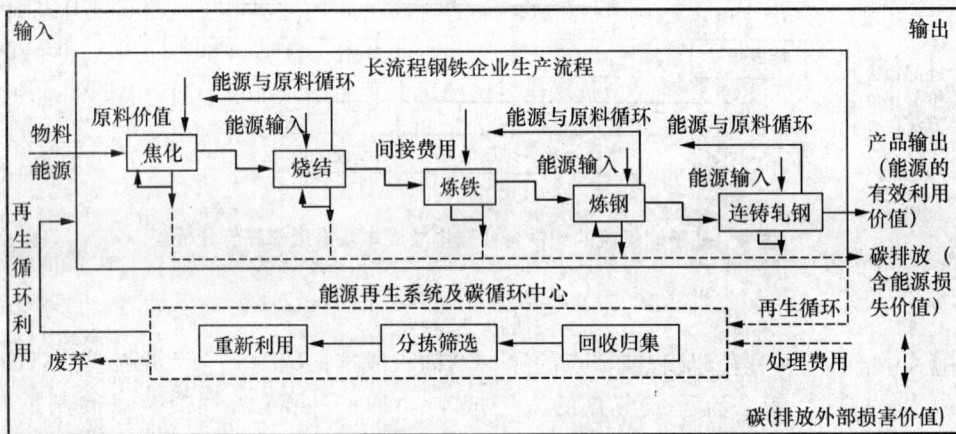

图5 基于碳素流分析的钢铁企业碳排放成本核算模型

2. 各物量中心碳排放成本的计算

钢铁企业碳素流贯穿企业全部物量中心，因此，可以通过现场记录和实地测量的方式对各物量中心的输入、输出数据进行计量，得出各物量中心输出资源的碳排放内部成本与碳排放外部环境损害成本。

（1）碳排放内部成本核算

依据该钢铁公司各工序产品的含碳能源、材料的耗用量，按照碳元素流向含量进行划分，计算出各物量中心的材料成本、能源成本和系统成本，并按照碳元素的损失率计算出碳排放内部成本，其成本分配及计算流程如图6所示。

（2）碳排放外部损害成本的计算

钢铁企业碳排放外部损害成本的计算主要按照现场诊断数据，计算各物量中心的二氧化碳数量，并予以标准化，借鉴 LIME 模型进行汇总计算。结合本案例钢铁企业二氧化碳的碳排放量数据，其外部损害成本计算结果如表1所示。

图6 钢铁企业碳排放有效价值及碳排放内部成本计算

成本（元/月）		焦化	烧结	炼铁	炼钢	连铸轧钢	合计
新投入成本	合计	937 928	711 085	727 943	432 441	80 561	2 889 950
	材料	843 900	659 347	665 114	401 225	0	2 569 586
	能源	48 572	41 627	34 984	21 558	49 965	196 706
	系统	45 456	10 111	27 845	9 658	30 596	2 766 292
上流程流入	合计	0	656 550	1 121 460	1 537 224	1 812 092	
	材料	0	590 730	1 025 063	1 404 875	1 661 612	
	能源	0	34 000	62 014	80 625	94 008	
	系统	0	31 819	34 383	51 724	56 471	
该总流程流入	合计	937 928	1 367 635	1 849 403	1 969 665	1 892 653	
	材料	843 900	1 250 077	1 690 177	1 806 100	1 661 612	
	能源	48 572	75 627	96 998	102 183	143 973	
	系统	45 456	41 930	62 228	61 382	87 067	
负制品比率		30%	18%	16.9%	8%	14%	
正制品比率		70%	82%	83.1%	92%	86%	
有效价值	合计	656 550	1 121 460	1 537 224	1 812 092	1 627 114	6 754 440
	材料	590 730	1 025 063	1 404 875	1 661 612	1 428 488	6 110 769
	能源	34 000	62 014	80 625	94 008	123 774	394 422
	系统	31 819	34 383	51 724	56 471	74 852	249 249
内部成本	合计	281 378	246 174	312 179	157 573	265 539	1 262 844
	材料	253 170	225 014	285 302	144 488	233 124	1 141 098
	能源	14 572	13 613	16 373	8 175	20 199	72 932
	系统	13 637	7 547	10 504	4 911	12 216	48 814

表1 钢铁公司碳排放外部损害成本计算表

物量中心 Quantity center	物质类别 Material category	碳排放量（t/月）Carbonemissions	标准化（kg）Standardization	LIME值（日元/kg）Value of LIME	汇率 Exchange rate	LIME值（元/kg）Value of LIME	碳排放外部损害成本（元）Cost of external damage
焦化	CO_2	147	1 470 000	1.74	1：0.072	0.13	185 287
烧结	CO_2	95.5	955 000	1.74	1：0.072	0.13	120 373.54
炼铁	CO_2	228.8	2 288 000	1.74	1：0.072	0.13	288 392.22
炼钢	CO_2	7.67	76 700	1.74	1：0.072	0.13	9667.7
连铸轧钢	CO_2	278.54	2 785 400	1.74	1：0.072	0.13	351 087.41

注：（1）本例中 LIME 系数已包含外部成本的折现率，如没有包含，则可假设外部成本的折现率为 5%（接近社会成本），据此确定 LIME 系数值。（2）因 LIME 标准系数表中关于重量的单位为 kg，对各物量中心的碳排放量以此为标准进行调整使之标准化。（3）上表中参照 2012 年年末日元对人民币的实时汇率精确为 1：0.07244，LIME 系数（元）精确数字为 0.12528，为简化起见，结果显示为 2 位。（4）炼钢工序碳排放所占比例小，其原因主要在于其能量主要来自于热铁水。

3. 基于碳排放内部成本和碳排放外部环境损害成本的双维度分析

根据上述钢铁企业各物量中心的碳排放内部成本和外部损害成本计算结果，可以进行碳排放内部成本——外部损害成本比较分析，如表2。

表2 钢铁企业各物量中心碳排放"内部碳素流成本—外部损害成本"比较表

物量中心 Quantity Center	物质类别 Material category	碳排放内部成本（元/月）Internal Cost of Carbon Emission	碳排放外部损害成本（元/月）External Cost of Carbon Emission
焦化	CO_2	281 378	185 287
烧结	CO_2	246 174	120 373.54
炼铁	CO_2	312 179	288 392.22
炼钢	CO_2	157 573	9 667.7
连铸轧钢	CO_2	265 539	351 087.41

由表2可知，该钢铁企业在炼钢环节的碳排放内部成本较小，成本为157 573元，而炼钢环节的碳排放内部成本最大，成本为312 179元，而在碳排放外部损害成本方面，炼钢环节的成本较小，成本为9 667.7元，连铸轧钢的外部损害成本较大，为351 087.41元。企业在制定改善方案时，可据此综合考虑企业的碳排放内部碳素流成本和外部损害成本。

4. 分析结果与改善建议

根据前述的结果，可以绘制钢铁企业各物量中心的碳排放"内部碳素流成本—外部损害成本"比较图，如图7所示：

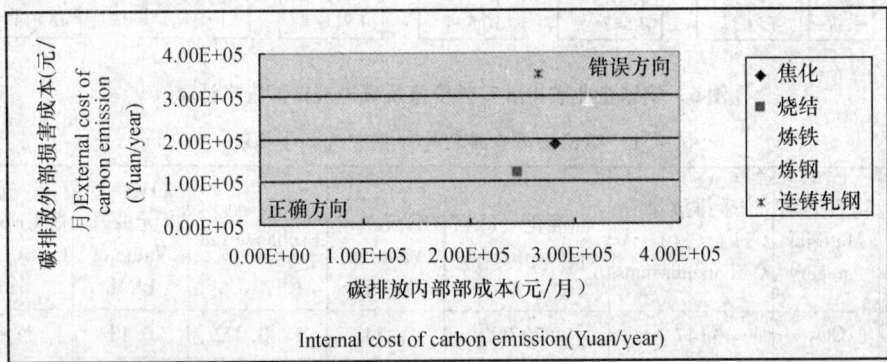

图7 不同物量中心的碳排放"内部碳素流成本——外部损害成本"比较分析

图7所示，在本钢铁企业中，碳排放的重点主要集中在炼铁和连铸轧钢物量中心。其中，炼铁的碳排放内部成本最大，企业应该提出重点改善对策。因此，降低碳排放成本主要应从以下两个方面入手：一是减少所需碳量，即降低还原比（焦比和燃料比），采用先进的技术，如高反应性焦炭技术和含碳热压球团技术；二是降低对碳的依赖。这方面考虑利用天然气等氢系还原剂，以及废塑料的再循环利用。促使其内部碳排放损害成本向左边移动，则可减少碳排放损失成本。其次，连铸轧钢环节的碳排放外部损害成本最大，企业必须引起足够的重视，否则，在不久的将来可能会产生相应的碳税和碳排放权交易问题，在节能减排和低碳经济中处于被动地位。

四、结论及未来研究方向

本文通过对流程企业生产流程中元素流的追踪，探讨了企业碳素流的物量计算，并借鉴价值流与成本逐步结转方法，对企业碳排放成本进行核算。通过碳排放"内部碳素流成本—外部损害成本"的双维度分析方法，开展综合分析评价，可确定每个生产工艺的节能减排潜力。此外，结合案例对钢铁企业碳排放成本进行了数据计算与分析，使得钢铁企业准确厘清自身的碳排放成本，从而改善企业耗能结构和能源介质，以达到企业发展低碳经济的模式创新。将此方法应用于实践，无疑可对流程制造业开展低碳经济、追求经济效益与环保效果同步提高具有重要的理论和方法上的推广意义。

本文的未来研究方向将集中到以下几点：

①建立适合行业特点的碳排放成本核算模型。影响流程制造企业的碳排放因行业的流程结构、能源结构及技术装备不同而各异，各行业必须根据自己的特点设计碳排放成本核算模型，用以帮助企业实现节能减排的目标。

②建立流程制造企业统一的碳排放成本核算标准和评价指标体系。流程制造企业的生产运行是一项复杂的系统工程。因此，针对企业的碳排放成本问题，必须从整个制造流程入手，借助先进的计算机仿真技术，进一步建立行业碳排放成本考核指标体系，以有利于控制企业的碳排放问题，使企业在后德班时代企业竞争中争取更多优势。

③与其他流程制造企业一样，钢铁生产过程与其他相关行业在产品制造、资源供应、污染物处理流程上存在交叉和联系，共建工业生态园是发展低碳经济的必然趋势。因此，未来碳排放成本核算研究将会针对工业园区的碳素流与价值流分析，设计工业园区碳排放成本核算模型，为工业园区的节能减排提供重要的管理工具，从而满足可持续发展、低碳经济发展战略的需求。

参考文献

[1] Anita Engels. The European Emissions Trading Scheme：An Exploratory Study of How Companies Learn to Account for Carbon [J]. Accounting, Organizations and Society. 2009, 34 (3).

[2] Ratnatunga J, Jones S, Balachandran K R. The Valuation and Reporting of Organizational Capability in Carbon Emissions Management [J]. Accounting Horizons. 2011, 25 (1).

[3] 蔡九菊，王建军，张琦，等. 钢铁企业物质流与能量流及其相互关系 [J]. 东北大学学报：自然科学版，2006，21 (1).

[4] 周志方，肖序. 国外环境财务会计发展评述 [J]. 会计研究，2010 (1).

[5] 肖序，熊菲. 2010. 循环经济价值流分析的理论和方法体系 [J]. 系统工程，2010，28 (12).

取消商品房限购政策　实施土地增值税改革

熊翊君

摘　要：当今房价问题已经成为最为敏感的社会话题。国家调控政策与房价之间进行了旷日持久的较量，今年房价终于出现一定的降幅，这是政府实施一系列强有力调控政策的成果，真正使房价得到合理的回归，需要采取更为有效的税制改革措施。目前我国房地产市场混乱局面的根源在于税收杠杆对房价调控失效。涉及房地产的众多税种中，土地增值税调控功能相比其他税种要强些，但由于土地增值税存在一些问题，使得土地增值税的调控功能没有得到应有的发挥。在此对土地增值税的税制进行研究和探讨，而且改革其落后的税制，将为遏制房价的失衡局面作出更为重要的贡献，同时推动了和谐社会前进发展的步伐。房地产市场健康有序的发展将为新型城镇化建设打下坚实的基础，为促进"四化两型"社会的全面发展铺平道路。

关键词：房价；土地增值税；改革；机制；调控

一、引　言

当今社会房价已经成老百姓眼中非常敏感的词语，住房问题早已是全国人民所关注的焦点，成为重大的民生问题。国家调控政策与房价之间进行了旷日持久的较量。2011年至今有一定的降幅，这是政府实施一系列强有力调控政策的成果。本文力求揭示高房价背后不合理的税收体制，建言遏制高房价，研究制订新的税收解决方案。

涉及房地产众多税种中，土地增值税调控功能相比其他税种要强些，但由于土地增值税存在一些问题，使得土地增值税调控功能没得到应有的发挥；土地增值税改革相比目前上海、重庆实施"房产税"改革试点具有更大优势，将为遏制房价失衡局面作出更重要的贡献，同时推动和谐社会的前进步伐。

二、房地产政策的理论分析

我国出台了系列"楼市"调控政策，在近段时期发挥了一定的调控作用，但同时存在不同的弊端，以下对此进行利弊分析。

1. "楼市"调控政策的经济学原理解析

房地产市场原本应该随着市场经济规律的波动而波动，受市场这只"看不见的手"而自我调节，西方经济学的价格弹性理论对此已有过充分解析。价格弹性理论包括需求弹性和供给弹性。

(1) 房产价格的需求弹性

西方经济学家马歇尔认为,各种商品的需求弹性各不一样,有的商品需求富于弹性,而有的商品需求缺乏弹性。需求弹性表示需求量对影响需求因素变量而变化所作出的反应程度。

计算公式:$(Ed) = (\triangle Q)/(\triangle P)$

目前房地产市场有几种需求价格弹性形式:(1)$Ed > 1$。表明需求量变化的幅度大于价格变化幅度,即 $\triangle Q/Q > \triangle P/P$。说明价格稍有变化会引起需求量加大的变化,这称为有弹性或富于弹性;(2)$Ed < 1$。表明需求量变动幅度小于价格变动幅度,$\triangle Q/Q < \triangle P/P$。价格的下降只会引起需求量较小的增加,被称为需求弹性不足或缺乏弹性。

近年来我国房地产业出现一种混沌的状态,房产价格(P)形成畸形发展,脱离了西方经济学所阐述的市场价值规律。这是由于房产已成为炒房者的赚钱工具,成为除刚性消费需求之外的另一种需求形式,无形中加大了市场需求(Q),导致需求弹性不足($Ed < 1$),同时这种投资性需求也挤压了民众的刚性需求。

国家出台的房地产调控政策在 2012 年初显成效,对于高房价发挥了一定的抑制作用。这也是调控政策具有的共同特点体现在政府机构制定并执行的直接干预市场机制或间接改变企业和消费者供需决策的一般规则或特殊行为。调控政策减少和削弱了投资性需求,使市场向刚性需求转移,让房产价格更富有需求弹性,房地产业回归正常的价值规律上来。

(2) 房价的供给弹性

供给弹性是指一种商品的供给对该商品的价格变化的反映程度,与需求弹性一样,可对房地产价格现状可进行解析。

计算公式:$(Es) = (\triangle Q)/(\triangle P)$

房地产开发商为了追求更高投资利润回报,采取发布房地产虚假信息,制造房屋紧俏的假象,使得市场供给弹性不足($Es < 1$),这与投机者导致需求弹性不足的状况形成"双重压力",导致近年房价出现"只涨不跌"的反常局面。

现在政府部门正实施存量房的评估措施,摸清当前商品房存量数,相关部门将准确的信息予以及时公布,以便让房地产市场供需状况更为透明、公开,使渴求房屋的人们更为真实、准确地了解供求关系,供给弹性便会回归到富于弹性的状况中来;但采取"存量房评估"措施并不能从根本上遏制住"高房价"。

(3) 房价与土地价格的关系

土地价格是房价的一大组成要素。随着时代的变迁,当前土地市场也随之发生了较大变化,价格高涨,其中存在两大因素:第一,我国城市化进程加快,城市在扩张,对土地需求旺盛,影响土地价格的需求弹性,这成为价格上涨的一大因素;第二、房产开发的赚钱效应,导致房地产市场持续火爆,从而增强了人们投资房产的激情和欲望,增强了对土地的需求,引发土地价格的上涨,而土地价格持续高位,又会引发房价的新一轮上涨,形成房地产市场的恶性循环。因此政府须制定强有力的规制且执行到位,才能使中国房地产市场走出这种"怪圈"。

2. "限购令"的不确定性

在 2011 年北京市出台"国十条实施细则"中明确提出"限购令"措施,北京房价才被遏制住上涨的势头。紧接着国家在指定的 40 个重点城市统一实施限购令：各城市持本地户籍与人才居住证家庭，最多限拥有两套住房；外地户籍和境外人士限拥有一套；两次购房时间需相隔两年以上；禁止公司购房。限购只是"退烧药"，不能治本。而且"限购令"具有计划经济直接干预的性质，违背了我国以市场主导的社会主义经济体制原则。

作者通过研究发现，这类"楼市"调控政策虽然发挥了一定调控功能，但都是暂时性调节手段，都只能充当"二传手"角色，最终将传导到税收这只"无形的手"中，作为遏制房地产市场恶性膨胀的最佳"扣篮手"。2012 年国务院总理温家宝曾说，他认为，现在房价还远远没有回到合理价位，因此，调控不能放松。

3. 保障房与经济适用房对高房价的影响有限

国务院提出建设保障房和经济适用房的政策，是一项重大的民生工程，为促进社会和谐起到巨大作用；保障房和经济适用房购进具有限制条件，符合其条件的是低收入、生活特困人群，因此保障房和经济适用房的价格处于房价低端，与中高价位商品房属于两个不同消费市场和群体，不同层次的家庭可以各取所需，因而加大保障房和经济适用房建设力度对高价商品房并不能起到平衡作用，也难以从根本上化解高房价问题。

4. 房产税改革的不足

当前上海、重庆两大城市正在进行房产税的试点工作，目前房价出现了停涨或小幅度下降，这不能归功于实施房产税改革的成效，其中有限购令等配套政策所产生的效果；对房产税改革的弊端可谓是"仁者见仁，智者见智"，这里不再阐述。

5. 现今调控政策对我国社会经济发展造成的危害

自房地产宏观调控以来，多数投资、投机需求已被挤出市场。同时，不少刚需购房者也因此受到影响。据《每日经济新闻》记者了解，一些代表和委员在"两会"期间进一步提出，对于改善型需求的"二套房"，也应该在政策上进行松绑。事实上，在长期严厉调控的打压下，市场已经不堪重负。现在"楼市"调控政策与我国的社会经济发展形成一种不可调和的矛盾，这种矛盾关系还没有寻找到磨合点，处于"两难境地"，长此以往，我国的国民经济将会遭受到沉重打击。

三、应对房地产市场失衡的税收对策：土地增值税改革

现在我国涉及调控房地产市场的税收除房产税外，土地增值税是现行唯一调控房地产价格的税种，但也存在不合理的因素，因此改革土地增值税，完善税收体制，将大有作为，发挥更强大作用，改革土地增值税比房产税改革更具有必要性。

1. 土地增值税的特点及存在的主要问题

当今房价居高不下，形成一定资产"泡沫"，表明税收的调控功能已失效，其特点也黯然失色。其原因有几点：一是房地产业税种过多，土地增值税征收压力加重。二是税收体制落后，土地增值税监督管理乏力。三是税率机制缺陷，土地增值税调节控制失效。四是税收征管低效，土地增值税"逃避"行为严重。正因为上述诸多问题让人们忽略了其调控功能的存在，使得土地增值税没有得到人们的关注。

2. 土地增值税的改革设计

面对我国房地产发展过热、土地价格畸高、房价居高不下、税收调控失效等诸多问

题，这些问题最终的共同点就是房地产商追求经济利润或投资收益。政府应该利用税收杠杆作用解决房地产方面的棘手问题，改变我国房地产业的失衡局面。

（1）现行土地增值税税率机制的研究

1994年1月1日开征土地增值税，此税法一直沿用至今，随着社会经济的迅猛发展，其中的矛盾和弊端逐步凸显，其没有体现税收对"高房价"的调节作用。笔者研究发现，现行土地增值税的税率设置不合理，其税率设置为四级超率累进税率。

表1　现行土地增值税四级超率累进税率

级数	增值额与扣除项目金额的比例（%）	税率（%）	速算扣除系数（%）
1	不超过50%的部分	30	0
2	超过50%至100%的部分	40	5
3	超过100%至200%的部分	50	15
4	超过200%的部分	60	35

这种四级超率累进税率存在的缺点是增值额部分累进跨度太大，影响税收调控效果，增值额不超过50%与超过50%至100%的部分税率过高，反而促使了房价的上涨，由此使得高房价与地方税收的增长无形中捆绑在一起，形成利益共同体，因此土地增值税丧失了原有的调控功能。

（2）土地增值税的新设计税率方案的研究

①传承现行土地增值税的特色，完善其税率机制。针对土地增值税的缺陷进行改革，须沿用累进税率基本框架，采取更为细分的形式，突破现有税率上、下限，最高达80%，最低为0税率，实行与增值额比例同步增长的方式，以及实行税负与纳税户承受能力的合理分配，因而只有十二级全率累进税率才能使土地增值税发挥其更大的市场调控功能。

表2　土地增值税十二级全率累进税率新设计方案

级数	增值额与扣除项目金额的比例（%）	税率（%）
1	不超过30%的部分	0
2	超过30%～50%的部分（含30%部分）	5
3	超过50%～70%的部分（含50%部分）	10
4	超过70%～90%的部分（含70%部分）	15
5	超过90%～110%的部分（含90%部分）	20
6	超过110%～130%的部分（含110%部分）	25
7	超过130%～150%的部分（含130%部分）	30
8	超过150%～170%的部分（含150%部分）	40
9	超过170%～190%的部分（含170%部分）	50
10	超过190%～210%的部分（含190%部分）	60
11	超过210%～230%的部分（含210%部分）	70
12	超过230%的部分（含230%部分）	80

在新设计税率中增值额与扣除项目概念与现行税率是一致的，理论土没有变化。从新设计税率第一种方案得出，在增值部分与扣除项目的比例为150%的点位，税率出现加速上涨，税额突然加速增长，税后净值在"150%"后出现连续下降，150%的点位视为"拐点"。

西方经济学的供给学派代表拉弗（Arthur. B. Laffer）认为，提高税率并不一定有助于增加其税收收入，在某些时候，降低税率反而是好办法。这正如人步行，步伐跨度过大，就容易摔倒，反而步伐跨度小些，调控机制更合理，步伐更稳健。新设计税率方案恰好是拉弗曲线理论的示范。

另外，"拐点"定位有待进一步研究。税后净值的"拐点"根据改革时期的经济形势可以进行适当的调整，如果"拐点"需要靠前，其定位在其他点位的话，那么土地增值税累进税率差就须以新设计累进税率的原理为基础进行适当调整。

②撤除制造房地产泡沫的平台，改变其投机基理。当前房屋已成为一种投资品，房屋可以被多次转让，在房屋一次次的转让中房价也一次次增长，炒房者利润回报相当可观。研究发现，实际上炒房者缴纳了这部分土地增值税，同样有相当大的利润空间，阻碍不了炒房者追求高利润的投机行为，因此我们必须撤除制造泡沫的平台，改变投机基理。其具体措施是：调整土地增值税的增值部分涉税结构，以房产开发商的原始销售价为基准作参照系，即房屋销售价减除房产商的原始售销价和抵扣项目得出房产增值金额为计税依据，缴纳土地增值税后产生的利润是负数，那么炒房者将会无利可图。

（3）税率的分析比较

通过图一比较分析，两种税率线总体都是向上伸展的，这是两者共同之处。两者的区别在于，现行土地增值税的税率线每级跨度过大，调控功能反而降低；从图中显示，新设计方案在级数1至7中，每级税率差为5%，而到级数7与8之间为10%，印证了拉弗理论的正确性。

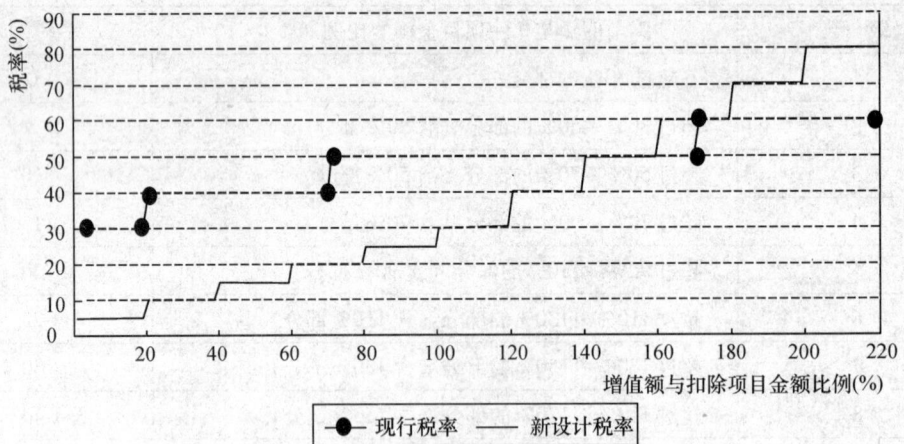

图1　土地增值税的税率对比分析图

在房价处于低位的时候，就应适当降低税率，而房价或增值额增长过快时，税率应恢复原状或加速增长，好似"水涨船高"，如上述增值额达150%拐点时税率加速增长，遏制房价上涨势头，有利于增强调控能力，这成为拉弗理论的延伸。

（4）土地增值税额和投资效益的分析比较

改进土地增值税的税率机制，增加高房价的税负，十至十二级税率是具有惩罚性质的高税率，紧缩了高房价的利润空间，让高房价无利可图，房价越高利润越低；同时减轻低房价的税负，扩大低房价的利润空间。房产增值比例在149%时税后房产净值保持最大值，而房产增值超过150%部分，其税后净值就会出现拐点，房产增值越高，土地增值税加速增高，房产净值越低，此时投资效益才会回落，只有十二级累进级数才能达到调控功效，因而十二级全率累进税率最为合理。

表3　现行土地增值税税额及税后净值分析表

级数	增值额与扣除项目的比例（％）	增值额	税率（％）	速算扣除数	税金	税后净值
1	30	30	30	0	9	21
1	49	49	30	0	14.7	34.3
2	51	51	40	5	15.4	35.6
2	70	70	40	5	23	47
2	90	90	40	5	31	59
2	99	99	40	5	34.6	64.4
3	101	101	50	15	35.5	65.5
3	110	110	50	15	40	70
3	130	130	50	15	50	80
3	150	150	50	15	60	90
3	170	170	50	15	70	100
3	190	190	50	15	80	110
3	199	199	50	15	84.5	114.5
4	201	201	60	35	85.5	115.5
4	230	230	60	35	103	127

现行土地增值税的计算公式：

应纳税额 = $\sum$（每级距的增值额 × 适用税率） - 速算扣除数

在图表对比分析中，土地增值税以100万的扣除项目为基准作模型分析，如增值额与扣除项目金额的比例为30%，那么增值额为30万；比例为200%，增值额为200万。为了方便研究分析，笔者采取了以间距点左右的两个数字为研究对象，如增值额比例为100%时，就将99%和101%的增值额部分纳入图表中进行对比分析。因此也说明没有明确间距点也是现行土地增值税超率累进税率的一大缺陷。

为了方便研究，笔者新设定了税后净值的专用名词，"税后净值"为增值额减除土地增值税额得出的余额。适应于现行的土地增值税和新设计方案的计算。

表4 新设计土地增值税方案税额及税后净值分析表

级数	增值部分（％）	增值额	税率（％）	土地增值税额	税后净值
1	30	30	5	1.5	28.5
2	50	50	10	5	45
3	70	70	15	10.5	59.5
4	90	90	20	18	72
5	110	110	25	27.5	82.5
6	130	130	30	39	91
7	150	150	40	60	90
8	170	170	50	85	85
9	190	190	60	114	76
10	210	210	70	147	63
11	230	230	80	184	46

对表3、表4的土地增值税的税额进行对比可以看出两者税额都随税率增长而升高，但区别之处通过图形分析更为明确清晰（见图二、三）。

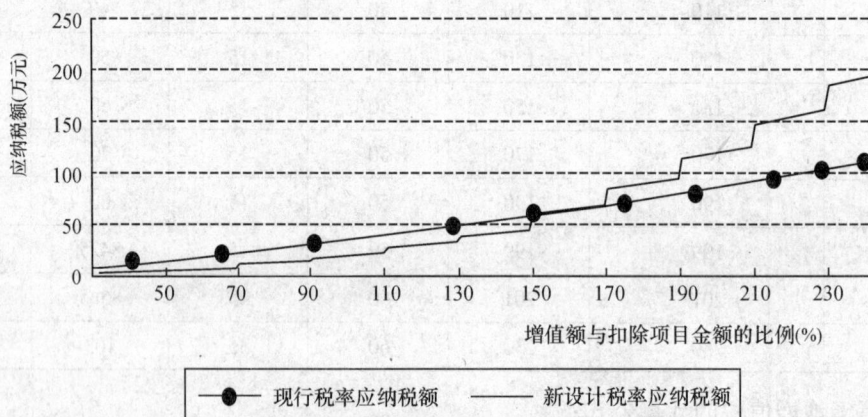

图2 土地增值税额对比分析图

从上图（三）投资效益对比分析可看出，现行土地增值税走势是自下而上的，说明实施现行土地增值税的情况下，开发商的投资效益是一直向上升高的，即表示房价越高投资效益也随之越高；而实施新设计的土地增值税的情况下，开发商的投资效益是抛物曲线，投资收益到达其顶点就会回落，即房价越高投资效益也就越低。根据西方福利经济学的效率与市场均衡理论所论述，资源的配置使社会总福利最大化，那资源配置是有效率的；反之，资源配置就是缺乏效率的。以上图表分析现行土地增值税超率累进税率不再符合效率与市场均衡理论，更进一步表明其已丧失了调控功能，而新设计的土地增值税是税率方案是有效率的，可以让土地增值税原有的调控功能得到回归，符合效率与市场均衡理论法

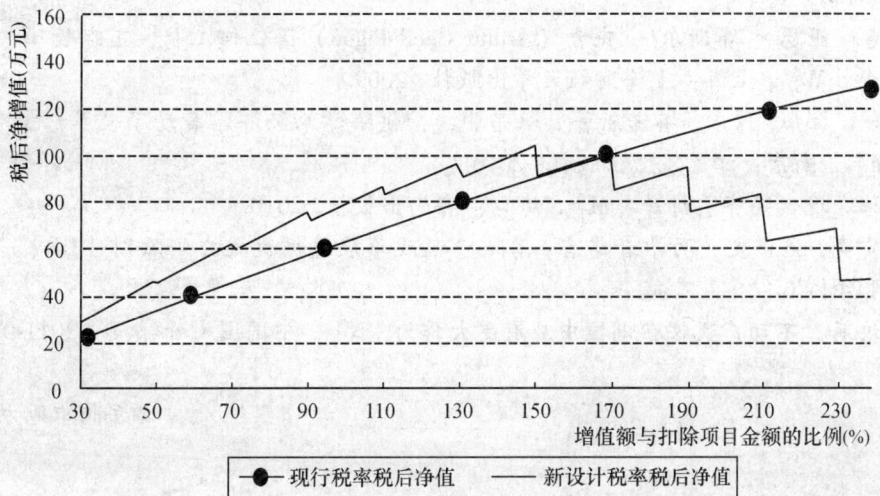

图3 投资效益对比分析图

则，与帕累托最优理论所要求的标准基本一致。

3. 土地增值税进一步的整合与升华

在国民经济发展到一定时期，需要房地产市场与社会经济同步发展时，有必要减轻房地产企业的税负时，可以对土地增值税与其他房地产税收更进一步整合。政府有效的房地产税收改革，实施土地增值税进一步的整合与升华，促进地方税制的转型。在适当时期，可以将涉及房地产的营业税、个人所得税与新改进的土地增值税合并为"房地产增值税"，税率依旧以改进的土地增值税十二级全率累进税率为基础模式，这可减轻房地产行业的税负，也可避免重复征税。房地产税收改革是一个系统工程，应当在整个税制改革的总体框架中予以正确定位。为保持我国宏观税负的合理性，体现结构性减税的要求，减轻房地产业的税负，可以进行房地产增值税的改革试点，以促进房地产业健康有序发展，为构建和谐社会迈出重要的一步。

四、结束语

严格征收土地增值税，让房地产税收在抑制闲置土地、囤地惜售、促进开发利用、增加有效供给方面上发挥应有作用，促进房地产市场和国民经济的可持续发展；实施严厉且合理的房地产税收政策，改变房地产市场投机性的赚钱效应，逐渐使房地产回归到原有的自身价值，为遏制房价的失衡局面作出重要贡献，让老百姓安居而乐业，为推进和谐社会向前迈出重要的一步。房地产市场健康有序的发展也能为新型城镇化建设打下坚实的基础，为促进"四化两型"全面的发展铺平道路。

参考文献

[1] 中国注册会计师协会. 土地增值税. 税法 [M]. 北京：经济科学出版社，2009.

[2] 许纯祯主编. 需求、供给和均衡价格. 西方经济学 [M]. 北京：高等教育出版

社，1999.

[3]［英］亚瑟·赛斯尔·庇古（Arthur Cecil Pigou）著，何玉长，丁晓钦 译．福利经济学［M］．上海：上海财经大学出版社，2009.

[4]［美］拉弗，摩尔，塔诺斯著．拉弗曲线：供给学派经济学轰动了世界．繁荣的终结［M］．南京：江苏凤凰出版社，2010.

[5] 崔伟．现代经济学新释［M］．海口：海南出版社，2010.

[6] 汤贡亮，施正文．两学者建言：房地产税改革应遵循税收公平原则［DB］．新华网，2011-01-26.

[7] 冯培丽．不动产税收在调控中应有更大作为［N］．中国国土资源报，2011-02-22.

（岳阳市地方税务局）